중동 현대사
무엇이 문제인가

GCC국가연구소 총서 4

중동 현대사

무엇이 문제인가

홍미정 지음

서경문화사

서문

2023년 10월 7일에 나는 너무 놀랐고, 황당했고, 여전히 지금도 이 사건을 정말로, 제대로 이해할 수가 없다. 가장 이해할 수 없는 것은 "하마스가 어떻게 이 엄청난 규모의 이스라엘 공습 작전을 숨길 수 있었을까? 하루 이틀 준비한 것도 아닐 텐데"라는 것이다. 이 공격으로 이스라엘 내에서 약 1,200명 정도 사망한 것으로 알려졌다.

이 공격 직후, 이스라엘총리 네타냐후는 가자주민들(약 230만 명)에게 "지금 떠나라, 우리는 가자 전역에서 강력하게 활동할 것이다. 하마스와 관련된 장소를 폐허의 섬으로 만들 것이다."라고 경고하였다.

유엔 인도주의 업무조정국에 따르면, 2023년 10월 7일부터 2024년 3월 29일까지, 175일 동안 이스라엘군의 공격으로 가자지구(365㎢)에서 최소 32,623명의 팔레스타인인이 사망하였다. 이스라엘의 공격으로 재차 피난민이 된 하산 소압은 "사방에서 죽음의 냄새가 난다. 가자에서 사는 것보다는 차라리 죽는 게 낫다. 우리는 석기 시대에 살고 있다"라는 글을 페이스 북에 올렸다.

이렇게 가자주민들이 직면한 엄청난 고통에 대하여 중동국가들은 거의 침묵으로 일관하고 있다. 중동국가들 내에서 아랍대의나 혹은 이슬람대의는 작동하지 않는 것으로 보인다. 대신에 각 정부들은 정권을 유지·강화하기에 골몰하고 있는 것으로 보인다. 강력한 국내 반대파에 직면하고 있는 각 정부들은 반대파를 제압하고 정권안보를 확보하기 위한 수단으로 인종적 혹은 종교적 대의를 활용한다. 이스라엘과 하마스, 팔레스타인 자치정부 뿐만 아니라. 이란, 터키 및 아랍정부들 모두 각 정권을 유지·강화하기 위해서 인종·종교·종파의 경계를 넘어 그 누구와도 협력하거나 분쟁을 일으킬 수 있다.

이로 인해서 발생하는 인간의 고통은 결코 방치되거나 외면될 수 없는 무게를 지닌다. 그 고통을 줄이고, 보편적 인권 확보하기 위해서 분쟁의 현실에 대한 정확한 인식이 요구된다. 20세기 중반이후 중동 역내 유혈분쟁에서 핵심적인 동인이 된 이스라엘/팔레스타인 문제를 중심으로 중동현대사를 정확하게 이해해야할 필요성은 그 점에 있다.

<제1장 분쟁의 핵심은 종교나 인종 간 차이가 아니다>는 중동문제와 관련하여 끊임없이 제기되는 '종교 혹은 인종간의 차이에서 비롯되는 분쟁'이라는 담론에 대하여 문제를 제기하는 다음 주제들로 구성된다. 「유대인, 기독교인, 무슬림들의 역사적 관계」에서는 유대인 · 기독교인 · 무슬림들은 성서 · 혈연 · 역사들로 상호 연결되었고, 개종을 통해서 형성되었으며, 인종과 종교 간의 경계를 넘어서 협력해왔다는 역사적 사실뿐만 아니라 같은 종교인들 내부의 차이가 서로 다른 종교인들 사이의 차이보다 작지 않다는 것을 분명하게 드러낸다. 「유대인 네트워크 확장의 교두보, 아랍에미레이트: 걸프 아랍지역에서 세파르디 유대인이 부상하는가」에서는 아랍에미레이트가 이스라엘의 시온주의 정책을 적극 수용하면서, 걸프지역에서 유대인 네트워크 확장의 중심지가 되었음을 드러낸다. 「팔레스타인의 이슬람주의자, 하마스는 누구인가」에서는 이스라엘이 팔레스타인 분할통치 전략의 일환으로 세속적인 민족주의자 PLO에 맞서는 대항마로 이슬람주의자 하마스를 활용하였으며, 현재 팔레스타인인들 다수는 세속적인 팔레스타인 자치정부뿐만 아니라, 이슬람주의자 하마스 정부도 신뢰하지 않는다는 것을 보여준다. 「이스라엘의 초정통파 유대인들은 누구인가: 反시온주의, 시온주의, 非시온주의」는 초정통파 유대인 내부에도 시온주의 및 이스라엘 국가에 대하여 얼마나 다른 정치적 주장들이 존재하는지 뿐만 아니라, 각 공동체 이익확보를 위하여 정치적 입장을 어떻게 변경하는지를 분명하게 드러낸다. 「이스라엘 국가 정체성과 신지역주의: 유대인 내부의 차별과 배제 및 불평등」은 이스라엘 내 유대인들 사이에도 출신

지역 및 인종에 따른 심각한 차별과 배제가 존재함을 밝히고 있다.

〈제2장 이스라엘과 주요 역내 문제〉는 '이스라엘, 중동, 세계'라는 지리적 층위를 분석을 위한 구조적 틀로 설정하고, 연구 주제를 시온주의 및 이스라엘이라는 내부 동력과 중동국가들 및 강대국이라는 외부 세력과의 역동적인 관계 속에서 분석한다. 영국과 미국, 이스라엘 주변 아랍 국가들뿐만 아니라 이란 등 중동국가들은 직간접으로 이스라엘과 이해관계가 복잡하게 얽혀 있고, 미국을 위시한 국제 권력관계의 작용 아래에 있다. 이 장은 「영국의 팔레스타인 정책, 하심가와 시온주의자」, 「영국의 유대국가 건설 기획과 트럼프의 이스라엘 강화 기획: 팔레스타인 문제」, 「이스라엘/아랍국가들 평화협정: 팔레스타인인들의 주권 박탈」, 「이스라엘 천연가스 수출을 위한 협력: 이스라엘, 아랍국가들, 유럽국가들, 미국」, 「이스라엘-아랍에미리트 연결고리, 다흘란은 누구인가」, 「유대인, 이스라엘과 이란의 전략적 관계」 등을 주제로 '이스라엘, 중동, 세계'라는 3층위의 유기적 관계 속에서 작성된 글들로 구성되어 있다. 그 이유는 강대국들의 정치 상황과 정책 그리고 이스라엘과 팔레스타인 및 주변 중동 국가들의 상황이 종합적으로 고려될 때만이 중동현대사에 대한 타당한 이해에 도달할 수 있기 때문이다.

〈제3장 이스라엘/팔레스타인 분쟁의 핵심은 무엇인가〉는 2023년 11월, 한국외국어대학교 중동연구소에서 발표한 내용을 수정 보완한 것으로 이 책의 결론을 대신한다. 이 글은 20세기이후 100년 이상 계속되는 이스라엘/팔레스타인 분쟁의 직접적인 핵심 원인을 찾기 위한 것으로 영국, 미국, 주변 아랍국가들, 이스라엘 및 팔레스타인인들 간의 역동적인 관계 속에서 작성된 것이다.

이 책의 출판을 위해서 성묘교회(예수무덤 교회) 관리인으로 정문 여닫는 임무를 맡고 있는 예루살렘 무슬림 명문가, 누세이바 가문 대표 와지흐 누세이바(Wajeeh Nuseibeh)가 〈제1장 분쟁의 핵심은 종교나 인종 간 차이가 아니다〉에 사용된 성묘교회 문을 여닫는 사진 2장을 보내왔다. 와지흐 조카(누나의 아들) 알리 끌레이보(Ali Qleibo)는 동예루살렘 소재 알 쿠드스 대학 교수로 성묘교회 열쇠관리라는 누세이바 가문의 명예로운 업무에 대한 자부심 넘치는 글을 필자에게 보내왔다. 조카와 외삼촌 관계인 이 두 분에게 깊은 감사를 드린다.

특별히 수년 동안 본 연구를 수행하는 과정에서, 중요한 지도, 사진, 통계자료 등을 비롯한 귀중한 자료를 제공했을 뿐만 아니라, 여러 가지 조언을 해주고, 현지조사를 위한 연구 공간을 마련해 준 동예루살렘 소재 팔레스타인 국제문제연구소(PASSIA, http://www.passia.org/) 소장 마흐디 압둘 하디(Mahdi Abdul Hadi)님께 진심으로 감사드린다.

지난 수년간 연구 과정에서 팔레스타인 압바스 수반의 경쟁자, 가자출신의 무함마드 다흘란이 이스라엘 정부와 아랍에미리트의 아브라함 협정 체결에서 핵심적인 역할을 했다는 내용 등 현안에 대한 중요한 조언을 해주었고, 지난해 안타깝게 사망한 시인 자카리아 무함마드(Zakaria Mohammed)님께 조의를 표한다.

이스라엘의 가자공격 등 중동역내에서 다양한 문제들이 발생할 때마다, 본인의 시각을 분명히 제시한 관용을 위한 아랍 네트워크(Arab Network for Tolerance) 대표 이야드 바르구티(Iyad Barghouthi)님께 감사드린다. 이집트에서 영국 수에즈운하 회사의 무슬림형제단 창립 자금지원 등 협력관계를 밝힘으로써 중동현대사 이해에 필수적인 조언을 해준 라말라 소재 비르제이트대학 교수 갓산 안도니(Ghassan Andoni)님께 감사드린다. 그 외 현지조사 등에서 많은 도움을 준 베들레헴 대한 강사 루바바 사브리(Lubaba Sabri)와 루브나 사브리(Lubna Sabri) 자매와 UNDP 기획 관리자 칼리드 나집(Khalid Naseef)에게도 깊은 고마움을 표한다.

『중동 현대사: 무엇이 문제인가』 표지그림 [예루살렘, 알 아크사 모스크와 팔레스타인인]을 1948년 축출된 팔레스타인 난민 가족으로 암만에서 활동하고 있는 화가 이마드 아부 시타야가 제공하였다. 이마드는 "이 그림에서 드레스 리본에 부착된 아랍문자는 예루살렘이 믿는 종교와 관계없이 아랍인들에게 속해 있다는 것을 의미한다."고 밝혔다. 『중동 현대사: 무엇이 문제인가』의 주제에 정확하게 부합하는 그림을 제공해준 독보적인 화가 이마드 아부 시타야님께 진심으로 감사드린다.

마지막으로 『중동 현대사: 무엇이 문제인가』를 발간할 수 있도록 '유대인, 이스라엘, 시온주의와 보편적 인권'을 주제로 한 연구프로젝트를 지원해준 한국연구재단에게도 고마움을 표시한다.

목차

제1장 분쟁의 핵심은 종교나 인종간 차이가 아니다

제2장 이스라엘과 주요 역내 문제

제1장
분쟁의 핵심은
종교나 인종간 차이가 아니다

I. 유대인, 기독교인, 무슬림들의 역사적 관계

20세기에 이집트를 대표하는 매우 영향력 있는 지식인이었던 따하 후세인은 (1889~1973)은 1938년에 발표한 「이집트의 문화와 미래」에서 "이슬람의 근본과 근원이 기독교와 동일하며, 지중해 주변에서 성공하거나 지중해의 영향을 받은 사람들은 어떤 지적 · 문화적 차이점도 갖고 있지 않다"라고 주장하였다. 역사적으로 유대교 없이 기독교가 없고, 이 두 선행의 종교 없이 이슬람교가 있을 수 없다. 일부 종교 신자들은 자신들 주변에 경계를 긋고, 교리를 깔끔하게 고정시키기 위해서 노력한다. 그러나 정직하게 말한다면, 역사적으로, 혈통적으로 세 종교인들은 서로 영향을 주고받으면서 얽혀있고, 통시적으로 공시적으로 각 종교 내부자들끼리도 서로 충돌하고 협력하면서 다양하게 변화해왔다는 것이 진실이다.

무함마드 알 부카리(810~870)가 편집한 하디스(Sahih al-Bukhari 6, 982)에 따르면, 610년 무함마드가 메카 소재 히라 동굴에서 며칠 밤낮 동안 하나님께 기도하던 중 천사나 나타나 그에게 "읽어라(코란)"라고 요구하자, "나는 글을 읽을 줄 모른다"라고 대답하면서 공포와 두려움에 휩싸였다. 이렇게 벌벌 떠는 예언자 무함마드를 돌보고 안심시킨 사람은 그의 부인 카디자 빈트 쿠와일리드 빈 아사드 빈 쿠사이 알 꾸라이시(?~619)와 카디자의 사촌 와라까 빈 나우팔 빈 아사드 빈쿠사이 알 꾸라이시(?~610)이다. 와라까는 카디자의 친삼촌의 아들로 기독교인이며 기독교 복음서에 관한 지식이 풍부했다. 와라까는 예언자 무함마드에게 일어난 상황에 대해 이야기를 들은 이후, 무함마드가 만난 그 천사는 "하나님이 모세에게 보냈던 가브리엘 천사"라고 가르쳐주었다. 이로써 무함마드는 자신이 하나님의 사도가 되었음을 인지하였다. 이 사건을 통해서 초기 무슬림들은 기독교인들의 보증을 통해서 예언자 무함마드가 신의 사도임을 인정받고자 한 것을 알 수 있다.

예언자 무함마드와 초기 무슬림들은 기독교인들의 성지이며, 유대인들이 기도하던 방향인 예루살렘을 향하여 기도하였다. 612년 예언자 무함마드가 메카에서 처음 설교를 시작하면서, 추종자들에게 예루살렘 방향으로 기도하도록 지시하였다. 이후 624년 기도 방향을 예루살렘에서 메카로 변경할 때까지, 예언자 무함마드와 초기 무슬림들은 매일 예루살렘 방향으로 기도를 했다. 이 사건은 이슬람교가 기독교 및 유대교와의 관계 속에서 발흥했다는 것을 의미한다(WEISS 2008, Sep. 2).

역사학자이자 코란 해설가인 무함마드 이븐 자리르 알 따바리(839~923)가 쓴 『사도와 왕들의 연대기』는 더욱 구체적으로 유대교와 초기 무슬림의 관계를 다음과 같이 밝혀준다. 638년 예루살렘을 정복한 칼리파 우마르가 유대교(예멘 유대인)에서 이슬람으로 개종한 카브 알 아바르 알 힘야리(Ka'b al Ahbar al Himyari)에게 "예배 장소를 어디에 지을까?"라고 물었고, 카브는 거대한 주피터 신전(129년 로마 황제 하드리아누스가 예루살렘을 정복하면서 건설)의 폐허 더미 위에 놓인 바위를 가리켰다. 칼리파 우마르는 "카브야 너는 유대교를 모방하느냐?"라고 물었다. 카브는 "로마가 이스라엘 자손을 공격하여 다윗 사원을 파묻었다"라고 주장했다.

카브는 구약에 대한 지식이 풍부한 유대교 랍비였다. 그는 1대 칼리파 아부바크르(예언자 무함마드 사후 이슬람 공동체 지도자, 재위: 632~634) 혹은 2대 칼리파 우마르(재위: 634~644) 시대에 예멘지역에서 메디나로 이주한 이후, 이슬람으로 개종하였고, 칼리파 우마르와 매우 긴밀한 관계였다. 예루살렘 정복당시 그는 칼리파 우마르를 따라 예루살렘으로 들어갔다. 그는 칼리파 우마르 사후, 3대 칼리파 오스만(재위: 644~656)을 강력하게 지지하였고, 칼리파 오스만과도 좋은 관계를 유지하였으며, 652년경에 시리아에서 사망하였다.

예루살렘 정복 당시, 칼리파 우마르가 다윗사원 자리로 간주하는 이 성전산을 기독교인들이 쓰레기장으로 사용하고 있었다. 칼리파 우마르는 성전산이 더럽혀진 것을 보고 분노를 터뜨렸고, 유대인을 포함하는 이곳 주민들에게 쓰레기장을 깨끗이 청소하도록 명령하였다.

칼리파 우마르는 나중에 적절한 건물이 지어질 때까지 임시로 목조 모스크(우마르 모스크)를 그곳에 세우라고 지시하면서, 이 버려진 땅을 이슬람 성지로 전환하였다. 현재 이 장소는 알 아크사 모스크 복합단지 내 바위돔 모스크(705년 우마이야 칼리파 시대 완공, 황금 돔 모스크)가 세워진 곳이다. 곧이어 칼리파 우마르는 갈릴리 지방 티베리아스 등에 거주하던 70가구 팔레스타인 유대인들의 예루살렘 재정착을 허락하였다. 이로 인해서 무슬림들의 팔레스타인 정복은 동로마 통치 기간 동안 성전산에서 기도하는 것을 금지당했던 유대인들에게 안도감을 준 것으로 알려졌다(Al-Tabari 1992, 194~195).

비르제이트 대학교수 갓산 안도니에 따르면, 현재 세계적으로 가장 영향력 있는 이슬람 조직으로 알려진 무슬림형제단은 기독교 국가 영국 수에즈 운하회사의 지원을 받아 이집트에서 창설되었다. 1928년 교사인 하산 알 반나(1906~1949.02.12)는 수에즈 운하 소속 노동자 6명과 이스마일리야에서 초국적 이슬람 정치 및 사회 운동 단체로 무슬림형제단을 창립했다. 이 때 영국 수에즈 운하회사가 무슬림형제단 본부, 이스마일리야 모스크 건설 자금을 조달하였다(El-Din 2019, Jul. 31). 영국의 막강한 영향력 하에 있던 이집트에서 6명으로 시작한 무슬림형제단은 설립 10년이 지난 1930년대 후반에는 20~50만 명, 1949년 알 반나가 사망하기 직전에는 200만 명의 회원(당시 이집트 총인구가 2천만)을 가진 이집트의 전국적인 조직으로 탈바꿈했다(Mitchell 1993, 68-69). 1952년 이집트 자유장교단 혁명 이후, 미국은 사회주의자들에 대한 대항마로서 무슬림형제단과 우호적인 관계를 수립하였으며, 무슬림형제단은 미국에서 매우 잘 조직된 이슬람 공동체로 수백 개의 모스크와 벤처기업을 운영하는 것으로 알려졌다. 미국은 사회주의와 싸우는 등 다양한 문제들에서 무슬림형제단 또는 무슬림형제단 분파들과 비밀리에 동맹을 맺었다. 미국 정치인들은 무슬림형제단이 유용하다고 판단하고 미국의 목표에 걸맞게 그것을 활용하려고 노력하였으며, 이때마다 무슬림형제단은 세력을 확장시킬 수 있었다(Johnson 2011, Feb. 5). 2015년 현재 바레인, 이집트, 러시아, 시리아, 사우디아라비아, 아랍에미레이트는 무슬림형제단을 테러리스트 조직으로 지정하였다. 2017년 CIA는 트럼프 행정부가 무슬림형제단을 외국테러리스트 조직으로 지정하려는 시도를 반대했다(The Washington Post 2019, May. 6). 현재 무슬림형제단을 후원하는 중동 국가는 카타르와 튀르키예로 알려졌다.

이러한 상황을 고려해 볼 때, 종교간 경계에서 발생하는 갈등과 분쟁이 각 종교 내부 경계들 사이의 갈등과 분쟁보다 빈번하거나 크다고 말할 수도 없다. 실제로 분쟁이 단순하게 종교나 종파들 사이의 차이에서 발생하는 것인지는 매우 의심스럽다. 과거에도 현재도 분쟁은 정치·경제적인 이해관계가 핵심 동인이며, 분쟁의 추동자들은 분쟁의 이 핵심 동인을 은폐하기 위해서 종교나 종파의 차이를 강조하며, 지지자들을 모으고 전선을 확대 강화하기 위해서 종교나 종파들 사이의 차이를 활용한다.

우리는 각 종교의 상징인 경전들을 읽으면서, 각 종교에 대해서 차이점을 크게 부각시킬 수 있다. 반면, 우리는 또한 각 종교의 같은 점을 얼마든지 강조할 수 있다. 결국 읽기의 차이에 따라 너무나 서로 다른 다양한 유대인들, 기독교인들, 무슬림들이 존재하게 된다.

1. 코란과 하디스가 말하는 세 종교의 관계

코란은 세종교 유대교, 기독교, 이슬람교가 동일한 신을 믿는 종교들이라고 밝힌다. 사실, 코란은 유대교 경전인 모세 오경(토라, 구약), 기독교 경전인 복음서(신약)과 상당히 많은 부분 관련 있고, 유대교 경전과 기독교 경전에 나오는 사건들이 재현되는 부분들이 많다. 코란에서 무함마드는 노아, 아브라함, 모세, 예수에게 내려진 계시를 이어받은 신의 사도다.

예언자 무함마드 사후 코란 편집 책임을 맡았던 자이드 이븐 타빗(610~660년, Zayd Ibn Thabit ibn al Dahhak al Ansari)은 610년 야스립(622년 예언자 무함마드가 메카에서 야스립으로 이주한 이후, 야스립은 예언자의 도시라는 뜻으로 메디나로 불렸다)에서 카즈라즈-낫자르 부족 출신의 유대인으로 태어나, 유년기에 유대인 교육을 받았다. 그는 11세에 이슬람으로 개종하면서 안사르가 되었고, 예언자 무함마드의 개인 통역사이자 서기로서 탁월한 역할을 하였다(Lecker 1997, 259; Nagel 2020; Bukhari 2024; Muslim Central 2018). 632년 예언자 무함마드 사후, 1대 칼리파 아부바크르, 2대 칼리파 우마르, 3대 칼리파 오스만 통치시기에, 자이드는 코란 편찬위원회의 위원장으로 활동하였다. 그는 양피지 등 다양한 문서와 예언자 무함마드 부인들의 기억 등을 포함한 다양한 구술 자료를 모아 코란을 한 권으로 편집하였다고 전해진다. 사실, 칼리파 아부바크르 통치시기에 자이드를 코란 편집위원장으로 추천한 인물은 사실상 실권자였던 우마르였다. 전해지는 이야기에 따르면, 칼리파 우마르는 "코란에 대해서 묻고 싶은 사람은 누구든지 자이드 이븐 타빗에게 가시오"라고 말할 정도로 코란에 대한 자이드의 권위를 인정한 것으로 알려졌다. 칼리파 오스만 명령으로, 자이드는 예언자 무함마드 부인 하프사(칼리파 우마르의 딸)가 가지고 있던 코란 사본을 활용하여 표준 코란 사본을 만든 것으로 알려졌다. 이 임무를 완수함으로써, 자이드는 코란에 관한 가장 권위 있는 인물이 되었다.

2017년 요르단대학 언어학 교수 아흐람 스바이햇(Ahlam Sbaihat)과 나마 알바나(Nama' Albanna)가 공동으로 예언자 무함마드의 언행록인 하디스를 분석한 논문, 「야스립 유대인의 언어: 권위있는 하디스에 기초한 연구」를 발표하였다 (Sbaihat 2017, 327~356). 이 글은 예언자 무함마드, 통역사 자이드 이븐 타빗, 유대인, 기독교인의 관계에 대해서 다음과 같은 사실을 밝혀냈다. 야스립 유대인들의 일상 소통언어는 히자즈 지방(메카. 메디나 등 사우디아라비아 서부)의 아랍어이고, 예배와 관련된 히브리 용어들이 일부 섞여 있었다. 유대인들은 히자즈 지방 아랍어를 사용하여 예언자 무함마드와 소통하는데 전혀 문제가 없었다. 그럼에도 불구하고, 예언자 무함마드는 그의 통역사 자이드 이븐 타빗에게 유대교 경전 언어인 히브리어와 아라비아반도 기독교인 다수파인 네스토리우스 기독교인들이 사용하는 시리아어를 직접 배우라고 지시하였다. 자이드는 야스립 거주 유대인과 기독교인들에게 이 언어들을 배우는데 각각 1개월도 채 걸리지 않았다. 당시 시리아어는 북서부 시리아와 메소포타미아 지방에서 널리 사용되었다. 예언자 무함마드는 그의 통역사 자이드를 통해서 유대인 랍비 등 지식인들 및 기독교인들과 비밀리에 통신하였다. 예언자 무함마드는 자이드에게 그의 통신 내용을 비밀로 유지하라고 자이드에게 요구하였고, 자이드는 이 비밀을 지켰다. 예언자 무함마드가 유대인들과의 통신에서 히자즈 지방 아랍어를 사용하지 않은 이유는 다른 사람들이 그의 통신 내용을 아는 것을 원하지 않았기 때문이다. 하디스에 따르면, 다양한 언어가 공존하던 야스립을 포함한 히자즈 지방에서는 히자즈 지방 아랍어가 일상 소통 언어로 사용되었으나, 예언자 무함마드는 히브리어와 시리아어로 유대인들 및 기독교인들과 소통함으로써 종교적인 내용을 정확하게 이해하기를 원했다.

당시 대부분의 일반 사람들과 마찬가지로 유대인들 대부분은 문맹이었다. 따라서 유대교 경전인 토라를 읽고 쓰는 등 히브리어를 구사할 수 있는 유대인들은 극소수의 랍비들뿐이었다. 통역사 자이드를 매개로 유대인 랍비들과 히브리어로 통신함으로써 예언자 무함마드는 토라 및 유대교 관련 내용을 충분히 인지했을 것으로 보인다. 예언자 무함마드가 활동할 당시에는 아직 코란이 경전으로 만들어지지 않았다. 예언자 무함마드와 통역사 자이드는 유대교 지식인들 및 기독교인들과 통신을 통해서 유대교 경전인 토라(구약)와 기독교 경전인 신약 성서를 비롯한 유대교와 기독교 관련 내용을 이해하고 활용한 것으로 보인다. 따라서 코란이 유대교 및 기독교 관련 내용들을 포함하고 있는 것은 매우 자연스럽다.

2. 예언자 무함마드의 가계와 유대인

570년경에 출생한 예언자 무함마드 빈 압달라 빈 압둘 무딸립 빈 하심 빈 쿠사이 알 꾸라이시(570~632)는 꾸라이시 부족의 하심가문 출신이다. 5세기경에 홍해연안 메카지역과 히자즈 산악지역에 기반을 둔 키나나 부족에 속해 있던 쿠사이 빈 킬랍(400~480)이 이 지역에 흩어져 살고 있는 유목 친족들을 모아 메카와 카바를 지배하는 상업 중심의 꾸라이시 부족 연맹을 결성하였다. 이때 사람들이 쿠사이를 모으는 사람이라는 뜻으로 꾸라이시라고 부르기 시작하였다. 쿠사이는 꾸라이시 부족의 1대 수장이 되었고, 예언자 무함마드의 5대 선조이며, 그 이전에 꾸라이시라고 불린 사람은 없었다(Rizvi 1999, 5-9).

이때 메카는 나무라고는 거의 없는 황량한 산에 둘러싸인 골짜기에 발달된 상업도시지만, 페르시아, 시리아, 이집트, 인도 등과의 교역이 성행하고, 다신교도, 유대교도, 기독교도, 조로아스터교도, 하니프, 마즈닥교도, 마니교도 등 다양한 종교들이 공존하는 상업 중심지로 국제 무역의 통상로로서 중요한 역할을 하였다. 이러한 메카의 번영은 꾸라이시 부족의 상업 활동과 긴밀한 관련이 있었다.

오늘날 예멘 지역에 존재하던 힘야르 왕국(BC.110~AD.570, 현재 예멘 지역)의 아부 카립 아사드 왕이 AD.390년경 유대교로 개종하고, 기독교 국가인 악숨왕국(AD.1세기~960)과[1] 로마제국에 맞서 중앙 아라비아 정복을 추진하는 과정에서 다신교

---

1) 페르시아의 예언자 마니(216~277)는 3세기경에 현재 이디오피아 지역에 위치했던 악숨 왕국은 페르시아, 로마, 중국에 이어 4번째 세계 강국이라고 주장했다. 6세기

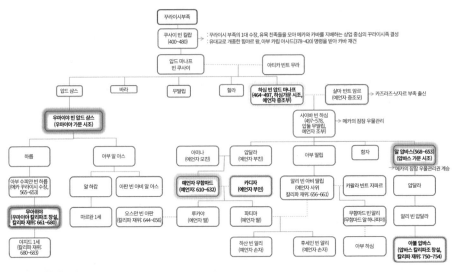

예언자 무함마드의 족보

도 꾸라이시 부족과 동맹을 맺었다. 아부 카립 아사드 왕이 유대교로 개종한 이유는 아라비아반도에서 세력을 확장하면서 힘야르 왕국을 위협하던 악숨왕국과 로마제국의 영향력을 저지하기 위한 것이었다.

5세기 초에 꾸라이시 초대 부족장 쿠사이는 유대교도 아부 카립 아사드 힘야르 국왕의 명령으로 무너진 카바 신전을 재건하였다.[2] 쿠사이는 카바 주변에 우물을 파고, 가옥을 건축하고, 유목민들을 정착시켜 상업 중심의 꾸라이시 부족을 결성하였고, 카바를 보호한다는 명분으로 카바 신전의 제사를 장악하였다. 당시 카바 신전에는 다양한 부족들이 신봉하는 신상들이 있었다.

쿠사이의 뒤를 이어 꾸라이시 부족의 2대 수장이 된 쿠사이의 아들, 압드 마나프 빈 쿠사이가 예언자 무함마드의 고조 할아버지다. 메카에서 압드 마나프의

에 극심한 가뭄으로 힘야르 왕국은 약화되었고, 결국 악숨왕국에게 정복되었다.
2) 코란에 따르면, 아담이 최초로 카바를 건설하였으며, 아브라함이 재건할 때 대천사 가브리엘로부터 초석을 받아 놓았다.

샴쌍둥이 아들, 하심(464~497)과 압드 샴스는 하심의 다리와 압드 샴스의 머리가 붙어서 태어났다. 아버지 압드 마나프가 이들을 칼로 분리했다고 알려졌다. 압드 샴스는 우마이야 빈 압드 샴스의 아버지로 7세기 중반 우마이야 칼리파조를 세운 우마이야 가문의 선조가 되었고, 하심은 예언자 무함마드를 배출한 하심 가문의 시조로 예언자 무함마드의 증조할아버지다.

하심은 메카에서 꾸라이시 캐러반을 시작한 유능한 상인이었다. 그는 에티오피아 통치하의 예멘으로, 동로마제국 통치하의 시리아로, 앙카라로 국제 무역을 하였으며, 일신교인 아브라함의 종교를 가졌다는 뜻으로 하니프라고 알려졌다. 하심은 매년 메카로부터 북방으로 직선거리 340km에 위치한 야스립(메디나)을 지나갔고, 그곳에서 시장을 열었다. 이 과정에서 그는 야스립에 거주하는 카즈라즈-낫자르 부족의 살마 빈트 암르와 결혼하였다. 살마 역시 캐러반들과 거래를 하는 낫자르 부족 내에서 명망이 있는 상인이었다. 하심은 야스립을 지나갈 때마다 그녀의 집에 머물렀고, 살마가 임신했을 때, 시리아로 떠났다. 살마는 야스립에서 상업을 계속하면서 가족들과 가정을 지켰고, 하심과의 사이에서 낳은 사이바 빈 하심(압둘 무딸립, 497~578)을 키웠다.

하심과 살마의 아들 사이바가 태어난지 몇 달 안 되었을 때, 아버지 하심이 팔레스타인 가자에서 무역 활동을 하던 중 사망하였다. 야스립에서 태어나서 성장하던 사이바는 삼촌 무딸립 빈 압드 마나프의 제안으로 그를 따라 메카로 이주하였다. 사이바가 삼촌 무딸립을 따라 메카로 들어가자, 메카 사람들이 사이바를 무딸립의 노예로 알고, 그의 이름을 압둘 무딸립으로 불렀다. 이때부터 그의 이름으로 사이바보다 압둘 무딸립이 더 흔하게 사용되었다.

메카에서 압둘 무딸립은 어느 날 꿈의 계시로 꾸라이시 부족이 전통적으로 제물을 바쳐온 카바 신전 주변 약 20m 떨어진 곳에서 잠잠 우물을 발견하였다. 이 발견으로, 압둘 무딸립은 잠잠 우물을 관리하며 메카를 순례하는 사람들에게 물을 공급하는 권리를 획득하고, 후에 그의 아들 알 압바스(568~653)가 이 권리를 이어받았다. 8세기 중반 알 압바스 가문의 후손들이 압바스 칼리파조를 개창하였다.

압둘 무딸립 빈 하심은 유복자로 태어난 손자, 훗날 예언자가 된 무함마드(예

2024년 성묘교회 문여는 와지흐 누세이바

2016년 동예루살렘 소재, 알리 끌레이보의 집(알리 끌레이보, 루시 누세이바, 엘레나 끌레이보, 필자, 루바바 사브리)

2024년 성묘교회 문여는 와지흐 누세이바와 주데 알 후세이니 알 고다야 가문

언자 활동: 610~632)를 키웠다. 그런데 무함마드가 어린 나이에 할아버지 압둘 무딸립이 사망하였으므로, 삼촌 아부 딸립 빈 압둘 무딸립 빈 하심(535~619)이 무함마드를 키웠다. 대상단을 이끌었던 아부 딸립은 아버지 압둘 무딸립의 뒤를 이어 하심가문의 수장(재임: 578~619)이 되었다. 아부 딸립의 아들이자 예언자 무함마드의 딸 파티마 빈트 무함마드(605?~632)의 남편인 알리 빈 아부 딸립 빈 압둘 무딸립(600~661)은 예언자 무함마드 사후, 시아파의 1대 이맘(재위: 632~661)이며, 수니파의 4대 정통 칼리파(재위: 656~661)가 되었다.

622년 예언자 무함마드가 메카에서 야스립(메디나)으로 이주하였을 때, 증조할머니 살마 가문인 낫자르 부족과 함께 거주하였고, 이후 같은 장소에 예언자의 모스크가 건설된 것으로 알려졌다. 623년 메디나 헌장은 사실상 낫자르 부족의 유대인을 포함하는 메디나 거주 유대인들과 무슬림들과의 동맹을 명시한 문서다. 따라서 이주한 예언자 무함마드에게 거주지를 제공한 낫자르 부족이 유대인이었다는 것은 합리적인 추론이다. 이후 낫자르 부족과 낫자르 부족에서 갈라져 나온 누세이바 부족을 포함하는 더 큰 규모의 카즈라즈 부족 대부분은 유대교에서 이슬람교로 개종하였고, 2대 칼리파 우마르와 함께 예루살렘 정복

전쟁에도 적극적으로 참여하였다. 현재 낫자르 부족과 누세이바 부족은 예루살렘의 무슬림 명문가문들이다.

특히 누세이바 가문은 예수 무덤 교회(성묘교회: 335년 로마황제 콘스탄티누스 1세가 건설)의 관리인으로 정문 여닫는 임무를 맡고 있으며, 현재 이 임무를 수행하는 와지흐 누세이바(Wajeeh Nuseibeh)는 페이스북에 이 일 관련 사진들을 자주 올리며, 매우 자랑스러워한다. 와지흐 누세이바는 이 책의 출판을 위해 최근 성묘교회 문여는 장면 사진을 필자에게 보내왔다.

와지흐 조카, 누나의 아들인 알리 끌레이보(Ali Qleibo)는 동예루살렘 소재 알 쿠드스 대학 교수로 필자의 오랜 친구이며, 외가인 누세이바 가문의 성묘교회 관리 임무에 커다란 자부심을 갖고 있다. 인류학자이기도 한 알리 끌레이보는 카즈라지 부족이 유대교에서 이슬람교로 개종했다고 밝히면서, 이 책 출판을 위해 성묘교회 열쇠관리 업무에 대하여 다음과 같은 글을 필자에게 보내왔다. "636년 칼리파 우마르가 예루살렘을 정복한 이후, 예루살렘 총대주교 소프로니우스(Sophronius, 560~638)가 성묘교회 열쇠를 칼리파 우마르에게 넘겨주었고, 칼리파 우마르는 이 열쇠를 경건한 압달라 빈 누세이바(Abdallah bin Nuseibeh)에게 위탁하였다. 이때부터 1099년 십자군이 예루살렘을 정복할 때까지 누세이바 가문이 성묘교회 정문 관리 업무를 담당하였다. 십자군의 예루살렘 통치시기에 누세이바 가문은 나블루스로 이주하였다. 1187년 살라딘이 예루살렘을 정복한 이후, 예루살렘에 거주하던 하심가문 출신의 주데 알 후세이니 알 고다야(Joudeh Al Husseini Al Ghodayya)에게 성묘교회 열쇠를 보관하도록 명령하였다. 누세이바 가문이 예루살렘으로 돌아와서 열쇠관리권 반환을 요청했다. 판사는 누세이바 가문이 성묘교회 정문 열고 닫는 업무를 하고, 고다야 가문이 열쇠를 보관하라고 판결하였다. 양 측이 이에 동의를 했고, 현재까지 이 두 가문이 공동으로 열쇠관리 업무를 수행하는 전통이 확립되었다. 이 성묘교회 안에 위치한 기독교 교파들은 이 두 무슬림 가문들의 명예로운 업무에 합의하였다." 성묘 교회 사용권을 공유하는 기독교 교파들(로마 가톨릭교회, 그리스 정교회, 아르메니아 정교회, 시리아 정교회, 콥트 정교회, 에티오피아 정교회)은 서로 간에 성묘교회에 대한 주도권 분쟁을 피하기 위하여 무슬림 가문들이 성묘교회 열쇠를 관리하는 것에 찬성하는 것으로 알려졌다.

3. 623년 메디나 헌장: 무슬림-유대인 공동체 창설 협정

야스립(예언자 무함마드 이주 이후 메디나로 개명) 오아시스 지역에서 지배권을 행사하던 카즈라즈 부족과 아우스 부족은 622년 양측 간에 수자원 확보 문제와 연루된 유혈 분쟁의 조정자로 예언자 무함마드를 메카에서 야스립으로 초대하였고, 이두 부족은 아랍인들이라고 알려졌다(Sbaihat 2017, 327~356).

그렇다면, 이들이 갖고 있던 종교는 무엇이었을까?

예언자 무함마드의 조력자들, 카즈라즈 부족과 아우스 부족

* 610년: 무함마드는 메카 외곽 누르산의 히라 동굴에서 가브리엘 천사로부터 첫 계시를 받고 예언자가 됨.
* 612~613년: 예언자 무함마드가 메카에서 처음 설교를 시작하면서 예루살렘 방향으로 기도하도록 지시하고, 대중 설교를 통해서 영향력 강화 시작. 시리아 등지로 가는 캐러밴을 이끌 뿐만 아니라, 카바 다신교 신전에 봉납하는 공물 등을 장악함으로써 메카에서 강력한 영향력을 행사하던 아부 수피안(우마이야가문 수장)이 무함마드 탄압 시작.
* 615년: 초기 무슬림들 중 15명이 아부 수피얀의 탄압을 피해 악숨왕국(기독교 왕국)으로 피신 (역사적으로 악숨인들은 메카를 포함한 히자즈 지역에 세력 확장을 원했음).
* 617년: 아부 수피얀이 무함마드뿐만 아니라 하심가문에 대한 사회적 보이콧 선언.
* 619년: 시리아 등지로 가는 캐러밴을 이끌며, 무함마드를 후원하던 부인 카디자와 삼촌 아부 딸립(하심가문 수장) 사망.
* 620년: 후원자를 잃고, 위기에 처한 무함마드는 메카 인근 따이프로 피신 시도 실패.
* 621년: 야스립 오아시스 농업 부족들, 카즈라즈 부족(10명)과 아우스 부족(2명)이 아까바(메카에서 야스립 쪽으로 5km에 위치)에서 무함마드에게 1차 충성 서약한 이후, 무함마드는 야스립으로 이주 준비(야스립은 메카에서 시리아 등지로 가는 무역로에 위치함).
* 622년: 야스립 출신 카즈라즈 부족과 아우스 부족 등 75명이 예언자 무함마드에게 2차 아까바 충성 서약한 이후, 7월 16일(히즈라 원년 1월 1일) 무함마드는 메카인들의 암살 시도를 가까스로 피해 야스립으로 이주.
* 623년: 메디나 헌장, 메디나(야스립)에서 무슬림-유대인 공동체(다종교 공동체) 협정.
* 624년: 1월 기도방향을 예루살렘에서 메카로 전환. 3월, 메카와 메디나 사이에 위치한 바드르에서 아부 수피얀 군대 1천명과 무함마드 군대(메카 출신 이주 무슬림 82명+아우스 부족 61명+카즈라즈 부족 170명)가 전투한 결과 무함마드군 승리. 이 전투 직후, 무함마드는 전리품의 1/5을 취하고, 4/5는 전투에 참가한 사람들에게 분배.
이때 메카와 사업 망을 구축하고 있던 금 등 보석 세공업자, 유대 부족 카이누카를 아부 수피얀과 내통 및 무슬림 살해 죄로 메디나에서 추방(카이누카 부족 추방을 종교적인 이유로 규정하며, 유대인이기 때문에 추방했다고 주장하는 것은 비합리적인 해석으로 보임).

야스립으로 이주하기 이전 메카에서 활동하던 예언자 무함마드는 부유한 상인으로 다신교인이던 꾸라이시 부족의 우마이야 가문 수장 아부 수피얀 등에게 탄압을 받고 있었다. 예언자 무함마드는 꾸라이시 부족의 하심가문 출신이었다. 당시 메카에 거주하는 주민들 사이에서 같은 부족 내에서 개인들이 서로 다른 종교를 갖는 것은 특별한 일이 아니었다. 다신교인, 유대인, 기독교인, 조로아스터교인, 마니교인 등 다양한 종교인들이 공존하던 메카에서 다신교인들이 정치적, 경제적, 종교적 지배권을 행사했다.

반면, 야스립은 유대인들의 지배적인 영향력 아래 놓여 있었다. 유대교는 무함마드가 등장하기 2세기 전에 이미 야스립에서 잘 확립되어 있었고, 오래된 역사만큼이나 다양한 유대인들이 야스립에 거주하였다. 이 유대인들은 경우에 따라 부족 단위로 오아시스 농업, 금은 세공업, 무역업 등 서로 다른 직업을 가졌고, 아라비아반도에서 예언자의 출현 등에 관한 서로 다른 신학적 견해를 견지하고 있었다. 이 유대인들은 일상언어로 아랍어 사용자들이었고, 아랍 이름을 가졌다. 유대인들 대부분은 문맹이었고, 소수의 지식인 랍비들만이 히브리어 유대교 경전인 토라를 읽고 쓸 수 있었다.

다양한 문서들에 따르면, 야스립의 각 부족들은 하나의 종교로 통일된 것이 아니라 유대인, 기독교인, 다신교도 등 다양한 종교인들을 포함한다고 알려져 있다. 야스립은 유대교의 영향력이 지배적이긴 하지만, 각 부족 내에 다양한 종교인들이 공존하는 사회였다.

메디나 헌장은 예언자 무함마드가 주도하는 메카 출신의 이주민 무슬림들과 메디나 주민들 사이에서 체결된 공존 협정으로, 예언자 무함마드가 메카에서 메디나로 이주한 이듬해인 623년에 만들어졌다. 이 헌장은 무슬림들과 다양한 메디나 주민들, 특히 유대인들이 하나의 공동체(국가)를 결성하도록 규정하였으며, 무슬림들과 유대인들 및 다양한 종교와 다양한 부족들 사이의 평화로운 공존을 강조하였다.

다음은 메디나 헌장의 주요 내용이다.

메디나 헌장-623년: 무슬림-유대인 공동체 창설 협정

* 자율적인 유대인 공동체: 무슬림과 유대인은 각각의 종교와 경제권을 가진다.
* 유대인의 권리: 유대인들은 사회적, 법률적, 경제적으로 무슬림들과 동등한 권리를 갖는다.
* 유대인과 무슬림 동맹: 유대인의 적들은 도움을 받지 못할 것이다. 유대인들과 동맹한 사람들은 유대인들과 동등한 대우를 받는다.
* 자율적인 다종교 공동체: 유대인 외에도 이 공동체에 포함된 다른 종교인들도 무슬림과 정치 및 문화에 동등한 권리를 갖고, 자율적이고 자주적인 종교의 자유를 갖는다.
* 전사 공동체: 외부인들과의 관계는 모두 전쟁에 참가하거나 완전히 평화 상태이거나 둘 중의 하나다. 전쟁에서 메디나의 주민들은 모두 같은 편. 이 조약에 서명한 자들은 메디나가 공격을 받을 경우에 서로 도와야만 한다.
* 무함마드의 위상: 무함마드의 허락 없이 전쟁을 할 수 없다.
* 전쟁 비용: 유대인들은 유대인들 스스로 전쟁 비용을 부담하고, 무슬림들도 스스로 전쟁 비용을 부담한다.
이 공동체 구성원 중 누가 공격을 당하면 다른 구성원이 도와야만 한다. 유대인들이 전쟁에 참가하지 않는다면, 무슬림들에게 전쟁 비용을 지불해야 한다.
* 메카의 꾸라이시: 적들인 메카의 꾸라이시와 그들의 동맹은 보호를 받지 못할 것이다.
꾸라이시 상인들은 보호를 받거나 지원을 받지 못한다. 꾸라이시 상인들은 메디나를 공격하는 사람들을 돕는다.
* **9개 부족의 유대인들 명시: 아우프 부족의 유대인들, 낫자르 부족의 유대인들, 하리스 부족의 유대인들, 사이다 부족의 유대인들, 자샴 부족의 유대인들, 아우스 부족의 유대인들, 싸흘라바 부족의 유대인들, 주프나 부족의 유대인들, 샤트비아 부족의 유대인들은 무슬림들과 하나의 공동체를 이룬다. 유대인들에게는 그들의 종교가 있고, 무슬림들에게는 그들의 종교가 있으며, 이 원칙은 유대인들의 후원자들과 유대인의 친구들에게도 적용된다.** 그러나 악한 행동이나 죄악을 저지르는 자들은 스스로와 가족에게 악행을 불러오기 때문에 여기서 제외된다.
* 메디나는 성지: 이 헌장에 나오는 주민들에게 메디나 안은 성지다.

    623년에 작성된 메디나 헌장 원본은 소실되었으나, 메디나에서 태어나서 구전들을 모아 저술활동을 한 무슬림역사가 이븐 이삭(Ibn Ishaq, 704~767)이 쓴 예언자 『무함마드 생애』에서 그 원본 내용이 보존되어 후세에 전해진 것으로 알려졌다.

    이 메디나 헌장은 무슬림들이 9개 부족(아우프 부족, 낫자르 부족, 하리스 부족, 사이다 부족, 자샴 부족, 아우스 부족, 싸흘라바 부족, 주프나 부족, 샤트비아 부족)의 유대인들과 하나의 공동체를 구성한다고 명시하였다. 이 중 아우프 부족, 낫자르 부족, 하리스 부족, 사이다 부족은 더 큰 규모의 카즈라즈 부족을 구성한다. 메디나 헌장에서, 카즈라즈 부족을 구성하는 하위 부족들을 아우스 부족과 동등한 위치로 개별적으로 호명한 것은 주목할 만하다. 이것은 예언자 무함마드와 카즈라즈 하위 부족들 사이에 매우 긴밀한 관계가 수립되었다는 것을 의미한다.

이와 같이 메디나 헌장은 유대인들과 무슬림들이 하나의 공동체를 구성한다고 규정하면서, 다른 메디나 주민들에 대해서는 유대인들과 가까운 친분관계가 있으면, 유대인들과 동등한 대우를 받는다고 명시하였다. 따라서 메디나 공동체는 무슬림들과 유대인들이 주도하는 다종교 공동체이다.

또한 이 공동체는 전사 공동체의 특성도 가지고 있다. 무슬림들과 하나의 공동체를 구성하는 유대인들일지라도 적들과 내통하거나 그들 편에 서면, 공동체로부터 추방당할 수 있다. 실제로 624년 메카와의 전쟁에서 메카의 꾸라이시 적들 편에 섰던 일부 유대인들이 메디나에서 추방당하였다. 이 사건에 대하여, 일반적으로 많은 자료는 무슬림들과 유대인들 사이의 불화로 몰아감으로써 종교 간 충돌로 결론 내는 경향이 있다.

이슬람이 출현하기 이전인 5세기 후반 아브라함의 순수한 일신교 신앙을 가진 무역 상인으로 알려진 무함마드의 증조부 하심 빈 압드 마나프(하심 가문을 세운 시조, 464~497년)는 메카에서 시리아로 가는 통상로에 위치한 메디나 거주 상인 살마와 결혼하였다. 증조모 살마는 카즈라즈-낫자르 부족 출신이다.

예언자 무함마드의 조부 사이바 빈 하심(압둘 무딸립, 497~578)은 메디나에서 증조부모, 하심과 살마의 아들로 태어나 메카로 이주하였고, 카바 신전의 잠잠 우물을 발견하여 관리하였다. 특히 그는 유복자로 태어난 무함마드를 키웠다. 이러한 사실은 무함마드가 무슬림 예언자로 우뚝 서기전에 일신교, 메디나 및 카즈라즈-낫자르 부족과 깊은 인연이 있었다는 것을 의미한다.

예언자가 된 이후 무함마드는 622년 메디나로 이주하면서 카즈라즈-낫자르 부족과 함께 거주하였고, 예언자의 모스크가 카즈라즈-낫자르 부족의 마당에 세워졌다. 또 예언자 무함마드 사후, 무슬림들은 카즈라즈-사이다 부족이 소유한 건물인 사끼파에서 개최된 사끼파 회의에서 아부 바크르를 예언자 무함마드를 계승하는 제1대 칼리파로 결정하였다.

이와 같이 카즈라즈 부족은 예언자 무함마드를 메디나로 초대하였을 뿐만 아니라, 그가 메디나에서 정착하여 활동하는데 결정적인 도움을 주었다. 이후 이 부족은 무슬림으로 개종하였으며, 무함마드 사후에도 예루살렘 정복을 비롯한 무슬림들의 정복전쟁에서 중요한 역할을 한 것으로 알려졌다. 따라서 메디나 헌장 속에 나타나는 무슬림들은 각 부족 내 유대인들과 매우 긴밀한 협력 관계를 유지하였고, 종교나 부족이 다르다는 이유로 차별대우를 하거나 분쟁을 한 것으로 보이지 않는다.

4. 개종을 통해 형성된 유대인, 기독교인, 무슬림

현대를 살아가는 우리들은 유대인, 기독교인, 무슬림들이 모두 역사적으로 시공간을 넘나들며 개종을 통해서 형성되었다는 사실을 부정하기 힘들다. 이스라엘 텔아비브 대학의 역사학 교수 슬로모 샌드는 AD.70년에 로마제국 통치하의 팔레스타인에서 유대인들이 추방되었다는 것은 신화이며, 유럽 유대인들은 개종을 통해서 창출되었다고 주장한다.

2008년 9월 『르몽드 디플로마티크』와의 인터뷰에서 슬로모 샌드는 "기원전 6세기에 일반 유대인들은 바벨론으로 추방당하지 않았고, 정치 지도자들과 지식인들만이 바벨론에 정착하도록 강요받았다. 이때 페르시아 종교와의 결정적인 조우로 유대 일신교가 탄생하였다. AD.70년에 로마인들은 동부 지중해에 어

▶ 역사연구의 성과들은 현대 유대인들이 역사적 시간과 공간 속에서 지역 단위로 대규모의 개종을 동반하면서 다양한 모습으로 형성되어왔음을 알려주고 있다. 서기 4세기 후반에 아라비아 반도 남부 지역에서 유대교로 개종한 힘야르족, 7세기에 북아프리카 지역에서 유대교로 개종한 베르베르인, 8세기 중반 흑해와 카스피해 연안에서 유대교로 개종한 카자르족(Khazar) 등은 유대인의 정체성이 역사적으로 개종을 통해서 만들어져 왔다는 사실을 잘 보여준다.

▶ 이슬람 역사가 이븐 할둔(1332~1406)은 7세기에 북아프리카 베르베르인과 8세기에 카자르인들의 개종에 관한 연구를 했다. 또 헝가리 유대인 아더 쾨슬러(1905~1983)는 유대교로 개종한 이후 동유럽으로 흘러 들어간 카자르인들이 현대 유대인들과 혈통적인 연관성을 가지고 있음을 밝힘으로써 유대인들의 정체성 형성과정을 역사적으로 입증하고 있다.

▶ 이스라엘 텔 아비브 대학 교수이며 언어학자인 폴 웩슬러는 "서기 1세기에 로마가 점령하였던 팔레스타인으로부터 유럽으로 대규모의 유대 이민자가 발생하지 않았다"고 주장했다.

▶ 아더 쾨슬러는 1976년에 런던과 뉴욕에서 동시에 출판된 『열세 번째 부족: 카자르제국과 그 유산』에서 현대 유대인들 대부분은 8세기 중반 카스피해와 흑해 연안에 위치했던 카자르제국에서 개종한 사람들의 후손들이며 셈족 출신이 아니라고 주장하였다.

개종을 통해 형성된 유대인

떤 지역으로부터 어떤 민족도 추방하지 않았다. 노예가 된 죄수들을 제외하고, 일반 유대 주민들은 두 번째 성전 파괴 이후에도 계속해서 그 땅에서 살았다. 4세기에 일부 주민들은 기독교로 개종하였고, 7세기 아랍 정복 이후 다수 주민들이 이슬람교로 개종했다"라고 주장했다(Sand 2008, Sep; WEISS 2008, Sep. 2).

오늘날 일부 팔레스타인 무슬림들의 조상은 유대인이다. 예를 들면, 헤브론에는 유대교에서 이슬람으로 개종한 가문들이 있다. 헤브론에 거주하는 드웩 가문 중 일부가 14세기 이집트 맘룩 통치하에서 유대교에서 이슬람으로 개종한 것으로 알려졌다. 현재 이스라엘 유대인 드웩과 팔레스타인 무슬림 드웩은 조상이 같은 유대인 가문이었던 것으로 알려졌다(Jewish Refugees.org 2019, Dec. 8).

1515년 오스만 제국이 정복한 시리아 알레포 지역의 세파르디 유대인 야콥 사울 드웩 하코헨(Yaaqob Shaul Dwek HaCohen)은 오스만 제국 술탄이 임명한 시리아 알레포의 하캄바시(유대교 최고 랍비, 재임: 1904~1908)였다. 드웩은 세파르디 유대인 공동체 하캄바시 가문이다. 아레포의 하캄바시는 야콥 사울 드웩 하코헨 이전에도 사울 드웩 하코헨(1869~1874), 모세 드웩 하코헨(1880~1882), 아브라함 에즈라 드웩 하코헨(1883~1894) 등의 드웩 가문이 장악하였다.

그런데 1942~1947년 사이에 약 4,500명 정도의 시리아 및 레바논 유대인들이 팔레스타인으로 이주했다. 1948년에는 시리아에 40,000명의 유대인들이 거주하였다. 이들 중 1948~1961년에 약 5,000명의 시리아 유대인들이 이스라엘로 이주하였다. 이때 알레포의 드웩 가문도 이스라엘로 이주한 것으로 알려졌다(Jewish Virtual Library 2024, Feb. 11).

현재 동예루살렘을 비롯한 팔레스타인 지역에도 드웩 가문 출신 무슬림들이 활발하게 활동한다. 필자가 2016년 『21세기 중동 바르게 읽기: 재설정되는 국경』을 출판할 때, 그림 4작품을 제공한 동예루살렘에 거주하는 유명한 팔레스타인 무슬림 화가 탈렙 드웩, 가자를 통치하는 하마스 고위급 지도자 아지즈 드웩 등 드웩 가문 출신들이 팔레스타인에서 다양한 활동을 하고 있다.

2012년 12월 8일, 미국 언론인 필립 웨이스와의 인터뷰에서 슬로모 샌드는 "유대인과 예루살렘 성지 사이의 유대관계를 인정한다. 그러나 나는 그 땅에 대한 종교적 유대관계가 유대인에게 예루살렘 성지에 대한 역사적 권리를 준다고 생각하지 않는다. 나는 이스라엘의 존재를 지지한다. 그 이유는 성지에 대한 유대인의 역사적 권리 때문이 아니라, 이스라엘이 오늘날 존재하기 때문에 이스라엘을 파괴하려는 어떠한 노력도 새로운 비극을 가져올 것이기 때문이다. 시온주의는 존재할 권리를 갖는 새로운 이스라엘 민족을 만들었다"라고 주장했다(WEISS 2012, Dec. 13). 슬로모 샌드는 2010년 출판된 『유대민족의 발명』을 저술하였다.

슬로모 샌드의 희망처럼, 이스라엘이 유대인, 기독교인, 무슬림들을 포함하는 주민들이 모두 법 앞에 평등한 권리를 누리며, 민주적 가치를 추구하는 나라가 될 수 있을까?

5. 이스라엘 내 이슬람주의자가 아랍정당통합 강타

2021년 6월 13일, 이스라엘 새 연립정부가 의회 신임 투표에서 전체 120석 중 60 : 59, 1표차로 승인되었다. 새 정부는 극우파 총리 나프탈리 베네트가 이끌고, 우파와 좌파뿐만 아니라 이슬람주의를 내세운 라암당 등 정치이념이 다른 8개 정당이 합류하였다. 새 총리 베네트는 점령지 팔레스타인에 불법적인 이스라엘 정착촌 건설을 강력하게 지지하며, 팔레스타인인 살해를 옹호하는 등 팔레스타인인들에 대한 혐오발언을 했을 뿐만 아니라, 팔레스타인 국가를 공개적으로 거부한 바 있다.

네타냐후 정부와 박빙의 대결 구도 속에서, 새 정부 출범에 결정적으로 공헌한 인물은 의회에서 4석을 확보한 이슬람주의자 라암당을 이끄는 만수르 압바스다.

만수르 압바스는 2020년부터 네타냐후와 협력관계를 구축하면서, 네타냐후 정부와 새 정부 사이에서 어느 쪽에 합류할 것인가를 저울질 해왔다. 2020년 11월 19일 예루살렘 포스트와의 인터뷰에서, 만수르 압바스는 "다른 아랍계 의원들과는 달리, 나는 네타냐후를 인종차별주의자라고 부르지는 않는다"고 밝혔다. 2020년 11월 24일 채널 20과의 인터뷰에서, 만수르 압바스는 총리 네타냐후에 대한 지지 및 협력관계를 공개하고, "아랍정당들이 모두 좌파의 주머니 속에 있는 것은 아니다. 사회적 이슈 및 종교와 국가의 문제에 대해서는 나는 우파다.

정치체제는 이스라엘 사회가 선택한 것이고, 나는 그것을 받아들인다"고 주장
하였다(Israel Hayom 2020, Nov. 25).

이에 맞서 공동명부 소속으로 만수르 압바스 동료였던 임따니스 샤하다는
"이러한 만수르의 행위는 공동명부를 탈퇴하기 위한 변명이며, 네타냐후의 마우
스피스 노릇을 한다"고 비난하고, 공동명부로부터 압바스 축출을 요구하였다.

결국 라암당은 2021년 1월 28일 공동명부를 탈퇴하고, 3월 23일 선거에 단독 출
마하여 4석을 획득함으로써 의회 내에서 이슬람주의자의 존재감을 과시하였다.

이후, 만수르 압바스는 네타냐후 정부와 네타냐후를 축출하기 위하여 결집한
새 정부 구성 추진 세력 사이를 오락가락하였다. 만수르 압바스가 '킹 메이커'라
불리는 이유가 여기에 있다. 최종적으로 그는 네타냐후를 버리고, 새 정부 추진
세력, 베네트를 선택하였다. 사실, 인종차별적인 팔레스타인 정책에 있어 네타냐
후와 베네트 사이의 차이는 거의 없다.

만수르 압바스는 아랍 통합 세력인 공동명부를 떠나 새로운 이스라엘 정부에
참가함으로써, 이스라엘 내 아랍 정당들 통합에 커다란 타격을 가하였다. 이로
써 분할통치 전략을 구사하는 이스라엘에게 팔레스타인 아랍인들은 다루기에
훨씬 손쉬운 대상이 되었다.

2015년 이후 이스라엘 내 아랍 정당들의 통합으로 공동명부가 창출되어 아랍
팔레스타인인들을 결집시킴으로써, 현실 정치 참여도가 높아졌다. 이스라엘 내
팔레스타인 아랍인들은 2013년 이스라엘 의회 선거에 56%가 참가하였고, 공동
명부가 만들어진 2015년에는 63.5%가 참가하였다. 2013년 의회 선거에서 아랍
정당들은 팔레스타인 아랍인 투표의 77%(349,000표)를 획득하였다(The Jerusalem
Post 2015, Mar. 24). 2015년 의회 선거에서 공동명부는 팔레스타인 아랍인 투표의
82%(444,000표)를 획득하였다. 2015년 아랍 정당들이 단일 공동명부로 출마하기
로 합의한 이유는 2014년 3월 11일 제정된 선거법이 선거 문턱을 득표율을 2%
에서 3.25%로 높였기 때문이었다. 이는 하나의 정당이 최소 4석을 확보해야 의
회에 진출할 수 있다는 것을 의미한다(Knesset 2014, Mar. 11).

2015년 공동명부 출범 이후, 이스라엘 내 아랍 정당들은 다음의 투표 결과를
얻었다.

2015~2021년 이스라엘 아랍 정당들의 의석

선거일	정당	대표	의석수(총 120석)	득표 %	정당순위
2015.03.17	공동명부	아이만 오데	13	10.54	3/10
2019.04.09	하다시-타알	아이만 오데	6	4.49	5/11
	라암-발라드	만수르 압바스	4	3.33	11/11
2019.09.17	공동명부	아이만 오데	13	10.60	3/9
2020.03.02	공동명부	아이만 오데	15	12.67	3/8
2021.03.23	공동명부	아이만 오데	6	4.82	10/13
	라암	만수르 압바스	4	3.79	13/13

공동명부는 2015년 이스라엘 내 아랍계 4개 정당 하다시(사회주의), 타알(아랍민족주의, 중도좌파), 발라드(아랍민족주의, 좌파), 라암(이슬람주의)의 정치연합으로 창립됨. 4개 정당 중에서 라암만이 이슬람주의를 표방하였다.
2021년 1월 28일 라암은 공동명부를 탈퇴함.

위의 표에 따르면, 모든 아랍 정당이 통합하여 공동명부로 단독 출마했을 때, 아랍인들의 투표율뿐만 아니라 득표율도 높아짐을 알 수 있다. 이는 아랍인들의 통합의식이 강화된다는 것을 의미한다.

2018년 7월 네타냐후가 이끄는 우파가 주도하여 이스라엘이 유대인의 국가라는 인종차별을 제도화하는 '유대민족 국가법'을 제정하는 등 각종 반아랍 입법을 통과시켰다. 이렇게 인종차별이 제도화하는 분위기 속에서 공동명부는 이스라엘 내 정당 순위 3위로 부상하는 등 적극적인 참여자로서 역할을 할 것처럼 보였다. 특히 2020년 다양한 파벌로 나뉘어 서로 분쟁하는 이스라엘 유대인 정당들은 공동명부를 구성한 아랍인들의 협력을 얻어야 중요한 결정을 할 수 있을 것 같은 순간이 도래한 것 같았다.

그러나 2021년 6월 라암당이 팔레스타인 아랍인들에 대한 인종차별 정책을 추진하는 새 정부에 합류하면서, 이스라엘 내 팔레스타인인 아랍인들의 통합은 커다란 걸림돌을 만난 듯하다.

만수르 압바스는 새 정부 구성을 추진하는 과정에서 "이스라엘 내 아랍 사회에 만연한 범죄, 폭력, 실업 문제, 주택 부족 문제 등과 이스라엘 남부 네게브 지방의 베두인 마을 허가 및 경제 발전 등에 합의했다"고 밝혔다.

반면 만수르 압바스는 이슬람을 내세운 정당을 이끌고 있음에도 불구하고, 동예루살렘 소재 이슬람 성지 알 아크사 모스크에 대한 이스라엘의 점령 및 공격, 동예루살렘 거주 팔레스타인인 축출, 이스라엘의 인종차별 정책 등을 새 정부에서 해결해야할 중요한 논의 주제로 내놓지 않았다. 이슬람주의자 압바스는 이슬람 성지나, 성지에 살고 있는 주민들이 직면한 긴급한 민족적인 문제를 새 정부에서 해결해야할 중요한 사안으로 간주하지 않는 것으로 보인다.

만수르 압바스는 팔레스타인 아랍인들이 당면한 민족적인 문제에는 눈을 감고, 세부적인 이스라엘 내 아랍 공동체의 사회·경제 문제들에 초점을 맞추고 있다. 그러나 인종차별적인 민족 문제와 이스라엘 내 아랍 공동체의 사회·경제적인 문제들은 모두 팔레스타인 아랍인들을 지배하기 위한 이스라엘 정책에서 나온 것이며, 구조적으로 연동되어 있기 때문에 분리해서 해결하는 것이 가능하지 않다. 만수르 압바스는 단지 이스라엘 정치 체제에 적극 순응하면서 기회를 엿보는 아랍인 이슬람주의자이다.

6. 샤우드 왕가의 메카와 메디나 소재 이슬람 문화 유적파괴

메카는 예언자 무함마드의 출생지이며, 그의 가족들 거주지였으며, 최초로 코란계시를 받은 히라 동굴이 있는 곳이다. 메디나는 예언자 무함마드가 유대인들과 함께 공동체를 건설하고 운영하고, 사망해서 매장된 곳이다. 이 지역은 예언자 무함마드 사후 계속해서 정통 칼리파, 우마이야 칼리파, 파티마 왕조, 압바스 칼리파, 오스만 제국의 통치하에 존재하면서, 예언자 무함마드의 후손인 하심가문이 지역적, 종교적, 사회적 통치권을 천년 가까이 행사하였다.

영국의 후원을 받은 중앙아라비아 디리야 출신의 압둘 아지즈 빈 사우드가 1924년, 1925년 메카와 메디나를 공략하여 점령하였을 때, 가장 먼저 이슬람 역사상 중요한 인물들의 묘지를 훼손시키고 유적들을 파괴하였다. 사우디아라비아 정부는 이슬람 문화 유적들이 우상숭배, 다신교 신봉 등과 같은 죄를 고무시키기 때문에 파괴하였다고 주장한다.

이러한 사우디아라비아 정부의 주장은 18세기 중반 제1 사우디 왕국(1744~1818) 시절 이슬람 정화를 내세운 무함마드 빈 압둘 와합(1703~1792)이라는 이슬람 학자의 해석에 토대를 두고 있다. 제1 사우디 왕국은 알 사우드 가문과 압둘 와합 가문 사이의 결혼 동맹을 통하여 창설되었다. 이후 압둘 와합의 이슬람 해석은 우상숭배자와 다신교 신봉자들을 공격하는 것은 정당하다고 주장함으로써 사우디 왕가의 공세적인 영토 확장정책을 종교적으로 합리화시켰다(Cities from Salt 2019, Oct. 3).

대다수 다른 무슬림들은 제3 사우디 왕국, 사우디아라비아의 이슬람 문화 유적 파괴 행위들을 극단적이라고 주장하며 반대하였다. 그러나 압둘 와합의 이슬람 해석은 오스만 제국의 다수 무슬림들, 즉 수피 및 시아파 무슬림들을 우상숭배자 혹은 다신교도 등으로 낙인찍고, 이슬람 문화 유적들을 파괴하면서 오스만 제국의 통치 영역을 공격하여 사우디 왕가의 지배영역 확장을 위한 공세적인 정책을 강화시켰다.

제1차 세계대전이 진행되면서 사우디 왕가는 1915년 12월 영국과 앵글로-나즈드 협정을 체결하고 보호령(1915~1927)의 지위를 수락하였다. 이 협정에서 영국과 동맹한 사우디 왕가는 영국제 무기와 매달 5천 파운드의 군사원조 등을 영국 정부로부터 지원 받아서 오스만 제국에 대항하는 전쟁과 메카와 메디나(히자즈) 지역에서 하심가를 몰아내는 전쟁을 성공적으로 수행하였다. 1927년 5월 20일 사우디 왕가와 영국이 체결한 제다 협정에서, 영국이 히자즈와 나즈드 지역을 통치하는 사우디 왕국의 독립을 승인함으로써, 1932년 국제적으로 인정받는 사우디아라비아 왕국 창설의 기틀을 마련하였다.

1925년 파괴이전 자나트 알무알라

카디자 묘지

결국 사우디 왕가는 영국과 동맹을 체결하여 앞서 통치권을 행사하던 무슬림들을 공격하는 전쟁을 성공적으로 수행한 것이다. 이 과정에서 압둘 와합이 제시한 와하비즘은 공격의 대상인 무슬림들을 우상 숭배자 내지는 다신교도로 규정함으로써 사우디아라비아 왕국 건설을 위한 강력한 민족주의 이념으로 적극 활용되었다.

1924년까지 메카와 메디나 지역은 지역 패권자인 오스만 제국의 영역에 속해 있었고, 오스만 제국의 지방 통치자로 예언자 무함마드의 후손인 하심가문이 이 지역을 통치해왔다. 영국의 후원을 받은 중앙 아라비아 나즈드 출신의 사우드 가문이 1924~1925년 메카와 메디나를 공략하여 점령하였다. 사우디 왕가에게 종교적 정당성을 부여하려는 와하비 성직자들은 수 십 년 동안 메카와 메디나 성지들을 표적으로 삼아 파괴를 주장하였다. 와하비 성직자들은 예언자 무함마드와 그의 동료 및 친척들과 관련된 유적지들에서 예배 행위를 우상숭배의 한 형태로 규정하고, 이 유적지들을 철거해야한다고 주장하였다(Los Angeles Times 2007, Sep. 16).

이러한 환경에서 이븐사우드가 가장 먼저 한 행위는 1924년 예언자 무함마드가 태어난 생가를 파괴하고 소시장으로 만들었다가, 메카인들의 저항에 부딪혀 1951년 도서관 건물로 대체하였다(The New York Times 2014, Sep. 30). 1925년 이븐사우드는 예언자 무함마드의 부인 카디자, 장남 알 까심 및 고조부이자 꾸라이시 부족의 2대 수장이었던 압드 마나프, 조부 사이바 빈 하심(압둘 무딸립), 삼촌 아부 딸립(4대 칼리파 알리의 아버지)을 비롯한 조상들과 친지들이 묻힌 메카 소재 자나트 알무알라 공동묘지를 훼손하고 유적들을 파괴하였다.

1925년 이븐사우드는 예언자 무함마드의 부인들, 딸들, 아들 이브라힘, 외손자 하산 빈 알리를 비롯한 가족과 친지들이 묻힌 메디나 소재 자나트 알바끼 공

1925년 파괴이전 자나트 알바끼

하산 빈알리 묘지

동묘지를 훼손하고 유적들을 파괴하였다. 이 때 이븐사우드는 와하비 성직자의 승인을 받아서 와하비 민병대 이크완을 동원하여 메카소재 자나트 알무알라 공동묘지와 메디나 소재 자나트 알바끼 공동묘지를 파괴하였다(CNN 2013, Feb. 7).

뿐만 아니라, 와하비 종교 경찰들은 예언자 무함마드가 최초로 코란 계시를 받은 것으로 전해지는 메카 소재 히라 동굴, 메디나 소재 예언자 모스크 내 예언자의 무덤이 있는 방, 파괴된 예언자의 가족들 묘지 및 초기 무슬림 묘지 등에서 순례자들의 기도를 금지한다.

이와 같이 사우디아라비아 왕국은 하심가의 역사적 흔적을 지우기 위하여, 메카와 메디나에 존재하는 예언자 무함마드와 관련된 유적과 오스만 제국의 문화유산 일소정책을 추진한 것으로 보인다.

2002년 사우디 당국은 카바가 내려다보이는 언덕에 오스만 제국 통치의 상징으로 1780년에 건설된 아야드 요새를 허물었고, 호텔 등이 들어간 시계탑 복합 건물을 세워 2012년 개장하였다. 이 시계탑 복합 건물 건설과정에서 천년 이상 존재한 몇 몇 건물 및 문화적, 역사적으로 중요한 400여 개의 유적지들도 파괴되었다. 뿐만 아니라 카바를 중심으로 그랜드 모스크를 확장하면서, 많은 유적지들이 파괴되었다. 이 과정에서 예언자 무함마드가 가르쳤던 최초의 이슬람 학교인 다르 알 아르캄이 파괴되었고, 예언자 무함마드의 첫째 부인 카디자의 집은 공중 화장실로 대체되었다. 예언자 무함마드의 가장 가까운 동료이자, 초대 칼리파 아부바크르의 집은 힐튼 호텔로 대체되었다(Al-Furqan 2024, Feb. 10; Islami City 2019, Mar. 3; The New York Times 2014, Sep. 30).

사우디아라비아 정부는 메카 순례객들을 충분히 수용하기 위한 시설을 확보한다는 명분으로 그랜드 모스크 확장사업과 최고급 쇼핑몰, 최고급 시계탑 호텔 건물을 포함하는 초고층 복합빌딩 단지 건설 사업을 강력하게 추진하였다. 이러한 사우디 당국의 메카 관광인프라 구축 사업과 부동산 개발 프로젝트로 인해 1천년 이상 존재해온 이슬람 문화유적 대부분이 파괴되었다.

2005년 8월 6일 런던에서 발행된 인디펜던트지와 인터뷰에서, 메카 태생의 유명한 이슬람 건축 전문가인 사미 안가위는 "우리는 메카와 메디나의 마지막 날들을 보고 있다. 사우디아라비아 정부의 개발정책은 이슬람 성지라는 메카의 본질과 정면으로 충돌한다. 메카와 메디나는 역사적으로 거의 끝났다. 여러분들은 메카와 메디나에서 초고층 빌딩 이외에 어떤 것도 보지 못할 것이다. 1400년전 예언자의 생애까지 거슬러 올라가는 건축물은 20개 정도 남아있으며, 남아있는 건축물들도 언제든지 불도저로 파괴될 수 있다"고 주장했다. 그는 사우디아라비아 정부의 메카와 메디나 개발 정책에 반대하였다. 워싱턴에 기반을 둔 걸프연구소는 "메카 소재 1천년 이상 된 건물의 95%가 지난 20년 동안에 파괴되었다"고 밝혔다(Independent 2005, Aug. 6; Independent 2011, Sep. 24).

사미 안가위의 주장처럼, 2008년부터 2023년까지 사우디아라비아가 유네스코에 등록한 여섯 곳의 문화유산 목록에는 이슬람 성지메카와 메디나가 포함되지 않았다. 최초로 2008년 유네스코에 등록된 사우디아라비아 내 유적지는 페트라(요르단)와 메디나 사이에 위치한 고대 오아시스 도시 알 울라 소재 '알 히즈르 고고학 유적지(마다인 살리흐)'로 이슬람 문명 이전에 존재했던 나바티야 왕국(BC.1~AD.1)의 유적이다. 두 번째로 2010년에 등록한 유적지는 사우디 제1왕국(1744~1818)의 수도였던 리야드 인근 디리야 지역에 위치한 '앗 투라이프 지구' 유적이다. 이 유적지는 사우디 제1왕국의 궁궐들과 유적들을 다수 포함한다. 세 번째로 2014년 등록된 유적지는 인도양 무역로의 주요 항구로서 메카로 들어가는 상품들의 통로였던 홍해 연안 상업 도시 제다에 위치한 '역사적 도시 제다와 메카로 들어가는 문'이다. 네 번째 2015년 등록된 '하일 지방의 암각화', 다섯 번째 2018년 등록된 유적지는 '알 하사 오아시스와 진화하는 문화 경관'으로 정원, 수로, 우물, 배수 못, 역사적 건물, 고고학적 유적 등을 포함한다. 여섯 번째 유적지는 2021년에 등록된 '히마 문화 지역'이다. 히마 문화 지역은 예멘 근처 나즈란 지역에 위치한 사막 고대부터 대상로였고 사냥, 동·식물, 인간생활 양식 등을 묘사한 상당량의 암각화가 있다(UNESCO 2024, Feb. 9).

필자는 2016년 사우디 현지조사를 위한 히자즈 방문시 메카와 메디나 성

2016.01, 메카입구 홍미정

지 문턱을 넘지 못해서 매우 아쉬웠다. 사우디아라비아 왕국 건설 이전에, 메카와 메디나 이슬람 성지는 비무슬림들에게도 개방되었었다고 알려져 있다.

II. 유대인 네트워크 확장의 교두보, 아랍에미레이트
: 걸프 아랍지역에서 세파르디 유대인이 부상하는가

1. 두바이 문명의 교차로 박물관

　2012년 두바이에 설립된 문명의 교차로 박물관이 홀로코스트 집중 교육을 실시하고 있다. 두바이 통치가문(알 막툼) 정착지, 알 신다가에 위치한 문명의 교차로 박물관은 아랍에미레이트의 개방과 다문화 가치에 중점을 두고, 문명 간 교차 역사를 전시하고 있다.

　2022년 7월 현지조사차 방문했을 때, <이스라엘-아랍에미레이트 우리는 사촌> 그림이 문명의 교차로 박물관 마당 한 가운데 보기 좋게 전시되어 이스라엘과 아랍에미레이트간의 우호 관계를 상징적으로 보여주었다.

　2021년 5월 26일, 이 문명의 교차로 박물관은 아랍에미레이트-이스라엘 아브라함 협정을 기념하고, 유대인의 홀로코스트 역사를 기억하기 위해 특별히 문명의 교차로 박물관 내 홀로코스트 상설 전시관을 개관하였다. 개관식에서 박물

<이스라엘-아랍에미레이트 우리는 사촌>
2022.07.03. 홍미정 촬영

<나치총잡이, 두 손 든 바르샤바 게토소년>
2022.07.03. 홍미정 촬영

관의 설립자 아흐마드 알 만수리는 "교육은 무지를 해결하는 방법이고, 홀로코스트 비극을 사람들에게 집중 교육하는 것은 우리에게 매우 중요하다"고 밝혔다. 이 개관식에는 주아랍에미레이트 이스라엘 대사 에이탄 나에, 주아랍에미레이트 독일대사 피터 피셔르크가 참석하여 나치 총잡이 앞에서 두 손 든 실물 크기의 <바르샤바 게토 소년 상> 전시물을 앞에 두고 사진을 찍었다(The Media Line 2023, Jan. 26; The National 2021, May. 27).

2023년 1월 6일, 주미 아랍에미레이트 대사관은 아브라함 협정을 기념하여 홀로코스트를 학교 교육과정에서 가르칠 것이라고 발표하였다. 아브라함 협정, 아랍에미레이트측 협상자였던 알리 알 누아이미는 "홀로코스트 희생자들을 추모하는 것은 매우 중요하다"고 밝혔다. 주미 아랍에미레이트 대사관에 따르면, 아랍에미레이트는 제2차 세계대전 동안 독일 유대인 600만 명 학살에 대한 연구 내용을 예루살렘 소재 이스라엘의 공식 홀로코스트 기념관 야드 바셈과 공동으로 개발할 것이고, 그 결과가 초·중등교육과정에 포함될 예정이다. 이 계획은 이스라엘과 아랍에미레이트 사이에 아브라함 협정이 체결되고 두바이에 아랍 세계 최초이자 유일한 홀로코스트 전시관이 설립된 지 불과 2년 만에 나온 것이다. 이스라엘의 신임 외무장관인 엘리 코언은 이 조치를 '역사적인 결정'이라고 환영하였다(I24 News 2023, Jan. 8; UAE Embassy US 2023, Jan. 6).

2023년 1월 30일, 홀로코스트 전시관에서 토라 두루마리 전시를 시작하면서, 아흐마드 알 만수리는 "홀로코스트는 반인도적 가장 큰 범죄, 대량학살이었다. 이번 토라 두루마리 전시는 유대인 홀로코스트 부정에 맞서 싸우고, 방문객들에게 이 지역의 유대인과 아랍인 사이의 '좋은 날들'을 상기시키기 위한 것이다. 많은 사람들은 유대인들이 이 지역의 일부라는 사실을 잊고 있다. 홀로코스트 전시관에서 과거 유대인과 아랍인 사이의 '좋은 날들'을 보여주고자 한다"라고 밝혔다(The Times of israel 2023, Jan. 30; All Arab News 2023, Jan. 31).

2. 아부다비 사디야트 섬 소재, 아브라함 패밀리 하우스

아랍에미레이트는 2019년을 '관용의 해'로 선포하였고, 관용의 해 기획은 이맘 알 타예프 모스크, 성 프 란치스코 교회, 모세 벤 마이 몬 시나고그로 구성된 '아브 라함 패밀리 하우스 단지' 건 설 사업을 출범시켰다. 2019 년 2월 3일, 아부다비 왕세제 무함마드 빈 자이드의 초대 를 받은 교황 프란체스코가

아브라함 패밀리 하우스: 이맘 알 타예프 모스크, 성 프란체 스코 교회, 모세 벤 마이몬 시나고그

교황으로서는 처음으로 걸프 아랍 국가, 아랍에미레이트를 방문하였다. 이 방 문에 앞서, 바티칸에서 교황은 "이번 여행은 종교 간 관계 역사의 새로운 페이지 다. 이는 우리가 서로 다르지만 형제자매라는 것을 확인시켜주는 것"을 상징한 다고 밝혔다. 아부다비 방문 3일 동안 교황은 유대인 및 기독교 지도자들과 종교 간 회의에 참석하였다.

2019년 2월 4일, 아부다비에서 알 아즈하르 그랜드 이맘 셰이크 아흐마드 알

타예브와 교황 프란체스코는 공동성명 아부다비 선언으로 "세계 평화와 함께 사는 인류 애에 관한 문서"를 발표하였다. 이것은 그랜드 이맘 타예브와 교황 프란체스코가 서로 다른 종교들이 어떻게 평화롭게 공 존할 수 있는지에 관한 것으로 '상호 존중의 문화'를 발전시키 기 위한 것이다.

2019년 2월 5일, 교황과 그 랜드 이맘의 역사적인 공동 선 언에 영감을 받은 아부다비 왕 세제 무함마드 빈 자이드와 부

Mohamed bin Zayed orders the construction of the Abrahamic Family House in Abu Dhabi to commemorate the historic visit of Pope Francis and Grand Imam Ahmad Al Tayyeb, and to reflect the peaceful coexistence of different communities in the UAE.
게시물 번역하기

오전 2:18 · 2019년 2월 6일

2019.02.05. MBZ가 프란치스코 교황과 이맘 알 타예프 의 방문 기념 아브라함 패밀리하우스 건설 명령 (https://twitter.com/MohamedBinZayed/status/ 1092834826988802053)

통령이자 두바이 통치자인 무함마드 빈 라시드 알 막툼은 이 두 종교 지도자 방문을 기념하여 '교황 프란체스코의 이름을 딴 교회와 그랜드 이맘 알 타예브의 이름을 딴 모스크의 초석'에 서명하였다.

같은 날, 뉴욕에서 열린 인류애 고등위원회 회의에서 아랍에미레이트 외교 및 국제 협력 장관 압둘라 빈 자이드도 '아브라함 패밀리 하우스 단지' 건설을 발표하였다. 이 건설 사업을 진행하는 인류애 고등위원회는 이슬람교지도자, 기독교 지도자, 유대교 지도자 등 11명의 세계 종교, 학술, 문화 지도자들로 구성되었다.

2019년 2월 6일, 아부다비 왕세제 무함마드 빈 자이드는 '아브라함 패밀리 하우스 단지' 건설을 명령하는 트윗에서 "아부다비 왕세제 무함마드 빈 자이드는 교황 프란체스코와 알 아즈하르 이맘 타예브의 역사적인 방문을 기념하기 위해 종교 간 화합을 위한 아브라함 패일리 하우스 건설을 명령한다. 이것은 아랍에미레이트 내 서로 다른 공동체들의 평화로운 공존을 반영하는 것이다"라고 밝혔다.

2019년 관용의 해를 기념하여, 아랍에미레이트는 아부다비의 성공회 출신의 앤드류 톰슨 목사가 구상하고, 무슬림, 다양한 기독교 종파, 바하이, 불교, 콥트교, 힌두교, 유대교, 시크교 공동체 등 10개 종교인들이 아랍에미레이트에서 평화롭게 공존해온 경험을 요약한 책, 『관용의 해 축하: UAE의 종교적 다양성』을 출간하였다.

2019년 관용의 해 행사에 초대받은 가톨릭 교황을 비롯한 전 세계 종교 지도자들 150명 중에는 미국의 유대-이슬람 종교간 재단 수장인 랍비 마크 슈나이어를 포함한다. 이 랍비는 "교황의 방문은 기독교인들과 이슬람교도들 사이의 관계를 강화시켰을 뿐만 아니라 유대인들을 도왔다"라고 밝혔다. 랍비 마크 슈나이어는 바레인 왕 하마드 빈 이사 알 칼리파의 특별 고문이며, 수 십 년 동안 사우디아라비아, 오만, 바레인, 카타르, 아랍에미레이트 왕실과 우호관계를 맺어왔고, 『관용의 해 축하: UAE의 종교적 다양성』의 유대인 저자이기도 하다.

2023년 2월 16일, 모세 벤 마이몬 시나고그(수석랍비: 예후다 사르나)가 공식적으로 문을 열었다. 이 시나고그는 아부다비 사디야트 섬에 위치한 세 종교의 조상, 아브라함 패밀리 하우스 단지의 일부다. 이 단지의 목적은 다른 종교들 사이의 공

2018.12.25. 랍비 마크 슈나이어는 바레인왕 하마드 빈 이사 알 칼리파(https://www.ynetnews.com/articles/0,7340,L-5433285,00.html)

통점을 강조하면서, 상호 이해와 대화를 증진시키는 것이다.

모세 벤 마이몬 시나고그는 1138년 알 무라비드 왕국(스페인)의 코르도바에서 태어난 세파르디 유대인 철학자 모세 벤 마이몬(1138~1204)의 이름을 딴 것이다. 모세 벤 마이몬은 1165년경 카이로로 이주하였고 그 곳에서 아이유브 왕조의 창건자인 살라딘(재위: 1174~1193)에게 발탁되어 그의 주치의로 활동하면서, 카이로 소재 대규모 유대교 공동체 지도자가 되었다. 그의 인생 역정은 당시 이집트에서 무슬림과 유대인이 학문과 정치에서 얼마만큼 우호적인 관계를 유지하고 있었는지를 잘 보여 준다. 그는 같은 시대, 같은 고향 코르도바에서 태어나고 활동한 이슬람철학자 이븐루시드(1126~1198)의 영향을 받았다. 그는 이븐루시드와 교류하면서 유대교 신학을 합리적으로 해석한 『방황하는 사람들을 위한 안내서』를 저술하였다. 또한 모세 벤 마이몬의 저술들은 이븐루시드의 저술들과 함께 라틴어로 번역 되어 중세 기독교 스콜라 철학을 대표하는 알베르투스 마그누스(1193~1280)와 토마스 아퀴나스(1225~1274) 등에게 커다란 영향을 끼쳤다. 특히 토마스 아퀴나스는 이븐루쉬드를 '아리스토텔레스 주석자'라고 부르면서, 그의 요약과 해석을 자신의 설명 모델로 삼은 것으로 알려졌다. 이븐루시드의 친구인 모세 벤 마이몬은 유대 역사에서 뿐만 아니라, 이슬람 세계에서도 철학자이자 과학자, 의학자로서 높이 평가받았다. 이와 같이 중세 이슬람교, 유대교, 기독교 철학자들은 아리스토텔레스 철학을 토대로 상호 교류하면서 발전했다.

따라서 역사적으로 탁월한 유대교 철학자 모세 벤 마이몬은 세 종교들 사이의 평화와 공존을 상징하는 적절한 예이면서, 특히 아랍-이슬람 문화와 매우 친근한 세파르디 유대인 철학자라는 것을 주목할 필요가 있다.

3. 이스라엘 유대인 네트워크 특성: 세파르디와 아쉬케나지 중심

2020년 12월 이스라엘 세파르디 최고 랍비 이츠하크 요세프가 아랍에미레이트를 방문하여 레비 두크만을 아랍에미레이트 최고 랍비로 임명하였다. 이로써 이스라엘 세파르디 유대인들이 아랍에미레이트를 교두보로 활용하여 유대인 네트워크를 걸프 아랍지역으로 확장하는 데 선봉에 선 것처럼 보인다.

전체 이스라엘 유대인 7백 2만 명(2022.05.01. 이스라엘 통계청 발표) 중 60% 이상이 미즈라히/세파르디이고, 나머지가 아쉬케나지이다. 이와 같이 인구수로는 미즈라히/세파르디 유대인이 아쉬케나지 유대인을 능가한다.

미즈라히/세파르디는 역사적으로 수백 년 이상 북아프리카 및 중동에 기반을 둔 유대인들과 그 후손들이다. 이스라엘 아쉬케나지의 주류는 영국이 팔레스타인을 통치하던 1917년 12월~1948년 4월에 러시아제국 혹은 동유럽으로부터 팔레스타인으로 이주한 50만 명 이상의 유대인들과 그 후손들이다. 유대기구 발표에 따르면, 2022년 5월부터 2023년 4월까지 1만 9천 명 정도의 유대인들이 우크라이나와 러시아로부터 이스라엘로 이주하였고, 대부분은 러시아가 우크라이나를 공격한 시기에 집중되었다.

그런데 이스라엘 초대 대통령 하임 와이즈만부터 현재 대통령 이삭 헤르조그까지 11명의 대통령 가운데 9명이 러시아제국 내 벨라루스, 우크라이나, 폴란드 및 오스트리아 가계 출신으로 아쉬케나지 유대인이다. 나머지 2명, 즉 예루살렘에서 태어난 이츠하크 나본 대통령(재임: 1978.05~1983.05)은 15세기 말 스페인에서 추방당하여 예루살렘에 정착한 가계 출신의 세파르디 유대인이고, 모세 카차브 대통령(재임: 2000.08~2007.07)은 1951년 이란 야즈드 지방에서 이스라엘로 이주한 미즈라히 유대인이다. 이렇게 이스라엘 정치에서 아쉬케나지 유대인들이 강력한 영향력을 행사하고 있다.

게다가 이스라엘 정치에서 대통령보다 훨씬 더 강력한 실권을 행사하는 초대 데이비드 벤구리온 총리(재임: 1948~1953, 1955~1963)부터 현재 네타냐후 총리까지 13명 모두 아쉬케나지 유대인들이다. 이 총리들은 러시아제국(1721~1917) 소속 인접 지역들, 폴란드(3명), 우크라이나(5명), 벨라루스(4명), 리투아니아(1명) 출생이거나 총리들의 부계가 이 지역 출신 이민자들이다.

특히 주목할 만한 사실은 총리 5명의 가계가 현재 러시아와 전쟁 중인 우크라이나 지역에서 이주하였다는 것이다. 총리 모세 샤레트(재임: 1954~1955), 레비 에슈콜(재임: 1963~1969), 골다 메이어(재임: 1969~1974)는 러시아제국 내 키에프에서 출생했다. 또 이츠하크 라빈(재임: 1974~1977, 1992~1995)의 아버지와 에후드 올메르트(재임: 2006~2009)의 아버지는 러시아제국 내 우크라이나 출신으로 팔레스타인으로 이주하였다.

현재까지 러시아제국 출신 아쉬케나지 유대인들이 이스라엘 정치를 좌우하고 있는 것으로 보인다. 러시아제국에서 처음이자 마지막으로 실시된 1897년 러시아제국 인구조사에 따르면, 러시아제국 전체 인구(125,640,021명) 중 랍비 유대교인들(경전: 토라-구약과 탈무드)이 5,215,805명(4.15%), 카라이트 유대교인들(경전: 토라-구약)이 12,894명이었다.

세파르디 유대인 공동체는 대체로 가톨릭 스페인 왕국이 1492년 3월 유대인들에게 가톨릭으로 개종하거나 스페인 왕국을 떠나라는 유대인 추방령(알함브라 칙령)을 내렸을 때, 개종을 거부함으로써 스페인 왕국에서 추방당한 유대인들과 그 후손들로 구성되었다. 당시 가톨릭 스페인 왕국은 이베리아반도 무슬림 통치자들을 완전히 축출하였고, 무슬림 통치하에서 번영을 누리던 유대인들을 박해하는 과정에서 약 20만 명의 유대인들이 가톨릭으로 개종하였고, 나머지 4만~10만 명(자료에 따라 숫자가 다름)이 추방당한 것으로 알려졌다.

스페인 왕국에서 추방당한 세파르디 유대인들은 역사적으로 오스만 제국 등 무슬림통치 지역에 정착하면서, 역사적으로 오랫동안 해당 지역에 존재하던 미즈라히 유대인 공동체들 및 무슬림들과 어울려 살았다. 이 과정에서 미즈라히 유대인과 세파르디 유대인들의 전통과 풍습이 비슷해졌다.

이를 근거로 이스라엘은 세파르디 의미를 확장하여 미즈라히 유대인들을 통합함으로써 공식적으로 세파르디 유대인으로 규정한다. 실제로 이스라엘 최고 랍비 법령에 따라 이스라엘에 거주하는 모든 미즈라히 랍비들은 세파르디 최고 랍비 지시를 받는다. 결국 이스라엘 종교 제도 내에서 아랍·중동 지역에 역사적으로 거주해 온 원주민 미즈라히 유대인들은 배제되고 공식적으로 존재하지 않게 되었다. 현재 150명으로 구성된 랍비 선발위원회(도시 랍비들, 종교위원회 대표들 등)는 투표로 두 명의 이스라엘 최고 랍비들, 아쉬케나지 최고 랍비와 세파르디 최고 랍비를 10년 임기로 선출하며, 미즈라히 최고 랍비는 존재하지 않는다.

4. 이스라엘 세파르디 랍비들과 아랍에미레이트 관계 강화

1971년 아랍에미레이트가 창설된 이후 아랍에미레이트에는 소규모 외국인 유대인 공동체가 존재했다. 최근 아브라함 협정으로 이스라엘과 아랍에미레이트의 관계가 개선되면서 이스라엘 유대인의 후원을 받는 유대인 공동체가 아랍에미레이트 내에서 공식 조직으로 적극적인 활동을 시작했다. 현재 아랍에미레이트 국적자 유대인의 존재는 공식적으로 알려진 바가 없다. 따라서 아랍에미레이트의 유대인 공동체는 외국인 유대인들이 조직하여 운영하는 외국인 유대인들을 위한 조직이다.

2020년 12월 17~20일 이스라엘 세파르디 최고 랍비 이츠하크 요세프가 두바이 소재 JCCU(아랍에미레이트 유대 공동체 센터)를 방문하였다. 이것은 현직 이스라엘 랍비가 아랍국가를 최초로 공식 방문한 역사적인 사건이다. JCCU는 "이번 이스라엘 세파르디 최고 랍비 이츠하크 요세프의 두바이 방문은 새로 승인받은 유대인 유치원을 개원하고, 미국 출신의 아랍에미레이트 영주권자 랍비 레비 두크만을 아랍에미레이트 유대인 공동체 최고 랍비로 임명하기 위한 것이다"라고 밝혔다. 레비 두크만은 JCCU를 이끄는 랍비이기도 하다.

영국 및 아랍에미레이트 국적을 보유한 사업가이며 JCCU 센터장인 솔리 울프는 "세파르디 최고 랍비 이츠하크 요세프의 방문은 이스라엘과 아랍에미레이트 간의 관광과 협력의 시작에 불과하다. 이번 방문으로 이 지역 유대인들과 무슬림들 사이에서 신뢰와 따뜻한 우정이 더욱 공고해지기를 희망한다"라고 밝혔다.

이것은 걸프 아랍지역 유대공동체 확장의 전초기지 아랍에미레이트에서 이스라엘 세파르디 유대인들이 영향력을 행사하게 된다는 것을 의미한다. 사실, 아랍지역에서 활동하기에는 미즈라히 유대인들과 통합세력으로 존재하는 세파르디 유대인들이 언어나 문화적으로 아쉬케나지 유대인들보다 훨씬 더 유리한 상황이다.

2021년 5월 30일 이스라엘 주재 아랍에미레이트 대사 무함마드 알 카자는 이스라엘 아쉬케나지 최고 랍비 데이비드 라우를 방문하였다. 이 자리에서 알 카자 대사는 아랍에미레이트 사람들이 그를 존경한다고 말하면서, 아랍에미레이트를 방문하도록 공식적으로 초대했다.

같은 날 알 카자 대사는 세파르디 유대인들이 이끄는 우파 종교 정당인 샤스당의 영적 지도자 세파르디 랍비 샬롬 코헨(1930~2022)을 만났다. 이스라엘 공영방송 캔에 따르면, 알 카자 대사는 랍비 코헨에게 2021년 5월 예루살렘 소재 알아크사 모스크를 대상으로 한 이스라엘/팔레스타인인들 충돌에 관하여 "예루살렘에서의 최근 사건들은 '광기'다. 당신의 지혜가 필요하다"라고 주장했다.

샬롬 코헨은 예루살렘에서 1924년 바그다드에서 예루살렘으로 이주한 세파르디 랍비 에프라임 하코헨의 아들로 태어났다. 이스라엘 외무부가 운영하는 트위터 계정 'IsraelArabic'은 알 카자가 랍비 코헨으로부터 '축복'을 받았다고 밝혔다. 이 방문에서 대사 알 카자와 랍비 샬롬 코헨은 아랍어로 대화를 나눴다.

아랍에미레이트 대사 알 카자는 아랍문화를 이해하는 랍비 코헨과 아랍어로 소통하면서 매우 친밀감을 느낀 것으로 알려졌다. 이러한 이유로 아랍에미레이트를 비롯한 걸프 아랍지역에서 세파르디 유대인들이 걸프 역내 유대인 네트워크 개척 및 확장을 선도하는 것으로 보인다.

5. 유대조직의 걸프 역내 확장을 이끄는 세파르디 랍비

2020년 10월 세파르디 랍비 엘리에 아바디에는 아랍에미레이트 유대인 공동체를 대표하는 JCE(에미레이트 유대인 평의회) 소속 고위급 랍비로 임명되었다. 엘리에 아바디에는 1960년 레바논 베이루트에서 태어나서 모국어는 아랍어이고, 미국으로 이주하여 뉴욕 예시바 대학에서 공부하였다.

엘리에 아바디에는 '맨하튼 세파르디 아카데미'를 설립하였고, 뉴욕 소재 예시바 대학교에서 '세파르디 유대학 연구를 위한 야콥 사프라 연구소' 소장을 역임한 세파르디학 전문가이며, '미국 세파르디 연맹' 이사회에 소속되어 있다. '미국 세파르디 연맹'은 아랍 세계에서 과거에 존재했던 대규모의 유대공동체들에 관심을 집중하고 있다. 또한 엘리에 아바디에는 '세계 세파르디 교육 센터'의 이사이면서, '아랍국가 출신 유대인들을 위한 정의' 공동 대표이다. 이렇게 그는 세파르디 유대인들과 관련한 다양한 활동을 적극적으로 하고 있다.

JCE 고위급 랍비가 된 엘리에 아바디에는 아랍에미레이트를 교두보로 삼아 다른 걸프 아랍왕국들(바레인, 사우디아라비아, 카타르, 쿠웨이트, 오만)로 유대인 공동체 네트워크 확장을 주도하고 있다. 그 일환으로 2021년 2월 15일 AGJC(걸프 유대인 공동체 협회)를 창설하였다. AGJC는 걸프 아랍왕국들 소재 유대인 공동체들이 역내에서 유대인 삶을 구축하고 증진시키기 위하여, 랍비 1명과 유대 법정을 갖추었다. 현재 JCE 고위급 랍비 엘리에 아바디에와 바레인 원주민 유대인 사업가 에브라힘 노누가 공식적으로 AGJC를 이끌고 있다. 엘리에 아바디에는 AGJC 대표 랍비이며, 에브라힘 노누는 AGJC 의장이다.

AGJC 이사회는 명예의장 랍비 예후다 사르나(JCE 수석 랍비, 몬트리올 출생, 미국인) 및 바레인 대표 후다 노누(2008~2013 미국주재 바레인 대사 역임), 쿠웨이트 대표 라파엘 슈워츠(영국인), 오만 대표 메나쳄 코헨, 카타르 대표 야곱 사무엘(영국인), 사우디아라비아 대표 샘 루빈, 아랍에미레이트 대표 알렉스 피터프룬드 등 7인으로 구성된다.

AGJC는 아라비아 유대법정(유대인 간의 분쟁, 결혼, 이혼, 상속 문제 취급), 아라비아 코셔인증기관(음식 관리), 생활주기 행사(할례, 성년의례, 결혼식 등) 및 기타 공동체 프로그램 등을 계획하고 서비스함으로써 걸프역내 유대인들의 삶 증진을 목표로 내세운 조직이다.

AGJC 대표 랍비 엘리에 아바디에는 "2022년 4월 현재 아랍에미레이트에 약 2,000명의 유대인 거주자들이 있으며, 약 500명의 '활동적인 유대인들'이 종교 생활을 하고 있다. 아브라함 협정 이후, 아랍에미레이트는 20만 명이 넘는 유대인 관광객을 맞이했으며, 현재 많은 유대인들이 아랍에미레이트로 이주하여 사업하기 위한 탐색을 하고 있다. 유대인 관광객 숫자가 향후 5년 동안 4배가 될 것이다. 아랍에미레이트는 호텔, 쇼핑센터, 학교, 유대교 회당, 커뮤니티 센터가 있는 전용 유대인 마을을 준비해야 한다. 사우디에는 유대인들 약 1,000명이 거주하고 있으며, 바레인, 쿠웨이트, 카타르, 오만에는 이보다 적은 수의 유대인이 거주하는 것으로 보인다"라고 주장했다.

그런데 바레인을 제외한 다른 걸프 아랍왕국들에 거주하는 유대인들은 외국인들이다. 바레인에는 에브라힘 노누 가족과 친척 등 50여 명의 바레인 원주민 유대인들이 살고 있다. 1920~1930년 대에 800~1,500명(자료에 따라 숫자가 다름)에 달하던 바레인 유대인들 대부분은 1948년 이스라엘 국가가 창설되면서, 이스라엘로 이주하였다.

에브라힘 노누는 AGJC의 의장에 취임하면서 본인이 이스라엘과 바레인 간 무역 활성화 등에서 큰 역할을 할 수 있을 것으로 낙관하고 자신감을 표현하였다. 그는 "바레인 사람들이 유대인과 이스라엘 회사들과의 사업 기회를 찾기 위해 나에게 접근해 왔다. 사람들은 조금씩 움직임이 있지만, 매우 느리다. 어떻게 보면 느린 게 낫다. 왜냐하면 사람들이 현재 일어나고 있는 변화를 인지하고 받아들일 시간이 필요하다"라고 밝혔다.

엘리에 아바디에는 걸프 지역에서 유대인의 삶이 꽃피울 것으로 예견하고 있다. 그는 "나는 분명히 몇 가지 이유로 이곳 걸프 지역의 유대공동체가 성장할 것으로 본다"라고 말하면서, 구체적으로 그는 관광 및 사업 기회를 예로 들면서 많은 유대인들이 걸프 지역으로 많이 이주할 것으로 예상했다.

또 엘리에 아바디에는 개인적인 체험을 통해서 세파르디 유대인들이 아쉬케나지 유대인들보다 현지 문화 적응에 훨씬 더 유리하다는 것을 우회적으로 다음과 같이 표현했다. 그는 "아랍에미레이트로 돌아와서 길을 따라 걸어가면서, 나는 레바논에서 어린 시절에 살던 때와 거의 같은 느낌이 든다. 아랍어, 아랍 음악, 아랍 요리 냄새, 모스크의 고무적인 기도를 들으며"라고 말했다.

아랍에미레이트나 카타르에는 자국민보다 압도적으로 많은 수의 외국인노동자들이 거주하며, 쿠웨이트, 사우디아라비아, 바레인, 오만도 외국인노동자 비율이 매우 높다. 이러한 환경에서 아랍에미레이트에 기반을 둔 유대인 조직들이 활동하면서 바레인뿐만 아니라, 걸프 아랍왕국 전역으로 유대인 네트워크가 확장되고, 외국인 유대인들이 서서히 걸프 아랍왕국들로 밀려들어 올 것으로 예상된다. 그런데 기존의 외국인노동자들과는 달리, 다양한 정치, 경제, 종교 권력과 연계되어 새롭게 출현한 유대인 조직들은 장기적으로 천천히 걸프 아랍왕국들의 권위주의적인 정치 체제를 위협하는 핵심 요인으로 작용할 수도 있다.

6. 라스 알 카이마 국립박물관 소장, 故다윗의 비석

2022년 7월 7일 필자가 현지 조사차 방문한 아랍에미레이트 북부 토후국, 라스알카이마 국립박물관에는 라스 알카이마 지역에서 발견된 16~17세기 것으로 추정되는 '유대인 모세의 아들 다윗의 비석'이 박물관 입구 매우 잘 보이는 곳에 보기 좋게 전시돼 있었다. 이 비석에는 히브리어로 "이곳은 故모세의 아들 故다윗의 무덤이다. 그를 기억하며 축복하소서"라고 쓰여 있다.

다니엘 프랭크는 1998년 출간한 그의 논문 「라스 알 카이마의 유대인 묘비」에서 "1970년대에 라스알 카이마 시말지역 부족민이 이 비석을 발견했다. 비문의 언어적인 특징과 문구로 볼 때, 모세의 아들 다윗은 페르시아어를 사용하는 유대인(세파르디 유대인)이었다"라고 주장한다. 역사가 티모시 파워는 당시에 라스 알 카이마 인근 호르무즈 섬에 주목할 만한 유대인 공동체가 존재했다고 강조한다.

2019년 11월, 라스 알 카이마 국립박물관은 이 비석을 최근에 발견된 고대 유물이라고 주장하면서 관용, 공존, 평화의 역사적인 상징물로 전시하기 시작하였다. 라스알카이마 정부는 유대인들과의 평화적 공존을 통한 경제적 번영 및 정치 체제의 안정을 추구하는 것으로 보인다.

2020년 9월 미국의 중재로 이스라엘-아랍에미레이트, 바레인 사이에 체결된 [아브라함 협정]은 1919년 1월 영국의 중재로 고대 인종적 유대관계(아브라함의 후손)를 강조하며 체결된 [파이잘-와이즈만 협정]과 유사하다. 파이잘은 메카와 메디나 지역을 통치하던 하심가 출신 아랍인 대표였고, 와이즈만은 영국인으로 시온주

故다윗의 비석(2022.07.07.)
홍미정 촬영

의기구 대표였으며, 1948년 이스라엘이 창설된 후 초대 이스라엘 대통령이 되었다. 1919년 협정에도 "우리는 아브라함의 후손들이다"라는 문구가 있다.

시온주의자들이 팔레스타인 땅을 점령하고, 약탈하는 데 역사와 고고학을 활용했다는 것을 상기할 필요가 있다.

III. 팔레스타인의 이슬람주의자, 하마스는 누구인가

2023년 10월 7일에 나는 너무 놀랐고, 황당했고, 여전히 이 사건을 정말로, 제대로 이해할 수가 없다. 가장 이해할 수 없는 것은 "하마스가 어떻게 이 엄청난 규모의 작전을 숨길 수 있었을까? 하루 이틀 준비한 것도 아닐 텐데 …"라는 것이다.

이스라엘은 세계에서 가장 정교한 정보망을 갖고 있는 것으로 유명하다. 가자는 매우 인구가 밀집한 지역이고, 가자 전역에는 수많은 이스라엘 협력자들이 있고, 수많은 자치정부 충성파들이 있다. 가자주민들이 서안주민들보다 하마스를 압도적으로 더 지지하는 것도 아니다. 서안과 가자에서 파타와 하마스 지지는 보통 25~35%에서 정도에서 경합하고 있다.

2002년 2차 인티파다가 한창 진행될 때, 나는 이스라엘 정보원으로 지목된 팔레스타인인이 라말라 중심가에 세워진 거대한 아치에 하루 종일 거꾸로 매달려 처형당하는 것을 보도하는 무시무시한 TV 방송을 동예루살렘에서 시청한 적이 있다. 팔레스타인 사회 곳곳에는 여전히 이스라엘 정보원, 부역자들이 활동하고 있다.

그렇다면, 이스라엘에게 대대적인 공격을 단행한 하마스는 과연 누구인가?

1. 팔레스타인 여론은 자치정부와 하마스 기구 모두 불신

2023년 3월, 9월, 10월에 실시한 서안과 가자지구 거주 팔레스타인인들의 설문 조사에 따르면, 팔레스타인인 다수는 오슬로협정 결과물인 자치정부를 통하여 간접통치를 받는 것보다, 오슬로 협정 이전에 이스라엘이 직접 군부 통치하던 시절이 차라리 낫다고 판단한다. 사실 팔레스타인인들 다수는 오슬로협정 이전 시절을 그리워한다. 현재 팔레스타인인들은 이스라엘뿐만 아니라 자치정부 혹은 하마스에게 이중으로 억압받고, 수탈당하는 끼인 존재가 되었다.

팔레스타인 주민들의 압도적 다수가 오슬로협정 포기, 자치정부 해체, 압바스 수반 사임을 요구하면서 자치정부뿐만 아니라 하마스 기구의 대표성 등 전반적인 통치 시스템 자체에 문제를 제기한다. 그 결과 차기 수반 선거에서는 2002년 이후 이스라엘 감옥에서 수감생활을 하면서 부패 문제 등에서 자유로운 파타 지도자 마르완 바르구티가 1위 후보로 부상하였다. 그러나 마르완 바르구티가 감옥에서 풀려날 것인지도 의문이지만, 20년 이상의 수감 생활로 그의 정치적 역량이 검증된 것이 아니라는 것은 더욱 큰 문제다.

2023년 팔레스타인정책조사연구센터와 아랍바로미터 설문 조사(서안, 가자)

팔레스타인정책 조사연구센터 2023년 3월 8~11일 표본(120개 장소, 1,200명의 팔레스타인 성인 대면 인터뷰, 오차한계는 +/-3%) (Policy and Survey Research 2023, Mar. 8-11)	* 27% 2국가 해결안 지지 * 74% 이스라엘 정착촌 확장으로 2국가 해결안은 실현 불가능 * 58% 무장 투쟁 및 민중봉기 복귀 지지 * 52% 자치정부 해체 지지 * 69% 국제기구가 이스라엘의 국제법 위반을 막을 능력이 없다 * 82% 자치정부 기구들이 부패했다 * 71% 하마스 기구들이 부패했다 * 63% 자치정부가 전체 팔레스타인인들에게 부담 * 57% 자치정부의 유지가 이스라엘에게 이익 * 52% 자치정부 해체가 팔레스타인인들에게 이익 * 다수는 이스라엘이 자치정부에 가하는 징벌적 조치는 자치정부 약화를 위한 것이고, 자치정부 붕괴를 위한 것이 아님
팔레스타인정책 조사연구센터 2023년 9월 6~9일 표본(127개 장소, 1,270명의 팔레스타인 성인 대면 인터뷰, 오차한계는 +/-3%) (Policy and Survey Research 2023, Sep. 6-9)	* 2/3 현재 상황이 오슬로 협정 이전의 상황보다 더 악화 * 68% 오슬로 협정이 팔레스타인민족 이익 손상 * 63% 오슬로 협정 포기 지지 * 78% 압바스의 사임 요구 * 새 의회선거: 36% 파타 지지, 34% 하마스 지지 * 압바스 후임 수반 선거: 34% 마르완 바르구티, 17% 이스마일 하니야, 6% 무함마드 다흘란, 5% 칼리드 마샬, 3% 야히야 신와르 * 팔레스타인 대표자격: 27% 하마스, 24% 파타, 43% 하마스, 파타 모두 대표자격 없음 * 87% 자치정부 기구부패, 72% 하마스 기구부패 * 62% 자치정부가 팔레스타인인들에게 부담 * 60% 무장단체와 자치정부 보안대 사이의 내전 가능성이 안정을 해칠 우려 있음

| 아랍바로미터
2023년 9월 28일
~10월 8일/
가자 399명,
서안 790명
인터뷰
(가자 인터뷰는
10월 6일에 끝남)
(Foreign Affairs
2023, Oct. 25) | 가자
지구 | * 67% 하마스 정부 신뢰하지 않음, 29% 하마스 정부 신뢰함
* 72% 하마스 정부 부패함
* 팔레스타인 수반선거: 32% 마르완 바르구티, 24% 이스마엘 하니야,
12% 압바스, 30% 투표 거부
* 52% 자치정부가 팔레스타인인들에게 부담, 67% 압바스 사임 요구
* 78% 가자지구 식량문제 심각: 31%는 식량난의 원인은 하마스정부의
관리 잘못, 26% 인플레이션, 16% 외부 경제 제재
* 27% 하마스 지지(2021년, 34% 하마스지지), 30%는 파타 지지
* 58% 2국가 해결안 지지
* 73% 이스라엘/팔레스타인 분쟁의 평화적 해결 선호
* 69% 고국 떠날 생각해본 적 없음. 가자에 남아 있기를 바라는 열망 확고함 |
| | 서안 | * 19% 자치정부 신뢰
* 30% 파타 지지, 17% 하마스 지지
* 팔레스타인 수반선거: 35% 마르완 바르구티, 11% 이스마엘 하니야,
6% 압바스, 47% 투표거부
* 49% 2국가 해결안 지지 |

위 표 여론조사에 따르면, 첫째 하마스와 파타 지지도는 대체로 25~35% 선에서 경합을 하지만, 파타가 약간 우세하다. 둘째, 자치정부와 하마스기구들이 부패했다. 셋째 자치정부는 팔레스타인인들에게 부담이며, 오히려 이스라엘에게 이익이므로 자치정부 해체를 요구한다. 넷째 현재 상황은 오슬로협정 이전보다 더 악화되었고, 오슬로협정은 팔레스타인 민족이익을 해치는 것으로 오슬로협정 포기를 지지한다. 다섯째 서안과 가자 주민들의 압도적 다수는 압바스 수반의 사임을 요구한다.

2국가 해결안에 대해서는 팔레스타인정책연구소가 내놓은 27% 지지, 아랍바로미터가 내놓은 서안 49% 지지, 가자 58% 지지로 차이가 확연하다. 사실, 팔레스타인인들은 대체로 이스라엘과 공존하는 팔레스타인 민족국가 건설을 의미하는 2국가 해결안을 선호하기는 하지만, 이스라엘 정착촌 확장 등 점령정책 때문에 실현 가능성이 거의 없다고 판단하는 것으로 보인다.

2. 이스라엘의 분할 통치 전략:
세속주의자들 PLO에 맞서 종교세력 하마스 강화

이집트 무슬림형제단은 영국위임통치 시대, 1930년대에 예루살렘과 가자에 지부를 개설하였다. 1967년 이스라엘이 서안과 가자를 점령했을 때, 무슬림형제단 회원들은 이스라엘에 맞선 저항에 적극적으로 참여하지 않았고, 사회 종교개혁과 이슬람가치 회복에 집중하였다.

1973년에 아흐마드 야신(1937~2004)은 무슬림형제단의 분파로서 가자지구에 사회종교 자선 단체, 이슬람 센터를 설립하였다. 이스라엘은 아흐마드 야신의 자선단체를 세속적인 PLO(팔레스타인 해방기구)에 맞선 대항마로 간주하고 확대 강화하도록 독려하였다.

당시 가자지구의 이스라엘군부 통치자 이츠하크 세게브는 뉴욕 타임즈 예루살렘 지국장에게 "이스라엘 정부는 나에게 예산을 주었고, 군사 정부는 모스크에 기부했다. 이 자금은 이슬람 사원과 종교학교, 클럽, 도서관 건설 등을 위해 쓰였는데, 이는 PLO 좌파에 맞서는 세력을 강화하기 위한 것이었다"고 밝히면서 아흐마드 야신의 자선 단체에 자금을 지원했다고 주장했다.

1970~1980년대 가자지구의 이스라엘 종교담당 관리, 아브너 코헨은 2009년 월스트리트 저널에 "유감스럽게도 하마스는 이스라엘의 창조물이다(Hamas, to my great regret, is Israel's creation). 이스라엘은 하마스를 세속적인 민족주의자들 PLO에 맞선 대항마로 간주하였다"라고 밝혔다.

이스라엘은 아흐마드 야신을 지원함으로써, 가자지구에 다양한 사회 교육기구를 설립하도록 허용하였고, 야신은 가자지구에서 자선 활동 범위를 계속 확대하였다. 하마스에 대한 구상은 1987년 12월, 1차 인티파다에 대한 대응으로, 야신의 집모임에서 저항을 촉구하는 전단지를 발행하면서 시작되었다. 1988년 8월 18일, 하마스헌장은 "하마스를 무슬림형제단의 팔레스타인 지부로 정의하고, 팔레스타인 전역(영국위임통치 영역)에 이슬람국가수립을 목표"로 내세웠다. 이와 동시에 하마스는 PLO로 통합되어 움직여 오던 팔레스타인 민족운동을 뚜렷하게 분열시키면서, PLO의 강력한 반대파로 급부상하였다.

같은 시기에 PLO가 이스라엘 국가를 인정하면서 영국위임통치 영역의 22%에 팔레스타인 독립국가 선언을 준비하고 있었다는 점을 주목할 필요가 있다. 1988년 11월 15일 PLO는 동예루살렘을 수도로 서안, 가자에 팔레스타인 독립국가 선언을 하였다. 12월 15일 유엔 총회는 PLO의 팔레스타인 독립국가 선언

(the proclamation of the State of Palestine)을 인정하고, 팔레스타인인들이 1967년 이후 점령당한 팔레스타인의 영토에 대한 주권을 행사할 필요성을 확인하면서 유엔 사무총장에게 후속 조치를 취하라고 결의(G.A. Res. 43/177)하였다. 이 결의에 대하여 104개 국가가 찬성 투표하였고 44개 국가가 기권하였으며, 오직 미국과 이스라엘만 반대투표를 하였다.

1990년대 팔레스타인 자치정부 창설 이후에도, 하마스가 구축한 광범위한 병원과 학교 네트워크는 팔레스타인인들 사이에서 인기를 끌었다. 이는 주로 팔레스타인 자치정부에 비해 우수한 서비스를 제공했기 때문이다. 하마스는 서안 제닌에서 1997년부터 종합병원을 운영하고, 가자와 서안의 난민 캠프 등 빈민가에서도 92개의 작은 병원을 운영하면서 가난한 사람들과 노인들에게 무료 진료하고, 가난한 대학생들을 위한 학자금 지원사업. 하마스의 봉사활동은 주로 모스크와 연대해 이뤄졌다.

하마스는 이란, 카타르, 터키 등의 자금 지원을 받아 온 것으로 알려졌다. 특히 2012년 10월 23일, 카타르 하마드 빈 칼리파 알 싸니 국왕이 외국 통치자로서는 처음으로 가자지구를 방문하여 하마스총리 이스마일 하니야가 운전하는 승용차를 타고 가자시티로 들어가면서 친분을 과시하는 모습이 전 세계 뉴스로 전해졌다. 가자지구에 대한 원조가 급감하고 있던 시기에, 하마드국왕은 두 개의 주택단지를 건설하고, 세 개의 주요 도로를 복원하기 위하여 4억 달러 기부금을 하마스에게 제공하기로 약속하였다. 이스마일 하니야는 하마드국왕에게 "오늘 당신은 가자에 부과된 정치적, 경제적 포위망 종식을 공식적으로 선언하는 훌륭한 손님입니다"라고 환영인사를 했다. 이스라엘과 미국의 허락 없이 하마드국왕이 가자를 방문하거나 하마스에게 자금 지원을 할 수 있었을까?

게다가 카타르에는 1996년 이후 1만 명 이상의 미군이 주둔하고 있으며, 2023년 10월 이스라엘이 하마스 제거를 명분으로 가자를 공격하고 있는 중에도 카타르 도하에 거주하는 하마스 정치국장 이스마일 하니야가 이란 외교부 장관을 만나는 등 공식적으로 외교 활동을 하고 있는 모습이 전 세계 뉴스에 그대로 나온다. 1997년 10월 8일 이후, 미국은 하마스를 외국 테러 단체 목록에 올려놓았다. 이 모순된 상황을 어떻게 설명해야 할까?

3. 하마스가 제 1정당, 내전 및 서안, 가자 지리적 분열 초래

2006년 1월 25일, 팔레스타인 의회의원 선거에서 하마스는 전체 132석 중 74석을 확보함으로써 제 1당이 되었다(전국구 비례대표 투표 29석/66석 확보, 지역구 45석/66석 확보). 이 선거에서 하마스 지지율이 가자보다 서안에서 높았다. 하마스는 전체 지역구 66석 중 가자에서 15석/24석, 서안에서 30석/42석 확보하였다. 선거 이후 파타를 포함한 다른 파벌들은 하마스와 연합내각 구성을 거부하였다.

결국 2006년 3월 29일, 이스마일 하니야가 하마스 단독 내각 구성하고 총리에 취임하였다. 이스라엘과 중동 평화협상 중재를 위한 4자(UN, 미국, EU, 러시아)는 하마스가 이끄는 자치정부에 맞서 제재를 부과하였다. 중동 평화협상 중재를 위한 4자는 해외원조 프로그램 중단하였고, 이스라엘은 서안과 가자에서 자금, 주민, 물품 출 입을 제한하는 제재부과, 팔레스타인 자치정부를 대신해서 걷은 세금을 건네주지 않았다.

동시에 미국은 하마스가 이끄는 자치정부를 겨냥하여, 파타출신 수반 압바스에게 충성하는 '자치정부 수반 경호부대'를 창설하고 훈련시켰다. 당시 텔아비브 주재 이스라엘-팔레스타인 자치정부 담당 미국 보안 조정관 케이스 데이튼 중장이 3,500명 정도로 수반 경호부대 조직, 훈련시켰다. 요르단과 이집트도 이 부대원들 훈련에 협조하였다. 미국이 자치정부 수반 경호부대를 설립한 이유는 하마스의 총선 승리에 맞서 자치정부 수반 압바스와 파타당 지지자들에게 힘을 실어 주기 위한 것이었다.

이런 상황에서 2007년 2월 8일, 하마스와 파타는 사우디 압둘라 국왕의 중재로 팔레스타인 통합 정부 구성 위한 메카협정 체결하였다. 이 때 파타 측 대표로 자치정부 수반 마흐무드 압바스와 가자지구 파타 지도자이자 의회의원이던 무함마드 다흘란, 하마스 측 대표로 자치정부 총리 이스마일 하니야, 하마스 정치국장 칼리드 마샬이 참가하였다. 그 결과 2007년 3월 17일 하마스 출신 총리 이스마일 하니야가 이끌고 하마스, 파타 및 기타 주요 정당들이 참가한 통합정부가 구성되었다.

그러나 통합정부는 중단되었던 국제적인 재정 원조를 이끌어내는 데 실패하였고, 하마스와 파타간의 유혈분쟁은 계속 되었다. 결국 2007년 6월 10~15일까지 진행된 하마스/파타 내전에서 118명이 사망하고, 서안과 가자의 지리적인 분할이 창출되었다. 하마스가 가자에 대한 통제권을 장악하고 무함마드 다흘란을 비롯한 파타 지도자들을 축출하였고, 파타는 서안에서 이스마일 하니야를 비롯한 하마스 출신 관리들을 축출하였다. 2007년 6월 14일, 자치정부 수반 압바스가 통합정부 해체를 선언하였고, 이스라엘과 이집트는 가자 국경을 폐쇄하고, 경제 봉쇄를 단행하였다. 2007년 9월 19일, 이스라엘은 하마스가 통치하는 가자를 '적지'로 선언하면서 가자는 더욱 곤경에 처하게 되었다.

게다가 2013년 7월 이집트에서 알 시시가 군부쿠데타로 무슬림형제단을 축출시키면서, 이집트 무슬림형제단과 동맹관계였던 하마스에 대한 탄압정책으로 이집트와 가자를 연결하던 1,300개 터널을 폐쇄한 것으로 알려졌다. 당시 이 터널들은 하마스의 주요 세입의 원천이었다.

한편 하마스는 2006년 자치정부 의회 선거에 참가한 이후, 1988년 PLO가 선언한 영국위임통치 영역의 22%, 동예루살렘을 포함한 서안과 가자에서 독립 팔레스타인 국가 수립을 수용한 것으로 보인다. 2008년 11월 9일, 하레츠 보도에 따르면 가자지구 하마스 지도자 이스마일 하니야는 이스라엘의 봉쇄정책에 항의하기 위하여 가자지구를 방문한 유럽의회 의원들에게 "하마스가 1967년 경계를 따라 창설되는 팔레스타인 국가를 수용하고 이스라엘과 장기적인 휴전에 동의한다"고 밝혔다.

2017년 5월 1일, 카타르 도하에서 하마스 정치국장 칼리드 마샬은 "1967년 6월 4일 경계를 따라 예루살렘을 수도로 하는 완전한 주권을 가진 팔레스타인 독립국가 창설"을 포함하는 새로운 하마스 헌장을 발표하였다.

4. 다흘란-아랍에미레이트-이집트-하마스 협력관계

1) 하마스-다흘란 권력 공유 협정

2017년 7월 23일, 하레츠 보도에 따르면, 아랍에미레이트에 망명 중인 다흘란은 과거 최대 적이었던 하마스와 가자에 관한 권력공유 협정을 체결하였다. 이스라엘의 봉쇄와 군사공격뿐만 아니라 자치정부의 압박정책으로 인도주의적

위기에 처한 하마스는 2017년 7월 23일, 하마스-다흘란 권력공유 협정을 체결함으로써, 위기를 돌파하려고 시도하였다. 이 권력공유 협정에 따라 하마스가 가자지구의 보안통제권, 다흘란은 가자지구로 귀환하여 외교관계 담당하기로 약속하였다.

앞서 미국과 이스라엘의 적극적인 도움을 받는 가자지구 보안 책임자였던 다흘란은 하마스가 가자지구를 장악한 이후, 2007년 서안으로 축출되었다. 이 때 미국 부시 행정부는 다흘란을 압바스의 후계자로 지목하고, 압바스 수반에게 부관으로 임명하도록 압력을 가하였으나 압바스가 거부한 것으로 알려졌다. 이후 다흘란과 압바스 사이에 불화가 고조되었다. 결국 2011년 다흘란은 부패와 아라파트 살해 혐의로 비난 받으면서 파타운동에서 추방되어 아랍에미레이트로 망명하였다.

2017년 7월 23일, 다흘란은 AP와의 전화 인터뷰에서 "하마스와 권력공유 협정으로 이집트와 봉쇄된 가자 국경을 8월 말에 개방하고, 심각한 정전 사태를 완화시킬 것이며, 가자와 이집트 사이 국경의 이집트 쪽에 발전소를 건설하기 위한 1억 달러 규모 의 자금이 아랍에미레이트로부터 확보되었다. 본인과 새로 선출된 가자의 하마스 지도자 야히야 신와르(재임: 2017.02.13~현재) 사이에 우호적인 관계가 이집트와 아랍에미레이트의 지지를 받으며 과거에는 상상할 수 없었던 동맹을 구축하는데 도움을 주었다. 우리 둘 다 가자 지구를 위한 탈출구를 찾아야 할 때라는 것을 깨달았다"고 밝혔다. 다흘란과 신와르는 연배가 비슷한 칸유니스 난민촌 출신이며, 가자 이슬람 대학 출신이다.

이 때 다흘란과 긴밀한 관계를 맺고 있는 이집트 알 시시 대통령과 하마스 사이에 이집트/가자 라파국경 개방 등 새로운 협력 시작되었고, 하마스는 일부 권력을 다흘란에게 양도하는 대가로 이집트/가자 라파 국경 개통으로 경제적인 이득을 보게 되었다.

2) 2020~2021년 다흘란-아랍에미레이트-가자 코로나 지원

다흘란은 코로나 확산으로 고통받는 가자를 위하여 아랍에미레이트 지원을 조직하였다. 2020년 12월 17일, 아랍에미레이트는 가자지구에 1차로 의료용품을 제공하였다. 2021년 1월 10일 2차 아랍에미레이트 의료 지원용품은 산소호흡기, PCR 진단 키트, 방호복, 산소통 등 대규모 의료 지원으로 구성되었고, 라파 국경을 통해 가자지구로 들어갔다.

하마스 사회부차관 가지 하미드와 민주개혁 블록(2016년 다흘란 창설)의 지도부 몇 명이 참석한 가운데 라파 국경에서 아랍에미레이트 의료 지원 용품 수송대를 환영행사를 개최하였다. 여기서 하미드는 아랍에미레이트와 의료 지원과 가자지구 원조에 기여한 민주개혁블록에게 감사를 표하였다. 민주개혁 블록 대표, 아슈라프 고마아는 알모니터와의 인터뷰에서 "최근 아랍에미레이트 수송대는 액체산소가 부족한 상황에서 하마스 보건부가 도움을 요청한 데 대한 답례로 보내졌다"고 밝혔다. 이를 통해서 하마스-다흘란-아랍에미레이트-이집트 간에 가자지구 운영에 대한 상호 협력이 원활하게 이루어지고 있음을 알 수 있다.

파타 중앙위원회 부의장 마흐무드 알 알룸은 "아랍에미레이트가 정치적 목적을 달성하기 위해 팔레스타인 영토에서 발생한 코로나 바이러스 사태를 이용하고 있다. 이스라엘과의 정상화 합의에 대한 팔레스타인의 분노를 달래고, 팔레스타인인들에게 다흘란의 이미지를 만들기 위한 것"이라고 주장했다.

팔레스타인 자치정부 및 파타/아랍에미레이트 및 다흘란은 대립각을 형성하고 있음을 알 수 있다.

3) 가자 재건을 위해 아랍에미레이트 5억 달러 지원

2021년 5월 19일, 이집트 대통령 알 시시(재임: 2014.06.08~현재)는 다흘란 지지 세력 기반의 중심지인 가자지구 재건에 기여하기 위해 5억 달러 상당의 원조를 제공한다고 발표했다. 이집트 대통령 대변인 바삼 라디는 트윗에 올린 글에서 "알 시시 대통령이 최근 가자지구 재건을 위하여 이집트가 선도적으로 5억 달러를 지원할 것"이라고 밝혔다.

같은 날, 알 시시 대통령의 가자 원조 제공에 대하여 다흘란 역시 트윗에 올린 글에서 "오늘 알 시시 대통령은 가자지구 재건과 현대적인 기반 시설 건설을 위하여 5억 달러를 제공함으로써 새롭고 주요한 공적을 쌓았다"고 감사를 표했다.

2021년 5월 20일, 친무슬림형제단 팔레스타인 작가, 니잠 알마흐다위는 "이집트 대통령 알 시시가 가자지구에 제공한 5억 달러는 아랍에미레이트가 송금한 자금이다. 이 자금의 목표는 무함마드 다흘란의 운동을 지원하기 위한 것이다"라고 주장하였다.

위 내용들을 볼 때, 아랍에미레이트가 이집트를 통해서 가자지역에 지원한 5억 달러는 다흘란의 지지 기반을 강화하는데 활용하기 위한 것임을 알 수 있다. 당시 이집트가 가자지구에 경제적 지원할 여유가 있는 상태는 아니었다.

2023년 10월 이집트의 외채는 1,650억 달러에 이르며, 경제 위기가 고조되고 있는 것으로 알려졌다. 알 시시 정권은 고조되는 경제위기와 자국 통화붕괴 등을 극복하기 위해 외국에게 현금지원 요청 등, 특단의 대책이 필요한 것으로 보인다. 이러한 이집트 상황이 가자 위기에서 중요한 변수로 작용할 가능성이 있다.

IV. 이스라엘의 초정통파 유대인들은 누구인가 : 反시온주의, 시온주의, 非시온주의

1. 다양한 초정통파 유대인들

유대인들은 서로 다른 혈통을 가졌을 뿐만 아니라, 출신 지역에 따라 음식, 언어, 복장, 전통 풍습이 서로 다르며, 이스라엘 국가에 대한 유대인들의 정치적 입장이 시온주의, 非시온주의, 反시온주의 등으로 서로 다르다는 것도 널리 알려져 있다. 유대인들의 종교적 성향도 개혁파, 초정통파(하레디), 전통주의자, 세속주의자 등 다양한 모습을 하고 있다(BIG JEWISH IDEAS 2024; Sofer 2014, Aug. 12; OSTER 2020, Jan. 21).

이 글은 이스라엘 국가 정체성의 핵심 요소인 초정통파 유대인들의 특성을 분석함으로써 이들이 이스라엘 정치 발전에 끼치는 영향을 가늠해보기 위한 것이다. 초정통파는 특별한 복장 때문에 유대인들 중에서 가장 눈에 띈다. 검은 정장에 챙이 넓은 검은 모자를 쓴 초정통파 남성, 긴 치마, 두꺼운 스타킹, 검은 머리 덮개 등을 입은 초정통파 여성을 예루살렘 거리에서 쉽게 발견할 수 있다. 특히 간간히 보이는 검은 덮개로 머리와 얼굴까지 가린 초정통파 유대인 여성들은 세계 미디어에서 널리 알려진 무슬림 근본주의자 여성들의 모습과 거의 같다. 2017년 이스라엘 세파르디 최고 랍비 이츠하크 요세프(Yitzhak Yosef)는 "여성들은 동물이 아니다. 여성들은 자신들의 존엄성을 지켜야한다. 정숙한 옷을 입는 것이 존엄성을 지키는 것이다. 보수적으로 옷을 입지 않는 세속적인 여성들을 동물과 유사하다"라고 주장했다(The Times of Israel 2017, May. 28; The New Arab 2017, May. 29).

게다가 2016년 초정통파 사타마르 하시디(Satmar Hasidi)는 여성들의 대학교육을 금지하는 다음과 같은 법령을 발표 했다. "최근 소녀들이나 기혼 여성들이 특수 교육 분야에서 학위를 추구하는 것이 새로운 경향이 되고 있다. 어떤 여성들은 대면 수업에 참석하기도 하고, 다른 여성들은 온라인으로 참석하기도 한다. 그래서 우리는 그것이 율법에 어긋난다는 것을 그들의 부모들에게 알리고자 한다. 여성들이 학교에 다니거나 학위를 받는 것은 위험하다. 우리는 대학에 다니거나 학위를 가진 여학생들에게 우리 학교에서 어떤 직업이나 교사 자리도 주지 않을 것이다." 뿐만 아니라 일부 초정통파들은 여성운전을 금지하기도 한다(Fenton 2016, Aug. 23; Round About The Atre Company 2024).

이스라엘 내에서 초정통파 유대인은 빠른 속도로 증가하고 있다. 세속적인 인구의 증가가 연간 2.5% 증가하는데 비해서, 초정통파 유대인의 연간 증가율은 약 4.9%다. 이에 따라 초정통파 유대 이스라엘인들은 15년마다 거의 2배로 증가한다. 이러한 추세로 나간다면, 초정통파 유대 이스라엘인들은 30~40년 내에 이스라엘 전체 인구의 1/3을 차지하게 될 것이다(Goldstein 2023, Feb. 3). 이스라엘 정부는 초정통파 유대인들에게 출산 및 육아 지원금 제공하는 등 출산율을 장려하기 위한 정책을 펴왔다. 유대인 인구 확보는 이스라엘이 유대국가로 유지되기 위해서 반드시 필요한 요소다.

초정통파 유대교는 18세기에 세속화에 맞서 모세 시대부터 내려온 유대교법(토라)과 전통을 보존하고 수호함으로써, 세속 사회로부터 유대교 공동체를 보호하려는 중부 및 동유럽 전통주의자 랍비들로부터 시작되었다. 이러한 초정통파 유대교는 중앙집권적인 교파가 아니고, 다양한 집단들 사이에서 차이와 경쟁관계가 존재한다. 18세기 후반 계몽주의 운동 확산 영향으로 유대교 내부에서도 변화와 개혁을 요구하는 유대 계몽주의 운동(하스칼라)이 발생하자, 이에 맞서 중부 및 동유럽 소재 예시바(종교학교)와 시나고그(유대교회당) 등 유대교 공동체를 중심으로 신비주의 및 경건주의 운동이 확산되었다. 이들은 전통적인 교리 수호를 중요시하지만, 현대적인 현상이다(Medoff 2009, xxxi).

최초 유대 경건주의 운동으로 초정통파 운동이 부상하게 된 주요한 원천은 하시디(Hasidic, 경건) 유대교의 창시자로 알려진 폴란드왕국(Crown of the Kingdom of Poland, 1385~1795) 출신의 가난한 신비주의자 치료사 이스라엘 벤 엘리제르(Yisra'el ben Eliezer, Baal Shem Tov, 1700~1760)였다. 그는 가르치기 보다는 영성, 존재의 신성함에 대한 직관을 통해 소통하면서, 일상 속의 영성이 더 중요하며 종교적 삶이란 주어진 의무를 수행하는 것이 아니라 매일 경건함을 실천해야 한다고 믿었다. 그는 소박한 경건하며 카리스마적인 매력으로 많은 제자들을 키워냈다. 18세기 후반, 세 차례(1772년, 1793년, 1795년)에 걸쳐 폴란드왕국이 분할 해체되면서, 그의 제자들을 통하여 그의 영향력이 갈리시아, 벨로루시아, 리투아니아, 그리고 후에 헝가리 소재 유대 공동체들로 확산되었다. 각 지역 유대 공동체에서 새로운 경건주의 확산을 이끈 대단한 영적인 힘을 가진 것으로 보이는 카리스마를 소유한 새로운 랍비 지도부들이 부상하였다. 공동체를 이끄는 랍비들은 하나님과 추종자들을 중재하는 능력을 가진 것으로 알려졌다. 이 랍비들은 18세기 말과 19세기 초에 중 · 동부 유럽 전역에 랍비 왕조를 세워 랍비 법정을 운영하였다. 이 법정들은 각각 고유의 독특한 가르침뿐만 아니라 서로 다른 예배의식, 음악, 의복 규범, 전승들을 가지고 있다(Myers 2013, 1~2).

초기 초정통파 랍비들 중에 주목할 만한 집단들이 폴란드 출신의 하시디 랍비들(Hasidic Rabbis 폴란드-우크라이나 중심)과 하시디에 맞서 강력한 반대파로 출현한 리투아니아 미스나그디 랍비들이(Misnagdic Rabbis 리투아니아 중심) 있다. 역내에서 서로 세력 경쟁하던 이 두 랍비 집단들이 초기 초정통파 유대인들이다. 19세기 후반 이 두 랍비 집단들 사이의 긴장은 대체로 사라졌다. 이 두 랍비 집단과 독일 초정통파 유대교 랍비 삼손 라파엘 히르쉬(Rabbi Samson Raphael Hirsch, 1808~1888)는 최초의 초정통파 유대인 국제 조직, 아구다트 이스라엘(Agudat Yisrael, Union of

Israel) 창설 등에 상당한 영향을 끼쳤다(Jewish Virtual Library 2024-a).

대부분의 초정통파 랍비들은 1800년대 후반부터 1900년대 초반까지 시온주의에 반대했다. 그런데 1948년 이스라엘국가건설 이후, 대부분의 초정통파들은 여전히 시온주의 이념에 찬성하지 않지만, 이스라엘국가를 현실로서 수용한다. 그럼에도 불구하고 사타마르 하시딤과 네투레이 카르타(Neturei Karta)는 이스라엘국가에 강력하게 반대하는 반시온주의자 초정통파 유대인들이다(Medoff 2009, 26). 이와 같이 초정통파 유대인들도 매우 다양하다.

2. 아구다트 이스라엘: 시온주의자 기구 반대, 이스라엘 국가 지지

1890년대에 팔레스타인에 유대국가 창설을 목표로 내세운 세속적 · 정치적 시온주의가 활성화되기 시작하였다. 신의 개입으로 유대국가가 출현할 것이라고 믿었던 초정통파 유대인들은 이러한 세속적인 정치적 시온주의에 반대했다(Shalev 2019, Feb. 21). 당연하게도 초정통파 유대인들은 1897년 창설된 시온주의자 기구(Zionist Organization, 1960년 1월 World Zionist Organization로 명칭 변경) 활동에 반대하였다(Metz 1990, 222; Jewish Virtual Library 1912, May. 28).

시온주의자 기구에 맞서, 1912년 5월 독일제국 내 카토비츠(Kattowitz, 현재 폴란드)에서 개최된 회의에서 초정통파 유대인들, 즉 독일 초정통파 랍비 삼손 라파엘 허쉬의 제자들 및 폴란드 및 서부 우크라이나의 하시디 랍비들과 리투아니아의 미스나그디 랍비들이 연합하여 세계적인 운동으로 아구다트 이스라엘을 창설하였다(Medoff 2009, 4). 특히 랍비 삼손 라파엘 허쉬의 영향을 받은 독일제국 프랑크푸르트 출신의 야콥 로젠하임(Jacob Rosenheim, 1870~1965)과 폴란드 하시디 왕국의 영적 지도자(Rebbe of the Hasidic dynasty, Ger)인 랍비 아브라함 모르드개 알터(Avraham Mordechai Alter, 1865~1948)가 아구다트 이스라엘 창설에 주도적인 역할을 한 것으로 알려졌다. 즉 세속주의 시온주의자 기구에 맞서 서로 다른 매우 다양한 초정통파 분파들이 아구다트 이스라엘로 통합되었다(Kamenetzky 1980, 16~18).

아구다트 이스라엘 창설 목표는 세속주의자들이 주도하는 시온주의 정치운동으로부터 독립하여 초정통파 조직을 강화하는 것이었고, 시온주의 운동에 맞서 "시온주의를 현재까지 유대인들 사이에서 발생한 것들 중 가장 강력한 적"이라고 규정했다(Murphy 2015, 8; Grose 1983, 72; Neff 1995; Neff 2002).

아구다트 이스라엘은 '유대인들을 토라(모세 오경)에 의해서 정의된 종교 공동체 구성원들'이라고 정의하였고, 초정통파가 아닌 유대인 단체들과 협력을 전면적으로 거부했다. 아구다트 이스라엘은 시온주의를 신성 모독으로 간주하고, 팔레스타인에 유대국가 설립을 목표로 활동하는 시온주의자 기구에 맞서면서, 세파르디&미즈라히를 포함하는 초정통파 유대인들의 포괄적인 우산 조직으로 성장하였다(Metz 1990, 222~223; Bacon 2024).

이 과정에서 아구다트 이스라엘은 세속적인 시온주의에 반대한다는 명분으로 영국의 팔레스타인 위임통치시기에 4차례(1920년, 1925년, 1931년, 1944년) 실시한 팔레스타인 유대인공동체 대표회의(Assembly of Representatives, Mandatory Palestine) 선거를 거부하였다(Mackie 1991, 243; The Palestine Post 1944, Aug. 9; UNISPAL 2022, Aug. 15). 이 선거에서 탁월한 시온주의 지도자로 부상한 러시아 제국(폴란드, 프원스크) 출신의 데이비드 벤구리온(David Ben-Gurion, 1886~1973)이 이끄는 세속적 사회주의 정당(Ahdut HaAvoda, Mapai)은 영국위임통치 기간 4차례 선거에서 모두 제1당을 차지하였다(Jewish Telegraph Agency 1944, Aug. 10). 게다가 이스라엘 국가 건설 이후 1949~1961년까지 실시된 5차례 의회 선거에서도 벤구리온이 이끄는 마파이당이 제1당을 차지하였다. 동시에 벤구리온은 세계 시온주의자 기구 의장(재임: 1946~1956) 및 이스라엘 총리(재임: 1948~1954, 1955~1963)를 역임하는 등 이스라엘 정치에서 장기 지속적으로 막강한 영향력을 발휘하였다.

시온주의자 기구와 벤구리온이 1948년 5월 14일 이스라엘 국가를 창설하였다. 세계 시온주의자 기구 의장 벤구리온이 발표한 '이스라엘 독립선언서'는 세계 시온주의자 기구 창설을 주도한 헝가리 출신 유대인 데오도르 허즐(1860~1904)을 '유대국가의 정신적인 아버지'로 명시하였다(Reworld 2024).

영국의 팔레스타인 위임통치 시대에 아구다트 이스라엘은 시온주의자들이 주도하는 유대 공동체와는 분리되어 독립적으로 자리를 잡았으나, 1933년 시온주의자 기구 산하 조직인 유대기구와 협정을 체결하면서 유대기구가 영국위임통치당국으로부터 할당받은 이민자 중 6.5%를 재분배 받았다. 게다가 1947년 아구다트 이스라엘은 유대기구와 '현상유지 서한(status quo letter)'으로 알려진 훨씬 더 포괄적인 협정을 체결하면서, 종교적인 이익을 보장받았고, 합법적으로 이스라엘 정부 연합에 합류할 기회를 얻었다(Medoff 2009, 4).

이후 아구다트 이스라엘은 의회 선거에 참여하는 등 이스라엘 국가와 전략적 협력 관계를 유지하게 되었다. 이 과정에서 아구다트 이스라엘은 1951년 실시된 제2차 이스라엘의회 선거에 참가하였다. 아구다트 이스라엘은 120명의 의원을 선출하는 이스라엘의회 선거에서 1951년 3석, 1955년 아구다트 이스라엘+포알레이 아구다트 이스라엘 6석, 1959년 아구다트 이스라엘+포알레이 아구다트 이스라엘 6석, 1961년 4석, 1965년 4석, 1969년 4석, 1973년 아구다트 이스라엘+포알레이 아구다트 5석, 1977년 4석, 1981년 4석, 1984년 2석, 1988년 5석을 획득하였다.

아구다트 이스라엘은 이스라엘 국가와의 전략적 관계에서 정부에서 맡은 주요 업무는 '교육, 주택, 사회 서비스, 비군사 서비스, 유대 종교적 특성 보존을 위한 예산 문제'에서 초정통파 유권자들의 이익을 확보하는 것이었다. 아구다트 이스라엘이 공식적으로 시온주의를 거부했기 때문에, 팔레스타인 문제에 대한 그들의 입장은 유연했다. 이러한 모호하면서 유연한 태도로 인해 아구다트 이스라엘은 정치적 협상력을 높이면서 우익 리쿠드와 좌익 노동당이 이끄는 연합정부에 모두 참여할 수 있었다.

위와 같은 맥락에서 2020년 10월 28일, 아구다트 이스라엘은 [하레디(초정통파) 원칙에 대한 아구다트 이스라엘 성명]에서 세계 시온주의기구에 반대하지만, 초정통파 공동체의 권리를 보호하기 위해서 이스라엘 국가를 지지한다는 원칙을 밝혔다(Agudath Israel 2020, Oct. 28).

하레디(초정통파) 원칙에 대한 아구다트 이스라엘 성명

최근 시온주의 운동 조직 대표들의 성명은 하레디 유대인들이 세계 시온주의 기구의 '예루살렘 프로그램'을 수용했다고 암시했다. '예루살렘 프로그램'은 시온주의를 '유대인의 민족 해방 운동'으로 선언하고 '유대 민족의 삶에 있어서 이스라엘 국가 중심성'을 강조한다.

그러나 유대인들은 유일신(One Hashem)과 신이 우리에게 주신 토라에 대한 믿음에 기반을 둔 사람 집단이며, 그 외에는 다른 것은 아니다. 이 진리를 생략함으로써, '예루살렘 프로그램'과 그것이 구현하는 시온주의 이데올로기는 세계의 다른 모든 국가들과 유사한 정치적 실체로서 유대인의 본질을 재정의하려고 시도한다. 이 재정의는 우리 유대인의 신앙(Emunah)과 전통(Masorah)의 본질에 어긋난다.

지난 세기의 토라 거장들이 아구다트 이스라엘 운동을 설립한 근본 원칙들은 유대인 민족성에 대한 시온주의 재정의를 확고하게 거부하는 것이 있었다. 역사적으로 아구다트 이스라엘은 그 근본 원칙에 충실했고, 앞으로도 그럴 것이다. 시온주의가 하레디 유대인의 근본적인 믿음과 양립할 수 있다는 어떠한 제안도 근거가 없으며 거부되어야 한다.

이스라엘 국가 건설 이전에 시온주의 운동발흥 초기부터 유럽의 명망 있는 랍비들 사이에서는 고대 이스라엘 땅에 '유대국가' 건설을 최고의 목표로 여기는 유대인들의 운동에 관한 깊은 우려가 있었다.

이스라엘 국가가 창설되면서, 아구다트 이스라엘 운동을 이끈 명망있는 랍비들은 종교적 유대인들의 권리를 보호하기 위해서 이스라엘 의회 활동을 포함한 이스라엘 국가의 민주적인 업무에 참가하는 것이 필요하다고 느꼈다. 이스라엘 의회는 우리에게 영향을 끼치는 정부 기구다. 그러나 **자발적으로 어떤 시온주의자 기구나 회의에 참여하는 것은 토라가 유대인들의 궁극적인 결정자이자 통합자라는 것을 아는 유대인들에게 용납될 수 없다. 시온주의가 유대민족을 규정하는 개념은 잘못된 것이다.**

그럼에도 불구하고 아구다트 이스라엘은 이스라엘에 대한 지지를 변경하지 않으며, 이스라엘의 안보, 경제적 필요, 복지 등을 항상 지지해왔고, 앞으로도 그렇게 할 것이다.

결국 [하레디(초정통파) 원칙에 대한 아구다트 이스라엘 성명]은 '시온주의를 현재까지 유대인들 사이에서 발생한 가장 강력한 적'이라고 규정했던 아구다트 이스라엘 창설 초기의 입장을 변경하면서, 유대국가, 이스라엘 내에서 시온주의자들과 초정통파 유대인들의 동거와 협력을 합법화시켰다. 이는 아구다트 이스라엘이 초정통파 공동체의 정치·경제적인 세력 확보와 강화를 위해서는 어떤 선택도 가능하다는 것을 의미한다.

3. 反시온주의자-네투레이 카르타: 이스라엘 해체 운동

영국 위임통치기간 동안 아구다트 이스라엘 소속 랍비 중에, 예루살렘 지역 초정통파 유대인 집단 거주지, 메아 쉐아림(Mea Shearim) 소재 헝가리 유대 공동체 태생의 랍비 암람 블라우(Amram Blau, 1886~1974)가 있었다. 그의 아버지는 1869년 슬로바키아에서 예루살렘으로 이주한 유대인이며, 어머니는 예루살렘 원주민 유대인이었다(Inbari 2010, 193~232).

1930년대 아구다트 이스라엘이 시온주의 운동과 타협하는 모습을 보이자, 1938년 랍비 암람 블라우는 아구다트 이스라엘과 결별하고, '도시(예루살렘)의 수호자'를 뜻하는 네투레이 카르타(Neturai Karta)를 공식적으로 창설하였다. 네투레이 카르타는 공식 홈페이지에서 "네투레이 카르타는 네투레이 카르타 교회당에서 정기적으로 기도하거나, 네투레이 카르타가 운영하는 교육기관에 자녀를 보내거나, 네투레이 카르타가 소집하는 활동, 집회, 시위에 적극적으로 참여하는 사람들에게 붙여진 이름이다. 네투레이 카르타는 유대인 메시아가 도래할 때까지 유대인 자신들의 국가를 갖는 것은 금지되어 있으며, 이스라엘 국가는 신에 대한 반역이라는 믿음으로 이스라엘 국가의 평화적 해체를 요구한다. 회원들이 이스라엘 국기를 공개적으로 불태우는 데 자주 참여한다"라고 밝히고 있다(Neturai Karta 2023-a; Neturei Karta 2023-b). 네투레이 카르타 회원들은 런던, 뉴욕, 예루살렘 등의 도시에서 퓨림 축일 등 유대교 기념행사 등에서 일상적으로 이스라엘 국기를 불태운다.

네투레이 카르타 지도자 랍비 모세 허쉬(Moshe Hirsch, 1930~2010)는 생전에 팔레스타인 자치정부와 긴밀한 관계를 유지했다(Melton 2010, 2066; Hevesi 2010, May. 4). 모세 허쉬와 야세르 아라파트의 관계는 아라파트가 튀니지에 거주하던 1980년대로 거슬러 올라간다. 1994년 팔레스타인 자치정부가 수립되었을 때, 허쉬는 유대인 문제에 관한 자치정부 수반 아라파트의 고문으로 임명되었다. 허쉬는 시온주의에 반대하면서도 '시온주의 국가' 이스라엘로부터 자금을 지원받는 이중적인 행위를 하는 아구다트 이스라엘 등 초정통파 유대인 단체들을 비난했다(Baram 2010, May. 7).

이스라엘 건설 이후, 네투레이 카르타는 더욱 고립되었지만 사타마르를[3] 포

---

3) 1905년 헝가리 사투마르(Satu Mare)에서 하시디 랍비 조엘 테이텔바움(Joel Teitelbaum, 1887~1979)이 1905년 초정통파 사타마르 법정을 세웠다. 제2차 세계대전 이후 미국에서 사타마르가 독특한 종파로서 크게 부상하였으며, 강력한 반시온주의 입장을 견지한다.

함하는 부유한 초정통파 하시디 종파의 후원을 받는 것으로 알려졌다. 하시디 종파의 후원으로 네투레이 카르타는 이스라엘 국가에 세금을 내는 것을 견딜 수 있고, 자선기금 분배를 활용해서 이스라엘 국가로부터 보조금 받는 것을 피할 수 있다. 결국 초정통파 하시디 후원 덕택에 네투레이 카르타는 이스라엘 내 정치적 기반 및 공식적인 관계가 거의 없는 자급자족 공동체로 존재한다(Myers 2013, 1~2; Jewish Virtual Library 2024-b).

네투레이 카르타는 '토라의 가르침에 따라 유대인들이 죄를 지었기 때문에 이스라엘에서 추방되었고, 신은 메시아가 도래할 때까지 유대 국가 창설을 금지했다'라고 믿는다. 네투레이 카르타 대변인이며, 미국인 랍비 이스로엘 도비드 와이스(Rabbi Yisroel Dovid Weiss)는 "토라에 따르면, 시온주의는 유대교의 정체성을 강탈했고, 이스라엘 국가는 완전히 불법이다. 유대교는 팔레스타인뿐만 아니라 전 세계에 유대국가 건설을 금지한다. 유대교 경전은 메시아가 도래하기 전에 유대인들이 대거 성지로 돌아가는 것을 금지한다. 그러나 시온주의자들은 이미 사람들이 살고 있던 팔레스타인에 이스라엘 국가를 세웠다. 이 국가가 70년 이상 지속되는 것은 비극이다. 시온주의는 신에 대한 불복종이며, 물질주의이고 민족주의 운동이다. 시온주의자들은 130년 동안 팔레스타인인들을 추방하고 살해하였다"라고 주장한다(Rezeg 2018, May. 11; Haaretz 2010, Jan. 1; MEHR 2011, May. 29).

네투레이 카르타와 신학적 견해를 공유하는 초정통파 유대인들도 이스라엘 국가 해체를 주장하는 등 과격한 행동 때문에 네투레이 카르타와 거리를 두었다. 네투레이 카르타는 자신들과 종교 규범을 공유하지 않는 유대인들을 이단자로 배척하며, "아랍인이 통치하는 팔레스타인 국가에서 유대 공동체가 소수자로 존재할 수 있고, 그래야 한다"라고 주장한다(Hevesi 2010, May. 4).

이스라엘 신문 등 복수의 소식통에 따르면, 2023년 1월 9일, 예루살렘 소재 메아 쉐아림과 베이트 쉐메시(Beit Shemesh) 출신 네투레이 카르타 회원 3명이 팔레스타인 저항 세력의 중심지 서안 소재 제닌 난민 캠프를 방문해서 이스라엘이 테러단체로 지정한 이슬람지하드 대원들과 파타 대원들을 만났다. 이에 대해서 이스라엘 경찰은 팔레스타인 자치지역을 불법 방문한 혐의로 네투레이 카르타 회원 3명을 조사했고, 이스라엘 국가안보장관 극우파 이타마르 벤 그비르(Itamar

Ben-Gvir)는 이 3명을 시리아로 추방해야한다고 주장했다(The Times of Israel 2023, Jan. 10; MEMO 2023, Jan. 12).

2009년 7월 15일 랍비 와이스 등 네투레이 카르타 대표단 4명이 이집트를 통해서 가자로 들어가 하마스 지도자 이스마엘 하니야를 만나고, 의료 지원 물품, 트럭 등을 전달했다. 이 때 랍비 와이스는 "우리는 당신들의 고통을 공감하면서, 당신들과 함께 소리쳐 운다. 여기는 당신들의 땅이다. 이 땅은 불법적으로 부당하게 훔친 사람들에 의해 점령당했다. 그 사람들이 유대교의 이름과 우리의 정체성을 납치했다"라고 주장했다(HADID 2009, Jul. 16). 랍비 와이스는 2006년 12월 11일, 이란에서 개최된 '홀로코스트에 대한 세계적 비전을 검토하는 국제회의(International Conference to Review the Global Vision of the Holocaust)'에도 참가했다. 그러나 이 국제회의에서 그는 홀로코스트를 부인하거나 의문을 제기하지는 않았다. 그의 어머니는 폴란드 출신이고, 아버지는 헝가리 출신이다. 홀로코스트 동안 그의 조부모, 아주머니, 삼촌 등 많은 가족들이 아우슈비츠에서 사망했다. 그는 인터뷰에서 홀로코스트 국제회의에 참가한 이유를 "우리가 적이 아니라는 것을 아랍세계와 무슬림 세계에 알리기 위한 것"이라고 밝혔다. 그의 검은 코트 깃에 히브리어, 아랍어, 영어 'A Jew Not a Zionist'라고 적힌 팔레스타인 국기와 빨간 금지선이 그어진 이스라엘 국기가 위아래로 나란히 꽂혀 있었다(Santos 2007, Jan. 15; Harold Channer 2010, Jan. 21).

이러한 이유로 시온주의자 유대인들뿐만 아니라, 이스라엘 국가와 협력관계를 유지하는 대다수 초정통파 유대인들도 네투레이 카르타를 지나친 극단주의자로 간주한다(Rocker 2002, Nov. 25). 사실, 네투레이 카르타는 '시온주의를 현재까지 유대인들 사이에서 발생한 가장 강력한 적'으로 규정했던 아구다트 이스라엘의 창설 초기 입장을 확고하게 유지하고 있는 것으로 보인다.

4. 시온주의자-샤스당: 세파르디&미즈라히 이익

2023년 1월 24일, 새로 구성된 네타냐후 정부의 핵심 동맹인 초정통파 유대인 정당 샤스는 이스라엘 화폐에 '우리가 믿는 신 안에서(In God(Hashem) We Trust)'

라는 문구를 넣어 인쇄하도록 하는 법안을 제출했다. 샤스는 "이 문구를 추가하면, 이스라엘의 경제적 성공을 위한 부적이 될 것이다. 따라서 신에게 감사하는 것과 이스라엘 국가의 지폐에 그 믿음을 표현하는 것은 중요하다. 지구상에서 가장 경제적으로 강력한 국가인 미국의 달러에도 동일한 문구가 인쇄돼 있다"라고 주장하면서, 시편 145편 16절 "당신의 손을 펴서 모든 생명체의 소원을 만족시켜주십시오"라는 구절을 인용하였다. 이러한 샤스당의 주장은 세속주의 세력에 맞서 종교인들의 세력 강화를 추구하는 것으로 보인다(The Times of Israel 2023, Jan. 25).

이에 맞서 세속주의 야당, 이스라엘 베이테누당(Yisrael Beytenu Party) 대표 아비그도르 리버만(Avigdor Liberman)은 "지폐에 '우리가 믿는 신안에서'라는 문구는 생활비와 싸우는 흥미로운 방법이다. 그 다음은 무엇인가? 그들은 샤스당의 대표 아리에 데리(Aryeh Deri, 1959~)의 사진을 넣어 달라고 할 것인가?" 등으로 조롱 섞인 강력한 반대를 표현하였다(Hilaie 2023, Jan. 25; Ryan 2023, Jan. 25; The Times of Israel 2023, Jan. 25; The Times of Israel 2023, Jan. 24; The Jerusalem Post 2023, Feb. 19).

1973년부터 1983년까지 이스라엘 세파르디 최고 랍비를 역임한 바그다드 출신의 오바디아 요세프(Ovadia Yosef, 1920~2013)가 1984년 유럽 출신의 아쉬케나지들이 지배하는 아구다트 이스라엘에서 중동 출신의 세파르디&미즈라히를 독립시켜 '세파르디 수비대'를 뜻하는 샤스당을 창설하였다. 샤스당 창당 이유는 이스라엘의회 선거에서 아구다트 이스라엘에 투표하는 세파르디&미즈라히 유대인들이 다수임에도 불구하고, 유럽 출신의 아쉬케나지들이 의원직을 독점한 것에 대한 불만에서 비롯되었다(Metz 1990, 222~223).

샤스는 세속주의와 유럽계 초정통파의 패권에 반대하여 세파르디&미즈라히의 종교적 유산을 되찾는 것을 목표로 일어났다. 선거 기간 동안 샤스의 구호는 "고대의 제왕적 영광을 회복하기, 우리는 가지지 못한 사람들 편이다"라는 것이었다. 이 구호는 세파르디&미즈라히 조상들의 영광스런 유산을 되찾고, 현재 직면한 세파르디&미즈라히 공동체에 대한 편견을 종식시키고, 차별적인 경제 문제를 해결하고, 사회 정의를 세워야 한다는 것이다(BBC 2013, Jan. 21).

샤스당 창당을 견인한 랍비 유세프는 1982년부터 2013년 사망할 때까지 샤스당의 영적 지도자였다. 랍비 유세프는 세속적인 세계에 눈을 돌리는 것을 주저하지 않았다. 그는 좌파 혹은 우파와 함께 정치 동맹을 결성하도록 판결을 내렸고, 1992년 샤스가 이츠하크 라빈의 세속적인 연합 정부에 참여하면서, 팔레스타인과의 협상을 승인하였다. 랍비 유세프는 교육 등 여성 문제에 대해서도 개방적이었다. 랍비 유세프의 딸, 아디나 바르 샬롬(Adina Yosef, Adina Bar Shalom)은 2001년 이스라엘 최초로 초정통파 유대인들을 위한 대학, 초정통파 칼리지(The Haredi College of Jerusalem)를 설립했고, 초정통파 유대인 사회의 성차별을 극복하기 위한 활동을 했다. 2011년 10월 31일, 랍비 유세프는 "초정통파 대학은 토라 학자들에게 커다란 도움이 된다"라고 주장하면서, 수 천 명의 남녀 학생들이 공부할 수 있는 새로운 캠퍼스 건설을 위하여 예루살렘 재단(The Jerusalem Foundation)을 통한 기금 모금을 독려하는 글을 내놓는 등, 딸의 교육사업 활동을 적극 지지했다(The Jerusalem Foundation 2012).

예루살렘 재단이 내놓은 자료에 따르면, 초정통파 교육 기관이 왜 필요한가? 첫째, 정규 대학의 혼성 수업, 자유로운 복장, 다루는 주제 등이 흔히 초정통파 학생들에게 적합하지 않기 때문이다. 둘째, 초정통파 학생들이 정규 대학 생활에 필요한 세속적인 지식이 부족하다. 초정통파 대학은 이러한 차이점들을 성공적으로 메울 수 있다. 누가 혜택을 보는가? 첫째 초정통파들은 예루살렘 유대인의 30%, 152,000명이며, 빈곤선 이하의 생활을 하는 예루살렘의 가장 큰 유대 공동체다. 둘째, 초정통파들은 예루살렘 비초정통파 평균보다 훨씬 낮은 직업 활동을 한다. 초정통파들은 충분히 교육받고, 훈련받는다면, 훌륭한 노동력이 될 수 있다(The Jerusalem Foundation 2012).

초정통파 칼리지는 다음과 같은 교육 과정으로 이스라엘 내 3개의 대학과 협력하여 학사, 석사, 박사과정을 운영한다. 바 일란 대학(Bar Ilan University)의 후원으로 '사회복지학(남, 여), 사회과학(여), 교육학(여), 음악치료(여), 교육 상담(남, 여), 물류관리 및 경제(남), 커뮤니케이션과 정치학(남)' 과정을 운영한다. 네게브 벤구리온 대학(Ben-Gurion University of the Negev)과 협력하여 '심리학(여), 임상/교육 심리학(여), 갈등 관리 및 해결(여)'을 운영한다. 예루살렘 하다사 대학(Hadassah Academic College Jerusalem)과 협력하여, 컴퓨터 과학(남), 의료 시스템/인적 자원관리(남, 여),

의사소통 장애 치료학(여), 의료 실습학(여) 과정을 운영한다. 졸업생들의 90% 이상이 일자리를 찾은 것으로 알려졌다(The Jerusalem Foundation 2012; The Jerusalem Foundation 2020).

이러한 활동으로 인해 2014년 아다나는 이스라엘 국가가 수여하는 최고의 문화적 명예인, 이스라엘 상(Israel Prize)을 받았다. 그러나 2016년 이 대학은 엄청난 부채에 시달리는 것으로 알려졌다(Simon 2014, Jun. 26; SHARON 2014, Mar. 18; The Time of Israel 2016, Nov. 3).

오바디아 유세프 사후, 바그다드 이민자 랍비 에프라임 하코헨의 아들, 랍비 샬롬 코헨(Shalom Cohen, 1930~1922)이 2013년부터 2022년 8월 사망할 때까지 샤스당의 영적 지도자였다. 전임자인 오바디아 유세프와는 달리 샬롬 코헨은 초정통파 공동체에 영향을 주는 문제들에 대한 강경한 입장을 표명하였다. 그는 2013년 예시바 학생들을 징집하기 위해 제안된 이스라엘 법이 세파르디 유대인들에게 끼치는 심각한 영향에 대해 비난하였다. 2014년 6월 23일, 그는 여성들이 고등 교육을 받는 것은 토라의 길과 모순되는 것이라고 주장하면서, 초정통파 여성들의 대학 교육을 금지하는 서한을 발표하였다. 그는 또한 지역에서 스마폰 사용을 자제하고 토라 공부하도록 촉구하였다(Ettinger 2014, Jun. 23; Simon 2014, Jun. 26; Ettinger 2014, Dec. 29).

1983~1990년 샤스당을 이끈 랍비 이츠하크 페레츠(Yitzhak Peretz, 1938~)는 모로코 출신으로 1950년 이스라엘로 이주하였다. 1990~1999년 샤스당을 이끈 아리에 데리(Aryeh Deri, 1959~)도 역시 모로코 출신이며, 1968년 이스라엘로 이주하였다. 1999~2013년 샤스당을 이끈 엘리 이샤이(Eli Yishai, 1962~)는 튀니지 출신 이주민 부모에게서 예루살렘에서 태어났다. 2013년~ 현재 샤스당 지도자는 아리에 데리이다.

세파르디는 공동체 랍비들이 수백 명에 달하고, 엄격하게 율법을 준수하지만, 이스라엘 미즈라히 사회의 비초정통파 대중들과 강력한 유대감을 유지한다. 이러한 세파르디&미즈라히들의 지지를 배경으로 샤스당은 1984년 4석(3.1%, 63,605득표), 1988년 6석(4.7%, 107,709득표), 1992년 6석, 1996년 10석, 1999년 17석(13%, 430,676득표), 2003년 11석, 2006년 12석, 2009년 11석, 2013년 11석, 2015년

7석, 2019년 4월 8석(5.99%), 2019년 9월 9석(7.44%), 2020년 9석(7.69%), 2021년 9석(7.17%), 2022년 11석(8.25%, 392,964득표)을 획득함으로써 이스라엘 정치에서 커다란 영향력을 행사하고 있다(Bechirot.gov.il, בחירות לכנסת ה).

샤스당의 활동을 통해서 세파르디&미즈라히 유대인들은 이스라엘 정치에서 독자적인 커다란 영향력을 확보하게 되었다. 게다가 샤스당은 초정통파가 아닌 일반 세파르디&미즈라히 유대인들의 표를 흡수함으로써, 이스라엘 정치에서 초정통파 정치세력의 영향력이 증대된 것으로 보인다.

샤스당의 주요 이념은 세파르디&미즈라히 공동체의 종교적, 문화적 유산을 보호하는 것이다. 샤스는 '세파르디&미즈라히 주민에 대한 경제적, 사회적 차별을 종식'시키고, '전통적인 미즈라히 유대인들의 고대의 영광을 회복'하는 것을 목표로 한다. 이러한 이유 때문에 비초정통파인 일반 세파르디&미즈라히도 샤스를 지지한다.

2010년 이스라엘 세파르디&미즈라히 유대인을 대표하는 샤스당은 시온주의 운동의 최고 상부 조직인 세계시온주의자기구에 가입함으로써 적극적인 시온주의자로 나섰다(World Zionist Organization 2024). 아구다트 이스라엘과 달리, 샤스는 '종교적 신념과 시온주의 사이에 모순이 없다'라고 간주한다(Metz 1990, 222~223). 아쉬케나지 초정통파 유대 정당들인 아구다트 이스라엘과 데겔 하토라는 이러한 샤스당의 적극적인 시온주의자 정책을 거칠게 비난하였다(Shalev 2019, Feb. 21).

정치적 문제에 있어서 아구다트 이스라엘과 마찬가지로 샤스도 1984년 창설 당시부터 집권당이 노동당이든, 카디마든, 리쿠드든 대부분 집권당 연합의 일부로 연합정부에 참가하였다. 샤스의 선택 기준은 '세파르디와&미즈라히 유대인들에게 어느 정부가 더 큰 이익을 주느냐'였다.

5. 非시온주의자-토라 유대교 연합: 아쉬케나지 이익

세파르디&미즈라히를 대표하는 샤스당과는 달리, 토라 유대교 연합(United Torah Judaism, UTJ)을 구성하는 아쉬케나지 초정통파를 대표하는 유대교 정당, 아구다트 이스라엘과 데겔 하토라는 세계시온주의자기구에 가입하지 않았다. 데겔 하토라와 아구다트 이스라엘은 1992년에 선거를 위해서 결성된 연합정당 토라 유대교 연합을 결성하였다. 데겔 하토라는 리투아니아 파벌 미스나그디(비하시디 초정통파)를 대표한다. 1988년 아구다트 이스라엘 내에 폴란드-서부우크라이나 파벌인 하시디 랍비들(Hasidism)과 리투아니아 파벌인 미스나그디 랍비들(Misnagdim) 사이의 정책 논쟁과정에서, 미스나그디 랍비들이 아구다트 이스라엘로부터 갈라져 나와 데겔 하토라를 창립하였고, 아구다트 이스라엘은 압도적으로 하시디 정당이 되었다. 이후 데겔 하토라와 아구다트 이스라엘은 서로 경쟁하면서도, 때로는 비례대표 의회 선거와 연합정부 구성을 위해 동맹을 맺어 토라 유대교 연합을 결성하기도 한다(WAGNER 2005, Dec. 14).

토라 유대교 연합은 이스라엘의회 선거에서 1994년 4석, 1996년 4석, 1999년 5석, 2003년 5석, 2006년 6석, 2009년 5석, 2013년 7석, 2015년 6석, 2019년 4월 8석, 2019년 9월 7석, 2020년 7석, 2021년 7석, 2022년 7석을 차지했다. 샤스당과는 달리 토라 유대교 연합은 비시온주의자로 분류되며, 교육과 사회복지, 초정통파의 병역문제 등에서 영향력을 발휘한다(Bechirot.gov.il, בחירות לכנסת ה; BBC 2013, Jan. 21).

샤스와 마찬가지로, 토라 유대교 연합이 꾸준히 의회 의석의 확보한다는 것은 초정통파 공동체가 이스라엘 정치에서 영향력이 증가하고 있다는 것을 의미한다. 초정통파 공동체의 높은 출산율도 정치적 영향력 증가에 일정하게 기여하는 것으로 보인다. 토라 유대교 연합도 이스라엘 정치에서 아쉬케나지 초정통파의 이익 확보를 위해서 활동한다(Tharoor 2015, Mar. 14).

2022년 9월 12일 야당인 리쿠드당 지도자 네타냐후는 데겔 하토라와 아구다트 이스라엘이 협력하여 토라 유대교 연합을 재건하도록 중재하였다. 당시 네타냐후는 2022년 11월 1일 의회 선거에서 이 두 초정통파 정당들이 자신의 정치적 미래에 중요한 역할을 할 것이라고 판단하였다. 이 과정에서 네타냐후는 본인이 권력을 장악할 경우 독립적인 초정통파 유대교 학교들이 국가 표준 교육 과정을 충족하여 핵심 교과과정을 가르치든지에 여부에 관계없이 자금을 지원하기로 합의하면서, 초정통파 유대교 학교들이 수학, 과학, 영어를 포함한 노동력 확보에 핵심적인 과목을 교과 과정에 도입하지 않아도 학교 시스템에 자금 지원을 늘리겠다고 약속했다. 이러한 네타냐후는 데겔 하토라와 아구다트 이스라엘 정당 간의 합의를 굳

히는 데 성공하면서, 두 파벌들 중 하나가 의회 진입(3.25%, 최소의석 4석)에 실패할 수도 있는 균열을 종식시키고 토라 유대교 연합을 재건하는데 성공하였다(The Times of Israel 2022, Sep. 12). 그 결과 2022년 11월 1일 의회 선거에서 7석을 획득한 토라 유대교 연합은 네타냐후가 정권을 장악하는데 핵심적인 역할을 했다.

2023년 1월 24일, 토라 유대교 연합 의원 모세 가프니(Moshe Gafni, 데겔 하토라 대표)와 야코브 애셔(Ya'akov Ashe, 데겔 하토라), 총리실 차관 우리 마클레브(Uri Maklev, 데겔 하토라)는 종교적 동기에서 나온 '전국 국립공원 내 천연 수영장에서 성별로 분리된 목욕시간 지키기, 유월절 기간 동안 공공 병원에서 발효된 빵 금지' 법안을 제출하였다. 이에 맞서 세속주의 야당, 이스라엘 베이테누당 대표 아비그도르 리버만은 "모세 가프니와 그의 친구들이 할라카(Halakha, 유대종교법) 국가를 세우려고 한다"라고 주장하면서 강력하게 반대하였다(The Times of Israel 2023, Jan. 24; The Times of Israel 2023, Jan. 25; BREUER 2023, Feb. 19). 또한 그는 하레딤에게 안식일에 생산되지 않는 전기를 사용할 수 있도록 에너지 저장고 건설을 요구하는 법안에 대해서도 신정국가를 향한 조치라고 비난하였다(Lis 2023, May. 5).

성별분리는 이스라엘에서 매우 예민한 주제다. 초정통파들은 믿음을 충족시키기 위해 성별분리가 필요하다고 말하는 반면, 반대자들은 성별분리를 여성차별이라고 주장한다. 과거 고등법원 판결은 공공장소에서 성별 혹은 다른 기준에 의한 차별을 명시적으로 금지하였다(The Times of Israel 2023, Jan. 24; BREUER 2023, Feb. 19).

2023년 2월 24일, 네타냐후 정부는 토라 유대교 연합에게 40% 증가한 약 6억 8천 4백만 달러(NIS 25억) 예산을 배정하여 의회에 넘겼다. 그런데 이 두 정당은 초정통파 공동체 교육 시스템에 대한 충분한 자금 지원을 받지 못한 것에 분개하였고, 의회에서 예산을 통과시키기 전에, 토라 연구를 위한 병역면제를 명시한 법안을 통과시키겠다는 연립정부의 약속을 받아 냈다. 뿐만 아니라 생활비 예산 확보문제도 초정통파 정당들에게 매우 민감한 문제다. 결국 이 정당들은 초정통파 공동체의 정치·경제적 이익확보가 최대의 정치 목표다(KELLER-LYNN 2023, Feb. 28; Tucker 2023, Mar. 1).

다음은 1984년 이후 초정통파 유대 정당들이 차지한 이스라엘 정부 내각 현황이다(Knesset 2023-a).

초정통파 유대교 정당들의 정부 참여

정부 총리, 소속	샤스(1984년 창설)	토라 유대교 연합 (1992년 창설)	의회선거(총120석)
21대 페레스, 연합이스라엘노동당 1984.09.13.~1986.10.20	총리실 장관, 내무부장관, 노동 및 사회복지부차관	노동 및 사회복지부차 관-아구다트 이스라엘 (1912년 창설)	11대 1984.07: 연합이 스라엘노동당44, 리 쿠드41, 샤스4(New), 아구다트이스라엘2
22대 샤미르, 리쿠드 1986.10.20.~1988.12.22	총리실 장관, 내무부장관, 노동 및 사회복지부차관	-	
23대 샤미르, 리쿠드 1988.12.22.~1990.06.11	내무부장관(아리에데리), 내무부 차관	노동 및 사회복지부차 관-아구다트 이스라엘	12대 1988.11: 리쿠드 40, 연합이스라엘노동 당39, 샤스6, 아구다 트이스라엘5, 데겔하 토라2(New)
24대 샤미르, 리쿠드 1990.06.11.~1992.07.13	내무부장관(아리에데리), 통신부장관, 재무부차관	총리실 차관, 예루살렘 업무부차관, 노동 및 사 회복지부차관-아구다트 이스라엘; 주택건설부차 관, 종교업무부차관-데 겔하토라(1988년 창설)	
25대 페레스, 이스라엘노동당 1995.11.05.~1995.11.22	총리실 장관 및 내무부장관 (아리에 데리), 주택 건설부 차관, 교육문화부 차관, 재무 부 차관, 종교업무부차관		13대 1992.06: 이스라 엘노동당44, 리쿠드 32, 샤스6, 토라 유대 교 연합4
26대 페레스, 이스라엘노동당 1995.11.22.~1996.06.18	-		
27대 네타냐후, 리쿠드 1996.06.18.~1999.07.06	내무부장관, 노동 및 사회복 지부 장관, 종교업무부장관, 보건부차관, 종교업무부차관	주택건설부차관	14대 1996.05: 노동당 34,리쿠드게쉬르초메 트32, 샤스10, 토라 유 대교 연합4
28대 바락, 하나의 이스라엘 1999.07.06.~2001.03.07	보건부장관, 노동 및 사회복 지부 장관, 국가기반시설부 장 관, 종교업무부장관, 통신부차 관, 교육부차관, 재무부차관	-	15대 1999.05: 하나의 이스라엘26, 리쿠드 19, 샤스17, 토라 유대 교 연합5
29대 샤론, 리쿠드, 카디마 2001.03.07.~2003.02.27	부총리(Eli Yishai), 총리실 장 관, 보건부장관, 내무부장관, 노동 및 사회복지부 장관, 교육 부차관, 재무부 차관, 내무부차 관, 노동 및 사회복지부차관	주택건설부차관, 교육부차관	
30대 아리엘 샤론&올메 르트, 카디마 2003.02.27.~2006.05.04	-	사회복지부차관, 교통부차관	16대 2003.01: 리쿠드 38, 샤스11, 토라 유대 교 연합5
31대 올메르트, 카디마 2006.05.04.~2009.03.31	부총리(Eli Yishai), 총리실 장관, 통신부장관, 재무부장관, 산업 통상노동부 장관, 종교부장관	-	17대 2006.03: 카디마 29, 리쿠드12, 샤스12, 토라 유대교 연합6

정부 총리, 소속	샤스(1984년 창설)	토라 유대교 연합 (1992년 창설)	의회선거(총120석)
32대 네타냐후, 리쿠드 2009.03.31.~2013.03.18	부총리(Eli Yishai), 총리실 장관, 주택건설부장관, 내무부장관, 종교부장관, 재무부차관	교육부차관, 보건부차관	18대 2009.02: 카디마28, 리쿠드-아히27, 샤스11, 토라 유대교 연합5
33대 네타냐후, 리쿠드 2013.03.18.~2015.05.14	-	-	19대 2013.01: 리쿠드, 이스라엘 베이테누31, 샤스11, 토라 유대교 연합7
34대 네타냐후, 리쿠드 2015.05.14.~2020.03.16	변방, 네게브, 갈릴리 개발부장관, 내무부장관(아리에데리), 경제산업부장관, 종교부장관, 재무부차관, 내무부차관, 노동사회부차관	보건부장관, 교육부차관, 보건부차관	20대 2015.03: 리쿠드 30, 샤스7, 토라 유대교 연합6; 21대 2019.04: 리쿠드35, 샤스8, 토라 유대교 연합8; 22대 2019.09: 청백당 33, 리쿠드32, 샤스9, 토라 유대교 연합7
35대 네타냐후, 리쿠드 2020.05.17.~2021.06.13	주택건설부장관, 내무부장관(아리에데리), 변방, 네게브, 갈릴리 개발부 차관, 재무부차관, 내무부차관, 노동사회부차관	주택건설부장관, 교육부차관, 교통도로안전부 차관	23대 2020.03: 리쿠드 36, 샤스9, 토라 유대교 연합7
36대 베네트&라피드, 야미나, 예시아티드 2021.06.13.~2022.12.29	-	-	24대 2021.03: 리쿠드 30, 샤스9, 토라 유대교 연합7
37대 네타냐후, 리쿠드 2022.12.29.~	교육부소속 무임소장관, 노동부장관, 종교부장관, 복지사회부장관, 보건부장관 권한대행, 내무부장관 권한대행, 농림축산개발부차관	총리실 장관, 주택건설부장관, 예루살렘 업무와 유대유산 장관, 총리실차관, 문화체육부차관, 교통도로 안전부차관	25대 2022.11: 리쿠드 32, 샤스11, 토라 유대교 연합7

6. 초정통파 유대인의 정치적 영향력 강화

2021년 12월 이스라엘 민주주의 연구소(The Israel Democracy Institute)가 내놓은 통계에 따르면, 경외와 두려움으로 신의 의지를 수행하고, 현대 가치와 관습에 반대하면서 유대교법과 전통을 엄격하게 고수하는 초정통파 유대인공동체는 이스라엘 전체 인구의 약 13%(약 1백 22만 6천명)다(Cahaner 2021). 초정통파 유대인공동체는 사실상 종파 내 결혼과 높은 출산율 때문에 인구수가 빠르게 증가한다. 이스라엘 내 초정통파 비율은 2009년 10%에서 2021년 13%로 증가했다. 이스라엘군은 징병제이지만, 대부분의 초정통파 유대인은 예시바에서 토라공부를 한다는 구실로, 병역 면제 나이에 도달할 때까지 병역을 연기한다. 최근에는 초정통파 유대인 남자의 군대 지원이 늘어나는 추세다. 일반적으로 초정통파 주민들은 국가 공무원이나 군복무를 반대한다(BACHNER 2022, Jan. 1; The Times of Israel 2017, Oct. 23; Balmer 2014, Mar. 3; The Times of Israel 2014, Mar. 2).

따라서 초정통파 정당들은 종교법을 공부하는 초정통파 유권자들이 군대에서 복무할 필요가 없도록 보장하는 것이 무엇보다 중요하다. 초정통파들은 군대복무를 종교법 공부로 대체하기를 원한다. 그런데 2017년 9월 12일, 이스라엘 고등법원은 예시바 신학생들의 군대복무 면제법이 군입대를 하는 세속적인 청년들과 면제를 받는 종교적인 청년들 사이의 불평등을 영구화한다는 이유로 폐기하기로 결정하면서, 이 법이 1년 이내에 발효될 것이라고 밝혔다. 이 사건은 초정통파 정치인들의 분노를 불러일으켰다. 토라 유대교 연합 소속 메나헴 엘리에저 모세(Menachem Eliezer Moses, 아구다트 이스라엘) 의원은 "고등 법원은 유대 전통과 얼마나 단절되어 있는지, 토라를 연구하는 사람들과 종교 수호자들이 소중히 여기는 것에 대한 매우 깊은 증오심을 다시 한 번 증명했다. 고등법원이 크네세트(의회)의 결정에 계속해서 불명예스러운 개입을 하고 있다"고 주장했다(Haaretz 2017, Sep. 12; France24 2017, Sep. 13; Zonszein 2023, Mar. 23).

최근 초정통파 유대교 정당들은 전체 인구에서 차지하는 비율 이상으로, 정치에서 영향력 있는 중요한 행위자로 등장했다. 이 정당들의 최우선 과제는 자신들의 정치적 기반을 제공하는 종교 공동체의 현실적인 이익 확보. 이에 대한 적절한 예로, 2023년 4월 23일 Kann news에 따르면, 전날 안식일후 주간 설교에서 이스라엘 세파르디 최고 랍비 이츠하크 요세프(Yitzhak Yosef)는 세파르디가 주도하는 샤스당 소속 크네세크 의원이며 새로 임명된 보건·내무 장관 모세 아르벨(Moshe Arbel)에게 "당신의 손에 권력이 있다. 그 권력을 사용해라. 그것은 특권이다. 계속해서 좋은 일을 해라. 시나고그와 예시바를 건설하는 조건으로 지방자치기구에게 정부 지원금을 할당해라. 나는 그것에 대해 구체적으로 말하지 않을 것이다. 그것은 불법이다. 현명하게 처리해라"라고 지시했다(Kann news 2023, Apr. 23; Haaretz 2023, Apr. 23).

이에 맞서 세속주의 우파 이스라엘 베이테누당 대표 아비그도르 리버만은 트위터를 통해 "크네세트 내 초정통파 사업가들의 음습한 거래를 통해 공공 자금 강탈 행위를 막아야 할 때가 왔다"고 주장하면서 정치에 개입하는 최고 랍비의 해임을 요구하였다(VIN news 2023, Apr. 23; Jewish News Syndicate 2023, Apr. 23; The Times of Israel 2023, Apr. 23).

이러한 상황에서 이러한 초정통파 유대교 정당들은 자신들의 정파에 이익이 된다면, 불법적인 행위도 서슴없이 저지르며, 정치 이념을 초월하여 좌파 진영이나 우파 진영 어느 쪽과도 연합정부를 구성할 수 있는 것으로 보인다.

이스라엘 비례대표제 의회제도에서는 전체 120석 중 61석 이상을 확보한 정당 연합이 정부를 구성할 수 있는 자격을 갖기 때문에, 상대적 소수파인 초정통파 유대인들의 영향력은 인구 규모를 훨씬 뛰어넘어 연합정부의 생존에 결정적이다. 따라서 초정통파 정당들은 '예시바 등 종교 교육기관에 재원 지원, 안식일 및 코셔 음식 준수, 비초정통파 및 개혁파 유대교에서 행하는 개종 거부' 등 종교 행위를 법제화함으로써 이스라엘 정치에서 초정통파 유대인들의 영향력 확장을 꾀하고 있다. 이스라엘 최초의 초정통파 유대교 정당으로서 아구다트 이스라엘은 초정통파 유대인들의 교육, 사회복지, 팔레스타인으로 이주, 종교 문제에 관한 입법과 초정통파 유대인들에 대한 병역 면제를 주도했다(Metz 1990, 222~223).

2022년 선거 결과 구성된 우파 정부는 18석(샤스 11석+토라 유대교 연합 7석)을 장악한 초정통파 유대인들의 강력한 영향력 아래 있다. 2023년 네타냐후의 민족주의자—종교 연합정부는 많은 초정통파 유대교도들이 일하는 것을 피할 수 있도록 경제적인 혜택을 늘리겠다고 공약하였다(Lubell 2023, Jan. 3). 네타냐후가 공약을 지킬 경우 세계적인 불경기 속에서 이스라엘은 경제적인 어려움이 가중될 것이지만, 정부구성을 위해서는 불가피한 선택이다.

그런데 대체로 세속적 유대인들은 초정통파들을 위협으로 여기고 있는 것으로 보인다. 2020년 1월 2일자 하레츠는 "세속적인 이스라엘인들을 초정통파를 위협으로 느낄 뿐만 아니라, 증오하며, 초정통파가 존재하는 것을 원하지 않는다"라고 보도하였다(Haaretz 2020, Jan. 2).

실제로 최근에 초정통파 정당들이 내놓은 공공생활 분야에서 종교적인 색채를 증대시키려는 제안들은 세속주의자 이스라엘인들의 조롱과 분노를 유발시켰다. 세속적인 이스라엘인들은 초정통파 유대인들을 병역 기피자들, 원시인들, 세금을 내는 세속적인 이스라엘인들에 의해서 생활을 유지하는 기생자들로 간주하는 것으로 보인다.

이와 같이 이스라엘 내부 유대인들 사회는 정치 이념, 종교적 성향, 인종, 종파뿐만 아니라, 다양한 정치·경제·종교적인 이해관계에 따라 매우 분열되고 복잡한 모자이크 사회라고 볼 수 있다. 게다가 역사적으로 대부분의 초정통파들도 이스라엘 국가와 시온주의에 대한 입장도 변경하면서, 자신들의 공동체의 정치, 경제적인 이익을 추구해왔음을 알 수 있다. 이러한 초정통파들은 이스라엘이 유대국가로서의 정체성을 갖는데 핵심적인 구성 요소이다. 그러나 초정통파들의 적극적인 현실 정치개입은 이스라엘이 현대 민주주의 국가로 발전하는데 커다란 장애물, 치명적인 약점으로 작용할 수 있다.

V. 이스라엘 국가 정체성과 신지역주의
: 유대인 내부의 차별과 배제 및 불평등

1. 신지역주의 등장 배경

2022년 유대 기구 발표(The Jewish Agency)에 따르면, 전 세계 유대인 1천 5백 30만 명(귀환법에 따라 이스라엘 시민권 획득 자격이 있는 사람들은 약 2천 5백 5십 만 명) 가운데 7백 8만 명이 이스라엘에 거주한다. 이들은 스스로 유대인으로 규정하며 다른 종교를 갖지 않은 사람들이다. 그런데 이스라엘에는 귀환법으로 시민권을 획득했으나 이스라엘 인구 관리국(Population Authority)이 유대인으로 분류하지 않는 약 50만 명의 이스라엘인들이 있다. 이들은 귀환법에 따른 유대인이지만, 이스라엘의 인구 관리국에 유대인으로 등록되지 않았다. 따라서 유대인의 숫자가 통계마다 다르다(The Jewish Agency for Israel 2022, Sep. 25).

2022년 8월 30일, 하이파대학, 지리&인구학 교수 아르논 소퍼(Arnon Soffer)는 이스라엘군 라디오 방송에서 이스라엘이 소수 지배 민족으로 전락할 인구적인 위험에 처해 있다고 경고하였다. 그는 "지중해와 요르단강 사이(이스라엘, 서안과 가자)에 전체 인구에 대한 유대인의 비율은 47% 이하다. 평균적으로 아랍인이 유대인보다 더 젊고 더 빠르게 증가한다. 이는 민주주의에 위협 요소다"라고 주장했다(The Times of Israel 2022, Aug. 30).[4] 소퍼 교수는 서안과 가자를 잠재적으로 유대 국가 이스라엘의 영역에 포함시키고 있다. 이러한 이유로 이스라엘 정부 또한 유대 이민자들을 적극 수용하여 서안 지역에 정착시키는 것으로 보인다.

사실, 이스라엘 내 유대인들 사이의 차별과 배제에 대한 공식적인 통계는 없다. 그런데 2015년 9월 22일자 Middle East Eye 보도에 따르면, 이스라엘의 미즈라히 전체 인구수에 비해 미즈라히의 대학교원 구성 비율은 턱없이 낮고, 교도소 수감 비율은 절대적으로 높다. 이 신문은 유대인들 사이의 격차를 좁히는 데는 99년이라는 시간이 걸릴 것이라는 암울한 전망을 내놓았다(Middle East Eye 2015, Sep. 22).

유대인 자료에 따르면, 1822년 예루살렘을 포함한 팔레스타인 전역에 유대인 약 24,000명이 거주하였다. 터키 자료에 따르면, 19세기 중반 오스만제국 통치하의 예루살렘을 포함한 팔레스타인 지역에는 약 600,000명 정도의 팔레스타인인들이 거주하였는데, 이들 중 무슬림 80%로 480,000명, 기독교인 10%로 60,000명, 유대인 5~7%로 30,000~40,000명 정도였다(Rubenberg 1986, 26).

1881년부터 1884년까지 키에프, 오데사, 바르샤바 등 러시아제국 남서부(우크라이나와 폴란드)에서 대규모 반유대 폭동이 일어났다. 반유대 폭동의 원인으로 짜르 알렉산더 2세 암살에 유대인이 연루되었다는 소문이 있었다. 그런데 200건 이상의 반유대 폭동이 우크라이나를 비롯한 러시아제국 내에서 확산된 가장 중요한 원인은 유대인의 착취, 즉 유대인과 경쟁하는 사업자들이 유대인 대부업자에게 진 부채 등이 이었던 것으로 알려졌다(World ORT 1992). 이 사건 이후 1914년

---

4) 이스라엘 중앙통계국에 따르면, 2021년 이스라엘과 서안 정착촌에 거주하는 이스라엘인들은 9,444천명(유대인 6,982천명, 아랍인 1,990천명, 기타 472천명)이고, 팔레스타인 중앙통계국에 따르면, 서안과 가자에 거주하는 팔레스타인인들은 5,220천명(서안 3,120천명, 가자 2,100천명)이다.

까지, 러시아제국으로부터 오스만제국으로 수만 명의 유대 이민이 발생했다. 그러나 1882~1914년 러시아제국을 떠난 전체 유대인들, 2,367,000명 중 85% 이상은 미국으로 이주하였으며, 그 외 영국 등지로 이주하였고, 오스만제국 통치하의 팔레스타인으로 이주한 유대인은 약 3% 정도(자료마다 숫자가 서로 다르다)였다(CJPME 2013, Nov.).

팔레스타인으로의 유대인 이주는 영국의 팔레스타인 통치시대부터 집중적으로 실행되었다. 1917년 11월 2일, 영국은 팔레스타인에 유대민족 고향 건설을 요구하는 밸푸어 선언을 내놓고, 다음 달부터 팔레스타인 군부 통치(1917.12~1920.07)를 시작하였다. 1919~1923년에 소련, 폴란드, 발트 3국(리투아니아, 라트비아, 에스토니아)로부터 아쉬케나지 유대인 3만 5천 명이 팔레스타인으로 이주하였다(CJPME 2013, Nov.). 영국 인구조사에 따르면, 1922년 영국의 팔레스타인 위임통치(2020.07~1948.05) 초기에 팔레스타인 전체 인구 757,182명 중 유대인 11%로 83,794명이었고, 1931년 12월에는 팔레스타인 전체 인구 1,035,821명 중, 유대인 16.7%로 174,006명이다. 그런데 이라크 키르쿠크와 이스라엘 하이파를 연결하는 석유 파이프라인이 건설되던 1932~1936년 유럽 출신의 아쉬케나지 유대인들 약 174,000명이 팔레스타인으로 대거 이주한 결과 1937년에는 팔레스타인 전체 인구의 28%를 차지하게 되었다. 1947년 3월에 전체 팔레스타인 인구는 1,908,775명이었고 이 중 유대인 약 31%로 589,341명이었다. 영국 위임통치하에서 유대인 증가는 유럽 출신의 아쉬케나지 유대인들이 대대적으로 이주했기 때문이었다(Rubenberg 1986, 26). 그 결과 1948년 이스라엘 건국 당시 아쉬케나지 유대인은 팔레스타인 유대 인구의 약 80%를 구성함으로써 유대인의 주류가 되었다(Kaplan 2015, Apr. 20).

표 1. 1948년 아랍국가들 및 이란의 유대인들(단위: 명)

모로코	알제리	튀니지	리비아	이집트	레바논
265,000	140,000	105,000	38,000	75,000	24,000
시리아	이라크	바레인	예멘+아덴	오만	이란
30,000	135,000	1,500	63,000+1,000	5,000	150,000

* 아랍국가들로부터 이스라엘로 유대이민 약 82만 명(1948~1972년)
출처: Israel Ministry of Foreign Affairs, Jewish Virtual Library,

그런데 1948년 이스라엘 국가건설 이후 아랍과 이란 등 중동국가 출신의 미즈라히&세파르디 유대인들이 대거 이주하면서 이스라엘 내 유대인의 인구 구성이 바뀌기 시작했다. 중동국가들로부터 이스라엘로 이주한 미즈라히&세파르디 유대인들 현황은 표 1과 같다. 1948~1972년까지 82만 명의 유대인들이 아랍국가들로부터 이스라엘로 이주하였다(Israel Ministry of Foreign Affairs 2021, Nov. 30; Jewish Virtual Library 2022-a; Israeli Missions Around The World 2017, Nov. 30).

이스라엘 건국 초기에 이주민들의 대부분은 미즈라히&세파르디 유대인들었고, 이들의 출산율이 아쉬케나지 유대인들보다 상대적으로 높아지면서 1965년까지 이들의 비율이 지속적으로 증가하였다(Kaplan 2015, Apr. 20).

표 2. 소련의 유대 인구(단위: 명)

연도	러시아	우크라이나	벨라루스	몰도바	우즈베키스탄	소련(전체)
1939	948,000	1,533,000	375,000		51,000	3,028,500
1970	808,000	777,000	148,000	98,000	103,000	2,150,700
1989	536,800	486,000	112,000	66,000	65,000	1,378,000

출처: Soviet Population Census: 1939, 1970, 1989
*산악지방 유대인, 그루지아 유대인, 중앙아시아 유대인 제외

그런데 표 2가 보여주듯이 러시아, 우크라이나, 벨라루스 등 소련 연방에는 아랍국가들 및 이란 지역보다 훨씬 더 많은 유대인들이 거주하였다. 소련이 해체되면서 구소련에 거주하던 유대인들이 대거 이스라엘로 이주하였다. 1990년 181,759명, 1991년 145,605명, 1992년 64,057명, 1993년 69,132명, 1994년 68,100명 등 1989년부터 2006년까지 979,000명의 구소련 출신의 아쉬케나지들이 이스라엘로 대거 이주하면서, 이스라엘 유대인 구성에 또 한 번 변화가 초래되었다(Dietz 2002, 32~35; Abramson 2010).

그럼에도 불구하고, 높은 출산율 등으로 전체 이스라엘 유대인 중 약 60% 이상이 중동과 스페인 출신 유대인과 그 후손들, 미즈라히&세파르디이고, 나머지가 구소련과 유럽 출신의 유대인과 그 후손들, 아쉬케나지로 알려졌다. 그런데 유대 인구수는 자료마다 차이가 나서 분명하지 않다. 그러나 다수의 자료는

미즈라히&세파르디 유대인의 인구가 아쉬케나지를 능가한다는 것을 밝혀준다. 표면적으로 유대 국가를 내세운 이스라엘 내에서 유대인들이 평등하고, 동질적인 것처럼 보이지만, 이민자들은 현실적으로 각 출신지별로 제2의 문화권을 형성했고, 동질의 문화적 성향을 자극해 지지층을 확보하려는 정치권의 부추김으로 인해 굳건한 이스라엘 정치권의 신지역주의로 자리 잡은 것으로 보인다(Lewin-Epsteina 2018, 2; The Times of Israel 2022, Aug. 30; The Times of Israel 2022, Sep. 20; Jewish Virtual Library 2023-a; Central Bureau of Statistics-Gov.il 2021 Dec. 30; Los Angeles Times 2019, May. 20).

그 적절한 예는 2022년 11월 1일 실시된 이스라엘 크네세트 선거다. 이 선거에서 초정통파 세파르디&미즈라히 유대인을 대표하는 샤스당(Shas, 1984년 전임 세파르디 최고 랍비 오바디아 요세프가 창립)이 전체 투표의 8.24%, 120석 중 11석을 획득하였다. 이번 선거에서 샤스당은 세파르디&미즈라히 공동체에 대한 차별을 종식시키기 위하여 경제문제, 종교법, 사회 정의를 내세우면서 창립 이래 가장 큰 승리를 이끌었다. 또 이 선거에서 초정통파 아쉬케나지 유대인을 대표하는 통합 토라유대당(United Torah Judaism, UTJ, 1992년 창립)은 전체 투표의 5.88%, 120석 중 7석을 획득하였다. 이 두 정당은 14석을 획득한 극우파 종교 시온주의자당(Religious Zionist, 1998년 창립)과 함께 32석을 획득한 우파 리쿠드당 네타냐후가 이끄는 연합정부를 구성하였다(Ynet News 2022, Nov. 5; Haaretz 2022, Nov. 3; JERUSALEM POST 2022, Nov. 1).

2015년 The Jewish Agency for Israel이 내놓은 자료에 따르면, "1969년 미즈라히&세파르디 유대인들의 1인당 평균 소득은 아쉬케나지 유대인들의 48%에 불과했다. 1950년대 동안 아시아와 아프리카에서 온 이민자들은 일반적으로 노련한 아쉬케나지 인구에 비해 상당한 사회적, 경제적 불이익을 받으며 이스라엘에서 그들의 삶을 시작했다. 1954년 미즈라히&세파르디 유대인 19.8%가 화이트 칼라, 아쉬케나지 유대인 42.9%가 화이트 칼라 직업을 가졌다. 아쉬케나지 유대인들은 과학과 학술 분야에서 우세한 반면, 미즈라히&세파르디 유대인들은 비숙련 직업의 대부분을 차지했다. 교육 분야에서 미즈라히&세파르디 유대인들은 피라미드 형태의 구조를 띠었다. 1972~1973년 초등학생의 59.9%, 3년

후에 고등학생 비율은 49.5%, 같은 해에 대학생 비율은 14.8%였다. 1976~1977년 14~17세의 미즈라히&세파르디 유대인 53.8%가 학교에 다녔고, 아쉬케나지 유대인의 70.6%가 학교에 다녔다. 게다가 1977년 크네세트 구성원 120명 중 12명이 미즈라히&세파르디 유대인이었고, 2명이 내각에 있었다."(Kaplan 2015, Apr. 27).

1971년 9월 12일 뉴욕 타임즈 보도를 통해서 이스라엘 내에서 신지역주의가 등장하게 된 배경을 이해할 수 있다. 이 뉴욕 타임즈 보도에 따르면, 검은 피부의 청년 유대인 시위대가 예루살렘 시청 입구를 지키는 경찰들을 향해 주먹을 휘두르면서 "차별을 없애라! 골다 메이어(총리재임: 1969~1974)는 러시아로 돌아가라"라고 소리쳤다. 시청 앞에 모인 300명의 시위대 대부분은 30세 미만의 빈민가 거주자들이었으며, 모로코, 알제리, 또는 이란 출신으로 이스라엘의 흑표범(the Black Panthers of Israel) 조직원들이었다. 이들은 이스라엘 내에서 정치적, 문화적, 경제적으로 지배적인 유럽 유대인들에 의한 동양 유대인에 대한 차별에 항의하면서, "빈민촌 청소 보조금 지원, 블랙 게토 폐지(북아프리카와 아시아계 가난한 유대인들이 거주하는 주거지 개발), 복지 제도, 4세부터 대학까지 무상 교육" 등을 요구했다(The New York Times 1971, Sep. 12).

이 시위를 주도한 모로코 출신의 사디아 마르시아노(Saadia Marciano)는 세파르디와 미즈라히의 경제적, 정치적, 교육적, 사회적 평등권을 요구하면서 1971년 3월에 결성된 좌파성향의 조직, 흑표범 지도자였다. 그의 부모는 요르단과 이스라엘 경계 지역, 거의 폐허로 변한 예루살렘 빈민가 무스라라(Musrara) 지역에 거주하였으며, 그는 11세 때 학교를 중퇴하고, 종종 법적인 문제로 교정 시설에 보내지기도 하였고, 이스라엘 군대 복무를 거부하였다.

1972년 5월 10일에 미국 정보 기구 CIA가 내놓은 보고서에 따르면, 아쉬케나지 유대인과 동양 유대인 사이에는 문화적 배경, 교육, 사회적 가치, 신체적 특징 등에서 커다란 차이가 존재한다. 동양 유대인들은 흔히 검은 피부를 가진 '흑인 유대인'으로 불리며, 비서구적인 특징들과 습관들을 갖고 있다. 이들은 대부분 가난하고, 교육 수준이 낮고, 기술이 거의 없다. 이들은 대부분 1950년대에 이주한 사람들이며, 사회 경제적으로 하층민이다(Ynetnews 2017, Apr. 2).

2. 오스만제국 시대의 최고 랍비

1) 예루살렘 하캄바시

오스만제국에서는 이슬람교뿐만 아니라, 기독교와 유대교 공동체들이 영향력을 발휘하였다.[5] 오스만 술탄국의 영역을 확장하면서 술탄 메흐메드 2세(재위: 1444~1446, 1451~1481)는 제국 내 다양한 신민들을 통치하기 위하여, 술탄이 성직자를 통제하는 종교 공동체 제도를 수립하였다.[6] 이 과정에서 술탄 메흐메드 2세는 자신과 친분관계가 두터웠던 크레타섬 출신의 토라와 탈무드연구가이자 역사학자였던 엘리야 캅살리(Elijah Capsali)를 오스만제국 최초의 하캄바시(Hakham Bashi, 최고랍비, 재임: 1452~1454)로 임명하였다. 당시 캅살리 가문은 몇몇 지역에서 유대 공동체의 수장들이었다. 엘리야 캅살리 사후, 그의 아저씨인 모세 캅살리(Moses Capsali)가 2대 하캄바시(재임: 1454~1495)가 되었다. 메흐메드 2세의 아들인 술탄 바예지드(재위: 1481~1512)도 유대인들에게 우호적인 정책을 펴서 스페인 종교 재판에서 추방당한 스페인 망명자들을 수용하였다. 술탄 바예지드는 1492년 스페인에서 추방당한 수만 명의 세파르디 유대인들을 받아들였다. 1492년에만 2만 명 이상의 유대인들이 살로니카(테살로니카)에 정착한 것을 비롯하여,

---

5) 술탄 메흐메드 2세는 1453년 콘스탄티노플(동로마제국의 수도, 기독교 정교회 중심지)을 정복하고, 그 뒤 몇 해 안에 모레아, 흑해 연안의 트라브존, 그리스반도 대부분과 크림반도 등을 정복하였다. 메흐메드 2세는 15세기 말까지 그리스반도와 아나톨리아 평정하여 흑해와 에게해를 오스만 술탄국의 내해로 만들면서 동로마제국(황제를 그리스도의 대리인으로 간주, 로마 제국 행정부에서 황제는 유일한 절대 군주였고 그 권력은 신에게서 비롯되었다고 간주되었다. Man of God) 영토를 오스만제국으로 대체하였다. 그는 1453년 콘스탄티노플을 정복한 이후 수도를 에디르네(1363~1453년)에서 콘스탄티노플로 옮겼다. 콘스탄티노플은 1922년 오스만제국이 해체될 때까지 오스만제국의 수도였으며, 콘스탄티노플은 공식적인 지명으로 1930년까지 사용되었다. 콘스탄티노플은 기독교를 공인한 로마 황제를 기념하여 붙여진 이름이다.

6) 술탄 메흐메드 2세는 1454년 동로마제국에서 권위있는 마지막 아리스토텔레스 철학자이자 신학자였던 제나디우스를 콘스탄티노플 총대주교(Gennadius Scholarius, 재임: 1454.01~1456.01, 1463.04~06, 1464.08~1465.10)로 임명하였다.

스미르나(이즈미르), 콘스탄티노플과 같은 다양한 도시에 스페인에서 추방당한 유대인들이 정착했다(Shoenberg 2022). 마찬가지로, 1648~1667년 우크라이나와 폴란드에서 자행된 유대인 학살(우크라이나에서 폴란드의 통치에 반대하는 Cossack Uprising 1648~1657, Russo-Polish War 1654~1667)로부터 탈출한 유대인 집단도 오스만제국에 정착했다(Abramson 2010).[7] 그렇지만 오스만제국의 유대인 중 약 90%는 세파르디 출신으로 콘스탄티노플, 살로니카, 스미르나, 에디르네, 부르사, 예루살렘, 사페드, 카이로, 앙카라, 토카트, 아마샤 등의 도시에서 살았다. 당시 세계에서 가장 큰 유대인 도시, 살로니카에서는 오스만 유대인이 인구의 절반 이상을 차지했다(EKINCI 2017, Oct. 13).

기독교 공동체의 최고 지도자인 총대주교(Ecumenical Patriarch), 즉 콘스탄티노플 대주교가 오스만 제국내 기독교 총대주교였고, 유대교 공동체의 최고 지도자인 하캄바시, 즉 콘스탄티노플의 하캄바시는 오스만 제국내 전체 랍비들의 수장이었으며, 이들은 오스만 술탄이 주재하는 궁전 회의에도 참석하였다. 오스만제국 내에서 각 종교 최고 지도자들은 각각의 공동체 내에서 입법, 사법, 법률 집행권(Muslim Sharia, Christian Canon law, Jewish Halakha) 등을 자율적으로 광범위하게 행사하였다(Jewish Virtual Library 2008-a; Bivas 2014).

콘스탄티노플 하캄바시와 함께 팔레스타인(오스만제국 행정구역 이름: 예루살렘 무타샤리프 Mutasarrifate of Jerusalem, Sanjak of Jerusalem), 시리아, 이라크 등을 포함하는 특정 지역의 최고 랍비도 하캄바시라고 지칭하였다. 하캄바시는 오스만제국 유대인들의 세금 감독, 랍비 임명, 민사 재판 등을 집행할 수 있는 광범위한 권한을 가지고 있었다(Mouhiddin 2017, Aug. 12).[8]

---

7) 1569년 폴란드-리투아니아 연방이 결성된 이후, 유대인들은 폴란드 부재지주들에게 고용되어 그들 소유의 우크라이나 토지를 관리하면서 우크라이나 농민들(Cossacks, 동슬라브 기독교정교도)의 세금, 통행료, 술 주조 및 판매권, 여관 관리, 소액 대출권 등을 독점했다. 폴란드 지주들과 유대인 대리인들이 그들에게 부과한 경제적 부담에 매우 분개한 우크라이나 농민들의 관점에서 볼 때 심각한 착취행위였다.

8) Chief Rabbi Jacob Saul Dwek은 Hakham Bashi of Aleppo, Syria, 1907.

오스만제국은 1842~1918년까지 예루살렘에서 유대인들을 통합하는 하캄바시제도를 운영하면서, 12명의 예루살렘 하캄바시를 임명하였다. 오스만제국은 1842년에 예루살렘 세파르디 최고 랍비, 18대 리스혼 레지온(Rishon LeZion, leader of Zion)에게 예루살렘/팔레스타인 하캄바시라는 공식 직위를 부여하고 인정하였다.

예루살렘 세파르디 최고 랍비에게 부여된 리스혼 레지온 이라는 직위는 17세기 중반에 만들어져서 현재까지 유지되고 있다. 1대 리스혼 레지온, 예루살렘 세파르디 최고 랍비 모세 벤 요나탄 갈란테(Moshe ben Yonatan Galante, 재임: 1665~1689) 이후 37대 이츠하크 요세프(Yitzhak Yosef, 2013~현재)까지 37명의 랍비가 리스혼 레지온을 역임하였다. 오스만제국 통치하에서 예루살렘 하캄바시는 리스혼 레지온, 세파르디 최고 랍비였고, 세파르디 공동체가 예루살렘과 팔레스타인 유대 공동체를 장악하였다.

오스만제국의 예루살렘 세파르디 최고 랍비, 하캄바시(Rishon LeZion, 2022)

1	하임 아브라함 가긴(Chaim Avraham Gagin, 재임: 1842~1848)
	하임 아브라함 가긴은 1787년 오스만제국 콘스탄티노플에서 출생, 오스만제국의 예멘 랍비 샬롬 샤라비의 외손자, 18대 리스혼 레지온이며, 오스만제국 술탄 압둘메지드 1세(재위: 1839~1861)가 임명한 초대 예루살렘 하캄바시다.
2	이츠하크 코보(Yitzhak Kovo, 재임: 1848~1854)
	이츠하크 코보는 1770년 오스만제국 살로니카(1912~1913년 발칸 전쟁 시기에 살로니카는 그리스 왕국에 편입되면서 데살로니카로 도시 이름 변경됨) 소재 세파르디 공동체에서 출생, 이후 오스만제국의 예루살렘으로 이주, 1848년 하임 아브라함 가긴을 계승하여 2대 예루살렘 하캄바시가 되었다.
3	하임 니심 아불라피아(Chaim Nissim Abulefia, 재임: 1854~1861)
	하임 니심 아불라피아는 1795년 오스만제국 티베리아스 출생, 티베리아스 랍비였다가 50세에 예루살렘으로 이주하였다. 그는 1954년 하캄바시 이츠하크 코보가 사망한 이후, 그를 계승하여 3대 예루살렘 하캄바시가 되었다.
4	하임 데이비드 하잔(Chaim David Hazan, 재임: 1861~1869)
	하임 데이비드 하잔은 1790년 오스만제국 스미르나(이즈미르) 출생, 1855년 예루살렘으로 이주하였고, 1861년에 4대 예루살렘 하캄바시가 되었다.
5	아브라함 아쉬케나지(Avraham Ashkenazi, 재임: 1869~1880)
	아브라함 아쉬케나지는 1813년 오스만제국 살로니카 근처에서 출생. 15세에 예루살렘으로 이주하였다. 1850년 그는 세파르디와 아쉬케나지 양측의 지지를 받아 예루살렘 유대 공동체의 판사가 되었다. 그는 1869년 리스혼 레지온으로 선출되었고, 술탄 압둘아지즈(재위: 1861~1876)는 그의 리스혼 레지온 당선을 확인하고, 그를 5대 예루살렘 하캄바시로 임명하였다(Jewish Encyclopedia, 2021).

6	라파엘 메이어 파니겔(Raphael Meir Panigel, 재임: 1890~1893)
	라파엘 메이어 파니겔은 1804년 오스만제국 불가리아 출생했고, 어린 시절에 예루살렘으로 이주하였다. 1880년 리스혼 레지온으로 선출되었다. 1890년 오스만제국 술탄 압둘하미드 2세(재위: 1876~1909)는 그를 6대 예루살렘 하캄바시로 임명하였다(Panigel Family 2017; Jew of the Week 2017, Nov. 22; Geni 2022, Apr. 30).
7	야코프 사울 엘리아사르(Yaakov Shaul Elyashar, 재임: 1893~1906)
	야코프 사울 엘리아사르는 1817년 오스만제국 사페드의 저명한 세파르디 랍비 가문에서 출생하였고, 라파엘 메이어 파니겔의 사위가 되었다. 1828년 그는 예루살렘으로 이주했고, 1853년 예루살렘 유대 공동체 판사가 되었다. 그는 1893년 6대 하캄바시가 사망한 이후 7대 예루살렘 하캄바시로 임명되었고, 당시 아쉬케나지 최고 랍비는 쉬무엘 살란트(재임: 1871~1909)와 매우 우호적인 관계를 유지하면서 팔레스타인 유대 공동체들에 관한 다양한 문제에 협력했다(Panigel Family 2017; Hyomi 2022).
8	야코프 메이어(Yaakov Meir, 재임: 1906)
	야코프 메이어는 1856년 오스만제국 예루살렘에서 부유한 사업가 칼렙 메르카도(Caleb Mercado)의 아들로 출생하였다. 그는 오스만제국 통치하에서 유대인 공동체를 대표하여 오스만 당국에 요청하여 예루살렘에 새로운 유대인 구역(Ezrat Yisrael, Yemin Moshe, the Bukharim Quarter) 건설 및 1891년에는 자파에 샤아르 시온(Sha'ar Zion) 병원 설립 등 유대인들을 위한 다양한 활동을 하였다.
1906년 7대 예루살렘 하캄바시 야코프 엘리아사르가 사망하자, 야코프 메이어가 계승하였다. 그러나 오스만제국 술탄 압둘 하미드 2세(재위: 1876~1909)는 야코프 메이어가 지나치게 친 시온주의적인 성향이라는 이유로 취임 6개월 만에 그의 하캄바시 직위를 박탈하였다. 1880년대부터 오스만 술탄 압둘 하미드 2세 정부는 팔레스타인에 유대인에게 땅 판매를 금지하는 등, 유대인 정착하는 것을 막기 위하여 노력하였다(Mandel 1975, 324). 야코프 메이어와 유대인 시온주의자들은 술탄 압둘 하미드 2세를 위협으로 간주하고, 술탄 전복을 목표로 하는 청년투르크 당과 협력했다. 1909년 청년투르크 당의[9] 압력으로 압둘 하미드 2세가 폐위된 이후에, 오스만제국은 유대인들의 팔레스타인으로의 이주 허용하였다(EKINCI 2017, Oct. 13; Mandel 1975, 33~46).
당시 세파르디와 아쉬케나지 유대인의 차이는 세파르디가 아쉬케나지 하누카 등 유대교 축제일을 공유하지 않는 것을 포함하여 문화 및 종교적으로 매우 컸다. 두 공동체는 모두 자신들의 랍비를 원했고, 서로의 차이를 수용하지 않았다(Glass 2007, 251).
랍비 야코프 메이어는 세파르디와 아쉬케나지 통합노력으로 세파르디 랍비와 아쉬케나지 랍비들의 최초의 통합 조직인 히타차두트(Hitachadut)를 설립하였다. 이 조직이 처음으로 한 일은 1886년 예루살렘의 아쉬케나지 최고 랍비 쉬무엘 살란트가 폴란드 출생의 아쉬케나지 랍비 나프탈리 하레비(Naftalí Hertz HaLevi)를 자파의 단독 랍비로 임명하고, 아쉬케나지와 세파르디들이 모두 그를 수용하게 만든 것이다(Kedem 2015).
1906년 6개월 만에 오스만제국 하캄바시에서 축출된 야코프 메이어는 1907~1919년 유대인이 다수인 그리스 살로니카의 최고 랍비로 임명되었다.[10] 당시 살로니카에는 10만 명 정도의 대규모 세파르디 공동체가 있었으며, 유대인이 인구의 절반 이상을 차지했다. 1차 세계대전이 시작되자, 그는 그리스 청년 유대인들을 모아 '히브리 군단(The Hebrew Legion)'을 조직하여 팔레스타인 전투에 참전하였고, 살로니카의 유대인들을 팔레스타인으로 이주하도록 촉구하였다.

9	엘리야후 모세 파니겔(Eliyahu Moshe Panigel)(1907)(Glass 2007, 251)	
	엘리야후 모세 파니겔은 1850년에 태어났다. 삼촌 라파엘 메이어 파니겔이 어려서 고아가 된 그를 양육하였다. 야코프 사울 엘리아사르 사망 이후, 하캄바시 계승에 대하여 야코프 메이어와 하임 모세 엘리아샤르 지지자들 사이에 논쟁이후, 야코프 메이어가 하캄바시를 계승하였으나, 곧 직위를 박탈당하고 엘리야후 모세 파니겔이, 계승하였으나 역시 곧 강요로 사임하였다. 1909~1911년까지 랍비 나흐만 바티토(Nachman Batito)가 최고랍비 대리 랍비로 활동하였다. 엘리야후 모세 파니겔은 1917년 영국이 예루살렘을 정복하였을 때, 공개적으로 알렌비 장군 및 유대인 군단(Jewish Legion)을 환영하였다.	
10	모세 프랑코(Moses Franco, 1913~1915)	
	모세 프랑코는 1837년 오스만제국 로도스(이 섬의 유대인 공동체는 서기 1세기까지 거슬러 올라간다. 유대인들의 활동의 절정기였던 1920년대에는 로도스 인구 1/3이 유대인)에서 태어나, 45세에 로도스 랍비가 되어 1911년까지 이 직위를 유지하였다. 1911년 모세 프랑코는 팔레스타인으로 이주하였고, 최고 랍비 대리 나흐만 바티토 사망 이후, 그를 계승하여 최고 랍비 대리가 되었다. 1913년 오스만 술탄이 모세 프랑코를 하캄바시로 임명하였다(Shoenberg 2022).	
11	하임 모세 엘리아샤르(Chaim Moshe Elyashur, 재임: 1914~1915)	
	오스만제국 예루살렘에서 하캄바시 야코프 사울 엘리아사르의 아들로 출생하였다(Geni 2022, Apr. 27).	
12	니심 예후다 다농(Nissin Yehuda Danun, 재임: 1915~1918)	
	오스만제국 예루살렘 출생, 오스만제국의 마지막 하캄바시, 1911년 겨울, 사페드에서 아슈케나지(Ashkenazi)와 세파르디(Sephardic) 사이에 싸움이 일어났을 때, 랍비 니심 예후다 다농은 두 종파와 지도자들의 초청으로 중재를 요청받아 분쟁을 해결하였다. 그는 1930년 모로코에서 사망하였다(Caerez 2022).	

19세기 중반 예루살렘의 인구는 13,000명 정도였으며, 그중 약 5,000명이 유대인이었고, 대부분은 세파르드&미즈라히 유대인들이었다. 1880년대 러시아제국으로부터 아쉬케나지 유대인들이 많이 이주하면서 예루살렘 거주 유대인은 3배로 늘었고, 두 유대공동체 사이에 경쟁이 있었고, 각 공동체들은 그들 자신의

---

9) 1906년 살로니카(현재 그리스의 데살로니카)에 주둔한 많은 청년장교들이 the Ottoman Liberty Society를 조직했다. 이 비밀혁명 그룹은 다음해 파리에서 1889에 창설된 오스만제국의 혁명조직인 연합진보위원회(Committee of Union and Progress)와 합병되었고, 청년 투르크 사상가들이 제 3군단(the 3rd Army Corps)의 지휘권을 갖게 되었다.

10) 오스만제국의 영토였던 테살로니카는 1차 발칸전쟁중인 1912년 그리스 군대에게 함락되어 부쿠레슈티 협정(1913)에 따라 그리스에게 양도되었다. 테살로니카는 1908년 투르크 혁명을 수행한 청년투르크 당원들의 활동 중심지였으며, 1915~18년 전쟁에서 연합군 기지로 사용되었다.

조직을 운영했다. 그러나 여전히 오스만 정부와 세파르디 공동체가 주도권을 장악하였다.

2) 예루살렘 아쉬케나지 최고 랍비

1837년부터 예루살렘에 비공식적인 아쉬케나지 법정이 존재했으나 오스만제국은 공식적으로 아쉬케나지 법정을 공식적으로 인정하지 않았다. 사실상, 예루살렘에는 각각 그들의 공동체를 대표하는 두 명의 최고 랍비들이 있었다. 오스만제국은 거의 40년 가까이 활동한 예루살렘의 아쉬케나지 최고랍비 쉬무엘 살란트(Shmuel Salant)도 그 직위를 공식적으로 인정하지 않았다. 결국 1921년 영국 위임통치가 시작되고 나서야 비로소 아쉬케나지 최고 랍비는 공식적 직위를 가졌다(Blumberg 1980, 46; Jewish Virtual Library 2008-b).

예루살렘의 아쉬케나지 최고 랍비(오스만제국이 승인하지 않음)

	메이어 아우어바흐(Meir Auerbach, 재임: 1860~1871)
1	메이어 아우어바흐는 1815년 러시아 제국 폴란드 바르샤바 랍비 가문에서 출생[11], 25세에 고향에서 랍비가 되었다(Ginzberg 2021; Демоскоп Weekly, № 963-964 2022, Nov. 21). 그는 1860년 예루살렘으로 이주, 예루살렘 구도시 유대인 지구에 시나고그 건설하고, 예루살렘의 아쉬케나지 최고 랍비가 되었다. 그는 또한 아쉬케나지의 독립적인 동물도살 이사회(the board of Sheḥiṭah for the Ashkenazim)를 조직하였다. 이 조치는 동물도살을 지배한 하캄바시 하임 데이비드 하잔과 세파르디들의 반대에 직면하였다. 무슬림들은 자신들의 믿음과 관습과 일치하는 세파르디들의 동물도살 방식(내부 장기, 예를 들면 폐를 처리하는 과정이 다르다)을 선호하면서 지지하였다. 무슬림들은 기독교인들이나 아쉬케나지 유대인들이 도살한 고기를 먹지 않았다. 무슬림들은 아쉬케나지 유대인들을 아브라함의 후손으로 인정하지 않았다. 이러한 이유로 고기가 무슬림들과의 거래에서 제외되었기 때문에 아쉬케나지의 사업은 크게 방해를 받았다. 동물도살은 매우 수익이 많은 장사였다(Revivm 2018). 메이어 아우어바흐는 하캄바시 하임 데이비드 하잔(재임: 1861~1869)에게 아쉬케나지를 대변하여 오스만정부에게 아쉬케나지를 아브라함의 후손으로 인정할 것을 호소해달라고 요구하였다. 드디어 1864년 메이르 아우어 바흐의 강압에 못이겨 하캄바시 하임 데이비드 하잔은 아쉬케나지의 동물도살 반대를 철회하고, 오스만정부에게 세파르디와 아쉬케나지 사이에 차이가 없다고 밝혔다(Ginzberg 2021). 1866년 아우어바흐와 살란트는 아쉬케나지 공동체의 재정문제와 종교문제를 다루는 최초의 중앙위원회(General Committee, Wa'ad ha-Kelali)를 조직하였다. 당시 이 조직은 팔레스타인 아쉬케나지 빈민들을 위해서 전 세계에서 오는 자선 기부금을 분배하는 역할을 하였고, 미국에서만 연간 2만 달러의 기부금을 받았다. 이 중앙위원회는 세파르디 유대인들의 예루살렘 하캄바시 지도부의 기능에 해당하는 것이었다. 아우어바흐는 유럽에서 성공한 사업가였고, 개인 재산으로 생계를 꾸리면서 급여 수납을 사양하고, 유대인 농업 정착촌을 후원하였다(RABBI MEIR BAAL HANEIS SALANT 2008).

	쉬무엘 살란트(Shmuel Salant, 재임: 1871~1909)
2	쉬무엘 살란트는 1816년 러시아제국 폴란드 출생, 탈무드 학자, 폴란드 랍비 유세프 준델 살란트(Yosef Zundel of Salant)의 장녀와 결혼한 이후, 장인의 성을 채택. 1841년 예루살렘으로 이주. 그가 예루살렘으로 이주했을 때, 그의 장인 유세프 준델 살란트와 약 500명의 아쉬케나지들이 있었다. 그는 세파르디 최고 랍비 야코프 사울 엘리아사르와 친분관계가 두터웠다. 쉬무엘 살란트가 최고 랍비 재임 기간 동안 예루살렘의 유대인구는 5천 명에서 3만 명으로 증가했다(Lawrencebush 2015, Jan. 2; The New York Times 1909, Aug. 17).
3	하임 베를린(Chaim Berlin, 재임: 1909~1912?)
	러시아제국 벨라루스 출생, 1906년 예루살렘으로 이주(Matzav 2020, Oct. 1).

3. 영국위임통치 팔레스타인 및 이스라엘 최고랍비

1) 세파르디 최고 랍비

1921년 영국의 팔레스타인 위임통치 당국은 오스만제국이 운영하던 하캄바시 제도(세파르디 최고 랍비가 독점)를 폐지하고, 두 개의 최고 랍비 제도로 유럽 출신의 아쉬케나지 공동체를 관리하는 아쉬케나지 최고 랍비, 북아프리카 및 중동 출신의 세파르디(미즈라히 포함) 공동체를 관리하는 세파르디 최고 랍비 기구를 수립하였다. 이들은 각각 아쉬케나지 전통과 세파르디 전통을 수호한다. 이 과정에서 영국과 긴밀한 관계를 유지하던 아쉬케나지 랍비들이 오스만제국 시대에 영향력을 행사했던 세파르디 랍비들을 능가하는 권력을 갖게 되었다.

이와 관련하여 영국의 팔레스타인 위임통치 당국이 격주로 발행하는 관보, Official Gazette of the Government of Palestine는 팔레스타인 랍비위원회(The Rabbinical Council for Palestine) 구성에 관한 랍비 총회(Rabbinical Assembly) 회의 결과에 관하여 1921년 4월 1일 발간된 신문에 다음과 같은 공고문을 실었다(OFFICIAL GAZETTE 1921, Apr. 1).

---

11) 1897년 러시아제국 통치하의 폴란드왕국(Kingdom of Poland, 1815~1915)에 전체 인구 9,402,253명 중, 13.48%인 1,267,194명의 유대인(Yiddish) 거주.

1972년까지 이스라엘은 영국 위임통치 시대 수립된 최고 랍비 제도를 그대로 계승하여 운영하였다. 1921년부터 1972년까지 영국인 이주자들, 아브라함 이삭 쿡(재임: 1921~1935), 이츠하크 할레비 헤르조그(재임: 1936~1959), 이세르 예후다 운테르만(재임: 1964~1972)이 아쉬케나지 최고 랍비 직위를 장악하였고, 기득권을 잃은 세파르디 최고 랍비들에게 커다란 영향력을 행사한 것으로 보인다.

1973년부터 이스라엘은 150명으로 구성된 랍비 선발위원회(랍비들 80명, 시장 및 지역 의회 의장들을 포함하는 공공 대표들 70명)가 투표로 5명의 세파르디 후보와 5명의 아쉬케나지 후보에 대하여 각각 투표함으로써 최고 랍비들을 10년 임기로 선출한다(SHARON 2018, Aug. 15; THE JC 2011, Aug. 11).

영국 위임통치 팔레스타인 및 이스라엘의 세파르디 최고 랍비(Rishon LeZion)

	야코프 메이어(Yaakov Meir, 재임: 1921~1939)
1	1919년 야코프 메이어는 살로니카로부터 예루살렘으로 이주하였고, 제1차 세계대전에서 세운 공로로 영국제국이 수여하는 훈장을 받았다. 1921년 그는 영국 출신의 아쉬케나지 최고 랍비 아브라함 이삭 쿡(재임: 1921~1935)의 도움으로 세파르디 최고 랍비로 선정되어 사망할 때까지 이 직위를 유지하였다(Esefarad 2022).

2	벤지온 우지엘(Ben-Zion Meir Hai Uziel, 재임: 1939~1953)
	벤지온 우지엘은 1880년 오스만제국 예루살렘에서 출생, 1911년 우지엘은 자파의 하캄바시를 역임하였다. 세파르디와 아슈케나지 통합노력으로 아쉬케나지 최고 랍비 아브라함 이작 쿡과 긴밀히 협력하였다.
3	이츠하크 니씸(Yitzhak Nissim, 재임: 1955~1972)
	이츠하크 니씸은 1896년 오스만제국 바그다드 출생, 1925년 영국위임통치 예루살렘으로 이주, 아쉬케나지와 우호관계 설정 노력하였고, 베네 이스라엘(인도 유대인 공동체)을 유대인으로 인정하였다.
4	오바디아 요세프(Rabbi Ovadia Yosef, 재임: 1973~1983)
	오바디아 요세프는 1920년 오스만제국 바그다드에서 출생하였고, 1924년 영국위임통치 예루살렘으로 이주하였다. 1973년 역사상 처음으로 오바디아 요세프는 현직 랍비 이츠하크 니씸과 경쟁하여 81:68의 다수결 득표로 세파르디 최고 랍비로 선출되었다. 같은 선거에서 랍비 슬로모 고렌이 아쉬케나지 최고 랍비로 선출되었다. 오바디아 요세프와 슬로모 고렌은 경쟁관계였고, 고렌이 최고 랍비 위원회(The Council of the Chief Rabbinate)를 통제하였다.
	오바디아 요세프는 1984년 종교 정당, 샤스당 창립하였다. 이 정당은 세파르디와 미즈라히 공동체에 대한 편견과 차별을 종식시키기 위해 노력한다.
	2013년 랍비 오바디아 요세프 사후, 샬롬 코헨(1931~1922)이 샤스당의 영적 지도자가 되었다. 샬롬 코헨은 예루살렘에서 세파르디 랍비 에프라임 하코헨의 아들로 태어났다. 샬롬 코헨의 아버지는 1924년 바그다드에서 예루살렘으로 이주하였다.
5	모르데하이 엘리야후(Mordechai Eliyahu, 재임: 1983~1993)
	모르데하이 엘리야후는 1929년 영국위임통치 예루살렘 출생하였다(아버지가 오스만제국, 바그다드에서 이주). 그의 아버지는 바그다드 태생 랍비 살만 엘리야후이며, 1900년대 초 예루살렘으로 이주, 영국 팔레스타인 위임통치령 고등판무관 허버트 사무엘 경의 개인 비서 역임하였다.
6	엘리야후 박시 도론(Eliyahu Bakshi-Doron, 재임: 1993~2003)
	엘리야후 박시 도론은 1941년 영국위임통치 예루살렘 출생, 오스만제국 예루살렘 출신인 벤지온 박시도론과 시리아 알레포 출신의 이민자 토바(Tova) 사이에서 출생하였다.
7	슬로모 아마르(Shlomo Moshe Amar, 재임: 2003~2013)
	슬로모 아마르는 1948년 모로코 카사블랑카 출생으로 1962년 이스라엘로 이주했다. 그는 샤스당의 영적 지도자이자 전임 세파르디 최고 랍비 오바디아 요세프 측근이다.
8	이츠하크 요세프(Yitzhak Yosef, 재임: 2013~)
	이츠하크 요세프는 1952년 예루살렘 출생, 전임 이스라엘의 세파르디 최고 랍비이자 샤스 영적 지도자이자였던 오바디아 요세프의 아들이다.

2) 아쉬케나지 최고 랍비

1921~1972년까지 아쉬케나지 최고 랍비는 영국 시민권자로서 영국 위임통치 팔레스타인 지역으로 이주한 인물들이었다는 것을 주목할 필요가 있다.

1	아브라함 이삭 쿡(Abraham Isaac haCohen Kook, 재임: 1921~1935)
	아브라함 이삭 쿡은 1865년 러시아제국 다우가필스(라트비아) 출생하였다. 그는 1904년 오스만제국 팔레스타인, 자파의 랍비가 되었다. 제1차 세계대전 시기에 그는 팔레스타인을 떠나 영국으로 이주하여 1916년 런던의 이민자 공동체 랍비 역임하였다. 제1차 세계대전이 끝난 1919년, 그는 영국 위임통치 팔레스타인으로 이주하였다. 그는 1921년 초대 영국 위임통치 팔레스타인 아쉬케나지 최고 랍비로 선출되었고, 1935년 사망할 때까지 이 직위를 유지하였다(Oztorah 2013).
2	이츠하크 할레비 헤르조그(Yitzchak haLevi Herzog, 재임: 1936~1959)
	이츠하크 할레비 헤르조그는 1888년 러시아 제국 폴란드 출생하여, 1898년 영국으로 이주하였고, 1919~1936에 아일랜드 최고 랍비를 역임하였다. 그는 1936년 영국위임통치 팔레스타인으로 이주하여, 1936년 2대 영국 위임통치 팔레스타인 아쉬케나지 최고 랍비로 선출되었으며, 1959년 사망할 때까지 이 직위를 계속 유지하였다. 그는 이스라엘의 6대 대통령 하임 헤르조그(재임: 1983~1993)의 아버지이며, 11대 이스라엘 대통령 이삭 헤르조그(2021.07.21~현재)의 할아버지이다(Institute for Jewish ideas and ideas 2022).
3	이세르 예후다 운테르만(Isser Yehuda Unterman, 재임: 1964~1972)
	이세르 예후다 운테르만은 1886년 러시아 제국 벨라루스 출생하였다. 그는 1924년 영국, 리버풀의 최고 랍비가 되어 22년 동안 이 직위를 유지하였고, 영국 시온주의 운동에서 중요한 인물이었다. 그는 1945년 영국위임통치 팔레스타인으로 이주, 1946년 텔아비브의 최고 랍비가 되어 1964년까지 이 직위를 유지하였고, 1964년 아쉬케나지 최고 랍비에 선출되었다(Eilatgordinlevitan 2022).
4	슬로모 고렌(Shlomo Goren, 재임: 1973~1983)
	슬로모 고렌은 1917년 폴란드에서 출생하였다. 그는 1925년 영국위임통치 팔레스타인으로 이주하여, 1936년 하가나 입단하였으며, 1948년~1968년 이스라엘 방위군 초대 랍비 역임하였다. 계속해서 그는 1973년 3대 아쉬케나지 최고 랍비로 선출되어 1983년까지 이 직위를 유지하였다(Boeliem 2011).
5	아브라함 샤피라(Avraham Shapira, 재임: 1983~1993)
	아브라함 샤피라는 1914년 오스만제국 예루살렘 출생한 예루살렘 원주민 가족으로 예루살렘 구도시 유대인 구역 거주하면서 매일 아침 서쪽 벽에서 기도하였다. 그는 1983년 4대 이스라엘의 아쉬케나지 최고 랍비로 선출되어 1993년까지 이 직위를 유지하였다. 그는 오슬로 협정에서 영토를 양도하는 것은 유대법을 위반하는 것이라고 판결했으며, 2005년 가자 철수 시기에는 군인들에게 유대 공동체 해체 명령을 거부하라고 요구하였다(Shragai 2007).
6	이스라엘 메이어 라우(Yisrael Meir Lau, 재임: 1993~2003)
	이스라엘 메이어 라우는 1937년 폴란드 출생, 1945년 영국위임통치 팔레스타인으로 이주하였다. 그는 1985~1993년까지 텔아비브 최고 랍비를 지냈고, 1993년 5대 아쉬케나지 최고 랍비로 선발되어 2003년까지 이 직위를 유지하였다. 2005년 6월 9일 그는 텔아비브 최고 랍비로 재임명되어 현재까지 이 직위를 유지하고 있다. 그는 7대 이스라엘 아쉬케나지 최고 랍비 다비드 라우의 아버지이다(Jewish Virtual Library 2022-b).
7	요나 메츠거(Yona Metzger, 재임: 2003~2013)
	요나 메츠거는 1953년 이스라엘 하이파에서 출생, 이스라엘 방위군 제7기갑여단에서 복무했고, 여러 전쟁에 참전하였다. 그는 2003년 6대 아쉬케나지 최고 랍비로 선발되어 10년간 이 직위를 유지하였다. 2013년 수사가 시작된 뇌물 수수, 사기, 배임 혐의에 대하여 4년 6개월 징역형을 선고받고 유죄 판결을 받고 복역했다(Levi 2017).

8	다비드 라우(2013~)
	다비드 라우는 1966년 이스라엘 텔아비브 출생한 6대 아쉬케나지 최고 랍비 이스라엘 메이어 라우의 아들이다. 그는 2013년 7월 24일 7대 아쉬케나지 최고 랍비로 선발되었다.

4. 임시국무회의 의장, 대통령 및 총리

1) 임시국무회의 의장과 대통령

임시국무회의(Provisional State Council)는 이스라엘국가 건설 직전인 1948년 4월 12일부터 1949년 1월 25일 이스라엘 1차 크네세트 선거 때(120석)까지 존재한 임시입법부(37석)로, 영국정부가 팔레스타인 위임통치를 위하여 법률을 제정한 추밀원(Her Majesty's Most Honourable Privy Council)을 대체하였다.

기본법 1조(Article 1 of Basic law)에 따르면, 이스라엘 대통령은 국가의 수반이다. 대통령은 입법부, 사법부, 행정부에 속하지 않는다. 대통령은 이스라엘 국가의 대표로서 이스라엘 국내외 행사 참여 및 공식 방문 및 이스라엘 주재 외교관에 대한 신임장 부여 새로운 크네세트 1차 회기 개막식 등을 수행한다(Knesset 2022-a).

기본법에 따르면, 대통령은 크네세트 의원들이 추천한 후보에 대하여 120명의 크네세트 의원들의 투표 과반수이상 획득으로 선출된다. 1차 투표나 2차 투표에서 과반수의 표를 얻은 후보가 없을 경우, 2명만 남을 때까지 필요할 경우 매회 최소 득표자를 탈락시킨다. 1949년부터 2000년까지, 대통령은 5년 임기로 선출되었고, 최대 두 번의 임기가 허용되었다. 2000년 이후에 대통령은 7년 단임제로 선출한다. 대통령 임기는 정부의 연속성과 무당파적 성격을 보장하기 위해 크네세트의 임기와 관련이 없다. 이스라엘 정부 체제에는 부통령이 없고, 대통령이 일시적으로 무력화되거나 퇴임할 경우 크네세트 의장이 대통령 권한대행이 된다. 크네세트 3/4의 결정으로 대통령을 해임시킬 수 있다. 대통령의 주요 역할은 크네세트 선거 이후, 각 당 지도자들을 만나 총리 지명 논의 및 성공할 가능성이 높은 총리 후보에게 정부 구성권 부여하는 것이다(Constitution for Israel 2014; Basic Laws of Israel: The Government 2001).

	재임 기간	이름	출생지 등

임시 국무회의 의장(1948.05.14~1949.02.17)(The State of Israel-the Knesset or third parties 2022-a)

1	데이비드 벤구리온(David Ben-Gurion, 1948.05.14~1948.05.16), 마파이(좌파) 데이비드 벤구리온은 1886년 러시아제국 폴란드 출생(David Geen), 열렬한 시온주의자인 아버지가 설립한 히브리 학교에서 교육을 받았다. 10대 중반에 벤구리온은 시온주의 청년 단체 에즈라(Ezra)를 이끌었다. 18세 때 바르샤바 유대인 학교의 교사가 되었고, 20세기 초에 설립되어 폴란드, 유럽, 러시아제국의 여러 도시에서 활동하던 시온주의-사회주의자 정당, 포알레이 시온(Poalei Zion, Workers of Zion)에 가입했다. 1906년 오스만제국의 팔레스타인으로 이주하여 농부 및 선생으로 일했고, 포알레이 시온당에서 매우 활동적이었다. 1910년 그의 성을 Green에서 Ben-Gurion으로 변경하였고, 마르크스주의 이념보다 시온주의자의 꿈 실현이 우선이라고 믿었다. 1907년 벤구리온이 이끄는 포알레이 시온당의 강령은 "포알레이 시온은 팔레스타인에서 유대민족의 정치적 독립을 위하여 노력한다"라고 밝힘으로써 사회주의보다 우선하는 벤구리온의 유대민족주의 이념을 반영하였다. 1911~1914년 벤구리온은 오스만제국에서 그의 포알레이 시온당을 대표할 자격을 얻기 위하여 살로니카에서 터키어를 공부하고, 콘스탄티노플에서 법학을 공부하였다. 1차 세계대전이 발발한 이후, 1915년 오스만제국은 팔레스타인으로부터 그를 추방하였다. 그는 미국으로 건너가서 시온주의-사회주의자 대의를 위해 계속 일했다. 1918년 그는 영국 육군 소속 유대인 군단(the Jewish Legion)에 입대해서 팔레스타인으로 돌아왔다. 이후, 영국 위임통치 팔레스타인에서 실시된 1920년 실시된 유대공동체 대표자를 선발하는 의회 선거(1920 Assembly of Representatives election)에서 벤구리온이 이끄는 포알레이 시온의 정치 파벌인 아두트 하아보다당(Ahdut HaAvoda, 1919년 설립) 70석/314석, 1925년 선거에서 54/221석, 1931년 선거에서 마파이당(Mapai, Workers' Party of the Land of Israel, 1930년 설립)을 이끌면서 27/71석, 1944년 64/173석을 획득하면서 정치적 영향력을 행사했다. 이스라엘국가 건설이 후에는 그가 이끄는 마파이당이 1949년 제헌의회(제1대 크네세트 선거)에서 46/120석, 1951년 제2대 크네세트 선거에서 45/120석, 1955년 제3대 크네세트 선거에서 40/120, 1959년 제4대 크네세트 선거에서 47/120석, 1961년 제5대 크네세트 선거에서 42/120석을 획득하였다. 결국 1920년~1961년까지 영국 위임통치 팔레스타인 및 이스라엘에서 실시된 의회 선거에서 벤구리온이 이끄는 하아보다당 및 마파이당이 제1당을 유지하면서, 벤구리온은 명실상부한 유대공동체 및 이스라엘 지도자로서 우뚝했다. 임시국무회의에서 마파이당(10/37석, Mapai 좌파성향) 소속이었던 벤구리온은 1948년 5월 14일 임시국무회의 의장으로서 공식적으로 이스라엘 국가 수립 선언하고, 이스라엘 독립 선언서에 가장 먼저 서명했다. 초대 총리 및 국방부장관(재임: 1955.02.21~1963.06.26)을 역임하였다. 벤구리온은 1935~1948년 팔레스타인 유대기구(Jewish Agency for Palestine) 의장이었다. 벤구리온은 1939년 백서에 의해 표현된 유대인 공동체의 성장을 제한하려는 영국의 노력에 맞서서, 특히 유대인들에게 금지된 지역에서 유대 정착촌 건설을 장려했다(Knesset 2019; Jewish Virtual Library 2022-c; Central Election Commission 1949; The Israel Democracy Institute 1949; The Israel Democracy Institute 1951; The Israel Democracy Institute 1955; The Israel Democracy Institute 1959; The Israel Democracy Institute 1961).**12)**
2	하임 와이즈만(Chaim Weizmann, 재임: 1948.05.16~1949.02.17) 하임 와이즈만은 1874년 러시아 제국 모탈(벨라루스) 출생하여 1952년에 사망하였다. 1904년 영국으로 이주, 1910년 영국시민권 획득하였으며, 그는 과학자로서 무기 만드는데 사용할 옥수수를 활용한 아세톤 대량 제조 방법을 발명함으로써 제1차 세계대전을 위한 영국의 군수 산업을 육성하는데 커다란 도움을 주었다. 그는 외교적 영향력을 적극적으로 행사함으로써 팔레스타인에서 유대민족 고향 건설을 기획한 1917년 11월 2일 밸푸어 선언 및 밸푸어 선언 및 아랍인 대표 파이잘이 밸푸어 선언을 동의한 1919년 1월 3일 파이잘-와이즈만 협정 타결을 이끌어 냈다.

밸푸어 선언에 대한 응답으로, 와이즈만은 1920년 런던에서 개최된 세계시온주의자 의회에서 팔레스타인에 유대인의 조국을 건설하기 위한 재원을 마련하기 위해 창립된 세계적인 모금 조직인 케렌 헤시오드(Keren Hayesod)의 공동창립자, 세계시온주의자 기구(World Zionist Organization)의 하부조직으로 1929년 전 세계 유대인들 상호간 및 이스라엘과 유대감을 증대시키기 위하여 설립된 팔레스타인 유대기구 설립자(Jewish Agency for Palestine), 세계 시온주의기구 대표(1921~1931, 1935~1946)였다.

영국인 시온주의자로서 하임 와이즈만이 이스라엘 국가 설립을 조직적으로 준비해 왔음을 알 수 있다. 그는 1948년 영국위임통치 팔레스타인으로 이주하면서, 이스라엘 임시 국무회의 의장이 되기 위하여 영국시민권 포기하였다(Knesset 2022-b; 홍미정 2020, 84~85).

대통령(The State of Israel–the Knesset or third parties 2022-b)	
	하임 와이즈만(Chaim Weizmann, 재임: 1949.02~1952.11), 일반 시온주의자
1	하임 와이즈만은 영국인 시온주의자로서 이스라엘 건국에 크게 기여한 공로를 인정받아 임시 국무회의 의장 및 초대 대통령에 선출되었다. 그는 크네세트 대통령 선거에서 일반 시온주의자당 소속으로 1차-1949.02.17. 83/114 득표. 2차-1951.11.19. 85/120 득표로 당선되었다. 그는 대통령 재임 중 1952년 11월 9일 77세에 사망하였다(Knesset 2022-b).
	이츠하크 벤즈비(Yitzhak Ben-Zvi, 재임: 1952.12~1963.04), 마파이
2	이츠하크 벤즈비는 1884년 러시아제국 폴타바(우크라이나) 출생, 1925년 영국위임통치 팔레스타인으로 이주, 크네세트 대통령 선거 3차-1952.12.08. 62/112석 득표, 4차-1957.10.28. 76/94 득표, 5차-1962.10.30. 62/104 득표로 당선되었다. 그는 1948년, 이츠하크 벤즈비는 중동의 동양 유대인 공동체 연구소(The Institute for the Study of Oriental Jewish Communities in the Middle East)를 이끌었고, 후에 그를 기리기 위해 벤즈비 연구소(The Ben-Zvi Institute, Yad Ben-Zvi)로 명명되었다. 벤즈비 연구소는 니심 발레로(Nissim Valero)의 집에 위치했다. 이츠하크 벤즈비의 주요 연구 분야는 사마리탄(Samaritans)과 카라이트(Karaites) 등 아시아와 아프리카의 유대인 공동체와 종파였다(Knesset 2022-c; The Ben-Zvi Institute 2022).
	슈네오르 잘만 샤자르(Shneor Zalman Shazar, 재임: 1963.05~1973.05), 마파이당-노동당
3	슈네오르 잘만 샤자르는 1889년 러시아제국 민스크(벨라루스) 출생, 1924년 영국위임통치 팔레스타인으로 이주, 크네세트 대통령 선거 6차-1963.05.21. 67/107 득표, 7차-1968.03.26. 86/110 득표로 당선되었다(Knesset 2022-d).

12) 영국 위임통치 시대 1920년 선거에서 세파르디&미즈라히 공동체를 이끄는 아브라함 엘말리(Avraham Elmalih)가 이끄는 히스타드루트 하세파르딤(Histadrut HaSephardim)은 54/314를 획득하면서 제2당이 되었으나, 1925년 선거에서는 19/221석 획득하면서 제4당, 1931년 선거에서는 5/71석(Bechor-Shalom Sheetrit), 1949년 선거에서는 4/120석을 획득(Bechor-Shalom Sheetrit), 1951년 선거에서는 2/120석 획득(Eliyahu Eliashar)하면서 이스라엘 정치에서 점차 영향력을 잃어갔다.

4	에프라임 카치르(Ephraim Katzir, 재임: 1973.05~1978.05), 노동당
	에프라임 카치르는 1916년 러시아제국 키에프(우크라이나) 출생, 1925년 영국위임통치 예루살렘으로 이주하였다. 그는 영국 위임통치 팔레스타인에서 하가나 전투병 및 장교로 복무하였다. 크네세트 대통령 선거 8차-1973.04.10. 66/116 득표로 당선되었다(Knesset 2022-e).
5	이츠하크 나본(Yitzhak Navon, 재임: 1978.05~1983.05), 노동당
	이츠하크 나본은 1921년 영국위임통치 예루살렘 출생하였다. 그의 부계는 1492년에 스페인에서 추방당하여 오스만제국에 정착한 이후, 1670년 예루살렘으로 이주한 세파르디 유대인이다. 그는 영국 위임통치 시절 하가나 소속 아랍 정보부 대원이었고, 예루살렘에서 비밀리에 근무했다. 그는 제6차~9차, 11차~12차 크네세트 의원을 역임하였다. 크네세트 대통령 선거 9차-1978.04.19. 86/109 득표로 당선되었으며, 최초로 예루살렘에서 태어난 대통령이었다(Knesset 2022-f).
6	하임 헤르조그(Chaim Herzog, 재임: 1983.05~1993.05), 노동당
	하임 헤르조그는 1918년 영국 밸퍼스트(폴란드계) 출생, 1935년 영국위임통치 팔레스타인으로 이주하였다. 그는 아일랜드 최고랍비(재임: 1919~1937), 영국위임통치 팔레스타인 및 이스라엘 아쉬케나지 최고 랍비(재임: 1936~1959)를 역임한 이츠하크 할레비 헤르조그의 아들이다. 그는 하가나(1936~1939), 영국군대(1943~1947)에서 복무했고, 크네세트 대통령 선거 10차-1983.03.22. 61/120 득표, 11차-1988.02.23. 82/87 득표로 당선되었다(Knesset 2022-g).
7	에제르 와이즈만(Ezer Weizman, 재임: 1993.05~2000.07), 노동당
	에제르 와이즈만은 1924년 영국위임통치 텔아비브 출생했으며, 초대 대통령 하임 와이즈만의 조카다. 그는 영국 위임통치 시절 영국군대(1942~1945) 및 이르군(1946~1947)에서 복무했다. 그는 9대, 11대, 12대 크네세트 의원을 역임하였고, 크네세트 대통령 선거 12차-1993.03.24. 66/120 득표, 13차-1998.03.04. 63/119 득표로 당선되었다(Knesset 2022-h).
8	모셰 카차브(Moshe Katzav, 재임: 2000.08~2007.07), 리쿠드당
	모셰 카차브는 1945년 이란제국 야즈드 출생(Musa Qasab)하여 1951년 이스라엘로 이주한 미즈라히 유대인이다. 그는 이란 이민자 중앙기구(The Central Organization of Iranian Immigrants) 의장 및 제9대~15대 크네세트 의원을 역임하였다. 그는 7년 임기를 적용받는 최초 대통령으로 최초의 우파 리쿠드당 출신 대통령이며, 제14차 크네세트 대통령 선거에서 노동당과 제휴한 시몬 페레스 후보(57/120 득표)와의 경쟁에서 승리하였고, 최종적으로 2000년 7월 31일 63/120석을 득표함으로써 8대 대통령으로 당선되었다(Knesset 2022-i).
9	시몬 페레스(Shimon Peres, 재임: 2007.07~2014.07), 마파이, 라피, 노동, 카디마당
	시몬 페레스는 1923년 폴란드 출생(Szymon Perski), 1934년 영국위임통치 팔레스타인으로 이주하였다. 1944년 당시 팔레스타인 유대기구 의장이었던 벤 구리온은 소규모 정찰단과 함께 페레스를 홍해 주변 에일라트(Eilat)로 보내어 시나이 사막을 탐사하고 지도를 만들게 하였다. 이 지도는 1948년 전쟁에서 중요한 전략적 자산이 되었다. 또한 그는 1947년부터 하가나 최고사령부에서 데이비드 벤구리온, 레비 에슈콜과 함께 일했고, 1951년 벤구리온이 총리겸 국방부 장관이었을 때, 페레스를 국방부국장으로 임명하였다. 이처럼 페레스는 벤 구리온과 매우 긴밀한 관계를 유지하였다. 페레스는 제4대~제17대 크네세트 의원을 역임하였고, 크네세트 대통령 선거 15차-2007.06.13. 86/109 득표로 9대 대통령으로 당선되었다(Knesset 2022-j; Berger 2016, Sep. 27).

10	레우벤 리블린(Reuven Rivlin, 재임: 2014.07~2021.07), 리쿠드당
	레우벤 리블린은 1939년 영국위임통치 예루살렘 출생하였다. 리블린 가문은 시온주의자들이 팔레스타인으로 이주하기 이전인 1809년 리투아니아 슈클로프에서 예루살렘으로 이주했다. 이스라엘에는 3만 5천 명 이상의 리블린 가족이 거주한다. 2009년 국제 가족 모임에서 3천~5천 명의 리블린 가문 사람들이 예루살렘 구도시 성벽 주변을 걷는 행사를 개최하였다. 레우벤의 아버지 요세프 리블린은 코란의 히브리어판을 처음으로 집필했다. 그는 12대, 14대~19대 크네세트 의원을 역임하였고, 크네세트 대통령 선거 16차 2014.06.10. 63/119 득표함으로써 10대 대통령으로 당선되었다. 레우벤 리블린은 2014년 6월 10일 2차 투표에서 63표로 이스라엘 제10대 대통령으로 당선되었다. 레우벤 리블린은 이스라엘/팔레스타인 분쟁에서 한 국가 해결안의 지지자다. 2010년 그는 다음과 같이 발언했다. "이스라엘과 요르단강 서안 지구를 양국 평화 방안에 의해 분리하기보다는, 팔레스타인인들을 이스라엘 시민으로 받아들이는 편이 낫다." 2017년 2월 13일 레우벤 리블린 대통령은 "이스라엘이 요르단강 서안을 병합하고 요르단강 서안에 거주하는 팔레스타인 사람들에게 완전한 시민권을 주어야 한다"라고 주장했다(Knesset 2022-k; Matzav 2014, Jun. 11; Zrahiya 2010, Apr. 29; Lis 2017, Feb.14; Remnick 2014, Nov. 10; LAZAROFF 2015, Sep. 02).
11	이삭 헤르조그(Isaac Herzog, 재임: 2021.07~2028), 노동당, 시온주의자 연합
	이삭 헤르조그는 1960년 이스라엘 텔아비브에서 출생하였다. 그는 6대 대통령 하임 헤르조그의 아들이며, 영국 위임통치 팔레스타인 및 이스라엘 아쉬케나지 최고 랍비 이츠하크 할레비 헤르조그(재임: 1936~1959)의 손자다. 그는 크네세트 대통령 선거 17차-2021.06.02. 87/113 득표함으로써 11대 대통령으로 당선되었다(Knesset 2022-l).

이와 같이 이스라엘 초대 대통령 하임 와이즈만부터 현재 대통령 이삭 헤르조그까지 11명의 대통령 가운데 9명이 러시아제국 내 벨라루스, 우크라이나, 폴란드 및 오스트리아 가계 출신으로 아쉬케나지 유대인이다. 나머지 2명, 즉 예루살렘에서 태어난 이츠하크 나본 대통령(재임: 1978.05~1983.05)은 15세기 말 스페인에서 추방당하여 예루살렘에 정착한 가계 출신의 세파르디 유대인이고, 모세 카차브 대통령(재임: 2000.08~2007.07)은 1951년 이란에서 이스라엘로 이주한 미즈라히 유대인이다. 이렇게 이스라엘 정치에서 아쉬케나지 유대인들이 강력한 영향력을 행사하고 있다.

2) 총리

이스라엘 정부는 총리와 장관들로 구성된다. 총리는 정부의 수반이며, 행정부 수장이다. 총리가 임명하는 장관들은 크네세트 승인이 필요하다. 총리는 크네세트 의원이어야 하지만, 장관이 크네세트 의원일 필요는 없다. 대통령이 국가수반이지만, 대통령의 권한은 대체로 의례적이고, 총리가 행정권을 장악하고 있다. 총선 결과에 토대를 두고 대통령이 총리를 임명하고, 크네세트의 승인을 받아야 한다. 이 내용은 이스라엘 기본법에 명시되어 있다(Constitution for Israel 2014; Basic Laws of Israel: The Government 2001; Prime Ministers of Israel 2022; The Knesset 2022).

총리(모두 아쉬케나지)

	데이비드 벤구리온(David Ben-Gurion, 재임: 1948~1953, 1955~1963), 마파이(좌파)
1	1948년 4월 18일, 벤구리온은 인민행정부(the People's Administration) 수반으로 임명되었고, 또한 이슈프(Yishuv, 위임통치 팔레스타인의 유대공동체)의 치안문제를 담당하였다. 5월 14일 인민의회(the People's Council)가 이스라엘 국가를 선언하면서, 벤구리온은 이스라엘 임시정부(Provisional government of Israel, 1948.05.14~1949.03.10) 총리 및 국방장관이 되었고, 1949년 1월 25일 제헌의회 선거에서 그가 이끄는 마파이당이 승리하면서 이스라엘 정부의 초대 총리가 되었다. 그는 1대~7대 크네세트 의원을 역임하였다. 그는 1948년 전쟁에서 이스라엘을 이끌었고, 다양한 유대 무장단체를 이스라엘 국가 방위군으로 통합시킴으로써, '이스라엘 건국의 아버지'로 알려졌다. 1953년 말 벤구리온은 정부와 크네세트를 떠나 네게브 소재 키부츠로 은퇴했다. 그러나 그는 1955년 초에 정치 생활로 돌아와 샤레트 정부에서 국방부 장관직을 맡았고, 1955년 총선에 이후 총리로 복귀했다(Knesset 2022-m; Knesset 2022-n; Jewish Virtual Library 2022-c).
	모세 샤레트(Moshe Sharett, 재임: 1954~1955), 마파이
2	모세 샤레트는 1894년 러시아제국 우크라이나 출생(Moshe Shertok), 1906년 오스만제국의 팔레스타인으로 이주하였다. 그는 1933~1948년까지 영국위임통치 정부에 대하여 시온주의 운동을 대표하는 수석 협상가였다. 그는 1944년 영국군대 소속으로 유대인 군단(Jewish Defense Organizations: The Jewish Brigade Group, 1944~1946)을 설립하였다. 제2차 세계대전 후에, 이 유대인 군단은 수만 명의 유럽 유대인들을 팔레스타인으로 불법 송환 경로를 제공했다. 1947년 그는 팔레스타인 분할에 관한 유엔 토론에 참석했고, 이스라엘 독립 선언서에 서명한 인물 중 하나였다. 그는 1948년 5월~1956년 6월까지 이스라엘 초대 외무장관을 지내면서, 1954년 1월~1955년 11월까지 벤구리온이 일시적으로 정계를 은퇴한 약 1년 10개월 동안 2대 총리를 겸직하였다. 1960년 세계시온주의자 회의(World Zionist Congress)는 그를 세계시온주의자 기구(World Zionist Organization)와 유대기구 의장으로 선출하였다(Knesset 2022-o; Jewish Virtual Library 2022-d).
	레비 에슈콜(Levi Eshkol, 재임: 1963~1969), 마파이/노동당
3	레비 에슈콜은 1895년 러시아제국 우크라이나 출생(Levi Shkolnik)하여 전통적인 유대인 가정교육을 받고 자랐다. 16세에 그는 히브리 고등학교에 입학하면서 시온주의 단체인 시온주의 청년단(Tzeirei Tzion, Youth of Zion)에 가입했다. 1914년 그는 당시 오스만제국의 팔레스타인으로 이주했다. 제1차 세계대전 동안 영국군 소속 유대인 의용군으로 편성된 제38~42 대대 유대군단(Jewish Legion, 1915~1918)에 자원하고 유대 정착촌 단체에 가입하였다. 1921~1923, 1940~1948년 그는 영국 위임통치 팔레스타인 이슈브의 무장단체 하가나(1920~1948) 구성원이었고, 1947년 이스라엘 방위군 모집 활동을 조직하였다. 그는 1948년 세계 시온주의기구와 유대기구 정착촌부(World Zionist Organization/Jewish Agency) 수장이 되었다. 1963년 6월, 에슈콜은 총리로 취임했고, 재임기간 동안 1967년 전쟁을 승리로 이끌었다(Knesset 2022-p; Jewish Virtual Library 2022-e; Jewish Virtual Library 2022-f; Jewish Virtual Library 2022-g).

4	골다 메이어(Golda Meir, 재임: 1969~1974), 노동당
	골다 메이어는 1898년 러시아제국 우크라이나 키이우 출생(Golda Mabovitch)이다. 그녀는 1906년 미국에 이주하였고, 고등학교 재학시에 벤구리온이 이끄는 포알레이 시온 활동가가 되었다. 1921년 그녀는 남편과 함께 영국위임통치 팔레스타인으로 이주하여 키브츠에 정착하였다. 1948년 6월 소련 주재 이스라엘 대사로 임명되었다. 노동부 장관과 외무부 장관을 역임한 이후 1969년 이스라엘의 최초 여성 총리가 되었다. 1대~8대 크네세트 의원을 역임했다(Knesset 2022-q; Jewish Virtual Library 2022-h).
5	이츠하크 라빈(Yitzhak Rabin, 재임: 1974~1977, 1992~1995), 노동당
	이츠하크 라빈은 1922년 영국위임통치 예루살렘에서 출생했다. 그의 아버지(Nehemiah Rubitzov)는 18세에 러시아제국 우크라이나에서 미국으로 이주하여 포알레이 시온 활동가가 되었고, 성을 라빈으로 변경하였다. 1917년 그의 아버지는 미국에서 오스만제국 팔레스타인으로 이주했다. 그의 어머니는 1919는 벨라루스에서 팔레스타인으로 이주하였다. 1936년 이츠하크 라빈은 하가나 대원이 되었고, 사회주의-시온주의자 청년 운동(HaNoar HaOved)에 참가하였으며, 1941년에는 새로 결성된 하가나의 정예전투부대 팔마흐(Palmach, 1941~1948) 대원이 되었다. 그는 팔마흐와 이스라엘 군대에서 27년 근무했고, 1967년 전쟁에서 중요한 역할을 하였다. 1968년 군대를 은퇴하고 주미대사로 임명되어 1973년까지 근무했다. 1974~1977년까지 노동당 소속 총리가 되었으나, 1977년 선거에서 노동당이 패배하면서 총리직을 사임하였다. 1984~1990년에 국방부 장관, 1992년 2월에 다시 노동당의 당수가 되어 6월 23일 총선에서 승리해 다시 총리(1992~1995)로 재임하면서 PLO와 오슬로 협정을 이끌어냈고, 그 결과 1994년 10월 야세르 아라파트, 시몬 페레즈와 노벨평화상을 수상하였다(Knesset 2022-r; Kurzman 1998, 75~82).
6	메나헴 베긴(Menachem Begin, 재임: 1977~1983), 허루트, 리쿠드(우파)
	메나헴 베긴은 1913년 러시아제국 벨라루스에서 출생하였다. 그는 1942년 영국 위임통치 팔레스타인으로 이주하였다. 그는 1943~1946년까지 하가나에서 분리된 시온주의 무장단체 이르군(Irgun, Etzel 1931~1948)의 사령관이었다. 1대~10대 크네세트 의원이었고, 1977년 실시된 9차 크네세트 선거에서 압도적인 미즈라히 노동자 계층의 지지를 받아 리쿠드당의 승리(43/120 획득)를 이끌면서 총리에 임명되어 1983년까지 제6대 총리를 지내면서 노동당(32/120 획득)의 30년 정치적 패권을 종식시켰다. 그는 1979년 이집트/이스라엘 국경획정 협정을 체결하였다(Knesset 2022-s).
7	이츠하크 샤미르(Yitzhak Shamir, 재임: 1983~1984, 1986~1992), 허루트, 리쿠드
	이츠하크 샤미르는 1915년 러시아제국 벨라루스에서 출생(Icchak Jaziernicki)하였다. 그는 1935년 영국위임통치 팔레스타인으로 이주하였다. 그는 1940년 유대 무장단체 스턴갱(Stern Gang)에 가입하였다. 1983년 10월, 샤미르는 메나헴 베긴의 뒤를 이어 총리가 되었다. 1991년 5월 샤미르총리는 수천 명의 에티오피아 유대인들을 이스라엘로 공수하는 '솔로몬 작전(Operation Solomon)'을 명령했다. 1991년 9월, 그는 마드리드에서 개최된 국제평화 회의에서 이스라엘을 대표했다. 1992년 선거에서 패배한 샤미르는 리쿠드당 대표직에서 물러나 1996년 선거 때까지 크네세트 의원으로 남아있었다(Knesset 2022-t).
8	시몬 페레스(Shimon Peres, 재임: 1977, 1984~1986, 1995~1996), 노동당(좌파), 카디마
	시몬 페레스는 1923년 러시아제국 벨라루스 출생(Szymon Perski)하여, 1934년 영국위임통치 팔레스타인으로 이주하였다. 그는 하가나 최고사령부에서 데이비드 벤구리온, 레비 에쉬콜과 함께 일했으며, 이스라엘 국가건설 이후 4대~17대 크네세트 의원, 총리 및 9대 대통령을 역임하였다(Knesset 2022-u).

9	베냐민 네타냐후(Benjamin Netanyahu, 재임: 1996~1999, 2009~2021.06.13, 2022.12.29~현재), 리쿠드
	베냐민 네타냐후는 1949년 이스라엘 텔아비브에서 태어났으며, 최초로 이스라엘에서 태어난 총리가 되었다. 베냐민 아버지 벤지온(Benzion Mileikowsky)은 러시아제국 폴란드 출생이며, 1920년 영국위임통치 팔레스타인으로 이주한 이후, 성을 네타냐후로 개명하였다. 당시 시온주의 이민자들이 히브리성을 채택하는 것은 흔한 관행이었다. 12대~20대 크네세트의원을 역임했다(Knesset 2022-v).
10	에후드 바라크(Ehud Barak, 재임: 1999~2001), 노동당
	에후드 바라크는 1942년 영국위임통치 팔레스타인 키브츠(Mishmar HaSharon)에서 출생, 에후드 아버지는 러시아제국 리투아니아 출신이다. 1972년 에후드는 성을 Brog에서 Barak으로 개명함. 그는 14대, 15대, 18대 크네세트 의원을 역임하였다(Knesset 2022-w).
11	아리엘 샤론(Ariel Sharon, 재임: 2001~2006), 리쿠드, 카디마
	아리엘 샤론은 1928년 영국위임통치 팔레스타인 농업 모샤브(Kfar Malal)에서 출생(Arik Scheinermann)하였고, 하가나에서 전투병으로 복무하였다. 아리엘의 아버지는 러시아 제국 벨라루스 출신으로 1922년 영국위임통치 팔레스타인으로 이주하였다. 아리엘은 리쿠드당 및 카디마당의 창건자이며, 8대~16대 크네세트 의원을 역임했다(Knesset 2022-x).
12	에후드 올메르트(Ehud Olmert, 재임: 2006~2009), 리쿠드, 카디마
	에후드 올메르트는 1945년 영국위임통치 하이파에서 출생, 에후드 아버지는 러시아 제국 우크라이나 출생하였다. 그는 8대~14대, 16대, 17대 크네세트 의원을 역임하였다(Knesset 2022-y).
13	나프탈리 베네트(Naftali Bennett, 재임: 2021.06.13~2022.06.30), 야미나
	나프탈리 베네트는 1972년 이스라엘 하이파 출생, 나프탈리 아버지는 폴란드 출신의 미국인으로 1967년 샌프란시스코에서 이스라엘로 이주하였다(Kamisher 2021, Jun. 22.)
14	야이르 라피드(Yair Lapid, 재임: 2022.07.01~2022.12.29), 예쉬 아티드
	야이르 라피드는 1963년 이스라엘 텔아비브 출생, 야이르 아버지(Tomislav Lampel)는 유고슬라비아 왕국 출신으로 1948년 이스라엘로 이주하였다.

이스라엘 정치에서 대통령보다 훨씬 더 강력한 실권을 행사하는 총리 초대 데이비드 벤구리온 총리(재임: 1948~1953, 1955~1963)부터, 야이르 라피드(재임: 2022.07.01~2022.12.29), 베냐민 네타냐후(재임: 1996~1999, 2009~2021.06.13, 2022.12.29~현재)까지 14명 모두 아쉬케나지 유대인들이다. 이 총리들은 러시아제국(1721~1917) 소속 인접 지역들, 폴란드(3명), 우크라이나(5명), 벨라루스(4명), 리투아니아(1명) 출생이거나 총리들의 부계가 이 지역 출신 이민자들이다. 특히 주목할만한 사실은 총리 5명의 가계가 현재 러시아와 전쟁 중인 우크라이나 지역에서 이주하였다는 것이다. 총리 모세 샤레트(재임: 1954~1955), 레비 에슈콜(재임: 1963~1969), 골다 메이어(재임: 1969~1974)는 러시아제국 내 키에프에서 출생했다. 또 이츠하크 라빈(재

임: 1974~1977, 1992~1995)의 아버지와 에후드 올메르트(재임: 2006~2009)의 아버지는 러시아제국 내 우크라이나 출신으로 팔레스타인으로 이주하였다. 현재까지 러시아제국 출신 아쉬케나지 유대인들이 이스라엘 정치를 좌우하고 있는 것으로 보인다.

5. 아쉬케나지와 미즈라히&세파르디 사이에 계속되는 불평등

전체 이스라엘 유대인 7백 2만 명(2022년 5월 1일 이스라엘 통계청 발표) 중 60% 이상이 미즈라히&세파르디이고, 나머지가 아쉬케나지이다. 총리나 대통령 등 주요한 정치 엘리트에서 배제된 미즈라히&세파르디 유대인이 인구수를 기반으로 이스라엘 정치에서 영향력을 확장할 것인가?

영국이 팔레스타인을 통치하기 이전까지는 오스만제국의 후원으로 세파르디&미즈라히 유대인들이 팔레스타인에서 영향력을 행사하였다. 특히 세파르디 유대인 공동체는 가톨릭 스페인 왕국이 1492년 3월 유대인들에게 가톨릭으로 개종하거나 스페인 왕국을 떠나라는 유대인 추방령(알함브라 칙령)을 내렸을 때, 개종을 거부함으로써 스페인 왕국에서 추방당한 유대인들과 그 후손들로 구성되었다. 당시 가톨릭 스페인 왕국은 이베리아반도 무슬림 통치자들을 완전히 축출하였고, 무슬림 통치 하에서 번영을 누리던 유대인들을 박해하는 과정에서 약 200,000명 유대인들이 가톨릭으로 개종하고, 나머지 40,000~100,000명 유대인들이 추방당한 것으로 알려졌다.[13]

관보

---

13) 14세기 중반 무슬림 재판의 80%가 기독교 법정에서 이루어짐. 1391년 유대인에게 세례의식 강요. 1478년에는 종교재판이 도입되어 유대인은 세례 혹은 추방, 대부분의 유대인이 추방되어 다른 유럽국가나 오스만 제국으로 감. 1501년에 무슬림 추방.

유대인들은 스페인을 떠나 지중해 국가들 및 오스만제국으로 이주하였다. 오스만제국의 술탄 메흐메드 2세의 아들 술탄 바예지드 2세(재위: 1481~1512)도 아버지와 마찬가지로 유대인들에게 우호적인 정책을 펴서 스페인 종교 재판에서 추방당한 스페인 망명자들을 수용하였다. 이러한 상황에서 스페인 왕국에서 추방당한 세파르디 유대인들은 역사적으로 오스만제국 등 무슬림통치 지역에 정착하면서, 역사적으로 오랫동안 존재하던 미즈라히 유대인 공동체들 및 무슬림들과 어울려 살았다(Schultz 2021, Mar. 3).

이 과정에서 미즈라히 유대인과 세파르디 유대인들의 전통과 풍습이 비슷해졌다. 아랍국가에 거주하는 유대인들은 아랍어를 제1 언어로 사용하며, 아랍문화에 익숙하게 되었다. 이를 근거로 이스라엘은 세파르디 의미를 확장하여 미즈라히 유대인들을 통합함으로써 공식적으로 세파르디 유대인으로 규정한다(Danon 2018, Dec. 5). 실제로 이스라엘 최고 랍비 법령에 따라 이스라엘에 거주하는 모든 미즈라히 랍비들은 세파르디 최고 랍비 지시를 받는다(Massad 1996, 53~68). 결국 이스라엘 종교 제도 내에서 아랍·중동 지역에 역사적으로 거주해 온 원주민 미즈라히 유대인들은 배제되고 공식적으로 존재하지 않게 되었다. 현재 이스라엘에서 150명으로 구성된 랍비 선발위원회(도시 랍비들, 종교위원회 대표들 등)는 투표로 두 명의 이스라엘 최고 랍비들, 아쉬케나지 최고 랍비와 세파르디 최고 랍비를 10년 임기로 선출하며, 미즈라히 최고 랍비는 존재하지 않는다.

오늘날 이스라엘 최고 랍비 제도는 오스만제국 시대에 만들어진 17세기 중반 세파르디 공동체의 지도자가 장악한 리스혼 레지온 직위에서 시작되었다. 예루살렘에 거주하던 모세 갈란테가 1665년 초대 리스혼 레지온 직위를 장악하였고, 팔레스타인 최고 랍비로 불렸다. 이때 아쉬케나지 최고 랍비는 존재하지 않았다.

그런데 제1차 세계대전 이후 영국 팔레스타인위임통치하에서, 오스만제국 시대에 자파의 랍비 및 1916년 런던의 이민자 공동체 랍비를 역임한 아브라함 아이작 쿡이 1921년 예루살렘의 최고 랍비로서 팔레스타인의 아쉬케나지 공동체

1556년에 아랍이나 이슬람 복장 금지. 1566년에는 아랍어 사용 금지.

에 대한 공식적인 권한을 갖게 되면서, 초대 아쉬케나지 최고 랍비가 공식적으로 세워졌다(Institute for Jewish ideas and ideas 2022). 영국의 팔레스타인위임통치는 유럽 출신의 아쉬케나지들이 이스라엘에서 주도권을 장악하게 되는 결정적 기회를 창출하였다.

이후 이스라엘 정치에서 커다란 영향력을 발휘하는 아쉬케나지의 주류는 영국이 팔레스타인을 통치하던 시기에 팔레스타인에서 적극적으로 활동하던 유대인들과 그 후손들이다. 게다가 최근에도 이스라엘은 계속해서 구소련지역 및 러시아로부터 아쉬케나지 유대인들의 이주를 장려하고 있다.

그런데 2021년 11월 30일, 이스라엘 외무부가 내놓은 자료에 따르면, 이스라엘 국가건설 이후, 아랍국가들과 이란으로부터 85만 6천 명 정도가 강제로 추방당하여 난민으로 이스라엘로 이주였다(Israel Ministry of Foreign Affairs 2014, Nov. 30; Israel Ministry of Foreign Affairs 2021, Nov. 30). 이러한 이스라엘의 주장을 뒷받침하는 1948년 1월 세계유대인회의 의장 스티븐 와이즈 박사는 미국 국무장관 조지 마샬에게 다음과 같이 호소했다. "아랍국가에 거주하는 80만에서 100만 명의 유대인들은 팔레스타인 분할에 대하여 성전을 선동하는 무슬림들의 수중에서 '엄청난 파멸 위험'에 처해 있다. 유대인 집단학살은 반인륜적 범죄다(Jewish Virtual Library 2021)." 1948년 5월 16일, 뉴욕 타임스는 스티븐 와이즈의 호소를 되풀이했고, "모든 이슬람 국가의 유대인들은 중대한 위험에 처해 있다. 아프리카와 아시아의 90만 명의 유대인들은 적들의 분노에 직면해 있다"라는 제목의 기사를 실었다(Browne 1948, May. 16).

그러나 1949년 5월 예멘 왕(이맘) 아흐마드가 유대인의 이스라엘 이주에 합의한 역사적 사실과 다음에서 제시되는 2019년 1월 모로코계 프랑스인 인권운동가 야곱 코헨의 주장을 보면, 아랍 유대인의 이스라엘로의 이민이 아랍국가들의 반시온주의 정책으로 촉발되었다기보다는 이스라엘의 인구적인 필요성 때문이었던 것으로 보인다. 2019년 1월, 모로코 세계 뉴스(Morocco World News)와의 인터뷰에서 야곱 코헨은 '이스라엘의 배상금 청구 요구'를 '자기 이익만을 생각하는 것'이라고 주장하며 비난했다. 야곱 코헨은 "이스라엘로 모로코 유대인들을 보낸 것은 이스라엘 정보국 모사드이며, '아랍국가 출신 유대인들'이 '팔레스타인 난민들'과 비슷하게 보이도록 하기 위해 이스라엘은 수천억 달러를 요구하고 있다"라고 주장하였다(Ben Saga 2019, Jan. 23).

이스라엘 건국 이후 1952년까지 대부분의 중동과 북아프리카 유대인 이민자들은 임시 수용소에 수용되었다. 이 이민자들은 몹시 가난하고 숙련된 기술이 없었다. 이 수용소의 상황은 매우 열악하고 인구 과잉과 전염병이 빈번했다. 이후 수십 년 동안 세파르디&미즈라히 유대인은 주로 비숙련 노동에 종사하는 노동자 계층이었고, 아쉬케나지 유대인은 주로 상류층과 중산층을 차지했다. 두 집단 사이의 계급 격차는 심화되었고, 이민에 따라 발전한 중동 문화에 대한 편견에 뿌리를 둔 미즈라히에 대한 부정적인 인식이 퍼졌다. 게다가, 세파르디&미즈라히 유대인들은 정치적 영향력이 거의 없었다. 1950년대 후반, 미즈라히들의 사회 경제적 불평등에 대한 각성이 그들의 정체성의 중심축으로 작용하기 시작하였다. 1959년 7월 모로코 출신들이 밀집한 하이파 지역, 와디 살리브 폭동(the Wadi Salib riots of 1959)이 그 예다. 북아프리카 이민자 연합은 이스라엘 전역에서 세파르디&미즈라히 유대인들을 결집하고 통일하려고 시도했지만 실패했다. 와디 살리브 폭동은 인상적이었지만, 실질적인 변화는 없었다(Jewish Original 2021, Mar. 5; Kaplan 2015, Apr. 27).

시간이 지나면서, 아쉬케나지와 세파르디&미즈라히 유대인 사이의 통혼 흔해졌고, 유대인들 사이의 긴장은 어느 정도 줄어들었다. 그러나 총리를 비롯한 정치 엘리트들은 여전히 아쉬케나지들이 장악하고 있으며, 경제적, 사회적 불평등도 여전히 존재한다(GOLDENBERG 2018, Apr. 17).

2015년 4월 1일, 하레츠 신문에 이스라엘 드루즈 출신의 살만 마살하(Salman Masalha)는 "세파르디 유대인들이 차별을 종식시키기를 원한다면, 그들은 자랑스러운 아랍인이 되어야 한다"라는 기고문을 실었다. 이것은 아쉬케나지 유대인들과 세파르디&미즈라히 유대인들 사이에 여전히 상당한 차별이 존재한다는 것이다(Masalha 2015. Apr. 1).

이렇게 이스라엘은 유대인 내부 문제, 이스라엘 시민권자들 사이의 문제 등으로 매우 복잡하고 심각한 정치·사회·경제적인 불평등 문제들을 안고 있다. 이스라엘 유대인들은 유럽, 중동, 아프리카 등 출신지 등에 따라 종교의식 등

이 서로 다른 문화적으로 서로 다른 다양한 기원을 가지고 있다. 커다란 문화적 차이는 때때로 유대인 내부의 갈등을 촉발시키기도 하며, 개종의식을 강요당하기도 한다(Jewish Virtual Library 2024; Haas 2017, Feb. 04; Branovsky 2007. Dec. 21; The Independendent 2007, Dec. 27).

이러한 상황에서 이스라엘 정부는 구 소련지역으로부터 아쉬케나지 유대인들의 이주를 장려하고 있다. 이스라엘 중앙통계국(The Central Bureau of Statistics)은 러시아가 우크라이나를 공격한 2022년 2월 24일~7월 31일까지 우크라이나 출신: 12,175명, 러시아 출신: 18,891명 유대인들이 우크라이나와 러시아로부터 이스라엘로 이주하였다. 이 숫자는 2019년 같은 기간보다 318% 증가한 것이다. 2019년에는 우크라이나에서 2,651명, 러시아에서 7,123명 이주하였다(The Times of Israel 2022, July. 11; The Times of Israel 2022, Aug. 10).

사실 19세기에 우크라이나를 포함한 러시아제국은 아쉬케나지 유대인들의 중심지였고, 현재까지도 이스라엘로 이주 가능성이 있는 수 십 만 명의 유대인들이 거주하는 곳이다. 러시아제국에서 처음이자 마지막으로 실시된 1897년 러시아제국 인구조사(The Russian Imperial Census of 1897)에 따르면, 러시아제국 전체 인구(125,640,021명) 중 랍비 유대교인들이 5,215,805명(4.15%), 카라이트 유대교인들이 12,894명(0.01%)이었다. 19세기 말에 러시아제국은 전 세계에서 압도적으로 많은 유대인들이 거주하였다(Демоскоп Weekly, № 963-964 2022, Nov. 14).

이스라엘은 러시아제국 및 유럽 출신 유대인들이 주도하여 세운 국가다. 1948년 4월경 위임통치 팔레스타인의 유대인 650,000명 중 80%는 유럽 및 구 소련 출신의 아쉬케나지들이었다. 이스라엘은 1948년 건국 이후, 현재까지 꾸준히 유대 이민을 장려한다. 1948~2021년 이스라엘로 이주한 유대 이민자는 총 3,343,280명이고, 이중 러시아 및 우크라이나를 비롯한 구소련지역 출신 이민자는 1,326,666명으로 전체 이민자의 39.6% 이상을 차지한다. 러시아가 우크라이나 공격을 시작한 2022년 2월 24일부터 7월 31일까지 러시아 출신 유대 이민자는 18,891명, 우크라이나 출신 유대 이민자는 12,175명이다. 2021년 전체 이스라엘 유대 이민자 25,000명 중 러시아 출신 30%, 우크라이나 출신 12%였다(Central Bureau of Statistics 2021, Dec. 30; Lewin-Epsteina 2018, 2; Israel Ministry of Foreign Affairs 2021,

Nov. 30; The Times of Israel 2021, Dec. 30; The Times of Israel 2022, Aug. 30; The Times of Israel 2022, Sep. 20; Jewish Virtual Library 2024).

그런데 2022년 7월 러시아 법무부는 러시아 유대인을 이스라엘로 이주시키는 활동하는 유대기구(Jewish Agency) 모스크바 사무소가 러시아인 개인 정보를 수집해서 러시아 법을 위반했다는 명분으로 러시아 법원에 유대 기구 폐쇄를 명령했다(BBC 2022, July. 21; Al Monitor 2022, Aug. 2; RFERL 2022, Aug. 9).

2022년 2월에 시작된 러시아/우크라이나 전쟁에서, 러시아는 우크라이나 편을 드는 이스라엘에게 중요한 압박 수단으로 유대인 이주를 추진하는 유대기구 활동 중단을 명령한 것으로 보인다. 유대 민족국가를 표방하는 이스라엘은 유대인, 특히 아쉬케나지 유대인의 지배권을 유지하고, 강화하기 위해서, 유대인의 이스라엘 이주를 지속적으로 강력하게 추진하고 있다.

제2장
이스라엘과 주요 역내 문제

I. 영국의 팔레스타인 정책, 하심가와 시온주의자

'중동'은 지정학적인 개념이며, 이 개념은 제국주의 시대인 19세기 유럽에서 생성되어, 상황에 따라 그 범위와 내용이 변화해 왔다. 따라서 강대국들의 '중동' 정책을 고려하지 않고는 현대 중동지역을 이해할 수 없으며, 제국주의 정책을 배제하고 중동 역사를 쓴다는 것은 거의 불가능하다. 제국주의 국가들은 인도로 가는 수월한 통상로를 확보하기 위하여 중동지역으로 경쟁적으로 진출하였고, 20세기 중반까지 오스만 제국의 영역을 분할 지배하는 데 성공하였다. 유럽 열강들이 서로 경쟁 관계이기는 했지만 관심사를 공유하였다. 이권의 확장을 위해서로 연합하면서 오스만 제국 해체와 지역 분할을 조장하는 과정에서 국민 국가가 출현하였다.

결국 중동 전 지역을 아우르며 지배권을 행사하던 오스만 제국의 영토는 현대 국민국가들로 완전히 분할 해체되었다. 제1차 세계대전은 오스만 제국의 소멸과 함께 끝났다. 오스만 제국의 해체와 함께 새로운 독립 국가들이 출현하였고, 아랍어를 쓰는 거의 모든 지역이 유럽의 지배를 받게 되었다.

이후 중동지역은 제국주의 국가들의 영향권에서 벗어날 수 없게 되었으며,

특히 20세기 중반 이후부터 이 지역에서 석유가 본격적으로 개발되기 시작하면서 정치, 경제, 사회, 문화 등에서 일어나는 모든 변화는 공세적인 열강들과의 불가피한 이해관계 속에서 전개될 수밖에 없다.

2018년 6월 이스라엘 신문 하레츠에 따르면, 이스라엘과 요르단은 도널드 트럼프의 평화 계획에 공동의 관심을 갖고 있다. 이 계획은 팔레스타인 수도로서 동예루살렘 대신에 예루살렘 동북부 외곽지역에 위치한 아부디스를 팔레스타인인들에게 제시할 것으로 예상된다. 결국 예루살렘 구 도시는 이스라엘의 수중에 떨어질 것이다. 이러한 예루살렘 성지에 대한 요르단 관리권의 변화는 압둘라 국왕의 통치 기반을 약화시킬 수 있다. 트럼프의 계획에 따르면, 이스라엘 정착촌을 유지한 채, 요르단 계곡을 이스라엘의 통제하에 두고, 팔레스타인 국가는 군대나 중화기 없이 탈군사화 될 것이다. 이것은 팔레스타인인들이 요구하는 정상 국가가 전혀 아니다.

런던 소재 중동 전문지 미들이스트 아이에 따르면, 팔레스타인 수석 협상가 사에브 에레카트는 '워싱턴은 팔레스타인인들과 팔레스타인인인들의 이해관계를 무시하면서, 트럼프 계획을 실행하고 있다. 미국의 의도는 이스라엘의 인종차별 정책을 합법화시키는 것'이라고 밝혔다. 현재, 팔레스타인 당국과 마흐무드 압바스 수반이 동의하든 하지 않던 관계없이, 사우디아라비아, 아랍에미레이트, 이집트와 요르단은 소위 트럼프 행정부의 '세기의 거래'를 후원하는 것으로 알려졌다. 이 4개 아랍 국가들은 팔레스타인 당국과 마흐무드 압바스의 입장에 공감하지 않는다.

이렇게 팔레스타인인들이 배제된 채, 현재 진행되는 팔레스타인 땅을 대상으로 발생하는 분쟁은 새로운 일이 아니며, 제1차 세계대전 이후 오스만 제국이 해체되고 현대 중동 국가들이 건설되는 과정에서 이미 시작되었다. 즉 팔레스타인에서 진행되는 현재 분쟁의 기본구조는 제1차 세계대전이 종결되면서 팔레스타인 원주민들이 배제된 채 외부인들로 구성된 3자, 영국정부, 시온주의자, 하심가가 벌인 타협의 산물이다.

이 글은 제1차 세계대전 기간 동안 영국이 아랍, 특히 팔레스타인에 대해 어떤 정책을 펼쳤고 그러한 정책들이 시온주의와 아랍민족주의와 어떤 관련을 지니는지 분석한다. 이를 위하여 제국주의 정책이라는 상수를 염두에 두고 유대민족주의를 대변하는 시온주의자들과 아랍민족주의를 대변하는 하심가의 역할을 분석한다.

이 글은 먼저 영국의 정책을 파악하기 위해 정책결정구조에 주목하고, 주요한 세 행위 주체들, 영국제국주의, 하심가(요르단과 이라크 하심왕국 건설), 시온주의자가 역사적으로 어떤 관계를 맺어왔는지를 분석한다. 다음으로 제1차 세계대전 기간과 그 직후 팔레스타인에 관한 주요 정책결정에서, 이 세 행위 주체들이 어떻게 상호 어떻게 작용하였고 그 결과가 무엇인지 조사하고 비교 분석한다. 비교 분석 대상으로 선정된 자료는 ① 1915년 5월 다마스쿠스 의정서, 1915년 7월~1916년 3월 10차례에 걸친 맥마흔 후세인 서한, ② 1917년 11월 밸푸어 선언, 1918년 1월 호가스 메시지, ③ 1918년 6월 와이즈만의 파이잘 방문에 대한 클레이톤의 보고서, 1919년 1월 파이잘-와이즈만 협정, 1919년 3월 파이잘과 프랭크 퍼터의 교환 서신 등이다.

현재 이스라엘과 그 지지자들이 요르단을 팔레스타인 국가라고 부르는 경우가 있고, 이로 인해서 때때로 요르단, 팔레스타인, 이스라엘 사이에 문제가 발생하기도 한다. 이스라엘은 앞으로 이스라엘-팔레스타인 분쟁 해결에 있어 이것을 하나의 대안으로 삼을 가능성도 있다. 따라서 이 글은 제1차 세계대전과 그 직후까지 하심가, 시온주의자, 영국 제국주의자들의 협력과 경쟁 관계를 역사적으로 어떻게 작동시켜 왔는지 위자료들을 활용하여 밝혀낼 것이다.

1. 영국과 하심가의 관계

1) 다마스쿠스 의정서

다마스쿠스 의정서는 아랍 독립국가 건설 계획이며, 제1차 세계대전에서 오스만 제국에 맞서 히자즈 지방을(메카와 메디나 포함) 통치하는 하심가의 샤리프 후세인을 끌어들이려는 영국의 정책과 맞물려 있다. 제1차 세계대전 발발을 분기점으로, 영국의 정책은 항상성을 유지하는 제국주의 정책이라는 변함없는 구조 내에서 하심가에 대한 정책이 다음과 같이 변하였다.

1914년 2월 5일, 카이로에서 샤리프 후세인의 둘째 아들, 압둘라가 이집트와 수단을 통치하는 영국 총독 헐버트 키치너(Herbert Kitchener)를 만났다. 압둘라는 키치너에게 "샤리프 후세인이 터키(오스만 제국)에 맞선다면, 영국이 후세인 도와줄 수 있는지"를 물었다. 키치너는 "영국이 '우호적인 관계'를 갖고 있는 터키의 내부 문제에 개입할 수 없을 것"이라고 답했다. 압둘라는 키치너 정부의 동양 장관인 로날드 스토스(Sir Ronald Storrs)를 만나서, "터키의 침공에 맞서 무기 공급 등 아라비아에서의 현상유지 보장"을 요구하였으나, 로날드 스토스 역시 "터키 내부 문제에 불개입"을 내세우면서 거절했다.[1]

그러나 1914년 8월, 제1차 세계대전이 발발하자, 오스만 제국에 대한 영국의 정책이 공세적으로 변화하였다. 키치너는 10월 중순 압둘라에게 메시지를 보내서 "터키가 독일 편에 선다면, 아랍인들이 영국 편에 설 것인지 반대편에 설 것인지"를 물었다. 샤리프 후세인을 대신한 압둘라는 "영국이 오스만 제국의 침공에 맞서 에미리트(Amirate, 아미르 샤리프 후세인의 통치지역-히자즈)를 지켜준다면, 아미르는 터키를 지지하지 않을 것이다"라고 대답했다. 1914년 10월 말경에 키치너는 두 번째 메시지를 보내서 "터키가 독일과 합류했다"고 밝혔다. 이 편지에서 키치너는 "만약 아미르 샤리프 후세인과 아랍민족이 이 전쟁에서 영국을 지지한다면, 영국은 에미리트와 아랍인들의 독립을 인정하고, 지지할 것이며, 나아가 외부의 침략에 맞서 아라비아를 보장할 것"이라고 밝혔다. 끝으로 키치너는 계속 논쟁을 유발시킬 다음 말을 덧붙였다. "아마도 진실한 아랍 인종이 메카와 메디나에서 칼리파 직위를 맡게 될 것이다. 신의 도움으로 그 일이 지금 일어나고 있다." 이는 영국이 오스만인들의 칼리파 직위를 박탈하여 아랍인들에게로 넘겨주려는 의지를 드러낸 것으로 풀이된다. 1914년 12월 10일, 키치너의 요구에 대

---

1) 제1차 세계대전 발발시기에, 샤리프 후세인의 맏아들인 알리는 오스만 제국이 메카의 아미르 후세인을 퇴위시키고 알리 하이다르(Ali Haidar Pasha, 1866.04~1935.05)로 대체시키려는 계획을 폭로하였다. 하이다르는 콘스탄티노플 주재 히자즈 부족 대표, 와끄프 장관, 상원 부의장 등을 역임함으로써, 오스만 제국의 중앙정부에서 활동하는 인물이었다.

하여 샤리프 후세인은 그가 영국에 맞서 적대적인 조치를 취하지 않을 것이라고 간단하게 대답했으나 오스만 제국과의 관계를 즉시 깰 준비가 되어 있지 않았다. 이 때 샤리프 후세인은 영국과 오스만 제국의 경쟁 사이에 끼어 있었다.

당시 상황은 매우 예민하고, 복잡하며, 오스만 제국도 샤리프 후세인의 지원을 받으려고 시도하였다. 1914년 11월 11일, 오스만 제국은 연합국에 맞서는 지하드를 선언하면서 메카 샤리프 후세인에게 지하드를 지지하는 선언을 하고 원군을 보내 달라고 요청하였다.

그러나 1915년 1월, 샤리프 후세인은 메카를 방문한 아랍 민족주의자 비밀단체 알 파타트(Al-Fatat)와2) 알 아흐드(Al'Ahd)3) 대표단을 만났다. 이 대표단은 샤리프 후세인에게 오스만 제국에 맞서는 아랍 반란의 지도자가 되

1915년 다마스쿠스 의정서의 아랍국가

---

2) 알 파타트(Jam'iyat al-Arab al-Fatat, Young Arab Society)는 1909년 창설되었다. 이 단체의 창설자는 세 명의 아랍 학생들, 다마스쿠스 출신 아흐미드 까드리(Ahmad Qadri), 제닌 출신 아와니 압둘하디(Awni Abd al-Hadi), 발벡 출신 루튬 하이다르(Rustum Haidar)이다. 이들은 청년 투르크당을 모델로 아랍의 권리를 보호하기 위하여 비밀 조직을 창설하였다. 이후 베이루트 출신 타우피크 알 나투르(Tawfiq al-Natur)와 무함마드 알 미흐미사니(Muhammad al-Mihmisani), 나블루스 출신 라피끄 알 타미미(Rafiq al-Tamimi)가 합류하였다.

3) 알 아흐드(Jamyat al-Ahd, The Covenant Society, 1913~1921)는 1913년 오스만 제국군으로 근무한 이라크 장교들에 의해서 조직되었다. 이 장교들 대부분은 아랍 반란 동안에 샤리프 후세인 군대에서 근무했다. 이들은 샤리프 후세인의 둘째 아들 압둘라를 왕으로 하는 이라크 독립 국가를 요구하였다. 이들은 영국에게 경제적 기술적 지원을 요구하였다.

어 달라고 요청하였다. 이 비밀 단체는 오스만 제국의 통치에서 벗어나는 완전한 아랍 독립국가 건설을 계획하였다. 1915년 3~5월, 샤리프 후세인의 셋째 아들 파이잘은 시리아에 들러서 알 파타트와 알 아흐드 지도자들과 회담을 갖고, 그들과 합류하면서 반란 계획을 구체화하였다. 이 계획은 아랍의 자치가 아니라 완전한 아랍 독립국가 건설이었고, '다마스쿠스 의정서(Damascus Protocol)'로 구체화되었다. 다마스쿠스 의정서는 1915년 5월 23일 두 아랍 비밀 단체 알 파타트와 알 아흐드의 지도자들이 파이잘 빈 후세인에게 제안한 것이다. 이 단체 지도자들은 다마스쿠스 의정서를 파이잘에게 제시하면서, 만약 다마스쿠스 의정서에 있는 요구사항들이 영국에게 전달된다면, 오스만 제국에 맞서 샤리프 후세인 빈 알리를 지지할 것이라고 선언하였다. 이들은 샤리프 후세인을 '아랍인들의 왕(King of the Arabs)'으로 수용한다고 맹세하였다.[4]

다마스쿠스 의정서가 계획한 아랍독립국가 영역-1915년 5월 23일

북쪽: 북위 37°, 메르신-아다나-비레젝-우르파-마르딘-미디아트-자지라트 이븐 우니르-아마디아부터 페르시아 걸프 경계
동쪽: 페르시아 경계로부터 아래로 페르시아 걸프까지
남쪽: 인도양(아덴 제외: 아덴의 지위는 유지된다)
서쪽: 홍해와 지중해로부터 메르신까지

다마스쿠스 의정서는 오스만 제국에 맞선 아랍반란에 대한 반대급부로, 비밀 단체 알 파타트와 알 아흐드 단체 지도자들이 샤리프 후세인을 통해서 영국에게 제출하기를 원했던 요구사항들이다. 이 요구사항들은 다음을 포함했다. 오늘날의 이라크, 시리아, 레바논, 요르단, 이스라엘, 팔레스타인 자치 지역 대부분을 영역으로 하는 아랍 독립국가 승인, 항복한 정권 폐지, 외국인들에게 특권 부여하기, 영국과 아랍국가의 방위 동맹, 영국에게 '경제적인 우선권 부여하기' 등이

---

4) 1916년 7월 2일, 오스만 제국 술탄 메흐메드 5세는 메카 통치자 아미르 후세인을 해임하고, 7월 16일 알리 하이다르를 메카의 아미르(재위: 1916~1919)로 임명하였다.

다. 다마스쿠스 의정서는 북위 37도 남쪽의 서아시아 오스만 제국의 영토 전부를 독립 아랍왕국의 영토를 규정하였고, 이후 맥마흔-후세인 서한에 포함된 영국-아랍 협상의 토대가 되었다.

2) 후세인-맥마흔 서한

후세인-맥마흔 서한은 제1차 세계대전이 진행되던 1915년 7월 14일부터 1916년 1월 30일까지 메카의 샤리프 후세인 빈 알리(1852~1931)와 이집트 주재 영국 고등 판무관 헨리 맥마흔(1862~1949)이 오스만 제국의 통치하에 있는 레반트와 아라비아반도 지역 처리에 대하여 10차례 의견을 교환한 내용이다.

1915년 7월 갈리폴리(Gallipoli)반도 전투에서 영국이 어려움에 직면하였을 때,5) 후세인은 이집트 고등 판무관인 헨리 맥마흔 경에게 편지를 썼다. 당시 영국은 오스만 제국을 쳐부술 아랍 동맹을 절실하게 필요로 했다.

첫 번째 편지에서, 후세인은 오스만 제국을 쳐부수기 위한 아랍인들의 도움의 대가로 영국에게 아랍의 독립을 인정하도록 요구하였다. 후세인은 1915년 다마스쿠스 의정서에 명시된 것과 정확하게 일치하는 북위 37도 아래, 페르시아걸프, 홍해와 지중해 사이의 지역을 자신의 완전한 독립 아랍 왕국 영역으로 요구하였다. 또 그는 이 지역 내에서 영국에게 경제적인 특권을 부여하겠다고 제안하였다.

---

5) 제1차 세계대전의 일환으로 발발한 갈리폴리 전투(일명, 다다넬스 작전)는 1915년 2월 17일~1916년 1월 9일 사이에 영국, 프랑스 연합군이 유럽에서 러시아로 가는 해로를 장악하기 위해서 오스만 제국 내 다다넬스 해협의 갈리폴리 반도에서 벌인 일련의 상륙전투다. 연합군은 많은 사상자를 냈고, 초기 상륙 지점에서 거의 전진하지 못했다. 결국 정보 부족 등으로 많은 사상자를 낸 연합군은 1915년 12월에 철수를 시작하여 1916년 1월에 철수를 완료함으로써, 실패한 전쟁이다. 반면 오스만 제국에게는 유일하게 승리한 전쟁으로 기록되었으며, 이 전투에서 무스타마 케말(케말 아타튀르크)은 사령관으로서 두각을 나타내었다. 이 전쟁으로 인한 사상자는 연합군 측 302,000명, 오스만 제국 측 250,000명으로 집계되었다.

메카의 샤리프 후세인이 헨리 맥마흔에게 보낸 편지-1915년 7월 14일

1. 영국은 다음을 아랍 독립 국가 영역으로 인정할 것이다.
   북쪽: 북위 37°, 메르신-아다나-비레젝-우르파-마르딘-미디아트-자지라트 이븐 우니르-아마디
      아 부터페르시아 걸프 경계
   동쪽: 페르시아 경계로부터 아래로 페르시아 걸프, 바스라까지
   남쪽: 인도양(아덴 제외: 아덴의 지위는 유지된다)
   서쪽: 홍해와 지중해로부터 메르신까지
   영국은 이슬람 아랍 칼리파 국가(an Arab Khalifate of Islam) 선언을 승인할 것이다.
2. 영국이 모든 아랍국가들에서 경제 사업에서 우선권을 가진다.
3. 아랍 독립의 안보와 경제 사업의 우선권에 대한 확실성은 양 측 고위급 계약 당사자들이 상호
   도울 것이다.
4. 양 측 당사자 중 하나가 공세적인 분쟁에 연루될 경우, 나머지 한 측은 중립을 유지한다. 다른
   한 측이 합류하기를 원할 경유, 양 측은 합류 조건들을 논의한다.
5. 영국은 아랍국가들에서 외국의 특권 폐지를 알고, 그 폐지를 확고히 하기 위해 국제회의에서
   샤리프 정부를 도울 것이다.
6. 3항과 4항은 15년간 유효하고, 필요하면, 갱신될 수 있다.

2015년 8월 30일, 맥마흔은 오스만 제국에 맞서는 반란을 이끌겠다는 후세인의 약속에 열광적으로 대답했으나 경계에 관하여서는 확실한 약속을 하지 않았다.

맥마흔이 후세인에게 보낸 답신-1915년 8월 30일

우리는 영국에 대한 당신의 감정에 대해서 깊이 감사드린다. 우리는 '아랍의 이익이 영국의 이익이며, 영국의 이익이 아랍의 이익' 이라는 당신과 당신 민족들의 하나로 통합된 의견에 대해서 매우 기쁘다.
우리는 아라비아와 그 주민들의 독립에 대한 우리의 열망을 분명하게 밝힌다. 아랍 칼리파 국가(the Arab Khalifate)가 선언될 경우, 우리는 아랍 칼리파 국가를 승인한다. 우리는 영국 정부는 '참된 아랍 인종에 의한 칼리파 국가의 재건을 환영할 것이다'라고 다시 한 번 선언한다.
그러나 전쟁의 한 가운데 한계와 경계 문제에 대해서 논의하는 데 시간을 허비하는 것은 시기상조다.

확실히 영국은 샤리프 후세인을 중동에서 미래 통치자가 될 유일한 인물이라고 생각하지 않았기 때문에 최소한의 영토 약속에 대한 보답으로 후세인의 지지

를 얻기를 원했다.[6] 1915년 9월 9일, 후세인은 맥마흔에게 보내는 두 번째 편지에서 "경계들에 대한 합의를 거부하는 것을 잠재적인 동맹들 사이에서 속임수의 상징"이라고 답장을 썼다. 1915년 10월 24일, 맥마흔은 후세인의 편지에 대한 답신으로, "후세인이 아랍 국가 영역으로 요구한 지역들 중 메르신 지역과 알렉산트레타 지역, 다마스쿠스, 홈스, 하마, 알레포의 서쪽에 위치한 지역들은 순수하게 아랍지

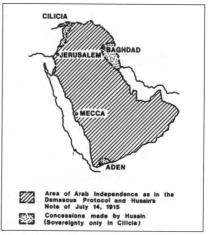

Independent Arab areas, 1915

1915년 10월 영국의 수정안

역이 아니기 때문에 요구한 아랍 영역에서 제외되어야한다. 바그다드 주와 바스라 주에 대해서는 경제적 이익 등 영국이 가진 기존의 특별한 이해관계를 아랍인들이 인정해야한다"는 것 등을 요구하였다.

후세인은 이전 오스만 제국 내에 유럽인들의 간섭에 대해서 의구심을 가졌고, 이것은 그에게 가장 큰 두려움이었다. 1915년 11월 5일자 편지에서 후세인

---

6) 제1차 세계대전 직전, 사우디아라비아 왕국의 창설자인 압둘 아지즈 이븐사우드는 아라비아반도에서 가장 강력한 통치자였다. 그는 1902년 리야드를 장악한 이후, 1913년 해안지대 하사 주둔 오스만 제국 군대를 축출하면서, 페르시아 걸프접근 통로를 장악하였다. 1914년 6월 이븐사우드의 영국인 군사고문 윌리엄 셰익스피어(고문재임: 1910~1915)에 따르면, 당시 이븐사우드는 히자즈의 샤리프 후세인, 아시르의 이드리시(Idrisi), 예멘의 야흐야(Yahya)를 포함하는 아라비아 반도 내 주요 통치자들과 느슨한 반오스만 연합을 결성하였다. 윌리엄은 1915년 1월 자랍 전투에서 이븐사우드 편에서 전투 중 사망하였다. 자랍 전투는 영국이 후원하는 사우디인들과 오스만 제국이 후원하는 라시드인들 사이에서 전개된 제1차 세계대전의 대리전이었다. 1915년 12월 26일 영국(메소포타미아 지역 원정대장 퍼시 콕스경)과 이븐사우드 사이에서 앵글로-나즈드 보호협정(The Anglo-Najd Treaty of December 1915, Treaty of Darin)을 체결하면서, 영국은 이븐사우드에게 1924년까지 매달 5천 파운드의 자금, 무기와 장비 지원하였다.

은 "알레포, 베이루트와 그 연안 지역은 순수하게 아랍지역들이며, 아랍 무슬림들과 기독교인들 사이에 차이가 없고, 이들은 한 아버지의 후손들이다. 이 지역을 양도하지 않을 것이다. 이라크지역도 순수한 아랍 왕국의 일부다"라고 답장을 썼다. 따라서 시리아에 대한 논쟁은 영국-아랍 동맹 초기에 뿌리를 두고 있다.

1915년 12월 4일, 맥마흔은 후세인에게 프랑스가 알레포와 베이루트에 이해관계를 갖고 있으며, 후세인에게 그 땅을 주는 것은 영국-프랑스 동맹에 부정적인 영향을 줄 것이라고 주장했다. 후세인은 시리아와 관계를 복잡하게 만들기를 원하지 않았으나, 아랍국가 안에 알레포와 베이루트를 포함해야한다고 주장했다. 맥마흔은 아랍반란을 무산시키기를 원하지 않았고, 영국과 프랑스 사이에서 분쟁도 원하지 않았기 때문에 시리아의 해안 지역에 대한 후세인의 계속된 주장을 회피했다. 이것은 영국이 얼마나 필사적으로 동맹들을 필요로 했는지를 말해준다. 그들은 영국-아랍 동맹을 확고하게 만들기 위하여 심각한 외교적 논쟁을 의도적으로 피한 것으로 보인다.

1916년 2월에, 후세인은 맥마흔에게 마지막 편지를 보냈다. 그는 이편지에서 영국에게 그의 아들 파이잘이 현재 아랍 반란을 이끌고 있으며, 금 5만 파운드, 쌀 2만 자루, 밀가루 1만 5천 자루, 설탕 150자루, 그리고 5천 자루의 소총과 탄약 등을 요구하였다. 1916년 3월 10일, 맥마흔은 후세인의 이 요구사항들을 승인하였다고 답신하였다.

이로써 영국의 지지를 확보한 후세인은 1916년 6월 아랍 대반란(1916.06~1918.10)을 시작하였다. 이 아랍 반란은 T.E 로렌스가 가담하면서 오스만 제국의 메카와 제다를 함락시켰고, 뒤이어 영국-프랑스와 연합 전선을 편 아랍 반란군은 홍해 연안에서 오스만 제국군의 통로를 막고 히자즈 철도를 파괴한 후 팔레스타인 전선으로 북상하여 전세를 유리하게 이끌었고, 1917년 6월에는 아카바 함락, 1918년 10월에는 다마스쿠스에 이어 예루살렘에 입성하였다. 후세인은 맥마흔에게 보낸 서한에서 팔레스타인을 아랍국가 영역으로 규정했으나, 영국은 분명한 입장 표명을 하지 않았다.

2. 영국과 시온주의자 관계

1) 밸푸어 선언

일반적으로 밸푸어 선언은 "영국 정부는 팔레스타인에 '유대민족 고향'을 재건한다는 원칙을 승인한다. 영국 정부는 이 목적 달성을 위해서 최선의 노력을 경주하고 필요한 수단이나 방법에 관해서는 시온주의자 기구와 협의한다"는 내용으로 알려짐으로써, 기존의 비유대 공동체의 권리를 무시하는 것으로 알려졌다.

다음에서 보듯이 이 선언은 팔레스타인에 유대민족 고향 설립과 함께, "기존의 비유대 공동체의 시민적, 종교적 권리를 침해해서는 안 된다"고 명시하였다. 이 선언은 수적 다수의 비유대 공동체를 정치적 소수자로 위치시키면서, 소수자 보호 차원에서 비유대 공동체의 정치적, 종교적 권리를 강조하였다.

친애하는 로스차일드 경에게

나는 영국 정부를 대신해서 당신에게 유대 시온주의자의 열망을 공감하는 다음 선언을 전달하게 되어 매우 기쁘다. 이 선언은 내각이 승인한 것이다.

"영국 정부는 유대 민족 고향을 팔레스타인에 건설하는데 호의를 갖고 있으며, 이 목적을 성취하기 위하여 최선의 노력을 다할 것이다. **팔레스타인에 있는 기존의 비유대 공동체의 시민적, 종교적 권리(the civil and religious rights of existing non-Jewish communities)를 침해하거나, 다른 나라에 살고 있는 유대인들이 누리는 권리와 정치적 지위를 침해하는 어떠한 것도 행해져서는 안 된다.**"

나는 당신이 시온주의자 연맹에 이 선언을 이해시켜 주시면 고맙겠습니다.

1917년 11월 2일, 아서 밸푸어, 영국 외무부

---

2) 호가스 메시지

샤리프 후세인이 밸푸어 선언에 대한 설명을 영국 정부에게 요구하였다. 이에 대한 답으로 1918년 1월, 카이로 소재 아랍 사무국(카이로 소재 영국 정보부 아랍 사무국: 아랍지역의 정보를 모으고 전파하는 일 담당) 국장 호가스(Hogarth)가 샤리프 후세인에게 영국 정부의 편지를 전달하였다.

이 편지는 영국 정부를 대신해서 전시 내각의 중동 고문이었던 마크 사이크스가 썼고, 내용은 다음과 같다.

호가스 메시지-1918년 1월

1) 협상국들은 '아랍 종족에게 세계에서 다시 한 번 하나의 국가(a Nation)를 구성할 완전한 기회'를 부여하기로 결정하였다. 이것은 오직 아랍인들 스스로 통합함에 의해서 성취될 수 있고, 영국과 영국의 동맹들은 궁극적인 통합 정책을 계획할 것이다.

2) 팔레스타인에 관계되는 한, 우리는 다른 민족들에게 복종당하는 민족들은 없어야한다고 결정했다.

   (1) 팔레스타인 성소들이라는 견지에서 보면, 와끄프들, 성지들, 무슬림들에게만, 유대인들에게 만, 기독교인들에게만 성스러운 장소들이 있다. 두 종교 혹은 세 종교인들에게 성스러운 장소들도 있다. 이러한 장소들은 팔레스타인과 아라비아 밖에 있는 많은 사람들에게 관심이 있기 때문에, 세계인들에 의해서 승인 받은 장소를 관리할 **특별한 정권이 수립되어야만 한다.**

   (2) 오마르 모스크에 관해서, 이 모스크는 무슬림들만의 관심사로 간주되며, 어떤 비무슬림 당국에 직접 혹은 간접적으로 통치를 받아서는 안 된다.

3) **전 세계 유대인의 여론은 유대인들의 팔레스타인으로 귀환을 찬성한다.** 이러한 여론이 항구적인 요소로 남아 있다. 영국 정부는 이러한 유대인의 열망을 실현하는 것을 지지하면서, '**기존 주민의 경제적, 정치적 자유와 모순되지 않는 한, 유대인의 열망을 실현하는데 걸림돌이 있어서는 안 된다**'고 결정하였다.

호가스 메시지는 '미래 아랍국가 건설'을 약속했으나 그 영역을 구체적으로 명시하지는 않았고, 팔레스타인에 특별한 정권 수립을 강조함으로써 미래 건설될 아랍국가의 영역에서 팔레스타인을 제외시켰다. 게다가 팔레스타인에 관해서는 '특별한 정권, 비무슬림 정권'에 의한 팔레스타인 통치를 전제로, 오마르 모스크에 대한 무슬림들의 권리만을 명시하면서, 유대인들과 무슬림들 사이의 논쟁거리인 알 아크사 모스크 복합 단지에 대한 권리는 언급조차 하지 않음으로써, 알 아크사 모스크 복합 단지에 대한 주권 분쟁 가능성을 열어 놓았다.

결국 호가스 메시지로, 영국정부는 후세인왕에게 유대인들의 팔레스타인으로의 귀환이 실현될 것이며, 기존 주민들의 경제적, 정치적 자유와 조화를 이룰 것이라고 확인하였다. 이러한 측면에서 호가스 메시지는 밸푸어 선언을 확인하고, 더욱 구체적으로 설명한 것이다. 영국의 정치, 경제, 군사적인 도움이 필요했던 후세인은 이러한 영국의 제안을 무시할 수 없었던 것으로 보인다.

3. 하심가와 시온주의자 관계

1) 와이즈만의 파이잘 방문

영국의 적극적인 개입으로, 시온주의 지도자들은 아랍인들과의 우정과 협력을 통해서 시온주의를 성취하기로 결정하였다(UNISPAL 1939, March. 16). 그 일환으로 1918년 6월 3일, 선제적으로 와이즈만은 '시온주의자 위원회(Zionist Commission)' 지도자로서 남부 트랜스 요르단 아까바 지방을 방문하여 샤리프 후세인의 셋째 아들이며, T.E. 로렌스와 함께 아랍반란을 이끌던 파이잘을 처음 만났다. 그의 방문 목적은 팔레스타인에 유대 정착촌 건설을 위하여 파이잘과 시온주의자 운동 사이에서 합의를 만들어 내는 것이었다. 이때 와이즈만은 파이잘에게 "유대인들은 자체 독립 정부 수립을 원하지 않으며, 영국 보호하에서 팔레스타인을 식민지화하고 개발하기를 희망한다"고 밝혔다(Smith 2001, 80). T.E. 로렌스가 이 회동을 통역하였다.

다음은 파이잘과 와이즈만의 1차 회동 결과를 상세하게 알려주는 영국 정보장교 길버트 클레이톤(Sir Gilbert Falkingham Clayton)의[7] 1918년 6월 4일자 보고서다.

와이즈만의 파이잘 방문에 대한 길버트 클레이톤의 보고서-1918년 6월 4일

와이즈만은 파이잘 방문이후, 그 결과에 대해서 매우 기뻐하였다. 이들은 긴밀한 관계를 구축하였다. 이 모임의 결과는 다음과 같다.
1) 영국 정부가 팔레스타인에서 유대인의 이익을 발전시키기 위한 사전 조사를 위하여 와이즈만을 파견하였다. 그의 가장 중요한 임무는 아랍 지도자들과 접촉하고 그들과 협력하는 것이었다.

---

7) 제1차 세계대전 동안, 길버트 클레이톤은 이집트 카이로 소재 아랍 사무소(Arab Bureau)를 창설하는데 참여하였고, 군사 정보분야에서 일했다. 1914년, 그는 키치너 경에게 비밀 메모를 보내서, 영국이 아랍인들과 협력해서 오스만 통치자들을 전복시켜야한다고 제안했다. 그후, 그는 정보부장이 되었고, 준장으로 승진했다. 그는 오스만 제국에 맞서 아랍 반란을 부추기기 위하여 많은 사람들과 협력하였다. 그는 와이즈만의 파이잘 방문에 처음부터 끝까지 참관하였다.

2) 파이잘은 두 인종의 역사적 전통을 언급한 이후, 유대인과 아랍인 사이의 긴밀한 협력 필요성을 밝혔다.
3) 파이잘은 단지 그의 아버지의 대리인이기 때문에, 정치적인 문제들에 대한 명확한 의견을 표현할 수 없다고 밝혔다. 그러나 그는 유대인과 아랍인의 이익들이 긴밀하게 결합된 것으로 생각하였다.
4) 와이즈만은 유대인의 팔레스타인이 아랍왕국의 발전을 도울 것이고, 아랍왕국은 유대인의 지원을 받을 것이라고 밝혔다.
5) 와이즈만은 시온주의자들이 유대인 정부를 세우려고 의도하지 않았으나, 가능하다면, 다른 합법적인 이익을 침해하지 않고, 팔레스타인을 식민지화하고 발전시키기 위하여 영국의 지도하에 활동하기를 희망했다고 설명했다.
6) 파이잘은 유대국가 혹은 영국 지도하에 하나의 국가로서 팔레스타인의 미래에 대해서 토론할 수 없다고 밝혔다. 왜냐하면, 이러한 문제들은 이미 독일과 터키의 선전 문구였고, 공개적으로 토론된다면, 베두인들이 오해할 것이기 때문이었다. 그는 개인적으로 팔레스타인 영토에 대한 미래 유대인의 요구 가능성을 수용하였으나, 공개적으로 유대인들의 요구사항들을 토론할 수는 없었다. 왜냐하면, 그는 적의 선전을 매우 두려워하였다. 그는 다시 한 번 양 측의 상호 이익을 위하여 유대인들과 아랍인들 사이의 긴밀한 협력의 필요성을 강조하였다.
7) 와이즈만은 짧게 미국을 방문할 것이며, 미국과 그 밖의 곳에서 시온주의자들의 영향력이 아랍운동과 하나의 아랍국가 건설의 필요성에 우호적으로 사용될 것이라고 설명하였다. 이 발언은 파이잘을 크게 만족시켰다.
8) 이 인터뷰는 화기애애하게 상호 공감을 표현하고, 파이잘이 와이즈만의 미국 방문 직후 회의를 재개하자고 요청하면서 끝났다.

클레이톤의 보고서로 평가한다면, 이 회동은 영국 정부가 기획한 것이다. 파이잘은 정말로 유대인의 협력을 환영하였고, 유대인의 협력을 미래 하심가의 야망에 필수 불가결한 것으로 간주하였다. 사실상 파이잘은 유대인의 팔레스타인 가능성을 완전히 이해했으며, 유대인의 팔레스타인을 수용할 것처럼 보였다. 단지 파이잘은 본인이 중심이 되어 팔레스타인을 유대인들에게 넘기는 사실이 알려지는 것을 매우 두려워했다.

여기서 팔레스타인 아랍인들의 소망은 무시되었다. 와이즈만은 팔레스타인 아랍인들을 위험하고, 거만하며, 교육받지 못했고, 탐욕스럽다고 주장하면서, 영국의 팔레스타인 군부 통치 체제(1917.12~1920.07)는 유대인과 아랍인 사이에서 근본적으로 질적인 차이가 있다는 사실을 계산하지 않았다고 영국에게 불평했다. 파이잘과 만난 이후, 와이즈만은 파이잘이 팔레스타인을 제외한 다마스쿠스와 북부시리아를 원했다고 다음과 같이 주장했다. "그는 내가 만난 최초의 아랍 민족주의자이다. 그는 지도자다. 그는 매우 지적이고 매우 정직한 사람이고, 사진처럼 잘 생겼다. 그는 팔레스타인 문제에 관심이 없다. 그러나 그는 다마스쿠스와 북부 시리아 전체를 원한다. 그는 팔레스타인 아랍인들을 경멸하며, 팔레스타인인들을 아랍인으로 생각조차 하지 않는다."

영국 정부가 조직한 이 1차 회동을 통해서 와이즈만-파이잘, 시온주의와 아랍 민족주의 사이에서 강력한 동맹이 형성된 것으로 보인다.

2) 파이잘-와이즈만 협정

1918년 12월 11~13일 런던에서, 와이즈만과 파이잘은 1919년 1월 시작되는 파리 평화회의(The Paris Peace Conference, 기간: 1919.01.18~1920.01.21)에서 제안할 내용을 함께 준비하였다. 이 때 파이잘은 아랍인과 유대인 사이의 관계를 다음과 같이 밝혔다. "두 주요한 셈족 가문인, 아랍인들과 유대인들은 서로 이해한다. 나는 자결권과 민족에 대한 이상에 의해서 인도될 평화회의에서 의견 교환의 결과, 각 민족은 자체의 열망을 실현시키기 위해서 분명하게 나아갈 것이다. 아랍인들은 시온주의자 유대인들을 질투하지 않고, 그들에게 공정한 역할을 부여하려고 한다. 시온주의 유대인들은 자신들의 영역에서 공정한 역할을 하고 있다는 것을 아랍 민족주의자들에게 확신시킨다. 팔레스타인에서 터키의 음모는 유대 식민주의자들과 지역 농부들 사이에서 질투심을 불러 일으켰다. 그러나 아랍인들과 유대인들의 목표에 대한 상호 이해는 이러한 문제들을 즉시 일소할 것이다 (Mack 1998, 260)."

이러한 논의를 거쳐, 1919년 1월 3일 런던에서 T.E. 로렌스가 작성한 파이잘-와이즈만 협정(The Faisal-Weizmann Agreement)이 체결되었다. 이 협정은 영국의 중재 하에 히자즈 아랍 왕국을 대표하는 파이잘과 시온주의자 기구를 대표하는 하임 와이즈만이 합의한 내용이다. 이 협정에서 파이잘은 팔레스타인에 유대 정착촌 건설을 지지하였고, 시온주의 운동은 파이잘이 세우기를 희망하는 광대한 아랍국가의 발전을 돕기로 하였다. 이 협정체결 다음날 1919년 1월 4일, 와이즈만은 시온주의자 대표단을 이끌고 파리 평화회의에 참가하였다. 결국 이 협정은 파리 평화회의를 준비하기 위한 것이었으며, 이 협정 체결로 파이잘은 무슬림 시온주의자가 되었다고 평가해도 지나치지 않은 것으로 보인다.

이 협정에서 파이잘과 와이즈만은 아랍인들과 유대인들 사이에 존재하는 인종적 친족 관계와 고대로부터 내려오는 유대관계를 강조하면서, 자신들의 자연스러운 열망 완성을 성취하는 최선의 수단이 아랍국가와 팔레스타인의 발전에서 가능한 가장 긴밀한 협력을 통해서 실현될 수 있다는 것을 깨닫고, 충분한 상호 이해를 확인하면서 다음 내용에 합의하였다.

파이잘-와이즈만 협정-1919년 1월 3일

1항: **아랍국가와 팔레스타인은** 모든 관계와 사업을 가장 진실한 호의와 이해를 통해서 다루어야 하며, 이 목적을 위하여 **아랍과 유대인의 가장 신임받는 기구들을 각각의 영토에서 설립하고, 유지해야한다.**

2항: 파리 평화회의 심의가 끝난 직후, 평화위원회가 **아랍국가와 팔레스타인 사이의 분명한 경계를** 당사자들의 합의로 결정해야한다.

3항: 팔레스타인의 헌법과 행정부 설립과 동시에, **1917년 11월 2일자 영국 정부의 선언(밸푸어 선언)이 효력을 발휘할 수 있도록 모든 조치가 채택되어야 한다.**

4항: 유대인이 대규모로 팔레스타인으로 이주하는 것을 장려하고, 고무시키기 위하여 가능한 **모든 조치가 취해져야하며, 팔레스타인 땅에 유대 이민자들을 가능한 한 빨리 정착시키기 위하여, 더 조밀하게 정착하고, 집중적으로 땅을 개간해야한다.** 이러한 조치를 취하면서, 아랍농민들과 소작인들의 권리가 보호되어야하며, 경제 발전을 촉진시키도록 도움을 받아야한다.

5항: 종교의 자유에 관해서 어떤 방법으로 금지하거나 간섭하는 규정이나 법을 만들어서는 안된다. 또한 신앙 고백과 예배의 자유는 어떤 차별이나 선호 없이, 영원히 허락되어야한다. 시민적 정치적 권리의 행사를 위하여 종교적 기준이 요구되어서는 안 된다.

6항: **이슬람교의 성지는 무슬림들의 통치하에 있어야 한다.**

7항: 시온주의자 기구는 팔레스타인의 경제적 가능성을 조사하고, 그 개발을 위한 최선의 방법을 보고하기 위하여 전문가 위원회를 팔레스타인으로 파견할 것을 제안한다. 시온주의자 기구는 앞서 언급한 위원회를 아랍국가의 경제적 가능성을 조사하기 위하여 아랍국가의 처분에 맡기고, 그 개발을 위한 최선의 방법에 대해서 보고하도록 할 것이다. 시온주의자 기구는 아랍국가가 천연 자원과 경제적 가능성을 개발할 수 있는 수단을 제공하도록 지원하기 위해서 최선의 노력을 기울일 것이다.

8항: 이 문서에서 당사자들은 평화회의 이전에 여기서 채택된 모든 사안에 대한 완전히 합의하고, 조화롭게 행동하는 것에 합의한다.

9항: **계약 당사자 간에 발생할 수 있는 분쟁 문제는 중재를 위하여 영국 정부에 회부될 것이다.**

이 협정에서 특히 주목할 만한 내용들은 다음과 같다. '1915년 다마스쿠스 의정서에서 알 파타트와 알 아흐드 단체 지도자들이 요구한 아랍국가 영역, 즉 맥마흔-후세인 서한에서 샤리프 후세인이 요구한 아랍국가 영역을 하심가가 통치하는 아랍국가와 유대인이 통치하는 팔레스타인으로 양분한다. 아랍국가와 팔레스타인 사이의 경계를 당사자들의 합의로 결정한다. 양 측은 대규모 유대인의 팔레스타인으로의 이주를 촉진시키고, 아랍농민들과 소작인들의 권리를 보호한다. 종교의 자유, 이슬람 성지는 무슬림들의 통치하에 있어야한다. 양 측 사이에 분쟁이 발생할 경우에 영국이 중재한다.' 이 협정에서 하심가는 밸푸어 선언을 승인하고, 구체적인 실행과정에서 적극 협력하기로 합의하였다.

결국 하심가는 팔레스타인지역의 주요한 통치자를 유대인으로 합의하였으며, 팔레스타인 원주민 무슬림 아랍인들을 피지배 소수자로, 영국을 분쟁의 중재자로 위치시켰다. 따라서 오늘날까지 계속되는 팔레스타인 분쟁의 기본 구도가 이 때 구체화되었다. 와이즈만은 시온주의자 기구를 대표하여 이 협정에 서명하였고, 파이잘은 히자즈 아랍왕국(1916~1925)을 대표하여 이 협정에 서명하였다.

파리 평화회의는 팔레스타인과 예상된 아랍국가 영역에 영국과 프랑스 위임통치를 결정하였다. 영국의 팔레스타인 통치는 밸푸어 선언을 실행하는 과정이었으며, 대규모 유대 이민을 장려하면서, 시온주의자 국가 건설을 위한 기반을 구축하였다.

3) 파이잘과 프랭크 퍼터의 서신 교환

파리평화회의 기간 중, 1919년 3월 3일 파이잘은 미국 시온주의자기구 의장 펠릭스 프랭크 퍼터(Felix Frankfurter)에게 쓴 편지에서 시온주의자 기구의 파리 평화외의 제안서에 대한 적극적인 지지를 표현하였다. 여기서 파이잘은 아랍 무슬림 시온주의자임을 분명히 드러내면서, "시온주의 운동과 아랍민족주의 운동은 서로를 완전하게 하는 것이며, 어느 것도 상대방 없이는 성공할 수 없다"고 두 운동 간의 협력의 불가피성을 강조하였다.

(1) 파이잘이 프랭크 퍼터에게 보낸 편지

파리평화회의 히자즈 대표단, 파이잘 빈 후세인이 미국 시온주의 기구 의장
펠릭스 프랭크 퍼터에게 쓴 편지-1919년 3월 3일, 파리

프랭크 퍼터씨에게

나는 미국 시온주의자들과 처음 접촉에서 아라비아와 유럽에서 와이즈만에게 말했던 것을 당신에게 말하고 싶다. 우리는 아랍인들과 유대인들이 강력한 자들의 손아귀에서 비슷한 고통을 경험한 사촌들이라고 느낀다. 아랍인들 중에서도 특히 교육받은 사람들은 시온주의 운동에 가장 깊이 공감한다. **우리 대표는 여기 파리에서 시온주의자 기구가 평화회의에 제출한 제안서를 완전하게 이해하고 있으며, 온건하고 적절한 것으로 간주한다. 우리는 최선을 다해서 이 제안서가 통과되도록 도울 것이다.**

우리는 시온주의 운동의 수장인 하임 와이즈만과 가장 가까운 관계를 유지하고 있다. 그는 우리의 대의를 돕는 가장 큰 조력자이다. 나는 아랍인들이 조만간 유대인들의 친절에 보답할 수 있는 위치에 있게 되기를 희망한다. 우리는 근동을 개혁하고 부활시키기 위해 함께 노력하고 있으며, 시온주의 운동과 아랍민족주의 운동은 서로를 완전하게 한다. 우리의 운동은 민족주의 운동이며 제국주의가 아니다. 실제로 나는 어느 것도 다른 것 없이는 성공할 수 없다고 생각한다.

우리의 지도자들과 당신의 지도자들보다 정보력이 부족하고 책임이 더 적은 사람들이 아랍인들과 시온주의자들의 협력의 필요성을 무시하면서 지역적 어려움을 활용하려고 한다. 우리 운동의 초기 단계에 팔레스타인에서 이 지역적인 어려움들이 필연적으로 발생하였다. 내가 두려워하는 그 어려움들 중의 일부는 우리의 목표를 아랍 농부들과 유대인 농부들에게 잘못 설명하는 것이다. 이해관계가 있는 파벌들이 우리의 차이를 활용할 수 있다고 생각한다.

나는 당신에게 이러한 차이들은 원칙적으로 문제가 되지 않는다는 확신을 주기를 원한다. 그러나 구체적인 문제들은 이웃 주민들과 접촉할 때마다 불가피하게 발생하지만, 상호 선의에 의해서 쉽게 조정될 수 있다. 실제로 이런 모든 문제들은 완전한 이해와 함께 사라질 것이다.

앞으로 우리는 당신을 도울 것이고 당신이 우리를 도우면서 함께 미래로 나아갈 것이다. 우리가 상호 관심을 갖고 있는 나라들이 다시 한 번 세계의 문명화된 주민들의 공동체에서 자신들의 자리를 차지하게 될 것이다.

특히 이 편지에서 주목할 것은 1919년 2월 3일 시온주의가구가 평화회의에 제출한 팔레스타인의 경계를 획정한 다음 제안서에 적극 찬성했다는 것이다.

팔레스타인에 관한 시온주의자 기구 제안-1919년 2월 3일

1. 팔레스타인에 대한 유대인의 역사적 소유권과 팔레스타인에 유대민족고향을 재건할 권리가 있음.
2. 팔레스타인의 경계들이 계획대로 지도처럼 선언되어야함.
3. 팔레스타인의 주권은 국제연맹에 있고, 국제연맹은 영국에게 통치를 위임해야함.

4. 영국 위임통치는 다음과 같은 특별 조건에 따라야함.
   1) 팔레스타인은 유대민족고향을 설립하고, 최종적으로는 자율적인 영연방 창설이 가능한 정치적, 행정적, 경제적 조건들 아래 놓여야함.
   2) 위임통치세력이 해야 할 일
   a. 유대이민을 장려하고, 땅에 대한 합의를 마무리하고, 현존하는 비유대인의 기득권을 동등하게 보호해야함.
   b. 팔레스타인에 유대인 민족고향의 발전을 위하여 설립될 팔레스타인과 세계의 유대인대표 위원회와 협력하고, 이 위원회에 유대인 교육을 위임해야함.
5. 1917년 11월 2일 영국외무장관 밸푸어가 로스차일드 경(영국인)에게 보낸 서한(밸푸어 선언)으로, 영국정부는 팔레스타인에 대한 유대인의 역사적 권리를 승인함.

팔레스타인 영역

(2) 프랭크 퍼터의 답신

파이잘의 편지에 답하여 미국 시온주의자 기구 대표 프랭크 퍼터는 시온주의와 아랍 민족주의가 민족 국가 건설이라는 공동의 목표를 지닌 정치 운동임을 확인하고, 친구 운동으로서 공동의 목표를 성취하기 위하여 노력해야한다고 주장했다.

파이잘의 편지에 대한 미국 시온주의자 기구 대표, 프랭크 퍼터의 답신-1919년 3월 5일

미국인인 우리들은 이미 당신과 시온주의자 지도자들, 특히 와이즈만 박사 사이에서 유지되는 우호적인 관계와 적극적인 협력에 대해서 이미 매우 기뻐하고 있다. 우리는 다른 방법이 없을 것이란 것을 알고 있다. 우리는 아랍인들과 유대인들의 열망이 유사하다는 것을 알고 있다. 각 민족은 자신의 고향에서 민족 국가를 재건하기를 열망한다. 각 민족은 문명화에 특별한 공헌을 했고, 각각의 평화로운 생활 방식을 추구한다.

시온주의 지도자들과 유대인들은 아랍운동의 정신적인 활력을 만족스럽게 지켜보았다. 그들 스스로 정의를 추구하는 아랍인들은 다만 평화회의에 의해서 아랍 민족의 민족적 목표들이 확인되고 보호받기를 원한다.

우리는 당신의 행동과 당신의 과거 발언들로부터 시온주의 운동-다른 말로 유대인들의 민족적 목표-이 당신의 지지를 받고 있으며, 당신이 말한 아랍인들의 지지를 받고 있다는 사실을 알고 있다. 이제 이 목표들은 시온주의자 기구의 분명한 제안들로서 평화회의 이전에 나왔다. 사실, 우리는 당신이 이러한 제안들을 '온건하고, 타당한 것'으로 간주하고, 우리가 이 제안들을 실현하는데 필요한 당신의 확고한 지지를 받고 있어서 행복하다. 아랍과 유대인들은 앞에 어려움들이 놓여있다. 이 어려움들은 아랍과 유대 지도자들의 공동의 정치적 노력에 도전한다. 수 세기 동안 압박받고, 혼란을 경험한 위대한 두 문명을 재건하는 것은 쉽지 않다. 우리는 각각 어려움을 갖고 있다. 우리는 비슷한 목표들로 움직이며, 두 이웃 민족들을 위한 자유롭고 완전한 발전을 추구하는 친구들로서 수행해야 할 어려움들을 갖고 있다. 아랍인들과 유대인들은 영토 내에서 이웃이고, 우리는 친구들로서 나란히 살 수밖에 없다.

4. 영국의 팔레스타인 위임통치

제1차 세계대전 초기에 샤리프 후세인을 비롯한 하심가는 팔레스타인을 포함하는 지역에 독립 아랍국가 건설이라는 분명한 목표를 영국에게 제시하면서, 제1차 세계대전에서 영국 편에서 싸웠다.

그러나 하심가는 파이잘-와이즈만 협정[8] 등 영국이 중재하는 시온주의자들과의 협상과정에서 밸푸어 선언을 승인하고, 팔레스타인 지역을 시온주의자들에게 양도함으로써, 팔레스타인 아랍인들의 대의를 저버렸다.

파리 평화회의는 1919년에 제1차 세계대전에서 승리한 국가들이 연합국과 동맹국 간의 평화 조약을 협의하기 위해 개최한 국제회의다. 이 회의는 1919년 1월 18일 개최되어 1920년 1월 21일에 열린 국제연맹의 첫 의회 개최와 함께 종결되었다. 1920년 4월 24일, 산레모에서 개최된 국제연맹 회의는 영국에게 팔레스타인 위임통치를, 프랑스에게 레바논과 시리아 위임통치를 할당하였다. 이 팔레스타인 위임통치 협약은 밸푸어 선언을 재확인한 것으로, 영국에게 '유대민족 고향 건설을 보증하도록 요구하면서, 이를 위해서 영국이 적당한 유대 기관과 협력'하도록 승인하였다. 이 때 시온주의자 기구가 협력을 위한 특별 기관으로 인정받았다.

---

8) 1920년 3월 7일, 시리아 국민의회 정부가 파이잘을 시리아 아랍왕국의 왕(King of the Arab Kingdom of Syria)으로 선언하였다. 그러나 1920년 4월 24일 국제연맹의 산레모 회의가 프랑스에게 시리아 위임통치를 할당하였고, 파이잘 왕이 프랑스의 시리아 위임통치를 반대하자 1920년 7월 24일 프랑스 군대가 그를 추방하였다. 그는 그 해 8월에 영국으로 건너갔다.

1921년 3월 영국은 팔레스타인 위임통치 구역을 재분할하면서, '트랜스 요르단'이라 불리는 요르단 강 동부를 팔레스타인 고등판무관의 총 지휘를 받는 아랍행정 구역으로 샤리프 후세인의 둘째 아들인 압둘라 왕자에게 할당하였다. 영국은 압둘라에게 매달 보조금을 지급하였고, 결국 하심가는 통일 아랍 국가 건설을 포기하였다.

II. 영국 중동 전략, 팔레스타인 통치와 시온주의 정책 : 예루살렘 지도부 무력화시키기

이 글은 영국이 중동 전역을 지배하기 위한 분할 통치 전략의 일환으로서, 팔레스타인 통치시대(1917~1948)에 추진한 예루살렘의 팔레스타인 지도부를 무력화시키는 시온주의 정책을 설명한다.

특히 이 글은 오스만 제국 통치시대부터 예루살렘의 무프티와 예루살렘 시장을 배출해온 전통적인 명문가인 후세이니 가문과 영국과 시온주의자들과의 관계를 집중 설명한다.

영국의 팔레스타인 통치 초기에, 후세이니 가문 출신의 예루살렘 지도부는 영국과 시온주의자들에게 적극 협력하는 자세를 보이기도 했다. 그러나 결국, 영국은 팔레스타인에 유대국가 건설이라는 시온주의 목표를 관철시키기 위하여, 예루살렘의 그랜드 무프티 하지 아민 알 후세이니를 외국으로 추방하는 등 후세이니 가문으로 대표되는 예루살렘의 팔레스타인 지도부를 완전히 무력화시켰다.

1. 팔레스타인의 전략적 중요성

이스라엘-팔레스타인 분쟁의 기본 구조는 영국 위임통치령(1920.07~1948.05)에 의해 확립되었으며 오늘날까지 유지되고 있다.

영국 왕립국제문제연구소가 1946년 런던과 뉴욕에서 펴낸 『1915~1945년 영국과 팔레스타인(*Great Britain and Palestine 1915~1945*)』에 따르면, 팔레스타인은 영제국의 교통 통신의 관점에서 중요하다. 전략적으로 수에즈 운하에 대한 잠재적 위협으로부터 동쪽의 전초기지이며, 키르쿠크에서 송유관로의 출구이며, 인도와 그 너머로 가는 국제 항공로의 중간 기착지이며, 이라크로 가는 사막 자동차 도로의 출발점이다.

이러한 기본적인 전략적 이점은 이스라엘/팔레스타인 분쟁에 대한 미국의 현재 정책에 적용될 수 있다. 예를 들어 이스라엘 일간지 하레츠에 따르면 2003년 8월 미국은 이라크 키르쿠크 유전지대로부터 이스라엘 하이파 항구에 있는 정유공장으로 석유를 퍼올릴 수 있는 가능성을 검토해 줄 것을 요청했는데, 이는 1948년까지 사용된 모술-하이파 송유관을 교체하기 위한 비용 견적 요청을 포함했다. 새 송유관은 이라크 석유의 40%가 생산되는 키르쿠크 지역에서 석유를 수송하고 모술을 경유해서 요르단을 거쳐 이스라엘로 수송할 예정이다. 이스라엘의 국가 기반시설부는 이에 관한 조사를 실시했고 키르쿠크와 하이파 사이의 지름 42인치 파이프라인을 건설하는 데 km당 약 40만 달러가 들 것이라고 밝혔다. 1932년에서 1934년 사이에 건설된 오래된 모술-하이파 파이프라인은 지름이 8인치밖에 되지 않았다. 2003년 8월 24일 요세프 파리츠키(Yosef Paritzky) 국가 기반시설부 장관은 하이파 항구가 이라크 석유의 매력적인 목적지라고 말했다.

따라서 영국 위임통치령 팔레스타인의 시온주의 프로젝트는 현재 미국 중동 정책과 예루살렘 문제를 포함한 이스라엘과 팔레스타인 분쟁의 초석이다.

이 글은 현재 이스라엘/팔레스타인 분쟁의 기본 구조를 설명하기 위해 영국 위임통치령의 시온주의 프로젝트를 분석한다. 위임통치 기간(1920~1948) 동안, 영국은 이민자 소수인 유대 시온주의자들을 후원하고 원주민 다수를 대표하는 무슬림과 기독교 아랍인들을 배제함으로써 팔레스타인의 인종 차별을 조장했다. 영국과 시온주의자들은 인종 차별 정책을 유지하고 강화함으로써 팔레스타인을 통치하는 데 주요한 협력자였다. 따라서, 팔레스타인의 불안정한 정치 구조는 영국의 위임통치 정책에 의해 창출되었다고 말할 수 있다.

영국 위임통치령 팔레스타인의 시온주의 프로젝트의 목적은 외견상 유대인들을 위한 유대인 국가 설립을 목표내세우고, 팔레스타인 원주민들을 배제시킴으로써 전략적으로 중요한 위치였던 팔레스타인에 대한 영국의 지배권을 확립하는 것이었다.

영국이 팔레스타인에서 조장했던 시온주의는 하심가의 범아랍 민족주의, 사우드가의 와하비즘 등 옛 오스만 제국을 분열 지배하기 위한 여러 민족주의 운동 중 하나였다. 압둘라 빈 후세인(요르단 왕), 파이잘 빈 후세인(이라크 왕), 압둘아지즈 이븐 사우드(사우디 왕)는 밸푸어 선언에 명시된 영국의 시오니스트 프로젝트에 동의했다. 그러나 1921년, 히자즈 국왕 후세인(압둘라와 파이살의 아버지)은 밸푸어 선언을 거부했을 뿐만 아니라 아랍인들의 완전한 독립과 통합에 대한 약속을 영국이 이행해야 한다고 주장했다. 그 결과, 영국인들은 후세인 국왕의 요구를 성가시게 생각하고, 즉시 그들의 협력자인 이븐 사우드에게 히자즈 정복을 승인했다.

위임통치기간 동안, 예루살렘의 그랜드 무프티, 하지 아민 알 후세이니(재임: 1921~1937/1948)의 지도 아래, 아랍원주민들은 팔레스타인으로 대규모 유대인 이민을 수반하는 시온주의자들의 계획에 저항했고, 1936년에 시작된 강력한 아랍 반란을 조직했다. 이에 대응하여 영국은 1921년 헤이크래프트 위원회, 1930년 쇼 위원회, 1936년 필 위원회를 설립하였고 1922년 처칠 백서, 1930년 패스필드 백서, 1939년 맥도널드 백서를 발행하였다.

이 모든 영국의 정책은 밸푸어 선언을 공식적으로 인정했을 뿐만 아니라, 유대인 이민자들에게 유대인 국가라는 새로운 국가 정체성과 팔레스타인 땅에 대한 역사적 국가 주권을 부여했다. 영국은 하지 아민 알 후세이니가 이끄는 예루살렘의 지도부를 완전히 해체하고 추방시켰다. 게다가 1936년 필 위원회는 팔레스타인 일부를 트랜스 요르단과 통합시키는 하나의 아랍 국가를 제안함으로써, 아랍 원주민들의 팔레스타인 땅에 대한 주권을 박탈했다. 필 위원회는 팔레스타인을 세 부분(아랍 국가, 유대 국가, 새로운 위임통치 정부)으로 분할할 것을 제안했고, 아랍 국가와 유대 국가, 그리고 예루살렘과 베들레헴을 포함한 성지에 대한 새로운 위임통치 정부를 구상했다.

이러한 영국의 정책은 시온주의자 계획에 대해서 일진일퇴가 있었다. 그러나 마침내, 시온주의자들은 팔레스타인 아랍 원주민들을 거의 완전히 무력화시켰고 시온주의의 목표를 달성했다. 1948~1949년 서예루살렘을 포함한 팔레스타인에 유대 국가 이스라엘이 창설되고, 동예루살렘을 포함한 서안을 트랜스 요르단으로 통합함으로써 아랍 국가 요르단이 탄생하였다.

2. 오스만 제국에서 영국 군사 정부로의 전환: 예루살렘의 시장, 알 후세이니 가문 무력화시키기

1917년 12월 9일, 영국군이 예루살렘을 점령하면서 알 후세이니 가문이 영국과 본격적으로 관계를 맺기 시작했다. 당시 예루살렘 시장 알 후세인 알 후세이니(재임: 1910~1917)가 영국군에게 항복하고 예루살렘 주민들을 대표하여 예루살렘 성문들의 열쇠를 영국 장교들에게 건네주었다. 이틀 후인 12월 11일, 영국군의 최고 사령관인 에드먼드 앨런비 장군이 도보로 자파 문을 통해 성지 예루살렘에 들어가 400년간의 오스만 제국의 팔레스타인 통치를 종식시켰다. 앨런비는 영국의 군사 통치하에서 예루살렘의 모든 성지를 보존하고 현상 유지를 약속하는 성명서를 읽었다.

후세인 알 후세이니는 영국에게 도시를 넘겨준 지 불과 2주 후인 1918년 1월에 사망했다. 그는 1917년 11월 2일, 팔레스타인에 유대인을 위한 민족 고향을 세우겠다고 약속한 밸푸어 선언에서 드러난 영국의 제국주의 정책을 이해하지 못한 것처럼 보인다. 그는 지방 통치자를 바꾸지 않고 오스만 제국에서 영국 정부로의 통치권 전환만을 기대했던 것으로 보인다.

1914년 3월, 이집트 알크담(Al-Iqdam) 신문과의 인터뷰에서 후세인 알 후세이니는 팔레스타인을 위험에 빠뜨리지 않는 시온주의 운동과 유대 정착민 운동이 야기하는 실제 위험이 다르다는 것과 유대인들에게 토지 매각을 막기 위한 지속적인 필요성을 강조했다. 사실, 그는 도로를 포장하고, 거리를 깨끗하게 하며, 팔레스타인 밖의 유대인 공동체로부터 부분적으로 자금을 지원받은 하수 시설을 시작하는 등의 형태로 포스트 오스만 시대의 대안을 만들기 위해 유대인과 기독교인들과 협력했다. 따라서, 그는 시온주의자들의 자금 지원으로 예루살렘을 발전시키고자 시온주의자들과 협력하였다.

1918년 3월, 영국의 예루살렘 총독 로널드 스토스는 후세인 알 후세이니의 형제인 무사 카짐 알 후세이니(1853~1934)를 예루살렘 시장(재임: 1918~1920)으로 임명했다.

무사 카짐 알 후세이니의 경력은 두 가지 뚜렷한 단계를 거쳤는데, 이 시기 동안 그는 외견상 모순된 이데올로기에 충실했다. 1단계에서는 오스만주의와 친시온주의, 2단계에서는 반시온주의와 팔레스타인 민족운동이 있었다. 1단계에서 2단계로 전환점은 1918년 영국 정부가 그를 예루살렘 시장으로 임명했을 때였다. 처음에는 무사 카짐 알 후세이니와 로널드 스토스의 관계가 좋았다. 무사 카짐 알 후세이니는 영어를 유창하게 말했고 도시 건물의 건축 기준을 높이기 위해 설립된 예루살렘 총독 애호하는 계획인 예루살렘 협회(The Association for Jerusalem)에 참가했다.

1단계 동안 무사 카짐 알 후세이니는 자파, 사페드, 아크레(팔레스타인), 아카르(레바논), 이르비드(요르단), 아시르(예멘), 나즈드(사우디아라비아), 탈리스(터키), 호란(시리아), 알문타파크(이라크) 등에서의 직위를 포함하는 많은 행정직을 맡았다. 그는 제1차 세계대전 직전 1914년에 퇴직했다. 1905년 자파 통치자 시절, 그는 무장한 경비병을 보내 자파 북쪽의 네베 제데크라는 새로운 유대인 지역을 보호하였다. 그는 또한 에드먼드 로스차일드의와 협력자들을 도와 최초의 유대인 식민지들의 설립을 도왔다.

1918년 11월, 2단계에서 무사 카짐 알 후세이니는 처음으로 영국의 친시온주의 정책에 반대하는 대중 시위를 이끌었다. 이 시위는 밸푸어 선언 기념일 유대인의 축하행사에 대한 반대 시위 중 소요사태에 따른 아랍인 2명의 투옥에 항의하기 위해 열렸다.

1920년 4월 4~7일, 히브리어를 공용어로 채택하는 등 친시온주의 정책에 항의하는 폭동(the 1920 Nabi Musa riots)이 예루살렘과 구시가지 주변에서 일어났다. 이 폭동에 대응하여, 초대 영국 고등판무관 허버트 사무엘(재임: 1920.07.01~1925.06.30)은 무사 카짐 알 후세이니를 해임하고 라기브 나샤시비를 예루살렘 시장(재임: 1920~1934)으로 임명하였다. 이 사건은 영국 위임통치 시기 동안에 후세이니가문과 나샤시비 가문 사이의 팔레스타인 주도권 경쟁의 시작이었다.

이 폭동은 1920년 4월 25일 산레모 협정보다 앞서 발발하였다. 산레모 협정으로 영국 위임통치정부는 밸푸어 선언을 실행하고, 팔레스타인에 유대인의 민족 고향을 건설하는 임무를 맡았다. 예루살렘의 시장으로서 무사 카짐 알 후세이니는 밸푸어 선언을 이행하는 데 영국 위임통치에 심각한 장애물이 되었다. 영국정부는 밸푸어 선언을 포함한 시온주의 프로젝트를 원활하게 수행하기 위해 무사 카짐 알 후세이니를 무력화시켜야 했다.

예루살렘 시장직에서 물러났지만, 무사 카짐 알 후세이니는 영국의 친시온주의 정책을 바꾸려고 노력했고 반시온주의 운동을 이끌었다. 그는 1920년부터 1928년까지 아랍 집행위원회(the Arab Executive Committee) 위원장을 지냈으며, 1920년대와 1930년대에는 런던을 방문한 팔레스타인 대표단의 일원이었다. 그는 1933년 10월 27일 자파에서 시온주의자 대규모 이민에 항의하기 위해 시위를 주도했다. 이 시위 동안 그는 영국 경찰에 의해 구타당해 쓰러졌고, 이 부상으로 1934년 3월 27일 사망했다.

3. 영국의 위임통치 정책, 유대인 국가로 가는 길 닦기: 예루살렘의 무프티인 하지 아민 알 후세이니와 협력 및 추방하기

알 후세이니 가문은 제4대 칼리파 '알리 이븐 아비 딸립'과 예언자의 딸인 그의 아내 파티마의 아들인 무함마드의 손자 후세인으로 거슬러 올라가는 예루살렘 명문 가문이다. 후세이니 가문은 부유하고, 영향력이 컸으며, 지역 주민들과 외국인 통치권자들을 중재하는 데 익숙했다. 후세이니 가문은 관직과 토지소유를 통해 권위를 행사했고, 그 권력은 도시에서 지방으로 뻗어나갔다. 때때로 예외적으로, 알 후세이니 가문은 17세기부터 예루살렘 무프티의 지위를 장악하였다. 후세이니 가문은 법, 교육, 통치에서 두드러졌으며 때때로 혼인관계를 통하여 오스만 지배계급과 긴밀하게 연관되어 있었다.

1908년 예루살렘의 무프티 타히르 알 후세이니(Tahir al-Husseini, 재임: 1860년대~1908)가 사망하자 그의 장남 카밀 알 후세이니(Kamil al-Husseini, 재임: 1908~1921)가 계승하였다. 1917년 12월 영국이 예루살렘을 정복한 이후에도 카밀 후세이니는 영국 당국의 승인을 받아 계속 예루살렘 무프티 직위를 유지하였다.

1865~1908	(무함마드) 타이르 알 후세이니, 하나피 법학파	오스만 제국 임명, 카밀과 하지 아민의 아버지. 타이르는 아얀 위원회(the committee of A'ayan)를 주도하여 예루살렘 지역에서 외국인에 대한 토지판매를 면밀히 조사하였다. 이 조사를 통해서 1897년부터 몇 년간 유대인에 대한 토지판매를 중단시켰다. 그는 1880년대와 1890년대 시온주의에 대한 초기 비판자들 중 한명이었다. 그는 예루살렘 지역에서 유대이민자들이 토지구입하는 것을 막기 위해서 여러 번 노력하였다. 1897년 타이르가 이끄는 아얀 위원회는 몇 년 동안 유대이민을 중단시켰다. 그러나 1899년 9월 행정 위원회가 유대이민에 관한 보고서를 받았다. 이때 오스만 제국이 임명한 지방 통치자들은 무프티 타이르의 유대이민 반대제안을 거부하고, 유대이민자들이 오스만 제국 신민으로 동화된다는 조건으로 이민을 허락하였다.
1908~1921	카밀 알 후세이니, 1908년 예루살렘 무프티, 1918년 그랜드 무프티	오스만 제국이 임명, 영국 정부 및 시온주의 운동과 타협, 1918년 로날드 스토스가 이끄는 영국 군사정부가 그랜드무프티 직위를 만들었다.
1921~1937 /1948	하지(무함마드) 아민 알 후세이니	무사 카짐의 조카, 하지 아민 알 후세이니는 1936년 4월, 아랍대반란 때까지 영국정부와 협력(범아랍민족주의). 그러나 그는 1936년 4월 '아랍고등위원회'를 조직하여 아랍대반란을 주도하면서 영국위임통치당국에 맞섬. 1937년 9월, 영국위임통치당국은 '아랍고등위원회'를 금지하고, 그 의장인 하지 아민 알 후세이니를 추방함. 1945년 11월 아랍연맹(1945.03.22 결성: 이집트, 이라크, 트랜스 요르단, 레바논, 사우디, 시리아, 예멘)이 하지 아민 알 후세이니가 지휘하는 '아랍고등위원회'를 재건하였으나, 1948년 요르단이 서안에서 이 위원회의 활동을 금지함.

오스만 제국의 통치하에 팔레스타인은 수많은 무프티들이 있었다. 각 무슬림 마을과 각 이슬람 학교마다 하나씩 있었다. 오스만 제국의 지원을 받은 하나피 학파는 팔레스타인에서 우세했다. 따라서 영국은 예루살렘의 하나피 무프티를 팔레스타인의 무프티이자 무슬림 다수의 지도자로 지명했다. 이 무프티는 영국 당국과 시온주의 운동에 협력한 카밀 알 후세이니였다. 이에 대한 보답으로 영국 위임통치령은 그를 항소법원 의장과 고등 와끄프 위원회(the Higher Waqf Committee)의 의장으로 임명했다. 역사학자 여호수아 포라스(Yehoshua Porath)에 따르면, 카밀 알 후세이니는 영국 점령 당국을 돕기 위해 특별한 노력을 기울였다. 히브리 대학의 설립식에 그가 참여한 것은 시온주의자들에 대한 우호적인 태도

의 한 예였다.

그러나 1914~1918년까지 오스만 제국은 아사드 슈케이리(As'ad Shuqeiri)가 시리아-팔레스타인에서 자말 파샤 휘하의 오스만 제 4군을 위한 무프티라고 주장했다. 아사드 슈케이리는 제1차 세계대전(1914~1918) 동안 팔레스타인인 오스만 제국의 일부로 남아있는 것을 선호했다는 점에서 친오스만주의자였다. 아사드 슈케이리(PLO 초대 지도자 아흐마드 슈케이리의 아버지)는 팔레스타인 아랍 민족주의운동을 거부하면서 정기적으로 시온주의 지도자들과도 함께 일했다. 그는 영국 위임통치 초기부터 1940년 사망할 때까지 다양한 친시온주의자 아랍기구들 함께 일하면서, 시온주의에 맞서 하지 아민 알 후세이니가 이슬람을 활용하는 것을 공개적으로 거부했다.

오스만 제국 시대 내내, 예루살렘 무프티는 이스탄불의 셰이크 알 이슬람에 종속되었다. 그의 지위는 주목할 만한 것이 없었고 다른 지방의 무프티와 동등했다. 무슬림 업무, 샤리아 법원, 종교 기부금의 관리 또한 이스탄불에서 처리되었다. 그러나 제1차 세계대전 이후 예루살렘 무프티는 팔레스타인의 최고 종교 및 정치 권력을 대표했다. 알 후세이니 가문은 일반적으로 예루살렘 무프티 업무를 장악했다.

초대 고등판무관 헐버트 사무엘(재임: 1920.07.01~1925.06.30)은 예루살렘 통치권(Mutasarrif)을 물려받았다. 이 고등판무관의 업무 중 하나는 1921년 카밀 알 후세이니가 사망한 이후 예루살렘의 새로운 그랜드 무프티를 선임하는 것이었다. 헐버트는 하지 아민 알 후세이니를 그랜드 무프티로 임명하였다. 하지 아민 알 후세이니는 카밀의 이복 동생이며, 전임 예루살렘 시장 무사 카짐의 조카였다.

하지 아민 알 후세이니의 생애(1897~1974.07.04)는 모순된 이데올로기에 충성을 다하는 세 단계를 포함한다. 1단계에서는 오스만주의, 2단계에서는 범아랍민족주의, 3단계에서는 팔레스타인 민족주의이다.

하지 아민은 1915년부터 1916년까지 제1차 세계대전 동안 포병 장교로 오스만 군대에서 복무했으며 오스만주의자로 오스만 제국에 충성하였다.

1916년 중반 메카의 샤리프 후세인이 아랍반란을 선언했을 때, 하지 아민은 그의 생애 두 번째 단계를 시작했다. 그는 오스만 군대를 버리고 범아랍민족주의를 선택하면서, 아랍반란에 가담하고 시리아와 팔레스타인을 통합을 추구했다. 이 두 번째 단계에서 하지 아민은 오스만 제국에 맞서기 위하여 제1차 세계대전의 마지막 단계에서 영국 장교를 도와서 2,000명의 아랍인을 모집하도록 도왔다. 그는 팔레스타인이 해방되면 아랍국가의 일부가 될 것이라고 믿었다.

그 후, 그는 예루살렘의 영국 통치자 헐버트 사무엘 사무소의 사무원이 되었다. 1921년 4월, 헐버트 사무엘은 그의 이복형 카밀을 대신할 하지 아민을 무프티로 임명했다. 영국인 시온주의자 팔레스타인의 초대 법무장관인 노먼 벤트위치(Norman Bentwich)는 헐버트 사무엘과 하지 아민의 만남에 대해 썼다. 하지 아민은 "영국 정부와 협력하고 싶은 간절한 바람과 아랍인들에 대한 영국 정부의 선의에 대한 믿음"을 선언했다. 그는 자신의 가족과 자신의 영향력이 예루살렘의 평화를 유지하는 데 바쳐질 것이라고 장담했다.

하지 아민 알 후세이니는 1921년 예루살렘 무프티로 공식적으로 임명되었고, 1922년 1월 팔레스타인의 영국 정부가 무슬림 문제를 관리하기 위해 설립한 최고 무슬림 평의회(the Supreme Muslim Council, SMC)의 의장으로도 임명되었다. 최고 무슬림 평의회는 오스만 제국 시대에는 존재하지 않았던 영국의 새로운 행정 기관이다. 최고 무슬림 평의회는 이스탄불의 셰이크 알-이슬람이 담당했던 울라마 계층을 대체하기 위해 설계되었다.

이 직책으로 하지 아민 알 후세이니는 이슬람 법원, 학교, 종교 기부금(awqaf), 모스크, 그리고 팔레스타인의 연간 5만 파운드의 수입을 관리하게 되었다. 노먼 벤트위치(Bentwich)는 1920년대 내내 무프티 하지 아민이 평화를 유지했다고 느꼈고, 헐버트 사무엘은 하지 아민을 온건파로 간주하였다. 벤트위치와 헐버트 사무엘이 하지 아민이 약속을 지켰는지를 가장 잘 아는 인물들이었다.

그의 경력의 두 번째 단계(1917~1936) 동안 하지 아민은 조심스럽고, 실용적이며, 전통적인 지도자였으며, 팔레스타인으로의 유대인 이주를 반대하면서 영국 관리들과 협력했다.

제2단계와 제3단계 사이의 전환점은 1937년 7월 7일의 필 위원회 분할 계획이었다. 1937년부터 1945년까지 하지 아민은 망명 생활을 했다.

1936년 4월 15일부터 19일까지 팔레스타인에서 소요사태가 일어나 총파업이 확산되자, 팔레스타인 대중들은 무프티가 시위의 주도권을 장악할 것을 촉구했다. 1936년 소요사태의 근본 원인은 (1) 민족 독립에 대한 아랍인들의 열망과 (2) 유대인의 민족 고향 설립에 대한 증오와 두려움이었다.

이 소요의 결과 1936년 4월 25일 예루살렘 무프티 하지 아민 알 후세이니(아랍고등위원회 의장, SMC 회장) 아와니 압둘 하디(아랍고등위원회 사무총장, Istiqlal party), 아흐마드 힐미 파샤(아랍고등위원회 재무 담당, 아랍은행의 관리자), 라게브 베이 나샤시비(National Defense Party), 자말 베이 알 후세이니(Palestine Arab Party), 압둘 라티프 살라(the National Bloc), 후세인 에프 알 칼리디(예루살렘 시장, the Reform Party), 야콥 에프 구세인(Youth Congress Party), 야콥 에프 파라즈(그리스 정교회)와 알프레드 에프 록(로마 가톨릭) 등으로 아랍고등위원회(the Arab Higher Committee)가 구성되었다.

무프티 하지 아민 알 후세이니는 아랍고등위원회 지도부를 수락하였다. 아랍고등위원회 지도부는 기독교인들 대표, 후세이니 가문과 경쟁 가문인 나샤시비 가문, 알 후세이니 가문의 대표들뿐만 아니라 모든 정당의 대표들로 구성되었다.

1937년 필위원회 분할안

다. 아랍고등위원회는 모든 팔레스타인 원주민들의 빠른 통합을 추진하는 것처럼 보였다. 이러한 아랍고등위원회의 목표는 팔레스타인 지도부에 대한 분할 통치 전략을 채택한 영국의 정책과 충돌했다. 따라서 이 아랍고등위원회의 설립으로 무프티 하지 아민은 영국의 신뢰를 잃었다.

아랍고등위원회는영국 정부가 정책을 근본적으로 바꿀 때까지 계속 총파업을 하기로 결의했다. 이 위원회의 요구 사항은 다음 세 가지였다. (1) 유대인 이민 금지, (2) 유대인에게 아랍 땅 양도 금지, (3) 선출된 의회를 갖춘 민족 정부 수립.

팔레스타인 민족 정부 수립 요구에 대한 대답으로, 영국 정부는 1936년 위임통치 팔레스타인 지역에서 발생한 소요사태의 진상을 조사하기 위하여 필경이 이끄는 조사위원회를 파견하였다. 이 조사위원회가 내놓은 보고서가 필 위원회 분할 계획이었다. 1937년 7월 영국 내각은 이 필 위원회 분할 계획을 승인하였다. 이 분할 계획에 따르면, 팔레스타인은 3개 구역으로 분할되며 이 3개 구역의 주권은 모두 외부인들에게 있고 팔레스타인 원주민들은 철저하게 배제되었다. 즉 유대 국가(시온주의자 주권), 아랍 국가(트랜스 요르단, 하심가 주권), 그리고 예루살렘, 베들레헴, 자파(영국의 위임통치) 지역으로 분할될 것이다. 따라서 필 위원회 계획은 민족 정부 수립을 요구하는 아랍고등위원회 등 팔레스타인 원주민들과 무프티 하지 아민 알 후세이니의 요구를 철저히 배제하였다. 사실, 이 분할안의 목적은 팔레스타인 땅에 유대국가를 건설하는 것이었다. 독립된 팔레스타인 아랍국가는 존재하지 않고, 할당된 아랍국가영역은 트랜스 요르단과 통합된 아랍국가를 구성하는 것이다.

1937년 9월 27일, 영국은 아랍고등위원회를 불법화하고 회원들을 체포하고 추방하기 시작했다. 이러한 사건들은 무프티를 더욱 급진적으로 만들었다. 대부분의 팔레스타인 사람들과 마찬가지로, 무프티는 분할 계획을 거부했고, 그는 반란을 계속 이끌었다. 이 시점에서 영국군은 그의 무프티 직위를 박탈하고 폭력사태에 가담했다는 이유로 그를 체포하기로 결정했다. 무프티는 레바논으로 탈출하여 베이루트와 다마스쿠스에서 반란을 계속 이끌었다.

팔레스타인인들은 1936년 4월~1939년 8월에 진행된 반란에 대해 커다란 대가를 치렀다. 영국은 팔레스타인이 3,074명이 사망하고 112명이 교수형을 당했으며, 1939년에만 인구 96만 명 중 6,000명이 투옥된 것으로 추정했다. 1940년 영국 총리 윈스턴 처칠은 무프티 하지 아민의 납치와 암살을 승인했다.

1937년 영국 위임통치 당국이 예루살렘 무프티 하지 아민 알 후세이니를 추방했을 때, 팔레스타인 전체인구의 28%인 40만 명에 가까운 유대인을 확보했다. 당시 영국인 시온주의 지도자 하임 와이즈만에 따르면, 당시 40만 명 유대인은 팔레스타인을 유대인의 영토로 간주하기에 충분한 인구였다. 하임 와이즈만은 1948년 이스라엘 건국과 동시에 초대 대통령이 되었다.

1920년 3월 와이즈만은 다음과 같이 말했다. "영국이 영국인의 것이고 미국이 미국인의 것인 것처럼, 팔레스타인은 유대인의 것이어야 한다. 30만 명의 유대인이 팔레스타인에 도착하게 되면, 팔레스타인은 유대인의 것이 될 것이다.

나는 유대인의 국가가 우리의 시대에 실현될 가능성이 있다고 믿는다."

1917년 11월 밸푸어 선언은 영국 제국이 팔레스타인에 유대민족 고향을 설립하기로 한 최초의 약속이며, 이 선언의 최종 목표는 유대민족 국가 수립이었다. 이러한 영국의 계획은 위임통치 기간 동안 중단 없이 이행되었다. 영국 위임통치당국은 팔레스타인을 민족 집단으로서가 아니라 3개의 종교 공동체(이슬람교, 기독교, 유대교)로 나누는 전략적 결정을 내렸다. 무슬림 다수를 기독교 및 유대교도 소수와 유사한 공동체로 전환시켰다. 무슬림 공동체가 역사적으로 압도적 다수였고, 팔레스타인의 모든 공동체를 통제할 수 있는 권한을 가졌음에도 불구하고, 영국의 정책으로 무슬림 지도부의 팔레스타인 공동체 장악력이 급속히 약화되었다.

결국, 영국 위임통치 당국이 무슬림 원주민 지도부를 축출시키면서 이민자 유대인들의 지도부로 대체했고, 유대인들은 국가를 설립할 권한을 얻었다. 이것은 중동을 통제하기 위해 영국 식민주의자들이 사용한 전형적인 분할 통치 전략에서 비롯되었다. 전통적으로 영국 제국주의자들은 소수자와 외국인에게 주도권을 주고, 다수를 차지하는 원주민 지도부를 약화시키거나 해체시킴으로써 역내 불안정성을 강화시키면서 역내 문제에 개입할 근거를 마련하였다.

III. 영국의 유대국가 건설 기획과
트럼프의 이스라엘 강화 기획: 팔레스타인 문제

팔레스타인 문제란 무엇인가? 현재 진행 중인 이스라엘 점령지, 팔레스타인에 이스라엘 정착촌 건설, 유대 정착민들 이주를 통한 팔레스타인 땅 탈취와 팔레스타인 주민 축출은 20세기 초 영국의 팔레스타인 통치하에서 시작된 문제들이다.

유대기구(The Jewish Agency) 발표에 따르면, 2010년 이후 10년 동안 150여 개국 출신의 25만 명 이상이 이스라엘로 이주했다. 이 중 약 13만 명이 구소련 출신이며, 이들 중 다수는 유대교법에 따른 유대인 조건을 충족시키지 못한다. 5만 5천 명은 프랑스(3만 8천명) 및 유럽 출신, 3만 2천명은 미국, 약 1만 명은 에티오피아 출신이다. 에티오피아 출신들 중 다수는 19~20세기에 기독교로 개종한 사람들이다. 이들은 이스라엘로 이주하면서 유대교로 다시 개종해야한다.

이스라엘은 점령을 현실화하기 위하여 서안과 동예루살렘에 정착촌 주택을 건설하고, 이주민들을 정착시킨다. 2016년 12월 유엔 안보리가 점령지에 이스라엘 정착촌 건설을 비난하는 결의를 채택했음에도 불구하고, 이스라엘은 지난 2017년부터 2019년 12월까지 2만 2천 채 이상의 정착촌 주택 건설을 승인하였다. 2019년 8월 6일 이스라엘은 점령지인 서안 깊숙한 곳에 2,304채의 이스라엘 정착촌 주택을 건설하도록 승인하였다.

이스라엘 정착민들은 팔레스타인인들과 끊임없는 분쟁을 촉발시킨다. 예를 들면, 2019년 12월 30일, 184명의 이스라엘 정착민들이 이스라엘 경찰의 보호를 받으면서, 성지 동예루살렘 소재 알 아크사 모스크에 침입하였다. 정착민들의 알 아크사 모스크 침입에 따른 팔레스타인인들과의 충돌은 일상적인 일이다. 게다가 이스라엘 극단주의자들은 이 알 아크사 모스크를 파괴하고, 유대교 사원으로 대체시킬 계획을 갖고 있다.

한편 2019년 8월 10일(토), 이스라엘 군에 의해서 포위된 가자와 이스라엘 경계에서 이스라엘 군대가 가자 쪽에 있던 팔레스타인 4명을 사살하고, 사체를 가져갔다. 2018년 3월 말부터 2019년 11월 초까지 가자에서 매주 금요일마다 개최된 귀환을 위한 이스라엘/가자 국경 시위 동안 이스라엘 군인에 의해서 222명의 가자 팔레스타인인들이 살해되었다.

1948년 5월 이스라엘국가 건설과 함께 발발한 전쟁으로 이스라엘은 팔레스타인 마을 50% 이상을 파괴했으며, 팔레스타인인들 중 약 75%(72만 6천명)를 축출하면서, 역사적 팔레스타인 땅의 78%를 차지하였다. 현재 이 78% 영역은 국제법상 합법적인 이스라엘국가 영역이다. 그런데 이스라엘은 이 78% 영역을 넘어서 이스라엘 정착촌을 확장함으로써 나머지 22%, 즉 동예루살렘과 서안 및 가자에 대한 주권과 지배권 확장을 획책하고 있다. 현재 이 22% 영역은 국제법상으로 불법적인 이스라엘 점령지다.

이와 같이 제1차 세계대전 이후 현재까지 계속되는 역사적 팔레스타인 땅에서 발생하는 문제의 핵심은 이주민-유대인이 원주민-팔레스타인인을 축출하고 땅을 빼앗는 것이다. 이 문제의 기본골격은 영국이 팔레스타인을 통치한 1917~1948년에 창출되어, 미국이 주도적인 역할을 하는 현재까지 유지·강화되고 있다.

이 문제는 '팔레스타인에 유대민족 고향 건설'이라는 영국의 기획으로 시작되었으며, 팔레스타인 원주민들을 배제하고, 외부인들로 구성된 3자, 영국 정부, 유대민족주의를 대변하는 시온주의자, 아랍민족주의를 대변하는 하심가가 벌인 타협의 산물이다. 제1차 세계대전 과정에서 영국은 오스만 제국을 해체시키기 위하여 유대민족주의자(시온주의자)와 아랍민족주의자(하심가)를 조직하여 활용하였다. 영국-시온주의자-아랍민족주의자 동맹은 오스만 제국이 통치하던 아라비아 반도 영역을 시온주의자 국가와 아랍 국가들로 분할 해체를 시도하였다.

영국, 특히 로이드조지 정부 기획으로, 하심가 아랍민족주의자들은 오스만 제국에 대항하는 아랍반란(1916.06~1918.10)을 일으킨 결과 1921년 4월 영국의 보호령으로 트랜스 요르단 하심왕국을 건설하고, 1921년 8월 영국의 통치를 받는 이라크 하심왕국을 건설하였다. 반면 영국은 1917년 12월부터 1948년 5월 14일까지 팔레스타인을 직접 통치(군부통치: 1917.12~1920.07, 위임통치: 1920.07~1948.05)하였다. 영국이 팔레스타인 통치를 끝내던 날, 시온주의자들은 팔레스타인에 시온주의국가 이스라엘 창설을 선언하였다. 오스만 제국의 영토에 대하여 유대민족주의와 아랍민족주의를 활용한 영국의 분할 통치 전략이 성공한 셈이다. 영국이 하심왕국을 세워 간접 통치한 요르단·이라크 지역과는 달리, 팔레스타인을 직접 통치한 이유는 영국에게 주는 팔레스타인의 전략적 위치의 중요성 때문이었다.

기본적으로 100년 전에 영국이 기획한 분쟁 구도를 답습한 미국의 이스라엘-팔레스타인 정책은 역사적인 팔레스타인 땅 전역에 대한 이스라엘의 지배권 강화를 획책하고 있다. 21세기 트럼프 정부(2017.01~2021.01)는 이스라엘이 1967년 전쟁으로 새로 점령한 동예루살렘, 골란고원, 서안과 가자에 대하여 이스라엘의 주권과 지배권 강화를 승인하였다.

이 글은 먼저 제1차 세계대전 직후 나온 '영국의 유대국가 건설 기획: 영국-시온주의자-아랍민족주의자 동맹', 다음으로 '유대국가 건설 기획에 맞선 유대인과 팔레스타인인들의 반대 운동'을 설명한다. 마지막으로, 팔레스타인의 주권을 박탈하는 '21세기 트럼프의 기획과 미국-이스라엘-사우디 동맹'을 설명한다. 이것은 현재 진행되는 이스라엘-팔레스타인 분쟁 기본구조를 밝히고, 미래를 전망하기 위한 것이다.

1. 영국의 유대국가 건설 기획: 영국-시온주의자-하심가동맹

1) 팔레스타인 통치를 위한 밸푸어 선언

1917년 11월 밸푸언 선언은 1916년 체결된 사이크스-피코 협정을 무력화시켰다. 사이크스-피코 협정은 팔레스타인에 대한 국제통치를 결정한 것이었으나, 영국은 밸푸어 선언을 통해서 시온주의자들과의 동맹으로 영국 단독 통치를 결정하였다. 밸푸어 선언을 이끌어낸 영국의 주요한 시온주의자들은 시온주의자연맹 의장 하임 와이즈만(Chaim Weizmann, 영국 시온주의자 연맹의장: 1917.10~1920, 세계 시온주의기구 의장: 1921~1931, 1935~1946, 이스라엘 초대 대통령: 1949~1952),[9] 헐버트 사무엘(Herbert Samuel, 체신부 총재: 1910.02.14~1914.02.11, 1915.05.26~1916.01.18; 팔레스타인 고등판무관: 1920.07.01~1925.06.30), 총리 데이비드 로이드조지(David Lloyd George, 재임: 1916.12.06~1922.10.19), 외무장관 아더 밸푸어(Arthur Balfour, 재임: 1916.12.10~1919.10.23)였다. 이들은 모두 팔레스타인에서의 유대 국가 설립이 영국에게 커다란 전략적 이익을 가져올 것으로 생각했다. 이들은 상호 매우 긴밀한 관계를 유지하였다. 특히, 사무엘은 영국의 팔레스타인 위임통치가 시작되면서, 팔레스타인 초대 고등 판무관을 지냈고, 와이즈만은 이스라엘 국가가 건설되면서 초대 대통령을 역

---

9) 시온주의자 기구 창설시기부터 이스라엘 국가 건설 시기까지 시온주의자 기구 의장은 다음과 같다. 데오도르 허즐(1897~1904), 데이비드 볼프손(1905~1911), 오토 바르부르크(1911~1921), 하임 와이즈만(1921~1931), 나훔 소콜로(1931~1935), 하임 와이즈만(1935~1946), 데이비드 벤구리온(1946~1956)이다. 특히 영국 시민권자로서 와이즈만은 이스라엘 초대대통령(재임: 1949.02.17~1952.11.09)을 역임하였다.

임하였다.

와이즈만은 1914년 개인 메모에서 "팔레스타인이 영국의 영향권 안에 있고, 영국이 유대인 정착을 장려한다면, 우리는 20~30년 안에 100만 명 이상의 유대인을 정착시킬 수 있고, 이 정착촌은 영국에게 의존적이기 때문에, 이들은 매우 효과적인 수에즈 운하 수비대를 구성할 것이다"라고 주장하였다. 여기서 그는 영국에 의존적인 팔레스타인 유대 정착민들이 영국의 전략적 이익을 제공할 것임을 강조하였다. 이러한 유대정착민들에 대한 20세기 영국의 전략은 유대 정착촌 건설과 확장을 계속 지지하는 21세기 미국의 전략과 같다.

1915년 3월, 와이즈만은 영향력 있는 언론인 맨체스터 가디언(현재 The Guardian) 편집자겸 소유주였던 찰스 스콧(Charles Prestwich Scott)에게 다음과 같은 편지를 썼다. "영국은 유대인들의 팔레스타인 열망에 대해 동정적일 뿐만 아니라 이러한 열망이 실현되기를 바란다. 영국은 유대인들 중에서 가장 좋은 친구를 갖게 될 것이며, 이 유대인들은 동방의 민족주의 사상의 전달자로서 두 문명 사이의 가교 역할을 하게 될 것이다. 이것은 논쟁의 문제가 아니라, 확실히 50년 앞을 내다보려는 정치인들에게 매우 중요하다." 스콧이 와이즈만을 로이드조지에게 소개시켜준 것으로 알려졌다.

이러한 와이즈만의 의견을 영국 정부에 공식적으로 제안한 인물은 1910년 이후 체신부 총재로 영국 내각의 일원이었던 헐버트 사무엘이었다. 그는 1915년 1월과 3월 두 번에 걸쳐 총리 헐버트 애스퀴스(Herbert Asquith, 재임: 1908.04.08~1916.12.05)에게 보낸 '팔레스타인의 미래(The Future of Palestine)'라는 제안서를 보냈다. 이 제안서에서 그는 팔레스타인의 전략적인 가치를 강조하면서 전쟁으로 오스만 제국이 해체되었을 경우, 팔레스타인에 대한 미래의 해결책을 제시하였다. 이 제안서는 프랑스로의 합병, 국제화, 이집트로의 합병, 터키의 계속된 통치 등은 가능한 대안이 될 수 없다고 밝힌 반면, 영국에 의한 팔레스타인 합병, 즉 영국의 보호 통치를 받는 유대 자치국가 창설에 관하여 "우리는 영국이 합병한 팔레스타인에 3~4백 만 명의 유대인들을 이주시킬 수 있을 것이다. 팔레스타인을 유대인 중심지로 만들자"라고 강력하게 주장하였다. 이 제안서는 전쟁을 위하여 영국 정부에게 시온주의자들을 지지해 줄 것을 요청하는 최초의 공식 기록이었다. 사무엘은 유대인으로서는 처음으로 애스퀴스 정부에서 장기간 장관급 직책인 체신부 총재 등 각료를 역임하였다.

그러나 당시 애스퀴스 총리는 전쟁 이후 오스만 제국의 해체보다는 개혁을 선호한 반면, 유대 자치국가 창설이라는 인종주의적인 특성을 띤 '팔레스타인의 미래' 제안서에 별로 매력을 느끼지 못했다. 당시, 애스퀴스 총리는 프랑스와 연합군을 구성해서 오스만 제국과 전투를 치룬 갈리폴리 작전(1915.02~1916.01)에서 영·프 연합군이 30만 명 이상의 사망자를 내고 오스만 제국에게 패배하면서 비판자들로부터 맹렬한 공격을 받았다. 따라서 애스퀴스 총리는 사무엘의 제안서를 추진할 여력이 없었다.

결국 1916년 12월, 애스퀴스 총리가 사임하고, 로이드조지가 그를 대체하는 총리가 되었다. 이후 로이드조지 총리는 밸푸어 선언, 파리평화 회의, 국제 연맹 창립, 팔레스타인에 대한 영국의 팔레스타인 위임통치 체제 설립의 모든 과정에서 친시온주의 정책을 추진하는데 핵심적인 역할을 하였다. 1917년 4월, 로이드조지는 팔레스타인에 관한 정책, "영국에게 전략적으로 중요한 팔레스타인은 영국이 되어야한다. 팔레스타인은 영국의 지배하에 있어야만 하고, 아랍인들에게 팔레스타인에 관한 어떤 약속도 해서는 안 되며, 팔레스타인에서 시온주의 목표를 훼손하는 어떠한 조치도 해서는 안 된다"를 발표하였다.

당시 사무엘, 와이즈만, 로스차일드, 로이드조지 총리, 밸푸어 외상은 상호 매우 긴밀한 관계를 유지하였다. 1917년 6월 19일 밸푸어 외무장관은 활동적인 시온주의자 로스차일드와 와이즈만에게 공개 선언서 초안 제출을 요구하였다. 1917년 7월 17일 가까운 친구였던 로스차일드와 와이즈만은 밸푸어 선언의 초안을 밸푸어 외무장관에게 보냈다. 1917년 10월 31일 와이즈만은 영국 시온주의자 연맹 의장이 되었고, '영국 왕권하의 유대인의 팔레스타인'이라는 와이즈만이 제시한 정책 제안서는 1917년 11월 2일 로스차일드에게 보낸 편지 형식으로 된 밸푸어 선언, "영국정부는 팔레스타인에 '유대민족고향 건설'을 승인한다. 영국정부는 '유대민족고향 건설'을 위해서 최선의 노력을 경주한다"의 토대가 되었다. 결국 1915년 사무엘의 제안은 와이즈만을 통해서 밸푸어 선언으로 성취되었다.

밸푸어 선언 1개월 전인 1917년 10월 4일, 이미 로이드조지는 와이즈만에게 "나는 밸푸어 선언이 시온주의자들을 기쁘게 하는 반면, 동화주의자 유대인들을 불쾌하게 만들 것이라는 것을 알고 있다. 나는 시온주의자들의 멋진 생각 때문에 시온주의자들을 기쁘게 만들기로 결정했다. 팔레스타인은 유대인의 영연방이 될 것이다"고 밝혔다.

이는 1916년 5월, 애스퀴스 총리 통치하에서 체결된 팔레스타인에 대한 영국-프랑스 공동 통치를 규정한 비밀 협정, 사이크스 피코 협정을 폐기한다는 것을 의미한다. 로이드조지는 사이크스-피코 협정이 제시한 팔레스타인에 대한 영국-프랑스 공동 통치보다는 영국 단독 통치가 훨씬 더 매력적이라고 판단하였다. 사이크스 피코 협정 이후, 30만 명의 병사들이 주둔한 수에즈 운하와의 근접성과 이집트로부터 오스만 통치하의 시리아에 대한 공격을 준비하고 있었기 때문에 팔레스타인의 전략적인 중요성이 증대하였다.

밸푸어 선언 보름 후인 1917년 11월 17부터 예루살렘을 공격한 결과 에드먼드 알렌비 장군이 1917년 12월 11일 세 종교의 성지 예루살렘에 당당하게 입성하였다. 로이드조지 총리는 예루살렘 장악을 "영국인들을 위한 크리스마스 선물(a Christmas present for the British people)"이라고 환호했다. 결국 밸푸어 선언은 영국의 팔레스타인 정복전쟁 개시를 알리는 신호탄이었다.

로이드조지와 시온주의자들은 밸푸어 선언이 제시한 '유대 민족 고향(Jewish National Home)'이라는 표현이 '유대 국가'를 의미한다는 것을 매우 잘 알고 있었다. 또 하나 중요한 사실은 하심가의 샤리프 후세인과 그의 아들 파이잘이 영국과 협력하여 오스만 제국을 배반하고, 팔레스타인에서 오스만 제국의 패배를 이끌어냈다. 하심가 또한 '유대 민족 고향'이 의미하는 바가 '유대 국가'라는 것을 매우 잘 이해하고 있었다. 하심가는 아라비아 반도에서 독립 하심왕국 건설이라는 목표 때문에 시온주의 계획에 찬성하였다.

1920년 4월, 산레모회의에서 로이드조지 총리는 밸푸어 선언에 대한 국제적인 승인을 이끌어내면서, 와이즈만에게 "이제 당신이 시작해라, 모든 것은 당신에게 달려있다"고 격려했다. 또 로이드조지 총리는 팔레스타인 위임 통치를 시작하면서, 영국을 대표하는 초대 팔레스타인 고등판무관으로 시온주의 지도자이며 유대인인 사무엘을 임명하였다. 그는 팔레스타인 통치에서 영국을 대표하는 인물이 되었다. 이러한 로이드조지 총리의 기획은 시온주의를 비현실적인 꿈으로부터 성취될 수 있는 사업으로 변형시켰다.

시온주의자들의 핵심적인 주장은 "현대 유대인들은 1세기에 로마에 의해서 팔레스타인 땅으로부터 추방된 사람들의 후손들이며, 독점적인 상속인들이다. 오늘날 조상의 땅으로 귀환하는 것은 유대인들의 천부적인 권리다. 시간과 공간을 관통하여 '하나의 민족으로 유대민족'은 항상 존재했다"이다. 이를 바탕으로 시온주의자들의 목표는 예루살렘(시온)을 포함한 팔레스타인 땅에 유대 국가를 건설하는 것이다. 영국의 팔레스타인 위임통치는 1948년 5월 14일 역사적인 팔레스타인 땅에 유대인들의 이스라엘 국가를 건설하면서 종지부를 찍었다.

2) T.E. 로렌스-와이즈만-파이잘의 협력

이스라엘-팔레스타인 분쟁의 기본 구조를 이해하기 위해서는 제1차 세계대전 이후 영국의 기획과 세 행위 주체들, 영국제국주의, 시온주의자, 하심가가 유대국가 건설을 위하여 어떻게 상호작용하며 협력해왔는지를 구체적으로 파악할 필요가 있다. 이를 위하여 다음 표 1에서 유대 국가 건설에 과정에서 중요한 역할을 한 사건들을 선택하여 정리 분석하였다. 표 1은 1917년 밸푸어 선언을 시작으로 영국의 팔레스타인 위임통치를 결정한 1920년 4월 국제 연맹 산레모 회의까지, 일련의 역사적 사건들이 팔레스타인 땅에서 유대 국가 건설을 위한 영국의 기획이었음을 밝혀준다.

표 1. 영국의 시온주의 기획, 유대 국가 건설하기

▶ 1917.11.02. 영국 외무장관 밸푸어 선언
▶ 1918.01. 카이로 소재 영국 정보부 국장 호가스(Hogarth) 메시지: 전 세계 유대인의 여론은 유대인들의 팔레스타인으로 귀환을 찬성한다.
▶ 1918.06.03. 영국 정부 기획으로 와이즈만의 파이잘 방문(아까바, T.E. 로렌스 통역): 영국 정부가 파견한 와이즈만은 유대인들이 영국 보호하에서 팔레스타인을 식민지화하고 개발하기를 희망한다고 밝힘. 와이즈만은 유대인이 통치하는 팔레스타인이 아랍왕국의 발전을 돕고, 유대인은 아랍왕국을 지원할 것이라고 주장했다. 파이잘은 서로의 이익을 위해 유대인들과 아랍인들의 협력 필요성을 강조.
▶ 1918.12.11.~13. 와이즈만과 파이잘 회동(런던, T.E. 로렌스 통역): 1919년 1월 개최되는 파리 평화회의 준비.

▶ 1919.01.03. 파이잘-와이즈만 협정(T.E. 로렌스 통역): 아랍인들과 유대인들의 고대로부터 내려온 인종적 유대 강조, 파이잘은 팔레스타인에서 '유대민족 고향을 건설'한다는 1917년 밸푸어 선언지지, 팔레스타인으로 대규모 유대이민과 유대정착촌 건설 협력, 시온주의자 기구는 파이잘이 열망하는 아랍국가 건설 후원, 양 측 분쟁을 중재를 위하여 영국정부에 회부.
▶ 1919.02.03. 시온주의자 기구의 파리평화회의 제안: 유대인이 팔레스타인에 대한 역사적 소유권이 있음. 팔레스타인에 유대민족고향을 설립하고, 유대민족고향은 자율적인 영연방으로 발전해야함.
▶ 1919.03.03. 파이잘이 미국 시온주의 기구 의장 프랭크 퍼터에게 보낸 서신: 파이잘이 이끄는 아랍대표 단은 시온주의자 기구가 파리 평화회의에 제출한 제안서를 온건하고 적절한 것으로 간주함. 이 제안서가 통과되도록 최선을 다해서 도울 것임. 와이즈만과 파이잘은 근동을 개혁하고 부활시키기 위해 공동 노력함. 시온주의운동과 아랍민족주의운동은 공조가 필수불가결함.
▶ 1920.04.24. 국제연맹 회의(산레모개최): 영국에게 팔레스타인 위임통치 할당. 밸푸어 선언을 재확인하면서, 영국에게 '유대민족 고향 건설을 보증하도록 요구. 영국과 협력을 위한 특별 기관으로 시온주의자 기구를 인정.

1918년 6월 첫 번째 만남에서, 시온주의자 대표 와이즈만은 아랍 민족주의자 대표 파이잘에게 "유대인들은 자신들의 정부 수립을 제안하지 않았지만, 영국 보호하에서 일하고, 어떤 합법적인 이익을 침해하지 않고 팔레스타인을 식민지화하고 개발하기를 희망한다고 밝혔다. 런던에서 와이즈만과 파이잘은 함께 다가오는 파리 평화회의(1919.01.18~1920.01.21)를 준비하면서, 1919년 1월 3일, 파이잘-와이즈만 협정을 체결하였다. 사실, 와이즈만과 파이잘의 처음 회동부터, 파이잘-와이즈만 협정 체결, 파리평화회의에서 파이잘 연설 등 파이잘이 내놓은 모든 내용은 영국 정부가 하심가에 파견한 파이잘의 고문인 T.E. 로렌스가 개입하여 작성한 것이었다. 따라서 필자가 수집한 자료들을 분석하고 종합해 볼 때, 영국, 로이드조지 정부가 처음부터 팔레스타인에 유대국가 건설을 기획하고 실행시켰다.

이후 1920년 4월 24일, 산레모에서 개최된 국제연맹 회의는 영국에게 이라크, 요르단 및 팔레스타인 위임통치를 할당하였다. 이 때 만들어진 팔레스타인 위임통치 협약은 밸푸어 선언을 재확인하였다. 이후 영국은 위임통치 지역을 분할하여 팔레스타인 옆에 위치한 트랜스 요르단에 압둘라가 이끄는 하심왕국을, 석유가 매우 풍부하게 매장된 이라크에 파이잘이 이끄는 하심왕국을 창설하도록 경제적으로 군사적으로 지원하였고, 팔레스타인에 와이즈만을 초대 대통령으로 하는 시온주의 국가, 이스라엘을 창설하도록 후원하였다.

영국은 1932~1934년 하심왕국이 건설된 이라크 키르쿠크에서 트랜스 요르단을 거쳐 영국 위임통치 지역인 팔레스타인 해안 도시 하이파(미래 이스라엘국가 영역)로 연결되는 키르쿠크-하이파 석유 파이프라인을 건설하였다. 이 파이프라인을 건설하면서 팔레스타인으로의 유대 이민이 급격히 증가하였다. 또 하이파 석유 정제소는 제2차 세계대전 동안 지중해에서 영국군과 미군이 사용하는 대부분의 연료를 공급함으로써 제2차 세계대전에서 연합군이 승리하는데 중요한 역할을 하였다.

이와 같이 궁극적으로 이라크 · 요르단 하심 왕국들과 시온주의 국가, 이스라엘은 중동에서 영국의 이익을 위해서 창설되었다.

2. 유대국가 건설 기획에 맞선 유대인과 팔레스타인인들의 운동

1919년 3월 4일, 미국 내 반시온주의자 유대인들은 시온주의자기구가 파리 평화회의에 낸 제안(1919.02.03)에 반대하는 성명을 내놓았다. 저명한 미국 유대인 300명은 '반 시온주의자 유대인들이 파리평화회의에 내는 성명서(STATEMENT BY ANTI-ZIONIST JEWS TO THE PEACE CONFERENCE, 4 MARCH 1919)'를 윌슨 대통령에게 보내면서, 파리 평화회의에 제출할 것을 요청했다. 이 성명은 '시온주의 국가에 맞서 윌슨에게 이의 제기: 유대인 대표들이 윌슨에게 이 성명서를 파리평화회의에 제출하라고 요구(Protest to Wilson Against Zionist State: representative Jews ask him to Present It to the Peace conference)'라는 제목으로 1919년 3월 5일자 The New York Times에 실렸다.

반 시온주의자 유대인들이 파리평화회의에 내는 성명-1919년 3월 4일

▶ 미국 시민들인 우리는 미국과 유럽에 있는 시온주의자 단체들이 제안한 팔레스타인에 유대 국가 건설에 반대하며, 어떤 나라에서든지 민족 단위로서 유대인을 분리하여 규정하는 것에 반대한다.

▶ 가장 최근 통계에 따르면, 미국 시온주의자들은 미국에 살고 있는 유대인들 중 소수, 즉 전체 350만 명의 유대인들 중 단지 15만 명을 대표한다.

▶ 우리는 유대인을 민족 단위로 재조직하려는 시온주의자들의 요구에 맞서 소리 높여 경고하고, 항의한다. 시온주의자들은 현재나 미래에 민족 단위 유대인들에게 팔레스타인에서 영토 주권 수립을 약속한다. 우리는 '팔레스타인에 유대민족 민족 고향 건설'이라는 시온주의 프로젝트를 거부한다.

> ▶ 시온주의는 러시아와 루마니아에 거주하는 유대인들에게 강요된 견딜 수 없는 환경 결과 발생
> 했다. 그러나 팔레스타인이 6백 만 명에서 1천 만 명으로 추산되는 이 국가 유대인들의 고향이
> 될 수는 없다는 것은 명백하다. 러시아와 루마니아에서의 유대인 문제는 이 국가들이 유대인
> 에게 완전한 시민권을 부여함으로써 각 국가 내에서만 해결될 수 있다.
> ▶ 우리는 유대인을 정치 단위(민족 혹은 국민)로 구분하는 것에 반대한다.
> ▶ 팔레스타인은 종교, 인종, 혈통에 구별을 인정하지 않는 민주적인 정부 형태로 통치되어야 하
> 며, 그 정부는 어떠한 종류의 억압으로부터도 나라를 보호할 수 있는 적절한 힘을 가지고 있어
> 야 한다. 우리는 지금이나 미래의 어느 때라도 팔레스타인이 유대인 국가로서 조직되는 것을
> 보고 싶지 않다.

이 반시온주의자들의 성명에 따르면, 시온주의자들이 다수 유대인들의 대표
가 아니었으며, 대다수 유대인들은 유대인들을 팔레스타인 영토 주권을 가진 민
족 단위로 재편하려는 기획에 찬성하지 않았다. 이로 미루어 보아, 팔레스타인
땅에서 유대국가 건설 운동은 유럽에서 탄압받던 유대인들의 간절한 열망에서
비롯되었다기보다는 전략적인 전초 기지로서 팔레스타인 땅을 확보하고자하는
영국의 기획이었다는 것을 알 수 있다.

그러나 윌슨 대통령은 반시온주의자 유대인들의 제안서를 파리 평화외의에
제출하지 않았다. 따라서 파리 평화회의에서는 영국과 시온주의자들의 기획이
실행되었다.

1920년 4월 국제연맹이 영국에게 팔레스타인 위임통치를 할당한 이후, 제2차
세계대전 발발 직전까지, 예루살렘과 팔레스타인 도시 곳곳에서 반시온주의 아
랍봉기가 지속적으로 발발하였다. 특히 팔레스타인으로 유대이민이 급격히 증
가함으로써, 아랍인들과 유대인들 사이에 긴장이 강화되었다.

놀랍게도 1933년 이후 시온주의자기구와 나찌의 하아바라 협정(양도 협정,
Ha'avara-Transfer- Agreement, 1933.08.25~1939.09) 체결로 팔레스타인으로 유대이민이
급증하였다. 1933년 8월 시온주의자 기구는 히틀러가 총통인 나찌 독일과 하아
바라 협정을 체결했다. 이 협정은 팔레스타인으로 유대이민을 장려하기 위하여
독일 시온주의자 연맹 및 영국-팔레스타인 은행(유대기구가 통제)과 나찌 독일의 경
제부가 3개월 동안 협상한 결과물이었다.

이와 함께 유대이민이 급증하는 상황에서 1936년 4월 15일, 팔레스타인 아랍

대반란이 시작되었다. 1936년 4월 25일 예루살렘 그랜드 무프티의 하지 아민 알후세이니가 주도하여 팔레스타인 아랍인들의 대표기구로 아랍고등위원회(The Arab Higher Committee, 1936.04~1937.09)를[10] 조직하였다. 이후 아랍고등위원회가 아랍민족 정부수립을 목표로, 총파업, 유대이민 금지, 유대인에게 땅 판매 금지, 납세거부 운동 등 팔레스타인 아랍민족운동을 통합하고 주도했다. 이에 따라 4월 16~18일에는 아랍-유대인 충돌이 팔레스타인 전역으로 확산되었다.

1936~1939년에 진행된 아랍대반란에 대한 영국의 탄압정책으로 팔레스타인 민족운동은 회복하기 힘든 타격을 입었고, 팔레스타인에서 시온주의자 운동을 대적할 상대를 없어졌다.

3. 트럼프 기획과 미국-이스라엘-사우디 동맹: 팔레스타인의 주권 박탈과 축출

1) 트럼프의 기획, 세기의 협상

2017년 9월 미국은 이스라엘 항구 도시 하이파에 해군기지를 건설하였다. '이스라엘에 대한 미국의 도움 허가'라는 제목이 붙은 2017년 미국방수권법(National Defence Authorization Act) 1259항은 "동지중해는 이스라엘 안보 및 미국 안보 이익 측면에서 매우 중요하다. 따라서 미국방부는 동지중해에서 안보능력을 계속 증진시켜야한다"고 규정한다. 이러한 미국의 정책은 터키와 시리아 등 이스라엘 인근 국가들로부터 이스라엘의 지중해 패권 확보하고, 2010년 발견된 이스라엘 연안에 위치한 레비아탄 천연 가스전을 비롯한 동지중해 유전 지대를 안정적으로 개발하는 데 커다란 영향을 끼치는 것으로 보인다. 사실, 2017년 텍사스에 본사를 둔 노블에너지(Noble Energy)가 이스라엘 연안 최대 유전인 레비아탄(Leviathan) 가스전의 39.66% 지분을 소유하는 등 동지중해 가스전들을 대표하는 소유주다.

---

10) 1945년에 아랍연맹이 아랍고등위원회라는 이름으로 위원회를 재건하였으나 1948년 전쟁이 발발하면서, 다시 무력화되었다.

2017년은 팔레스타인 현대사에서 매우 상징적인 시기로, 1917년 밸푸어 선언 100주년, 1947년 유엔이 '팔레스타인에 유대 국가 건설'을 승인한 181호 유엔 총회결의 70주년, 1967년 이스라엘이 전쟁을 일으켜서 동예루살렘, 서안, 가자, 골란고원을 장악한지 50년이 되는 해였다. 트럼프 대통령은 이러한 상징적인 2017년 12월 '예루살렘'을 이스라엘의 수도라고 선언하였다. 이로써 소위 세기의 협상으로 알려진 트럼프의 기획은 그 모습을 드러내기 시작하였다.

2018년 5월 14일, 이스라엘 건국 70주년 기념일 날, 트럼프 행정부는 미 대사관을 예루살렘으로 이전하였다. 현재, 팔레스타인 당국과 마흐무드 압바스 수반이 동의 여부와 관계없이, 주요 아랍 국가들, 사우디아라비아, 아랍에미레이트, 이집트와 요르단은 공표되기에 앞서 이미 실행되고 있는 트럼프의 기획, '세기의 거래'를 후원하는 것으로 알려졌다. 다음 표는 2017년부터 트럼프 행정부가 기획하여, 실행중인 팔레스타인 관련 주요 사안들을 정리한 것이다.

트럼프의 기획, 세기의 협상과 이스라엘 강화

- ▶ 2017.12.06. 트럼프의 '예루살렘은 이스라엘 수도' 선언
- ▶ 2018.05.14. 미대사관을 예루살렘으로 이전
- ▶ 2018.08.31. UNRWA(UN 팔레스타인 난민 기구) 분담금 지급중단 선언
  : 미국은 UNRWA의 연간 예산 12억 달러 중 1/4이 넘는 3억 5천만 달러를 분담해왔음
- ▶ 2018.09.10. 미국무부의 PLO 워싱턴 사무소 폐쇄 선언
  : PLO가 이스라엘과 직접적이고 의미있는 협상을 추진하지 못한 책임을 물은 것임. 이와 관련하여 존 볼턴 국가안보좌관은 팔레스타인인들이 ICC에 이스라엘을 제소했다고 비난하고, 미국은 ICC를 포함한 어떤 조직에게도 이스라엘의 자위권을 제한하도록 허용하지 않을 것이라고 밝힘
- ▶ 2018.12.31. 미국과 이스라엘 동시에 유네스코 탈퇴
- ▶ 2019.02.01. 미국은 서안과 가자 팔레스타인인들에 대한 모든 원조 중단선언
  : 팔레스타인 보안대에 연간 6천만 달러가 넘는 지원금 중단. 이 자금을 받은 팔레스타인 보안대는 서안에서 이스라엘 군대와 협력. 팔레스타인 학생들에게 주는 정부장학금 및 원조 프로그램 지원중단
- ▶ 2019.03.25. 트럼프가 '골란고원은 이스라엘 주권'이라고 선언
- ▶ 2019.04.05. 주변 아랍 국가들에 대한 트럼프 계획 폭로
  : 팔레스타인 난민 귀환권 원천 봉쇄 및 이스라엘 영토 확장
  - 요르단은 팔레스타인 난민 100만 명에게 시민권 부여하고, 요르단 영토(Al-Baqoura, Al-Ghamr)를 이스라엘에게 양도할 것. 이에 대한 보상으로 요르단은 450억 달러 외국 원조와 프로젝트 자금을 지원 받음

위 표에서 드러난 사실은 '예루살렘은 이스라엘 주권, 팔레스타인 난민 지위 및 귀환권 박탈, PLO의 대표성과 팔레스타인 자치정부 약화, 팔레스타인에 우호적인 UN 기구 무시, 1967년 점령지들, 즉 동예루살렘, 서안, 가자, 골란고원으로 이스라엘 영토 주권 확대, 팔레스타인 주민들을 인근 아랍 국가들로 축출 계획' 등이다. 결국 팔레스타인 인구수와 기구들의 역할을 최소한으로 만들고, 영토에 대한 이스라엘 주권을 확장·강화하겠다는 의미다.

특히 트럼프 대통령은 이스라엘의 불법 정착촌 건설에 대해 확실한 지지 입장을 밝혔다. 이러한 그의 입장은 서안에 존재하는 이스라엘 정착촌의 불법성과 관련되는 1949년 제4차 제네바 협정 및 2016년 유엔 안보리 결의 2334호에 위반이다. 제4차 제네바 협정은 "점령 세력은 자체 민간인을 점령지로 이주금지"를 규정함으로써, 서안에 이스라엘 정착촌 설립을 금지한다. 그러나 2019년 11월 18일, 폼페이오 국무장관은 "트럼프 행정부는 미국이 이스라엘 정착촌에 대한 수 십 년간의 접근 방식을 뒤집고 있다. 트럼프 행정부는 더 이상 이스라엘 정착촌이 국제법과 일치하지 않는다는 1978년 법 해석에 따르지 않을 것이다"고 밝혔다. 사실, 이스라엘 정착촌이 국제법에 위반한다고 규정한 1978년 한셀 합의안(Hansell Memorandum)은 40년 이상, 표면적으로 미국이 이스라엘 정착촌 건설을 반대하는 토대로 작용했다. 이 합의를 토대로 오바마 행정부는 유엔 안보리에게 '이스라엘 정착촌은 명백한 국제법 위반'이라는 결의를 통과시키도록 허용하였다. 이것은 결국 미국이 1967년 이스라엘이 점령한 팔레스타인 땅 전역, 동예루살렘, 서안, 가자, 골란고원에 대한 이스라엘의 지배권, 대이스라엘 기획을 승인하는 조치다.

이와 같이 트럼프의 기획은 이스라엘의 대이스라엘 기획을 지지하고, 팔레스타인 난민들을 레바논, 요르단, 시리아, 이라크 등 그들이 거주하는 역내 국가들의 시민으로 귀화시킴으로써 '귀환권'을 박탈한다. 이 기획의 전략적 목적은 팔레스타인 자치정부 및 중동 역내 국가들을 불안정하게 만들고, 미국의 헤게모니를 확장·강화하는 것이다.

2) 역내 국가들의 대응 정책

2019년 5월 3일, 이스라엘 외무부는 "2020년 1월, 역사상 처음으로 세계 무슬림연맹의 초청을 받은 유대-이스라엘 대표단이 사우디를 공식 방문할 것"이라고 밝혔다. 현재 사우디는 이스라엘의 공세적인 정책으로 곤경에 처한 팔레스타인인들을 외면한 채, 트럼프의 기획, 소위 '세기의 협상'을 지지하는 등 이스라엘과의 관계를 더욱 강화하고 있다.

2019년 4월 21일, 카이로에서 개최된 아랍연맹 회의에서 사우디, 아랍에미레이트와 이집트는 팔레스타인 수반 마흐무드 압바스에게 트럼프의 협상안을 수용하라고 압박하였다. 대신 아랍연맹은 재정위기에 처한 팔레스타인 자치정부에게 매달 1억 달러를 제공하기로 약속하였다. 앞서 2017년 12월 6일, 트럼프가 '예루살렘은 이스라엘 수도'라고 선언한 2주 후에 압바스 수반이 사우디를 방문하였다. 이 때 사우디 왕세자 무함마드 빈 살만은 압바스 수반에게 '예루살렘은 이스라엘 수도라는 트럼프 선언 및 세기의 협상'을 수용하라고 압박하면서, 팔레스타인 자치정부 운영 자금이 얼마인지 물었고, 압바스 수반은 매년 10억 달러가 필요하다고 대답하였다. 이에 빈 살만은 압바스 수반에게 '세기의 협상을 수용할 경우, 그 대가로 10년에 걸쳐 100억 달러를 제공하겠다'고 제안하였다.[11]

이렇게 사우디 및 아랍연맹이 팔레스타인 자치정부 운영 자금을 지원하도록

---

11) 레바논 신문(Al-Akhbar)은 Jordanian envoy to Ramallah, Khaled al-Shawabkeh이 팔레스타인 관리들과 토론한 내용을 인용했다. 이 때 압바스는 빈 살만의 제안을 거부하면서, "이 제안을 수용한다는 것은 자신의 정치 생명이 끝난다는 것"을 의미한다고 주장했다.

유도한 미국과 이스라엘의 속내는 무엇일까? 만약 팔레스타인 자치정부가 해체된다면, 동예루살렘과 서안, 가자에 거주하는 팔레스타인인들 약 500만 명에 대한 관리 부담이 온전히 이스라엘 정부의 몫이 될 것이다. 그렇게 된다면, 이스라엘은 불가피하게 팔레스타인인들에게 유대인들과 동등한 이스라엘 시민권을 부여하거나 강제로 축출시켜야하는 어려운 문제에 직면하게 된다.

따라서 미국과 이스라엘은 팔레스타인 국가 지위를 완전히 거부하면서, 유약한 팔레스타인 자치정부를 활용함으로써 인구적인 부담을 덜고, 인종차별적인 정책을 유지하기를 원한다. 이를 위해서 이스라엘과 미국이 압바스 수반에게 부여한 역할은 '팔레스타인 국가 지위를 완전히 포기하고, 동예루살렘 주권을 이스라엘에게 공식적으로 넘겨주면서, 서안에서 정착촌 건설 사업을 강화하도록 이스라엘과 협력할 뿐만 아니라, 이스라엘 정착촌과 검문소 등으로 고립된 지역에 거주하는 팔레스타인인들을 관리하는 것'이다.

그런데 2019년 11월 11일, 요르단 국왕 압둘라는 트위터를 통해 바꾸르와 알감르에 대한 요르단의 완전한 주권을 실행시키고, 1994년 이스라엘-요르단 평화협정이 이스라엘에게 사용권을 부과한 이 영토 임대차 계약을 종식시킨다고 밝혔다. 이스라엘과 요르단 사이에 새로운 영토 협상이 시작될 것으로 보인다. 이 기회를 통해서 이스라엘은 바꾸르와 알 감르에 대한 확실한 영토주권을 획득하려고 시도할 것이다.

한편 유엔의 장에서 팔레스타인은 이미 국가로서의 지위를 얻었다. 팔레스타인은 2011년 10월 31일 유네스코 회원국이 되었다. 이로써 유네스코는 팔레스타인을 국가로 인정한 최초의 유엔 기구가 되었다. 게다가 2016년, 2017년, 2018년 계속해서 유네스코는 이스라엘이 유대교 성지라고 주장하는 예루살렘과 헤브론의 성지들에 대한 무슬림들과 팔레스타인 국가의 주권을 인정하였다. 이에 대한 대응으로 이스라엘과 미국은 2011년부터 8년간 연회비(각각 850만 달러, 6억 1천 700만 달러)를 납부하지 않은 채로, 2018년 12월 31일 유네스코를 탈퇴하였다.

또 2012년 11월 29일, 유엔에서 팔레스타인의 지위는 비회원 옵서버 단체에서 비회원국 옵서버 국가로 승격되었다. 게다가 2015년 4월, 팔레스타인은 공식적으로 국제형사재판소(ICC)의 회원이 되었다. 2017년 9월 20일, 4개의 팔레스타인 인권단체는 ICC에게 계획적 살인, 주민 추방, 정착촌 건설, 가자에 연안 천연 가스 자원 채굴과 파괴 등 광범위한 재산 파괴와 전유 등 광범위한 이스라엘의 전쟁 범죄행위들에 대한 전면 조사를 요구하였다. 이로써 팔레스타인은 국제사회에서 무엇인가 주권국가로서 의미 있는 행보를 하고 있었다.

이런 상황에서 나온 트럼프가 내놓은 기획, '세기의 협상'은 주권국가로 발돋움하려는 팔레스타인인들의 노력을 완전히 좌절시키는 행위다. 2019년 4월 23일, 트럼프 대통령의 사위이며, 수석보좌관인 재러드 쿠쉬너는 "이스라엘/팔레스타인 분쟁을 해결하기 위한 트럼프의 세기의 이 협상에서 '두 국가 해법'이라는 어구는 없다"라고 밝혔다. 다시 말하면, 이 협상안에 '팔레스타인 국가는 없다'는 것이다.

사실, 이미 실행되고 있는 트럼프의 기획, '세기의 협상'은 1967년 전쟁에서 이스라엘이 점령한 지역들에서 팔레스타인의 주권을 박탈하는 반면, 이스라엘 주권을 부여하고, 강화시키는 방향으로 실행되고 있다.

현재 진행되는 팔레스타인 문제의 기원은 제1차 세계대전이 끝나갈 무렵에 발생한 사건들에서 비롯되었다. 이러한 사건들은 국제연맹으로 하여금 영국에게 팔레스타인 위임 통치권을 부여하도록 이끌었다. 원칙적으로 영국의 팔레스타인 위임통치는 팔레스타인이 완전한 독립 국가의 지위를 획득할 때까지 임시 과정의 특성을 띠었으나, 실제로 위임통치 기간 동안에 영국의 기획은 이주민이 주도권을 갖는 영국에 의존적인 시온주의 국가를 부상시키는 반면, 원주민이 주도하는 독립적인 팔레스타인 국가건설을 무산시켰다.

현재 미국의 팔레스타인 정책의 기본구조는 이스라엘 편향이라는 측면에서 영국과 같다. 2019년 8월 미국 트럼프 행정부는 연간 4억 달러의 팔레스타인 재정 원조를 중단하면서 '팔레스타인 영토'를 국가 목록에서 제거한 것으로 알려졌다.

2019년 5월 3일, 수 천 명의 가자 주민들이 이스라엘과 가자 경계를 따라서 57번째 '위대한 귀환 행진'을 하였다. 팔레스타인 난민 귀환과 12년 동안 계속된 가자봉쇄 종식을 요구하는 이 행진은 2018년 3월 30일부터 매주 금요일마다 진행된다. 1~57번째 행진까지, 이스라엘군의 공격으로 행진 시위대 285명이 사망하고, 32,000명이 부상당했다.

2019년 4월 29일, 유엔 안보리 회의에서, 유엔 주재 팔레스타인 대사 리야드 만수르는 "우리는 트럼프의 평화계획, '세기의 협상'을 거부한다. 국제법, 유엔결의에 기초하지 않고, 인권을 존중하지 않는 행위들은 모두 불공정하며, 효력을 발휘하지 못할 것이다. 이스라엘의 정착촌 건설 활동, 팔레스타인 주택 파괴, 팔레스타인 주민들 체포와 살해 등으로 팔레스타인 상황은 더욱 악화되고 있다"라고 주장했다. 만수르 대사는 이스라엘/팔레스타인 분쟁 해결을 위한 협상이 국제법, 유엔결의 및 인권 존중에 토대를 두어야한다는 것이다. 다른 무엇보다도 팔레스타인인들은 이스라엘에게 국제법과 유엔결의 등을 지키라고 주장한다.

반면, 같은 회의에서 유엔 주재 이스라엘 대사 대니 대논은 성서를 들어 올리면서 "구약 성서에서 신이 팔레스타인 땅 전부를 이스라엘인들에게 주었다. 따라서 이스라엘은 서안을 포함하는 팔레스타인 전 영토를 점령할 권리를 가지고 있다"고 주장했다. 이스라엘 대사의 주장이 보여주는 것처럼, 팔레스타인 영토에 대한 이스라엘의 지배권 주장은 성서 이외에는 아무런 근거를 제시하지 못한다. 그러나 현재 이스라엘 유대인 및 세계 유대인들 조상은 대체로 8세기 중반에 유대인으로 개종한 사람들이며, 구약 속 인물들과는 혈통적으로 아무런 관계도 없는 것으로 알려졌다.

그런데 2019년 9월 10일, 크네세트(이스라엘 의회) 선거를 앞두고, 베냐민 네타냐후 이스라엘 총리는 그가 재선된다면, 서안의 30%를 구성하는 요르단 계곡을 이스라엘 영토로 합병할 것이라고 선언하였다.

그러나 2019년 11월 6일, 미국의 진보적인 유대인 13개의 단체 연합(Ameinu, Americans for Peace Now, Habonim Dror North America, Hashomer Hatzair, The Jewish Labor Committee, J Street, The New Israel Fund, Partners for Progressive Israel, Reconstructing Judaism, T'ruah: The Rabbinic Call for Human Rights, Israel Policy Forum, National Council of Jewish Women, Reconstructionist Rabbinical Association)으로 구성된 진보적 이스라엘 네트워크(The Progressive Israel Network)는 공동성명에서 이스라엘 정당 지도자들에게 이스라엘의 서안 합병을 반대하도록 요구하였다. 이 성명은 "트럼프의 평화안이 아직 공개되지 않은 가운데, 이 평화안이 평화 대의를 앞당길 가능성은 극

히 낮다. 트럼프 평화안에 무엇이 들어있든 간에, 미국 유대인 사회는 여전히 두 국가의 해결책에 전념하고 있다. 서안 합병 승인은 이스라엘에게 위험한 실수를 하는 것이며, 미국의 장기적인 이익과 미래 정책을 대변하지 않는다. 미국인들과 미국 유대인 대다수는 서안 합병을 강력하게 반대하며, 평화적인 두 국가 해결안에 적극 찬성한다. 이스라엘 정치 지도자들도 우리와 똑 같은 행동을 하도록 요구한다"고 밝혔다.

사실 1978~1994년 미국 유대인 의회 의장(American Jewish Congress)을 지낸 헨리 시그먼(Henry Siegman)도 2014년에 미국/중동 프로젝트(U.S./Middle East Project) 의장으로서 이스라엘에게 팔레스타인인들 살해를 중단하고, 점령을 종식하라고 요구했다. 동시에 그는 "이스라엘이 가자전쟁을 일으켰다. 이스라엘이 파괴정책을 실행하면서 실제로 존재하지 않는 팔레스타인 국가를 선제적으로 막아내려고 한다. 유대인들이 원했고, 성취했던 것을 팔레스타인인들이 원하기 때문에, 이스라엘은 팔레스타인인들을 살해한다. 이것은 커다란 도덕적 모욕이다. 이 전쟁을 중단시키는 것은 오바마 대통령의 몫이다"라고 주장하였다.

이러한 최근 미국 유대인들의 주장과 달리, 사우디 및 주요 아랍국가들은 1967년 이스라엘 점령지에 이스라엘 주권을 부여하는 트럼프의 세기의 협상을 지지하면서, 팔레스타인인들의 주권을 박탈하는데 협력함으로써, 팔레스타인인들의 운명은 풍전등화의 위기 속으로 더욱 깊이 빠져들고 있다.

게다가 2018년 6월, 미국이 지지하는 이스라엘(하이파)-팔레스타인(제닌)-요르단 철도망-사우디아라비아 철도망-걸프 아랍 국가들을 잇는 철도 건설 계획이 보도되었다. 이 철도 건설 계획은 지중해를 페르시아만과 연결시켜 교역을 증대하고, 지역 경제를 활성화시킬 것으로 예상된다. 운송 물품들은 하이파 항구에서 배로 유럽으로 운송될 것이다.

결국 이스라엘은 팔레스타인의 대의를 무시하는 아랍 국가들과 협력하여 중동 국가들과 유럽을 잇는 천연가스 통관지 및 물류의 중심지로 부상할 것으로 보인다.

IV. 동지중해 천연가스전과 팔레스타인인들의 곤경

2018년은 팔레스타인에 이스라엘 국가가 건설되면서 발발한 전쟁으로, 대규모 난민발생 등 팔레스타인 대참사가 시작된 지 70년이 되는 해다. 2018년 2월 23일, 미 국무부는 이스라엘 국가 건설 70주년을 기념하여 5월에 텔아비브 소재 미국 대사관을 예루살렘으로 이전하겠다고 다음과 같이 발표하였다. "우리는 미국 대사관 예루살렘 이전이라는 역사적인 조치를 취하게 되어 매우 기쁘다. 이스라엘 국가 건설 70주년이 되는 5월, 예루살렘에 새로운 대사관을 열 것이다."

미 대사관 예루살렘 이전은 2017년 12월 6일, 미국 대통령 트럼프의 '예루살렘을 이스라엘 수도'로 선언 후속 조치다. 이 트럼프 선언에 대하여 2017년 12월 8일, 이스라엘 총리 베냐민 네타냐후는 "트럼프 대통령의 이름은 우리의 수도, 예루살렘과 우리의 영광스런 민족의 역사에 영원히 기록될 것이다"라고 주장했다.

팔레스타인 토지조사 센터에 따르면, 2017년에 이스라엘은 팔레스타인 땅 2,500에이커를 몰수하고, 500채의 빌딩을 파괴하였으며, 새로운 유대 점령촌 8개 지구를 건설하였다. 이스라엘 평화운동단체인 피스나우에 따르면, 이스라엘 정부는 서안과 동예루살렘에 2015년 1,982호, 2016년 2,629호, 2017년에 6,500호 점령촌 주택 건설을 승인하였다. 2017년에 점령촌 주택 건설이 2016년에 비해 3배 증가하였다. 게다가 2017년 12월 24일 이스라엘 주택 장관 요아브 갈란트(Yoav Galant)는 '이스라엘 수도 통합된 예루살렘의 땅 위에 주택 건설'이라는 이름으로 동예루살렘에 30만 호의 새로운 점령촌 주택건설 계획을 발표하였고, 이스라엘은 단기간에 1백 만 명의 점령민들을 서안으로 이주시킬 계획을 하고 있는 것으로 알려졌다. 2018년 서안에 50만 명, 동예루살렘에 약 22만 명의 이스라엘 점령민들이 거주한다. 2017년 12월 31일, 베냐민 네타냐후가 이끄는 리쿠드 당은 서안지역의 이스라엘 점령촌 합병을 만장일치로 합의하였다. 이러한 이스라엘의 공세적인 점령정책들은 2017년 12월 6일 '예루살렘은 이스라엘 수도'라는 트럼프 선언의 후속 조치이며, '세기의 협정(the Deal of the Century)'으로 가는 길을 준비하는 것이다.

이 글은 최근 진행되는 이스라엘/팔레스타인 분쟁의 주요 원천과 동력이 무엇인지를 밝히고, 이스라엘/팔레스타인 분쟁의 미래를 전망하기 위한 것이다. 이 분쟁은 이스라엘/팔레스타인뿐만 아니라 중동 여러 국가들이 직접 간접으로 개입되고 영향을 받는 역내 전체 문제이며, 강대국들과 유엔이 개입된 국제사회의 문제이기도 하다. 또 표면적으로 이 분쟁은 대중들의 관심을 끄는 2017년 12월 도널드 트럼프 대통령의 '예루살렘은 이스라엘 수도' 선언에서 보이는 것처럼 종교나 정치적 문제지만, 사실은 그 배후에 존재하는 경제적 문제, 그 중에서도 가자를 포함한 동지중해의 천연 가스전 확보가 핵심이다.

2018년 2월 20일, 이스라엘은 앞으로 10년간 150억 달러에 상당하는 천연 가스를 이집트로 수출하기로 협정을 체결한 것으로 보도되었다. 미국 회사 노블에너지, 이스라엘 회사 델렉 시추와 이집트 회사 돌피너스 홀딩스가 이 협정을 체결하였다. 이스라엘 관리들은 이것을 이스라엘 가스 산업 사상 최대 규모의 협정이라고 밝혔다.

2018년 1월 2일, 요르단은 이스라엘과 공동 천연가스 파이프라인 건설을 위한 착수금으로 약 2백 10만 달러를 책정한 것으로 알려졌다. 이 가스는 대부분 이스라엘 하이파 해안과 가까운 레비아탄 연안 가스전으로부터 생산되는 것이다. 2018년 1월 이스라엘-요르단 공동 파이프라인 건설 프로젝트는 2019년에 4백 20만 달러, 2020년에는 8백 50만 달러로 증가할 것으로 기획되었다. 이 파이프라인은 암만에서부터 90km 떨어진 셰이크 후세인 국경을 통과한다. 2016년 미국 노블 에너지와 요르단 국영 전기회사 NEPCO는 요르단 전기 수요의 40%를 이스라엘로부터 수입하기로 협정을 체결하였다. 이 때, NEPCO는 "이 협정은 역내 협력을 강화시킬 것이고, 요르단을 동지중해에서 발견된 가스전을 활용하기 위한 지중해 프로젝트 연합과 EU의 일부로 만들 것이다. 노블에너지가 제공하는 천연 가스는 팔레스타인, 키프로스, 이집트 수역에서 발견된 천연 가스전을 요르단이 활용할 수 있도록 허락할 것이다"라고 발표하였다.

이와 같이, 미국과 이스라엘, 이집트, 요르단 등 역내 국가들은 동지중해 연안의 천연 가스 지배권과 판매망 구축에 직접 관련되어 있다.

필자는 현재 진행되는 이스라엘/팔레스타인 분쟁의 주요한 원천을 다음 두 가지로 본다. 첫째, UN의 결정을 무시하는 강대국들과 역내 국가들의 개입이다. 둘째, 인종, 종교 종파, 정치이념을 넘어서는 경제 이익 우선주의. 특히 정치적 문제로 보이는 이스라엘의 가자지역 공격 및 봉쇄 정책과 하마스 탄압 정책은 동지중해 연안에서 발견된 천연가스를 포함하는 역내에너지 패권 장악 시도와 밀접하게 관련된다. 이스라엘의 역내 에너지 패권 장악을 위한 핵심지역인 동지중해 지역에 하마스가 통치하는 가자가 위치한다.

이 글은 먼저 유엔, 미국과 역내 국가들의 이스라엘/팔레스타인 정책을 분석하고, 다음으로 가자지구를 포함하는 동 지중해 가스전을 중심으로 전개되는 에너지 패권 장악을 위한 이스라엘의 정책을 설명한다. 이러한 정책들을 객관적으로 설명하기 위하여, 이 글은 주로 유엔이 내놓은 공문서, 여론조사기관이나 인권단체 및 에너지회사 등에서 발행한 조사 보고서, 그리고 이스라엘, 팔레스타인, 중동 역내 국가 및 영국과 미국에서 발행되는 주요 신문 등, 1차 자료들을 주로 활용하였다. 뿐만 아니라, 이 글은 1차 자료의 성격이 강한 단행본 및 논문들을 포괄적으로 활용하고 있다.

1. UN 결정에 맞서는 미국의 정책: 팔레스타인 국가 무력화시키기

2011년 10월 31일, 팔레스타인은 UNESCO에 완전한 회원으로 가입하였다.[12] 2012년 11월 29일, 유엔 총회에서 찬성 138, 반대 9, 기권 41 투표로 팔레스타인의 유엔 지위는 비회원 옵서버 단체에서[13] 비회원국 옵서버 국가로 승격

---

12) 2011년 10월 31일, 팔레스타인 UNSECO 회원국 가입 투표에서 107개국의 찬성, 14개국 반대, 52개국 기권 투표로 가입이 승인되었다. 반대한 국가: 호주, 캐나다, 체코, 독일, 이스라일, 리투아니아, 네덜란드, 팔라우, 파나마 공화국, 사모아, 솔로몬 제도, 스웨덴, 미국, 바누아투. 한국은 이 투표에서 기권하였다.

13) PLO는 1964년에 모든 팔레스타인 파벌들이 참가 하는 연합조직으로 예루살렘에서 창설되었고 1974년 10월 14일 유엔총회 결의 3210호로 팔레스타인인들의 단독 합법적 대표로 승인받았다. 1974년 11월 22일 47차 유엔총회결의 3237호는 PLO가 북

되었다. 이스라엘, 미국, 캐나다 등이 반대투표를 하였다. 이 투표로 유엔의 장에서 팔레스타인은 국가의 지위를 얻었고, 유엔은 공식적으로 '팔레스타인 국가, The State of Palestine' 명칭을 사용하기 시작하였다. 뿐만 아니라 2015년 4월, 팔레스타인은 공식적으로 국제형사 재판소(the International Criminal Court, ICC)의 회원이 되었다.

2012년 유엔이 이미 '팔레스타인의 국가 지위(The State of Palestine)를 인정'한 이상, 이제 이스라엘/팔레스타인 협상의 주요 주제는 '이스라엘/팔레스타인 국가 간의 국경 획정, 예루살렘 주권, 팔레스타인 난민 귀환권, 이스라엘 점령촌 철거, 이스라엘군 철수' 등이어야 한다. 평화 협상에서 이 주제들을 회피하는 한 이스라엘/팔레스타인 분쟁해결 방안은 없다.

그러나 2017년 미국은 사우디가 주도하는 아랍-이스라엘 관계의 변화에 따라 팔레스타인과 이스라엘 분쟁을 종식시킬 최종 계획, 소위 '세기의 협상(The deal of the century)'을 기획하였다. 2017년 11월, 압바스 수반과 함께 리야드를 방문한 팔레스타인 관리들에 따르면, 2018년 초에 모습을 확실히 드러낼 것으로 예상되는 이 계획은 예루살렘 없이, 1948년과 1967년 전쟁으로 추방당한 난민귀환 없이, 토막 난 서안의 고립된 영토에서 팔레스타인인들의 제한된 자치다. 무함마드 살만 왕세자가 이 계획을 압바스 수반에게 정확하게 전달한 것으로 알려졌다. 무함마드왕세자는 압바스 수반에게 이 계획을 설명하고, 수용하도록 요구한 것으로 알려졌다. 이것은 국가로서의 최소한의 모양도 갖추지 않은 모습이다.

여전히 미국은 팔레스타인 국가 지위를 인정하지 않고 있다. 따라서 팔레스타인 자치정부는 미국에 대사관이나 영사관이 없고, 단지 1994년 오슬로협상 팔레스타인 측 대표이던 PLO가 미국의 허락으로 워싱턴에 개소한 사무실이 있을 뿐이다. 2017년 11월 17일, 미국 행정부는 워싱턴 소재 PLO 사무실 허가 갱신을

한, 한국, 스위스 등 유엔 비회원국들이 갖는 것과 동일하게 유엔총회의 토론에 참석할 수 있는 옵서버의 자격을 획득했다고 명시하고 있다. 이 결의에는 95개 국가가 찬성하였으며, 이스라엘, 미국, 캐나다와 일부 서유럽 국가들과 라틴아메리카 국가들이 반대하고, 19개 국가가 기권하였다.

거부하면서[14] 팔레스타인인들에게 국제형사 재판소(ICC)에 이스라엘 기소를 중단하고, '무조건적인 평화회담'을 시작하라고 요구하였다. 이 평화회담을 위한 도널드 트럼프의 평화계획, '세기의 협상(deal of the century)'은 "예루살렘을 제외한 서안의 일부에 대한 팔레스타인 자치가 포함된다. 게다가 팔레스타인의 주권은 없으며, 난민 귀환권 뿐만 아니라 난민에 대한 보상조차도 없고, 연방합의를 통해서 자치지역을 요르단과 연결하는 것에 관한 논의가 있을 것이다"를 포함하였다.

2017년 11월 18일(토), PLO 사무총장 사에브 에레카트는 만약 미국이 워싱턴 소재 PLO 사무실을 폐쇄한다면, 팔레스타인 자치정부는 미국 행정부와의 모든 접촉을 중단할 것이라고 경고하였다. 같은 날 미국무부가 그에게 보낸 편지에는 '2015년 4월 1일 팔레스타인의 ICC 가입, 2017년 9월 팔레스타인이 ICC에게 정착촌 건설과 가자에서의 전쟁 범죄행위 등 이스라엘 전쟁범죄 조사 요구에 대한 대답으로 PLO 사무실이 폐쇄된다'라고 쓰여 있다. 2017년 11월 22일, 하마스는 워싱턴 소재 PLO 사무실 허가 갱신에 대한 미국의 새로운 조건들은 이스라엘이 범죄행위에 대해 책임을 지는 것을 막기 위한 노력이라고 간주한다. 하마스는 또한 팔레스타인 자치정부에게 이러한 조건들을 거부하라고 요구하였다. 성명에서, 하마스는 성명을 내고, 워싱턴 소재 PLO 사무실 허가 갱신을 팔레스타인의 ICC 가입이나 시오니스트 전범을 상대로 소송을 제기한 것과 연계시키는 것은 미국이 완전히 편파적이라는 것을 입증한다고 주장했다.

2017년 9월 20일, 서안에 기반을 둔 4개의 인권단체들, 알 하끄(al-Haq), 알 마젠 인권센터(Al Mezan Center for Human Rights), 팔레스타인 인권센터(the Palestinian Centre for Human Rights)와 알 다미르 인권단체(Aldameer Association for Human Rights)

---

14) 미국과 PLO 사이의 공식적인 접촉은 1988년 12월 중반에 시작되었다. 이 때 튀니지 주재 미국 대사 Robert H. Pelletreau Jr.가 튀니지 PLO 본부로 전화를 걸어서 공식회담 일정을 잡았다. 현재 팔레스타인 자치정부(PA)는 미국에 대사관이나 영사관이 없고, 1994년 PLO가 미국의 허락으로 팔레스타인인들을 대표하는 워싱턴 사무실을 개소하였다. 그 이유는 현재까지 미국이 팔레스타인 국가를 인정하지 않기 때문이다.

가 ICC에 서안에서의 이스라엘 정착촌 건설과 가자에서의 범죄 행위를 포함하는 이스라엘 범죄를 조사할 것을 요구하는 700쪽으로 구성된 자료를 ICC에 제출했다. 알 하끄 대표에 따르면, "이 자료들은 4개 단체들이 수집한 사실에 입각한 정보에 토대를 둔 것으로, 국제 형사 재판소의 로마규정(Rome Statute of the International Criminal Court)과 일치하여 다음과 같은 전쟁 범죄행위들, 즉 계획적인 살인, 광범위한 재산 파괴와 전유, 불법적인 국외 추방이나 이동, 점령세력이 정착민들을 점령지로 이동시키기, 마을과 도시 강탈, 재산 파괴와 몰수 등이다."

네덜란드 헤이그에 있는 ICC 검사 사무실(The ICC's Office of the Prosecutor)은 이 자료들을 받았다고 다음과 같이 밝혔다. "우리는 제출된 자료들을 적절하게, 완전히 독립적으로 공정하게 로마규정에 따라 분석할 것이다. 다음 단계에서 우리가 결정에 도달하게 되면, 우리는 발송인에게 알리고, 우리의 결정에 대한 근거를 제공할 것이다." 이스라엘은 ICC에 가입하지 않았으나, 이스라엘인들은 팔레스타인 영토에서 저지른 범죄에 대해서 헤이그 소재 ICC 법정에서 재판받을 수 있다.

그러나 트럼프의 '세기의 협상'안은 이스라엘인들을 ICC 법정에 세우려는 팔레스타인인들의 노력을 완전히 무산시킬 뿐만 아니라 팔레스타인 민족국가 건설이라는 대의를 치명적인 위기에 몰아넣는 것이다. 요르단이 정부 반대파를 강화시킬 위험이 있는 서안과 연방 계획에 쉽게 합의할 것 같지는 않다. 그러나 요르단은 2018년 국가 예산 약 210만 달러를 요르단과 이스라엘을 연결하는 가스 파이프라인에 할당하였다. 게다가 2019년 이 요르단-이스라엘 공동 파이프라인 건설 프로젝트 비용은 420만 달러, 2020년에는 850만 달러까지 증가하였다. 이 파이프라인은 암만에서 90km 떨어진 셰이크 후세인 국경을 지나게 된다. 2016년 9월, 요르단 정부 소유의 국영전기 회사 NEPCO와 미국회사 노블 에너지는 요르단 발전 전력의 40%를 이스라엘로부터 수입하기로 협정을 체결하였다. 2017년, 2018년에 요르단 수도 암만에서는 이스라엘로부터의 가스 수입 중단을 요구하는 시위가 조직되었다. 게다가 2018년 1월 2일, 이스라엘 은 예루살렘과 서안 대부분(Area C)을 공식적으로 합병하겠다고 결정하였다. 이러한 상황에서, 요르단정부는 이스라엘과 천연가스에 기반을 둔 경제협력을 강화하고 있다. 요르단의 정책에서 아랍의 팔레스타인, 아랍, 혹은 이슬람의 대의라는 것은 존재하지 않는다.

사우디와 이집트는 트럼프의 '세기의 협상'을 지지하여, 팔레스타인의 대의를 저버리는 정책을 취하고 있다. 2017년 11월 23일, 사우디와 이집트는 팔레스타인 수반 마흐무드 압바스에게 이스라엘 ICC 기소를 취소하라고 압력을 가하였으며, 압비스는 이스라엘관리들을 기소하는 단계를 밟지 않기로 약속한 것으로 알려졌다. 이것은 왕세자 무함마드 빈 살만이 이끄는 사우디와 대통령 압델 파타 알 시시가 이끄는 이집트가 팔레스타인 대의를 배반하면서, 미국과 이스라엘에 협력하는 중요한 예다. 이러한 미국, 이스라엘, 사우디, 이집트의 공세적인 팔레스타인 정책은 팔레스타인의 주권을 무력화시키면서 불안정성을 극대화시킨다.

2. 하마스 무력화시키기와 이스라엘-이집트 공조체제 구축

2017년 6월, 이스라엘은 그리스와 이탈리아를 거쳐 유럽으로 가는 천연가스 파이프라인 건설을 그리스, 이탈리아, 키프로스와 합의함으로써, 천연가스 수출 강국으로 부상하고 있다.

1998년 이후, 팔레스타인 가자를 포함하는 동지중해 연안에 천연가스가 대량 매장된 것으로 밝혀지고 있다. 팔레스타인인들은 이스라엘이 천연가스자원을 독점하기 위해서 가자봉쇄의 고삐를 점차 조인다고 믿는다. 실제로 이스라엘은 팔레스타인인들이 유전탐사 및 개발뿐만 아니라, 어업활동을 할 수 있는 한계를 다음과 같이 계속 줄여왔다.

1995년 오슬로 II 협정은 팔레스타인인들이 활동할 수 있는 가자연안 경계를 20해리(37.04km)로 한정하였다. 2002년 베르티니 협정은 그 경계를 12해리(22.22km)로 대폭 줄였고, 2006년 10월, 이스라엘군이 허용한 어업한계는 6해리(11.1km), 2009년 1월부터 2012년 11월까지, 이스라엘군이 허용한 어업한계는 그 절반인 3해리(5.5km)로 줄었다. 2012년 11월, 휴전 협정으로 이스라엘군이 허용한 어업한계는 다시 6해리로 정해졌다.

현재 이스라엘은 가자지역에서 발견된 석유와 가스자원을 독점적으로 탐사하고, 팔레스타인인들이 가스전에 접근하는 것을 금지하면서, 가자지구 해안을 봉쇄하고 있다(Al-Haq 2015, 13-20). 하늘만 뚫린 이 대형 감옥 가자에는 중무장한 이스라엘 군인들이 지키고 있는 6개의 출입구, 이스라엘과 가자 지구의 경계를 분리시키는 5백 미터 폭의 보안(완충)지대가 있다.

가자에 거주하는 팔레스타인인들은 2015년 현재 185만 명으로 세계에서 인구 밀도가 가장 높은 지역(5,046명/㎢)이며, 이들 대부분은 1948년 이스라엘 건국과 함께 현재 이스라엘 영토에서 추방당한 난민과 그 후손들이다. 전체 주민 중 70%는 국제연합 팔레스타인 난민 구제 사업국(UNRWA)에 등록된 난민들이며, 주민들 대부분은 국제기구들에 의존해서 생활한다. 빈곤, 실업, 연료, 전기, 식량 부족뿐만 아니라 수출입이 전면적으로 차단되면서 가자의 팔레스타인인들은 집단 체벌을 당하고 있다. 뿐만 아니라 이스라엘은 하마스가 통치하는 가자를 계속 공격함으로써, 주민 학살 행위를 일상화시키고 있다.

2006년 1월, 팔레스타인 의회 선거에서 하마스는 전국구 투표 44.5%로 29석(총 66석)을 확보하고 지역구 45석(총 66석)으로 총 74석(총 132석)을 확보함으로써 PLO와 제휴한 파타 당을 패배시키고, 제 1정당이 되었다. 2006년 선거 이후 현재까지 팔레스타인 총선은 실시되지 않았다.

2006년 1월 30일, 중동 평화 협상을 중재하는 4자(UN, 미국, EU, 러시아)[15]는 새로 구성될 팔레스타인 자치정부에게 비폭력, 이스라엘 국가 승인, 이전 협정(오슬로 협정 등) 수용 등을 요구하였고, 이 요구사항의 수용 여부에 따라 팔레스타인 자치정부에 대한 해외 원조하기로 결정하였다. 그러나 하마스는 중동 평화 4자의 요구사항을 거부하였다.

2006년 3월 29일, 하마스 출신의 이스마일 하니야가 하마스 단독 내각(기간: 2006.03.29~2007.03.17)을 구성하고 총리에 취임하였다. 이 과정에서, 파타와 다른 파벌들은 하마스와 협력하여 정부를 구성하는 것을 거부하였다. 따라서 25명으로 구성된 내각은 총리를 포함한 21명이 하마스 출신이며, 4명이 무소속 출신이었다.

---

15) 4자는 2002년 마드리드에서 유엔, 미국, 유럽 연합, 러시아로 결성된 이스라엘-팔레스타인 평화과정을 중재하는 협의체다.

하마스가 자치정부를 구성한 이후, 이스라엘과 미국 중동 평화 협상을 중재하는 4자(UN, 미국, EU, 러시아)는 자치정부에 맞서 제재를 부과하였다. 중동 평화 4자는 해외원조 프로그램을 중단하고, 이스라엘은 서안과 가자에서 자금, 주민, 물품 출입을 제한하는 제재를 부과하였을 뿐만 아니라, 팔레스타인 자치정부를 대신해서 걷은 세금을 건네주지 않았다.

그런데 같은 해 2006년 미국은 하마스가 이끄는 자치정부를 겨냥하여, 파타 출신 수반 압바스에게 충성하는 '자치정부 수반 경호부대'를 설립하고 훈련시켰다. 당시 텔아비브 주재 이스라엘-팔레스타인 자치정부 담당 미국 보안 조정관 케이스 데이튼 중장(Keith Dayton, 조정관 재임: 2005~2010)이 3,500명 정도로 구성되는 수반 경호 부대 장교들을 조직하고, 훈련시켰다. 요르단과 이집트도 이 부대원들 훈련에 협조하였다. 수반 경호부대 설립은 하마스의 총선 승리에 맞서 자치정부 수반 압바스와 파타당 지지자들에게 힘을 실어주기 위한 노력의 일환이었다.

2007년 2월 8일, 하마스와 파타는 팔레스타인 통합 정부 구성을 위해 사우디아라비아 국왕 압둘라가 후원한 팔레스타인 내부 유혈 분쟁 종식과 통합정부 구성을 주요 내용으로 하는 '메카 협정(The Mecca Agreement)'에 서명했다. 이 때 파타 측 대표는 자치정부 수반 마흐무드 압바스와 의회의원 무함마드 다흘란이었고, 하마스측 대표는 자치정부 총리 이스마일 하니야와 칼리드 마샬이었다. 이 '메카 협정'은 2006년 3월, 하마스가 단독 내각을 구성한 직후 시작된 파타와 하마스 간의 유혈 투쟁과, 이스라엘을 비롯한 미국, 유럽 등의 대 팔레스타인 봉쇄 정책 등을 종식시키기 위한 것이다.

'메카 협정'에 따라, 2007년 3월 17일, 하마스 출신 총리 이스마일 하니야가 이끄는 통합정부(기간: 2007.03.17~06.14)가 출범하였다. 팔레스타인 통합 정부는 하마스(12명), 파타(6명), 제3의 길(1명), 팔레스타인 인민당(1명), 팔레스타인해방민주전선(1명), 팔레스타인 선도당(1명), 무소속(3명) 등 6개 주요 정당 출신들과 무소속 출신 등 25명이 연합내각을 구성함으로써 출범했다.[16]

---

16) 하마스는 총리를 비롯한 교육, 종교, 사법, 농업, 여성 장관 등 12개, 파타는 부총리를 비롯한 보건, 죄수 업무, 노동, 교통, 산업 장관 등 6개를 차지했다. 그밖에 재무

그러나 통합정부는 선거에서 하마스가 승리한 이후 중단되었던 국제적인 재정 원조를 다시 이끌어내는 데는 실패하였고, 하마스와 파타간의 유혈분쟁은 계속되었다. 가자에서 2007년 6월 10~15일 파타와 하마스 사이에서 내전에서 118명이 사망하였고, 서안과 가자의 지리적인 분할이 발생하였다. 하마스가 가자에 대한 통제권을 장악하면서 파타를 축출하였고, 파타는 서안에서 하마스 출신 관리들을 축출하였다.

결국, 2007년 6월 14일, 자치정부 수반 압바스가 하마스가 이끄는 통합정부 해체를 선언하였다. 이후 현재까지 하마스가 통제하는 가자와 팔레스타인 자치정부(파타)가 통제하는 서안이 각각 분할되어 유지되고 있으며, 압바스 수반이 이끄는 팔레스타인 자치정부가 국제적으로 인정받고 있다. 이후, 이스라엘과 이집트는 가자와의 국경을 폐쇄하고, 경제 봉쇄를 단행하였다. 이 때 이스라엘-가자 국경 에레츠 검문소뿐만 아니라, 이집트-가자의 국경 라파 검문소도 폐쇄되었다는 것을 주목할 필요가 있다.

더욱이 2007년 9월 19일, 이스라엘은 하마스가 통치하는 가자를 '적지(enemy entity)'로 선언하면서, 동시에 이스라엘은 가자지구에 대한 전력과 연료 공급을 중단하겠다고 밝혔다. 2007년 10월, 가자의 팔레스타인인들, 베첼렘(B'Tselem) 등 이스라엘 인권단체, 팔레스타인 인권 단체들이 전기와 연료 공급 중단에 맞서 이스라엘 고등법원에 청원하였다. 그러나 이스라엘 고등법원은 국가의 편을 들어 이 청원을 거부하였다. 이후, 이스라엘은 가자 발전소 가동에 필요한 연료의 63% 공급을 허락하였다.

팔레스타인 자치정부 총리 라미 함달라(재임: 2014.06.02~2019.04.14)는 2007년 6월 이후, 이스라엘의 가자 봉쇄기간 동안 자치정부가 가자에 160억 달러를 지불했다고 주장하지만, 사실은 80억 달러를 지불하였으며, 같은 기간 동안 자치정부가 가자에서 걷은 세금은 96억 달러였다. 이 사건은 서안 팔레스타인 자치정

장관은 제3의 길, 외무 장관, 내무 장관, 관광 장관은 무소속, 공보 장관은 팔레스타인 선도당, 문화 장관은 팔레스타인 인민당, 사회 장관은 팔레스타인해방민주전선이 각각 차지했다. 이로써 연합 내각은 주요 정당들의 요구를 어느 정도 반영할 수 있는 객관적인 조건은 갖춘 것처럼 보인다.

부가 가자주민의 생활 개선보다는, 오히려 서안 자치정부 재정을 확충하는데 가자를 활용했다는 것을 드러낸다.

2017년 팔레스타인 정책 조사 연구 센터(PCPSR)의 여론 조사 결과, 팔레스타인인들의 2/3는 자치정부 수반 압바스가 사임해야한다고 믿고, 팔레스타인인들의 50%는 자치정부를 '팔레스타인인들에게 무거운 짐'이라고 간주하였다. 사실, 2005년 1월 수반선거로 선출된 압바스는 2009년 1월 임기 만료되었으나, 수반선거를 실시하지 않고 있다. 그는 이스라엘의 가자 공격에 대해서 별 다른 조치를 취하지 않을 뿐만 아니라, 서안에서는 이스라엘과 안보 협력을 해왔다. 예를 들면, 2017년 팔레스타인 자치정부가 체포한 팔레스타인인들 중 680명은 이전에 이스라엘에 의해서 체포된 경험이 있는 사람들이었다.

2013년 7월, 이집트 압델 파타 알 시시가 군부쿠데타로 무슬림형제단을 축출시키면서, 이집트 무슬림형제단과 동맹관계였던 하마스에 대한 탄압정책으로 이집트와 가자의 물품 조달 통로인 1,300개의 터널을 폐쇄하였다. 당시 이 터널들은 하마스의 주요한 세입의 원천이었다. 현재 이집트와 이스라엘은 협력하여 가자 국경 검문소뿐만 아니라 해상을 봉쇄해왔다. 이러한 이집트 압델 파타 알 시시 정부 정책은 이스라엘과 공조정책으로, 가자와 그 연안에 대한 하마스의 지배권을 무력화시키는 것이다. 이로 인해서 하마스 정부는 외부 후원금도 거의 잃고, 수출입이 전면 차단된 상태에서 극심한 경제난에 처하게 되었고, 4만 명이 넘는 하마스 정부직원들의 월급도 체불하는 등 가자통치가 거의 불가능해졌다. 이렇게 경제적으로 위기에 몰린 상황에서 하마스는 다시 파타와 통합정부를 구성함으로써, 돌파구를 마련하고자 하였다.

결국 2014년 4월 23일, 서안을 통치하는 파타/가자를 통치하는 하마스가 민주적인 팔레스타인 통합정부를 창출하기 위한 일정표를 포함하는 파타-하마스 화해협정을 발표하였다. 이 일정표의 골자는 5주 이내에 통합정부를 구성하고, 6개월 이내에 대통령선거와 의회선거를 동시에 실시한다는 것이다. 이 일정표에 따라, 6월 2일, 라미 함달라 총리가 이끄는 새로운 임시통합정부가 구성되었고, 12월 초에 수반 선거와 의회선거를 동시에 실시하기로 계획하였다.

그런데 이에 대한 대답으로 이스라엘 총리 베냐민 네타냐후는 하마스를 테러리스트 조직으로 부르면서, 서안을 통치하는 자치정부 수반 압바스가 하마스와 화해협정을 추구함으로써 평화 노력을 파괴한다고 비난하였다. 그는 "하마스를 선택하든지 이스라엘을 선택하든지 둘 중의 하나를 선택하라"고 압바스를 윽박질렀다.

이러한 상황에서 2014년 7월 8일부터 이스라엘 가자 공격이 시작되었다. 결국 이스라엘의 기획에 따라, 팔레스타인 통합정부는 조기에 무력화되었고, 서안과 가자의 분할은 계속되었다. 2006년 팔레스타인 총선 이후, 봉쇄된 가자에 대한 이스라엘의 대규모 공격으로 인한 양 측 사망자 수는 다음 표 1과 같다.

표 1. 2006년 1월 팔레스타인 총선 이후, 이스라엘/하마스 분쟁 사망자(명)

기간	팔레스타인인	이스라엘인
2006	650	27
2007	370	13
2008.01~2008.11	432	29
2008.12.27~2009.01.18(22일)	1,400	13(5명은 자국 오폭)
2012.11.14~2012.11.21(8일)	167	4
2014.07.08~2014.08.26	2,251	72

2017년 9월 중순, the Palestinian Center for Policy and Survey

2017년 11월 24일(금), 시나이 모스크(엘아리시 인근)에서의 테러 공격으로 309명이 사망한 이후, 이집트 정부는 팔레스타인 자치정부에게 이스라엘과 즉각적으로 평화회담을 개최하여 역내에서 이란의 영향력에 맞서고, 테러와 싸우는 완전하고 포괄적인 팔레스타인 자치정부-이스라엘 안보 협력을 재개하도록 압력을 행사하고 있다. 이집트 보안대는 이 공격에 연루된 테러리스트들이 하마스의[17]

---

17) 2006년 1월 자치정부 총선에서 하마스는 전체 132석 중 76석을 확보한 최대 정당이었다. 필자가 이 선거에 국제 감시단원으로 참가했는데 이 선거는 매우 공정했다. 2006년 3월 팔레스타인 자치정부는 하마스 소속 이스마엘 하니야를 총리로 하는 하마스-파타 통합정부를 구성했다. 그러나 이스라엘, 미국, 유럽 국가들은 여전히 하마스를 합법적인 팔레스타인들의 대표로 인정하지 않고 테러단체라는 이름을 붙였고, 통합정부에게 다양한 경제적인 제재를 부과하였다. 2006년 6월 하마스-파타

지하터널을 통해서 가자로 들어왔다고 의심한다.

이 시나이 테러 행위에 맞서서, 2017년 11월 말, 이스라엘 안보센터와 국가 안보 연구소는 시나이 반도의 테러 집단으로 IS(the Islamic State)를 지목하고, 이집트 압델 파타 알 시시 정권으로 하여금 이들과 싸울 수 있도록 미국에게 이집트에 대한 긴급 원조를 요구하였다. 특히 텔아비브 대학 교수 요람 슈바이처(Yoram Schweitzer)와 오피르 윈터(Ofir Winter)는 이스라엘이 이집트 육군에게 무기와 정보와 시나이 지역에 대한 자문을 제공할 필요가 있다고 강조하였다.

이집트는 2013년 7월, 민주적인 선거로 선출된 무함마드 무르시 대통령을 축출한 이후 시나이 반도에서 IS 세력과 싸우고 있다. 이 과정에서 이스라엘과 가자와의 경계를 지역인 시나이 반도 북동부 엘 아리시 인근지역에서 수 백 명의 이집트 보안대원들이 사망하였다. 2016년 12월, 익명의 시나이 무장 단체들은 시나이 반도의 콥틱교회와 순례자들을 공격하기도 하였다. 이집트는 이 시나이 무장단체들이 하마스가 통치하는 가자 지구와 연루되어있다고 주장한다. 이 때 이집트는 팔레스타인 자치정부, 이스라엘, 미국과 함께 하마스에 맞서는 정책에 공조 정책에 적극 협력하였다.

3. 동지중해의 천연가스전과 에너지 강국으로 부상하는 이스라엘

1) 팔레스타인의 에너지 독립을 저지하는 이스라엘: 가자 마린가스전 개발 차단 및 노아 가스전 개발

2018년 현재 팔레스타인인들은 이스라엘이 가자를 포위하고, 공격하는 진정한 이유를 가자연안에 매장된 석유와 천연가스를 강탈하기 위한 것이라고 믿고

통합정부를 해체시키려는 시도로 이스라엘은 파타 소속 수반인 마흐무드 압바스의 권력을 강화시키고, 하마스를 약화시키려고 시도하면서 하마스 소속의원들을 체포하고, 가자를 공격하였다. 2007년경에 이스라엘과 국제적인 경제제재로 인해서 하마스가 주도하는 팔레스타인 통합정부는 정부직원들의 월급도 체불하였다. 결국 2007년 6월 10~15일 파타/하마스 사이에 내전이 발발하였다. 그 결과 하마스가 가자지역을, 파타가 서안을 통치하게 되었다.

있다. 동지중해 연안에서 계속되는 이스라엘의 천연가스 탐사와 개발 및 파이프라인건설 사업은 이스라엘의 가자해상 봉쇄정책이 더욱 강화될 것임을 예고한다.

1998년 동지중해에서는 처음으로, 가자지구 연안에 위치하는 가자마린(Gaza Marine) 가스전이 발견되었다. 이 가스전은 가자해안으로부터 19.43해리(36km) 해상에 위치하고, 0.32해리(600m) 깊이에 위치해서 비교적 개발이 용이한 것으로 알려졌다. 게다가 이 가스전은 팔레스타인 전역에 공급할 충분한 에너지 자원을 보유하고 있으며, 수출할 여력이 있고, 팔레스타인을 에너지 독립국가로 만들 수 있는 것으로 알려졌다.

1999년 팔레스타인자치정부는 BG(British Gas Group)에게 가자연안 전역에 대한 25년 동안의 탐사 허가권 내주면서, 가스전들을 개발하고 필요한 기반시설을 건설할 권리를 부여하였다. 2000년 BG는 가자마린에서 두 개의 유정을 굴착하여 매장량을 확인하였다. 그러나 2000년 9월 28일, 제2차 팔레스타인 인티파다(알 아크사 인티파다) 발발을 빌미로, 이스라엘은 가자마린 가스전에 대한 접근을 금지하고, 이 유전으로부터 가스를 추출하려는 시도를 완전히 차단하였다. 2016년 4월 8일 로얄-더치 쉘이 BG를 인수하면서, 가자마린의 운영권을 가져갔다. 2017년 현재 로얄-더치 쉘이 가자마린 지분 55%, 통합 시공사(CCC)가 27.5%, 팔레스타인 투자 기금(PIF) 17.5%, 지분을 갖고 있다. 그러나 2023년 현재 가자마린은 여전히 개발되지 않은 채로 방치되어 있다.

반면 마리B 가스전이 처음 발견된 2000년 이후, 미국과 이스라엘 회사들은 가자와 이스라엘 경계지역의 가스자원을 탐사하고, 채굴하고 있다. 2012년 이스라엘의 승인을 받아서, 미국회사 노블에너지와 이스라엘 회사 델렉시추는 가자 인근에 위치한 노아유전을 급하게 개발함으로써, 주변지역의 전체 자원을 손상시킬 위험을 촉발시켰다. 가자와 이스라엘 경계지역에서 진행되는 이스라엘의 가스자원 탐사와 개발에 대하여, 팔레스타인 인권단체 알 하끄(Al-Haq) 사무총장 샤완 자바린은 "점령당한 팔레스타인에서 행해지는 이스라엘의 가스자원 채굴과 파괴는 명백한 국제법 위반이고, 강탈행위이며, 전쟁범죄다. 재산파괴는 제네바 협정의 심각한 위반이다. 이스라엘 가스전 개발을 모색하고 있는 국제기업들이 팔레스타인 해역을 통해 가스를 수출한다면, 의심할 여지없이 팔레스타인 지역에 대한 적대 행위를 강화할 것이다"고 주장한다.

2) 팔레스타인인들 가자연안 접근금지:
마리B 가스전 개발과 아쉬켈론-엘 아리시 파이프라인 건설

2000년 이스라엘이 가자연안에서 발견한 마리B 가스전과 2005년 가자연안 전역을 가로지르며 건설한 이스라엘과 이집트를 연결하는 아쉬켈론-엘 아리시 파이프라인은 가자연안 유전지대에 대한 팔레스타인인들의 접근을 막기 위한 주요한 전략적인 수단이다. 이스라엘은 이 주변 지역들을 어업금지 구역으로 선언하였다.

마리B 유전은 가자해안으로부터 11.29해리(20.92km) 해상에 위치해서 팔레스타인 소유인 가자마린보다 가자해안에 더 가까이에 위치한다(Al Haq 2018, January. 3; Jo Abbess 2011, July. 8). 따라서 팔레스타인인들은 마리B 가스전이 가자연안에 있으므로, 팔레스타인인들 소유라고 생각한다. 마리B 가스전이 발견된 이후, 이스라엘은 가자 해안 지역 폐쇄를 강화하면서, 6해리를 넘어서는 팔레스타인인들의 고기잡이와 해상활동을 방해하였다.

게다가 가자로부터 11.29해리(20.92km) 떨어진 해상에 건설된 아쉬켈론-엘 아리시 파이프라인은 가자연안 전역을 가로지르며, 이스라엘의 아쉬켈론과 이집트의 엘 아리시를 연결한다. 2002년 베르티니 협정에서 팔레스타인인들 활동 한계는 12해리(22.22km)였으나, 2005년 아쉬켈론-엘 아리시 파이프라인이 건설되면서, 2006년 이스라엘군은 팔레스타인인들에게 허용한 어업한계를 6해리(11.1km)로 단축하였다. 2009년 1월, 이스라엘군은 다시 한 번 팔레스타인인들에게 허용한 어업한계를 그 절반인 3해리(5.5km)로 줄였다. 이로써 팔레스타인인들이 가자 해상 가스전 등에 접근하는 것은 거의 불가능하게 되었다.

3) 가자와 이스라엘 연안 가스전 현황과 미국-이스라엘 동맹 강화

다음 표에서 보는 것처럼, 가자와 이스라엘 연안 전역이 가스전 위에 존재한

다고 보아도 지나친 말이 아니다. 다음 표 2와 같이 현재 미국 회사 노블에너지
가 이스라엘 회사들과 공동으로 이 유전들 대부분을 개발하고, 운영한다.[18]

표 2. 가자와 이스라엘 연안의 천연가스 매장과 생산 현황

해역	유전	추정매장 (TCF)	발견	생산시작	경영자와 지분(%)
가자 연안과 경계	가자마린1	1.4	1998	-	로얄-더치쉘(영국-네덜란드): 55, CCC와 PIF 연합 지분: 45
	가자마린2	0.1	2000		
	노아	0.04	1999.06	2012.06	노블에너지(경영자, 미국): 47, 델렉시추(이스라엘): 25.5, 아브너(이스라엘): 23, 델렉투자(이스라엘): 4.4
	마리B	0.97(고갈)	2000.02	2004	
	피나클레스	0.4	2012.03	2012.07	
	심손(Modiin Energy 2016, Jan.18)	0.55	2012.07	-	ATP Oil & Gas Corp(미국): 40 (Sviderski 2012, Oct. 3; Reuters 2012, Oct. 2)
이스라엘 연안	레비아탄	17-21	2010.06	2018	노블에너지(경영자, 미국): 39.66, 아브너: 22.67, 델렉시추: 22.67, 레티오석유탐사: 15
	타마르	5-8.4	2009.01	2013.04	노블에너지(경영자, 미국): 36, 이스람코 네게브2: 28.75, 델렉시추: 16.62, 아브너: 15.63, 도르가스: 4
	댈리트	0.5	2009.03	2013	
	타닌	1.2	2012.01	-	노블에너지(경영자, 미국): 39.66, 아브너: 22.67, 델렉시추: 22.67, 레티오석유탐사: 15
	카리시	1.8	2013.05	-	
	돌핀	2.87	2012.01	-	
	사라와 미라	0.23	2012.11	2015	지오글로벌자원(경영자): 5, 임마뉴엘 에너지: 43.78, 블루워터: 8.79, 모딘에너지: 19.28, IDB홀딩스: 5
	얌 하데라	1.4	2011.12	-	모딘에너지(경영자, 이스라엘): 100

18) 팔레스타인, 이스라엘 해역과 함께, 레바논 해역에는 훨씬 더 많은 천연가스가 매장
된 것으로 예상된다. 2013년 레바논 에너지부 장관 게브란 바실(Gebran Bassil)은
레바논 해역에 약 96TCF천연가스와 8억 6천 5백만 배럴의 석유가 매장되었다고 예
상하였다. 레바논 내부의 정치적 혼란과 이스라엘의 헤즈볼라와의 장기적인 전쟁
준비 등은 레바논 해역의 풍부한 천연가스전 지배권과 관련되는 것으로 보인다.

해역	유전	추정매장 (TCF)	발견	생산시작	경영자와 지분(%)
	가브리엘라와 이츠하크	1.4~1.8	2011.12	2012	모딘에너지(경영자, 이스라엘): 70, 에디라에너지 이스라엘: 15, 브라운스톤: 15
	로이	1.9~5	2014.12	-	에디손(경영자, 이탈리아): 20, 레티오 석유탐사: 70, 이스라엘기회: 10

2016년 12월 7일, 미국은 시리아 주둔 러시아군대를 포함하는 인근 지역 군대에 맞서는 군사기지로 이스라엘 해안을 사용하려는 계획을 발표하였다.[19] 미국은 이스라엘 해안 도시 하이파에 해군 기지를 건설할 것이다. 미국 정부의 계속되는 이스라엘 원조는 "이스라엘에 대한 미국의 도움 허가"라는 제목이 붙은 2017년 미국방수권법(National Defence Authorization Act) 1259항에 있다. 이 법 1259항은 "동 지중해에서의 해상 안보와 해상 영토에 대한 자각은 이스라엘 안보뿐만 아니라, 미국 안보 이익에 있어서 매우 중요하며, 미 국방부는 이 지역에서 안보 능력을 계속 발전시키고, 증진시켜야한다"라고 규정한다.

2003년 4월 사담 후세인을 권좌에서 축출한 이후, 같은 해 8월 미국은 이스라엘에게 이라크 북부에 위치한 키르쿠크로부터 이스라엘 항구 하이파로 가는 1934년 영국 위임통치 시절에 건설된 석유 파이프라인을 복구하려는 계획을 제안하였다.[20] 미국방부의 요구에 따른 이스라엘 국가 기반시설부조사결과 키르

---

19) 2015년 8월 26일 러시아는 현대사에서 처음으로 지중해 연안 라타키아(시리아 최대 항구도시)에 영구적인 군사기지를 획득하였다. 같은 해 9월 30일부터 러시아는 이 라타키아 공군기지(Hmeimim airfield)로부터 IS에 대한 공습을 시작하였다. 이 러시아 군사기지는 현재 시리아 정부에 대하여 러시아의 지지를 보증하는 것일 뿐만 아니라, 다른 외부의 공격에 맞서 시리아 정부를 방어할 수 있을 것으로 예상된다. 이미 러시아는 라타키아 남쪽 지중해 연안에 위치한 타르투스(Tartous, 시리아 제2의 항구 도시)에 해군기지를 두고 있다. 1971년 시리아와 소련의 협정에 근거하여, 소련 시대부터 현재까지 타르투스는 러시아 해군 보급품을 유치하고 있고, 러시아의 유일한 지중해의 연료 공급기지다.

20) 미국, 영국, 프랑스 공동 소유인 터키석유회사(1929년 이라크 석유회사로 개명)가

쿠크와 하이파 사이의 직경 42인치 파이프라인의 건설에 1km당 40만 달러의 비용이 든다고 밝혔다. 이스라엘 국가 기반시설부 장관 유세프 파리츠키(Yosef Paritzky)는 하이파 항구는 이라크 석유의 매력적인 출구라고 밝혔다.

2010년 인스라엘 연안에서 발견된 레비아탄 유전은 최근 10년 동안 발견된 세계 최대의 연안 가스전으로 알려졌다. 미국회사 노블에너지(Noble Energy)가 레비아탄 유전 지분 39.66%, 3개의 이스라엘 에너지 회사들, 델렉 시추가 22.67%, 아브네르 오일 탐사가 22.67%, 레티오 오일 탐사가 15%를 각각 소유하고 있으며, 이들이 노블에너지가 주도하는 레비아탄 컨소시엄을 구성한다.

2014년 1월, 노블에너지가 이끄는 팔레스타인 자치정부와 레비아탄 컨소시엄은 서안의 제닌 에 건설 예정인 발전소에 20년간 가스를 공급하는 MOU를 체결하였다. 2014년 이스라엘은 레비아탄과 타마르유전에서 나오는 가스판매 계약을 팔레스타인과 요르단과 체결하면서, 2019년 초에 가동 예정인 팔레스타인 제닌 발전소에 20년 동안 4.75 Bcm를 수출하고, 사해의 요르단 공장에 15년간 1.8 Bcm를 수출하기로 결정하였다.

2016년 9월 26일에는 요르단 국영전기회사(NEPCO)와 미국회사 노블에너지가 체결한 천연가스 거래 협정을 체결하였다. NEPCO는 요르단 전체 수요 전력의 85%를 생산하며, 노블에너지는 지중해안 최대유전 지대인 레비아탄 유전 지분 39.66%를 소유하고 이 유전개발과 운영을 책임진 회사다. 노블에너지는 "NEPCO와의 계약은 15년 동안 매일 3억 입방 피트(850만㎥)를 제공하는 것이다"라고 밝혔다. 이 양은 NEPCO가 필요로 하는 액화 천연가스의 40%를 충족시킬 것이다. 이 협정은 2019년부터 발효될 것이고, 100억 달러 정도의 가치를 가지고 있는 것으로 알려졌다.

1927년 10월에 키르쿠크 유전에서 석유채굴을 시작하였고, 1932~1934년 키르쿠크-하이파 원유 파이프라인을 건설하였다. 이 키르쿠크-하이파 원유 파이프라인은 이라크 북쪽에 위치한 키르쿠크 유전지대로부터 요르단을 통과하여 하이파로 가는 원유 파이프라인이다. 이 파이프라인은 1935~1948년까지 사용되었다. 원유가 이 파이프라인을 완전히 통과하는 데는 약 10일 걸렸고, 하이파에 도착한 원유는 하이파 정제소에서 정유되어 탱크에 저장해서 선박으로 유럽으로 운송되었다.

2016년 10월 3일 요르단 정보장관 무함마드 모나미는 요르단 TV에서 "이 협정으로 요르단은 에너지 예산을 매년 6억 달러 정도 절약할 것이다"라고 밝혔다. 앞서 2014년 9월 3일 NEPCO는 이미 레비아탄 유전에서 천연가스를 매일 3억 입방 피트씩 15년간 수입하기로 노블에너지와 양해각서(MOU)를 체결하였다. 이 MOU에서 NEPCO는 15년 동안 총 150억 달러를 레비아탄 컨소시엄에게 지불하기로 되어있다. 총액 중 56%인 84억 달러는 로열티와 법인세 등의 명목으로 이스라엘 정부에게, 49억 달러는 미국회사 노블에너지와 델렉 시추 등 3개의 이스라엘 에너지 회사들에게, 17억 달러는 채굴과 운영비용 등으로 할당 되었다.

한편 2016년 9월 26일, 이스라엘 에너지장관 유발 스테이니츠는 "이 가스협정은 극히 중요한 국가의 업적이며, 이스라엘과 요르단 사이의 유대와 전략적 동반자 관계를 강화하는 중요한 초석"이라고 밝혔다. 게다가 이스라엘 회사 델렉 시추의 최고 경영자 요시 아부는 "이 협정 체결은 역사적인 사건이며, 레비아탄 유전을 에너지 지도에서 중요한 행위자로 세운다. 레비아탄 컨소시엄은 이집트, 터키, 팔레스타인 자치정부와도 추가적인 거래를 추진할 것이다"라고 밝혔다.

이와 같이 이스라엘은 미국회사 노블에너지가 주도한 컨소시엄을 통하여 요르단과 천연가스 거래 협정을 체결하였고, 터키, 이집트, 팔레스타인 자치정부, EU 등과 가스 수출 협상을 추진 중인 것으로 알려졌다. 이제 이스라엘은 에너지 자급자족을 넘어선 수출국으로 탈바꿈하게 됨으로써 역내 에너지 강국으로 전환될 것으로 보인다.

이스라엘 에너지 및 기반 시설부(Ministry of Energy and infrastructure)에 따르면, 2022년 이스라엘의 천연가스 총 수출이 100억 ㎥에 육박하여 이스라엘 정부가 4억 4천만 달러 이상 수익을 창출하였다. 2023년, 이스라엘 가스는 타마르와 리바이어던 유적에서 이집트와 요르단으로 세 개의 파이프라인을 통해 수출되었다. 하나는 이스라엘 북쪽에 있고, 하나는 요르단의 아랍가스 파이프라인에 연결되며, 다른 하나는 사해 동쪽에 있는 요르단 산업 시설에 직접 연결되며, 마지막은 이집트 송전 시스템에 연결되는 동지중해 가스회사(EMG) 파이프라인이다. 2023년, 이 세 파이프라인의 총 수출 능력은 약 150억 ㎥이다.

더욱이 2017년 9월, 이스라엘 항공방위 사령관 치비카 하이모비치(Tzvika Haimovitch) 중장은 역사상 처음으로 이스라엘 내 네게브 사막에 수 십 명의 미군이 주둔하며, 미사일 방어 시스템을 갖춘 공식적인 영구적인 미국 군사 기지를 건설할 것이라고 발표하였다. 그는 "이것은 역사적인 사건이며, 미국과 이스라엘의 수 십 년간의 동맹관계를 보여주는 것이다. 이스라엘에 수천기의 로켓이 발사된 2014년 가자 전쟁과 우리가 미래에 직면할 것으로 예상되는 위협에 대한 평가에서 방공의 중요성이 명백해졌다"라고 밝혔다. 결국 이러한 치비카 하이모비치의 주장은 2014년 연안 가스전이 위치한 가자를 통치하는 하마스와 이스라엘 분쟁이 미국공군기지 건설에 중요한 빌미를 제공했음을 밝혀준다.

4. 고립된 가자인들의 곤경

가자와 이스라엘 연안의 천연가스는 결국 국제 시장에 나오고 있으며, 그 주요한 시장은 요르단, 이집트, 팔레스타인, 터키 등 주변 국가들과 유럽이 될 것이다. 현재 이스라엘은 터키와 가스파이프라인 건설을 협의 중이다. 이 가스 파이프라인은 터키 시장뿐만 아니라 유럽 가스 시장을 겨냥한 것이다.

2010년 5월 31일, 동지중해 국제해역에서, 이스라엘군이 가자 행 터키 선박 마비 마르마라(Mavi Marmara)을 공격함으로써, 9명의 터키인들과 한 명의 터키계 미국인의 사망을 초래하였다. 이 사건으로 터키와 이스라엘 관계가 악화되었다. 그러나 2016년 6월 후반에 터키와 이스라엘은 외교관계의 완전한 복원을 선언하였다. 이스라엘과 터키 양 측이 가스파이프라인 건설 협상을 준비하면서, 가자 행 마비 마르마라 사건이후,[21] 6년 동안 중단되었던 외교관계를 복원한 것이

---

21) 가자 행 마비 마르마라 선박 사건 직후, 터키는 텔아비브 주재 대사를 소환하였고, 당시 총리였던 에르도안은 이스라엘이 유혈 학살에 대하여 벌을 받아야한다고 요구하였다. 공동 군사 작전은 취소되었다. 터키는 앙카라 주재 이스라엘 대사를 추방하였다. 미국 대통령 버락 오바마가 이스라엘 방문 도중, 이스라엘 총리 베냐민 네타냐후와 에르도안 총리를 중재한 이후, 돌파구가 마련되었다. 2013년 3월, 이스라엘과 터키 총리가 갑자기 외교관계 정상화를 복원하는데 합의하였고, 전임 이스라엘

다. 이스라엘 총리 네타냐후가 마비 마르마라 사건에 대하여 터키에게 사과했을 뿐만 아니라, 2천만 달러를 터키 희생자 가족들에게 보상하는 등 여느 때와는 다른 겸손한 태도를 보였다는 사실은 이스라엘에게 터키의 전략적인 중요성을 반영한다. 그 보답으로 터키는 이 사건과 관련된 이스라엘군을 법적 소송으로부터 보호하는 법률을 제정하기로 합의하였고, 터키에 기반을 둔 하마스 활동에 자금을 조달하거나 하마스의 군사 작전하는 것을 막기로 합의하였다.

이스라엘이 천연가스를 이집트와 요르단 등 이웃 국가들을 넘어서, 유럽으로 수출할 수 있는 능력은 유럽의 에너지 공급 환경을 완전히 변화시킴으로써, 이스라엘을 미국과 유럽에게 훨씬 더 중요한 필수적인 자산으로 만들 것이다. 이스라엘에서 생산되는 천연가스는 터키와 유럽의 러시아 가스에 대한 의존을 감소시키고, 터키와 유럽 가스시장에 대한 러시아의 장악력을 축소시킬 것이다. 현재 러시아는 터키와 유럽 천연가스 시장에 대한 가장 대규모 가스 공급자다.

결국, 이스라엘로부터 터키에 이르는 가스 파이프라인은 러시아의 가스 판로에 심각한 타격을 가함으로써, 미국에게 전략적인 승리를 안겨줄 것이다. 결국 중동에서의 가장 긴밀한 미국 동맹, 이스라엘이 유럽 에너지의 동력을 변화시키고, 러시아의 영향력을 축소시킬 것이다. 2016년 6월, 조 바이든 미국 부통령이 이스라엘-터키 파이프라인에 대한 기대감을 가지고, 네타냐후로 하여금 터키에게 사과하도록 중재했다는 것은 놀랍지 않다.

이집트, 요르단, 이스라엘의 천연 가스 협력은 또한 불안정성이 큰 역내에서 미국의 주요한 두 아랍 동맹들의 안정성을 확보할 것이다.

사령관들에 맞서는 법률적 조치를 종식시키기로 합의하였다. 네타냐후 총리 사무실이 낸 성명은 마비 마르마라의 비극적 사건은 의도되지 않은 것으로 이스라엘은 부상자들과 사망자들에 대해서 유감을 표시한다고 밝혔다. "몇 몇 작전상의 실수를 지적한 조사에서, 네타냐후 총리는 인명 살상을 낸 실수에 대하여 터키 국민들에게 사과하고 보상하기로 합의했다"고 덧 붙였다. 그 다음 해에 터키 대통령이 된 에르도안은 희생자 가족들에 대한 보상에 합의했고, 터키 국민들의 이름으로 네타냐후의 사과를 받아들인다고 밝혔다. 2016년 6월, 터키와 이스라엘은 관계를 정상화하기로 합의하였다.

결국, 미국은 이스라엘과 터키 사이에 건설될 파이프라인의 최종 수혜자가 될 것이다. 게다가 2017년 6월 15일, 이스라엘, 이탈리아, 그리스, 키프로스는 2025년 완공을 목표로, 동지중해 가스전들로부터 가스를 유럽으로 운송하는 파이프라인 개발계획을 가속화하기로 결정하였다. 유럽은 에너지 공급을 다변화시키려고 애쓰고 있으며, 그리스는 동지중해로부터 유럽으로 운송되는 가스의 통관 허브가 되기를 원한다. 그리스 총리 알렉시스 치프라스는 "우리는 동 지중해에서 경제 협력의 새로운 전망을 제시하기 위한 대규모 프로젝트 건설에 대한 합의를 실천하기로 합의하였다"라고 밝혔다. 이러한 이스라엘, 이탈리아, 그리스, 키프로스 사이의 파이프라인건설 협정은 유럽이 이스라엘의 팔레스타인 해안봉쇄를 묵시적으로 승인하는 것이다.

이제 이스라엘은 천연가스 수출국으로 탈바꿈하게 됨으로써 역내를 넘어서 세계 에너지 강국으로 전환될 것으로 보인다. 동시에 이스라엘은 천연가스와 석유가 매장된 가자연안 대한 지배권을 더욱 확장하고, 팔레스타인인 출입금지정책과 영해와 영토에 대한 팔레스타인인들의 주권을 박탈하는 정책을 한층 강화할 것으로 예상된다.

한편, 2007년 파타/하마스 내전 이후, 서안을 통치해온 팔레스타인 자치정부(파타 소속)가 하마스가 통치하는 가자에 대한 전기 공급 비용을 이스라엘에게 지불해왔다. 그러나 2017년 6월, 팔레스타인 자치정부는 이스라엘에게 가자에 대한 전력 공급을 40% 줄이도록 요구하였다. 이 요구는 자치정부가 하마스를 약화시키려는 시도였다.[22] 이로 인해서, 가자 주민들은 하루에 평균 6~8시간 받던 전기 공급을 3~4시간 정도 받았다. 이에 대하여 유엔은 가자가 기본적인 서비스의 완전한 붕괴에 직면했다고 경고하였다(The Iraq File 2018, January. 4). 2018년 1월 3일, 팔레스타인 자치정부는 지난 해 6월 가자 지역에 대한 전력공급 삭감 요구를 철회하였다. 1월 7일부터 이스라엘은 가자에 대한 전력 공급을 재개하여, 가

---

22) 2006년 하마스가 총선에서 승리한 이후, 가자 주민들은 이스라엘의 전력 공급 중단, 이스라엘의 육상, 공항, 해상 봉쇄 뿐 만 아니라, 팔레스타인 자치정부의 제재조치로 고통을 받아왔다.

자의 전역 공급 시스템은 하루에 7시간 정도 가동될 수 있다. 이러한 조치에 대하여 팔레스타인 자치정부 총리 라미 함달라는 2017년 10월, 파타-하마스 사이의 상호 화해 협정의 결과라고 밝혔다.

함달라의 설명은 2017년 10월 파타-하마스 화해 협정이 팔레스타인 자치정부가 하마스에게 압박을 가함으로써 성취된 것임을 의미한다. 2017년 10월 12일, 파타와 하마스는 이집트가 중재한 상호 화해 협정을 체결하였다. 이 협정의 일환으로, 하마스는 가자를 통치하던 자체 행정위원회를 해체하였다. 파타가 통제하는 팔레스타인 자치정부가 가자를 통치하게 되면서, 하마스는 가자 행정권과 이집트-가자(라파) 국경 통제권을 자치정부 수반 경호부대(the presidential guards)에게 이양하였다.[23] 이 때, 팔레스타인 자치정부는 가자에 부과되었던 징벌적인 조치들인 전기 공급 중단과 공공부문 월급 동결 해소, 의약품보내기, 의학적인 치료를 위해서 환자들을 가자 밖으로 이송 등의 조치들이 취해질 것이라고 선언하였다.

그러나 협정 체결 이후 3개월 동안, 이러한 팔레스타인 자치정부의 선언은 실행되지 않았고, 가자의 상황은 더 악화되었다. 현재 파타-하마스 상호 화해 협정은 하마스의 가자 통치권을 무력화시키려는 것이었다.

실제로, 2017년 10월 파타-하마스 협정 체결 이후, 가자의 수 천 명의 공무원들은 몇 달 동안 수입이 없고, 수 천 명의 가난한 가족들은 사회적 혜택을 거의 받지 못했다. 가자 경제활동 80%와, 공장 90%는 가동이 중단되었다. 가자 거주 팔레스타인인들 42%는 가난으로 고통 받고 있으며, 청년 실업률은 50%이며, 주민 80% 정도는 국제 원조(주로 식량)로 살아갔다. 특히 놀랍게도, 가자 지역 경제 침체의 원인 중 하나가 팔레스타인 자치정부의 가자 세금 전용인 것으로 드러났다. 라파국경을 통제하게 된 팔레스타인 자치정부가 국경 통관세 등을 인상해서 일부 세금을 서안 자치정부 재정을 벌충하는 것으로 알려졌다. 수반 경호부대가 라파국경 통제를 시작한 날, 2017년 11월 1일 이집트는 가자-이집트 2개

---

23) 파타-하마스 화해 협정에 따르면, 2017년 11월 1일부터 자치정부 수반 경호부대가 이집트와 가자 사이의 라파국경을 통제한다.

터널들을 파괴하였다.**24)** 가자 주민들은 봉쇄기간 동안 이 터널들을 통해서 음식, 연료, 의약품등 기본적인 생활 용품을 조달해왔다. 게다가 하마스 소속 공무원들뿐만 아니라, 팔레스타인 자치정부(파타) 소속 공무원들(가자 공무원의 5% 구성) 월급까지 체불되는 것으로 드러났다.

2017년 파타-하마스 화해협정 이후, 가자는 팔레스타인 자치정부, 이집트, 이스라엘에게 완전히 포위당한 형국이다. 특히 2017년 12월 6일, 트럼프의 '예루살렘은 이스라엘 수도' 선언 이후, 강화된 이스라엘의 공습으로 가자 주민들은 살해되고, 부상당하면서, 전쟁 공포에 떨었다. 팔레스타인 자치정부와 이스라엘의 위협으로 고립된 가자는 깊고, 어두운 터널 속으로 빠져들었다.

V. 이스라엘의 인종차별 정책과 아랍계 소수자들

1. 모자이크 사회: 다양한 종족 · 종교 · 문화

이 글은 이스라엘 밖으로 추방되거나 난민이 된 사람들을 제외하고, 이스라엘 국내 정치에서 영향력 있는 소수민족으로 남아 있는 아랍계 이스라엘인들을의 상황을 파악하기 위한 것이다.

최근 몇 년 동안, 이스라엘 내에서 우파 시온주의자들과 아랍 소수민족간의 관계는 점점 더 심각한 문제가 되었다. 실제로, 이스라엘 내부에서 유대인/아랍인의 분열이 더욱 강화된다면, 그것은 다른 어떤 사회적 분열보다 이스라엘 사회와 정치에 폭발적인 영향을 끼칠 수 있다. 이 글은 아랍계 소수민족에 대한 이스라엘의 정책과 이스라엘의 아랍 공동체가 유대인과 동등한 법적, 정치적 권리를 획득할 가능성을 탐구한다.

---

24) 2017년 12월 23일 이집트군은 2017년에만 63개의 가자 터널을 파괴했다고 밝혔다 (The Lens Post 2017, December. 23).

1948년 이스라엘 국가 건설 직전 팔레스타인 주민의 다수는 거의 130만 명에 이르는 아랍인들이었다. 이들 중에서 87만 4천 명~94만 명 정도의 아랍인들은 영국의 위임통치 팔레스타인 영역의 78%, 즉 이스라엘 국가 영역이 된 지역에 살았다. 1948년 전쟁의 결과 전체 아랍 마을의 50%가 넘는 531개 마을이 파괴되었고, 절대 다수의 아랍인들이 고향으로부터 축출당해 난민이 되었다. 이 난민들에 관한 통계 숫자는 이스라엘 공식발표에 따르면 52만 명, 유엔팔레스타인조정위원회(UN Conciliation Commission for Palestine) 발표에 따르면 75만 8천 명, 영국위임통치청 문서(British Government Document, The General Monthly Bulletin XII of December 1947)에 따르면 77만~78만 명으로 발표 주체에 따라 차이가 있다.

일반적으로 이스라엘 내 원주민들에 대하여 '팔레스타인인들'이라고 부르기도 한다. 그러나 이스라엘은 이스라엘 내부에서 민족으로서 팔레스타인인을 인정하지 않고, 대신 아랍계 이스라엘인들을 드루즈, 베두인, 무슬림, 기독교인 등으로 구분한다(Epstein 1942, 52–63; Zeedan 2019, 6). 이러한 서로 다른 구분선들은 현실적으로 서로 다른 삶의 방식과 문화로 존재하기도 한다. 그러나 사실 이러한 이 구분선들은 모호한 측면도 있다. 현재 베두인 대다수는 정착 생활을 하고 있어서, 다른 수니 무슬림들 다수와 생활방식에서 차이가 거의 없다. 그러나 이스라엘은 특별한 소수자들에 대한 서로 다른 차별적인 정책을 폄으로써, 종파, 종족, 문화의 경계들을 강화시켜서 서로 분리시키는 분할 통치 정책을 통하여, 원주민들에 대한 통치를 수월하게 해왔을 뿐만 아니라, 군사적인 충성도 받고 있다.

예를들면 오스만 시대에 드루즈들은 무슬림 사회의 일부로 인정받았다. 오스만 정부는 독립적인 밀레트로서 승인해 달라는 일부 드루즈 지도자들의 요구를 승인하지 않았다. 그래서 오스만 정부의 공식 통계에서 드루즈들은 무슬림들이나 기타로 언급된다. 다시 일부 드루즈 지도자들은 영국의 팔레스타인위임통치 정부 드루즈 공동체를 독립적인 밀레트로 승인해 달라고 요구하였으나 거부당했다. 이스라엘 건국이후, 이스라엘 법률은 밀레트 제도를 승인하였다. 이스라엘은 유대교, 9개 종류의 기독교, 이슬람교를 모두 승인하였다. 드루즈 지도자들은 공식적인 승인을 요구하였고, 1957년 이스라엘 정부는 드루즈를 첨가함으로써 공인된 종교의 범위를 확장하였다. 1962년 이스라엘 의회는 드루즈 종교 재판소 법(The Druze Religious Courts Act, 1962)을 승인함으로써 드루즈들을 자율적인 종교 공동체로 공식적으로 인정하였다. 그 뒤에 이 법에 따라 드루즈 영적 지도자와 드루즈 종교재판관을 임명하였다. 이러한 이스라엘 조치와 함께 드루즈들은 이스라엘 정책에 적극 협력하게 되었다.

이스라엘중앙통계국(Central Bureau of Statistics, CBS)의 분류에 따르면, 2018년 7월, 이스라엘 전체 인구는 8백 4십 만 명 정도다. 전체 인구의 74.2%(623만 명)는 유대인이며, 전체 인구의 21.4%(약 181만 명)를 차지하는 아랍계 소수자들은 무슬림 17.8%(약 150만 명), 기독교인 2%(16만 8천 명), 드루즈 1.6%(13만 9천 명)로 구성된다. 나머지 4.4%(36만 9천 명)는 '기타'로 분류된다. 기타로 분류되는 사람들은 대체로 구소련으로부터 이민 온 사람들인데, 자신들 스스로 유대인이라고 하지만 정부가 시민 요건에서 사용하는 '유대인'이라는 정통파 유대인의 정의를 충족시키지 못하는 사람들, 소규모 공동체들인 체르케스인, 사마리탄, 카라이트, 아흐마디 무슬림, 제 7일 안식일 재림파, 메시아닉 유대인, 여호와의 증인, 바하이 등이다. 이 분류에 따르면, 이스라엘은 단일한 종족, 종교, 문화 공동체라기보다는 여러 종족과 다양한 종교와 문화 집단으로 이루어진 모자이크 사회다.

아랍인들의 대다수는 북부 지역과 하이파 및 하이파 지구 인접 그린라인 북서쪽 중앙 지역, 남부 네게브 지역에 문화적 정체성을 유지하면서, 집중적으로 거주한다. 이러한 현실을 무시하고, 2018년 7월 19일, 이스라엘의회는 '이스라엘을 유대 민족의 민족국가'라는 유대민족 국가법을 통과시키면서, 이스라엘 유대화 정책에 정점을 찍었다. 이에 맞서 이스라엘 아랍계 소수자들은 텔아비브 등지에서 민족국가법 반대 시위를 주도하였다.

이처럼 이스라엘의 유대민족 국가법 제정에 맞서 집단적인 거리 시위를 하는 등 이스라엘 내 아랍 소수자 사회의 정치적 집단의식이 점차 강화되고 있는 듯하다. 이 기회에 이스라엘에서 아랍 소수자들이 통합되고, 유대인들과 동등한 정치 및 사회적 권리를 획득해 나갈 수 있을 것인가?

2. 유대민족 국가법과 아랍계 소수자들의 대응

2018년 7월 19일(목), 크네세트는 기본법(Basic Law)으로 '유대민족 국가법(The nation-state law)'을 통과시킴으로써, 예루살렘을 포함한 역사적인 팔레스타인 땅 전역에 대한 유대화 정책에 정점을 찍었다. 우파 시온주의자들이 주도한 이 법은 이스라엘의 민주적인 특성과 인종적 소수자들을 무시하면서, 이스라엘 국가에 대한 유대인의 독점권을 규정하였다. 따라서 드루즈 등 아랍계 이스라엘인들은 이법에 반대하는 시위 등을 조직하였다.

사실상 이스라엘의 헌법으로 작용하는 이 법은 '유대민족 국가로서의 이스라엘에 대한 세 가지 기본 원칙, 예루살렘, 히브리어, 유대인 이민, 유대 정착촌 건설에 대한 원칙'을 다음과 같이 천명하였다.

기본법: 유대민족을 위한 민족국가로서의 이스라엘

2018년 7월 19일, 이스라엘 의회인 크네세트는 여러 시간의 논쟁 끝에 다음을 명시한 기본법, '유대민족 국가법'을 120명 의원 중 찬성 62표 대 반대 55표, 기권 2표로 통과시켰다.

1. 세 가지 기본 원칙
   1) 이스라엘 땅은 이스라엘 국가가 건설된 유대인들의 역사적 고향이다.
   2) 이스라엘 국가는 유대인들의 천부적, 문화적, 종교적, 역사적 자결권을 실행한다.
   3) 이스라엘 국가 내에서 민족적 자결권을 행사할 권리는 유대인들에게만 있다.
2. 국가의 이름은 이스라엘이다.
3. 통합된 예루살렘은 이스라엘의 수도다.
4. 이스라엘의 공식 언어는 히브리어다. 아랍어는 이스라엘 국가 내에서 특별한 지위를 갖는다.
5. 이스라엘은 유대인 이민과 귀환을 위해 개방될 것이다.
6. 이스라엘은 유대 정착촌 개발을 민족의 가치로 간주하며, 정착촌 건설과 강화를 고무시키고 촉진시키는 조치를 취할 것이다.

이법은 이스라엘 내 소수자들을 배려하는 평등이나 민주주의를 언급하지 않았다. 뿐만 아니라 점령지에서의 이스라엘 정착촌 건설과 강화를 규정함으로써, 1967년 전쟁으로 이스라엘이 불법 점령한 팔레스타인(동예루살렘, 서안, 가자)과 시리아 지역(골란고원)으로 이스라엘 국가 영역의 확장을 꾀하였다.

이스라엘 무슬림 아랍 가문에서 태어난 시온주의자 연합(Zionist Union)정당 소속 67세 주헤르 바흘룰(Zouheir Bahloul) 크네세트의원은 '유대 민족 국가 법'이 통과된 후 7월 28일, "'유대 민족국가법'은 아랍계 이스라엘 시민이 오랫동안 경험한 열등한 지위를 제도화한 것이다. 나의 사임은 이 나라로부터 아랍인의 존재를 몰아내려는 이 법을 수용하지 않겠다는 의미다. 유대민족국가법은 고등법원이 거의 반대할 수 없는 헌법의 권한을 가진 기본법을 통해 아랍의 열등감과 유대인의 우월성을 정상화하고 명문화했다. 이 법에 따르면, 아랍계 이스라엘인의 법적 지위는 열등하다. 유대민족국가법은 선례가 없으며, 아랍계 이스라엘 시민들에게 받아들일 수 없는 것이다"라고 주장하면서 사임하였다.

특히 의무병으로 군대에 징집되는 등 적극적으로 이스라엘 국가에 충성을 다해 온 드루즈들의 시위가 눈에 띈다. 드루즈들은 시아 이슬람 종파에 속하며, 인종적으로는 아랍인이다. 2018년 8월 7일, 이 시위를 주도한 드루즈 공동체의 종교 지도자 셰이크 모아파크 타리프(Sheikh Moafaq Tarif)는 "이스라엘 국가에 대한 의문의 여지가 없는 우리의 충성에도 불구하고, 이스라엘은 우리를 유대인들과 동등하게 간주하지 않는다"고 주장했다.[25]

사실 드루즈 남성들은 동예루살렘이나, 서안 소재 이스라엘 검문소, 가자/이스라엘 경계 등 점령지 팔레스타인인들과 직접 부딪히는 지역에서 이스라엘을 수호하는 국경 경찰이나 군인들로 3년간 의무 복무를 한다. 즉 상대적으로 위험한 지역에서 유대인들을 대신해서 드루즈 아랍인들이 다른 아랍인들과 싸우는 형국이다.

2017년 7월 14일(금), 동예루살렘 알 아크사 모스크 입구에서 권총과 사제 총으로 무장한 아랍계 이스라엘인들 3명이 이스라엘 국경 경찰관(Israeli Border Police officer) 2명을 사살했다. 이 3명의 아랍계 이스라엘인들은 이스라엘 북부 아랍 도시 움 알 파흠(Umm al-Fahm) 출신이다. 사살된 2명의 이스라엘 국경 경찰관은 드루즈들이다. 이 중 한명인 카밀 스난(Kamil Shnaan)은 이스라엘 북부 드루즈 도시

---

25) 팔레스타인에서 드루즈들은 북부 갈릴리와 달럇트 알 카르멜(Dalyat-el-Carmel)을 포함한 남부 갈릴리 일부에서 모여 살았다. 주목해야할 것은 타리프 가문이 전 지역의 드루즈들을 지배했다. 북부 갈릴리의 카예르 가문과 남부 갈릴리의 쿠나이피스 가문이 타리프 가문이 경쟁을 시도했다.

후르페이스(Hurfeish) 출신이며, 그의 아버지는 17대, 18대 크네세트의원을 지낸 샤키브 스난(Shachiv Shnaan)이다. 결국 이 사건은 아랍인들이 드루즈 아랍인 이스라엘 군인들을 사살한 사건이었다.

2018년 8월 11일, 유대 민족 국가법에 반대하여 북부 갈릴리, 남부 네게브 등 전국에서 온 수 만 명의 아랍계 이스라엘 시민들이 "우리는 이등 시민이 아니다. 유대 민족 국가 법은 공식적인 인종차별주의"라고 쓰인 현수막을 들고 텔아비브 시내에서 행진했다. 이 시위대에게 고등 아랍 감시 위원회(Higher Arab Monitoring Committee) 의장 무함마드 바라카(Mohammed Baraka)는 "오늘날 국가와 국가의 목표를 한 인종 집단의 소유물로 만드는 조항이 있는 헌법은 세상에 없다. 모든 시민과 거주자들의 평등권 조항을 포함하지 않는 헌법은 세상에 없다"고 주장했다. 이와 같이 이스라엘 내 아랍계 소수자들은 이스라엘이 모든 시민 권자들이 동등한 권리를 갖는 국가가 되어야 한다고 주장한다.

3. 아랍계 소수자들의 이스라엘군 입대

최근 드루즈를 비롯하여 무슬림, 기독교인 등 아랍계 이스라엘 시민들의 이스라엘군 입대가 증가하는 추세다. 이스라엘군은 비유대인 이스라엘 군인에 대한 정확한 통계 수자를 발표하지 않는다. 1951년 의무 군대 복무법(The Compulsory Military Service Law of 1951)은 18세가 되는 모든 이스라엘 시민은 이스라엘군(Israel Defense Forces, IDF)에 복무해야 한다고 규정한다. 반면 이법은 '국방부 장관이 종교적, 민족적 이유로 특정 개인이나 집단을 면제할 수 있는 권한을 갖는다'고도 규정한다. 이 법에 따라 아랍계 이스라엘시민은 아랍세계와의 가족, 종교, 문화적인 유대 관계와 이중 충성 가능성에 대한 우려로 이스라엘군에서 의무 복무를 면제받았다. 그렇지만, 아랍인들도 이스라엘군 지원 복무가 장려되고, 매년 일부 아랍인들은 이스라엘군에 지원한다. 1950년대 중반 드루즈 공동체 지도자들의 요청에 따라 드루즈 남성들에게 이스라엘군 입대가 의무화되었고, 베두인은 자발적으로 이스라엘군에 입대하는 수가 꾸준히 증가하고 있다.

2017년 9월 현재 전투병은 1,600 셰켈($451), 전투 지원병은 1,176 셰켈($331),

행정병은 810 세켈($228)의 월급을 받는다. 이스라엘의 최저 임금은 5,000 세켈($1,410)이다. 이러한 군인들 사이에 차등적인 임금 지급은 가난한 소수자들이 전투병을 지원하는 유인이 되는 것으로 보인다. 게다가 이스라엘 군대는 그들이 지원한 3년 복무 기간 중 마지막 6개월 동안에 추가적인 재정 지원도 제공한다.

1) 드루즈

1948년 여름 아랍연맹 군사위원회(The Arab League Military Committee)가 조직한 6천 명 정도 규모의 아랍해방군(the Arab Liberation Army, 활동기간: 1947~1948)이 이스라엘군과의 전투에서 패배하면서, 아랍해방군에 지원병으로 참가했던 시리아 및 팔레스타인(달라트 알 카르멜, 이스피야) 출신의 드루즈 전사들은 아랍해방군을 탈퇴하여 이스라엘군에 입대하였다. 이 드루즈들이 이스라엘군에서 유일하게 아랍어 사용하는 부대인 소수자 부대(The IDF Minorities Unit)의 핵심을 형성하였다. 1948년 전쟁 중에 창설된 이 소수자 부대는 300부대(Unit 300) 혹은 이스라엘군 총검부대(Sword Battalion)로 불렸다. 소수자 부대원의 대다수는 드루즈들이지만, 베두인, 체르케스인, 기독교인뿐만 아니라 다른 아랍 무슬림들도 있었다. 이 부대는 드루즈 출신의 몇 몇 장군들도 배출하였다.

이 부대는 1948년부터 2015년 5월까지 유지되었으나, 대다수의 청년 드루즈들이 소수자부대보다는 정규부대에서 일반 병사들과 함께 근무하기를 원하기 때문에, 2015년 5월, 이스라엘군 참모총장 가디 에이젠코트(Gadi Eizenkot, 재임: 2015.02~2019.01)는 드루즈 공동체 지도자들과 상의한 이후, 드루즈 병사들을 유대인 군인들과 일반부대로 통합시키기 위해 이 총검부대를 해체했다.

현재 드루즈는 이스라엘 군에 의무 징집되는 유일한 아랍계 이스라엘인이다. 2009년 소수민족군인을 책임지는 드루즈 출신 이스라엘군 대령 아흐메드 라미즈(Ahmed Ramiz)는 "이스라엘 시민의 주된 의무는 조국을 방어하고 이스라엘군에서 근무하는 것"이라고 주장했다. 이러한 드루즈들의 이스라엘 국가에 대한 충성심은 다음과 같은 역사적 사실에서 비롯되었다. 오스만 제국의 통치 시대에 드루즈들은 무슬림 사회의 일부로 인정받았고, 오스만 정부는 독립적인 밀레트로서 승인해 달라는 드루즈 지도자들의 요구를 승인하지 않았다. 그래서 오스만

정부의 공식 통계에서 드루즈들은 무슬림들이나 기타로 언급되었다. 영국의 팔레스타인위임통치 시대에도 드루즈 지도자들은 영국위임통치 정부에게 드루즈 공동체를 독립적인 밀레트로 승인해 달라고 요구하였으나 역시 거부당했다.

사실, 영국 위임통치시대 동안 드루즈들은 영국정부로부터 공동체를 공인받기 위하여 적극적으로 노력하였다. 예를 들면, 드루즈들은 1929년 8월 23~29일 발발하여 133명의 유대인과 116명의 아랍인이 사망한 反시온주의 아랍봉기에서 중립을 지켰다. 이 때 드루즈 지도자들은 이 폭동은 유대인들과 무슬림들 사이의 종교적 분쟁이고 드루즈들과는 관계없기 때문에, 중립을 지킨다는 서신을 영국 위임통치 정부에게 보냈다. 이로 인해서 초기 시온주의 운동과 시온주의 무장단체 하가나(Haganah, 1920~1948.05.28)에서 탁월한 역할을 해온 이츠하크 벤즈비(Itzhak Ben Tzvi, 2대 대통령 재임: 1952.12.16~1963.04.23)와 드루즈들 사이에서 접촉이 이루어졌고, 드루즈들과 유대인 사이에 신뢰가 증대되었다. 1936~1939년 아랍 대반란 때도 드루즈들은 참가하지 않았을 뿐만 아니라, 아랍 반란세력(The Arab Abu Durra gang)을 파괴하도록 영국 및 유대인들과 협력하였다. 이스라엘 군대에 합류한 드루즈들은 1948년 전쟁에서도 유대인들 편에 적극 참가하였다. 드루즈들은 영국으로부터 무기를 지원 받았고, 지역 유대인 세력들과 협력하여 다른 아랍인들과 맞서 싸웠다.

시온주의자와 드루즈 간에 업무를 책임졌던 이츠하크 벤즈비는 "1947~1948 전쟁에서 보여준 드루즈의 정치적인 행위는 드루즈와 유대인간의 고대로부터 내려온 전통과 유사한 운명에 기반을 둔 드루즈와의 우정은 매우 가치가 있다. 우정은 고양되어야하며, 역사적 유대는 강화되어야한다. 드루즈의 예는 사악한 적에 맞서 확고하게 싸우는 소수 민족의 예를 보여준다. 드루즈의 우정과 호의에 감사한다"고 밝혔다(Nettler and Taji-Farouki 2013, 138). 이러한 이유로 다른 아랍인들과는 달리 드루즈들은 1948년 전쟁 중에 달아나거나 추방되지 않았다.

이스라엘 건국이후, 이스라엘 법률은 오스만 제국의 밀레트 제도를 재승인하면서, 유대교, 9개 종류의 기독교, 이슬람교를 모두 공인받은 종교로 승인하였다. 1955년 드루즈 지도자들은 이스라엘 정부에게 공식적인 승인을 요구하였다. 1956년 5월, 드루즈 지도자들의 요청에 따라, 드루즈들은 의무병으로 징집되었고, 이스라엘 총리 데이비드 벤구리온은 "드루즈들과 유대인들 사이의 협정은 단지 종위위에 쓰인 글이 아니다. 드루즈 전사들의 피로 이루어진 신성화된 것이다"고 찬양했다(Williams 2000, 20).

표 1. 주요 지역의 드루즈 인구(2017년 말)

북부(드루즈 수- 비율)	하이파(드루즈 수- 비율)
야르카(Yarka, 16,400–98%)	달랴트 알 마르켈(Daliyat al-Karmel, 16,700–97%)
마가르(Maghar, 12,900–58%)	이스피야(Isfiya, 9,200–76%)
베이트 잰(Beit Jann, 11,700–100%)	
키스라 수메이(Kisra-Sumei, 8,100–95%)	점령지-골란고원(드루즈 수- 비율)
야누자트(Yanuh-Jat, 6,500–100%)	마스달 샴스(Majdal Shams, 10,930–100%)
줄리스(Julis, 6,300–100%)	부까타(Buq'ata, 6,485–100%)
후루페이스(Hurfeish, 6,000–96%)	마사테(Mas'ade, 3,592–100%)
쉐파암르(Shefa-'Amr, 5,700–14%)	아인 끼니예(Ein Qiniyye, 2,033–100%)
펜킨(Peki'in, 4,500–78%)	
사주르(Sajur, 4,148–100%)	
아부 스난(Abu Snan, 4,100–30%)	
라마(Rameh, 2,400–31%)	
아인 알 아사드(Ein al-Asad, 871–100%)	
총 드루즈 인구: 138,559명	

Central Bureau of Statistics(2019). *The Druze Population of Israel*, 2019.04.17.
https://www.cbs.gov.il/he/mediarelease/DocLib/2019/122/11_19_122b.pdf

드디어 1957년 이스라엘 의회는 법률로 드루즈를 공인받은 종교에 포함시켰다. 게다가 1962년 이스라엘 의회는 드루즈 종교 재판소 법(The Druze Religious Courts Act, 1962)을 승인함으로써 드루즈들을 자율적인 종교 공동체로 공식적으로 인정하였다. 그 뒤에 이 법에 따라 드루즈 영적 지도자와 드루즈 종교재판관을 임명하였다. 이제 드루즈들은 오스만 제국과 영국 위임통치하에서 받아보지 못한 공식적인 종교로서의 지위를 이스라엘 국가 내에서 누리면서, 이스라엘 국가에 충성을 하게 되었다.

특히 군대에서 드루즈들의 역할은 다른 아랍인들에 비해서 상대적으로 탁월하다. 유세프 미슬랍(Yosef Mishlab, 1952~)은 1990년대 후반 최초의 이스라엘군 드루즈 출신 소장(Major general)으로, 고향 전선 부대(Home Front Command, 1992.02 창설)의 사령관이었다. 이마드 파레(Imad Fare, 1961~)는 이스라엘군 보병 여단의 드루즈 출신 준장(Brigadier general)으로 2001~2003년 가자 내에 주둔한 기바티 여단(Givati Brigade, 1947 창설) 사령관이었다. 가산 알리안(Ghassan Alian, Rasan Alian, 1972~)은 이스라엘군 드루즈 출신 준장(Brigadier general)으로 중앙 사령부 여단장이었다. 그는 2014~2016년 최초 非유대인 출신의 골라니 여단(Golani Brigade, 1948.02 창설) 사령관으로 2014년 7월 8일~8월 26일, 7주 동안 이스라엘의 가자 공격(Operation Protective Edge)을 지휘하였다. 이 이스라엘의 가자 공격으로 1,400명의 팔레스타인인들과 13명의 이스라엘 군인이 희생되었다. 가산 알리안은 1990년 이후 이스라엘군에서 복무하는 드루즈들 중 최고 지위에 있는 인물이다. 그는 2014년 7월 19일, 가자 공격 과정에서 부상당했으나 병원 치료 후, 바로 가자 공격 작전에 복귀할 정도로 이스라엘군에 대한 충성심이 강했다. 그는 1987년 12월 8일~1993년 9월 13일, 이스라엘군가 약 1,124명의 팔레스타인인을 살해한 1차 인티파다(이스라엘 민간인 47명과 IDF 소속 군인 43명 사망), 1985년 2월 16일~2000년 5월 25일, 남부레바논 분쟁, 2006년 이스라엘/레바논전쟁, 2008년 12월 27일~2009년 1월 18일, 1,400명 이상의 팔레스타인인과 13명의 이스라엘군 희생자가 발생한 이스라엘의 가자공격(Operation Cast Lead, Gaza Massacre, Battle of al-Furqan), 2012년 11월 14~21일, 167명의 팔레스타인인과 4명의 이스라엘인 희생자가 발생한 이스라엘의 가자 공격(Operation Pillar of Defense)에 참가한 경험도 있다.

2023년 10월 10일, 이스라엘의 가자공격과 관련하여 가산 알리안 소장은 "인간 동물들은 이렇게 대우받아야 한다. 가자에는 전기도 물도 없고 파괴만 있을 것이다. 당신은 지옥을 원했고, 지옥을 겨엄할 것이다"라고 밝혔다.

드루즈는 주로 보안과 군대 문제에 전문지식을 가지고 있다. 드루즈들은 18세가 되면, 의무적으로 병역 의무를 수행해야한다.[26] 1970년대 후반 이후에, 베

---

26) 1967년 이스라엘이 시리아로부터 빼앗은 골란고원에 거주하는 드루즈들 대부분은 병역 의무에서 제외된다. 이들은 이스라엘 시민권을 받지 않고, 시리아 국적을 유지하면서, 이스라엘 영주권자들이다.

이트 잰(Beit Jan) 마을을 중심으로 이스라엘 공산당과 연계된 드루즈 선도 위원회(Druze Initiative Committee)는 드루즈 징병 폐지 운동을 벌여왔다. 이스라엘군의 통계에 따르면, 군 복무는 일부 드루즈 주민들 사이에서 전통이며, 골란 고원의 드루즈 공동체에서 가장 많은 반대가 있었고, 드루즈 소년들 중 83%가 군대에 복무하고 있다. 2010년 이스라엘 군에 따르면, 1948년 이후 369명의 드루즈 군인들이 전투 작전에서 전사했다.

2000년 9월 5일, 서부 갈릴리 아부 스난(Abu Snaan) 마을에서 이스라엘군의 최초 드루즈 출신 소장 유세프 미슬랍의 업적을 기리는 기념식이 열렸다. 갈릴리와 카르멜산의 드루즈 마을 전체에서 3,000명이 넘는 손님들이 참석했으며, 사울 모파즈(Shaul Mofaz) 이스라엘군 참모총장, 엘리 이사이(Eli Yishai) 내무장관과 차관, 그 외 드루즈와 유대인 이스라엘군 장교들, 경찰들, 사령관들 등이 참석했다. 참가자가 많은 것은 드루즈 공동체 역사상 최고위급 장교와 드루즈의 연대를 드러낸 것이었다. 이 기념식에 드루즈 시장과 종교 지도자들, 대중적 인물들, 판사, 관리들, 고위 장교들, 정치와 씨족 대표들이 모두 참석했는데, 이들은 모두 그의 업적을 기리고 드루즈 공동체의 중요한 지위를 강조하기 위해 왔다. 이러한 사건들에 비추어 볼 때, 이스라엘 방위군에서 계속 복무하는 것은 이스라엘 대부분의 드루즈들 사이에 분명한 공감대가 형성되어 있다. 이스라엘 드루즈는 이스라엘 사회 내에서 분명히 인정받는 지위를 가지고 있다.

이러한 이스라엘 국가에 대한 충성에도 불구하고, 이스라엘 내에서 드루즈들의 사회적 경제적 지위는 개선되지 않았다. 드루즈들은 다른 아랍 소수자들에 비해 상대적으로 약하고 가난한 지방자치체, 낮은 교육성취, 고등 교육 받는 수의 차이, 높은 실업률, 특히 여성들의 낮은 취업률, 도시 개발과 성장을 위한 토지 부족 등으로 인하여 총체적으로 열악한 지위에 처해있다. 이러한 취약한 상황이 현재 드루즈 청년들을 군대 근무를 선호하도록 추동하는 것으로 보인다.

그런데 이스라엘 불법 점령지인 골란 고원은 국제법상으로 시리아 영토이며, 이곳 주민 드루즈들 대다수는 이스라엘 시민권자들이 아니고, 영주권자들이다. 1967년 전쟁으로 이스라엘이 시리아로부터 빼앗은 골란고원에 위치한 4개 마을들, 마즈달 샴스, 부까타, 마사데, 아인 끼니예 등에 2017년 말을 기준으로 2만 3

천 명 정도의 드루즈들이 살고 있다. 이들 대부분은 자신들을 시리아인들로 간주하고, 이스라엘 국적을 거부하며, 대신에 이스라엘 영주권자들이다. 이들은 이스라엘 여권 대신에 여행증명서를 사용하며, 이스라엘은 시리아 국적을 인정하지 않기 때문에 여행증명서에 국적란은 비어있다. 이스라엘은 1981년 12월 4일, 크네세트가 골란고원법(Golan Heights Law)을 채택함으로써, 골란고원은 이스라엘의 행정 시스템으로 통합되었다. 1981년 이스라엘 정부가 골란고원에 거주하는 모든 주민들에게 이스라엘 시민권을 제안하였으나, 이 지역 드루즈들 다수는 거부하였고, 단지 10% 이하만이 이스라엘 시민권을 수락하였다. 그러나 2012년 시리아 내전이후, 골란고원에 거주하는 많은 드루즈 청년들이 이스라엘 시민권을 신청하였고, 그 결과 2017년 현재 5천 명 이상의 골란고원 드루즈들이 이스라엘 시민권자들이다. 매년 이스라엘 시민권 신청자 수가 증가하는 것으로 알려졌다. 골란고원의 이스라엘 영주권자들은 이스라엘 군대에 징집되지 않는다.

2) 베두인

이스라엘 정부 통계자료에 따르면, 2019년 현재 이스라엘에는 약 25만 명의 베두인들이 거주한다. 이 베두인들은 의무병 징집 대상이 아니다. 그러나 최근 몇 년 동안 매년 450~500명의 베두인들이 군에 지원병으로 입대하는 것으로 알려졌다. 군대에 지원하는 베두인 비율은 여전히 낮지만, 군복무 중에 주어지는 히브리어 배우기, 학위 취득, 운전면허 취득을 비롯한 직업 교육, 주택 지원 등의 현실적인 혜택으로 인해서 지속적으로 증가할 것으로 예상된다. 전체 이스라엘 베두인 인구의 2/3가 남부 네게브 지역에 거주함에도 불구하고, 전체 인구 비율과는 달리, 베두인 신병의 2/3는 북부 지역 출신들로 충원된다. 이러한 현상은 축출 위기에 직면한 남부에 위치한 네게브 지역 베두인들보다 상대적으로 안정된 북부에 위치한 갈릴리 지역 베두인들이 이스라엘 정부에 더 우호적임을 의미한다.

(1) 남부지역, 네게브의 베두인

1948년 아랍-이스라엘 전쟁 당시 네게브 지역은 새로 창설된 이스라엘 방위군과 이집트군 사이에 치열한 전투가 벌어졌다. 전쟁의 여파로 네게브의 대부분이 이스라엘의 국경 안에 포함되었다. 전쟁 전후의 인구 통계에 따르면, 네게브 베두인 주민의 약 80% 이상이 요르단, 시나이 반도, 가자 지구, 서안 등 아랍통치 지역으로 추방되거나 달아났다. 1946~1947년경 네게브 베두인 인구 통계는 이동하는 텐트촌 베두인들을 포함시키는지 여부에 따라 57,000~11만 명으로 서로 다르게 나타난다. 1948년 전쟁 이후 축출되고 네게브에 남은 베두인들은 1만 1천 명 정도로 알려졌다.

1948년 3월, 유대 도시들로 가는 수도관 공격에 대한 하가나 소속 엘리트 전투 부대 팔마흐(Palmach, 활동: 1941~1948) 보복 습격에 대한 반응으로 베두인과 半 베두인 공동체들은 자신들의 집과 캠프를 떠났다. 1948년 8월 16일, 이스라엘 군대 네게브 여단(The Negev Brigade)은 군사상의 이유로 네게브 지역(Kaufakha-Al Muharraqa)에서 마을 주민들과 베두인을 추방하는 전면적인 인종 청소 작전을 시작하였다. 1948년 9월 말경에, 이프타흐 여단(Yiftach Brigade)은 네게브(Mishmar Hanegev 서부)에서 베두인들을 추방하고, 그들의 가축을 빼앗는 작전을 시작하였다. 1949년 초에, 이스라엘 군대는 베르셰바의 남쪽과 서쪽으로부터 수 천 명의 베두인들을 베르셰바 동쪽지역으로 이주시켰다. 1949년 11월, 500 가족이 국경을 넘어 요르단으로 추방되었고, 1950년 9월 2일, 약 4천 명의 베두인이 이집트와의 국경을 넘어 추방되었다. 이러한 이스라엘 군사 작전으로 약 1만 1천 명의 베두인만이 네게브에 거주하게 되었다.

이런 상황에서 1948년 12월, 베두인 마수딘(Masoudin) 부족의 셰이크 오데 아부 무아마르(Odeh Abu Muammar, 1909~2009)가 베르셰바의 이스라엘군 사령관에게 감동을 주는 편지를 썼다. 그는 "우리에게 적대적인 부족민들과 그들의 이집트 협력자들에 맞서 우리 자신들을 적절히 방어할 수 있도록, 이스라엘 정부가 우리에게 음식, 의복, 무기를 제공해 주기를 요구한다. 우리는 전능하신 하나님 앞에서 이스라엘 정부에 충성할 것을 맹세하며, 우리의 무기를 불법적으로 사용하지 않을 것을 맹세한다. 우리는 요청을 받을 때마다 이스라엘을 도울 것이다"라고 편지를 썼다. 이 때 오데 아부 무아마르가 유대인 당국과 처음으로 접촉한 것은 아니었다. 1943년 초에 오데 아부 무아마르는 유대인 마을을 지키는 것을 도왔고, 후에 영국 무기를 훔쳐서 하가나로 밀매했다. 이스라엘 국가 창설 초기에 오데 아부 무아마르는 이스라엘군 소속으로 베두인 추적부대(The Bedouin trackers)를 설립하였다.

베두인들에게 지원병을 하도록 장려하고 그들에게 다양한 유인책을 제공한 것은 오랜 이스라엘 정부 정책이 있으며, 일부 빈곤한 베두인 공동체에서는 군대 경력이 이용 가능한 (상대적인) 사회적 이동 수단 중 몇 안 되는 수단이다. 베두인 장교 압드 엘-마지드 히데르 중령(Lieutenant Colonel Abd el-Majid Hidr, Amos Yarkoni로 알려짐)은 '최고 훈장'을 받았다. 바히드 엘 후질(Vahid el Huzil)은 베두인으로서 처음으로 대대장이 되었다.

1954년 이스라엘 국경 안에 남아있던 네게브의 베두인들은 이스라엘 시민권을 받았다. 이스라엘 내무부에 따르면, 1955년 12월 베두인 인구는 12,540명, 1961년 17,756명, 1983년 39,641명이었다. 2007년 11월 30일 네게브의 베두인 인구는 172,169명이었다. 이스라엘 통치하에 남아있던 다른 아랍인들과 마찬가지로 베두인들은 1951년부터 1966년까지 이스라엘 군법 통치를 받았다. 이때 건립된 베두인 마을 대부분은 승인받지 못했다. 이 때 군법은 베두인 셰이크들을 통해서 베두인들에게 실행되었다. 1953년에 제정된 토지 구매법(The Land Purchasing Law in 1953)은 1952년 4월 현재 토지 소유권을 증명할 수 없는 모든 토지는 공유지가 될 것이라고 규정하였다. 이 법으로 베두인들은 거주지 밖에 있는 모든 토지에 대한 권리를 상실하였다. 네게브 베두인들의 토지 소유권은 대부분 문서화되지 않았거나 개인 소유지로 부적당하다는 이유로 이스라엘 당국에 의해서 거부되었다. 이때부터 이스라엘 정부는 베두인들이 소유권을 주장하는 땅을 개발하여 유대 정착촌, 자연 보호구역, 군대 캠프, 군사 사격 구역을 세우기 위하여 개발하기 시작하였다. 이스라엘은 1969년부터 토지권리 해결법령(The Land Rights Settlement Ordinance)을 제정함으로써 네게브땅 대부분을 국유화하였다.

이스라엘은 토지정책을 실시하면서, 19세기와 20세기 전반기에 1858년 오스만 제국의 토지법(The Ottoman Land Code of 1858)에 의존하였다(ONGLEY 1892). 이 법은 사유지로 등록되지 않은 토지를 국유지로 규정하였고, 베두인 땅의 대부분을 마와트(Mewat, 경작할 수 없는 버려진 땅)로 분류하면서 국유지로 규정하였다. 1896년경에 네게브 베두인들은 완전히 자유롭게 살았고, 오스만인들은 네게브와 베두인들에게 관심도 없었고, 관여하지도 않았다.

그런데 영국 위임통치 정부 역시 오스만 토지법을 채택하면서 토지 조례(the Land Ordinance)를 추가함으로써, 무단 점유와 무단 장악을 막았다. 1921년 영국 정부는 네게브 주민들에게 모든 토지를 등록하도록 명령하였다. 1921년 2월 제정된 토지 조례(the Mewat Lands Ordinance)에 따르면, 마와트로 분류된 토지를 경작하고 개간하는 베두인들은 모두 그 토지에 대한 소유권을 인정받았다. 그러나 대부분의 베두인들은 그 토지를 등록하지 않았다.

이렇게 토지 미등록으로 인해서 발생된 토지 소유권 문제는 여전히 현재 진행형이다. 2019년 8월 29일, 이스라엘은 네게브에 위치한 베두인들이 거주하는 알 아라끼브(al-Araqib) 마을을 156번째로 철거하고, 주민들을 퇴출시켰다. 2019년 9월 26일, 이스라엘은 알 아라끼브 베두인 마을을 162번째로 습격하여 강제로 주민들을 퇴출시키고, 주택들과 텐트들을 모두 부수었다. 이와 같이 이스라엘이 알 아라끼브 마을을 습격하여 주민들을 퇴출시키고, 텐트들을 철거하는 일은 일상화되었다. 이러한 철거행위에 반대하던 셰이크 사야 알 투리(Sheikh Sayyah Al-Turi)는 이스라엘 감옥에서 복역한 이후 이 마을에서 추방되었다. 게다가 이스라엘 법정은 453,000달러의 벌금을 이 마을 철거 비용으로 매우 가난한 마을 주민들에게 부과하였다.

이렇게 되풀이해서 마을을 철거하는 이스라엘의 행위는 이 마을이 이스라엘 당국의 승인을 받지 못했으며, 베두인들이 이스라엘 국가 소유의 땅을 불법적으로 사용하고 있다는 것이다. 그러나 1948년 이스라엘 국가 건설 이전부터 베두인들은 알 아라끼브 마을에 거주해왔다.

네게브 사막에 거주하는 약 24만 명의 팔레스타인 아랍인들 중 약 절반은 마을에 거주하고 있으며, 이 중에는 수 백 년 된 마을들도 있다. 2007년 네게브 베두인 공동체의 약 절반에 해당되는 주민들이 물과 전기 공급이 안 되는 승인받지 못한 마을에 거주하였다. 이스라엘은 알 아라끼브 마을을 포함한 35개의 승인받지 못한 베두인 마을 주민들에게 땅에 대한 소유권을 인정하지 않고, 수도와 전기와 같은 기본적인 서비스 제공을 거부하고 있다.

2017년 8월 이스라엘 일간 하레츠에 따르면, 이스라엘이 네게브에 거주하는 수 백 명의 베두인들의 이스라엘 시민권을 취소하면서, 이 베두인들은 국적 없는 사람들이 되었다. 이 들 중 일부는 40년 동안 이스라엘 시민이었고, 이스라엘 군 대에서 복무했으며, 세금을 납부하였다. 그러나 이 베두인들의 이스라엘 시민권은 단 한 번 단추를 누름으로써 말소되었다. 이스라엘 내무부는 시민권이 실수로 그들에게 부여된 것이라고 주장할 뿐, 그 이상 설명을 하지 않았다. 이러한 상황은 네게브 베두인들에게 만연되고 있는 현상이며, 이스라엘 시민권을 가진 아랍인들 누구에게나 발생할 수 있는 현실이다.

(2) 북부지역, 갈릴리의 베두인

남부 네게브 지역 상황과는 달리, 북부 베두인 지역에서는 1948년 이후 대규모의 주민 추방이나 토지 소유권 문제, 주택 파괴 등이 발생하지 않았다. 북부지역 베두인들은 네게브 베두인들보다 상대적으로 이스라엘 정부에 훨씬 더 우호적인 것으로 보인다. 예를 들면, 북부 이스라엘 소재 작은 시골 공동묘지에서 25살 무함마드 카비야(Mohammad Ka'abiyah)는 "이곳에 매장된 많은 사람들은 비석에 새겨진 수많은 초승달과 아랍어 서체가 보여주듯이 이스라엘 군인으로 군사 작전 참가해서 사망한 수니 무슬림들이다. 만약 당신이 유럽이나, 미국, 혹은 중동 출신의 다른 아랍인들에게 이 이야기를 한다면, 그들은 믿지 않을 것이다. 그러나 이것은 실제 상황이다. 현재까지, 363명의 아랍인들이 이스라엘을 위해서 전사했다. 이들 중 3명이 북부지역에 위치한 카비야 마을(Ka'abiya) 출신이다. 나는 베두인 전사인 것이 자랑스럽다. 그리고 나는 이스라엘 군대에서 싸우는 것이 자랑스럽다. 나는 베두인, 아랍인, 무슬림, 이스라엘인이 것이 자랑스럽다"라고 밝혔다. 그의 마을 카비야에 있는 거의 대부분의 남자들처럼, 그는 이스라엘 군대에 지원했고, 그의 부족 중에서 처음으로 공군에 입대하여 헬리콥터 부대에서 근무했다.

시온주의자와 북부 지역 베두인 사이의 동맹은 영국 위임통치 시절에 시작되었다. 팔레스타인 아랍 민족 운동이 형성되는 시기에, 베두인들은 민족적 소속보다는 부족을 정체성의 핵심으로 생각했고, 일반적으로 자신들을 발흥하는 팔레스타인인 정체성의 구성요소로 간주하지 않았다. 반면 그들은 팔레스타인 민족 운동을 위협으로 간주하였고, 일부 베두인들은 시온주의자들과 협력하면서, 땅 판매를 금지한 팔레스타인 민족 위원회의 결정을 무시했을 뿐만 아니라 공개적으로 반대했다(Cohen 2009, 73, 154).

특히 1936~1939년 팔레스타인에서 발발한 아랍 대반란 동안에는 북부 지역에 위치한 투바-장아리예(Tuba-Zangariyye)의 베두인들은 하가나와 동맹을 맺고 이웃한 유대 마을들을 보호하도록 도왔다. 1946년 북부지역 베두인 알 하이브(Al Heib) 부족 지도자 셰이크 후세인 무함마드 알리 아부 유세프 알 하이브(Sheik Hussein Mohammed Ali Abu Youssef al Heib)는 자신의 병사 60명을 하가나에 합류시켜서 특수부대인 팔-하이브(The Pal-Heib)를 창설하였다. 이스라엘이 건설되면서 발발한 1948년 전쟁 동안에, 팔-하이브 부대는 북부에서 시리아 군대에 맞서 싸워 북부 지역 유대인 공동체를 방어하였다. 전쟁이 끝났을 때 이 베두인들은 이스라엘 시민권을 받았다. 당시 셰이크 후세인 무함마드 알리 아부 유세프 알 하이브는 "코란에 이웃들과의 유대가 친족들과의 유대만큼이나 중요하다고 쓰여 있지 않은가? 유대인들과 우리의 관계는 수 년 전으로 거슬러 올라간다. 우리는 유대인들을 믿을 수 있다고 느꼈고, 유대인들도 우리들로부터 배웠다"라고 팔레스타인 포스트(Palestine Post)에 밝혔다.

2009년 BBC 인터뷰에서 골란고원 소재 사드(Saad) 마을 출신의 베두인 소령 페흐드 팔라흐(Fehd Fallah)는 베두인들에게 다음과 같이 말했다. "우리는 가자의 무슬림들에 맞서 싸우고 있다. 2008년 12월부터 3주 동안 계속된 이스라엘의 가자 공격, 캐스트 리드 작전(Operation Cast Lead)에도 참가했다. 그리고 만약 내가 싸워야한다면, 나는 다시 싸울 것이다. 이스라엘 군대에서 근무하지 않는 이스라엘 무슬림들은 이스라엘 군대에 입대하지 않은 것에 대해 부끄러워해야 한다." 그의 유대국가에 대한 헌신은 분명하다. 그는 심지어 아랍어 인터뷰를 거부하고, 히브리어를 사용하였다.

이렇게 역사적으로 베두인 부족들은 강력한 외부세력인 시온주의자들과 협력해 왔다. 이러한 베두인들의 행위는 시온주의자들의 대의에 공감해서라기보다는 자신들의 생명과 이익을 보장받고, 자신들의 정치적 목표를 성취하기 위한 것이다.

4. 크네세트에 진출한 아랍계 소수자들

크네세트 120석은 전국 단일 선거구에서 비공개 단일 정당 명부 비례대표로 선출된다. 유권자들은 선호 정당에 투표를 한다. 각 정당들은 최소 득표율 3.25%를 넘어야한다. 이는 대부분의 경우 최소 4석 규모의 정당을 의미하지만, 한 정당이 선거 문턱을 통과해 3석(당원 120명 중 3.25%=3.9명)을 갖는 것도 가능하다. 이로 인해서 정당들 사이에서는 의석 확보를 위한 연합이 이루어진다. 뿐만 아니라, 아랍계 소수자들은 유대 시온주의자들이 결성한 거대 정당에 이름을 올려 크네세트에 진출하기도 하였다. 아랍계 소수자들이 1949년 1월 제1대 크네세트 선거부터 2019년 9월 22대 크네세트 선거에 참가하여 획득한 아랍계 소수자들의 의석수는 다음과 같다.

크네세트 선거 결과(총 120석)

순서	선거 일	아랍인 의석 수	순서	선거 일	아랍인 의석 수
1대	1949.01.25	3석: 기독교인1, 수니무슬림2	12대	1988.11.01	8석: 드루즈1, 기독교인1, 수니무슬림6
2대	1951.07.30	8석: 드루즈2, 기독교인4, 수니무슬림2	13대	1992.06.23	10석: 드루즈2, 베두인1, 수니무슬림7
3대	1955.07.26	9석: 드루즈2, 기독교인3, 수니무슬림4	14대	1996.05.29	11석: 드루즈1, 기독교인1, 베두인1, 수니무슬림8
4대	1959.11.03	7석: 드루즈1, 기독교인1, 수니무슬림5	15대	1999.05.17	13석: 드루즈2, 기독교인1, 베두인1, 수니무슬림9
5대	1961.08.15	8석: 드루즈1, 기독교인2, 수니 무슬림5	16대	2003.01.28	11석: 드루즈3, 기독교인1, 베두인1, 수니무슬림6
6대	1965.11.02	7석: 드루즈1, 기독교인2, 수니무슬림4	17대	2006.03.28	13석: 드루즈3, 기독교인2, 베두인1, 수니무슬림7
7대	1969.10.28	7석: 드루즈1, 기독교인2, 수니무슬림4	18대	2009.02.10	16석: 드루즈6, 기독교인1, 베두인1, 수니무슬림8
8대	1973.12.31	7석: 드루즈2, 기독교인1, 베두인1, 수니무슬림3	19대	2013.01.22	13석: 드루즈1, 기독교인2, 베두인1, 수니무슬림9
9대	1977.05.17	9석: 드루즈3, 기독교인1, 베두인1, 수니무슬림4	20대	2015.03.17	16석(24명-교대협정): 드루즈4(5), 기독교인2, 베두인3, 수니무슬림14
10대	1981.06.30	5석: 드루즈1, 기독교인1, 무슬림3	21대	2019.04.09	12석: 드루즈2, 기독교인2, 수니무슬림8
11대	1984.07.23	7석: 드루즈2, 기독교인1, 수니무슬림4	22대	2019.09.17	14석: 드루즈3, 기독교인2, 베두인1, 수니무슬림8

2019년 11월 아랍인 소수자들을 대표해서 활동하는 아랍 정당들 연합의 명칭은 공동명부(Joint List)다. 2019년 9월, 22대 크네세트 선거를 겨냥해서 4개의 비시온주의 아랍 정당들, 하다시(Hadash), 타알(Ta'al), 라암(Ra'am=United Arab List, 이슬람운동 남부지부), 발라드(Balad)가 2차 공동 명부를 결성함으로써, 470,211표(10.60%)를 획득한 아랍 공동명부는 13석(유대인 1석 포함)을 획득함으로써 블루앤화이트(33석), 리쿠드(32석)에 이어 3대 정당 자리를 유지하였다. 이 때 공동 명부는 드루즈를 제외한 아랍계 투표의 82%를 획득하였다.

1차 아랍 정당들 공동 명부는 2015년 3월 17일 20대 의회 선거를 겨냥해서 이스라엘 내 주요 아랍권 정당들, 발라드, 하다시, 타알, 라암 동맹으로 결성되었다. 2015년 선거에서 공동명부는 446,583표(10.54%)를 획득해서 13석(1석은 좌파 하다시 소속 유대인 Dov Khenin)을 얻음으로써, 리쿠드(23.40%, 30석), 시온주의자 연합(Zionist Union, 18.67%, 24석)에 이어 3번째로 큰 연합 정당이 되었다. 이는 역대 이스라엘 선거 중 아랍인들의 정당이 가장 많은 의석을 획득한 선거였다. 이 때 아랍인 유권자들 중 63.7%(유대인 유권자 투표율, 76%, 전국 평균 72.3%)가 선거에 참가함으로써 매우 크네세트 선거 사상 가장 높은 아랍인 투표율을 기록하였다. 그러나 2015년 11월 이스라엘이 불법으로 규정한 이슬람운동 북부지부는 크네세트 선거 프로젝트 전체를 비난하면서 선거거부 운동을 하였다.[27] 이와 같이 이슬람운동(The Islamic Movement) 내부에서도 통합된 모습을 보이지 못하는 게 무슬림 소수자들 운동의 현실이다.

2019년 2월 21일 공동명부가 해체되었다. 공동명부는 두 개 연합 하다시-타알과 라암-발라드로 각각 분리되어 2019년 4월 선거에 참가하였다. 이 선거에서 하다시-타알은 4.49%로 6석, 라암-발라드는 3.34%로 4석을 각각 획득하였다.

---

27) 이스라엘 내 이슬람운동(The Islamic Movement)은 1996년 크네세트 후보선출을 놓고, 두 갈래로 갈라졌다. 남부이슬람운동은 라암당을 결성했고, 북부는 선거거부 운동을 계속하고 있다. 라에드 살레(Raed Salah)가 이끄는 북부이슬람운동은 하마스와 무슬림형제단과 연계된 것으로 알려졌다. 2015년 11월 이스라엘은 북부이슬람운동과 17개의 NGO들을 불법화하였다.

결국 두 개의 정당 연합이 10석을 획득함으로써, 2015년 선거에서 공동명부가 획득한 13석에 비교하여 3석을 잃었다.

공동명부는 2019년 2월 해체되었다가, 2019년 9월 선거를 겨냥하여 7월 28일 2차로 하다시, 타알, 라암, 발라드가 공동명부를 재결성하였다. 그 결과 9월 선거에서는 2015년 수준의 13석을 다시 회복하였다.

2019년 9월 선거에서 공동명부를 구성한 아랍정당들

명칭	설립 연도	이념	지도자	의석수 2019.04, 2019.09
하다시	1977	사회주의	아이만 오데(Ayman Odeh)	4/120, 5/120
타알	1996	아랍민족주의, 세속주의	아흐마드 티비(Ahmad Tibi)	2/120, 2/120
라암	1996	아랍민족주의, 이슬람주의	만스르 압바스(Mansour Abbas)	2/120, 3/120
발라드	1995	범아랍주의 좌파, 민족주의	므타네스 셰하데(Mtanes Shehadeh)	2/120, 3/120

2019년 9월 17일 선거에서 아랍인들은 총 120석 중 14석을 획득했다. 드루즈 3석, 기독교인 2석, 베두인 1석, 수니무슬림 8석이다. 드루즈는 3석 중 블루앤화이트(Blue and White, 시온주의+자유주의)[28] 1석, 이스라엘 베이테누(Yisrael Beiteinu, 시온주의+세속주의) 1석, 공동명부[29] 1석이고, 기독교인 2석, 베두인 1석, 수니무슬림 8석은 모두 공동명부 소속 의석이다. 주목할 사실은 드루즈들이 시온주의당인 블루앤화이트와 이스라엘 베이테누당 소속으로 각각 1석을 획득했고, 아랍정당들 연합인 공동명부 13석 중 1석은 유대인 오프라 카씨프(Ofer Cassif)가 획득했다는 사실이

---

28) 블루 앤 화이트는 이스라엘 회복당(Israel Resilience Party), 이쉬 애티드(Yesh Atid), 텔렘(Telem) 연합이다.

29) 공동명부는 2015년 1월 23일 크네세트선거를 위해서 아랍 정당들 하다시, 발라드, 이슬람운동(The Islamic Movement), 아랍연합명부, 타알 연합이다. 공동명부 의장은 하다시 지도자 아이만 오데(Ayman Odeh)다. 2019년 9월 선거에서 블루앤화이트 33석, 리쿠드 32석, 공동명부 13석으로 3위를 차지하였다. 공동명부는 2019년 1월 타알(Ta'al)이 연합을 탈퇴한 이후 2019년 2월 21일 해체되었다가, 2019년 7월 28일에 공식적으로 재건되어 9월 17일 선거에 참가하였다.

다. 오프라 카씨프는 좌파 정당 하다시 소속으로 공동명부에 이름을 올렸다.

　다음 표는 이스라엘 내 무시할 수 없는 소수인 아랍인들 2만 명 이상 집중 거주하는 지역이다. 이들 지역에서 아랍 크네세트 의원들이 주로 배출되었다.

아랍 크네세트 의원 배출 지역

행정구역	북부							남부
지역	나자렛 (Nazareth)	쉐파암르 (Shefa-'Amr)	탐라 (Tamra)	사크닌 (Sakhnin)	아라바 (Arraba)	마가르 (Maghar)	카프르 카나 (Kafr Kanna)	라하트 (Rahat)
인구수	74,600	39,200	31,700	28,600	23,500	21,300	20,800	60,400
행정구역	하이파			중앙				출처: CBS (2014년)
지역	음 알 파흠 (Umm al-Fahm)	바까 알 가르비예 (Baqa al-Gharbiyye)	아르 아라 (Ar'ara)	타이베 (Tayibe)	티라 (Tira)	카프르 까심 (Kafr Qasim)	칼란사위 (Qalansawe)	
인구수	51,400	27,500	23,600	40,200	24,400	21,400	21,000	

1) 드루즈

　전체 인구에서 드루즈의 비율은 1.6%밖에 되지 않기 때문에 선거 영향력이 큰 것으로 보이지 않는다. 전통적으로 드루즈 대다수는 비시온주의 아랍정당보다는 시온주의 정당들에 투표했다. 실제로 2015년 크네세트 선거에서 드루즈 중 81%가 시온주의 정당들에 투표한 반면, 드루즈 이외의 아랍인들 중 19%가 시온주의 정당에 투표했다. 시온주의 정당 소속 드루즈 의원들 당선에는 드루즈들의 투표뿐만 아니라 거대 시온주의 정당 자체의 영향력이 크게 작용한 것으로 보인다. 이런 환경에서 2018년 7월, 유대민족국가법에 관한 크네세트 투표에서 드루즈 출신으로 우파 시온주의 당인 리쿠드 당 소속 아유브 카라(Ayoob Kara)와 이스라엘 베이테누당 소속 하마드 아마르(Hamad Amar)는 유대민족국가법에 찬성표를 던졌다. 아유브 카라는 2018년 유대국가법 제정과 서안 정착촌 건설을 찬성하는 인물이며, 크네세트 부대변인, 총리실 장관, 2017~2019년 통신부 장관을 역임하였다. 2019년 9월 선거에서 재선된 하마드 아마르의 선거 슬로건은 '국가에 대한 충성 없이 시민권 없음은 드루즈 공동체에게 당연한 것이다'였다.

　이러한 현실은 1951년 7월 30일 제2대 의회선거부터 2019년 9월 17일 제22대 크네세트선거까지, 당선된 드루즈 의원 20명 가운데 14명(Gadeer Mreeh, Patin Mula, Hamad Amar, Hamad Amar, Ayoob Kara, Saleh Saad, Shachiv Shnaan, Majalli Wahabi, Assad Assad, Shafik Assad, Zeidan Atashi, Salah-Hassan Hanifes, Amal Nasser el-Din, Salah Tarif)은 시온주의 정당들(우파 우세) 소속이고, 나머지 6명(Abdullah Abu Ma'aruf, Said Nafa, Labib Hussein Abu Rokan, Jabr Muadi, Mohamed Nafa, Jabar Asatra)만이 아랍정당들 소속이라는 사실에도 반영되었다. 드루즈 의원 20명 모두 하이파와 북부지역에 위치한 드루즈 마을 출신들로 드루즈 공동체를 대표한다.

드루즈 출신 크네세트 의원들(Central Bureau of Statistics, 2019, April. 17)

	이름	고향	정당 / 크네세트 / 비고
1	아크람 해손 (Akram Hasson: 1959~)	하이파 (달랴트 알 카르멜 Daliyat al-Karmel)	카디마(Kadima, 시온주의): 2012~2013, 쿨라누(Kulanu, 시온주의): 2016~2019 / 18, 20 / 1989~1998년 Daliyat al-Karmel 부시장
2	아말 나세르 (Amal Nasser el-Din: 1928~)		리쿠드(Likud): 1977~1988 / 8, 9, 10, 11 / 1973년 그는 the Zionist Druze Circle을 창립하여 드루즈들이 이스라엘 국가에 충성하도록 독려함 1969년 그의 아들 Lutfi 군복무 중 사망, 2008년 손자 Lutfi도 군 복무 중 사망, 그는 "우리는 유대인들과 동일한 성서를 믿는다. 우리는 이스마엘이 아닌 이삭이 희생제물로 데려왔다고 믿는다. 무함마드는 우리의 예언자가 아니다. 우리는 모세의 장인 이드로의 후손들이다"고 주장했다(Nisan 2002, 282)
3	이유브 카라 (Ayoob Kara: 1955~)		리쿠드 / 15, 16, 18, 20 / 전임 크네세트부대변인, 2017년 총리실 장관, 2017~2019년 통신부 장관, 서안 이스라엘 정착촌에 대한 확고한 지지자, 2018년 유대 민족 국가법 찬성
4	가디르 므리흐 (Gadeer Mreeh: 1984~)		블루앤화이트(Blue and White)시온주의) / 21(2019.04.09.~), 22 / 최초의 드루즈 여성 크네세트의원
5	아사드 아사드 (Assad Assad: 1944~)	북부 (베이트 잰 Beit Jann)	리쿠드: 1992~1996 / 13 / IDF 대령 역임, 1980년 UN이스라엘 대표단원, 1991년 마드리드 평화회담 이스라엘 대표단원
6	마잘리 와하비 (Majalli Wahabi: 1954~)		리쿠드:2003~2005, 카디마: 2005~2012, 하트누아 (Hatnuah): 2012~2013 / 16, 17, 18 / 2006년 크네세트부대변인, 교육, 문화, 체육부 차관, 2007년 짧은 기간 임시 대통령(Acting President), 최초 비유대인 대통령 역임
7	무함마드 나파 (Mohamed Nafa: 1939~)		하다시:1990-1992 / 12 /

	이름	고향	정당 / 크네세트 / 비고
8	사이드 나파 (Said Nafa: 1953~)		발라드 / 17, 18 / 14세에 이스라엘 공산당에 가입
9	살레 사드 (Saleh Saad: 1963~)		시온주의자엽합(Zionist Union, 시온주의): 2017~2019 / 20/ 12년 동안 이스라엘 보안대에 전투원으로 복무
10	사피크 아사드 (Shafik Assad: 1937~2004)		변화위한 민주주의운동(Democratic Movement for Change, 시온주의): 1977~1978, 민주주의운동(Democratic Movement, 시온주의): 1978~1980, 아흐바(Ahva, 시온주 의): 1980~1981. 텔렘(Telem, 시온주의): 1981 / 9 / 1961~ 1967년 the Histadrut trade union 사무총장
11	압둘라 아부 마루프 (Abdullah Abu Ma'aruf: 1956~)		공동명부30): 2015~2017 / 20 / 이스라엘 공산당 장학금으 로 소련 유학, 러시아 시민권 획득
12	자브르 무아디 (Jabr Muadi: 1919~2009)	북부 (야르카 Yarka)	이스라엘아랍인민주주의명부(Democratic List for Israeli Arabs, 마파이와 제휴): 1951~1955, 1956~1959, 협력과 형제단: 1961~1967, 드루즈당(Druze Party_: 1967~1969, 진보개발(Progress and Development, 마파이와 제휴): 1969~1974, 1976~1977, 연대(Alignment, 노동시온주의): 1974~1976, 아랍연합명부(United Arab List)31): 1977, 1981 / 2, 3, 5, 6, 7, 8, 9 / 1971년 정보 통신부 차관 역임, 1973년 농림부 차관 역임
13	파틴 물라 (Patin Mula: 1960~)		리쿠드(시온주의) / 21 / 북부사령부의 중령 역임
14	하마드 아마르 (Hamad Amar: 1964~)	북부 (쉐파 암르 Shefa-'Amr)	이스라엘베이테누(시온주의) / 18, 19, 20(2015~2019), 22 / 그의 선거 슬로건: '국가에 대한 충성 없이 시민권 없음'은 드 루즈 공동체에게 당연한 것이다(Stern 2009, Jan. 1). 2018 년 유대국가법에 찬성
15	살라 하산 하니페스 (Salah-Hassan Hanifes: 1913~2002)		진보노동(Progress and Work, 마파이와 제휴한 아랍당): 1951~1959 / 2, 3 / 1930년대에 하가나 활동에 참가함, 1948년 아랍-이스라엘 전쟁에서 드루즈 IDF 입대 독려, 1949년 이스라엘 정부가 설립한 드루즈 최고위원회 의장으 로 그를 임명
16	라비브 후세인 아부 로칸 (Labib Hussein Abu Rokan: 1911~1989)	북부 (이스피야 Isfiya)	협력과형제단(Cooperation and Brotherhood, 마파이/노 동당과 제휴한 아랍)32): 1959~1961 / 4 / 1930년 대 아랍 반란 동안 시온주의 무장단체 하가나 연계, 1948년 전쟁 동 안 드루즈 내 이스라엘 방위군(IDF) 드루즈 지원병 모집, 이 전쟁 이후 드루즈와 아랍 마을들에서 IDF 협력단체들 창설, 1963년 드루즈 종교 법정의 까디로 임명
17	자이단 아타시 (Zeidan Atashi: 1940~)		변화위한 민주주의 운동: 1977~1978, 시누이(Shinui, 시온 주의): 1978~1981, 1984~1988 / 9, 11 / 1972~1976년 뉴욕 주재 이스라엘 총영사 역임

	이름	고향	정당 / 크네세트 / 비고
18	자바르 아사트라 (Jabar Asatra)	북부 (마가르 Maghar)	공동명부 / 22 / Jabar Asatra는 이념적인 이유로 이스라엘 방위군대 입대하는 것을 거부하였다.
19	살라흐 타리프 (Salah Tarif: 1954~)	북부 (줄리스 Julis)	노동당: 1992~1999, 2001~2003, 2005~2006, 통합이스라엘(One Israel, 시온주의): 1999~2001 / 12, 13, 14, 15, 16 / 드루즈, 그는 드루즈 까디이며 영적 지도자인 Sheikh Amin Tarif의 손자, IDF 낙하산 부대와 탱크 부대 근무, 1995년 내무부 차관, 1996년 크네세트부대변인 2001~2002년 무임소 장관역임, 이스라엘 최초의 비유대인 장관
20	샤키브 스난 (Shachiv Shnaan: 1960~)	북부 (후르페이스 Hurfeish)	노동당(Labor Party, 노동시온주의): 2008~2009, 독립당(Independence, 시온주의): 2012~2013 / 17, 18 /

2) 베두인

1973년 12월 31일에 실시된 제8대 크네세트 선거에서 하마드 아부 라비아(Hamad Abu Rabia)가 최초로 베두인 출신의 이스라엘 정치인이 되었고, 1977년 5월, 제9대 크네세트 선거에서 재선되었다. 베두인 크네세트 의원들은 1973년 12월 31일 제8대 선거부터 2019년 9월 17일 제22대 선거까지 총 5명의 크네세트 의원을 배출하였다. 북부지역 드루즈 의원들과는 달리, 베두인 의원들은 모두 남부지역, 네게브 출신의 비시온주의-아랍 정당 소속이다. 네게브 베두인들은 드루즈에 비해 상대적으로 아랍 정체성이 강하다고 볼 수 있다.

---

30) 오프라 카씨프(Ofer Cassif)는 21대, 22대 크네세트 의원, 공동명부(하다시) 소속 유일한 유대인.

31) 아랍연합명부는 1977년 베두인과 마을 사람들을 위한 아랍 명부(The Arab List for Bedouins and Villagers)와 진보개발당(Progress and Development)이 합병한 정당임.

32) 협력과 형제단(Cooperation and Brotherhood)은 1959년 선거에 참가하기 위해서 조직된 이스라엘 아랍 정당으로 데이비드 벤구리온의 마파이(Mapai)당(1968년 노동당으로 합병)과 제휴하였다.

베두인 출신의 크네세트 의원(2019년 현재 네게브 약 20만 명, 북부- 약10만 명)

	이름	고향	정당 / 크네세트 / 비고
1	하마드 아부 라비아 (Hamad Abu Rabia: 1929~1981)	네게브	베두인과 마을 사람들을 위한 아랍명부(Arab List for Bedouins and Villagers): 1973, 1976~1977, 연대: 1974~1976, 아랍연합명부: 1977~1981 / 8, 9 / 최초의 베두인 출신 크네세트의원, 1981년 이스라엘 드루즈 정치인 Muadi의 아들에 의해서 암살당했음에도 불구하고, Muadi가 그를 대체하여 크네세트의원이 됨
2	우마 아즈바르가 (Juma Azbarga: 1956~)	네게브 (라키야 Lakiya)	공동명부: 2017~2019 / 20 /
3	사이드 알 하루이 (Said al-Harumi: 1972~)	네게브 (샤끼브 알 살람 Shaqib al-Salam)	공동명부(아랍연합명부): 2017~2019 / 20, 22 / 2002~ 2014 이슬람운동 남부지부 정치국장
4	탈렙 아부 아지르 (Taleb Abu Arar: 1967~)	네게브	아랍연합명부: 2013-2015, 공동명부: 2015~2019 / 19, 20 / Ar'arat an-Naqab local council 의장: 2000~2004
5	탈렙 알 사나 (Taleb el-Sana: 1960~)	네게브 (텔 아라드 Tel Arad)	아랍민주당(Arab Democratic Party): 1992~1999, 2012~2013, 아랍연합명부: 1999~2012 / 13, 14, 15, 16, 17, 18 / 1992년부터 2013년까지, 최장기 22년간 크네세트의원을 지낸 아랍계 의원

3) 기독교인

타우피끄 투비(Tawfik Toubi)가 제1대 크네세트 의원을 역임한 이후, 12대 1990년까지 41년 5개월 간 계속 연임하였다. 그는 시몬 페레스(47년간 크네세트 의원) 다음으로 장기간 의회의원으로 활동하였다. 기독교인 크네세트 의원들 10명 중 9명이 나사렛과 하이파를 비롯한 북부출신들이며, 1명만이 중부 지중해안 아랍지역, 자파 출신이다. 이들 10명 중 8명 아랍정당들 소속이며, 2명은 좌파 시온주의 정당 소속이다. 기독교인 의원들은 드루즈들에 비해 상대적으로 아랍 정체성이 강한 것으로 보이며, 시온주의 정당소속 의원들 2명도 좌파로 우파가 우세한 드루즈 시온주의당 소속 의원들보다는 온건한 시온주의자들로 보인다.

	이름	고향	정당 / 크네세트 / 비고
1	에밀레 하비비 (Emile Habibi: 1922~1996)	하이파	마키(Maki, 공산주의): 1951~1959, 1961~1965, 라카(Rakah, 공산주의): 1965~1972 / 2, 3, 5, 6, 7 / 에밀레 가족은 그리스 정교회에서 영국 성공회로 개종, 석유 정제소 근무, 라디오 아나운서 출신, 이스라엘 공산당 창설에 참가, 1992년 출판된 소설(Saraya, the Ogre's Daughter)에서 그는 "기독교인과 무슬림들 사이에 차이는 없다: 우리는 모두 곤경에 처한 팔레스타인인들이다"라고 썼다(Habībī 2006, 169)
2	로스탐 바스투니 (Rostam Bastuni: 1923~1994)		마팜(Mapam, 노동시온주의): 1951~1952, 좌파(Left Factio): 1952~1954, 마팜: 1954~1955 / 2 / 1969년 미국으로 이민, 한국가 해결안(one-state solution) 옹호
3	타우피끄 투비 (Tawfik Toubi: 1922~2011)		마키: 1949~1965, 라카: 1965~1977, 하다시: 1977~1990 / 1, 2, 3, 4, 5, 6, 7, 8, 9, 10, 11, 12 / 그는 시몬 페레스(47년 크네세트의원) 다음으로 장기간 크네세트의원으로 활동(41년 5개월)
4	아이다 투마 술레이만 (Aida Touma-Suleiman: 1964~)	북부 (나자렛 Nazareth)	공동명부: 2015~2019, 2019.09~, 하다시-타알: 2019.04 / 20, 21, 22 /
5	아즈미 비샤라 (Azmi Bishara: 1956~)		발라드: 1996~2007 / 14, 15, 16, 17 / 카타르 왕 셰이크 하마드빈 칼리파 알 싸니 그의 계승자인 타밈의 고문, 현재 카타르 시민권자
6	바셀 가타스 (Basel Ghattas: 1956~)		발라드: 2013~2015, 공동명부: 2015~2017 / 19, 20 /
9	므타네스 쉐하다 (Mtanes Shehadeh: 1972~)		발라드: 2019.04, 공동명부: 2019.09~ / 21, 22 /
7	하나 스웨이드 (Hana Sweid: 1955~)	북부 (Eilabun)	하다시: 2006~2015 / 17, 18, 19 /
8	마사드 카시스 (Masaad Kassis: 1918~1989)	북부 (Mi'ilya)	이스라엘아랍인민주주의명부(Democratic List for Israeli Arabs): 1951~1959 / 2, 3 /
10	나디아 힐로우 (Nadia Hilou: 1953~2015)	자파	노동당: 2006~2009 / 17 /

4) 수니 무슬림

1대 크네세트부터 22대 크네세트까지 선출된 총 수니 무슬림 의원 56명 중 7

명은 하이파, 32명은 북부 출신이고, 12명이 중앙 출신이며, 1명은 중부, 나머지 5명은 출신지역을 공식적으로 분명하게 밝히지 않았다. 시온주의 정당 소속 의원들 16명 중 우파 시온주의를 내세운 카디마당 소속인 아흐마드 다바(Ahmed Dabbah)를 제외하고, 15명은 좌파 시온주의 정당 소속이며, 나머지 의원 40명은 아랍 정당 소속이다. 우파 시온주의 운동이 우세한 드루즈 의원과 달리 수니 무슬림 의원들 대부분이 표면적으로 아랍인들과의 공존을 추구하는 노동당 등 좌파 시온주의 운동 소속이라는 점이다.

수니 무슬림 출신의 크네세트 의원

	이름	고향	정당 / 크네세트 / 비고
1	아이만 오데 (Ayman Odeh: 1975~)	하이파	공동명부: 2015~2019, 2019.09, 하다샤: 2019.04 / 20, 21, 22 / 스스로 사회주의자로 정의(종교와 인종을 넘어서는 비종교인) 그는 네게브의 승인받지 못한 베두인 공동체 승인, 아랍 도시들에 대중교통 수단 도입, 폭력 퇴치, 여성 고용, 미즈라히 유대인 문화와 아랍 유대인 역사 인식 증대를 강력하게 지지
2	주헤르 바흘로우 (Zouheir Bahloul: 1950~)		시온주의자연합: 2015~2018 / 20 / (Abu Sneineh 2018, Aug. 15)
3	파라스 함단 (Faras Hamdan: 1910~1966)	하이파 (바까 알 가르비예 Baqa al-Gharbiyye)	농업개발(Agriculture and Development, 마파이와 제휴한 아랍): 1951~1959 / 2, 3 /
4	랄렙 마자델 (Raleb Majadele: 1953~)		노동당: 2004~2009, 2010~2013, 2014~2015 / 16, 17, 18, 19 / 2007년 무임소 장관, 최초의 무슬림 장관 2007~2009 과학, 문화&스포츠 장관
5	자말 자할카 (Jamal Zahalka: 1955~)	하이파 (카프르 까라 Kafr Qara)	발라드: 2003~2015, 공동명부: 2015~2019 / 16, 17, 18, 19, 20 / 고향에서 10대부터 PLO 활동에 참가하면서 체포되어 2년간 투옥됨
6	나와프 마살하 (Nawaf Massalha: 1943~)		연대: 1988~1991, 노동당: 1991~1999, 2001~2003, 통합이스라엘(One Israel, 시온주의): 1999~2001 / 12, 13, 14, 15 / 1992년 보건부 차관 역임(이츠하크 라빈 정부), 1999년 외무부 차관 역임(에후드 바락 정부)
7	무함마드 와타드 (Muhammed Wattad: 1937~1994)	하이파 (자트 Jatt)	연대: 1981~1984, 마팜: 1984~1988, 하다시: 1988 / 10, 11 /

	이름	고향	정당 / 크네세트 / 비고
8	아부 아그바리아 (Afu Agbaria: 1949~)	하이파 (움 알 마흄 Umm al- Fahm)	하다시: 2009~2015 / 18, 19/
9	하셈 마하미드 (Hashem Mahameed: 1945~2018)		하다시: 1990~1999, 발라드: 1999, 아랍연합명부: 1999~ 2002, 민족통합-민족진보동맹(National Unity–National Progressive Alliance): 2002~2003 / 12, 13, 14, 15 / 1983-1989년 Umm al-Fahm 시장역임
10	유스프 자바린 (Yousef Jabareen: 1972~)		공동명부: 2015~2019, 2019.09, 하다시: 2019.04 / 20, 21, 22 / (MEMO 2019, Sep. 11)
11	암텔아지즈 알조아비 (Abd el-Aziz el- Zoubi: 1926~1974)	북부 (나자렛 Nazareth)	마팜: 1965~1969, 연대: 1969~1974 / 6, 7, 8/ Seif el-Din el-Zoub의 친척, Haneen Zoubi의 사촌
12	아흐마드 알 다하르 (Ahmed A-Dahar: 1906~1984)		진보개발(Progress and Development, 마파이와 제휴): 1959~1965 / 4, 5/
13	아민 살림 자르조라 (Amin-Salim Jarjora: 1886~1975)		나사렛민주주의명부(Democratic List of Nazareth): 1949~ 1951 / 1 / 1914~1918년 오스만 제국 군대 근무, 1954~ 1959 나사렛 시장 역임
14	하닌 알 조아비 (Haneen Zoabi: 1969~)		발라드: 2009~2015, 공동명부: 2015~2019 / 18, 19, 20 / 아랍 정당 리스트로 의회에 선출된 최초의 아랍 여성; Seif el-Din el-Zoubi(1913~1986)의 친척
15	헤바 야즈박 (Heba Yazbak: 1985~)		공동명부: 2019- / 21, 22 /
16	이브라힘 히자지 (Ibrahim Hijazi: 1977~)		공동명부: 2017 / 20 /
17	세이프 알딘 알 조아비 (Seif el-Din el-Zoubi: 1913~1986)		나사렛민주주의명부: 1949~1951, 이스라엘아랍인민주주의 명부(Democratic List for Israeli Arabs): 1951~1959, 진보개 발: 1965~1966, 1967~1974, 1976~1977, 협력개발(Progress and Development, 마파이와 제휴): 1966~1967, 연대: 1974~1976, 아랍연합명부: 1977~1979 / 1, 2, 3, 6, 7, 8, 9 / 영국 위임통치 시대에 하가나 대원, 1959~1974년 나사렛 시 장 역임. 18, 19, 20 대 크네셋 의원 Haneen Zoabi 친척임
18	타우피끄 자이드 (Tawfiq Ziad: 1929~1994)		라카: 1973~1977, 하다시: 1977~1990, 1992~1994 / 8, 9, 10, 11, 12, 13 / 1994년 7월 5일 제리코에서 야세르 아라파 트의 귀환을 환영한 이후, 나사렛으로 돌아가는 길에 교통 사고로 사망, 당시 그는 나사렛 시장이면서, 크네세트 의원 이었음

	이름	고향	정당 / 크네세트 / 비고
19	살레 술레이만 (Saleh Suleiman: 1888~1980)	북부 (레이네 Reineh)	진보노동(Progress and Work, 이스라엘 아랍): 1955~1959 / 3 /
20	니븐 아부 라모운 (Niven Abu Rahmoun: 1981~)		공동명부: 2018~2019 / 20 /
21	유수프 하미스 (Yussuf Hamis: 1921~1986)		마팜: 1955~1965 / 3, 4, 5 /
22	엘리아스 나크레 (Elias Nakhleh: 1913~1990)	북부 (라메 Rameh)	진보개발: 1959~1966, 1967~1968, 협력개발: 1966~1967, 유대-아랍형제단(Jewish-Arab Brotherhood): 1968~ 1969, 협력형제단: 1969~1974 / 4, 5, 6, 7 / 위임 통치 시기에 영국군에 근무
23	한나 므와이스 (Hanna Mwais: 1913~1981)		하다시: 1977~1981 / 9 /
24	하마드 말리일리 (Hamad Khalaily: 1928~2014)	북부 (사크닌 Sakhnin)	연대: 1981~1984 / 10 /
25	마수드 그나임 (Masud Ghnaim: 1965~)		아랍연합명부: 2009~2015, 공동명부: 2015~2019 / 18, 19, 20 /
26	무함마드 카난 (Muhamad Kanan: 1955~)	북부 (탐라 Tamra)	아랍연합명부: 1999~2001, 아랍민족당(Arab National Party): 2001~2003 / 15 /
27	유세프 디압 (Yussef Diab: 1917~1984)		협력과형제단: 1959~1961 / 4 /
28	압둘말릭 데마쉬 (Abdulmalik Dehamshe: 1943~)	북부 (카프르 칸나 Kafr Kanna)	아랍연합명부: 1996~2006 / 14, 15, 16 / 2003년 크네세트 부대변인 역임. 1998년 그는 "이스라엘 군대에 복무하는 아랍인은 혐오스러운 범죄자다. 우리는 팔레스타인 사람들이기 때문에, 모든 형태의 군 복무를 거부한다"고 주장함
29	와일 타하 (Wasil Taha: 1952~)		발라드: 2003~2009 / 3, 16, 17/ 2006년 7월, 그는 "팔레스타인 무장단체에 의한 IDF 군대의 납치는 합법적인 저항의 한 형태"라고 주장(Haaretz 2006, July.9)
30	압바스 자코르 (Abbas Zakour: 1965~)	북부 (아크레 Acre)	아랍연합명부: 2006~2009 / 17 /
31	하네 하다드(Haneh Hadad: 1919~)	북부 (지쉬 Jish)	노동당: 1995~1996 / 13 / 이스라엘 경찰 장교 역임

	이름	고향	정당 / 크네세트 / 비고
32	압둘와합 다라우쉬 (Abdulwahab Darawshe: 1943~)	북부 (크파르이크살 Kfar Iksal)	연대: 1984~1988, 아랍민주당: 1988-1999 / 11, 12, 13, 14 /
33	후세인 파리스 (Hussein Faris: 1935~)	북부 (크파르 샤르 Kafr Sha'ar)	마팜: 1988~1992, 메레츠: 1992 / 12 /
34	만수르 압바스 (Mansour Abbas: 1974~)	북부 (마가르 Maghar)	아랍연합명부: 2019~ / 21, 22 / 2010년 이슬람 운동 남부 지부 부의장으로 선출
35	무함마드 바라칸 (Mohammad Barakeh: 1955~)	북부 (쉐파 암르 Shefa-'Amr)	하다시: 1999~2015 / 15, 16, 17, 18, 19 / 사회주의자 전임 크네세트부대변인
36	무함마드 미아리 (Mohammed Miari: 1939~)	북부 (알 비르와 Al-Birwa)	평화진보명부(Progressive List for Peace, 아랍-유대인좌 파동맹): 1984~1992 / 11, 12 /
37	오사마 사디 (Osama Saadi: 1963~)	북부 (아라바 Arraba)	공동명부: 2015~2019, 2019.09, 타알: 2019.04. / 20, 21, 22 / Ahmad Tibi의 친척
38	살레 살림(Saleh Saleem: 1953~)	북부 (이빌린 I'billin)	하다시: 1994~1999 / 13, 14 / 1996년 크네세트부대변인
39	와엘 유니스(Wael Younis: 1963~)	북부 (아라라 Ar'ara)	공동명부: 2018 / 20 /
40	압드 알 하지 야히아 (Abd al-Hakim Hajj Yahya: 1965~)		공동명부: 2015~2019, 아랍연합명부: 2019~ / 20, 21 / 1981년 Islamic Movement에 가담
41	아흐마드 티비 (Ahmad Tibi: 1958~)	중앙 (타이베 Tayibe, 그린라인 근처)	발라드: 1999, Ta'al: 1999~2015, 공동명부: 2015~2019, 하다시-타알: 2019~ / 15, 16, 17, 18, 19, 20, 21, 22 / 1993~1999년 팔레스타인 수반 야세르 아라파트의 정치 고문, 그는 자신을 아랍-팔레스타인인이며 이스라엘 시민권자로 규정한다. 2003년 크네세트부대변인, 그는 반 시온주의자, 두 국가 해결안과 1967년 경계로 이스라엘 철수를 요구함, 이스라엘의 유대 국가 특성을 반대하고, 이스라엘은 모든 시민들의 국가가 되어야한다고 주장, IDF로 이스라엘 아랍 시민들을 충원하는 것을 반대, 팔레스타인인 귀환권 지지
42	디압 오베이드 (Diyab Obeid: 1911~1984)		협력형제단: 1961~1966, 1967~1974, 협력개발: 1966~1967 / 5, 6, 7 /
43	할릴 살림 자바라 (Halil-Salim Jabara: 1913~1999)		아흐다트 하보다(Ahdut HaAvoda, 노동시온주의): 1964~1965 / 5 /

	이름	고향	정당 / 크네세트 / 비고
44	후스니야 자바라 (Hussniya Jabara: 1958~)		메레츠: 1999~2003 / 15 / 최초의 여성 아랍 크네세트의원
45	마흐무드 나사프 (Mahmud A-Nashaf: 1906~1979)		농업개발: 1959~1961 / 4 /
46	라피크 하즈 야히아 (Rafik Haj Yahia: 1949~2000)		노동당: 1998~1999, 통합국가(One Nation, 노동시온주의): 1999 / 14 /
47	왈리드 하즈 야히아 (Walid Haj Yahia: 1936~)		이스라엘 좌파 캠프(Left Camp of Israel, 사회주의): 1981, 메레츠: 1992~1999 / 9, 13, 14 / 1992년 농업 및 농촌 개발부 차관 역임
48	이브라힘 사르수르 (Ibrahim Sarsur: 1959~)	중앙 (카프르 까십 Kafr Qasim, 그린라인 근처)	아랍연합명부: 2006~2015 / 17, 18, 19 / 1999년 이슬람 운동의 남부지부장 역임, 2008년 4월 이스라엘의 가자 공격 이후, 이스라엘의 행위를 나찌에 비유함
49	이샤위 프레즈 (Issawi Frej: 1963~)		메레츠(Meretz, 노동시온주의, 좌파, 1992년 Ratz, Mapam, Shinui 연합으로 창설): 2013~ / 19, 20, 21 /
50	왈리드 타하 (Walid Taha: 1968~)		공동명부 / 22 / 이슬람운동 Kafr Qasim 지부장
51	타우피크 카티브 (Tawfik Khatib: 1954~)	중부 (잘줄리아 Jaljulia)	아랍연합명부: 1996~2001, 아랍민족당: 2001~2003 / 14, 15 /
52	아흐마드 사드 (Ahmad Sa'd: 1945~2010)	위임통치 팔레스타인	하다시: 1996~1999 / 14 /
53	아흐마드 답바 (Ahmed Dabbah: 1995~)		카디마(우파시온주의): 2012~2013 / 18 /
54	이삼 마크울 (Issam Makhoul: 1952~)	이스라엘	하다시: 1999~2006 / 15, 16 /
55	사미 아부 쉐하다 (Sami Abu Shehadeh:		공동명부 / 22 /
56	유세프 아투나 (Youssef Atauna: 1966~)		공동명부: 2017~2018 / 20 /

5. 아랍인들의 부상 가능성

크네세트 역대 선거 결과가 보여주듯이, 비유대인 시민의 주류는 아랍인이다. 2015년 이후 선거에서 아랍인들은 공동명부를 만들어 이스라엘 내 3대 정당으로 우뚝 섰다. 이와 같은 아랍인들 사이의 정치적 통합은 아랍인들의 정체성을 강화시키면서 강력한 정치 세력화를 이끌어갈 것으로 예상된다.

이스라엘 아랍계 주민 절반 이상은 갈릴리, 나사렛 등 북부지역에 거주한다. 또 다수의 아랍인들이 하이파, 자파, 라믈레, 로드, 예루살렘과 네게브 등지에 집중적으로 거주한다. 이스라엘의 아랍 공동체는 고도로 중앙집권화 된 국가에서 정치적으로 주변적인 집단, 히브리어를 사용하는 다수파 내에서 아랍인 소수민족을 구성하고 있다. 이 공동체의 뚜렷한 정체성은 아랍어 사용, 별도의 아랍/드루즈 학교 시스템, 아랍어 대중 매체, 문학 및 연극, 그리고 개인의 신분의 문제를 판단하는 독립적인 무슬림, 드루즈 및 기독교 교파 법정의 유지 등을 통해 촉진된다.

대부분 수니파인 무슬림 아랍인들은 주로 도시와 마을에 거주하고 있으며, 그들 중 절반 이상이 북부 지역에 살고 있다. 2019년 현재 약 30만 명으로 추산되는 베두인들은 일반 무슬림들과는 달리 베두인 타운이나 베두인 캠프 등에 거주하는 수니 무슬림들이다. 이 베두인들은 30여 개 부족에 속하며, 2/3 정도는 남부의 네게브 지역에 거주한다. 이전의 유목민 양치기 베두인은 부족사회 구조에서 영구정착 사회로 이행하고 있으며 점차 이스라엘의 노동자로 진입하고 있다.

기독교 아랍인들은 북부 지역에 위치한 나사렛, 쉬파람, 하이파를 포함하는 주로 도시 지역에 살고 있다. 이름뿐인 많은 교파들이 존재하지만, 대다수는 그리스 가톨릭, 그리스 정교회, 로마 가톨릭 교회에 속해 있다.

드루즈는 이스라엘 북부 지역, 하이파, 골란고원 소재 19개 마을에 거주하며, 아랍어를 사용하는 사람들로 독특한 문화 사회 종교공동체를 이루고 있다. 드루즈 종교는 외부인은 접근할 수 없지만, 그 철학에서 알려진 독특한 측면은 타끼야(taqiyya, 현명함, 두려움, 은폐) 개념이다. 타끼야는 신자들에게 박해 받을 수 있는 상황을 모면하기 위하여 자신들이 거주하는 지역 정부에 완전한 충성을 하도록 허용한다.

아랍계 소수자들은 시온주의 국가, 이스라엘에서 2등 시민으로 간주된다. 이스라엘 고위급 정치인들이 흔히 인종차별적인 메시지를 유포시킨다. 2019년 9월 베냐민 네타냐후 총리는 크네세트 선거 유세에서 "만약 당신이 리쿠드 당에 투표하지 않는다면, 아랍인들이 우리 모두를 전멸시킬 것이다. 아랍들은 여성, 어린이, 남성 등 우리 모두를 파괴시키기를 원한다"고 주장했다. 그는 아랍인들을 적으로 돌리는 선거 메시지를 통해서 팔레스타인 땅에 대한 유대인 독점을 주장하는 우파 시온주의 리쿠드 당으로 유대인 유권자들을 결집시키려고 시도했다. 2019년 10월 라디오 방송에서, 이스라엘 공안부장관 길라드 에르단(Gilad Erdan)은 "아랍인들은 천성적으로 폭력적이다. 유대인들은 법정을 통해 문제를 해결하지만, 아랍인들은 칼을 빼든다"고 주장했다. 이러한 反아랍 정서는 이스라엘 주류 정치의 특징이다.

이러한 이스라엘 정치인들의 인종차별적 주장은 앞서 2018년 7월 제정된 유대민족국가법에 이미 반영되었다. 이러한 인종차별 정책의 법제화는 군복무를 하는 등 이스라엘 국가에 충성해온 아랍계 소수자들, 드루즈들에게 특히 충격을 준 것으로 보인다. 드루즈를 비롯한 아랍계 소수자들은 텔아비브 시내에서 시위를 조직하는 등 유대민족 국가법 반대 운동을 전개했다. 그러나 두 명의 드루즈 출신 크네세트 의원은 이법에 찬성표를 던지기도 하였다. 이와 같이 아랍계 소수자들이 같은 종파들 내부에서 조차 하나의 통합된 강력한 정치 세력을 구성하지는 못했다.

게다가 이스라엘은 아랍계 소수자들을 드루즈, 베두인, 기독교인, 무슬림들로 구분하고, 이들에 대한 서로 다른 차별적인 정책을 펴고 있다. 또 하이파, 북부, 중앙, 남부 지역 등에 집단적으로 거주하는 아랍계 소수자들은 스스로 종파, 종족, 문화의 경계들을 비롯한 집단 정체성을 강화시켜서 이스라엘 분할 통치 정책을 수월하게 하는 것으로 보인다. 이 과정에서 아랍계 소수자들 간에 생명을 요구하는 격한 싸움이 발생하기도 할 뿐만 아니라, 특히 드루즈들은 동예루살렘, 서안, 가자의 팔레스타인인들을 공격 살해하기도 한다.

아랍계 소수자들 중에서도 상대적으로 취약한 드루즈들이 군대에 의무병으로 징집될 뿐만 아니라 일부 기독교인 및 베두인과 무슬림들도 군대에 지원병으로 입대한다. 의무병이거나 지원병이거나 이스라엘 정부가 강제적으로 실행시키는 것이 아니라 소수자 공동체나 개인들이 자발적으로 이스라엘 군 입대를 기획하고 실행해왔다. 이것은 경제적으로 취약 계층이 교육 기회와 선호하는 직업 획득을 비롯한 정치 및 경제적인 혜택을 얻기 위한 것으로 보인다.

이러한 사실로 볼 때, '유대민족 국가법' 제정 등 이스라엘의 소수자 차별과 배제 정책은 이스라엘의 필요성에 따라 소수자들의 이스라엘 국가에 대한 충성도와는 관계없이 실행되는 것임을 알 수 있다. 드루즈 정치인들의 유대인들과의 연대에도 불구하고, 아랍인들 사이의 정치적 통합은 아랍인들의 정체성을 강화시키면서 강력한 정치 세력화를 이끌어갈 것으로 예상된다. 이러한 아랍계소수자들의 적극적인 정치참가는 민주주의와 평등한 국가로 가는 희망의 불씨가 될수 있다. 예를 들면, 전체 인구의 약 21.4%를 차지하는 아랍계 소수자들이 최근 10년간 배출한 크네세트 의석은 각각 11~16석에 이른다. 특히 2015년 선거에서는 주요 아랍 정당들이 공동명부를 작성해서 통합 세력으로 선거에 참여함으로써 공동명부로 13석을 획득하고, 이스라엘 내 3대 정당으로 발전하였다. 전체 아랍인들이 크네세트 총 의석의 13%인 총 16석을 획득하였다. 이 선거에서 드루즈가 5석(리쿠드 등 유대인들이 주도하는 당에서 4석, 아랍 공동명부 1석)을 획득하는 선거 돌풍을 일으켰다. 이 때 아랍계 유권자의 투표율은 역대 최고로 63.7%였다.

2019년 9월 선거에서 아랍인들은 공동체별로 드루즈 3석(블루앤화이트 1석, 이스라엘 베이테누 1석, 공동명부 1석)과 기독교인 2석, 베두인 1석, 수니무슬림 8석을 획득하였다. 드루즈 2석은 시온주의당 소속이었고, 드루즈 1석 기독교인 2석, 베두인 1석 수니무슬림 8석은 모두 아랍 공동명부 소속이었다. 그 결과 아랍 공동명부는 13석(좌파 하다시 소속 유대인 1석 포함)을 획득함으로써 블루앤화이트(33석), 리쿠드(32석)에 이어 3대 정당 자리를 유지하였다.

이렇게 볼 때, 이스라엘 정부의 강력한 유대화 정책 및 아랍계 소수자 분열 정책과 아랍계 소수자들 사이에서 서로 다른 정치적 견해에도 불구하고, 아랍계 소수자들은 크네세트 선거에서 비시온주의 정당들이 연합하여 공동명부를 작성함으로써 통합 세력의 힘을 맛보았다. 앞으로 이들은 '유대민족 국가 법' 제정 등 이스라엘의 강력한 인종차별적 정책에 대한 대응으로 통합을 더욱 강화하면서 이스라엘 내의 정치 분야에서 강력한 세력으로 부상할 것인가?

VI. 이스라엘/아랍국가들 평화협정: 팔레스타인인들의 주권 박탈

1. 평화 프로세스의 의미

1970년대 말부터 시작된 이스라엘/아랍국가들, 팔레스타인인들 간의 '평화 프로세스'는 역내 평화 달성을 목표로 고안된 것이 아니다. 미국이 주도한 이 '평화 프로세스'는 1967년 이스라엘이 전쟁으로 점령한 팔레스타인 땅에 대한 이스라엘의 지배권을 공인하는 하나의 연속적인 과정이었다. 이스라엘은 아랍 국가들과 평화협정 체결을 통해서 팔레스타인 땅에 대한 지배권을 공식화하면서도 그 땅에 살고 있는 팔레스타인인들의 권리를 박탈하는 인종차별적인 정책을 실행하고 있다.

1979년 3월 이스라엘/이집트 평화협정 체결이후, 이스라엘은 국제법상 불법점령지에서 더욱 자유롭게 인종차별적인 점령정책을 실행시켰다. 예를 들면 1980년 7월 30일 이스라엘은 "완전하고 통합된 예루살렘은 이스라엘의 수도다"라고 규정한 '기본법: 예루살렘, 이스라엘 수도(Basic Law: Jerusalem, Capital of Israel)'을 제정함으로써 1967년 점령한 동예루살렘을 법률적으로 완전히 합병하였으나, 동예루살렘 팔레스타인인들을 이스라엘 시민으로 통합하지는 않았다. 이스라엘이 1974년에 제정한 '1974년 이스라엘 입국 규정(Entry to Israel Regulations 1974)'은 동예루살렘 거주 팔레스타인 아랍인들을 '예루살렘 영주권자', 즉 외국인들로 규정하였고, 이후에도 이스라엘은 거주제한 규정 등을 통해서 팔레스타인 아랍인들의 이스라엘 거주 및 시민권 취득 시도에 다양한 장애물을 설치하였다.

이스라엘이 불법적인 유대 정착촌 건설 등을 통하여 동예루살렘 유대 인구를 의도적으로 증가시켜왔음에도 불구하고, 2018년 동예루살렘 주민들 중 약 61%(345,000/565,200명)는 팔레스타인 아랍인들이며, 대부분 영주권자들이다.[33]

---

33) 2018년 통합된 예루살렘 주민들(919,400명: 서예루살렘 4,500/354,200명, 동예루살렘 345,000/565,200명) 중 약 38%, 동예루살렘 주민들 중 약 61%가 팔레스타인 아

1990년대 오슬로 협상이후, 미국은 외견상 이스라엘/팔레스타인 국가라는 두 국가 해결책을 지지하지만, 이 두 국가 해결책을 실행시키기 위해서 어떤 의미 있는 조치를 취하지는 않았다. 사실 처음부터 이 두 국가 해법은 실행을 위해서 고안된 것이 아니며, 현실적으로 달성될 수 없는 신기루다. 그럼에도 불구하고, 협상당사자들은 두 국가 해법을 팔레스타인인들과 아랍인들에게 노력할만한 가치가 있는 목표라고 선전함으로써, 한 국가 해법으로 이스라엘 국가 내에서 동등한 시민권을 요구할 수도 있는 팔레스타인인들의 목소리를 선제적으로 침묵시켰다. 따라서 성취될 가능성이 거의 없는 두 국가 해결안은 팔레스타인인들의 이스라엘 시민권 요구를 효율적으로 가로막는 기능을 한다. 현실적으로 시민다수가 팔레스타인인들로 구성되는 한 국가 해결안은 유대인의 독점적인 지배권을 추구하는 시온주의자들에게는 매우 위협적인 구상이다.

2020년 11월 7일, 사우디의 전임 주미대사 및 정보부장을 지낸 투르키 알 파이잘 왕자는 "대통령 당선자 조 바이든은 팔레스타인인들을 실망시킬 것이다. 바이든은 예루살렘은 이스라엘의 수도, 골란고원에 대한 이스라엘의 주권 부여와 같은 트럼프의 정책들을 취소하지 않을 것이며, 아브라함 협정에서 후퇴하지 않을 것이다"라고 주장했다.

실제로, 바이든은 2007년 버락 오바마 대통령 선거 유세에서 러닝메이트로서 "이스라엘은 미국이 중동에서 가지고 있는 가장 큰 힘이며, 나는 시온주의자이고, 시온주의자가 되기 위해서 유대인일 필요는 없다"라고 주장했다. 게다가 역사적으로 미국의 이스라엘/팔레스타인 정책은 바뀌는 정부와 관계없이, 이스라엘/아랍국가들 혹은 이스라엘/팔레스타인 간에 소위 평화협정 체결 등을 통해서 성취한 전임 정부의 업적들을 그대로 이어서 실행시켜 왔다.

1978년 9월부터 2020년 9월까지 40여 년 동안 미국 정부가 중재하여 아랍 국가들과 이스라엘 사이에 평화협정들이 체결되었다. 이 협정들은 이스라엘과 아랍국가들 간의 영토주권 문제, 통상문제들에 대한 내용들이며, 팔레스타인인들

_____

랍인들이다.

의 주권문제는 명시되지 않았다. 사실상 이 협정들은 땅에 대한 이스라엘 권리를 승인하면서, 그 땅에 거주하는 팔레스타인인들의 권리를 거부하는 거부주의를 분명하게 드러낸다. 이러한 협정의 기본구조는 1978년 협정에서 창출되어 2024년 현재까지 유지되고 있다.

이 글은 2003년부터 진행해온 이스라엘-팔레스타인 분쟁 관련한 필자의 선행연구 결과들을 토대로, 1970년대 후반부터 2020년까지 이스라엘/아랍 국가들 사이에 체결된 평화협정들을 분석함으로써, 그 핵심적인 목표와 팔레스타인인들에게 주는 영향을 찾아내어 팔레스타인 자치정부의 한계를 밝히고, 이 분쟁의 현실적인 해결방안을 모색하기 위한 것이다.

2. 아랍 시온주의자

1897년 8월 29일, 스위스 바젤에서 개최된 제1차 시온주의자 회의에서 채택된 바젤 강령에 따르면 '시온주의는 팔레스타인에 공법으로 보장된 유대민족 고향을 창설하는 것을 목표'로 한다. 이 회의에서 창설된 시온주의자 기구(Zionist Organization)가 유대 민족주의운동, 즉 예루살렘(시온)을 포함한 팔레스타인 땅에 유대국가 건설을 목표로 하는 국제정치 운동을 주도하였다. 그 결과 1948년 5월 14일 이스라엘 국가가 수립되었다. 1951년 시온주의자 기구는 세계시온주의자 기구로 명칭을 변경하고, '이스라엘국가 강화, 유대인들 이주 지원, 유대 민족 통합 촉진'을 목표로 내세우는 예루살렘 강령을 채택하였다. 따라서 시온주의자는 '유대국가'를 표방하는 이스라엘 국가 창설이념에 동의하는 사람들이며, 이스라엘 국가에 대한 지지를 가장 중요한 요소로 간주한다. 바이든의 주장처럼, 시온주의자는 반드시 유대인일 필요는 없고, 종교나 인종과 무관하게 예루살렘을 포함하는 팔레스타인 땅에 유대국가 건설 및 강화를 지지하는 사람들로 정의될 수 있다.

2020년 10월 12일 프랑스 잡지, 르 포인트와의 인터뷰에서, 프랑스 주재 팔레스타인대사 살만 엘 허피는 이스라엘과 평화협정, 즉 '아브라함 협정'을 체결한 아랍에미레이트와 바레인을 비난하면서 "이스라엘과 아랍국가들 사이의 협정은 놀랍지 않다. 아랍에미레이트는 이미 오래전에 팔레스타인 대의를 포기했다. 아랍에미레이트, 미국 및 이스라엘은 이미 군사, 안보 및 경제면에서 긴밀한 협력이 있었다. 이스라엘 항구 하이파로 가면, 수년간 왕복해온 모든 아랍에미레이트 컨테이너 선박들을 볼 수 있다. 유일하게 새로운 것은 아랍에미레이트가 이스라엘과의 관계를 공식화했다는 것이다. 아랍에미레이트가 팔레스타인 편에 선 역사는 절대로 없었다는 것이 진실이다"라고 밝혔다.

2020년 10월 18일, 또 팔레스타인의 가장 강력한 정치 파벌인 파타 사무총장 샤디 무트워는 "이스라엘로 들어온 아랍에미레이트 자금이 이스라엘 정착촌을 건설에 사용된다. 10월 27일 이스라엘을 방문하는 아랍에미레이트 재정부, 경제부 장관들은 팔레스타인인들을 찌르는 더 많은 화살을 가지고 올 것"이라고 주장하였다.

이렇게 이스라엘과 아랍에미레이트 관계정상화에 대한 팔레스타인인들의 반대가 강력하게 제기되는 가운데, 2020년 10월 18일, 예루살렘 소재 시온 헤리티지 센터의 설립자, 마이크 에반스는 이스라엘과의 평화를 성취하는 데에 공헌한 공로로 11개 국가 통치자들에게 '시온의 친구들 상'을 수여하면서, 모든 수상자들은 그들의 대사관을 예루살렘으로 옮길 것이라고 밝혔다. 이 상을 받은 사람들 중에는 5명의 아랍왕국 통치자들, 즉 바레인 국왕 하마드 빈 이사 알 칼리파, 아랍에미레이트 총리 무함마드 빈 라시드 알 막툼, 사우디 왕세자 무함마드 빈 살만, 모로코 국왕 무함마드 6세, 오만 술탄 하이삼 빈 타리끄가 포함되었다. 에반스는 특히 사우디 왕세자 무함마드 빈 살만이 걸프역내에서 이스라엘과의 평화를 조용히 이끌고 있다고 강조했다. 예루살렘에서 온라인으로 개최된 이 행사에 이스라엘 주재 미국대사 데이비드 프리드먼, 이스라엘 총리 베냐민 네타냐후, 이스라엘 대통령 르우벤 리블린 등이 참석했다. 따라서 이 행사는 5개의 아랍 왕국들 바레인, 아랍에미레이트, 사우디, 모로코, 오만 왕국이 친 이스라엘, 시온주의자 동맹국들임을 분명하게 공표하는 행사였다.

사우디왕세자 무함마드 빈 살만의 적극적인 협조로 이스라엘과 아랍 국가들 간의 관계 정상화는 점차 더 확대되고 있는 형국이다(홍미정 2016, 87). 2020년 10

월 20일, 트럼프 대통령의 트위터에 따르면, 수단 정부는 1998년 수단의 후원을 받은 알 카에다의 케냐와 탄자니야 주재 미국 대사관에 대한 폭탄테러로 사망한 미국 희생자와 그 가족들에게 3억 3,500만 달러의 배상금을 지급하기로 합의했다. 이 자금이 입금되는 즉시, 트럼프는 테러 후원국 목록에서 수단을 제거하겠다고 밝혔다. 그런데 수단을 대신해서 사우디왕세자 무함마드 빈 살만이 트럼프가 요구한 이 배상금을 지급한 것으로 알려졌다. 이미 수단은 미국이 테러 후원국 명단에서 수단을 빼준다면, 이스라엘과의 관계 정상화를 하겠다고 약속하였다. 2020년 10월 23일, 트럼프 대통령은 이스라엘과 수단의 관계정상화 합의 사실을 공표하였고, 미국, 이스라엘, 수단은 이스라엘과 수단의 관계 정상화를 위한 공동성명을 발표하였다.

그런데 2020년 10월 18일 팔레스타인 재무부 통계 발표에 따르면, 아랍 국가들은 팔레스타인 자치정부에 2019년 1월-8월까지 1억 9,833만 달러를 지원했는데, 2020년 같은 기간 동안 3,810만 달러를 지원했다. 이로써 올해 아랍 국가들의 팔레스타인 지원은 2019년 대비 2020년에 약 81% 정도 감소했다. 2020년에 미국대통령 트럼프는 부유한 아랍 국가들에게 팔레스타인인들에 대한 자금 지불을 중단하라고 요구했다고 밝혔다. 이 과정에서 가장 많은 비중을 차지해온 사우디의 팔레스타인 지원은 2019년 1~8월까지 1억 3,000만 달러에서, 2020년 같은 기간 동안 3,080만 달러로 약 77% 줄었다. 팔레스타인 자치정부는 예산의 상당 부분을 걸프 아랍 국가들과 미국의 원조에 의존하고, 관세는 이스라엘이 수취해서 팔레스타인 자치정부에 전달해주는 방식으로 통제를 받는 상황에서, 팔레스타인 자치정부의 활동범위는 거의 미국, 이스라엘, 아랍 국가들의 삼각 동맹에 의해서 결정되는 것으로 보인다.

게다가 2020년 이스라엘은 점령지 서안에 총 12,000채 이상의 국제법상 불법적인 유대인 정착촌 주택 건설을 추진함으로써, 2010년 이후 10년 동안 최대의 유대인 정착촌 건설 붐을 일으키고 있다(Al Jazeera 2020, Oct. 15). 2020년 9월 15일 '아브라함 협정' 체결 이후, 이스라엘은 2020년 10월에만 점령지 서안 지역에 3,000채가 넘는 유대인 정착촌 주택 건설을 승인하였다. 특히 2020년 10월에 승인된 정착촌 건설은 팔레스타인의 주요한 대도시들, 라말라와 나블루스 사이에서 진행됨으로써, 팔레스타인 도시간의 연결을 방해할 뿐만 아니라, 사실상 이 지역을 이스라엘 영토로의 합병하는 것이다. 이렇게 아랍왕국들과 이스라엘이 협정을 체결함으로써 아랍왕국들의 묵인, 승인을 넘어서는 적극적인 협력으로 이스라엘은 점령지 거주 팔레스타인인들에 대한 공세적인 정책을 더욱 자유롭게 펼쳐가고 있으며, 팔레스타인인들은 더욱 고립되고 고통은 더욱 가중되고 있다.

아브라함협정에 따라, 2020년 11월 8~12일까지 서안 북부 지역 이스라엘 정착촌을 대표하는 사마리아 지역 위원회(the Samaria Regional Council) 의장 요시 다간(Yossi Dagan)이 이끄는 정착민대표단이 아랍에미레이트를 방문하였다. 이 대표단은 약 20명의 아랍에미레이트 사업가들 및 회사들과 마라톤 회의를 개최하고, 농업, 해충 방제, 플라스틱 및 담수화 사업을 위한 협력 방안을 논의했다. 결국 아랍에미레이트는 팔레스타인인들의 토지소유권을 박탈하는 불법적인 유대 정착민들과 공조체계를 구축함으로써 팔레스타인인들의 영토주권을 박탈하는데 공식적으로 직접 가담하고 있다.

3. 1978년 9월 캠프데이비드 협정, 1979년 3월 이스라엘/이집트 평화협정: 국경획정 협정

1978년 이스라엘/이집트 협상은 '1967년 이스라엘이 점령한 지역에서 팔레스타인 국가 수립'을 요구하는 유엔총회결의 논의를 무력화시켰다. 1976년 1월 유엔총회는 유엔안보리결의 242호에 토대를 두고 이집트, 요르단, 시리아가 제출하였고 PLO가 지지한 '1967년 이스라엘이 점령한 지역에서 팔레스타인 국가 수립'을 요구하는 결의안을 논의하였다 그러나 이스라엘은 이 회의에 참석하는 것을 거부하였다. 이 결의는 미국을 제외한 유럽, 소련, 이슬람세계에 의해서 만장일치로 지지를 받았다 이렇게 미국이 고립되고 국제사회가 강력하게 '두 국가 해결책'을 요구하는 상황에서 미국 대통령 지미 카터의 중재 아래 이집트와 이스라엘 사이에 협상이 진행되면서 1979년 중동 최초의 평화협정이라 불리는 이집트와 이스라엘 사이의 국경 획정 협정이 체결되었다. 이후 1988년 11월까지 팔레스타인국가 건설안은 유엔에서 논의되지 않았다.

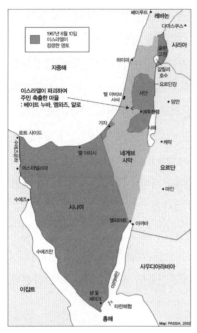

1967년 이스라엘 점령지

1978년 9월 17일, 지미 카터 대통령의 중재로 캠프데이비드에서 안와르 사다트 이집트 대통령과 메나헴 베긴 이스라엘 총리가 캠프데이비드 협정을 체결하였다. 캠프데이비드 협정은 1967년 이스라엘이 무력으로 점령한 서안과 가자 관련하여 '이스라엘 군대의 재배치, 강력한 지역 경찰 창설, 지역 자치정부를 수립, 5년간의 임시 기간 설정'을 명시하였다. 그러나 이 협정은 핵심적인 문제들, 즉 서안과 가자의 최종 지위, 팔레스타인 난민문제, 이스라엘 정착촌문제, 예루살렘 문제 등을 회피함으로써, 분쟁 해결 가능성을 차단하였다.

게다가 서안과 가자에서 자치정부를 수립한다는 것은 이 지역 팔레스타인인들을 이스라엘 시민으로 통합하지 않겠다는 의지의 표현이다. 결국 자치정부 수립은 이스라엘이 서안과 가자의 팔레스타인인들에 대한 인종차별적인 정책을 유지하면서, 팔레스타인인들을 이스라엘 국가로부터 분리시킴으로써 팔레스타인인들의 이스라엘 시민권 요구를 원천봉쇄하겠다는 선제적인 정책이다.

이러한 정책은 1977년 9월 25일 이스라엘 총리 메나헴 베긴의 '캠프데이비드 협정에 관한 의회 연설'에서 다음과 같이 더욱 노골적으로 드러났다.

1977년 베긴의 캠프데이비드 협정에 관한 의회 연설

▶ 5년의 임시 기간 후에 주권 문제를 결정할 것이고, 우리는 유대아와 사마리아(서안)와 가자에 대한 우리의 주권을 강력하게 주장할 것이다.
▶ 유대아와 사마리아에서 국민투표는 없다 → 이스라엘 시민권을 주지 않는다.
▶ 어떤 상황과 조건에서도 팔레스타인국가는 존재하지 않으며, 존재하지 않을 것이다.

▶ 유대아, 사마리아, 가자, 골란고원에서 정착촌 건설사업을 강화할 것이다.
▶ 통합된 예루살렘은 이스라엘의 수도다.
▶ 이스라엘 군대는 유대아, 사마리아와 가자에 계속 남아있을 것이다.

1979년 3월 26일, 워싱턴 백악관에서 미국 민주당 정부 지미 카터 대통령의 중재로 안와르 사다트 이집트 대통령과 메나헴 베긴 이스라엘 총리 사이에서 이스라엘/이집트 평화협정, 즉 국경획정 협정이 체결되었다. 이 협정은 1967년 전쟁에서 이스라엘이 점령한 시나이 반도와 가자 처리에 관한 것으로 중동 최초의 평화협정으로 불린다. 여기서 이스라엘은 시나이 반도를 이집트에게 반환하는 대신에, 이집트는 가자에 대한 이스라엘 주권을 인정하였다. 이 협정에 따라 이스라엘은 1982년 시나이 반도에서 철수하였다. 이 협정에서 국경획정 관련 내용은 다음과 같다.

1979년 이스라엘/이집트 평화협정: 국경획정 협정
▶ 이스라엘과 이집트 사이의 영구적인 경계는 이집트와 이전 영국의 팔레스타인 위임 통치 영역 사이에 존재하는 국제적으로 승인된 국경이다.
▶ 이스라엘과 이집트는 이 경계를 불가침의 경계로 인정한다. 양측은 수자원과 영공을 포함하는 상대방의 영토 보전을 존중한다.

이 협정에서 이스라엘과 이집트 사이에 위치하는 팔레스타인인들의 영토는 없고, 오직 이스라엘과 이집트 두 국가만 존재할 뿐이다. 이집트는 이 협정을 체결함으로써 가자를 이스라엘의 영토로 완전히 승인하였다.

결국 1978년 캠프데이비드 협정과 1979년 이스라엘/이집트 평화협정은 서안과 가자를 이스라엘에게 넘겨주었을 뿐만 아니라, 서안과 가자에 거주하는 팔레스타인인들에게 이스라엘 시민권을 부여하지 않은 채로, 이스라엘 점령통치를 받는 인종차별적인 지역 자치정부 창설을 구상하였다.

이후, 이 협정들은 이스라엘/팔레스타인 협상을 비롯한 이스라엘의 팔레스타인 점령지 정책의 실질적인 기반이 되었을 뿐만 아니라, 2020년 1월 28일 트럼프 대통령이 제안한 '세기의 협상', 즉 '평화를 통한 번영: 팔레스타인인들과 이스라엘인들의 삶을 증진시키기 위한 비전'에 대부분 반영된 것으로 보인다.

4. 1994년 10월 이스라엘/요르단 평화협정: 국경획정 협정

1994년 10월 26일, 이스라엘과 요르단 경계에 위치한 아라바에서 미국 민주당 정부의 빌 클린턴 대통령 중재로 이츠하크 라빈 이스라엘 총리와 후세인 요르단 국왕이 이스라엘/요르단 평화협정, 국경획정 협정을 체결하였다. 이 협정은 양국의 수자원 관리·공유와 1967년 전쟁으로 이스라엘이 점령한 서안의 처리에 관한 것이다. 이 협정에서 요르단은 1967년 전쟁에서 이스라엘에게 빼앗긴 서안에 대한 이스라엘 주권을 인정하였다. 이 협정에서 국경획정 관련 내용은 다음과 같다.

1994년 이스라엘/요르단 평화협정: 국경획정 협정
▶ 이스라엘과 요르단 사이의 국경은 트랜스 요르단과 영국의 팔레스타인 위임통치 영역 사이의 경계선이다.
▶ 1967년 이스라엘 군부통치하에 들어온 모든 영토(서안)의 지위에 대한 편견 없이, 이 경계는 이스라엘과 요르단 사이의 영구적이고, 안정되고, 공인된 국경이다.
▶ 이 국경은 요르단 강과 야르묵 강의 중앙, 사해, 와디 아라바, 아까바 만을 지나며, 이스라엘과 요르단 사이의 영구적이고, 안정되고, 승인된 국경이다.
▶ 이스라엘과 요르단은 국경과 상대방의 영토, 영해, 영공을 불가침으로 인정하고, 이를 존중하고 준수한다.

영국위임통치령, 팔레스타인
(1922~1948)

이 협정에서 이스라엘과 요르단 사이에 위치하는 팔레스타인인들의 영토는 없으며, 서안은 이스라엘 영토로 통합되었다. 결국 이 협정을 체결함으로써 요르단은 서안을 이스라엘의 영토로 완전히 승인하였다. 동예루살렘과 서안을 요르단에게 양도한 요르단 정부는 동예루살렘 및 서안 거주 팔레스타인인들에 대한 이스라엘의 인종차별적인 점령 정책에 관하여 거의 침묵으로 일관하고 있다.

5. 2020년 9월 이스라엘/아랍에미레이트, 바레인 평화협정: 아브라함 협정, 이스라엘의 황금 열쇠

2020년 9월 15일 백악관에서, 공화당 정부 트럼프대통령의 중재로 이스라엘 총리 베냐민 네타냐후, 아랍에미레이트 외무-국제협력부장관 압둘라 빈 자이드 알 나흐얀, 바레인 외무장관 압둘라티프 알 자야니가 서명함으로써 '아브라함 협정'으로 알려진 관계정상화 협정이 체결되었다. 이 협정 서명식에 앞서, 트럼프 대통령은 네타냐후 총리에게 백악관과 미국에 들어갈 수 있는 상징적인 황금 열쇠를 선물한 반면, 아랍에미레이트와 바레인 대표들에게는 주지 않았다.

'아브라함 협정'은 2020년 1월 28일 트럼프 대통령이 제안한 '세기의 협상', 즉 '평화를 통한 번영: 팔레스타인인들과 이스라엘인들의 삶을 증진시키기 위한 비전'의 틀에서 나왔다. 제목과는 달리 '세기의 협상'은 팔레스타인인들의 영토에 대한 권리를 무시하면서, 1967년 이스라엘이 무력을 점령한 서안을 공식적인 이스라엘 영토로 합병하고, 이스라엘-역내 아랍국가들 사이의 평화 협정 체결을 통한 이스라엘의 번영을 목표로 하였다. '세기의 협상'은 이스라엘에게 경제적 번영을 약속하는 황금 열쇠를 준 셈이다. '세기의 협상'과 같은 목표를 설정한 '아브라함 협정'의 주요 내용은 다음과 같다.

2020년 아브라함 협정
▶ 중동 지역 내 모든 국가들과 국민들을 위하여 안정적이고 평화롭고 번영하는 중동 지역의 비전을 실현하고자 열망
▶ 아랍민족과 유대 민족이 공동 조상, 아브라함의 후손이라는 것을 인식하고, 그 정신에서 영감을 받아 중동에서 무슬림, 유대인, 기독교인과 모든 종교, 종파, 신앙과 민족이 살고 있는 현실을 발전시키고, 공존, 상호이해, 상호 존중 정신을 기름
▶ 2020년 1월 28일 트럼프 대통령이 제시한 평화안을 상기하며 이스라엘/팔레스타인 분쟁에 대해 정의롭고 포괄적이며 현실적이며 항구적인 해결책 달성하기 위하여 노력
▶ 이스라엘/이집트, 이스라엘/요르단 사이의 평화협정을 상기하고, 이스라엘과 팔레스타인 두 민족의 정당한 필요와 염원을 충족시키는 이스라엘/팔레스타인 분쟁에 대한 합의된 해결책과, 광범위한 중동 평화, 안정 및 번영을 실현시키기 위하여 함께 노력

1979년, 1994년에 이스라엘과 국경획정협정을 체결한 이집트나 요르단과는
달리, 아랍에미레이트나 바레인은 이스라엘과 영토분쟁 경험이 없다. 역사적으
로 아랍에미레이트와 바레인의 통치자들은 이스라엘과 비공식적인 협력관계를
유지해왔다. 게다가 바레인은 1948년부터 걸프지역 미해군 사령부의 본거지였
고, 1991년부터는 미국과 공식적인 방위협력 협정을 체결하였으며, 1992년 미국
은 바레인을 주요한 비나토 동맹으로 지정하였다. 이런 관계 속에서 역사적으로
바레인은 이스라엘과 특별한 불화가 없었다.

이제 '아브라함 협정'을 체결함으로써 이스라엘 지도자들은 1967년 점령지에
서 자신들이 저지른 있는 재앙 수준의 불법행위에 대하여 재고할 필요가 없다고
생각하게 되었다. 실제로 베냐민 네타냐후 총리는 '아브라함 협정'은 이스라엘이
아랍 국가들과 관계정상화를 이루기 위해 요르단강 서안 점령지에서 철수할 필
요가 없다는 점을 확인하는 것이라고 솔직하게 밝혔다. 2020년 10월 15일, 이스
라엘 의회는 '아브라함 협정'을 80명/120명(13명의 아랍계 이스라엘인 의원들만 반대)이라
는 압도적 찬성으로 승인하였다.

결국 '아브라함 협정'은 이스라엘의 팔레스타인인들에 대한 인종차별적인 정
책과 불법 점령 정책을 승인하고, 그동안 비밀스럽게 유지해온 이스라엘/아랍
에미레이트, 바레인 간의 비공식적인 협력관계를 공식화하는 것이다. 이 협정의
목표는 적대적 관계 청산이나 국경획정 등 영토관련이 아니라, 이스라엘과 아랍
국가들의 관계정상화와 투자 및 통상관계 활성화 등을 통한 이스라엘의 경제적
번영과 역내 패권을 보증하는 것으로 평가된다. 이와 관련하여 2020년 9월 14일
미국-아랍에미레이트 비즈니스 위원회(US-UAE Business Council)가 주최한 저녁 온
라인 세미나에서 아랍에미레이트 경제부 장관 압둘라 빈 투크(Abdulla bin Touq)는

"아랍에미레이트와 이스라엘에 대한 무역과 투자 전망은 양국 모두를 흥분시키는 것이며, 이 지역의 가장 혁신적인 두 경제국들 간의 새로운 관계를 강화할 '평화의 결과'다. 아랍에미레이트는 이스라엘과의 이중과세, 자유무역협정을 포함한 8개의 무역 및 경제협정을 후순 단계에서 검토하고 있다. 이미 이스라엘 회사들이 아랍에미레이트 회사들과 계약을 맺었고, 우리는 거의 모든 분야에서 많은 합작회사들을 기대하고 있다"라고 밝혔다.

이스라엘-아랍에미레이트의 긴밀한 협력관계를 과시하듯, 2020년 11월 16일, 아랍에미레이트의 에티하드 항공은 이스라엘 방문을 선동하는 비디오 광고에서 예루살렘의 알 아크사 모스크를 대체하는 서기 70년 로마제국에 의해서 파괴된 것으로 알려진 유대교 제 2성전을 내보냈다. 이는 예루살렘 알 아크사 모스크 복합단지를 유대교 제 2성전으로 복원하는 의미에서 유대교 제 3성전으로 대체시키려는 이스라엘의 의도를 따르는 것이다. 에티하드 항공은 2021년 3월 28일부터 매일 아부다비-텔아비브 직항 노선을 운행하기로 공식 발표했다.

그렇다면, 아랍 걸프왕국들의 관계 정상화 동기는 무엇인가? 이 정권들은 아랍의 봄과 같은 내부의 대중혁명 및 이란이 제기할 수 있는 모든 잠재적 위협으로부터 이스라엘의 보호를 얻기를 원한다.

또 이스라엘이 걸프 왕국들에게 원하는 것은 무엇인가?

정치적 차원에서, 걸프 왕국들과의 정상화를 통해, 이스라엘은 팔레스타인에 대한 걸프 왕국들의 전통적, 역사적 후원을 박탈한다. 걸프 왕국들은 수십 년 동안 정치적, 재정적, 공식적, 대중적 차원에서 팔레스타인의 중요한 후원자였다. 제1차 인티파다(1987~1993)와 제2차 인티파다(2000~2005) 때 팔레스타인 금고로 흘러들어간 기부금의 대부분은 걸프왕국들에서 나왔다.

게다가, 이스라엘은 걸프 왕국들 시장이 이 지역에서 가장 크고 중요하기 때문에 이 시장을 장악하기를 원한다. 이스라엘 제품은 요르단과 이집트를 통해 지난 30년간 걸프 왕국들 시장에 큰 어려움을 겪으며 진출해 왔다. 그런데 새로운 관계 정상화로, 이스라엘은 제품을 소비할 준비가 된 커다란 걸프지역 시장을 확보한 덕분에 장기적으로 중동 전역을 가로지르는 산업적 우위를 확보 할 것이다.

2020년 11월 국부펀드 연구소(Sovereign Wealth Fund Institute) 발표에 따르면, 걸프 왕국들과의 정상화는 2020년 11월 현재 세계 10대 국부펀드 중 3개(아부다비 투자청 3위, 두바이 투자공사 10위, 사우디 공공투자기금 8위)를 보유한 아랍에미레이트와 사우디를 중심으로 주요 투자펀드의 물꼬를 트게 될 것이다.

이와 같이 이스라엘과 걸프 왕국들의 정상화는 이스라엘에게 광범위한 이득을 주는 반면, 팔레스타인인들의 입지를 약화시키고, 특히 예루살렘에서 유대교 제 3성전 건설을 지지하는 태도를 보이면서 팔레스타인인들의 정체성의 상징인 알 아크사 모스크를 위협하고 있다. 또 걸프 왕국 통치자들은 이스라엘과 미국의 보호를 받아 정권을 유지 및 강화하기 위하여 관계 정상화를 추구하지만, 국내외정치 변동에 따라 통치권 유지 및 강화 여부가 판가름 날 것으로 보이며, 걸프 왕국들에게 그 이상의 소득은 없을 것이다.

6. 팔레스타인 자치정부의 한계

1979년 이스라엘/이집트 국경획정협정, 1994년 이스라엘/요르단 국경획정협정에서 이스라엘과 두 아랍 국가들 사이에 팔레스타인 국가 수립을 위한 공간은 없다. 2020년 9월 15일 체결된 아브라함 협정은 이스라엘/이집트 평화협정, 이스라엘/요르단 평화협정 및 점령지에서의 이스라엘의 주권 확립을 보다 더 강화시킨 2020년 1월 28일 트럼프 대통령이 제시한 평화안의 연장선에 있다고 밝혔다. 이러한 아브라함 협정에 대한 대응으로, 2020년 9월 25일 마흐무드 압바스 팔레스타인 자치정부 수반은 안토니오 구테흐스(Antonio Guterres) 유엔 사무총장에게 두 국가 해결안 달성, 이스라엘 점령 종식, 동예루살렘을 수도로 하는 팔레스타인 독립국가 수립을 위해 2021년 초에 유엔이 주도하는 국제평화회의를 소집할 것을 요청했다. 이날 화상으로 진행된 제 75차 유엔총회 연설에서, 압바스 수반은 이스라엘/팔레스타인 분쟁 해결을 위한 국제평화회의 개최를 주장하면서 "국제평화회의는 국제법에 토대를 둔 진정한 평화과정을 시작할 수 있도록 모든 권한을 가져야한다. 이 평화회의는 점령을 종식시키고, 1967년 경계를 따라 동예루살렘을 수도로 하는 팔레스타인독립 국가 수립, 특히 난민 문제를 포함하는 최종 지위문제를 해결하는 것을 목표로 해야 한다"고 연설했다.

2020년 11월 22일, 압바스 수반은 요르단을 방문하여 압달라 2세 왕을 만나고, 이어서 이집트를 방문하여 알 시시 대통령을 만났다. 이 회동에서 3국은 국제평화회의 개최를 위하여 협력하기로 결정하고, 팔레스타인, 요르단, 이집트 관리들로 공동 준비 위원회를 구성하였다.

이러한 압바스 수반의 행보는 1979년, 1994년 이집트와 요르단이 각각 이스라엘과의 국경획정협정을 통하여 이미 가자와 서안을 이스라엘의 영토라고 인정한 것을 무시한 것이며, 3자가 주도하는 국제회의를 개최함으로써 진정으로 팔레스타인 독립국가 건설을 추진할 의도가 있는지 의구심을 갖게 한다. 국제관계에서 볼 때, 이스라엘과 이미 국경을 획정함으로써 팔레스타인 땅에 대한 이스라엘의 주권을 인정한 이집트와 요르단은 팔레스타인 독립 국가 건설을 운운할 자격을 상실하였다.

게다가 2020년 11월 17일, 팔레스타인 자치정부는 이스라엘과 민간 및 안보협력을 재개를 선언함으로써 지난 5월 19일 이후 6개월간의 협력 중단과 관세 수령 거부 등의 정책 실패를 스스로 인정했다. 이는 팔레스타인 지도부가 이스라엘에 대한 정책에서 뚜렷한 전략이 없다는 것을 팔레스타인 대중들과 국제사회에 스스로 폭로한 모양새가 되었다.

2020년 5월 19일, 팔레스타인 자치정부는 이스라엘 및 미국과 체결한 모든 협정을 무효화하며, 협력을 중단한다고 선언하였다. 이번 결정은 미행정부의 전면적인 합의를 전제로 이스라엘이 7월 1일 서안의 일부를 합병하겠다는 의도를 밝힌 것에 대한 대응이었다.

이러한 공식적인 협력 중단 선언에도 불구하고, 실질적으로는 이스라엘-팔레스타인 자치정부의 안보협력이 계속되었다. 1990년대 오슬로협정에서 이스라엘-팔레스타인 자치정부의 안보협력은 가장 중요한 합의사항이다(Xinhua 2020, May. 21). 오슬로 협정으로 이스라엘은 1987년 12월에 발발한 팔레스타인 제 1차 인티파다(민중봉기)를 제압하고, 1988년 11월 15일 1967년 이후 이스라엘이 점령한 영토에 대한 PLO의 팔레스타인 독립 국가 선언 및 1988년 12월 15일 PLO의 팔레스타인 독립 국가 선언을 인정하는 유엔총회 결의를 무력화시키면서, 팔레스타인 국가 수립 요구를 이스라엘의 꼭두각시 정부인 팔레스타인 자치정부 수립으로 대체시켰다.

때문에 이스라엘에게 있어, 팔레스타인 자치정부-이스라엘과의 안보협력은 팔레스타인 자치정부의 설립 이유이기도 하다. 이것이 바로 팔레스타인 자치정부의 한계다. 이러한 이유 때문에, 압바스 수반은 이스라엘의 빈번한 가자 공격에 대해서 별 다른 조치를 취하지 않을 뿐만 아니라, 서안에서는 팔레스타인 주민들에 맞서 이스라엘과 안보협력을 해왔다. 2018년 1월 6일, 미들이스트 모니터 보도에 따르면, 2017년 팔레스타인 자치정부가 정치적인 이유 또는 이스라엘에 맞서는 저항활동 등의 이유로 체포한 팔레스타인인들 2,863명 중 680명은 이전에 이스라엘에 의해서 저항활동 등을 이유로 체포된 경험이 있는 사람들이었다.

그런데 팔레스타인 자치정부가 이스라엘과의 협력을 중단할 수 없는 이유 중 하나는 이스라엘이 팔레스타인의 관세 통제에서 기인한다. 2020년 6월 3일, 팔레스타인 자치정부는 이스라엘이 자치정부를 대신해서 걷은 팔레스타인의 수출입 물품에 부과하는 관세 수입 수령을 거부했다. 이스라엘은 관세를 걷는 대가로 징수된 수입의 3%를 수수료로 받는다. 이 세수는 매달 약 2억 달러로 추산되는데, 이스라엘은 팔레스타인 수출입 서비스 비용과 전기요금으로 약 4천만 달러를 공제한다. 이 세금은 팔레스타인 자치정부 공공 수입의 63%를 차지한다. 때문에 6월부터 11월까지 계속된 관세 수익 수령 중단은 팔레스타인자치정부의 재정 위기를 불러왔다. 자치정부는 협력 중단 기간 동안 이스라엘이 거두어들인 약 7억 5천만 달러의 관세 수령을 거부하면서, 재정 붕괴에 직면한 것으로 알려졌다. EU 또한 팔레스타인 자치정부에게 원조 중단을 위협하면서 이스라엘과의 관계 회복을 압박하였다(Ynetnews 2020, Nov. 21). 이러한 경제적 위기 또한 자치정부가 이스라엘과의 협력 재개를 선언한 중요한 이유 중 하나다.

이로 인한 재정 붕괴 위기를 타개하기 위하여 팔레스타인 자치정부는 공식적으로 이스라엘과 안보협력 등 관계회복에 나섰다. 2020년 11월 20일, 팔레스타인 자치정부 보안대는 팔레스타인 자치정부와 이스라엘 협력재개를 비난한 죄로 시민활동가, 니자르 바나트(Nizar Banat)를 헤브론 소재 그의 집에 쳐들어가서 체포하였다. 2020년 12월 3일, 이스라엘이 팔레스타인 자치정부에 세수 11억

4000만 달러를 이양했다고 팔레스타인 민정부 장관, 후세인 알 셰이크가 밝혔다.

사실, 팔레스타인 자치정부가 이스라엘과의 협력을 6개월간 중단한 뒤, 협력을 재개하기로 했다는 소식은 그리 놀라운 일이 아니다. 2020년 5월 협력 종료 결정은 이스라엘이 점령한 서안의 약 30%를 정식 합병할 것이라는 위협에 직면해 나온 것이다. 공식적으로 팔레스타인 보안군과 이스라엘군 사이의 협력은 종료되었으나, 팔레스타인 보안대는 마치 협력이 여전히 유효한 것처럼 행동했다. 즉, 이스라엘이 관심을 집중하는 안보 분야에서 팔레스타인 자치정부는 협력 중단 선언 이전과 동일하게 행동했다.

이렇게 팔레스타인 자치정부가 공개적으로 이스라엘과 안보협력을 재개하는 와중에, 하마스는 이러한 팔레스타인 자치정부의 일방적인 결정이 민족 통합을 향하여 나아가는 노력뿐만 아니라, 이스라엘의 점령과 합병 및 이스라엘-아랍국가들 관계정상화 노력에 맞서는 것을 약화시키는 행위라고 비난하였다. 그럼에도 불구하고, 하마스를 비롯한 팔레스타인 민족주의 파벌들은 팔레스타인 자치정부와 소위 '화해'를 위하여 카이로에서 파타와 회의를 한 것으로 알려졌다. 이것은 하마스 및 팔레스타인 파벌들이 자치정부의 한계를 명확하게 인식하면서도, 자신들도 어떤 뚜렷한 대안 및 전략을 제시하지 못한다는 것을 의미한다. 때문에 자치정부 및 파타와 하마스 등 팔레스타인 독립 국가 수립을 목표로 활동하는 팔레스타인 민족주의자 파벌들은 총체적인 위기를 맞이한 것으로 보인다.

이러한 상황에서 2020년 11월 9일, 팔레스타인 자치정부 총리 무함마드 시타야(Mohammad Shtayyeh)는 라말라에서 열린 주례 각료회의를 주재하면서 "이스라엘 점령 정부는 식민지 계획을 중단하고, 우리 땅을 점령하고 수천 개의 정착촌을 건설하는 것을 중단해야 한다. 팔레스타인 점령지역에 존재하는 불법적인 이스라엘 정착촌은 평화의 적이다. 예루살렘을 포함한 팔레스타인 영토의 정착민 수는 현재 75만 명 이상이 되었고, 그들은 점령된 서안 총 인구의 25%를 차지한다. 이제 이스라엘은 두 국가 안이나, 인구통합 중 하나를 선택해야한다"고 주장하였다. 두 국가 해결책을 추진하는 팔레스타인 자치정부 총리가 인구통합 안, 즉 한 국가 해결책을 거론했다는 것은 주목할 만한 가치가 있다.

사실, 두 국가 해결안에 대한 팔레스타인인들의 선호도가 절대적인 것은 아니며, 인구통합 안, 한 국가 안도 현실적인 해결안 중 하나가 될 수 있다. 2020년 8월 12일~9월 3일까지 라말라 소재 팔레스타인 정책 조사연구 센터(Palestinian Center for Policy and Survey Research, PSR)와 텔아비브대학의 조정 및 분쟁 관리 에벤스 프로그램(Evens Program in Mediation and Conflict Management at Tel Aviv University)이 라말라 주재 네덜란드 대표부와 팔레스타인 주재 일본대표부의 자금 지원을 받아 실시한 이팔 분쟁 해결안에 대한 공동 여론조사를 실시하였다. 이 여론 결과 팔레스타인인들 43%, 이스라엘 유대인들 42%가 두 국가 해결안을 지지한 반면, 팔레스타인인들 56%, 이스라엘 유대인들 46%는 두 국가 해결안을 반대하였다.

그런데 2017년 2월 16일, 팔레스타인 정책 조사 연구소와 텔아비브대학 타미 스테인메츠 평화 연구 센터(Tami Steinmetz Center for Peace Research, TSC)가 실시한 공동 여론 조사 결과에 따르면, 이스라엘인들 55%, 팔레스타인인들 44%가 두 국가 해결안을 지지한 반면, 팔레스타인인들 36%, 이스라엘 유대인들 19%, 이스라엘 아랍인들 56%가 한 국가 해결안을 지지하였다.

이로 미루어볼 때, 최근 이스라엘인들과 팔레스타인인들 양 측에서 모두 두 국가 해결안에 대한 지지도는 약화되는 양상을 보이고 있다. 이 여론조사는 양 측의 다수가 두 국가 해결안을 지지하긴 하지만, 한 국가 해결안 등 다른 선택의 여지도 있음을 보여준다. 한국가 해결안이라는 것은 하나의 민주국가 안에서 이스라엘인들과 팔레스타인인들이 동등한 시민의 권리를 보장받는 것을 의미한다.

현재 팔레스타인 자치정부는 팔레스타인인들 대다수의 지지를 받지 못하고 있다. 뿐만 아니라 2018년 9월 팔레스타인 정책 조사 연구 센터의 여론 조사결과에 따르면, 파타와 하마스도 모두 팔레스타인 대중들의 지지를 잃고 있으며, 팔레스타인인들 60% 이상이 압바스 수반의 퇴진을 요구하며, 팔레스타인인들 50%는 자치정부를 '팔레스타인인들에게 지워진 무거운 짐'으로 간주하며, 팔레스타인인들 3/4은 오슬로 협정 이전보다 상황이 더 악화되었다.

이러한 상황에서 미국 중재로 아랍 국가들이 이스라엘과 협정을 체결하면서, 오슬로 협정의 결과물인 팔레스타인 자치정부는 뚜렷한 대응 전략을 세우지 못한 채 국내외적으로 총체적인 난국에 직면하였다. 따라서 단기적으로 이스라엘-팔레스타인 분쟁의 해결방안을 찾는 것은 현실적으로 쉽지 않을 것 같다.

VII. 이스라엘 천연가스 수출을 위한 협력
: 아랍국가들, 유럽국가들, 미국

최근 이스라엘은 왜 아랍에미레이트를 비롯한 아랍국가들과 협력 강화에 적극 나선 것일까? 그 중요한 이유 중 하나는 레비아탄과 타마르 가스전을 비롯한 이스라엘 연안 동지중해 가스전에서 생산되는 천연가스의 유럽 수출을 위한 허브를 구축하고, 지중해를 동서로 관통하여 유럽으로 가는 수출용 가스관의 안전망 확보를 위한 것이다.

그러나 이스라엘의 가스 수출과 매장 잠재력은 역내 다른 국가들에 비교해서 높은 편은 아니다. 따라서 장기적으로 이스라엘은 인접 국가들을 넘어서 역내 가스관 통관의 허브를 꿈꾸는 것으로 보인다.

중동 역내 전반의 복잡한 정치 지형을 파악하는데, 동지중해에서 생산되는 이스라엘 천연가스 수출을 위한 국가 간 협력과 투쟁이 중요한 실마리를 제공한다. 따라서 이 글은 이스라엘 천연가스 수출을 위한 국가 간 협력을 중심으로 활성화되는 중동 역내의 복잡한 정치 지형을 파악하기 위한 것이다.

이 글의 연구 대상은 최근 신문에서 보도된 이스라엘과 아랍에미레이트를 비롯한 중동 국가들, 그리스를 비롯한 지중해 연안 유럽 국가들, 미국 등 이스라엘과 중동 역내 외 국가들 간의 협력 관계다. 이를 위하여 이 글은 다음과 같이 구성된다. 2장에서는 이스라엘 천연가스 소비시장을 제공한 팔레스타인 자치정부, 요르단, 이집트 등을 설명한다. 3장에서는 유럽행 천연가스 수출 통로 확보 경쟁을 다음과 같이 3가지 측면에서 설명한다. 1차적으로 터키와 리비아 서부를 통치하는 국민합의정부(GNA)에 맞서는 이스라엘, 아랍에미레이트 및 리비아 동부를 통치하는 하프타르 정부 사이의 관계를 설명한다. 다음으로 러시아와[34] 터키 동맹에 맞서는 이스라엘과 그리스와 키프로스의 협력관계를 설명한다. 또 미

---

34) 러시아 석유와 가스 세입은 2012년 정부 예산의 52%를 차지하며, 전체 수출의 70% 이상 차지했다. 러시아 총 가스 수출량 중 60%는 유럽시장이 차지한다.

국의 동지중해 안보와 에너지협력 강화법 제정을 설명함으로써, 이스라엘, 그리스, 키프로스의 협력관계를 증진시키기 위한 미국의 정책을 설명한다. 이러한 설명은 이스라엘과 다양한 행위자들 주변 중동국가들, 유럽국가들 뿐만 아니라, 미국과의 관계 변화와 지역 정세를 전망하는 토대를 제공할 것이다.

1. 이스라엘 천연가스 소비시장: 팔레스타인, 요르단, 이집트

미국 노블에너지가 2009~2010년에 동지중해 연안에 위치한 타마르와 레비아탄(노블에너지: 39.66%, 아브너: 22.67%, 델렉시추: 22.67%, 레티오석유탐사: 15%) 가스전들을 발견하여 개발하고 있으며, 이 가스전들에 대한 최대 지분을 소유할 뿐만 아니라, 가스전 지분을 소유한 이스라엘 회사들을 포함하는 레비아탄 컨소시엄을 구성하여 외국과 가스협정을 체결하는 주체다.

사실상, 이스라엘 연안 동지중해에서 생산되는 천연 가스 수출의 가장 큰 수혜자는 이스라엘과 미국회사 노블에너지인 셈이다. 수출 총액 중 56% 정도는 로열티와 법인세 명목으로 이스라엘 정부에게, 채굴비용과 운영비용등을 제외한 나머지는 노블 에너지 등 회사들에게 각각 배분된다.

이러한 상황을 반영하듯, 2017년 9월 미국은 이스라엘 항구 도시 하이파에 해군기지를 건설하였다. '이스라엘에 대한 미국의 도움 허가'라는 제목이 붙은 2017년 미국방수권법 1259항은 "동지중해는 이스라엘 안보뿐만 아니라, 미국 안보 이익에 있어서 매우 중요하며, 미국방부는 이 지역에서 안보 능력을 계속 발전시키고, 증진시켜야한다"고 규정한다. 사실상 이러한 미국의 정책은 터키와 시리아 등 이스라엘 인근 국가들로부터 이스라엘의 지중해 패권 확보하고, 동지중해 유전 지대를 안정적으로 개발하는 데 커다란 영향을 끼치는 것으로 보인다.

이미 이스라엘 주변 아랍국가들은 동지중해에서 생산되는 천연 가스 소비 시장이 되었다. 2014년 1월 6일, 서안에 위치한 팔레스타인 전력회사(PPGC)는 제닌 지역 발전소에 20년 동안 공급할 12억 달러 상당의 천연가스 구매 계약을 노블에너지와 체결하였다. 이로써 팔레스타인은 이스라엘 연안에서 생산되는 천연

가스를 구매하는 첫 번째 주체가 되었다.

2016년 9월, 요르단국영 전기회사(NEPCO)는 15년 동안 100억 달러 상당 천연가스 구매 계약을 노블에너지와 체결하였다. 이 때, 요르단국영 전기회사는 "이 협정은 역내 협력을 강화시킬 것이고, 요르단을 동지중해에서 발견된 가스전을 활용하기 위한 지중해 프로젝트 연합과 EU의 일부로 만들 것이다"라고 발표하였다. 또 이스라엘 에너지장관 유발 스타인츠(Yuval Steinitz)는 "이 가스협정은 극히 중요한 국가의 업적이며, 이스라엘과 요르단 사이의 유대와 전략적 동반자 관계를 강화하는 중요한 초석"이라고 밝혔다.

2018년 2월, 이집트 회사 돌피너스 홀딩스(Dolphinus Holdings)는 미국회사 노블에너지, 이스라엘 회사 델렉 시추 그룹(Delek Drilling)과 150억 달러 상당 천연가스 구매 계약을 체결하였다. 이스라엘 관리들은 이 협정을 이스라엘 가스 산업 사상 최대 규모의 협정이라고 밝혔다. 게다가 2019년 10월 이집트가 가스 수입을 34% 늘리기로 결정하면서 수입액이 크게 증가하였다.

사실, 2019년 3월, 요르단 의회는 만장일치로 이스라엘과의 가스협정 거부 결정을 내렸지만, 당시 헌법재판소는 협정이 두 회사 간에 체결된 것이며, 정부 간 체결이 아니기 때문에 '국회의 승인을 요하지 않는다'는 결정을 내렸다.

2020년 1월 1일, 요르단국영 전기회사는 "텍사스에 본사를 둔 노블에너지가 이스라엘 가스를 요르단에 공급함으로써, 이스라엘 천연가스가 1차로 요르단으로 공급돼 2016년 양측 간에 체결된 협정이 이행됐다"라고 발표했다. 이번 발표는 요르단 정부 반대파인 이슬람 행동전선(Islamic Action Front)과 시민사회 단체들의 강력한 압력에도 불구하고 이루어졌는데, 이 단체들은 이 거래를 막고 이스라엘과의 더 이상의 경제 통합을 막아야 한다고 정부에 요구해 왔다. 특히 무슬림형제단 연계 세력이기도 한 이슬람 행동전선은 "오늘은 우리의 주권을 인질로 만들고, 에너지 부문을 시온주의 점령자의 수중에 넣어 버린 요르단 역사상 민족적인 범죄행위이며, 민족적인 재앙의 날"이라고 주장했다. 2020년 1월 3일 수천 명의 요르단인들이 이스라엘 연안 레비아탄 유전에서 추출한 이스라엘 가스 최초 구입에 맞서 암만에서 시위에 참가하였다.

2020년 1월 5일에는 25명의 요르단 의회의원들도 대중 시위에 참가하는 등,

계속되는 대중 시위에 직면하여, 2020년 1월 19일 요르단 의회는 130명 의회의원 만장일치로 이스라엘로부터 천연가스 수입 금지법 초안을 통과시켰다. 이 법안은 "정부, 정부 부처, 국가기관 및 기업이 이스라엘에서 가스를 수입하는 것을 금지한다"고 명시되어 있다. 그러나 이스라엘 에너지 산업의 한 소식통은 익명을 전제로 "요르단 국영전기회사와 미국계 노블에너지의 가스협정은 2020년 1월 초부터 시행되고 있으며, 그런 점에서 변화가 없을 것으로 예상된다"라고 밝혔다.

　2020년 1월 15일, 이스라엘은 레비아탄 가스전(매장량, 약 6,050억㎥)에서 생산되는 천연가스를 해저 파이프라인을 통해서 이집트로 수출을 시작했다.[35] 이는 이스라엘과 이집트 사이에 1979년 소위 중동 최초의 평화 협정이라고 일컫는 이스라엘-이집트 국경획정 협정 체결에 버금가는 외교사의 이정표가 된다.[36] 2018~2019년, 미국회사 노블에너지, 이스라엘회사 델렉 시추와 이집트회사 돌피너스 홀딩스 간의 협정에 따라, 15년 동안 하루에 566만 3천㎥씩 이스라엘 가스는 이집트로 수출될 것이다. 이 이스라엘 가스는 이집트 액화천연가스 공장에서 처리된 이후, 유럽으로 재수출될 것이다.

---

35) 이스라엘의 레비아탄 가스전은 이집트의 다미에타(Damietta)로부터 190km, 이스라엘의 하이파에서 235km 떨어진 곳에 위치한 것으로 알려졌다. 사실상, 이 유전지대는 이집트의 배타적 경제수역 내에 위치한 셈이다.

36) 앞서 2005년 이집트와 이스라엘은 가스공급협정을 체결하고, 이스라엘의 아쉬켈론-이집트의 엘 아리시를 연결하는 가스파이프라인 건설하였다. 이 협정에서 이집트인들은 이스라엘에게 20년 동안 연간 최대 10억㎥ 가스를 공급하기로 약속했다. 2008년부터 이 파이프라인을 경유하여 이집트는 이스라엘로 가스공급을 시작하였다. 무바라크 이집트 대통령을 축출시킨 봉기 이후, 2010년부터 2012년까지 이 가스파이프라인은 10번 이상 폭파되었다. 이 공격으로 인해 2012년 이집트 천연가스를 이스라엘에 수출하기로 한 2005년 협상이 결렬되었다. 국영 이스라엘전기공사(The state-owned Israel Electric Corp)는 이집트국영 석유공사와 이집트 천연가스(The state-owned Egyptian General Petroleum Corporation and Egyptian Natural Gas)를 상대로 소송을 제기해 2015년 17억 달러의 벌금을 부과했다. 2019년 7월 이집트는 이스라엘전기공사와 과징금을 5억 달러로 삭감한 계약을 체결했다고 밝혔다.

같은 날, 이스라엘 에너지장관 유발 스타인츠와 이집트 석유장관 타레크 알-물라(Tarek al-Mula)는 공동 성명에서 "15년 동안, 195억 달러(약 850억㎥)에 이르는 노블 에너지와 델렉 시추가 운영하는 두 개의 연안 가스전들, 레비아탄과 타마르로부터 생산되는 가스 거래를 이행할 것"이라고 발표했다. 델렉 시추 최고 경영자 요시 아부(Yossi Abu)는 "이 사건을 중동 에너지 분야의 새로운 시대를 여는 것"이라고 설명했다.

이 이스라엘 가스는 이스라엘의 아쉬켈론-이집트의 엘 아리시를 연결하는 해저 가스파이프라인을[37] 통하여 이드쿠 액화가스 공장(Idku gas liquefaction plant)으로 수송되어 액화시킨 다음 유럽으로 재수출된다.[38]

이집트 석유부는 "이 사업은 이스라엘이 이집트 액화가스 회사를 통해 천연가스를 유럽으로 수출하게 됨으로써 이스라엘과 이집트 양국의 이익을 위한 중요한 진전을 의미한다"고 밝혔다. 이에 대하여 이스라엘 총리 네타냐후는 "이집트로 가스공급 시작을 축하한다. 이스라엘은 빠르게 에너지를 수출하는 에너지 초강대국이 되고 있다. 가스 파이프라인이 이스라엘의 에너지 혁명을 일으키고 있다"고 주장하였다.

한 걸음 더 나아가 이스라엘 주변 아랍 국가들뿐만 아니라 키프로스, 그리스, 이탈리아는 이스라엘 연안에서 생산되는 천연가스를 유럽에 수출하기 위해서 이스라엘과 적극 협력하고 있다. 2019년 1월 카이로 회의에서 이스라엘, 이집트, 요르단, 팔레스타인 자치정부, 키프로스, 그리스, 이탈리아는 역내 가스 시장을 창출하고, 인프라 비용을 절감하고, 경쟁력 있는 가격을 제공하기 위한 지중해 프로젝트인 '동지중해 가스포럼(Eastern Mediterranean Gas Forum)'을 세우기로 합

---

37) 아쉬켈론-이집트의 엘 아리시 가스파이프라인 소유주는 동지중해 가스회사(East Mediterranean Gas Company, EMG)다. EMG는 합작회사로, Evsen Group of Companies(28%), the Israeli company Merhav(25%), PTT(25%), EMI-EGI LP(12%), Egyptian General Petroleum Corporation (10%)가 공동 소유주다.

38) 이드쿠 액화 가스 공장 소유주는 Egyptian General Petroleum Corporation(EGPC, 12%), Egyptian Natural Gas Holding Company(EGAS, 12%), Shell(35.5%), Petronas(35.5%), Gaz de France(5%).

NATURAL GAS COOPERATION IN THE EASTERN MED

2019. 동지중해 가스 포럼

의하였다. 2019년 7월 25일 카이로에서 미국 에너지 장관 릭페리(Rick Perry), EU 에너지 사무총장, 프랑스, 세계은행 대표들이 참석한 가운데, 이스라엘, 이집트, 요르단, 팔레스타인 자치정부, 키프로스, 그리스, 이탈리아 에너지 장관들은 '동지중해 가스포럼'을 공식적으로 출범시켰다.

사실상 이 포럼은 이스라엘 연안에서 생산되는 천연가스를 인근 아랍국가들에게 수출하는 것은 물론이고, 세계 최대의 천연가스 시장인 유럽으로 수출을 확대하기 위한 것이다. 이로써 2016년 9월 이미 요르단국영 전기회사 NEPCO가 예견한 것처럼, 천연가스를 매개로 한 지중해 프로젝트 연합의 형태로 EU국가들과 아랍국가들 사이에서 협력관계가 창출되었다.

2. 유럽 행 천연가스관 통로 확보 경쟁

1) 이스라엘-아랍에미레이트-하프타르 정부(리비아)/ 터키-국민합의정부(리비아)

이스라엘 공군은 2017년 3월 27일~4월 6일, 2018년 3월, 2019년 4월, 그리스에서 실시된 이니오호스(Iniohos) 연례 훈련에 아랍에미레이트 공군, 미국 공군과 나란히 연합 훈련에 참가하였다. 이외에도, 이탈리아, 영국, 키프로스 공군들이 이 훈련에 참가하였다.

이니오호스 훈련 실시 중인 2017년 4월 3일, 이스라엘, 키프로스, 그리스, 이탈리아는 이스라엘연안에서 시작하여 지중해를 관통하는 세계에서 가장 긴 해저 천연가스 파이프라인 건설을 위한 공동선언을 채택하였다. 이 공동선언에 대하여 이스라엘 에너지 장관인 유발 스타이니츠(Yuval Steinitz)는 "이것은 지중해 4개국, 이스라엘, 키프로스, 그리스, 이탈리아 사이의 경이적인 우정의 시작이며, 세계에서 가장 길고, 가장 깊은 해저 파이프라인이 될 것이다"라고 밝혔다.

2017년 6월 15일, 이스라엘 총리 베냐민 네타냐후, 그리스 총리 알렉시스 치프라스(Alexis Tsipras), 키프로스 대통령 니코스 아나스타시아데스(Nicos Anastasiades)는 지중해 연안유전에서 나오는 가스를 유럽으로 수출할 파이프라인 건설을 진행하기로 합의하면서, 경제협력을 강화하기로 공동성명을 발표하였다. 이 자리에서 이스라엘 총리 베냐민 네타냐후는 "몇 달 전까지도 해저 파이프라인 건설은 환상의 영역에 있었는데, 이제 현실이 되었다"라고 밝혔다.

이 해저 파이프라인은 2천 2백 km 정도 될 것이며, 이스라엘과 키프로스 연안 가스 유전을 그리스와 이탈리아까지 연결시키면서, 이스라엘을 역내 에너지 중심축으로 탈바꿈시킬 것이다. 이 계획에 따르면, 2025년경에는 이 파이프라인을 통해서 천연가스가 이스라엘로부터 유럽으로 수출될 것이다.

이러한 이스라엘의 정책에 맞서 2019년 11월 27일, 터키 대통령 에르도안과 국민합의정부(리비아) 대표 파예즈 알 사라지(리비아 대통령위원회의 의장 겸 총리)는 지중해에서의 배타적 경제 수역 지정을 포함하는 '해상구역 경계협정(Restriction of Maritime Jurisdictions)'과 '안보와 군사협력 협정(security and military cooperation)'을 체결하였다.

2019년 12월 2일, 터키의 외교관 차아타이 에르지예스(Çağatay Erciyes)는 트위터를 통해 해상구역 경계협정 지도를 공개했다. 12월 5일 터키 국회는 이 협정들을 비준하였다. 터키와 국민합의정부가 공유하는 이 해상관할 구역은 지중해를 남북으로 가로질러 터키와 리비아 서부를 이어 준다. 이 협정에서 터키는 이 지정된 관할 구역을 지역을 지나는 선박을 억류, 검사, 조사할 수 있으며, 이스라엘이 이 해역에 접근하는 것을 막을 수 있다. 따라서 이 해상관할 구역은 이스라엘에서 그리스로 가는 천연가스 파이프라인 건설에 결정적인 장애물이다.

터키는 수년 동안 국민합의정부를 지지해 왔다. 한 측면에서 그 이유는 아프리카에서 가장 크고 세계 10위로 추정되는 리비아의 석유 매장량에 대한 관심 때문이기도 하고, 다른 측면에서 리비아 분쟁에서 반대편인 칼리파 하프타르가 이끄는 리비아 국군(LNA)을 후원하는 아랍에미레이트, 사우디, 이집트에 대항하기 위해 국민합의정부를 지원했다. 이런 점에서 터키-국민합의정부 방위협정은 놀랄 일이 아니다. 터키는 리비아 동부에 있는 하프타르의 리비아 국군에 대항하기 위해 국민합의정부 군대에 드론, 군사 장비, 재정 자원을 제공한 전력이 있다. 하지만 각별한 주의가 요구되는 것은 해상협정이다. 이 협정은 양측이 주권을 행사하는 새로운 '공정한 해양 지역'을 명시하고 있다. 터키 정부는 이번 해상협정으로 리비아 연안의 석유 및 가스 계약, 내전 이후 리비아의 경제 회복을 뒷받침하는 탄화수소 탐사 활동, 심지어 리비아 서부의 터키 기지를 통해 안보협력을 강화할 것임을 시사했다.

이 협정에 대한 대응 조치로, 2019년 12월 6일 그리스는 국민합의정부가 파견한 리비아 대사에게 72시간 내에 그리스를 떠나라고 명령했다. 12월 15일 이집트는 리비아 대사관을 폐쇄하고, 대사를 추방했다. 2020년 1월 8일, 프랑스, 그리스, 이집트와 키프로스 외무장관들은 카이로에서 회의를 한 이후 터키-국민합의정부가 2019년 11월 체결한 '해상구역 경계협정'과 '안보와 군사협력 협정'을 비난하면서, 이 협정들이 무효라는 공동 성명을 발표하였다.

2019년 12월 현재 동부지중해를 관통하는 천연가스 파이프라인 건설에 중요한 영향을 끼칠 수 있는 지역에 위치한 리비아 상공에서는 아랍에미레이트와 터키 사이에서 새로운 양상의 드론 전쟁이 벌어지고 있다. 이 전쟁은 2019년 4월 동부지역을 통치하는 군벌 칼리파 하프타르 장군이

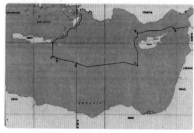

오전 12:52 - 2019년 12월 2일

2019년 터키-GNA 해상구역 경계협정 지도

국민합의정부가 통치하는 서부지역 트리폴리를 공격하면서 발발하였다. 하프타르 군대는 아랍에미레이트, 이스라엘, 이집트, 사우디, 수단(5천 명 용병), 프랑스, 러시아(2천 명 용병)의 지원을 받고 있는 것으로 알려졌다. 수단과 러시아 용병들에게 아랍에미레이트가 자금 지원하는 것으로 알려졌다. 따라서 하프타르의 가장 큰 버팀목은 아랍에미레이트 정부다.

이런 상황에서 2019년 12월 15일 다급해진 국민합의정부 대표 파예즈 알 사라지는 카타르를 방문하여 카타르 국왕 타밈 빈 하마드 알 싸니로부터 경제와 안보 분야에서 국민합의정부를 계속 지원하겠다는 약속을 받아낸 것으로 밝혀졌다. 그러나 이스라엘이 연루된 이 전쟁에서 카타르가 적극 나서기는 쉽지 않을 것으로 보인다.

현재 터키는 국민합의정부에게 드론 공격 및 무기를 지원하는 유일한 외부 세력이다. 2019년 12월 25일, 터키 대통령 에르도안이 튀니지를 방문하여 까이스 사이드(Kais Saied) 대통령과 리비아 문제에서 협력할 것을 밝히면서, 튀니지 안보, 터키 안보, 지중해의 안전을 지키기 위해서 리비아 분쟁에서 국민합의정부를 지원하기로 합의하였다. 12월 26일, 에르도안은 국민합의정부의 요청이 있을 경우, 2020년 1월에 터키 군대를 파견할 수도 있다고 밝혔다. 2020년 1월 3일, 터키 의회는 찬성 325표, 반대 184표로 리비아에 군대를 파견하는 법안을 통과시켰다. 이 법안은 터키 정부가 리비아 내전에 군대를 배치하는 것을 허용하는 것이다. 같은 날, 미국 대통령 트럼프 리비아에서의 외국군대 개입은 상황을 더욱 복잡하게 만드는 것이라고 경고하였다. 그리스 총리 키리아코스 미초타키스(Kyriakos Mitsotakis), 이스라엘 총리 네타냐후, 키프로스 대통령 니코스 아나스타시아데스(Nicos Anastasiades)는 공동성명을 내어 터

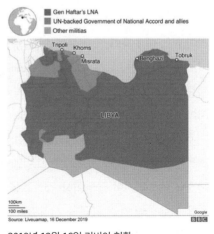

2019년 12월 16일 리비아 현황

키의 리비아에 대한 군대 파견은 유엔이 리비아에 부과한 무기금수 조치를 깨는 것이며, 역내의 안정을 위협하는 것이라고 경고하였다. 이집트 대통령 알 시시는 국가 안보 회의를 소집하였다. 2020년 1월 15일, 시리아 반군 2천 명이 국민합의 정부와 협력하고, 하프타르 군대에 맞서 싸우기 위하여 터키를 통해서 리비아에 들어간 것으로 알려졌다.

현실적으로, 이스라엘이 국민합의정부에 맞서는 하프타르 군대를 돕는 주된 동기 중 하나는 이스라엘이 동지중해연안 유전으로부터 유럽으로 가는 천연가 스관 건설을 위해 터키-국민합의정부 연대를 부수고, 안전한 동부 지중해의 해상 통로를 확보하는 것이다. 이러한 이스라엘 정책에 아랍에미레이트와 이집트 는 적극 협력하고 있다.

이러한 상황에서 러시아와 터키의 압력으로 하프타르와 국민합의정부는 2020년 1월 5일(일) 공식적으로 휴전을 시작하였으나, 양 측은 수도 트리폴리 인 근에서 계속 전투를 하였다. 결국 1월 6일, 터키는 국민합의정부를 돕기 위하여 군대를 파견하였다. 터키 대통령 에르도안은 "터키의 목표는 싸우기 위한 것이 아니라 합법적인 정부인 GNA를 지원하고, 인도주의적인 비극을 피하기 위한 것"이라고 밝혔다.

2) 이스라엘-그리스-키프로스/러시아-터키

2020년 1월 2일, 아테네에서 이스라엘 총리 베냐민 네타냐후, 그리스 총리 키 리아코스 미초타키스, 키프로스 대통령 니코스 아나스타시아데스가 동지중해 가스파이프라인 협정(EastMed Gas Pipeline Deal)을 체결하였다. 이 협정은 지중해 동 지중해에서 유럽으로 천연가스를 운반하고, 유럽대륙이 에너지 공급에 대한 러 시아 의존도를 줄일 수 있도록 1,872km의 해저 파이프라인을 건설하는 것이다.

이번 협정은 러시아가 계획한 유럽으로 가는 두 개의 새로운 가스관들, 터키 스트림(Turk Stream)과 노르드 스트림2(Nord Stream2) 건설에 대응한 것이다. 2020 년 1월 1일, 러시아 국영회사 가즈프롬은 불가리아, 북 마케도니아에 터키 스트 림을 경유하여 가스 공급을 시작했다. 푸틴 러시아 대통령과 에르도안 터키 대 통령은 2020년 1월 8일 터키 스트림을 개통식을 개최하였다.

곧 이스라엘, 그리스, 키프로스는 동지중해 가스 파이프라인 건설 자금 조달을 위한 민간 투자자들의 입찰을 위한 프로젝트를 내놓을 것이다. 이 국가들은 이미 2019년 70억 달러에 이르는 이 프로젝트를 진행하기로 합의하였으며, 2022년까지 최종 투자 결정을 내리고, 2025년까지 동지중해 가스관 완공할 계획이다. 이스라엘과

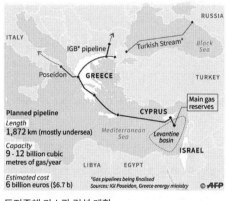

동지중해 가스관 건설 계획

키프로스 해역에서 그리스 크레타 섬까지 해저 길이 1,872km, 연간 90~120억 ㎥, 67억 달러 가치의 가스를 수송할 것으로 예상된다. 이 가스관은 그리스 본토를 지나서, 이탈리아를 통해 유럽 가스네트워크로 연결될 것이다.

터키는 동지중해 파이프라인에 반대하고 있고, 동부 지중해에서 터키의 참여나 승인 없이 이러한 유형의 프로젝트를 허용하지 않을 것이라고 밝혔다. 터키는 이 세 국가들이 터키를 포위하려 한다고 비난하였다. 그리스와 키프로스는 터키와 오랫동안 쓰라린 역사가 있었고, 이스라엘 또한 터키와 어려움을 겪었다. 미국과 EU는 이 동지중해 프로젝트를 지지한다. 워싱턴은 유럽이 천연 가스 공급에 대하여 러시아 의존을 줄여야한다고 강조한다.

이 관리들은 또한 이번 협상이 중동지역 천연가스 부문에 대한 추가 투자를 촉진하는 데 도움이 되기를 바란다고 말했다.

경쟁적인 터키 스트림 프로젝트는 러시아 해안에서부터 흑해를 관통하여 터키 해안까지 930km, 터키에 연간 최대 315억 ㎥의 러시아 가스를 수송할 것이다. 이 가스 중 터키가 157.5억 ㎥를 사용하고 나머지는 그리스를 통해 유럽으로 수출될 것이다. 러시아는 2020년 연말까지 발트해를 통해 독일로 가는 노드 스트림 2호 건설을 시작할 것으로 예상하였다.

마이크 폼페이오 미국 국무장관은 2020년 1월 7일 키프로스를 방문해 동지

중해 문제를 논의할 예정이었으나, 바그다드 주재 미국대사관 테러로 방문이 연기됐다.

3) 미국의 개입: 동지중해 안보와 에너지협력 강화법 제정

2019년 12월, 미의회는 '2019 동지중해 안보와 에너지협력 강화법(Eastern Mediterranean Security and Energy Partnership Act of 2019)'을 통과시켰다.

이 법안은 동지중해에서 새로 발견된 천연가스전이 러시아에서 공급된 천연가스에 대한 유럽의 의존도를 줄일 계획이다. 동지중해 안전 및 에너지 파트너십 법은 키프로스와 그리스에 대한 미국의 안보지원을 계획하고 있으며, 키프로스에 대한 무기금수 조치 해제를 승인하고 있다.

이 법은 4부에서 또한 미국, 이스라엘, 그리스, 키프로스의 협력을 증진시키기 위한 미국-동부지중해 에너지 센터(United States-Eastern Mediterranean Energy Center)의 설립을 다음과 같이 규정한다. "에너지 장관은 국무장관과 협력하여, 해외 에너지 개발에서 민간 부문의 고등 교육 기구들의 경험, 지식 및 전문 지식을 활용하여 미국-동부 지중해 에너지 센터를 설립할 수 있다."

이 새로운 법은 동부 지중해에 가스가 매장지에서 긴장이 고조된 것에 대한 대응으로 나왔다. 지난 몇 년 동안 이스라엘, 이집트, 키프로스 연안에서 새로운 가스전이 발견되었다. 그리고 더 많이 발견될 것으로 예상된다. 이 지역이 그리스를 거쳐 유럽으로 가는 최고의 에너지 공급자가 될 것이다.

그러나 이러한 계획에 도전하는 것은 터키의 공세적인 정책이다. 터키는 키프로스의 북부를 차지하고 있으며, 이 섬의 배타적 경제수역에서의 시추권을 주장하고 있다. 터키 해군은 키프로스 해역에서 시추하려는 유럽 선박들을 저지했다. 미의회 의원들은 또한 시리아의 바샤르 알 아사드를 지원하기 위해 이 지역에 주둔한 러시아 선박의 존재에 대해 우려를 표명했다. 새로운 법은 미국 국무장관이 동지중해 지역에서 러시아의 안보, 정치, 에너지 목표를 평가하는 보고서를 90일 이내에 작성해야 한다고 규정하고 있다. 게다가, 이 법은 국무장관이 유럽으로의 가스 수송 방법을 평가하는 것을 포함하여, 이 지역 국가들과 미국의 안보와 에너지 협력을 증진시키기 위한 전략을 제시하도록 요구한다. 그리스로 가는 수중 가스관이나 액화천연가스 터미널 등 두 가지 방법이 있다.

이 법안을 통과시키면서, 미국 의회는 동유럽 지역의 러시아 의존도를 줄이기 위한 일환으로 동유럽의 에너지 인프라 프로젝트를 지원하기 위해 10억 달러를 책정하였다. 미국 의회는 유럽의 에너지원 다각화를 증대시키고, 러시아로부터의 에너지 수입에 대한 의존도를 줄이기 위해 일련의 법안을 채택했다. 그것의 가장 중요한 법안들 중 하나는 동지중해의 주요 가스전을 보호하고 활용하며, 동유럽과 중부유럽의 에너지 인프라 프로젝트를 유지하는 것을 목표로 하는 것들이었다.

2019 동지중해 안보와 에너지 협력 강화법

2부. 의회는 다음을 결정한다.

(1) 동지중해 지역에서 파트너 및 동맹국의 안보는 미국과 유럽의 안보에 매우 중요하다.

(2) 그리스는 북대서양조약기구(NATO)의 소중한 회원국으로 동지중해 안정의 핵심축이다.

(3) 이스라엘은 미국의 확고한 동맹국이며, "주요 비NATO 동맹국" 및 "주요 전략적 파트너"다.

(4) 키프로스는 핵심 전략 파트너로 2018년 11월 6일 미국과 안보협력을 강화하기 위하여 '의도선언'을 체결하였다.

(5) 그리스, 키프로스, 이스라엘은 에너지와 안보 문제에 대한 협력을 증진시키기 위해 중요한 3국 정상회담에 참가해왔다.

(6) 2019년 3월 20일, 마이크 폼페이오 국무장관은 이스라엘, 그리스, 키프로스 3국 정상회의에 참가했다.

(7) 미국, 이스라엘, 그리스, 키프로스는 동지중해와 에게해에서 안정성에 도전하거나 국제법을 위반하거나 선량한 이웃 관계를 훼손할 수 있는 어떠한 행동도 반대하며, 2019년 3월 21일 공동선언에서 "동지중해와 더 넓은 중동에서 외국의 악영향에 맞서 방어한다"는 데 합의했다.

(8) 최근에 발견한 것은 이집트 연안에서 역내 최대 천연 가스전일 수 있고, 키프로스 해안에서 가장 최근에 발견된 천연가스전은 동지중해와 중동을 위하여 중요하고 긍정적인 발전을 의미할 수 있으며, 이 지역의 전략적 에너지 중요성을 강화시킨다.

(9) 터키 정부 당국자들은 러시아연방으로부터 S-400 시스템을 구매할 의사를 표명했다. 이는 미국의 제재법(공법 115-44)에 따라 강제 제재를 받아야한다.

(10) 동맹국 간, 그리고 동맹국과의 협력을 통해 에너지 안보를 증진, 달성 및 유지하는 것이 미국의 국가 안보에 이익이 된다.

(11) 동지중해의 천연가스 개발은 지역 및 유럽의 에너지 안보에 경제적 이익을 제공하고 공헌할 수 있는 잠재력을 갖고 있을 뿐만 아니라 러시아연방에서 공급되는 천연가스로부터 벗어나 다각화하려는 유럽의 노력을 지원한다.

(13) 제안된 동지중해 가스관은 상업적으로 실행 가능하다면, 유럽연합의 세 번째 에너지 개혁에 따라 에너지 다각화를 제공할 것이다.

(14) 미국은 미국-이스라엘 산업 연구 개발 재단(BIRD)과 미국-이스라엘 과학 재단(BSF)의 성과와 중요성을 인정하고, 이 재단들에게 프로그램 연속성을 보장하기 위해 다년간 지속적으로 자금을 지원한다.

(16) 동지중해 에너지 탐사는 헤즈볼라를 포함한 극단주의자들과 테러리스트들의 위협으로부터 보호되어야 한다.

(17) 키프로스 공화국의 배타적 경제수역 및 영해에서의 에너지 탐사

(가) 미국의 동맹국 및 파트너에게 러시아 가스에 대한 잠재적 대안을 제공함으로써 미국의 이익을 증진한다. (나) 다른 주권국가에 의해 방해받아서는 안 된다.

(18) 미국정부는 정보공유 협정을 통해 키프로스, 그리스, 이스라엘과 긴밀히 협력한다.

(19) 미국관리들은 키프로스 공화국의 정부가 국가 안보 전략을 수립하는 것을 도왔다.

(20) 미국정부는 사이버보안, 대테러, 폭발물 처리 및 비축관리 등의 분야에서 키프로스 관계자에게 교육을 실시한다.

(21) 이스라엘, 그리스, 키프로스는 대량살상무기 밀매에 맞서기 위한 대량살상무기 확산방지주도(PSI)의 회원국으로 평가받고 있다.

(23) 키프로스 공화국은 미국과의 강력한 경제 및 안보 관계에도 불구하고, 1987년부터 미국의 방위 물품 및 서비스 수출 금지 조치를 받아왔다.

(25) 키프로스의 점령지에는 적어도 4만 명의 터키군이 터키 본토를 통해 미국에서 조달한 일부 무기를 가지고 주둔하고 있다.

3. 이스라엘의 역내 영향력 강화

최근 이란과 터키에 맞서는 미국, 이스라엘과 아랍에미레이트 등 주요 아랍 국가들의 협력이 강화되고 있다. 2019년 12월 17일, 이란에 맞서 협력 체제를 구축하기 위하여 미국. 이스라엘, 아랍에미레이트는 백악관에서 비밀 3국 회의를 개최하였다. 백악관 수석 고문인 재러드 쿠슈너가 핵심적인 역할을 한 이 회의는 이스라엘과 아랍에미레이트 및 다른 아랍국가들 사이의 보다 긴밀한 외교관계 수립을 모색하기 위한 것이었다. 이로써 현재 아랍에미레이트가 아랍 국가들을 이끄는 가장 중요한 이스라엘 동맹으로 부상하였다.

2020년 1월 10일, 이스라엘 리쿠드당 소속 전임 통신부 장관 아유브 카라(Ayoob Kara 드루즈)는 걸프 아랍 국가들에게 이란에 맞서 이스라엘과의 '안보 및 경제 동맹'을 결성할 것을 요청하였다. 이스라엘 총리 베냐민 네타냐후와 매우 가까운 관계를 유지하는 카라는 "이 동맹의 목표는 이란 악에 맞서는 강력한 전선

이 되는 것이다. 걸프 아랍 국가들은 중동에서 이란의 위협에 맞서 이스라엘과 안보 경제 동맹을 결성해야할 시기다"라고 트위터에 썼다.

Benjamin Netanyahu ✓
@netanyahu

팔로우

I welcome the closer relations between Israel and many Arab states. The time has come for normalization and peace.

أرحب بالتقارب الذي يحدث بين إسرائيل والكثير من الدول العربية. لقد آن الأوان لتحقيق التطبيع والسلام.

عبدالله بن زايد ● @ABZayed
Islam's reformation: an Arab-Israeli alliance is taking shape in the Middle East | The Spectator spectator.co.uk/2019/12/islams...

Benjamin Netanyahu @netanyahu

이에 앞서, 2019년 12월 21일, 아랍에미레이트 외교 국제협력부 장관 압둘라 빈 자이드(Abdullah bin Zayed)는 아랍-이스라엘의 동맹을 지지하는 글을 트위터에 올렸고, 이스라엘 총리 베냐민 네타냐후로부터 즉각 환영을 받았다. 압둘라 빈 자이드 장관은 자신의 공식 트위터 계정에 올린 글에서 "이슬람의 개혁: 아랍-이스라엘 동맹이 중동에서 구체화되고 있다(Islam's reformation:an Arab-Israeli alliance is taking shape in the Middle East)는 제목의 영국 주간지 더 스펙터의 기사를 링크해 트위터에 올렸다. 네타냐후는 압둘라 장관의 글에 화답하는 트위터에서, "나는 이스라엘과 많은 아랍국가들 사이의 더욱 긴밀한 관계를 환영한다. 이스라엘과 아랍국가들 사이에 관계 정상화와 평화의 시기가 도래했다"라고 썼다.

현재 이스라엘과 긴밀한 유대관계를 갖는 아랍 정부들은 아랍에미레이트, 이집트, 요르단, 팔레스타인 자치정부, 사우디, 바레인, 수단과 리비아 동부의 군벌인 칼리파 하프타르 정부[39] 등이다. 아랍에미레이트가 이스라엘과 협력하는 이

---

39) 하프타르 장군은 1969년 쿠데타부터 현재 내전시기까지 40년 이상 변화무쌍한 리비아 정치 한 가운데에 있다. 그는 1969년 이드리스왕을 축출하고 권력을 장악한 무아마르 카다피 대령이 주도한 쿠데타에 참가한 이후, 카다피와 함께 리비아 정치·군사의 중심에 있었다. 카다피 대통령의 명령을 받은 하프타르 장군은 1980년대 차드 분쟁에 개입하였다. 그런데 프랑스의 후원을 받은 차드 군대가 하프타르 장군이 이끄는 리비아 군대를 굴복시켰다. 결국 1987년 하프타르 장군과 그의 병사들이 차드 군대에게 포로로 잡혔다. 이 때 카다피 대통령은 하프타르 장군과 연락을 끊고, 차드에서 포로가 된 리비아 군대 존재자체를 부정함으로써, 하프타르 장군을 배신하였다.

축을 이끌고 있다. 특히 최근 아랍에미레이트 중개로 이스라엘과 리비아 동부의 하프타르 정부의 군사적 관계가 강화되고 있다. 2017년 8월 8일, 미들 이스트 아이 보도에 따르면, 이스라엘군 관계자는 "우리의 친구의 친구, 우리의 적의 적은 우리의 친구다. 리비아 동부를 통치하는 칼리파 하프타르는 우리의 친구인 이집트, 요르단, 아랍에미레이트의 친구이며, 우리의 적인 IS와 싸운다. 그러므로 하프타르는 우리의 친구다"라고 밝혔다. 2018년 아랍에미레이트가 중개한 이스라엘-하프타르 회담에서 이스라엘은 하프타르 군대에게 무기를 공급하기로 합의하였다. 미들이스트 모니터 보도에 따르면, 2019년 12월 현재 하프타르는 이스라엘과 관계 정상화를 추구하는 것으로 알려졌다.

아랍에미레이트가 이끄는 축에 맞서는 정부들은 터키, 카타르, 튀니지, 리비아 서부의 국민합의정부와 각 국가 내 정부반대파인 무슬림형제단 세력들인 아랍에미레이트의 이슬라흐, 사우디의 알 사흐와, 요르단의 이슬람 행동전선, 팔레스타인의 하마스 등이다.[40] 이 축을 선도하는 국가는 터키이며, 상호 협력의

1990년 미국 CIA는 협상을 통하여 하프타르와 그의 병사 300명을 미국 난민 프로그램을 통해서 수단에서 미국으로 데려왔다. 그는 지난 20년 동안 미국에 거주하면서 미국 시민권을 획득하였으며, 미국 정보부와 협력하여 카다피 암살을 시도하였다. 2011년 카다피에 반대하는 반란이 시작된 이후, 하프타르는 리비아로 귀환하였고, 동부지역 반란군사령관이 되었다.

2014년 5월 하프타르 장군은 벵가지와 동부지역 내 이슬람주의자 민병대에 대항하는 군사작전(Operation Dignity)을 시작했다. 2014년 6월 25일 국민투표(유권자의 18%, 약 63만 명 투표)로 동부지역에 중심을 둔 대표자들의 정부(the House of Representatives, HoR, 2014년 8월 4일 창립)가 일반국민회의 역할을 대체하면서, 하프타르를 리비아국군사령관으로 임명하였다.

40) 아부다비 당국자들은 무슬림 형제단의 아랍에미레이트 분파인 알 이슬라흐를 아부다비가 주도하는 아랍에미레이트 정치 질서를 전복시킬 수 있는 단체로서 생각한다. 따라서 아부다비 당국자들은 자국 내의 알 이슬라흐를 강력하게 탄압할뿐만 아니라, 중동 전역에서 무슬림 형제단 제휴 단체들을 반대한다. 무슬림 형제단에 반대하는 아랍에미레이트는 2014년 7월 이후 트리폴리를 장악한 이슬람주의자들을 테러리스트라고 주장하는 토브루크의 대표자들의 정부를 강력하게 지지한다.

아랍에미레이트는 국내외에서 확고하게 반 무슬림형제단 정책을 견지한다. 2011년 이후, 아부다비는 무슬림형제단에 맞서기 위하여 특히 이집트와 리비아에 상당한

매개체로 이슬람을 중요한 수단으로 활용한다. 이스라엘-하프타르 관계 강화에 맞서, 최근 터키와 유엔이 인정한 국민합의정부가 관계를 강화하고 있다. 특히 2019년 11월 27일, 터키와 국민합의정부는 지중해에서의 배타적 경제수역 지정을 포함하는 '해상관할구역 경계협정'과 '안보와 군사협력 협정'을 체결하였다. 터키와 국민합의정부가 공유하는 이 해상관할 구역은 동부지중해를 남북으로 가로질러 터키와 리비아 서부를 이어 주며, 이스라엘이 이 구역에 접근하는 것을 막을 수 있다. 게다가 2019년 12월 26일, 이란과 터키는 이슬람을 매개로 종교협력 협정을 체결하는 등, 최근 터키와 이란이 가까워지고 있는 형국이다.

요르단에서는 이 이스라엘 천연 가스 구매와 관련하여 시위가 발생하고, 의회가 구매 거부를 결의하였다. 그러나 팔레스타인자치정부가 통치하는 서안, 하마스가 통치하는 가자, 이집트에서는 이스라엘 가스 구매를 반대하는 특별한 움직임이 없다.

그런데 2020년 1월 28일, 백악관에서 팔레스타인 대표를 초대하지 않은 채로, 트럼프 대통령이 이스라엘 총리 네타냐후와 함께 중동평화계획 "평화와 번영: 팔레스타인인들과 이스라엘인들의 삶을 개선하기 위한 비전(Peace to Prosperity: A Vision to Improve the Lives of the Palestinian and Israeli People)"을 발표하였다.

이에 대한 대응으로, 2월 1일 팔레스타인 수반 마흐무드 압바스는 이집트 카이로에서 긴급 아랍 연맹회의를 소집하고, "팔레스타인 자치정부는 소위 안보협력을 비롯한 미국 및 이스라엘과의 모든 관계를 단절한다"라고 밝혔다. 그러나 아랍에미레이트 외무장관 안와르 가르가쉬(Anwar Gargash)는 "아랍권 지도자들이 트럼프의 중동평화계획을 이스라엘과의 협상의 출발점으로 삼아야 한다. 이와 관련하여 아랍연맹과 이슬람 협력기구는 반드시 건설적인 입장을 내놓아야 한

재원을 투자하고 있으며, 자국 내 무슬림 형제단 분파인 알 이슬라흐를 강력하게 탄압한다. 카타르는 아랍 역내에서 활동하는 무슬림형제단 분파들을 후원함으로써, 카타르의 지정학적인 영향력을 확장하고 강화하기 위한 수단으로 무슬림형제단 분파들을 활용한다. 그러나 카타르 역시 자국 내에서는 무슬림형제단의 활동에 대한 두려움으로, 무슬림형제단 활동을 금지시키는 이중적인 정책을 취하고 있다.

다"라고 주장했다.

결국 2020년 2월 1일, 압바스 수반의 요구대로 사우디 외무장관, 아랍에미레이트 외무장관 등이 참여한 이 회의에서 아랍연맹은 트럼프의 평화안이 팔레스타인인들의 최소한의 권리도 충족시키지 못한다고 밝히면서 이 평화안을 거부하였다.

그러나 아랍연맹회의 이후, 2020년 2월 4일 팔레스타인의 대의를 전폭적으로 지지한다던 사우디는 이스라엘 회사(Rafael company)로부터 무기구매를 추진하는 것으로 알려졌다. 뿐만 아니라, 2020년 2월 세 번째 주, 미국계 유대인 단체의 고위급 이스라엘 대표단이 사우디를 방문했는데, 이는 이스라엘과 사우디 양측이 보다 긴밀한 관계를 구축하고 관계 정상화 노력을 촉진하려는 행위다.

게다가 미국은 앞으로 10년 동안 트럼프의 평화계획 실행에 필요한 500억 달러 이상(278억 달러: 팔레스타인, 91억 달러: 이집트, 73억 달러: 요르단, 63억 달러: 레바논)을 걸프 아랍 국가들과 민간인 투자자들이 179개의 인프라 건설 및 비즈니스 프로젝트에 참여하는 방식을 통해서 조달할 계획인 것으로 알려졌다. 필요한 자금조달 문제는 미국과 이스라엘이 걸프 아랍 국가들의 적극적인 협력을 필요로 하는 핵심적인 이유이기도 하다.

그런데 어이없는 사실은 2020년 2월 1일 미국 이스라엘과 안보협력을 비롯한 모든 관계를 단절하겠다고 밝히면서, 아랍연맹회의를 소집하는 등 소란을 피웠던 팔레스타인 자치정부가 2주 만에 '이스라엘과 안보협력을 계속한다'라고 밝혔다는 것이다. 2020년 2월 16일 라말라에서 압바스 수반의 수석 보좌관인 나빌 아부 루데이나(Nabil Abu Rudeineh)는 이스라엘 언론인들과 모임을 갖고 "이스라엘과의 안보 협력은 지속되지만, 영원히 계속되지 않을 수도 있다"라고 밝혔다.

트럼프의 평화계획 발표 이후, 2020년 2월 이스라엘의 가자공격은 계속되고 있으며, 동예루살렘과 서안지역에서 이스라엘 정착촌 건설은 계속되고 있다. 이스라엘 팔레스타인 관계에서 트럼프의 평화 계획 발표와 팔레스타인 수반 압바스의 미국 및 이스라엘과의 관계 단절 선언 이전과 달라진 것은 거의 없다.

사실 가끔 있는 압바스 팔레스타인 수반 및 요르단, 사우디를 비롯한 아랍국가 정치인들의 이스라엘 비난 발언들은 실천하려는 의지에서 비롯되었다기보다는 단지 자국민들의 체제에 대한 비판과 도전을 막아내기 위한 수단으로 보인다. 사실, 이 정치인들의 이스라엘과의 협력은 권위주의적인 정권을 유지하는데, 필수적인 요소다.

이러한 상황에서 멀지 않은 미래에 이스라엘은 동지중해를 넘어서 유럽으로 가는 역내 천연 가스 파이프라인의 통관지를 관장하는 허브로서 역할을 할 것으로 보인다.

Ⅷ. 트럼프의 중동 평화안,
'번영을 위한 평화'와 역내 정치

2020년 1월 28일, 미국 대통령 도널드 트럼프는 이스라엘과 팔레스타인 사이의 평화를 중개하기 위한 중동 평화안, '번영을 위한 평화: 팔레스타인인들과 이스라엘인들의 삶을 개선하기 위한 비전(Peace to Prosperity: A Vision to Improve the Lives of the Palestinian and Israeli People)'을 발표하였다.

트럼프의 이 중동 평화안은 추진 배경을 다음과 같이 밝히고 있다. "이스라엘과 팔레스타인 사이의 영토, 안보, 난민 분쟁과 종교적으로 중요 장소에 대한 지배권 갈등은 다른 아랍 및 이슬람 국가들이 이스라엘과 관계를 정상화하는 데 걸림돌이며, 안정적이고 안전하며 번영하는 지역을 공동으로 추구하지 못하게 했다. 이스라엘과 아랍 및 이슬람 국가들 사이의 공식적인 관계의 부재는 이스라엘과 팔레스타인 사이의 갈등을 악화시킬 뿐이다. 많은 아랍 및 이슬람 국가들이 이스라엘과의 관계를 정상화한다면, 이스라엘과 팔레스타인 사이의 분쟁에 대한 정당하고 공정한 해결을 증진시키는 반면, 급진주의자들이 이 분쟁을 이용해 이 지역을 불안정하게 만드는 것을 막을 수 있다."

이 중동 평화안 지지자들은 이 계획에 대하여 중동 평화에 대한 획기적인 접근이며, 이 계획이 제안하는 이스라엘과 팔레스타인인들 사이의 평화와 지역 경제 통합으로 인한 경제적 번영은 결국 역내 평화와 안정으로 이어질 것이라고 주장한다.

그러나 트럼프 평화안의 기본 구조는 1990년대 민주당 클린턴 행정부(1993~2001)가 주도한 '오슬로 협정', 공화당 부시 행정부(2001~2009)가 2003년에 제시한 '평화를 위한 로드맵(Road map for peace)', 민주당 오바마 행정부(2009~2017)의 2013년 '평화 계획'의 연장선에 있다. 이와 같이 미국의 이스라엘/팔레스타인 정책은 민주당 정부나 공화당 정부나 바뀌는 정부와 관계없이 연속성 있게 실행되어 있고, 트럼프의 중동 평화계획은 바이든 정부에서도 다소 변화는 있겠으나, 큰 틀에서는 유지될 것으로 보인다.

이런 점에서 트럼프의 중동 평화안을 정확하게 분석할 필요가 있다. 이번 트럼프 평화안이 오슬로 과정에서 최종 지위 협상 타결과 함께 해결되어야할 과제로 남긴 이스라엘과 팔레스타인 경계획정 문제, 이스라엘 정착촌, 예루살렘 지위 문제, 난민 귀환권 문제 등에 대한 최종적인 타결을 제시했다는 점에서 오슬로 협상을 최종적으로 마무리한 것으로 보인다. 특히 이 평화안에서 주목할 사항은 두 가지다. 첫째는 팔레스타인 난민문제에 맞대응하여 아랍과 무슬림 국가들로부터 탈출했다고 주장하는 유대 난민에 대한 보상 문제를 새롭게 제기했다는 것이다. 둘째는 역내 문제를 해결하는 방안으로 이스라엘과 아랍국가들이 헤즈볼라, IS, 하마스 및 이란의 위협에 대처하기 위하여 중동 안보협력기구(An Organization for Security and Cooperation in the Middle East, OSCME) 구성을 제안했다는 것이다.

이 글은 먼저 트럼프 행정부가 제시한 중동 평화안을 오슬로 협정 및 로드맵과 비교 분석함으로써, 이 계획의 현실적인 목표를 가늠해 본다. 다음으로 트럼프의 평화안이 이스라엘의 안보를 위협하는 테러탄체로 명시한 하마스에 대한 사우디와 카타르의 서로 다른 정책을 분석함으로써, 이스라엘의 팔레스타인 및 중동 분할 통치 전략을 밝혀낸다.

1. 트럼프의 중동 평화안과 팔레스타인의 영토 주권 박탈

트럼프 평화안, '번영을 위한 평화: 팔레스타인인들과 이스라엘인들의 삶을 개선하기 위한 비전'의 명시적인 목적은 '팔레스타인, 이스라엘 역내 전체의 이익을 위한 것이며, 이스라엘과 팔레스타인 분쟁을 종식시키기 위하여, 가장 현실적이고 가장 성취할 가능성이 있는 조건을 제시'하는 것이다.

이 평화안에서 가장 중요한 것은 이스라엘의 안보를 성취하는 것이고, 그 대가로 팔레스타인인들에게는 경제적 번영과 생존 가능한 국가(A Viable State)를 제시한다. 이 평화안에 따르면, 팔레스타인 지역에서 이스라엘이 안보 책임 갖고 및 요르단 강 서쪽 영공을 이스라엘이 통제하는 등 팔레스타인 지역 내부에서조차도 영토 및 영공에 대한 팔레스타인인들의 권리를 박탈한다. 게다가 이 평화안은 "팔레스타인인들은 자치할 수 있는 권력은 갖지만, 이스라엘을 위협하는 권력을 갖지 못한다. 팔레스타인 지도부는 이스라엘을 유대국가로 인정하고, 모든 형태의 테러리즘을 거부하면서 이스라엘과 안보협력을 해야 한다. 이러한 요구들이 충족될 경우에 미국이 팔레스타인국가 수립을 지지할 것"이라고 명시한다.

이와 같이 트럼프 평화안, '번영을 위한 평화'의 핵심 내용은 1967년 이스라엘이 무력으로 점령한 영토에 대한 이스라엘 주권 수립을 공식화기 위한 것이다. 그 구체적인 내용은 다음 표 1과 같다.

표 1. 번영을 위한 평화: 팔레스타인인들과 이스라엘인들의 삶을 개선하기 위한 비전

Ⅰ. 이스라엘/팔레스타인: 점령지에 대한 이스라엘 주권 수립

1. 이-팔 양자 직접 합의: '번영을 위한 평화'에 기반을 둔 이-팔 평화협정 체결(국제사회 개입 불가)
2. 이스라엘 안보를 위한 경계 재설정: 이스라엘은 1967년 전쟁으로 점령한 팔레스타인 영토를 돌려줄 의무 없음, 요르단 계곡은 이스라엘의 주권, 서안의 이스라엘 정착촌은 이스라엘 국가로 통합
   토막난 팔레스타인 영토는 다리, 도로, 터널로 구성된 최첨단 기반시설을 통해 연결됨
3. 예루살렘은 분할될 수 없는 이스라엘의 수도임
   팔레스타인의 수도는 카프르 아까브, 수파트, 아부디스 등 기존 분리장벽의 동북쪽에 위치한 지역에 있어야 함
4. 난민: 아랍-이스라엘 분쟁이 팔레스타인 난민 문제와 유대난민 문제를 창출. 유엔총회결의 194호 적용 불가. 유대 난민과 팔레스타인 난민의 수는 거의 같음. 이스라엘-팔레스타인 평화협정은 난민 또는 이민 지위와 관련된 모든 청구권의 완전한 종료와 해제
   1) 팔레스타인 난민은 이스라엘 국가로 흡수하거나 귀환권 없음. 팔레스타인 난민의 다음 세 가지 선택권 있음 ① 팔레스타인 국가로의 흡수, ② 현재 거주국가로의 통합, ③ 이슬람 협력 기구 회원국들이 수용, 결국 팔레스타인 난민지위는 사라지고, UNWRA는 종료. 난민촌 해체. 팔레스타인 난민에 대한 보상을 위해 팔레스타인 난민 신탁(The Palestinian refugees Trust) 창설

2) 유대난민: 유대 난민들 대부분은 이스라엘이나 다른 국가들에 영구적으로 이미 정착함. 출신 아랍국가나 무슬림 국가에서 빼앗긴(남겨둔) 재산에 대한 보상을 포함하는 유대난민 문제가 해결되어야함. 이스라엘국가는 아랍국가나 이슬람 국가들로부터 유대난민들을 흡수한 것에 대한 보상을 받아함

5. 팔레스타인 국가: 비무장 상태로, 보안대를 유지함으로써, 테러리즘과 맞서 싸움
6. 가자: 가자를 통치하는 하마스와 이슬람 지하드 등 테러 단체의 무장해제, 완전한 비무장화
7. 협상과정에서 이스라엘 국가 및 PLO와 PA는 다음을 지켜야 함
   1) 이스라엘은 이 계획에서 이스라엘의 일부로 고려되지 않는 서안 지역에서 새로운 정착촌 건설, 기존 정착촌 확대, 새로운 건설 계획 등을 진행하지 않아야함
   2) 팔레스타인은 이스라엘 국가의 동의 없이, 국제기구에 가입하려는 모든 시도 중단
   국제형사재판소, 국제사법재판소 및 기타 모든 재판소에 이스라엘, 미국 및 그 시민들에 대한 모든 계류 중인 사항들을 모두 취소하고, 어떤 조치도 취하지 말 것, 인터폴이나 비이스라엘 또는 미국법 제도를 통해서 이스라엘 또는 미국시민에 대항하는 어떠한 조치도 취해서는 안 됨, 이스라엘 감옥에서 복역하는 테러리스트들뿐만 아니라 사망한 테러리스트들의 가족에 대한 급여 지급 즉시 중단

위의 표 1에 제시된 것처럼 '이-팔 양자 직접 합의, 이스라엘 안보를 위한 경계 재설정, 예루살렘은 분할될 수 없는 이스라엘의 수도, 팔레스타인 난민은 이스라엘 국가로 흡수하거나 귀환권 없음, 테러리즘과 맞서 싸우는 비무장 팔레스타인 국가, 하마스와 이슬람 지하드 등 테러 단체의 무장해제' 등을 제시한 트럼프의 중동 평화안은 팔레스타인인들의 기본적인 정치적 권리를 박탈하였다. 특히 하마스 등 테러리스트와 맞서 싸우고, 이스라엘의 안보를 지키는 역할로 한정된 권한을 행사하는 꼭두각시 팔레스타인 국가를 기획하였다.

무엇보다도 이 평화안은 이스라엘과 팔레스타인 협상은 양 측의 직접 협상이어야 하고, 국제사회의 개입은 없어야 한다고 규정한다. 양 측의 힘이 현저하게 불균형한 상태에서 진행되는 이 협상은 현실적인 힘의 관계가 그대로 협상안에 반영될 수밖에 없다. 게다가 이 평화안은 이-팔 직접 협상의 주체인 PLO와 팔레스타인 자치정부의 활동 범위를 규정함으로써 팔레스타인인들을 국제사회에서 고립시킬 뿐만 아니라, 이스라엘의 하수인으로 전락시켰다.

이 평화안이 새롭게 제시한 '이스라엘국가는 아랍국가나 무슬림국가들로부터 유대난민들을 흡수한 것에 대한 보상을 받아한다'고 제기한 소위 유대난민 문제는 앞으로의 이-팔, 이스라엘-역내 중동국가들 협상에서 팔레스타인 난민을 아랍 국가나 이슬람 국가들이 책임을 나누어져야 한다는 주장을 합리화시키기 위한 것으로 보인다.

실제로 이스라엘은 이스라엘 국가 건설 이후, 중동국가들로부터 유대인들이 강제 추방되었다고 주장한다. 2014년 6월 23일 크네세트는 1948년 5월 이스라엘 국가 건설 이후, 아랍 국가들과 이란으로부터 이스라엘로 이주한 85만 명의 유대인들을 강제 추방된 난민으로 규정하고, 이들을 기념하여 11월 30일을 국경일로 지정하는 법을 채택했다(Cf. UN 발표에 따르면, 1948년 이스라엘이 장악한 지역에 거주하던 팔레스타인인들 중 72만 6천 명이 아랍국가들 및 기타 국가들로 피난했다). 2014년 11월 30일 이스라엘 외무부는 "유대인들은 수천 년 동안 아랍 땅에서 살았고, 많은 유대인들의 공동체는 이슬람의 출현 전에 존재했다. 그러나 20세기에 아랍 민족주의의 대두와 팔레스타인의 분쟁과 함께, 아랍 정부들은 그들의 유대인 시민들의 권리를 대규모로 침해하는 운동을 시작했다. 아랍 정부들은 그들의 원주민 유대인들의 재산을 몰수했고, 그들 중 다수의 시민권을 박탈하고, 추방하고, 체포하고, 고문하고, 살해했다"는 글을 외무부 홈페이지에 게시하였다.

트럼프 평화안을 준비하는 과정에서 2019년 1월 이스라엘 정부는 18개월간의 조사 끝에 이스라엘을 건설이후 강제 축출당한 유대인들이 남기고 온 재산에 대해, 튀니지에 350억 달러, 리비아에 150억 달러를 포함하여 모로코, 이라크, 시리아, 이집트, 예멘과 이란에게 총 2,500억 달러의 배상금 요구할 계획이라고 밝혔다. 이 액수는 팔레스타인 자치정부가 오늘날 이스라엘 영토가 된 지역에서 떠난 팔레스타인 난민들에 대하여 이스라엘에게 요구한 것으로 알려진 배상금 1,000억 달러의 2.5배다.

이스라엘은 이스라엘 국가 건설이후, 중동국가들로부터 유대인들이 강제 추방되었다고 주장한다. 그러나 2019년 1월, 유대인으로 모로코계 프랑스인이며 인권운동가인 야곱 코헨(Jacob Cohen)은 모로코 세계 뉴스(Morocco World News)와의 인터뷰에서 "이스라엘로 모로코 유대인들을 보낸 것은 모사드라고 알려진 이스라엘 정보국이다. 모사드는 1956년 모로코에 유대인들을 이스라엘로 밀입국시키기 위해 비밀 네트워크를 구축했다. 1959년 모로코가 아랍연맹에 가입하면서 유대인들의 이스라엘 이민을 금지한 이후에는 유대인들이 비밀리에 이스라엘로 이주하였다"라고 주장하였다. 야곱 코헨의 주장에 따르면, '아랍국가 출신 유대인들'이 '팔레스타인 난민들'과 비슷하게 보이도록 하기 위해 이스라엘은 수천

억 달러를 요구하고 있다. 이스라엘 국가로 중동 지역 유대인이 대거 이주한 것은 시온주의 유대인 국가를 추구하는 이스라엘의 긴급한 유대 인구 확충 필요성이 중요한 요소로 작용하였다. 이런 측면에서 본다면, 시온주의 유대인의 국가를 추구하는 이스라엘의 주장을 그대로 수용하는 트럼프의 평화안은 미국 시온주의 정책의 완결판이다.

트럼프의 평화안은 토막난 팔레스타인 국가의 영토를 기획한 아래 지도 1을 첨부하였다. 이 지도는 1995년 오슬로II 협상이 제시한 지도 2와 매우 유사하다. 지도 1에 따르면, 팔레스타인인들은 이스라엘 정착촌과 도로 등으로 둘러싸인 토막 난 영토에 갇혀서, 물, 자원, 군사에 대한 지배권을 모두 박탈당할 것이

지도 1. 2020년 트럼프평화안

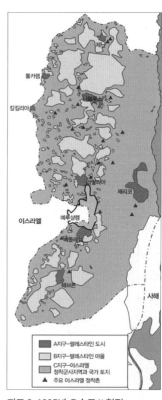

지도 2. 1995년 오슬로 II 협정

다. 팔레스타인인들은 자신들의 주거지 밖에서 이스라엘인들이 운영하는 농업, 건설 분야 등 저 임금 직종의 노동 시장에서 일하게 될 것이다. 트럼프의 이 제안은 새로운 것이 아니고 오슬로 협정의 연장이며, 오슬로 협상과정에서 창출된 현실을 공식화하려는 것이다.

1990년대에 미국이 후원한 이스라엘-PLO 사이의 직접 협상인 오슬로 Ⅱ협상은 팔레스타인 자치정부가 서안에 대한 이스라엘의 실효적인 지배권을 승인한 것이다. 이 협정체결 이후, 팔레스타인 자치정부 보안대는 이스라엘 군대와 안보협력을 하면서, 서안 거주 이스라엘 정착민들을 보호하는 등 이스라엘 안보 지킴이 역할을 해왔다.

사실, 2002년 6월 24일 조지 부시 대통령은 트럼프의 평화안과 유사하게 이미 '팔레스타인 국가로 가는 로드맵'을 구상하였다. 부시의 구상(President Bush's Road Map to a Palestinian State)은 이스라엘/팔레스타인 분쟁에 대한 영구적인 해결책으로 "이스라엘과 나란히 평화롭고, 안전하게 존재할 수 있는 독립적이고, 민주적이며, 생존 가능한 팔레스타인 국가(Independent, Democratic, Viable Palestine State) 창설"이라는 안이었다. 2002년 7월 16일, EU, 러시아, 유엔이 이 부시의 구상을 환영하였으며, 9월 17일 중동 평화를 중재하는 4자, 즉 미국, EU, 러시아, 유엔은 부시의 로드맵에 대한 공동 환영 성명을 내놓았다. 이 로드맵 전문은 "팔레스타인인들이 테러에 대항하여 결정적인 조치를 취하고, 관용과 자유에 토대를 둔 민주주의를 실행할 수 있는 … 지도부를 갖고, 폭력과 테러리즘을 종결시킬 때, 비로소 이스라엘-팔레스타인 분쟁에 대한 두 국가 해결책은 성취될 수 있다"고 명시하였다. 결국 부시는 생존 가능한 팔레스타인 국가 창설을 이스라엘의 안보를 위협하는 팔레스타인인들의 자살 폭탄 공격을 끝낼 수 있는 수단으로 생각하였다. 특히 부시의 로드맵과 트럼프의 평화안이 모든 같은 단어 '생존 가능한 팔레스타인 국가'를 사용하였다는 것을 주목할 필요가 있다. 이는 1967년 점령지의 일부에 팔레스타인 국가 건설을 의미하며, 나머지 지역을 이스라엘 주권으로 통합한다는 것이다.

2020년 1월 트럼프 평화안은 실권 없는 팔레스타인 자치정부에 국가라는 이름을 붙여주는 대신 서안에 대한 이스라엘 주권을 공식화할 뿐만 아니라, 이스라엘의 안보 지킴이 역할을 계속하게 만들었다. 또 이 협상안은 이스라엘 정착촌을 포함하는 이스라엘 영역을 우회하는 도로와 터널 건설 등을 통해서 토막난 팔레스타인 영토를 연결시키는 내용을 포함하였다. 뿐만 아니라, 이 평화안은 팔레스타인이 이스라엘을 유대민족 국가로 인정하도록 규정함으로써, 이스라엘이 인종분리와 인종차별 정책을 유지하면서, 이스라엘 영역으로 합병된 지역에 거주하는 팔레스타인인들의 이스라엘 시민권 요구 가능성을 원천적으로 차단시키고자 하는 것이다.

따라서 이 평화안은 팔레스타인의 영토 주권을 박탈하면서, 이스라엘과 아랍국가들 사이의 긴밀한 경제 및 안보 협력관계를 공식화함으로써, 이스라엘의 역내 영향력을 강화하는 것이다.

2. 트럼프 평화안에 대한 이스라엘과 팔레스타인의 대응

2020년 1월 28일, 백악관에서 미국 대통령 트럼프가 평화안을 공표하는 행사에 이스라엘 총리 네타냐후는 초대받은 반면, 팔레스타인 측은 초대받지 못했다. '번영을 위한 평화'는 1967년 이스라엘이 무력으로 점령한 서안을 공식적인 이스라엘 영토로 합병하고, 이스라엘과 역내 아랍국가들 사이의 관계를 정상화시키는 데에 집중한다. 결국 이 기획은 이스라엘-팔레스타인, 이스라엘-역내 아랍국가들 사이의 평화협정 체결을 통한 '이스라엘의 번영'을 목표로 한다.

이 행사에서 베냐민 네타냐후 이스라엘 총리가 "트럼프의 '세기의 거래(The deal of the century)'는 '세기의 기회(The opportunity of the century)'이다. 이스라엘은 이 기회를 놓치지 않을 것이다"라고 찬양 연설을 하면서, 트럼프의 계획, '번영을 위한 평화'를 지칭하여 '세기의 거래'라는 용어가 널리 사용되었다.

트럼프 평화안에 대하여 네타냐후가 찬양한 연설의 주요 내용은 다음과 같다. "트럼프 대통령! 나는 수 십 년, 어쩌면 수세기 동안 우리는 2020년 1월 28일을 기억할 것이라고 믿는다. 왜냐하면, 이 날, 당신은 우리의 안보에서 필수적이며, 우리 유산의 중심지인 유대아(남부서안)와 사마리아(북부서안) 지역에 대한 이스라엘의 주권을 인정한 세계 최초의 지도자가 되었기 때문이다. 당신의 평화 계획은 다음 목표들을 앞당길 것이다. 첫째, 팔레스타인인들이 이스라엘을 유대국가로 인정한다. 둘째, 이스라엘이 요르단 강 서쪽 전 지역(서안)에 대한 보안 통제권을 갖는다. 이것은 이스라엘의 영구적인 동부 국경선이다. 셋째, 하마스를 무장해제하고, 가자지구를 비무장화한다. 넷째, 팔레스타인 난민 문제는 이스라엘 국가 밖에서 해결되어야만 한다. 다섯째, 우리의 고대 수도 예루살렘이 이스라엘 주권으로 통합된다. 여섯째, 이스라엘인들은 이스라엘로 연결되고, 팔레스타인인들도 서로 연결된다." 이 연설 도중 네타냐후 총리는 참석한 아랍에미레이트, 바레인, 오만 대사들을 호명하면서, 이 행사에서 만나게 되어 반갑다고 밝혔다. 이는 2020년 9월 15일 체결된 이스라엘과 아랍에미레이트, 바레인 협정인 아브라함 협정(Abraham Accords)을 예고하는 것이었다.

트럼프 평화안에 대하여 백악관은 "이스라엘과 팔레스타인의 포괄적 평화협정을 위한 트럼프 대통령의 비전을 공유하게 돼 기쁘다. 이 비전은 너무 오랫동안 이 지역을 괴롭혔던 문제에 대한 가장 현실적인 해결책이며, 관련된 모든 사람들에게 번영, 안보, 존엄성을 위한 길을 창출한다. 관련 당사자들이 협상의 토대로 이 틀에 동의한다면, 이스라엘과 팔레스타인, 그리고 이 지역의 잠재력은 무궁무진하다"고 밝혔다.

그러나 팔레스타인인들은 트럼프 평화안을 음모라고 거부하였다. 가자를 통치하는 하마스도 트럼프의 평화안을 '팔레스타인 국가 건설 계획 청산을 목표로 한 것'이라고 주장하면서 거부하였다. 2020년 1월 29일 팔레스타인인들은 하마스를 포함한 각 정파들이 요구한 '분노의 날'의 일환으로 거리 시위를 조직하였다.

2020년 1월 28일, 트럼프 평화안에 대한 팔레스타인인들의 분노에 직면한 마흐무드 압바스 팔레스타인 자치정부 수반은 "예루살렘은 판매용이 아니다. 우리의 모든 권리는 판매용이 아니며 흥정을 위한 것도 아니다. 팔레스타인, 아랍인, 이슬람인, 기독교인들은 예루살렘이 없는 팔레스타인 국가를 받아들일 수 없다. 우리는 처음부터 수천 번 거부했다"라고 대응했다. 압바스 수반이 '예루살렘과 팔레스타인인들의 권리가 판매용이 아니라고 주장'한 것은 팔레스타인의 경제적 번영을 초래할 수 있도록 트럼프의 평화안이 서안과 가자에 10년 동안 500억 달러 이상의 신규 투자를 추진한다는 약속에 대한 대답이다.

이러한 서안과 가자에 500억 달러 신규 투자는 2019년 6월 25~26일, 미국이 주도하여 바레인 마나마에서 개최된 '500억 달러 투자 유치 회의'에서 결정되었다. 팔레스타인 자치정부는 이 회의를 거부하였으나, 이 회의에 참가한 아랍에미레이트 재무장관 오바이드 알-타이르(Obaid al-Tayer) "우리는 이 계획을 수용해야 한다"라고 밝혔고, 사우디 재무장관 무함마드 알 자단은 "리야드는 팔레스타인의 번영을 가져올 경제계획을 지지할 것"이라고 밝혔다. 이렇게 트럼프 평화안의 기획 단계부터 아랍에미레이트와 사우디는 팔레스타인인들의 의사에 반대하면서, 트럼프 평화안에 찬성하였다. 마나마 회의를 계기로, 500억 달러의 투자금 대부분은 걸프 국가들로부터 나올 것으로 예상되었다.

그러나 2019년 6월 26일, PLO는 "트럼프 행정부는 팔레스타인인들을 영구히 감금시킬 '경제적 번영이라는 신기루'를 팔려고 한다. 이 회의는 아랍 국가들과 관계 정상화를 성취하고, 서안에서 이스라엘 정착촌을 확장시키기 위한 이스라엘의 노력을 은폐시키기 위한 것이다. 이스라엘의 점령 및 경제적 지배의 종식 없이는 평화가 달성될 수 없다"라고 비난 성명을 내면서 500억 달러 규모의 팔레스타인 경제계획에 대한 거부의사를 밝혔다. 이렇게 PLO는 트럼프 평화안의 기획 단계부터 거부의사를 분명히 하였다.

이러한 팔레스타인인들의 트럼프 평화안 거부 움직임에 대하여 유엔 인도주의업무조정국(United Nations Office for the Coordination of Humanitarian Affairs, OCHA)은 "2020년 5월 19일, 마흐무드 압바스는 팔레스타인 자치정부가 이스라엘 및 미국과 체결한 모든 합의를 무효화한다고 선언하였다. 이러한 팔레스타인 자치정부 선언은 미행정부의 완전한 동의로 이르면 7월 1일자로 서안의 일부를 합병하겠다는 이스라엘의 선언에 대한 대응이다. 합병 위협은 국제사회로부터 광범위하게 비난받아왔고, 유엔 사무총장은 합병은 매우 심각한 국제법 위반이며, 두 국가 해결안을 심각하게 손상시키고, 협상 재개 가능성을 약화시킬 것이라고 주장했다. 팔레스타인 자치정부는 이스라엘과 안보협력을 포함하는 모든 양자 접촉을 중단했고, 팔레스타인 자치정부를 대신하여 이스라엘이 징수한 통관세를 받는 것을 중단했다. 이와 함께 코로나 19 유행으로 인한 경제적 불확실성이 가중되어 자치정부 수입의 80%를 잃었고, 고용원들의 임금이 체불되었다"라고 발표하였다. 이러한 유엔 인도주의업무조정국의 발표는 팔레스타인 자치정부가 정부를 운용할 수 없는 재정난으로 인해서 불가피하게 이스라엘과 협력을 재개할 수밖에 없다는 것을 의미한다. 경제적으로 이스라엘에게 완전히 속박되어 있는 상황, 이것이 팔레스타인 자치정부의 분명한 한계다.

이 밖에도 팔레스타인 자치정부가 오슬로 협상의 중간 결과물이며, 이스라엘의 꼭두각시 정부로 창설되었다는 한계를 염두에 둔다면, 트럼프 협상안을 거부한다는 것은 논리적으로 성립하지 않는다. 1990년대에 1967년 이스라엘이 무력 점령한 지역(동예루살렘, 서안, 가자)을 대상으로 추진된 오슬로협상은 클린턴 정부가 중재한 이스라엘-PLO 직접 협상이었으며, 마흐무드 압바스 자신이 이 협상의 주역이었다. 사실상 이스라엘-팔레스타인 직접 협상을 구상하는 트럼프의 협상안은 오슬로 협상의 마무리 작업인 듯 보인다.

그런데 2020년 1월 30일, 하마스 정치국장 이스마일 하니야는 이슬람 및 아랍국가의 모든 통치자들에게 트럼프 평화안을 거부하도록 촉구하는 편지를 보냈다. 이 편지에서 그는 "미국 대통령이 제시한 소위 '세기의 협상'을 거부하기 위해 긴급하게 행동할 것"을 요청했다. 하마스는 1990년대에도 오슬로 협상에 반대하면서, 팔레스타인 자치정부와 대립각을 세워왔으며, 하마스가 가자를 통치하기 시작한 2007년 이스라엘은 가자를 '적지'로 선언했다.

결국 2020년 11월 17일, 팔레스타인 자치정부는 이스라엘과 안보협력 재개를 비롯한 유대관계를 복원한다고 선언하였다. 파타 중앙위원회 위원이며 민정장관 후세인 알 셰이크(Hussein Al-Sheikh)는 이스라엘과 이전에 체결한 모든 협정을 지킬 것을 재확인하고, '이스라엘과의 안보 협력 재개는 팔레스타인 자치정부의 위대한 승리이며, 성공'이라고 주장하면서 이스라엘과의 관계가 2020년 5월 19일 이전으로 돌아갈 것이라고 발표했다.

그러나 팔레스타인 자치정부는 안보협력 재개에 대한 분명한 이유를 내놓지 않았다. 이러한 자치정부의 조치는 이스라엘과 아랍 국가들의 관계정상화 뿐만 아니라, 이스라엘이 예루살렘에 1,250채 이상의 정착촌 주택 건설을 승인했다고 밝힌 지 24시간도 채 지나지 않아 나온 것이다. 팔레스타인 자치정부가 이스라엘과 안보 협력을 재개한 것은 이스라엘의 국제법상으로 불법적인 정착촌 확장

정책에 대한 사실상의 승인이며, 이스라엘과 아랍 국가들과의 관계정상화에 대한 암묵적인 동의이다.

이러한 자치정부의 결정에 맞서 하마스는 "팔레스타인 자치정부는 모든 민족의 가치와 원칙을 무시했을 뿐만 아니라, 팔레스타인 파벌들의 대표들이 결정한 사항을 무시하고 있다. 팔레스타인 자치정부의 결정은 이스라엘의 합병 계획과 트럼프의 세기의 거래에 맞서기 위하여 민족적인 노력을 배반하는 것이다. 이스라엘이 서안지역에 수 천 채의 정착촌 건설을 발표한 직후 이 같은 조치가 나왔다는 사실은 매우 충격적이다"라고 밝혔다. 하마스뿐만 아니라, 팔레스타인인들 대부분이 이러한 팔레스타인 자치정부의 일방적인 결정이 민족 통합을 향하여 나아가는 노력뿐만 아니라, 이스라엘의 점령과 합병 및 이스라엘-아랍국가들 관계정상화 노력에 맞서는 팔레스타인인들의 저항을 약화시키는 행위라고 비난하였다. 이러한 상황에서 압바스가 이끄는 자치정부는 사면초가에 몰리면서, 더욱 이스라엘에 의존한 채 정권을 유지하는 것으로 보인다.

3. 트럼프의 중동 평화안과 이스라엘-아랍 관계: 이스라엘의 역내 영향력 강화

트럼프의 중동평화안은 이스라엘과 대부분의 이슬람 및 아랍국가들 사이의 공식적인 관계의 부재가 이스라엘과 팔레스타인 사이의 갈등을 악화시켜왔고, 이들의 관계정상화가 이스라엘과 팔레스타인 사이의 분쟁 해결을 앞당길 수 있다고 제시한다. 즉 이스라엘-이슬람 및 아랍국가들 사이의 관계정상화가 이스라엘/팔레스타인 분쟁 해결보다 앞선다는 것이다.

트럼프 평화안은 이스라엘-아랍국가들 관계 부분에서 1979년 이집트-이스라엘 평화 협정, 1994년 요르단-이스라엘 평화협정, 2002년 사우디가 발의한 아랍평화안(the Arab Peace Initiative)을 소환했다. 트럼프 평화안은 "이집트 아랍공화국과 요르단 하심왕국이 이스라엘 국가와 평화조약을 체결한 것은 중대한 역사적 돌파구였다. 사우디왕국이 주도한 아랍평화안이 트럼프의 중동 평화안의 아이디어를 고무시켰다. 이 중동 평화안의 목표는 역내 모든 국가들의 이익을 위해 아랍

국가들이 이스라엘 국가와 완전히 협력하도록 하는 것이다"라고 명기하였다.

그런데 아랍평화안은 2002년 3월 베이루트에서 개최된 아랍연맹 정상회의에서 사우디의 압둘라 왕세제가 발의하여 채택한 안이다. 2007년과 2017년, 아랍연맹 정상회의는 이 아랍평화안을 재승인했다. 아랍평화안은 이스라엘/시리아와 레바논 영토 분쟁 종식 및 이스라엘/팔레스타인 분쟁 종식을 전제 조건으로, 아랍국가들-이스라엘 관계정상화를 제시하였다. 이 아랍평화안은 "a. 이스라엘에게 시리아의 골란고원을 포함한 점령된 아랍영토로부터 1967년 6월 4일 경계로 철군, b. 남부레바논으로부터 철군, 유엔총회 결의 194호(난민 귀환권 및 귀환 원하지 않는 난민의 재산 보상 규정)에 따른 팔레스타인난민 문제의 공정한 해결, c. 점령지 팔레스타인 전역에 동예루살렘을 수도로 하는 주권을 가진 팔레스타인 독립국가 건설"을 요구한다. a, b, c에 대한 대가로 "아랍국가들이 이스라엘을 승인하고 평화 협정을 체결하며, 이스라엘과 관계를 정상화할 것"을 명시했다. 즉 이스라엘/아랍 분쟁 종식이 아랍국가들-이스라엘 관계정상화의 전제 조건이었다. 그럼에도 불구하고, 이 아랍평화안은 난민 문제와 관련하여 '팔레스타인 난민 귀환권 보장 대신에 난민문제의 공정한 해결'이라고 명시함으로써, 팔레스타인 난민 귀환권 문제를 약화시켰다는 평가를 받는다.

그런데 트럼프의 중동 평화안은 2002년 아랍평화안이 명시한 아랍 국가들-이스라엘 관계정상화의 전제조건 a, b, c 세 가지를 철저하게 무시하고, 이스라엘의 이익을 관철시키면서, 아랍 국가들과 이스라엘의 관계를 정상화함으로써, 이스라엘과 역내 아랍국가들 사이의 경제 통합을 실현하기 위한 것이다. 다음 표 2가 보여주는 것처럼, 트럼프의 중동 평화안은 이스라엘과 아랍국가들 사이의 협력관계 강화를 제시하고 있다.

표 2. 번영을 위한 평화: 팔레스타인인들과 이스라엘인들의 삶을 개선하기 위한 비전

II. 이스라엘-아랍국가들: 지역 통합 파트너십 확보
1. 이 평화안의 역내 모든 국가들의 이익을 위해 아랍 국가들은 이스라엘 국가와 완전히 협력해야함. 예를 들어, 교차 관광을 촉진하고, 아랍 국가들과 이스라엘 사이에 항공편을 운영할 것. 2. 이스라엘 국가, 팔레스타인 국가와 아랍 국가들은 헤즈볼라, IS, 하마스와 다른 모든 테러 단체 및 단체, 그리고 다른 극단주의 단체들에 대항하기 위해 협력할 것.

3. 경제적 상황과 이란의 악의적인 활동은 역내의 많은 국가들에게 실존적인 위협임. 역내국가들과 이스라엘을 통합하는 것은 이란의 위협에 대처하는 것뿐만 아니라 광범위한 경제적 도전을 극복하는데 도움이 됨.
4. 이스라엘과 GCC 국가들은 긴밀한 유대관계 수립하고, 팔레스타인 국가, 이집트 아랍 공화국, 요르단 하심 왕국, 이스라엘 국가 역내에서 협력하기를 희망하는 국가들 포함하는 유럽안보협력기구(유럽과 중앙아시아, 북아메리카등의 57개 국가가 가입, OSCE)와 유사한 중동안보협력기구(The Organization for Security and Cooperation in the Middle East, OSCME)를 구성해야한다.

표 2가 보여주는 것처럼, 트럼프의 평화안은 지역 안보를 위한 새로운 기회를 창출한다고 강조한다. 트럼프의 평화안은 팽창주의적인 이란을 필두로 헤즈볼라, IS, 하마스 등 테러단체들이 제기하는 공통의 위협에 직면하여 이스라엘과 주변 아랍국가들 동맹이 출현한다고 주장한다. 한 걸음 더 나아가 트럼프의 평화안은 "2019년 사우디아라비아의 아람코 시설에 대한 이란의 공격은 세계 경제에 충격을 주었고 그 지역의 국가들이 안보에 협력할 필요성을 분명히 일깨워 주었고, 이스라엘과 GCC 국가들 및 팔레스타인, 이집트, 요르단이 중동안보협력기구 창설할 필요성이 있다"라고 강조한다. 결국 트럼프 평화안을 통해서 이스라엘은 중동 역내 국가들의 당당한 일원이 될 뿐만 아니라, 중동안보협력기구를 이끌어 가는 주요한 국가가 될 것으로 보인다. 이러한 중동안보협력기구의 창설의 전제조건은 필수불가결하게 위협적인 이란, 헤즈볼라, IS, 하마스를 비롯한 적의 존재라는 것을 염두에 둘 필요가 있다. 강력한 적이 없으면, 중동안보협력기구도 구성할 필요가 없다. 이것은 미국과 이스라엘이 카타르를 통해서 하마스를 간접 지원하는 이유이기도 하다.

이런 상황에서 사우디는 2002년 아랍평화안이 제시한 이스라엘-팔레스타인 분쟁 해결안을 완전히 무시하는 트럼프의 중동 평화안을 다음과 같이 지지하고 나섰다. 2020년 1월 29일, 트럼프 계획을 지지하는 사우디 외교부는 "팔레스타인과 이스라엘의 포괄적 평화계획 수립을 위한 미국 행정부의 노력에 감사하며, 미국이 후원하는 이스라엘-팔레스타인 직접 평화협상을 촉구한다"라는 성명을 내놓았다. 동시에 사우디왕세자 무함마드 빈 살만은 팔레스타인 자치정부 수반 마흐무드 압바스에게 "팔레스타인 문제에 관한 사우디의 입장은 변하지 않았으며, 모든 아랍인들과 우리는 당신과 함께 있다"라고 팔레스타인 자치정부와의 연대의사를 밝혔다. 이러한 무함마드 빈 살만 왕세자의 발언은 매우 정치적이며, 외교적인 수사이긴 하지만, 팔레스타인 수반 압바스와 연대한다는 주장은 하마스에 맞선다는 측면에서는 사실이기도 하다. 트럼프 평화안이 테러단체로 규정한 하마스에 맞서 사우디는 미국, 이스라엘, 팔레스타인 자치정부와 연합전선을 구축하고 있다.

뿐만 아니라, 사우디는 트럼프의 중동 평화안 기획 단계부터 선제적으로 하마스를 탄압하기 시작하였다. 1987년 창설된 이후, 하마스 지도부는 사우디와 비교적 원만한 관계를 유지해왔고, 사우디 정부는 하마스를 직접 지원하지는 않았으나, 사우디 내에서 하마스를 위한 모금활동을 허용했다. 그런데 2019년 4월 4일, 20년 이상 사우디와 하마스 관계를 관리해 온 무함마드 알 쿠다리(Mohammed al-Khudari, 83세) 박사를 비롯한 수 십 명을 하마스 소속이거나 지지자라는 혐의로 체포하여 기소하였다. 사우디는 이들의 자산을 동결하였고, 가자로의 송금을 거의 완전히 차단하였다. 국제앰네스티에 따르면, 이들은 정확한 혐의없이, 법적 대리인을 받을 수 없는 상태로 구금됐으며, 일부는 독방 감금 처분을 받았다고 밝혔다.

게다가 2019년 5월 11일, 사우디에서 발행된 『메카(Makkah)』 신문은 "무슬림 형제단 사상의 영향을 받는 국제 테러리스트 40인"라는 제목으로 40인의 명단과 함께 사진을 발표하였다. 이들 중에는 6명의 하마스 지도자들, 즉 이스라엘이 표적 살해한 하마스 공동 창건자들인 셰이크 아흐마드 야신(Ahmed Yassin)과 압델 아지즈 란티시를 비롯해서, 전임 하마스 정치국장 칼리스 마샬(Khaled Mashal), 현재 하마스 정치국장 이스마엘 하니야(Ismail Haniyeh), 하마스 군사조직 이즈 앗딘 알 까삼 여단 지휘관 무함마드 데이프(Mohammed Dief), 현재 가자지구 하마스 지도자 야히야 신와르(Yahya Sinwar) 등이 포함되었다.

이 명단에는 예멘 무슬림형제단, 알 이슬라흐(Al-Islah) 창설자인 압둘 마지드 알-진다니(Abdul Majeed al-Zindani)와 카타르에 거주하는 이집트 출신의 국제무슬림학자협회(International Union of Muslim Scholars) 회장인 유세프 까르다위(Yusef al-Qaradawi), 군부 쿠데타로 실각한 이집트 대통령 무함마드 무르시(Muhammad Morsi), 이집트 무슬림형제단 대표 무함마드 바디예(Mohammed Badie) 등 국제 무슬림형제단을 대표하는 인사들과 1928년 무슬림형제단 창설자인 하산 알 반나(Hassam al-Banna), 1966년 이집트 대통령 나세르 암살기도 혐의로 교수형을 당한 사이드 쿠틉(Sayyid Qutb) 등 영향력 있는 무슬림형제단 인사들이 대거 포함되었다. 이 신문은 1928년에 설립되어 전 세계에 지부를 가지고 있는 무슬림 형제단이 오늘날의 유명한 테러 지도자들에게 직접적인 영향을 미쳤다는 것을 강조했다. 이 기사는 아랍과 이슬람 세계에 커다란 충격을 주었다. 사우디 내부에는 정부 반대파로서 알 사흐와 등 무슬림형제단 연계된 세력들의 영향력이 강력하게 존재한다. 이 명단 발표의 배후는 사우디 실권자인 무함마드 빈 살만 왕세자로 알려졌다.

이스라엘 신문 마아리브는 메카 신문이 발표한 명단을 게재하면서 "사우디와 이집트 정부는 트럼프 정부로 하여금 가장 큰 정부 반대파 조직인 무슬림 형제단을 테러 조직으로 선언하도록 설득하고 있다. 이것은 또한 카이로와 리야드 모두 무슬림형제단을 불법화시킨 이후에 이루어졌다"라고 분석 기사를 내놓았다.

2020년 3월 8일, 2019년 4월 체포 수감된 사우디 거주 하마스 대표 무함마드 알 쿠다리와 그의 아들 하니를 비롯한 사우디 거주 팔레스타인인인들과 요르단인들 68명을 '특별 테러 재판'에 회부했다. 사우디 대학의 IT 교수인 하니와 학생, 학자, 기업인을 포함하는 수감자들은 사실상 정치 활동과는 거의 무관한 사람들인 것으로 알려졌다. 국제 엠네스티는 "알 쿠다리 부자를 체포 수감한 것은 사우디 당국이 하마스와 연관성이 있다고 파악한 사우디에 거주하는 팔레스타인인들에 대한 광범위한 탄압의 일환"이라고 밝혔다.

이에 맞서 2020년 3월 9일 하마스는 성명을 내고, "사우디에서 재판에 직면한 팔레스타인인들에 대한 혐의는 위조된 것이며, 재판은 불공정하다. 이들은 어떠한 범죄도 저지르지 않았다. 이들은 팔레스타인의 대의와 예루살렘 및 알 아크사 모스크 수호를 지지했기 때문에 유죄. 즉각적인 이들의 석방을 촉구한다"라고 밝혔다.

2021년 8월 8일, 사우디 테러법원은 사우디 주재 전임 하마스 대표 무함마드 알 쿠다리에 대해 징역 15년을 선고했고, 그와 함께 체포된 팔레스타인인들과 요르단인으로 구성된 68명에게 테러단체와 연계되었다는 죄목으로 최고 22년의 징역형을 선고했다. 사우디는 하마스와 갈라선 것으로 보인다.

한편 카타르는 2002년 아랍평화안을 지킨다고 주장하면서, 동시에 이스라엘과 관계정상화를 할 수 있다고 밝혔다. 게다가 2020년 9월 16일 미국 주재 카타르 대사, 미샬 빈 하마드 빈 칼리파 알 타니(Mishaal bin Hamad bin Khalifa Al Thani)는 미국의 소리(Voice of America)와의 인터뷰에서 "카타르는 2002년 사우디가 발의하고, 아랍연맹이 승인한 아랍평화안을 지킨다. 우리는 팔레스타인인들을 위한 두 국가 해결책과 이스라엘의 국경 안전을 확보해야한다는 것을 믿고 있으며, 이러한 조건이 충족된다면, 카타르가 이스라엘과 관계 정상화를 하지 않을 이유가 없다. 뿐만 아니라, **카타르와 미국은 수년 동안 지역 문제에 관하여 협력해왔고, 우리는 미국 행정부의 요청에 따라 이스라엘과 하마스 간의 협상을 중재하고 있다. 우리는 하마스가 정치 협상에 참여하도록 격려하기 위해 하마스와 대화한다. 카타르는 이스라엘 및 유엔과 협력하여 가자 지구에 인도주의적인 구호물자를 보낸다**"라고 밝혔다.

조건이 붙은 카타르-이스라엘 관계정상화에 대한 카타르 대사 미샬의 주장이 트럼프의 중동 평화안을 거부하는 것으로 보이지는 않는다. 트럼프의 평화안이 이름뿐인 팔레스타인국가 건설의 여지를 열어 놓았기 때문이다. 뿐만아니라 그는 "카타르가 하마스를 지원하는 것은 미국이 지시하고, 이스라엘이 협력하여 이루어지고 있다"고 밝혔다.

이렇게 카타르는 미국의 지시로 하마스와 연대하며 후원한다. 카타르의 지원은 하마스가 집권한 2007년부터 이스라엘이 봉쇄를 부과한 가자지구에 살고 있는 팔레스타인 사람들에게 필수적인 생명선이 되었다. 2021년 9월 6일, 가자지구에 파견된 카타르 특사 무함마드 알 에마디(Mohammed al-Emadi)는 팔레스타인 자치정부가 카타르의 원조금을 가자의 저소득층 가정(10만 명)과 하마스가 운영하는 정부 직원들(27,695명)에게 카타르 지원금을 수혜자당 100달러씩 지급하는 데 중간 역할을 하기로 합의함으로써, 지난 5월 이스라엘-하마스 무력충돌 이후 중단되었던 하마스 정부의 공무원들과 가난한 가족들에 대한 카타르의 지원이 곧 재개될 것이라고 밝혔다. 이러한 카타르의 조치는 이스라엘, 팔레스타인 자치정부, 하마스 및 유엔과의 합의에 따른 것이었다. 그러나 2021년 9월 10일, 카타르 특사 무함마드 알 에마디는 "팔레스타인 자치정부가 이 자금을 전달하는 데 중간 역할을 하기로 한 9월 6일 합의를 철회함으로써, 가자 지구에 대한 카타르의 자금 지원이 실패하였다"라고 발표하였다. 이스라엘이 아니라 팔레스타인 자치정부의 거부로 가자 지구에 대한 카타르의 자금 지원이 실패했다는 것을 주목할 필요가 있다.

사실, 2007년 이후, 팔레스타인 자치정부는 경쟁 관계에 있는 하마스를 약화시키기 위하여 이스라엘과 협력하여 압박하는 정책을 실시해왔다. 그 예로 2017년 6월, 팔레스타인 자치정부는 이스라엘에게 가자에 대한 전력 공급을 40% 줄이도록 요구하였다. 가자지구의 전기 요금은 팔레스타인 자치정부를 통해서 이스라엘에게 납부하기 때문에 이러한 자치정부의 전기공급 삭감 요구는 쉽게 성취될 수 있다. 이로 인해서 가자 주민들은 하루에 평균 6~8시간 받던 전기 공급을 3~4시간 정도 받았다. 이렇게 가자 주민들은 이스라엘의 무력 공격, 전력 공급 중단, 이스라엘의 육상, 해상 봉쇄 뿐만 아니라, 팔레스타인 자치정부의 제재 조치로 고통을 받고 있다.

2019년 12월 17일 알 자지라에 따르면, 하마스를 대표하는 정치국장 이스마일 하니야는 도하에서 타밈 빈 하마드 카타르 국왕을 만났다. 이 자리에서 타밈 국왕은 합법적인 민족의 권리를 성취하기 위하여 노력하는 팔레스타인인들에 대한 확고한 지지를 표명하였다. 이들은 2007년 이후 계속되는 이스라엘의 가자 봉쇄, 예루살렘 문제, 서안의 유대 정착촌, 팔레스타인 난민 지위 및 귀환권 문제에 대하여 논의하였다. 가자를 통치하는 하마스정부는 카타르 정부로부터 매달 3천만 달러의 보조금을 받고 있다. 이는 10만 9천 가구의 가난한 가구에게 원조로 제공되는 것이다. 이스마엘 하니야는 타밈 국왕에게 팔레스타인들을 지지하는 노력에 대한 감사를 표하였다.

2020년 2월 2일 앗사르끄 알 아우사트에 따르면, 이스마일 하니야는 2020년 후반부터 2021년까지 카타르에 머물면서 터키, 이란, 오만, 말레이시아, 러시아, 레바논, 모리타니아, 쿠웨이트를 방문하는 등 하마스의 국제적인 위상을 높이기 위한 외교행보를 강화할 것으로 알려졌다.

2020년 3월 23일, 미들이스트 모니터에 따르면, 이스마엘 하니야는 "에르도안 터키 대통령과 카타르 타밈 국왕이 코로나 바이러스 전염병에 대처하기 위하여 팔레스타인인들에게 전폭적인 물질적, 재정적 지원을 약속했으며, 카타르 국왕은 UNRWA원조 프로그램을 포함하여, 팔레스타인인들에게 1억 5천만 달러를 원조하기로 약속했다"고 밝혔다. 카타르는 무슬림형제단과 제휴하고 있는 하마스의 확고하고, 강력한 후원자가 되었다. 사실, 이스라엘이 테러단체로 낙인찍은 하마스에 대한 카타르 지원은 이스라엘의 협력과 승인 없이는 현실적으로 불가능하다.

2020년 11월 16일, 온라인 글로벌 안보 포럼에서 카타르 외무장관 무함마드 빈 압둘라흐만 알 싸니(Sheikh Mohammed bin Abdulrahman Al Thani)는 아랍국가들-이스라엘관계 정상화를 팔레스타인 국가지위를 약화시키는 것이라고 비난하면서, "이스라엘의 점령을 종식시키기 위해 팔레스타인의 이익을 우선하는 아랍연합 전선을 세우는 것이 좋다"고 주장하였다. 카타르 외무장관의 주장은 팔레스타인 국가지위 획득 이후에야 비로소 아랍 국가들이 이스라엘과 국교 정상화를 해야 한다는 논리다.

팔레스타인 자치정부를 지원하는 사우디와 하마스를 지원하는 카타르라는 역내 대립 구도는 이스라엘의 팔레스타인 분할 통치 전략에 매우 유리한 환경을 제공한다.

2020년 팔레스타인 자치정부를 후원하는 사우디-아랍에미레이트-바레인-이집트-요르단과 이에 맞서는 하마스를 후원하는 카타르-터키-이란 역내 구도가 형성되어 있었다. 이 대립 구도는 트럼프의 '번영을 위한 평화'를 실현시키기에 매우 활용도가 높다. 팔레스타인 및 역내에서 하마스-카타르-터키-이란 동맹의 영향력이 강할수록, 팔레스타인 자치정부-사우디-아랍에미레이트-바레인-이집트-요르단 동맹은 이스라엘 및 미국과 연대를 강화한다.

게다가 카타르와 터키가 후원하는 역내 무슬림형제단 분파들은 사우디(알 사흐와), 아랍에미레이트(알 이슬라흐), 바레인(알 이슬라흐), 이집트(무슬림형제단), 요르단(이슬람행동전선)에서 민주적인 선거를 통한 정치개혁을 요구하는 강력한 정부 반대파로서 활동하고 있다. 따라서 사우디와 연대한 아랍 국가들은 국내 정부 반대파 및 하마스 등 역내 무슬림형제단 연계세력들을 약화시킬 필요가 있다. 특히, 사우디 왕세자 무함마드 빈 살만은 무슬림형제단 연계세력인 알 사흐와 등 국내 반대파의 강력한 도전에 직면하고 있는 것으로 알려졌다. 이러한 이유로도 무함마드 빈 살만에게 이스라엘과 미국은 정권 유지에 꼭 필요한 정치적 동맹이다. 또 2019년 9월 이란의 드론을 사용한 사우디 아람코 정유시설 공격은 사우디가 이스라엘과 안보에 협력해야 할 필요성을 분명히 일깨워주었다.

이렇게 하마스 등 역내 무슬림 형제단 연계세력과 이란의 위협은 이스라엘에게 사우디의 적극적인 협력을 이끌어낼 수 있는 동력을 제공함으로써, 트럼프의 '번영을 위한 평화'를 수월하게 진행시키는 촉진제로 작용한다.

2020년 6월 1일 이스라엘 하욤에 따르면, 2019년 12월부터 미국의 중재로 이스라엘과 사우디는 동 예루살렘 소재 알 아크사 모스크 관리기구인 이슬람 와끄프 위원회에 사우디 대표를 포함시키기 위하여 비밀회담을 개최해 온 것으로 알려졌다. 이는 동예루살렘과 알 아크사 모스크에 대한 관리권 장악을 시도하는 터키에 맞서는 것이다. 최근 몇 년 동안 터키는 알 아크사 모스크 관리권을 장악하기 위한 인적 네트워크 구축을 위해서 동 예루살렘에 상당한 투자를 해온 것으로 알려졌다. 영국이 팔레스타인을 위임 통치하던 1924년부터 2020년까지 요르단 하심왕가가 누려온 이슬람 성지, 알 아크사 모스크 복합단지 독점 관리권이 위기를 맞이하였다.

2021년 9월 4일, 이스라엘 대통령 이츠하크 헤르조그는 "지난 주 요르단 왕 압둘라의 초청으로 그의 궁전에서 회담을 개최했다. 나는 위대한 지도자인 압둘라 왕을 매우 존경한다. 요르단은 역내에서 매우 중요한 행위자다"고 이스라엘 텔레비전 채널12 뉴스 인터뷰에서 밝혔다. 이 비밀 회담 개최 사실은 헤르조그 대통령이 채널12 뉴스 인터뷰한 이후에 비로소 알려졌다. 지난 7월 초에도 이스라엘 총리 나프탈리 베네트(Naftali Bennett)도 비밀리에 암만을 방문하여 왕궁에서 압둘라 왕과 회담을 개최하여 이스라엘이 극심한 가뭄으로 시달리는 요르단에게 5천만 ㎥의 물을 공급하기로 하는 등의 내용에 합의한 것으로 알려졌다. 요르단은 이러한 일련의 회담이 누설되는 것에 상당히 불안해하며, 극비리에 개최되는 정상회담에 합의한 것으로 알려졌다. 이러한 일련의 비밀 회담은 2021년 6월 13일 이스라엘이 새 정부를 구성하면서 요르단과 관계를 더욱 긴밀하게 강화시키고 있다는 것을 의미한다.

2021년 9월 2일, 이집트 대통령 알-시시, 요르단 국왕 압둘라와의 카이로 회담에서 팔레스타인 수반 마흐무드 압바스는 "이스라엘의 행위가 두 국가 해결안을 불가능하게 만들지만, 팔레스타인 자치정부는 이스라엘과의 신뢰 구축하고, 팔레스타인에서 평온을 회복할 준비가 되어 있다"라고 밝혔다. 이 자리에서 세 정상은 '협상을 재개하기 위한 노력을 활성화시키고 평화 과정을 되살리기 위한 노력을 강화할 것'을 약속하였다.

카이로 회담은 2021년 8월 29~30일 이틀간 라말라에서 압바스와 이스라엘 국방 장관 베니 간츠(Benny Gantz)와 회담 직후에 이루어졌다. 라말라 회담에서 합의된 사항으로, 간츠는 팔레스타인 자치정부에게 1억 5,500만 달러를 융자해주고, 자치정부를 대신해서 이스라엘이 징수한 국경통관세에서 상환될 것이라고 발표했다. 간츠는 압바스에게 이스라엘이 팔레스타인 자치정부의 경제를 강화시킬 일련의 조치들을 취할 준비가 되어 있다고 설명했다. 두 사람은 또한 요르단강 서안과 가자지구의 안보, 민간, 경제 현실에 대해 논의했다.

이 라말라 회담은 2021년 8월 27일, 이스라엘 총리 나프탈리 베네트가 백악관에서 조 바이든 미국 대통령과의 회담을 마치고 귀국한 직후에 이루어졌다. 보도에 따르면 바이든은 베네트에게 '이스라엘과 팔레스타인의 평화와 안보, 번영을 앞당길 것'을 촉구했다. 베네트 총리가 간츠-압바스의 라말라 회담을 승인했다.

텔아비브대 국가안보연구소(The Institute for National Security Studies)가 최근 실시한 연구에 따르면 팔레스타인 자치정부의 위상은 계속 약화되고 있다. 요하난 초레프(Yohanan Tzoreff) 보안전문가는 "이스라엘/하마스 무력 충돌, 성벽 수호 작전(Operation Guardian of the Walls)이 종결된 지 석 달 만에 압바스의 위상과 팔레스타인 자치정부의 위상이 계속 약화되고 있는 것으로 보인다. 팔레스타인인들은 자치정부를 부패하고 부적합하며 붕괴되고 있으며, 다른 토대로 재건되어야 한다고 생각한다"라고 강조했다.

사실, 2021년 4월 29일 압바스가 2021년 5월 22일로 예정된 팔레스타인 의회 선거와 7월 31일로 예정된 수반선거를 취소하였다. 팔레스타인 자치정부와 이스라엘은 지속적으로 안보 협력을 하였다. 이런 상황에서 2021년 6월 24일 자치 정부 보안대가 정치 인권 운동가 니자르 바나트(Nizar Banat)를 살해함으로써, 대중 시위를 유발하였고, 압바스와 팔레스타인 자치정부는 위기에 직면하였다. 이스라엘은 일시적으로나마 압바스와 자치정부 연명하기 나선 것으로 보인다.

IX. 아브라함 협정 이후의 중동 정세 변화

2020년 12월 10일, 미국의 중재로 이스라엘과 모로코가 관계 정상화에 합의하였다. 그 대가로 미국은 수 십 년 간 분쟁 지역으로 독립 움직임이 있는 서부 사하라에 대한 모로코의 주권을 인정하였다. 모로코는 이스라엘과 관계 정상화를 추진한 아랍에미레이트, 바레인(2020.09.15), 수단(2020.10.23)에 이어 4번째 아랍 국가가 되었다.

미국은 유엔의 입장을 무시하면서 이스라엘-모로코 관계정상화의 대가로 모로코가 점령한 서부 사하라를 모로코 영토로 인정하였다. 유엔헌장 11장에 따라, 유엔은 이 지역 주민들이 자치권을 갖지 못한 채(A non-self-governing territory, NSGT) 모로코의 식민 지배를 받는 영토로 간주한다. 서부 사하라는 폴리사리오 전선(Polisario Front)으로 알려진 사흐라위 민족주의자 운동(Sahrawi Nationalist Movement)이 완전한 독립을 추구하는 지역이다. 따라서 이러한 미국의 결정은 폴리사리오 전선과 모로코뿐만 아니라, 폴리사리오 전선을 후원하는 알제리와 모로코 사이의 심각한 무력 분쟁을 야기할 수도 있다.[41]

2020년 12월 11일, 오만 외교부는 성명을 내고 "모로코 국왕 무함마드 6세가

---

41) 이 지역은 공식적으로 스페인의 지배를 받았고, 그 기간 동안 1973~1975년에 폴리사리오 전선이 스페인의 식민 지배에 저항하기 위해 등장했다. 그 후 폴리사리오 군은 스페인 철수에 이어 모로코 침략군에 대한 저항을 계속했고 모로코를 사하라 사막의 점령국을 대표하는 스페인의 대체국이라고 본다.

중동의 포괄적이고 정의롭고 항구적인 평화를 위한 지속적인 노력을 강화하기를 바란다"라고 밝혔다. 모로코에 이어 오만도 이스라엘과의 관계 정상화 대열에 합류할 것으로 예상된다.

사우디가 이스라엘과 모로코 관계를 진전시키는 데 중요한 역할을 한 것으로 알려졌다. 이스라엘-사우디 관계 정상화를 하기에 앞서, 사우디는 더 많은 국가들이 이스라엘과 관계 정상화를 하도록 독려하고 있다.

다른 한편으로, 2020년에 이스라엘은 팔레스타인 점령정책을 더욱 공세적으로 추진하였다. 2020년 1~11월까지, 이스라엘은 점령지 동예루살렘과 서안에서 331채의 주택, 561개의 가게 등 892채의 팔레스타인 건물들을 파괴했다. 이는 2019년보다 31% 증가한 수치다. 2020년 1~6월까지, 이스라엘 점령세력은 27명의 팔레스타인인들을 살해하고, 1,070명을 다치게 했으며, 2,330명의 팔레스타인인들을 체포하였다. 2020년 9월 말 현재 4,184명의 팔레스타인인들이 보안상의 이유로 이스라엘 감옥에 수감되어 있다. 게다가 2020년 이스라엘은 점령지 서안에 총 12,000채 이상의 국제법상 불법적인 유대인 정착촌 주택 건설을 추진함으로써, 지난 10년 동안 최대의 유대인 정착촌 건설 붐을 일으켰다. '아브라함 협정' 체결 직후, 2020년 10월에만 이스라엘은 점령지 서안 지역에 3,000채가 넘는 유대인 정착촌 주택 건설을 승인하였다. 이스라엘-아랍국가들 관계 정상화, 소위 평화 협정 체결은 팔레스타인인들에게는 심장을 찌르는 듯한 커다란 고통으로 다가왔다.

1. 시온주의자 바이든 미국 대통령

2021년 9월 21일, 제76차 유엔총회 연설에서 미국 대통령 조 바이든은 이스라엘 안보에 대한 헌신을 재확인하였다. "이스라엘 안보에 대한 미국의 헌신은 의심할 여지가 없다. 그리고 독립 유대국가에 대한 우리의 지지는 명백하다. 그러나 나는 두 국가 해법이 생존가능하고 주권이 있는 민주적인 팔레스타인 국가와 나란히 공존하는 유대 민주국가로서의 이스라엘의 미래를 보장할 수 있는 최선의 방법이라고 계속해서 믿고 있다"고 밝혔다(The White House 2021, Sep. 21). 이와 같이 유엔 총회 연설에서 바이든 대통령은 시온주의자로서의 면모를 노골적으로 드러내면서, 유대 국가, 이스라엘에 대한 헌신을 약속하고, 팔레스타인 국가의 존재는 유대국가 이스라엘의 미래를 보장하기 위한 수단이라고 밝혔다.

이러한 바이든 대통령의 유엔 총회연설에 대하여, 예루살렘 소재 이스라엘 팔레스타인 연구 정보 센터(the Israel Palestine Center for Research and Information, IPCRI) 창립자 거손 배스킨(Gershon Baskin)은 예루살렘 포스트에 게재한 칼럼에서 "두 국가 해법을 구할 수 있는 유일한 방법은 미국이 팔레스타인 국가를 공인하는 것이다. 만약 미국이 팔레스타인 국가를 공인한다면, 세계의 대부분의 국가들은 미국의 조치를 뒤따를 것이다. 그러나 두 국가 해결안의 생존 가능성이 점차 사라지고 있다는 것은 명백한 현실이다"라고 썼다. 여기서 배스킨은 바이든의 유엔 총회 연설을 완전히 이스라엘 편향이고, 팔레스타인 국가공인을 의미하는 두 국가 안을 실행할 의지가 없다고 평가한 것으로 보인다.

2020년 11월 7일, 사우디아라비아의 전임 주미대사 및 정보부장을 지낸 투르키 알 파이잘 왕자는 "미국 대통령 당선자 조 바이든은 팔레스타인인들을 실망시킬 것이다. 바이든은 예루살렘은 이스라엘의 수도이며 골란고원은 이스라엘의 영토라는 트럼프의 친이스라엘 정책들을 계승할 것이며, 아브라함 협정에서 후퇴하지 않을 것이다"라고 주장했다.

실제로, 바이든은 2007년 버락 오바마 대통령 선거 유세에서 러닝메이트로서 "이스라엘은 미국이 중동에서 가지고 있는 가장 큰 힘이며, 나는 시온주의자이고, 시온주의자가 되기 위해서 유대인일 필요는 없다"라고 주장했다.

1897년 8월 29일, 스위스 바젤에서 개최된 제1차 시온주의자 회의에서 채택된 바젤 강령에 따르면 '시온주의는 팔레스타인에 공법으로 보장된 유대민족 고향을 창설하는 것을 목표'로 한다. 이 회의에서 시온주의자 기구(Zionist Organization)가 창설되면서 유대 민족주의운동, 즉 예루살렘(시온)을 포함한 팔레스타인 땅에 유대국가 건설을 목표로 하는 국제정치 운동을 주도하였다. 그 결과 1948년 5월 14일 이스라엘 국가가 수립되었다. 1951년 시온주의자 기구는 세계시온주의자 기구로 명칭을 변경하고, '이스라엘 국가 강화, 유대인들 이주 지원, 유대 민족 통합 촉진'을 목표로 내세우는 예루살렘 강령을 채택하였다. 따라서 시온주의자는 '유대국가'를 표방하는 이스라엘 국가 창설이념에 동의하는 사람들이며, 이스라엘 국가에 대한 지지를 가장 중요한 요소로 간주한다. 이러한 측면에서, 이스라엘과 관계 정상화를 한 아랍 국가들은 팔레스타인 땅에 건설된 이스라엘 국가를 인정하고, 지지하기 때문에 시온주의자들로 간주될 수 있다.

2020년 11월 22일 미국무장관 폼페이오는 아랍에미레이트, 바레인, 수단 이외의 다른 아랍국가들도 이스라엘과의 관계 평화협정을 체결할 것이라고 다음과 같이 밝혔다. "다른 나라들도 아랍에미레이트, 바레인, 수단이 한 일에 동참하고, 이스라엘의 정당한 위치를 인정할 것이라고 확신한다. 그들은 자국을 위해 옳은 일을 하는 것이고, 자국의 번영과 안보가 증진되기 때문에 그렇게 할 겁니다. 미국의 지도력과 개입, 그리고 이란 이슬람 공화국으로부터 중동 지역의 위험을 줄이려는 미국의 역할이 없었다면 이런 일은 불가능했을 것이다. 지금 걸프 아랍 국가들과 이스라엘이 이란으로부터 위협을 받고 있다고 공통으로 인식하고 있다"라고 주장했다.

새로운 대통령 바이든의 정책은 본질적으로 이스라엘 강화라는 측면에서 트럼프 대통령의 업적을 계승할 것이다. 트럼프와 다른 점이 있다면, 아마도 바이든은 이스라엘과 관계 정상화를 한 아랍 정부들과 대립각을 세우고 있는 이란 및 무슬림형제단을 중요하게 다룰 것이고, 무슬림형제단 및 무슬림형제단 연계 세력과 깊은 관계를 맺고 있는 터키나 카타르에 힘을 실어 줄 수 있다. 특히 무슬림형제단 연계 세력들은 국제적인 네트워크를 가지고 있으며, 아랍에미레이트, 바레인, 수단, 사우디 등에서 정치개혁을 요구하는 강력한 정부 반대파를 구성한다. 때문에 무슬림형제단 연계 세력들이 이스라엘과 관계 정상화를 추진한 아랍 정부들에 맞서 정치개혁 문제를 제기하면서 역내 정치적 불안정성이 심화될 수 있다. 이러한 불안정한 환경은 이스라엘의 역내 패권 강화에 더욱 유리하게 활용될 수 있다.

2. 아랍에미레이트와 이스라엘 정착촌 동맹

2021년 1월 24일, 이스라엘은 아부다비에 임시 대사관을 개소하고, 터키대사를 지낸 아이탄 나에(Eitan Na'eh)를 초대 아랍에미레이트 주재 이스라엘 외교사절단장으로 임명하였다. 2021년 2월 14일, 아랍에미레이트는 무함마드 마흐무드 알 카자(Mohammad Mahmoud Al Khajah)를 이스라엘 주재 초대 대사로 임명하였다.

2020년 10월 20일, 이스라엘-아랍에미레이트 관계 정상화 합의, 아브라함 협정 체결 이후 처음으로 아랍에미레이트 고위급 대표단이 이스라엘을 방문하였다. 이 날 공항 기념식에서 미국, 아랍에미레이트, 이스라엘은 중동 및 그 외의 지역 경제 협력과 번영을 위한 개발 계획을 위해 30억 달러의 민간 기금 조성을 목표로 하는 아브라함 기금(Abraham Fund) 설립을 발표했다. 아브라함 기금은 우선 팔레스타인인들의 이동을 통제하는 서안 소재 이스라엘 군대 검문소를 현대화하는데 사용될 것이며, 이 외에도 이스라엘 천연가스 탐사를 위한 투자자를 찾고 있다.

또 이번 아랍에미레이트 대표단 방문에서 양국의 유대를 강화하기 위하여 무비자 여행 및 매주 28편의 아랍에미레이트-텔아비브 항공편을 포함하는 항공운항협약을 비롯한 다양한 양자협정을 체결하였다.

같은 날, 이스라엘 주재 미국 대사관은 "미국, 이스라엘, 아랍에미레이트는 아브라함 협정을 실행하기 위한 아브라함 기금 설립을 발표하게 되어 자랑스럽다. 이 기금을 통해 미국 국제개발금융공사(US International Development Finance Corporation, DFC), 아랍에미레이트, 이스라엘은 30억 달러 이상의 민간주도 투자 개발 계획을 통해서 중동 및 그 외 지역의 지역 경협과 번영을 도모할 계획이다"라고 공식 홈페이지에 게시했다.

미국 국제개발금융공사의 애덤 뵈흘러(Adam Boehler) 대표는 미국, 이스라엘, 아랍에미레이트가 중동과 북아프리카 지역 경제 회복과 평화 강화를 위해 민간 투자로 아브라함 기금, 최소 30억 달러 규모의 투자 기금을 설립할 것이라고 밝혔다. 애덤 뵈흘러는 아랍에미레이트 대표단 도착 기념행사에서 아브라함 기금의 일부는 먼저 이스라엘이 운영하는 서안 소재 검문소를 현대화하는 데 사용될 것이라고 밝히면서 "아브라함 기금은 서안과 그 외 지역의 안정, 평화, 안보를 촉진하기 위한 투자에 우선순위를 둘 것이다. 우리는 이미 팔레스타인인들의 이동을 위하여 이스라엘이 운영하는 검문소를 개조하고 현대화하기 시작했다"라고 말했다.

이에 응답하여, 아랍에미레이트 국무장관 아흐메드 알리 알 세이예그(Ahmed Ali Al Sayegh)는 "이 기금은 그들의 종교나 정체성에 상관없이 사람들의 복지를 최우선으로 고려하는 세 국가의 열망을 반영한다. 이 구상은 가장 많은 지원을 필요로 하는 사람들의 삶을 개선시키는 동시에 이 지역의 경제적, 기술적 힘의 원천이 될 수 있다고 확신한다"라고 밝혔다.

서안에는 팔레스타인인들과 물품의 자유로운 이동을 방해하는 700개 이상의 이스라엘 검문소가 있다. 이 기금 설립자들은 검문소를 현대화함으로써 팔레스타인인들의 이동을 수월하게 만들 것이라고 주장하지만, 사실은 이스라엘의 점령을 영구화하는데 활용될 것이다. 국제법상으로 이스라엘과 같은 호전적인 군사 점령은 일시적인 것이어야 한다. 이스라엘의 점령은 1967년 이후 이미 50년 이상 지속되었다. 현대식 검문소는 인종차별적인 점령정책을 더욱 심화하고, 영구화하려는 시도로 국제법을 명백히 위반하는 것이다.

결국 아브라함 기금을 통해서 아랍에미레이트 등 걸프 아랍 국가들은 이스라엘의 팔레스타인 점령 정책을 강화하는데 크게 기여하게 될 것이다. 이스라엘은 검문소를 활용하여 팔레스타인인들을 서안의 특정 지역들, 특히 명목상 팔레스타인 자치정부가 통제하는 지역으로 몰아넣고, 그 외 지역으로의 진입을 저지한다. 이 과정에서 검문소는 팔레스타인인들이 서안의 가장 비옥한 땅과 풍부한 상수원 접근하는 것을 금지한다. 이러한 지역에서 이스라엘은 정착촌을 건설하고 확장한다. 이스라엘이 검문소를 통해 팔레스타인인들의 이동을 통제함으로써 얻는 어떠한 것도 팔레스타인들에게는 손실이고 정착민들에게는 이익이다. 현대화된 검문소는 분명히 이스라엘과 정착민들이 원하는 곳에 팔레스타인인들을 수용하는데 훨씬 더 효율적일 것이다. 아브라함 기금은 검문소 현대화로 이스라엘이 팔레스타인 주민을 통제하고 억류하는 기술을 더욱 정교하게 만드는데 도움을 줄 것이다. 아랍에미레이트는 이스라엘과 협력함으로써 팔레스타인인들을 탄압하는 이스라엘 정책 및 정착민들과 적극적으로 협력한다.

게다가 트럼프 행정부는 이스라엘과 아랍의 평화를 증진시키기 위한 아브라함 기금을 이끌 첫 지도자로 극우 랍비 아례 라이트스톤(Aryeh Lightstone)을 선정했다. 라이트스톤은 2018년 5월 미국 대사관을 텔아비브에서 예루살렘으로 옮기는 일을 적극 추진한 이스라엘 주재 미국 대사 데이비드 프리드먼(David Friedman)의 선임 고문이며, 정착촌과 강력한 유대관계를 맺고 있다.

2020년 11월 8~12일, 사마리아 정착촌 위원회(Samaria Regional Council, 이스라엘은 북부 서안을 사마리아로 지칭한다) 대표 요시 다간(Yossi Dagan)이 이끄는 정착촌 대표단이 이스라엘 정착촌에서 생산되는 물품 생산과 판매 협력을 촉진시키기 위하여 두바이를 방문하였다. 11월 10일 사마리아 정착촌 위원회는 성명을 내고, "대표단이 농업, 해충 방제, 플라스틱 및 담수화 사업 분야에서 일하는 20여 명의 개인과 기업들과 마라톤 비즈니스 미팅을 가졌다"라고 밝혔다.

이 방문 기간 동안, 두바이 유통회사인 팜 홀딩(FAM Holding) 사무실에서 열린 환영식에서 요시 다간은 "오늘 아침 우리는 역사를 만들고 있다. 우리는 사마리아와 최고 기업인 팜 홀딩 사이에 새로운 경제의 장을 열고 있다. 나는 매우 흥분되고 행복하다. 사마리아는 모든 분야에서, 그리고 수출과 사업 발전에서도 선두를 이끌기 위해 노력하고 있다. 사마리아는 인구통계학적으로 가장 빠르게 성장하는 지역 중 하나이며 경제적으로도 발전하고 있다. 이 합의들은 사마리아와 두바이 그리고 아랍에미레이트와 이스라엘 사이의 경제 협력을 강화시킬 것이다. 우리는 언제나 가족처럼 개인적이고 사업적인 차원에서 친구가 되기를 바란다"라고 밝혔다.

이에 답하여 팜 홀딩 대표 파이살 알리 무사(Faisal Ali Mousa)는 "여러분들을 이 자리에 모시게 되어 매우 기쁘다. 이것은 상상하지도 꿈도 꿀 수 없었던 상황이다. 이것은 오늘날 우리가 도달한 매우 큰 목표다. 우리는 아랍에미레이트와 이스라엘뿐만 아니라 전 세계에 우리가 진정한 사업가임을 알리고 있다. 우리는 진짜 형제고, 진정한 친구다. 우리는 함께 사업을 할 것이고 평화롭게 살기를 원한다. 나는 우리를 위해 문을 열어준 요시 다간에게 감사한다"라고 확고한 연대를 표시하였다.

반면 2020년 11월 12일, 사마리아 정착촌 위원회와 아랍에미레이트 협력에 관하여 팔레스타인 자치정부 수반의 보좌관인 나빌 샤스(Nabil Shaath)는 "우리 땅에 있는 이스라엘 정착촌과 아랍국가의 협력을 목격하는 것은 고통스럽다. 이스라엘 정착촌은 팔레스타인 국민에 대한 최악의 명백한 공격 중 하나다"고 주장했다.

2020년 12월 7일, 사마리아 정착촌 위원회는 와인, 타히니, 올리브 오일, 꿀을 생산하는 이스라엘 정착촌 기업들이 팜 홀딩과 아랍에미레이트로 이스라엘 정착촌에서 생산한 제품을 수출하는 계약을 체결했다고 발표했다. 이로써 이스라엘 정착촌 제품의 아랍에미레이트로 수출이 시작되었다.

팔레스타인인들은 서안 소재 이스라엘 정착촌을 평화에 대한 주요한 장애물이며, 국제법 위반으로 간주한다. 결국 아랍에미레이트는 팔레스타인인들의 토지소유권을 박탈하는 불법적인 유대 정착민들과 공조체계를 구축함으로써 팔레스타인인들의 영토주권을 박탈하는데 공식적으로 직접 가담하고 있다. 이렇게 아랍에미레이트는 팔레스타인인들의 인권을 무참하게 짓밟는 점령세력 이스라엘에게 적극적인 협조를 하고 있다.

2020년 11월 11일, 아랍에미레이트 부총리 겸 내무장관 사이프 빈 자이드 알 나흐얀(Saif bin Zayed Al Nahyan)과 이스라엘 공안부장관 아미르 오하나(Amir Ohana)가 화상회의를 개최하고 공동팀을 구성하여 범죄 예방 프로그램, 안전 서비스를 구축하기로 합의하였다. 11월 19일, 아부다비에서 요르단왕 압둘라와 바레인왕은 아부다비 왕세제 무함마드 빈 자이드와 회담을 하였다. 이 중요하고 전례 없는 회의들은 이스라엘을 중심축으로 한 중동의 지각변동을 의미한다.

2020년 11월 4일, 두바이에 본사를 둔 플라이두바이 항공사(Flydubai)는, 아랍에미레이트와 이스라엘 사이에 11월 26일부터 직항 운항을 시작하여, 매일 2회, 일주일에 14회 두바이와 텔아비브를 운항할 것이라고 발표하였다(Al Arabia 2020, Nov. 4). 11월 8일, 플라이두바이는 이스라엘 관광객을 태우고 아랍에미레이트에 처음으로 착륙하였다.

2020년 11월 16일, 아랍에미레이트의 에티하드 항공은 이스라엘 방문을 선동하는 비디오 광고에서 예루살렘의 알 아크사 모스크를 대체하는 유대교 제 2성전을 내보냈다. 유대교 제 2성전은 서기 70년 로마제국에 의해서 파괴된 것으로 알려졌다. 에티하드 항공의 유대교 제 2성전 광고는 예루살렘 알 아크사 모스크 복합단지를 유대교 제 3성전으로 대체시키려는 이스라엘의 의도를 따르는 것으로, 아브라함 협정의 목표를 명백히 드러내는 것이다. 이는 팔레스타인인들의 심장에 비수를 꽂는 행위다. 에티하드 항공은 2021년 3월 28일부터 매일 아부다비-텔아비브 직항 노선을 운행하기로 공식 발표했다.

2020년 11월 7일, 아랍에미레이트는 개인의 자유를 확장하기 위하여 이슬람 율법 완화하겠다고 발표하였다. 이것은 이스라엘 관광객과 투자가 유입될 것으로 예상되는 아랍에미레이트와 이스라엘의 관계를 정상화에 따른 발표다.

이스라엘-아랍에미레이트 관계 정상화이후, 글로벌 네트워크를 운영하는 이스라엘의 조직 폭력배 집단들이 아랍에미레이트로 들어오면서 큰 골칫거리로 등장했다. 이스라엘과 아랍에미레이트 양국은 이들에 대처하기 위하여 협력하고 있는 것으로 알려졌다. 2020년부터 이스라엘 범죄 집단 우두머리들이 사업가 행세를 하며, 아랍에미레이트에서 활동하기 시작했다. 이스라엘의 가장 큰 폭력 조직들 중 중동에서 라틴아메리카에 이르는 글로벌네트워크를 운영하는 차야 가문(Chaya families)과 아랍계 이스라엘인 하리리 가문(Hariri family)이 아랍에미레이트에서 세력 확장을 하고 있는 것으로 알려졌다. 이들은 수천만 달러의 거래를 성사시키기 위해 대리인들을 활용하거나 직접 아랍에미레이트에서 활동한다. 이 범죄자들은 두바이의 부동산과 코카인 마약거래와 돈세탁에 관여하면서 그것을 은폐하기 위해 음식과 호텔 사업에 투자했다. 이스라엘 경찰이 아랍에미레이트에서 범죄 조직 활동에 대한 정보를 수집하고 있으며 두바이에서 수억 달러를 세탁한 것으로 추정된다. 범인이 마약 밀매를 하다가 두바이에서 붙잡히면 사형이 선고되지 않을 경우, 감옥에서 오랜 시간을 보낼 수도 있다.

2021년 9월 23일, 텔레그래프 보도에 따르면, 이스라엘은 이스라엘인이 운영하는 범죄 조직을 단속하기 위한 노력의 일환으로 두바이 이스라엘 영사관에 상설로 이스라엘 경찰부서를 설치할 것이다. 2021년 3월, 당시 이스라엘 공안부장관 아미르 오하나(Public Security Minister, Amir Ohana)는 이스라엘 경찰이 이스라엘로 몰려드는 '원하지 않는 손님들'을 제거하도록 아랍에미레이트를 도울 계획이라고 말했다.

아랍에미레이트는 2017년, 2018년, 2019년 미국, 이스라엘 등과 함께 그리스에서 실시된 연합 공군 군사 훈련을 진행했고, 리비아 내전에서도 이스라엘과 함께 리비아 동부 지역 군벌을 지원하면서 이스라엘과 매우 적극적인 협력관계를 유지함으로써, 사우디아라비아를 넘어서 아랍국가들을 이끄는 역내 리더로 부상하고 있는 듯하다.

3. 바레인: 이스라엘 정착촌 제품들의 통관 허브

2021년 6월 29일, 이스라엘 주재 바레인 대사 칼리드 유세프 알 잘라흐마(Khaled Yousif Al Jalahma)가 하마드 국왕(Hamad bin Isa Al Khalifa)에게 임명 선서를 하였다. 2021년 9월 2일, 이스라엘은 바레인 주재 초대 이스라엘 대사에 아이탄 나에를 임명하였다. 아이탄 나에는 1월부터 8개월 동안 아랍에미레이트 주재 이스라엘 외교사절 단장을 맡고 있다. 그는 바레인 주재 대사로 임명됨으로써, 아랍에미레이트와 바레인 외교 업무를 겸직하게 되었다.

2020년 12월 3일, 이스라엘 방문 중인 바레인 산업상업관광 장관 자이드 빈 라시드 알 자야니(Zayed bin Rashid Al-Zayani)는 이스라엘 기자들과의 회견에서 "바레인은 이스라엘 제품과 정착촌 제품을 구별하지 않을 것이다. 이스라엘이 제공하는 모든 상품과 서비스는 이스라엘의 상품으로 취급될 것이다. 서안과 골란고원 소재 이스라엘 정착촌에서 나온 상품들조차도 특별 라벨을 요구하지 않을 것이다. 우리는 이스라엘과 함께 새로운 장을 시작했다"라고 밝혔다.

이러한 바레인의 정책은 유럽연합의 정책과 충돌하는 것이다. 2019년 11월 12일, 유럽연합 사법 재판소(European Court of Justice, ECJ)는 "회원국들이 소매상들에게 이스라엘 정착촌에서 만들어진 제품을 특별 상표로 이스라엘 제품들과 구별하도록 의무화해야 하며, 'Made in Israel'로 표기해서는 안 된다"라고 판결했다.

이러한 상황에서 이스라엘 정착촌 제품들은 바레인을 경유해서 유럽 등 다른 국가들로 팔려나갈 수 있다. 따라서 바레인은 이스라엘 정착촌 제품들의 통관을 위한 허브로서 역할 할 수 있을 것이다.

2020년 11월 18일, 바레인 외무장관 압둘라티프 라시드 알 자야니(Abdullatif bin Rashid Al Zayani)는 바레인 공식 대표단을 이끌고 이스라엘을 방문하였다. 알 자야니는 최초의 텔아비브 행 걸프 에어(Gulf Air)의 바레인-이스라엘 간 직항 노선을 이용하면서, 이스라엘을 공식 방문한 최초의 걸프국가 장관이 되었다. 바레인의 국영 BNA 통신은 이번 방문이 "평화 프로세스 지원에 찬성하는 바레인의 강력하고 영구적인 입장을 확인시켜 줄 것이며, 이스라엘과의 경제적 기회와 양자간 합의에 초점을 맞출 것"이라고 전했다.

같은 날, 알 자야니의 초청으로 이스라엘 외무장관 가비 아쉬케나지(Gabi Ashkenazi)는 국제전략문제연구소(The International Institute for Strategic Studies) 주최로 12월 4일부터 6일까지 열리는 역내 장관급 회담인 2020 마나마 대화(2020 Manama Dialogue)에 참석하기로 합의했다. 아쉬케나지는 "오늘부터 시작된 건설적인 대화를 계속하기 위해 마나마에 곧 갈 것이며, 양 측 지도자들 간의 대화를 촉진할 것을 약속한다"라고 말했다. 아쉬케나지는 자신의 트위터에 "바레인이 이스라엘에 대사관을 개소하고, 마나마에 이스라엘 대사관을 개소하기로 합의한 것에 감사한다"라고 밝혔다.

걸프지역과의 관계를 다루어온 이스라엘 외교관은 "우리의 아랍에미레이트, 바레인과의 관계에는 엄청난 경제적 잠재력이 있다. 외무부의 많은 사람들은 15년 이상 동안 이러한 유대관계를 형성하기 위해 노력해왔고, 이제 이들이 마침내 그것들을 공개적으로 말할 수 있다는 것을 이해할 수 있게 되었다. 이번 바레인 외무장관의 방문은 이러한 노력의 정점이며, 당연한 것으로 받아들여져서는 안 된다"라고 덧붙였다(AHREN, RAPHAEL 2020, Nov. 18). 2020년 9월 23일, 이스라엘의 첫 직항 상업비행으로 이스라에어 항공(Israir Airlines)이 바레인에 착륙하였다.

결국 바레인은 이스라엘과 비공식적으로 유지해오던 관계를 공식화하면서, 정치 경제적인 변화의 계기를 맞이한 것으로 보인다. 그동안 바레인은 정치, 경제적으로 사우디의 그늘에 묻혀있었다. 이번에 이스라엘과의 관계정상화로 바레인이 사우디의 그늘에서 벗어날 가능성도 있다.

4. 사우디의 복잡한 셈법

2021년 5월 28일, 브루스 리델(Bruce Riedel)이 내놓은 브루킹스 보고서에 따르면, 사우디아라비아와 아랍에미레이트 모두 예멘의 동부 지역과 섬들에서 전략적 입지를 공고히 하기 위해 노력하고 있다. 2017년 11월 중순 이후, 사우디는 사우디 및 오만과 국경을 접하고 있는 마흐라(Al-Mahrah) 지역을 점령함으로써, 인도양에 직접 접근할 수 있게 되었고, 사우디 동부지역으로부터 마흐라를 경유하여 인도양으로 가는 송유관을 건설할 계획이어서, 석유 수출에서 호르무즈 해협에 대한 의존을 줄임으로써 이란의 잠재적인 위협을 피할 수 있다.

반면 아랍에미레이트는 예멘의 서부에 위치한 전략적 섬들에 집중하고 있다. 특히 아랍에미레이트는 홍해와 아덴만을 연결하는 바브 엘만데브 해협(Bab El-Mandeb)에 위치한 마윤 섬(Mayun)과 아덴만에 위치한 소코트라 섬(Socotra)를 점령하고 있으며, 바브 엘만데브(Bab El-Mandeb)와 아덴만을 통제하는 동시에 해상교통에 대한 정보를 수집하는 공군기지를 마윤 섬에 건설하여 운영하고 있다.

2021년 5월 31일, 아랍에미레이트가 이스라엘 관광객들을 불법으로 소코트라로 이송했다는 보도가 나오자, 후티가 주도하는 구국 정부(National Salvation Government, NSG)는 국제법 위반했다고 아랍에미레이트를 비난하면서, "이스라엘 관광객들의 소코트라 섬으로의 이동은 예멘의 섬들을 지배하려는 시온주의자들의 계획과 일치하는 아랍에미레이트 점령 계획을 드러낸다"라고 주장하는 성명을 발표했다. 아랍에미레이트는 국제적으로 인정받는 예멘의 하디정부 및 예멘 당국의 허가 없이 직항편과 비자 발급 등 관광을 운영해왔다. 이러한 행위는 불법이며 예멘의 주권을 침해하는 것이다. 최근 이스라엘과 아랍에미레이트 사이의 아브라함 협정의 일환으로 소코트라를 방문한 이스라엘 관광객들에 대한 언론 보도가 있었다. 수천 명의 이스라엘인들이 두바이와 아부다비를 방문했고, 일부는 소코트라 섬으로 가는 주간 비행편을 이용하였다. 아베드 랍보 만수르 하디(Abed Rabbo Mansour Hadi) 예멘 대통령은 이 관광에 항의하며 예멘의 주권을 회복할 것을 요구했지만 아부다비는 하디 대통령의 항의를 실효성이 없다고 일축했다.

2021년 9월 20일, 2018년부터 예멘 소코트라(Socotra)에 주둔하고 있는 사우디군(the Saudi 808th Duty Brigade)은 아부다비 주재 예멘 대사관과 협의가 되지 않아 소코트라 공항으로 향하던 아랍에미레이트 항공편을 취소했다. 그런데 아랍에미레이트는 예멘 정부와의 협조 없이 정기적으로 많은 관광객과 외국 언론 전문가들을 소코트라로 데려온다. 아랍에미레이트가 소코트라로 오는 외국관광을 통제하고 있고, 소코트라를 방문하려는 외국관광객은 아부다비를 경유해야한다. 이스라엘과 외국인 관광객들은 예멘 정부의 허가 없이 아부다비가 허가한 비자를 받은 후 소코트라에 도착한다. 2020년 6월부터 아랍에미레이트가 지원하는 남부과도위원회(Southern Transitional Council, STC) 민병대가 소코트라에 대한 완전한 통제권을 행사해 왔다.

사우디의 셈법은 아랍에미레이트나 바레인보다 훨씬 더 복잡하다. 사우디는 이스라엘-아랍국가들과의 관계정상화로 아랍 리더국가로서의 자리를 잃어가고 있는 듯하다. 게다가 사우디의 국내 상항은 다른 걸프 국가들보다 상대적으로 훨씬 더 복잡하다. 특히 이것은 왕권 승계 문제 및 입헌 군주제로의 정치 개혁을 요구하는 무슬림형제단관 연계된 세력을 비롯한 사우디의 정부 반대파들의 활동을 포함한다.

2020년 11월, 미국 대통령 선거에서 민주당 후보 바이든이 당선된 후, 트럼프 대통령과 돈독한 관계를 유지해 온 사우디 정부는 무엇인가 입장 변화를 내 놓아야할 것으로 보인다.

이러한 상황에서 2020년 12월 8일, 살만 국왕이 주재한 각료회의 결과 발표한 성명은 팔레스타인의 대의를 근본적인 아랍 문제이며, 사우디 정부의 최우선의 외교 정책이라고 다음과 같이 밝혔다. "사우디는 국제법과 결의에 따라 2002년 아랍 평화안(Arab Peace Initiative)을 준수하고, 평화를 위한 전략적 선택을 지지한다. 팔레스타인인들과의 연대의 날을 맞이하여, 팔레스타인 땅에서 이스라엘 정착촌 건설은 중단되어야한다. 이스라엘 정착촌은 명백한 국제법 위반이며, 영구적이고 포괄적인 평화 달성에 장애물이다." 이 성명은 아랍에미레이트와 바레인이 현재 추진하는 이스라엘 정착촌 동맹 정책 충돌하는 것이다.

아랍 평화안은 2002년 3월 27일 베이루트에서 개최된 아랍연맹 정상회담에서 당시 사우디 왕세제였던 압둘라가 제안하고, 아랍연맹이 승인한 것으로 "시리아 골란고원을 포함한 이스라엘이 점령한 모든 아랍영토로부터 1967년 6월 4일 경계로 완전히 철수하고, 여전히 점령하고 있는 남부 레바논으로부터 완전히 철수할 것, 유엔총회결의 194호에 따라 팔레스타인 난민 문제를 공정하게 해결할 것, 1967년 6월 4일 이후 점령한 서안과 가자에서 동예루살렘을 수도로 주권을 가진 팔레스타인 독립 국가를 수용할 것, 그 대가로 아랍 국가들은 이스라엘과 평화 협정을 체결하고, 포괄적인 평화의 틀 내에서 이스라엘-아랍국가 관계정상화를 수립한다"라고 규정한다.

이 아랍연맹회의에 22개국 중 사우디 왕세제 압둘라를 비롯한 10개국 수뇌들만이 참석했고, 이집트 대통령 무바라크와 요르단 왕 압둘라, 팔레스타인 자치정부 수반 야세르 아라파트는 참석하지 않았다. 이집트와 요르단은 이미 1979년, 1994년에 각각 이스라엘과 평화협정, 국경획정협정을 체결하여 가자와 서안을 이스라엘의 영토로 인정함으로써, 이 아랍 평화안을 적극 수용하기가 어려웠을 것이다. 아리엘 샤론 이스라엘 정부는 아라파트가 이 아랍연맹회의 참가하는 것을 불허했다.

아랍연맹은 2002년 아랍 평화안을 2007년 3월 24일 리야드에서 개최된 아랍연맹 정상회담, 2017년 3월 23~29일 암만에서 개최된 아랍연맹 정상회담에서 재승인하였다.

2020년 11월 21일, 사우디외무장관 파이잘 빈 파르한 알 사우드(Faisal bin Farhan Al Saud) 왕자는 로이터통신과의 인터뷰에서 "리야드는 이스라엘과의 완전한 정상화를 지지하지만, 우선 팔레스타인인들에게 위엄을 갖춘 팔레스타인 국가를 보장하는 영구적이고 완전한 평화협정이 승인되어야 한다"라고 말했다.

2020년 12월 5일, 파이잘 외무 장관은 이스라엘과 사우디의 관계정상화의 전제 조건은 팔레스타인 국가 지위확보라고 다음과 같이 밝혔다. "우리는 이스라엘과의 완전한 정상화에 항상 열려있으며 이스라엘이 이 지역에서 위치를 확보할 것으로 생각한다. 이를 실현하기 위해서는 팔레스타인이 그들의 국가를 가져야 하고 우리는 이 상황을 해결해야 한다."

2020년 12월 6일, 이스라엘 외무장관이 원격으로 참석한 바레인 안보정상회의(Bahrain security summit)에서 정보부장(1979~2001)과 주미대사(2005~2007)를 지낸 사우디 왕자 투르키 알 파이잘(Turki Al Faisal)은 이스라엘을 중동에 남은 마지막 서구 식민 지배 세력이라고 다음과 같이 비난하고 나섰다. "이스라엘은 하마스를 테러 조직으로 규정하고, 하마스와의 전쟁을 선언하였으며, 사우디아라비아와 친구가 되고 싶어 한다. 이스라엘은 중동에서 마지막 남은 서구 식민지 지배 세력'이다"라고 이스라엘을 공격하는 발언을 했다. 이러한 투르키 왕자의 발언은 이스라엘 언론이 네타냐후와 왕세자 무함마드 빈 살만이 네옴 신도시에서 회동한 사실을 폭로한 이후, 사우디 당국 내에서 원성이 확산된 가운데 나왔다. 투르키 왕자의 발언은 네타냐후에게 사우디 왕국을 경시하지 말 것을 요구하는 것이었다.

그러나 2014년 5월 26일, 투르키 왕자는 이스라엘군 정보부장(1970~2010)을 지낸 아모스 야들린을 만난 자리에서, "아랍인들은 이미 루비콘 강을 건넜고, 더 이상 이스라엘인들과 싸우기를 원하지 않는다. 이스라엘은 핵무기, 미사일, 잠수함을 갖고 있다. 아랍인들은 미치지 않았다. 아랍인들은 이스라엘과 전쟁이 아니라 평화를 추구한다"라고 주장하면서 이스라엘의 힘과 우호적인 관계 수립을 강조했다.

사실, 사우디 실권자 무함마드 빌살만 왕자가 2017년 왕세자 취임이후, 이스라엘과 긴밀하게 협력해왔다는 것은 널리 알려진 사실이다. 사우디의 국내외 상황을 고려할 때. 사우디 정부는 이스라엘과의 국교정상화를 조심스럽게 추진하려는 것으로 보인다.

게다가 2020년 11월 19일, 예멘에서 아랍에미레이트-사우디 관계가 위험에 처한 것으로 알려졌다. 아랍에미레이트 보고서는 "아랍에미레이트 외교부가 예멘에서 사우디와 협력관계가 위기에 처한 것으로 추정하고 이해충돌이 양 측에게 적대적 환경을 조성할 수 있다고 경고하였다"라고 밝혔다. 아랍에미레이트의 후원을 받는 예멘 남부과도 위원회(Southern Transitional Council)가 하디정부와의 교착상태에 빠진 리야드 합의 협상을 중단하였다. 예멘 남부과도 위원회 대표단은 사우디에 망명해 있는 예멘 하디 정부가 합의 이행을 방해하고 새 정부 구성을 지연시키고 있다며 사우디에게 리야드 합의 협상 중단 의사를 공식 통보했다. 이와 같이 아랍에미레이트와 사우디 관계는 역내에서 경쟁과 협력 관계이다.

아랍에미레이트는 2017년, 2018년, 2019년 미국, 이스라엘 등과 함께 그리스에서 실시된 연합 공군 군사 훈련을 진행했고, 리비아 내전에서도 이스라엘과 함께 리비아 동부 지역 군벌을 지원하면서 이스라엘과 매우 적극적인 협력관계를 유지한다. 이와 같은 역내 정치 변동에서 아랍에미레이트가 사우디를 넘어서 아랍권의 리더 국가로 부상할 가능성도 있다.

2020년 11월 22일, 사우디외무장관 파이잘은 터키와의 관계가 좋고 원만하며, 카타르와도 분쟁 해결을 추구하고 있다고 주장했다. 이로써 최근 사우디는 터키뿐만 아니라 카타르와도 관계 개선 노력을 하고 있다. 이는 바이든 당선에 따른 터키와 카타르의 부상 및 무슬림형제단 연계 세력 부상 등 중동의 정세 변화를 염두에 둔 사우디의 선제적인 역내 정책 변화로 보인다.

2020년 11월 22일, 이스라엘 총리 네타냐후가 사우디의 네옴 신도시(Neom city)를 방문하여 무함마드 빈 살만 왕세자를 만난 것으로 알려졌다. 그러나 이스라엘-사우디의 국교 정상화는 무슬림형제단 연계세력인 사우디 국내 반대파들의 급격한 부상을 불러일으켜 정권의 위기를 초래할 수도 있다. 사우디가 추진하는 무슬림형제단 연계세력 후원 국가들인 터키와 카타르와의 관계 개선 노력은 이러한 사우디 국내 상황과도 맞물려 있다.

이러한 이유로 사우디는 조용히 이스라엘을 지원하고 있다. 2020년 11월 30일, 사우디는 이스라엘 항공기가 사우디 영공을 비행할 수 있도록 공식 승인했다고 발표했다. 이로써 마침내 이스라엘 항공기가 동부로 가는 노선을 획기적으로 단축하여 두바이로 가는 직항편을 제공할 수 있게 됐다.

팔레스타인 정책조사연구센터가 2021년 9월 15일부터 18일까지 서안과 가자지구에서 실시한 최근 여론조사의 결과에 따르면, 45%의 팔레스타인인들은 하마스가 자신들을 이끌어야 한다고 생각하는 반면 19%만이 압바스의 세속적인 파타가 그러한 역할을 할 자격이 있다고 답했다. 거의 80%는 압바스 수반의 퇴진을 요구했다. 압바스 수반 퇴진 요구는 2018년보다 20% 정도 증가한 수치다.

팔레스타인 정책조사연구센터 여론조사에 앞서 2021년 6월 24일 정치 활동가인 니자르 바나트(Nizar Banat)가 팔레스타인 보안국에 의해 체포되고 심하게 구타당한 직후 사망했고, 바나트 사망에 대한 책임자 처벌을 요구하는 광범위한 시위 발생했다. 2021년 9월 6일 이스라엘의 길보아 감옥에서 6명의 팔레스타인

죄수들의 탈출하였다. 2021년 5월 하마스와 이스라엘의 무력 충돌 이후 이집트가 중재하는 하마스와 이스라엘 협상 및 가자 재건 논의 중이었다(Al Jazeer 2021, May. 31). 2021년 8월 29일, 위기에 몰린 팔레스타인 자치정부를 유지시키기 위한 압바스 수반과 이스라엘 국방장관 베니 간츠의 라말라 회담 등이 이루어졌다. 지난번 이스라엘-팔레스타인 고위급 회담은 2010년 네타냐후 총리의 2번째 임기가 시작되면서 있었고, 이후 10년 이상 중단되었다.

X. 이스라엘-아랍에미레이트 연결고리, 다흘란은 누구인가

최근 이스라엘이 아랍에미레이트와 협력하여 중동 역내에서 영향력을 확대 강화하고 있다. 2021년 6월과 7월에 아부다비와 텔아비브에 이스라엘 대사관과 아랍에미레이트 대사관을 각각 개소하는 등, 양측은 협력을 강화하고 있다.

이러한 정책을 추진하는 아랍에미레이트 실권자는 아부다비 왕세제 무함마드 빈 자이드이고, 이 왕세제의 역내 정책에 중요한 영향을 끼치는 인물은 그의 특별 고문 무함마드 다흘란이다. 다흘란은 이스라엘 정부와 무함마드 빈 자이드 사이의 중요한 연결고리로 알려져 있다.

역내 정치에 정통한 팔레스타인 시인 자카리아 무함마드는 "다흘란은 과거에는 이스라엘의 대리인이었고, 현재는 아랍에미레이트의 대리인이며, 아랍에미레이트가 역내 정책을 실행하기 위하여 사용하는 도구일 뿐"이라고 주장한다.

현재 이스라엘과 아랍에미레이트가 역내 영향력 강화 정책에서 다흘란을 정책 도구로 활용하지만, 사실은 다흘란 자신도 정치적 목적을 위해서 이스라엘과 아랍에미레이트를 활용하는 것으로 보인다. 3자의 이해관계가 맞아 떨어지는 것이다. 이러한 점에서 다흘란을 이해하는 것은 현재 중동 역내 정치를 이해하는 중요한 실마리를 제공할 것이다.

1. 아브라함 협정의 설계자

2020년 9월 15일 체결한 아브라함 협정을 비롯한 아랍에미레이트-이스라엘의 협력 강화 정책은 아랍에미레이트 국가 이익을 넘어서 이스라엘이 기획한 역내 정책 일부이며, 이스라엘의 역내 영향력을 강화하는데 기여할 것으로 보인다. 2021년 6월 13일 출범한 이스라엘의 나프탈리 베네트 정부는 전임 네타냐후 정부의 업적인 아브라함 협정을 실행시킬 뿐만 아니라, 역내 국가들로 확장 발전시키려고 시도한다. 이제 역내 정치의 장에서 아랍 대의 혹은 이슬람 대의라는 외견상 존재했던 통합을 위한 정치적 명분은 거의 사라진 것 같다.

2021년 7월 14일 이스라엘 대통령 이삭 헤르조그(Isaac Herzog)와 이스라엘 주재 아랍에미레이트 대사 무함마드 알 카자(Mohamed Al Khaja)가 참석한 가운데, 아랍에미레이트는 텔아비브에 대사관을 개소하였다. 여기서 헤르조그 대통령은 아브라함 협정 체결에 대해 전임 총리 네타냐후와 아부다비 왕세제 무함마드 빈 자이드에게 감사를 표했고, 곧 더 많은 역내 평화협정을 이끌어낼 것이라고 밝혔다.

이에 답하여 알 카자 대사는 텔아비브 소재 대사관 개소는 아브라함 협정의 비전을 보여주는 중요한 이정표라며 양국 간 협력을 강조했다. 그는 대사관 개소는 시작에 불과하며, 병원과 대학 간 협력, 무역회담, 투자 등 아브라함 협정을 현실로 만들기 위해 계속 노력할 것이라고 강조했다.

이에 앞서 2021년 6월 29일 이스라엘 외무장관 야이르 라피드(Yair Lapid)는 아부다비 소재 이스라엘 대사관 개소식에 참가하기 위하여 아랍에미레이트를 방문하였다. 이는 아브라함 협정에 명기한 '대사관 설립 및 항공분야 협력 확대'를 실행하기 위한 것이다. 라피드를 태운 이스라엘의 엘 알 비행기는 이스라엘과 평화협정을 맺고 있는 요르단과 공식적인 관계를 수립하지 않은 사우디아라비아 영공을 통과했다. 한 걸음 더 나아가 7월 1일 이스라엘과 아랍에미레이트는 국적 항공사, 엘 알 항공사와 에티하드 항공사 공동운항 네트워크를 출범시켰다. 7월 18일부터 이 두 항공사는 공동 항공권 예약 서비스를 제공한다. 라피드 외무장관은 본인의 아랍에미레이트 방문은 다른 중동 국가들과의 평화의 길로 가는 시작에 불과하다고 주장하면서, 다른 아랍 국가들로 협력을 확대하겠다는 뜻을 피력하였다.

2021년 5월 10일부터 20일까지 11일 동안 계속된 이스라엘/하마스 간에 무력 충돌로 256명의 팔레스타인인들과 12명의 이스라엘인들이 사망하였다. 이 사건은 요르단 및 사우디 등 주변 아랍 국가들과 이스라엘 관계에 별 다른 영향을 주지 않았으며, 아랍에미레이트-이스라엘 관계는 오히려 강화되는 추세다. 놀랍게도 이렇게 아랍에미레이트-이스라엘의 관계 발전을 진척시키는 주요한 인물은 팔레스타인 자치정부 관료였던 무함마드 다흘란이다. 다흘란은 2011년 팔레스타인 자치정부로부터 추방당한 이후, 아부다비에서 망명생활을 하면서, 아랍에미레이트 정책을 실질적으로 이끄는 아부다비 왕세제 무함마드 빈 자이드의 특별고문으로서 아랍에미레이트-이스라엘이 아브라함 협정을 설계하는 과정에서 중요한 역할을 한 것으로 알려졌다.

팔레스타인 협상단 대표이자 총리 권한대행을 역임한 나빌 샤스는 알 칼리지 온라인(Al-Khaleej Online)과 인터뷰에서 "다흘란이 아브라함 협정을 설계하는데 중요한 역할을 했고, 조국의 이익에 반하는 행동을 했다"라고 비난했다. 라말라 소재 팔레스타인 보안국 대변인 아드난 알 두마이리는 프랑스24(France24)와의 인터뷰에서 "다흘란이 아랍에미레이트-이스라엘 국교 정상화의 공범이자 후원자라고 확신한다"라고 밝혔다.

팔레스타인 거리 시위에서도 다흘란은 아랍에미레이트-이스라엘 협정의 막후 설계자로 지목되어 배신자로 낙인찍혔다. 2020년 8월 13일 아브라함 협상 합의가 발표되자, 그 다음 날 팔레스타인 서안에서 거리 시위대는 도널드 트럼프, 무함마드 빈 자이드, 베냐민 네타냐후 초상화와 함께 무함마드 다흘란 초상화를 짓밟고 불태웠다.

팔레스타인인들이 보기에 다흘란이 개입한 아브라함 협정은 팔레스타인의 대의를 무시하고, 이스라엘과 아랍에미레이트의 정치 경제적인 영향력을 강화시키기 위한 것이다. 뿐만 아니라 다흘란은 아부다비 왕세제 무함마드 빈 자이드를 도와 터키, 이집트, 리비아, 예멘 등 중동 역내 정치 문제에 적극 개입하면서, 팔레스타인 정치 복귀를 노리고 있다. 팔레스타인 수반 압바스는 '아브라함 협정은 자신을 수반 자리에서 축출하고, 팔레스타인 자치정부에 해를 끼치려는 다흘란의 음모'라고 비난한다. 팔레스타인 시인 자카리아 무함마드의 주장처럼, 다흘란을 이스라엘과 아랍에미레이트가 역내 정책을 실행하기 위하여 활용하는 도구라고 이해하는 팔레스타인 지식인들이 많이 있다.

2. 역내 문제에서 아랍에미레이트의 대리인

아랍에미레이트는 국내외에서 확고하게 反무슬림형제단 정책을 견지한다. 2011년 아랍 민중봉기 이후, 아부다비는 무슬림형제단에 맞서기 위하여 이집트와 리비아에 상당한 재원을 투자하고 있으며, 자국내에서 정치개혁을 요구하는 무슬림형제단 분파인 알 이슬라흐를 강력하게 탄압한다. 이렇게 아부다비가 주도하는 아랍에미레이트의 정책은 역내 무슬림형제단 연계 세력을 약화시키는 것과 연동되었다. 2011년 이후 아랍에미레이트는 역내 영향력을 강화하기 위하여 이집트, 터키, 리비아, 예멘 등에서 다흘란을 대리인으로 활용해왔다. 다흘란이 아랍에미레이트 정책의 도구로 역내 정치에 적극 개입하는 최종적인 목표는 팔레스타인 정치로의 복귀로 보인다.

터키 국영 통신사 아나돌루(Anadolu Agency)에 따르면, 아랍에미레이트 후원을 받는 다흘란이 2012년 이집트 최초로 민주적 선거를 통하여 선출된 무슬림형제단 출신의 대통령 무함마드 무르시(재임: 2012.06.30~2013.07.03)를 축출하기 위해 이집트군 최고사령관이며, 국방부장관 압둘 파타흐 알시시와 협력하여 쿠데타를 기획하였다. 당시 다흘란과 알시시가 긴밀한 관계를 맺고 있었다는 것은 널리 알려진 사실이다. 친무슬림형제단 성향의 매카멜린TV(Mekameleen)가 2015년 2월 9일 공개한 '시시의 오디오 유출(Sissi leaks)'은 알시시와 그의 고위 참모 두 명 사이의 대화 내용이다. 이 오디오 테이프에 따르면, 아랍에미레이트가 몇몇 이집트군 장성들이 관리하는 통장에 입금함으로써 쿠데타를 재정적으로 후원했다. 결국 2013년 7월 3일, 국방부 장관 알시시는 쿠데타로 대통령 무르시를 축출하였다. 2013년 7월 5일, 알시시는 아랍에미레이트 대통령 칼리파에게 전화를 걸어 이집트의 당시 상황을 설명하였다. 2013년 7월 9일 아랍에미레이트는 이집트에 30억 달러를 원조하기로 결정하였다. 10억 달러는 보조금이며, 20억 달러는 무이자 차관으로 중앙은행에 예치될 것이다. 이러한 정황으로 미루어 볼 때, 무르시 축출에 아랍에미레이트 정부가 직접 혹은 간접으로 연루된 것으로 보인다.

2021년 5월 19일, 이집트 대통령 알시시(재임: 2014.06.08~현재)는 다흘란 지지 세력 기반의 중심지인 가자지구 재건에 기여하기 위해 5억 달러 상당의 원조를 제공한다고 발표했다. 이집트 대통령 대변인 바삼 라디(Bassam Radi)는 트윗에 올린 글에서 "알시시 대통령이 최근 가자지구 재건을 위하여 이집트가 선도적으로 5억 달러를 지원할 것"이라고 밝혔다.

같은 날, 알시시 대통령의 가자 원조 제공에 대하여 다흘란 역시 트윗에 올린 글에서 다음과 같이 감사를 표했다. "오늘 알시시 대통령은 가자 지구 재건과 현대적인 기반 시설 건설을 위하여 5억 달러를 할당함으로써 새롭고 주요한 공적을 쌓았다."

2021년 5월 20일, 친 무슬림형제단 팔레스타인 작가, 니잠 알마흐다위(Nizam Al-Mahdawi)는 "이집트 대통령 알시시가 가자지구에 제공한 5억 달러는 아랍에미레이트가 송금한 자금이다. 이 자금의 목표는 가자지구 재건보다는 가자에서 하마스를 약화시키려는 무함마드 다흘란의 운동을 지원하기 위한 것이다"라고 주장했다.

위 트윗 내용을 볼 때, 아랍에미레이트가 이집트를 통해서 가자지역에 지원한 5억 달러는 다흘란의 지지 기반을 강화하는데 활용하기 위한 것임을 알 수 있다.

뿐만 아니라 다흘란은 2016년 발발한 터키 쿠데타 시도에도 개입한 것으로 알려졌다. 2019년 11월 터키는 무슬림형제단 세력과 연계된 쿠데타 시도에서 다흘란이 중요한 역할을 했다고 비난하면서, 다흘란을 인터폴 지명 수배자 명단에 올렸다. 이 쿠데타는 300명 이상의 사망자와 약 2,200명의 부상자를 남겼다. 2019년 11월 22일 터키 정부는 다흘란 체포할 수 있도록 중요한 정보 제공하는 자에게 400만 리라(70만 달러) 현상금을 걸었다. 이날 터키 내무장관 슐레이만 소일루(Süleyman Soylu)는 휘리예트신문(Hurriyet newspaper) 인터뷰에서 "터키는 다흘란을 최고 순위의 테러리스 명부 올려놓았다. 그는 미국에 기반을 둔 터키 사업가 페툴라 귈렌이 이끄는 테러 단체(The Gulenist Terror Group, FETO)와 연계되어 있다"고 밝혔다. 같은 날 터키 신문 데일리 사바(Daily Saba)는 다흘란이 귈렌이 주도한 쿠데타에 연루됐고, FETO에 자금을 전달했다고 비난했다.

터키 외무장관 메블뤼트 차우쇼을루(Mevlut Cavusoglu)는 "다흘란은 이스라엘 정보요원이다. 아랍에미레이트는 테러범 다흘란을 수용하면서, 팔레스타인 자치정부 수반 압바스를 다흘란으로 대체하려고 시도한다"라고 비난했다. 터키 외무장관의 주장에 따르면, 다흘란은 이스라엘의 계획에 따라 아랍에미레이트의 자금 지원으로 역내에서 활동하며, 이스라엘과 아랍에미레이트는 다흘란을 팔레스타인 수반으로 세우려고 계획하고 있다.

이렇게 역내 정치에서 대립각을 세우고 있는 터키와 아랍에미레이트는 리비아 내전에서도 서로 반대파를 지원한다. 터키는 서부 리비아 지역 트리폴리에 기반을 둔 국민합의정부와 군사 협정을 체결하고, 아랍에미레이트는 동부 리비아 토브룩에 기반을 둔 하프타르 정부를 지원했다. 2015년 3월 12일, 리비아의 파노라마 채널(Panorama channel)이 방영한 '시시의 오디오 유출(Sissi leaks)'에서 다음과 같은 다흘란의 리비아 사태 개입 정황이 드러났다. 다흘란이 아랍에미레이트의 지시로 비밀리에 리비아를 방문했고, 이집트 쿠데타 주모자들이 리비아 문제에 대하여 아랍에미레이트를 대변하는 다흘란과 이집트에 거주하며 반혁명세력을 이끌던 아흐마드 가다프 알 담(Ahmed Gaddaf al Dam)의 회동을 주선한 것으로 드러났다.

2018년 3월, 아랍에미레이트는 서부에 위치한 국민합의정부에 대항하는 동부에서 지배권을 행사하는 하프타르를 지원하기 위해 리비아의 동결자산 300억 달러를 다흘란을 통해서 하프타르에게 보냈다. 영국에 기반을 둔 뉴아랍(The New Arab) 신문은 리비아 고위 관계자의 말을 인용해, "아랍에미레이트가 관련된 리비아 동결 자산 중 300억 달러 이상을 팔레스타인 정치인 무함마드 다흘란을 통해 하프타르에게 보냈다"라고 보도했다.

다흘란은 아랍에미레이트를 대신해 예멘내전에도 개입했다. 2018년 10월 16일 미국의 유명 뉴스 회사인 버즈피드(Buzzfeed)가 내놓은 예멘에서의 용병 활동에 대한 조사 보고서에 따르면, 아랍에미레이트, 다흘란 및 미국 용병을 이끄는 헝가리계 이스라엘-미국인이며, 프랑스 외인부대 참전용사였던 아브라함 골란

(Abraham Golan) 사이에 특별한 협력이 이루어졌다. 무슬림형제단 연계 세력인 예멘 알-아슬라흐(al-Islah) 정치인들을 암살하기 위해, 아랍에미레이트 소재 이탈리안 레스토랑에서 다흘란이 아브라함 골란 및 전직 미해군 특수부대원 이삭 길모어(Isaac Gilmore)와 협정을 체결했다. 아브라함 골란은 버즈피드 인터뷰에서 다음과 같이 밝혔다. "나는 예멘에서 암살 프로그램을 운영했고, 아랍에미레이트가 자금을 지원했다. 내가 미국에서 창립한 회사 스피어 오퍼레이션스 그룹(Spear Operations Group)이 아랍에미레이트의 지시에 따라 2015년 말 종교 지도자와 정치인들에 대한 살해를 시작했다. 주요 표적은 아랍에미레이트가 무슬림형제단 지부로 간주하는 예멘 알-이슬라흐였다. 나는 다흘란과의 첫 만남에서 예멘 알-이슬라흐를 방해하고 파괴하도록 지시받았고, 이에 따라 용병 암살단을 조직해 작전을 수행했다."

실제로 2015년 말 아브라함 골란과 이삭 길모어는 예멘에서 용병 암살단 12명을 운영한 것으로 알려졌다. 이들 중 3명은 미군 예비역이었고, 나머지 대부분은 프랑스 외인부대 출신이었다. 아브라함 골란의 용병 암살단은 작전 수행 대가로 매달 150만 달러를 받았고, 성공적인 암살 작전 경우에 보너스를 받았다.

2020년 2월 12일 예멘의 항구도시 아덴에서 발발한 암살 미수 사건에서 살아남은 언론인 압둘라 술리만 압둘라 다우발라(Abdullah Suliman Abdullah Daubalah)와 살라 무슬림 살렘(Salah Muslim Salem) 및 이들의 변호인들은 런던에 본사를 둔 법무법인 스토크 화이트(Stoke White)를 통해서 영국 런던 경찰청, 미국 법무부, 터키 법무부에 예멘에서 아랍에미레이트와 다흘란이 저지른 범죄와 고문의 증거를 제출하고, 고소했다.

실제로 다우발라와 살렘 두 사람 모두 예멘 알 이슬라흐 소속으로 아덴에서 아브라함 골란이 이끄는 용병 암살단의 공격을 받은 것으로 알려졌다. 아랍에미레이트가 지원하는 분리주의 무장단체인 남부과도위원회(Southern Transitional Council)가 아덴을 사실상 지배하고 있음에도 불구하고, 아덴은 사우디가 지원하는 하디정부의 임시 수도이기도 하다. 따라서 아덴의 지배권을 놓고 아랍에미레이트-남부과도위원회와 사우디-하디정부가 충돌하고 있다. 이러한 상황에서 아랍에미레이트-남부과도위원회는 사우디-하디정부 편에 선 알 이슬라흐와 적대적인 관계에 있다.

터키 국영 뉴스 채널 티아티 월드(TRT World)가 인용한 다우발라의 주장에 따르면, 2015년 12월 29일 아덴 소재 예멘 알 이슬라흐 본부에서 발생한 아브라함 골란이 이끄는 용병 암살단의 폭탄 공격은 예멘 알 이슬라흐 지도자 안사프 알리 마요(Ansaf Ali Mayo)를 암살하라는 아부다비 왕실의 명령을 받은 다흘란의 지시로 실행되었다. 피츠버그 대학과 협력하여 법률 뉴스를 제공하는 Jurist가 보도한 스토크 화이트의 언론 브리핑에 따르면, 다흘란은 아부다비 왕세제 무함마드 빈 자이드의 핵심 고문이며, 아랍에미레이트를 돕기 위하여 이 암살 작전을 실행할 용병 암살단을 고용하였고, 아랍에미레이트 공군이 이 암살단을 예멘으로 이송하였다.

사실, 예멘 알 이슬라흐는 1990년 9월 사우디의 재정 지원으로 창립되었고, 2003년 실시된 예멘 총선에서 20.6% 득표율(46석/301석)을 기록하였다. 현재 예멘 알 이슬라흐는 하디 대통령이 이끄는 예멘정부 및 사우디와 긴밀한 관계를 맺고 있으며, 사우디로부터 상당한 재정적 지원을 받는다. 이를 통해서 예멘 내전에서 사우디와 아랍에미레이트가 경쟁관계이고, 다흘란은 아랍에미레이트 대리인으로 활동한다는 것을 알 수 있다.

3. 팔레스타인 수반, 압바스의 경쟁자

마흐무드 압바스가 이끄는 팔레스타인 자치정부는 다흘란이 영향력을 발휘하는 아랍에미레이트의 역내 정책을 저지하고 나섰다. 아랍에미레이트는 역내에서 이스라엘과의 연대를 강화하고, 정치 이슬람 세력, 무슬림형제단 연계 세력의 영향력을 약화시키면서 팔레스타인 문제에 영향력을 행사하려고 한다. 이러한 아랍에미레이트의 역내 정책은 팔레스타인에서 압바스 수반의 경쟁자인 다흘란의 영향력을 강화시킬 수 있다.

이러한 이유로 압바스 수반이 이끄는 팔레스타인 자치정부는 아랍에미레이트를 견제하는 정책을 내놓았다. 2021년 3월 9일 카이로에서 개최된 동부지중해 가스포럼(EMGF)에서 팔레스타인 자치정부는 아랍에미레이트의 옵저버 신청에 거부권을 행사했다. 아랍에미레이트-이스라엘 관계 정상화를 핑계로, 팔레스타인 자치정부는 거부권을 행사한 것으로 알려졌다. 동부지중해 가스포럼은 만장일치로 회원들을 받아들이기 때문에, 결국은 아랍에미레이트의 옵서버 신청이 거부되었다. 2020년 9월 결성된 동부지중해 가스포럼은 2021년 3월 현재 키프로스, 이집트, 프랑스, 그리스, 이스라엘, 이탈리아, 요르단, 팔레스타인 자치정부가 정식회원국이며, 유럽연합과 미국은 옵서버로 구성되어 있다. 사실, 팔레스타인 자치정부가 이스라엘이 회원국으로 참가한 동부지중해 가스포럼에서, 이스라엘과의 관계정상화 협정 체결을 이유로 아랍에미레이트의 옵서버 신청을 거부한 것은 다른 회원국들이 납득하기 어려운 의외의 사건이었다. 사실, 이것은 아랍에미레이트 및 다흘란의 영향력을 저지하려는 압바스 수반의 책략으로 보인다.

그렇다면, 팔레스타인 내부 정치사에서 다흘란은 누구인가?

다흘란은 1961년 가자 지구의 칸 유니스에서 태어났고, 1981년 가자 지구에 파타 청년운동(The Fatah Youth Movement) 가자지부 설립에 참가하였다. 1981년과 1986년 사이, 그는 파타 청년운동을 주도해가는 과정에서 이스라엘에 11번 체포되어 수감생활을 했으며, 이 수감 기간 동안에 히브리어를 배웠다. 이 때 배운 히브리어는 훗날 이스라엘인들과 긴밀한 유대관계를 형성하는데 중요한 수단이 되었다. 다흘란은 1987년 제1차 인티파다를 주도하면서 두각을 나타낸 젊은 지도자 중 한 명이었다. 때문에 이스라엘은 다흘란을 가자로부터 추방하였다. 이후 다흘란은 팔레스타인 해방기구(PLO)가 기반을 둔 튀니스로 가서 PLO 의장 야세르 아라파트(재임: 1969.02.04~2004.10.29)의 보좌관으로서 신뢰를 얻었다.

1993년 오슬로평화 협정 체결이후, 가자로 귀환한 다흘란은 집권당이며 세속적인 파타당을 이끌고 보안 작전을 지휘하면서, 무슬림형제단과 연계된 하마스에 대한 강력한 탄압정책을 실시하였다. 오슬로 평화 과정을 보호하기 위하여, 1994년 팔레스타인 자치정부 수반 아라파트(재임: 1994.07.05~2004.11.11)는 가장 강력한 정보기관들 중 하나인 '팔레스타인 예방보안대(Palestinian Preventive Security)'를 설립하였다. 다흘란은 1994년부터 2002년까지 8년 동안 초대 가자지구 예방보안대 대장이었다. 이 때 그는 가자에서 2만 명의 병력을 운영함으로써, 가장 강력한 팔레스타인 지도자 중 한 명이 되어 CIA와 이스라엘 정보 관계자들을 정기적으로 만났다. 이 8년 동안 다흘란이 통치하는 가자는 압도적인 그의 권력행사 때문에 '다흘란이스탄(Dahlanistan)'이라는 별명이 붙었다. 1997년부터 다흘란은 팔레스타인 상인들이 물품들을 수출입하는 이스라엘과 가자 경계에 있는 물품 통관지, 카르니 화물 터미널에서 징수된 세금(약 월 100만 세켈)을 그의 개인 은행 계좌로 빼돌렸다고 알려졌다. 이 때문에 다흘란은 부패 혐의와 이스라엘 및 미국 정보기관과의 연계로 가장 논란이 많은 팔레스타인 정치인 중 한 명이 되었다.

이러한 상황에서, 2001년 다흘란은 인티파다 기간 동안 일관성 있는 정책이 없는 것에 불만을 표시함으로써 아라파트 대통령을 화나게 했다. 2002년 6월 팔레스타인 자치정부의 개혁을 요구하였다. 2002년 6월 그는 내무장관이 되겠다는 희망으로 가자지구 예방안보안대 대장직을 사임했다. 그러나 아라파트 수반은 그를 내무장관에 임명하지 않았다. 2003년 4월, 아라파트 수반의 반대에도 불구하고 마흐무드 압바스 총리(재임: 2003.03.19~09.06)는 다흘란을 팔레스타인 보안부장관(Minister of State for Security)으로 임명하였다. 9월 압바스가 총리직을 사임할 때, 다흘란도 축출되었다. 이 때 다흘란은 아라파트 수반과 대립각을 세우면서 압바스 총리와 협력관계를 형성하였다.

그런데 2004년 8월 다흘란은 노골적으로 아라파트 수반이 팔레스타인을 파괴하고 있다고 비난하면서, 팔레스타인 자치정부를 개혁하지 않는다면, 8월 10일 가자시에서 대규모 시위가 있을 것이라고 주장했다. 2004년 8월 1일 쿠웨이트 신문 알 와탄(Al Watan)과의 인터뷰에서, 다흘란은 "아라파트는 팔레스타인인들이 새로운 사고방식을 절실히 필요로 하는 시기에 팔레스타인인들의 죽음과 파괴를 방관하고 있다. 외국 정부들이 팔레스타인 자치정부에 기부한 총 50억 달러가 어디로 빠져나갔는지 우리는 모른다. 팔레스타인 상황은 더 이상의 부패를 견딜 수 없으며, 개혁으로부터 벗어날 방도가 없다. 팔레스타인이 이스라엘과의 전쟁을 원하는지 평화를 원하는지 선택해야 한다. 전쟁은 분명히 실패했으며, 평화만이 실행 가능한 선택이다"라고 주장했다.

당시 다흘란은 가자지구에서 폭넓은 지지를 받고 있었으며, 이스라엘 및 미국과 긴밀한 관계를 유지하였다. 그는 자신이 팔레스타인 지도자가 되어야하고,

보다 효율적인 관리자들이 팔레스타인 문제를 처리해야 한다고 생각한 것으로 보인다.

그런데 2004년 10월 25일 아라파트의 건강 악화가 공개적으로 보도되기 시작하였다. 10월 29일 아라파트는 요르단을 거쳐 프랑스 군대병원으로 이송되었으나, 11월 3일 혼수상태에 빠졌고, 11월 11일 75세를 일기로 사망선고를 받았다.

아라파트가 사망한 후, 2005년 1월 9일 실시된 팔레스타인 수반 선거에서 파타당으로 출마한 압바스가 62.52%를 획득함으로써, 2009년 1월 9일까지 4년 임기의 수반으로 선출되었다. 새로운 수반으로 선출된 압바스는 다흘란을 야심찬 경쟁자로 간주하고 견제하기 시작했다.

그런데 2006년 1월 25일 실시된 팔레스타인 의회 선거에서 하마스가 74석/132석을 획득함으로써 제 1정당이 되어 단독 정부를 구성하였다. 이 의회 선거에서 다흘란은 칸 유니스 지역 의원으로 선출되었다. 의회의원으로서 다흘란은 가자지구에서 영향력을 발휘하면서, 새로운 정부를 구성한 하마스와 충돌하였다. 2006년 12월 14일 무장괴한들이 이집트와의 가자 국경선을 넘어온 하마스 출신 총리 이스마일 하니야 암살을 시도하면서 경호원 한 명을 살해하고, 5명에게 부상을 입혔다. 하마스는 다흘란이 이 공격을 지휘했다고 비난했다. 다흘란은 하마스 정부가 이 사태에 대해 전적으로 책임을 져야 한다며 이 같은 비난을 일축했다.

하마스와의 계속된 갈등 국면에서, 2007년 1월 7일 다흘란은 가자지구에서 사상 최대 규모의 파타 지지자 집회를 열었는데, 여기서 그는 하마스를 '살인자와 도둑의 무리'라고 비난하고, '우리는 파타 운동가들을 보호하기 위해 모든 것을 할 것이다'라고 소리를 높였다. 이에 맞서 하마스는 다흘란을 '반란자'라고 부르며 팔레스타인인들을 내전 직전까지 몰고 왔다고 비난했다.

이러한 파타/하마스 유혈분쟁을 종식시키기 위하여, 2007년 2월 8일 하마스와 파타는 사우디왕 압둘라가 중재한 메카협정을 체결함으로써, 25명의 연합 내각(하마스 12명, 파타 6명, 제 3의길 1명, 팔레스타인 선도당 1명, 팔레스타인 해방민주전선 1명, 팔레스타인 인민당 1명, 무소속 3명)으로 구성된 통합정부를 출범시켰다. 메카협정 체결에 파타측 대표로 자치정부 수반 마흐무드 압바스와 가자 지역 파타 지도자 무함마드 다흘란이 참가했고, 하마스 측 대표는 자치정부 총리 이스마일 하니야와 하마스 정치 국장 칼리드 마샬이 참가하였다. 이는 다흘란이 파타 측에서 압바스 다음으로 2인자임을 입증하는 사건이다.

2007년 3월, 하마스의 반대에도 불구하고, 팔레스타인 수반 압바스는 이스라엘 및 미국과 긴밀한 관계를 유지하는 다흘란을 팔레스타인의 모든 보안대를 감독하면서, 새롭게 설립된 팔레스타인 국가안전보장회의(Palestinian National Security Council)를 이끌도록 임명하였다. 하마스와의 경쟁에서 이기기 위하여 압바스는 다흘란을 선택하는 것 이외에는 다른 방법이 없었던 것으로 보인다. 다흘란은 미국의 도움으로 훈련받은 수천 명의 전투원들로 구성된 준군사 부대를 조직했고, 가자지구의 파타 부대가 대량의 무기와 탄약을 수송할 수 있도록 이스라엘에 협조를 받았다.

통합정부 구성에도 불구하고, 하마스와 파타간 유혈분쟁은 계속되었다. 2007년 6월 10~15일까지 가자에서 발발한 하마스/파타 내전에서 118명이 사망하였고, 하마스가 가자에 대한 통제권을 장악하면서 파타를 축출하였고, 서안에서는 하마스 출신 관리들을 축출하였다. 이 때 다흘란은 가자를 떠나 라말라로 들어갔다.

다흘란이 가자 내전에서 패배하여 서안으로 들어오면서 자치정부 수반 압바스와의 권력 투쟁이 본격적으로 시작된 것으로 보인다. 2007년 10월 부시 행정부는 압바스에게 다흘란을 그의 부관으로 임명하라는 강한 압력을 가했다. 파타 관리들은 '미국과 EU 국가들이 다흘란이 압바스 수반의 뒤를 이어 팔레스타인 자치정부의 수반이 되기를 원한다는 뜻을 분명히 했다'고 주장했다. 그러나 압바스는 이러한 미국의 압력을 거부하였다. 이후 다흘란이 압바스 수반의 업무 수행을 비판한 이후, 압바스와 다흘란 사이에서 긴장이 고조되었다. 그럼에도 불구하고 2009년 8월 다흘란은 파타 중앙위원회(Fatah Central Committee) 위원으로 선출되었다.

2010년 말에, 다흘란이 압바스 수반의 사업가 두 아들, 타렉(Tarek)과 야세르(Yasser)가 부패했다는 주장을 아랍 언론에 유출하였다. 동시에 다흘란이 팔레스타인 자치정부를 전복시키기 위하여 준비하고 있다는 소문 퍼져나가면서 다흘란과 압바스 사이의 경쟁이 표면화하였다. 2010년 12월 말, 압바스 수반의 측근들은 다흘란이 압바스 수반을 축출할 음모를 꾸미고 있다는 증거를 제시했고, 다흘란이 민병대를 창설했다는 주장이 제기되면서, 다흘란에 대한 조사가 시작되었다. 2010년 12월 28일, 파타 중앙위원회 위원들은 조사가 끝날 때까지 다흘란의 파타 중앙위원회 위원 자격을 중지시켰다.

결국 2011년 다흘란은 부패와 아라파트 살해 혐의로 비난받으면서 파타운동에서 추방되었다. 2011년 7월 28일, 팔레스타인 경찰들이 다흘란의 집을 급습해서 그의 사설 무장 경호원들을 체포하였다. 2011년 8월, 파타는 아라파트 독극물 살해한 혐의로 다흘란을 비난했다. 2012년 6월 알자지라가 9개월간 조사한 결과 아라파트의 소지품에서 방사성 독극물 폴로늄의 흔적이 발견돼 그가 독살됐다는 의혹이 강하게 제기됐다(BBC 2013, Nov. 6). 압바스 수반은 2014년 3월 파타 혁명위원회 회의에서 야세르 아라파트의 죽음에 다흘란이 한몫 했다고 직접 비난했고, 그의 발언은 팔레스타인 TV를 통해 방영됐다.

2014년 5월, 팔레스타인 법원은 다흘란에게 '압바스의 명예를 훼손했다'며 불출석 중에 판결을 내렸고, 그에게 징역 2년을 선고했다. 2014년 12월, 라말라에서 다흘란의 부패혐의에 대한 불출석 재판이 시작되었다. 이 재판 시작과 동시에 2014년 12월 18일 가자지구에서 다흘란 지지자들 수천 명이 친 다흘란 보안대원들 수 십 명 해고에 반대하는 시위를 벌였다. 다흘란이 아랍에미레이트에서 망명 생활을 하고 있음에도 불구하고, 가자지구에는 여전히 다흘란 지지세력이 존재하고 있음을 방증하는 사건이다. 2016년 팔레스타인 법원은 부정부패 혐의로 기소된 다흘란에게 징역 3년을 선고하고 1600만 달러를 배상하라고 명령했다. 2016년 제7차 파타 총회이후, 다흘란과 그의 지지자들이 파타에서 배척당하면서, 민주개혁블록(Democratic Reform Bloc)을 창설하였다.

4. 하마스와 전략적 협력자

2015년 9월 1일 내놓은 유엔보고서는 지난 8년간의 봉쇄와 이스라엘의 군사 공격으로 2020년경에 가자 지구는 사람이 살 수 없게 될 것이라고 경고하였다.

게다가 팔레스타인 자치정부의 하마스 압박 정책은 하루에 4시간만 전기 공급을 하게 되는 등 가 지구의 상황을 더욱 악화시켰다. 이러한 가자지구의 인도주의적인 위기는 아랍에미레이트의 충분한 경제적 지원을 받고 있는 다흘란과 하마스의 협력으로 이끌었다.

2017년 7월 알 자지라 보도에 따르면, 압바스 수반에 맞선다는 측면에서 하마스와 다흘란 사이의 이해관계가 맞아 떨어지기 시작하면서, 가자지구를 통치하는 하마스-다흘란 권력공유 협정이 부상하였다. 이 협정에 따르면, '하마스가 가자지구의 보안 통제권을 갖고, 다흘란은 가자지구로 귀환하여 외교관계를 다룬다'는 것이다. 압바스 수반의 가자지구에 대한 재정적 압박으로 인한 하마스의 절박함과 귀환하여 압바스에 이어 수반이 되고자하는 다흘란의 열망이 이 권력공유 협정을 이끌어냈다.

다흘란과 하마스의 협력관계에 대하여 2017년 7월 23일, 하레츠는 다음과 같이 보도했다. "아랍에미레이트에 망명 중인 다흘란은 이전에 최대 적이었던 하마스와 가자에 대한 권력 공유 협정을 체결하였다. 2007년 하마스가 가자지구를 장악한 이후, 다흘란은 가자지구로 돌아가지 못했다. 현재 자치정부 수반 압바스의 경쟁자인 다흘란은 '가자/이집트 라파국경을 재개방한다'고 밝혔다"고 보도하였다.

2017년 7월 23일, 다흘란은 AP와의 전화 인터뷰에서 "이 권력공유 협정이 이집트와 봉쇄된 가자의 국경을 8월 말에 개방하고, 심각한 정전 사태를 완화시킬 것을 기대한다. 가자와 이집트 사이 국경의 이집트 쪽에 발전소를 건설하기 위한 1억 달러 규모의 자금이 아랍에미레이트로부터 확보되었다. 본인과 새로 선출된 가자의 하마스 지도자 야히야 신와르와(Yahya Sinwar, 2017.02.13~현재)의 관계가 이집트와 아랍에미레이트의 지지를 받으며 한 때는 상상할 수 없었던 동맹을 구축하는데 도움을 주고 있다. 우리 둘 다 가자 지구를 위한 탈출구를 찾아야할 때라는 것을 깨달았다"고 밝혔다.

이제 다흘란과 긴밀한 관계를 맺고 있는 이집트 알 시시 대통령과 하마스 사이에 이집트/가자 라파국경 개방 등 새로운 협력이 시작되었다. 2013년 7월 이집트에서 알 시시가 군부쿠데타로 무슬림형제단을 축출시키면서, 이집트 무슬림형제단과 동맹관계였던 하마스에 대한 탄압정책으로 이집트와 가자를 연결하던 1,300개의 터널을 폐쇄하였다. 당시 이 터널들은 하마스의 주요한 세입의 원천이었다. 게다가 이집트와 이스라엘은 협력하여 이집트/가자 라파국경도 폐쇄함으로써, 이집트 무슬림형제단과 긴밀한 관계를 맺었던 하마스를 압박하였다(홍미정 2017, Aug. 7). 2021년 7월에도 이집트 최고형사재판소는 무함마드 바디에 등 10명의 고위급 무슬림형제단원들에게 종신형을 내리는 등 자국의 무슬림형제단에 대한 탄압을 계속하고 있는 것을 고려해볼 때, 알 시시 정부와 하마스 협력의 물고를 튼 것은 역시 이스라엘의 묵인과 다흘란의 노력으로 봐야 한다.

2017년 하마스-다흘란 권력공유 협정으로, 다흘란의 지지자들이 가자 지구로 돌아와 가자 지구를 통치하는 데 중요한 역할을 할 것으로 보였다. 하마스는 일부 권력을 양도하는 대가로, 새로운 발전소를 얻게 될 것이고, 이집트/가자 라파 국경의 개통으로 경제적인 이득을 보게 될 것으로 예상되었다.

압바스의 경쟁자인 다흘란은 코로나 확산으로 고통받는 가자를 위하여 아랍에미레이트의 지원을 조직하였다. 2020년 12월 17일, 아랍에미레이트는 가자지구에 1차로 의료 지원품을 보냈다. 2021년 1월 10일, 2차 아랍에미레이트 지원용품은 코로나 바이러스로 인한 호흡곤란으로 고통 받고 있는 심각한 환자들에게 도움을 주는 산소호흡기, PCR 진단 키트, 방호복, 산소통 등 대규모 의료 지원으로 구성됐다. 이 의료 지원용품들은 라파 국경을 통해 가자지구에 도착했다.

하마스 사회부 차관인 가지 하마드(Ghazi Hamad)는 민주개혁블록의 지도부 몇 명이 참석한 가운데 라파 국경에서 의료 지원용품 수송대를 환영했다. 여기서 하마드는 이 수송대를 환영하는 기자회견을 통해 아랍에미레이트에게 의료지원과 가자지구 원조에 기여한 민주개혁블록에게 감사를 표했다. 민주개혁블록 대표, 아슈라프 고마아(Ashraf Gomaa)는 알모니터와의 인터뷰에서 "최근 아랍에미레이트 수송대는 액체산소가 부족한 상황에서 하마스 보건부가 도움을 요청한 데 대한 답례로 보내졌다"고 밝혔다. 이를 통해서 하마스와 다흘란, 아랍에미레이트, 이집트 간에 가자지구 운영에 대한 상호 협력이 원활하게 이루어지고 있음을 알 수 있다.

반면 2020년 5월 19일, 6월 9일, 두 차례에 걸쳐 팔레스타인 자치정부는 아랍에미레이트가 이스라엘을 통해 서안지구에 보낸 아랍에미레이트의 코로나 바이러스 의료지원을 거부했다. 거부 이유는 자치정부와 아랍에미레이트 사이에 사전협의가 없었고, 아랍에미레이트-이스라엘 관계 정상화를 추진한다는 것이었다. 6월 9일, 팔레스타인 총리 무함마드 시타야는 "아랍에미레이트는 에미리트 항공기에 실려 벤구리온 공항에 착륙한 어떤 원조도 팔레스타인 자치정부와 조율하지 않았다. 우리는 이 원조에 대해 사전에 듣지도 못했다. 우리는 그 소식을 언론에서 들었다"고 밝혔다. 또 파타 중앙위원회 부의장 마흐무드 알 알룸(Mahmoud al-Aloul)은 "아랍에미레이트가 정치적 목적을 달성하기 위해 팔레스타인 영토에서 발생한 코로나 바이러스 사태를 이용하고 있으며, 이스라엘과의 정상화 합의에 대한 팔레스타인의 분노를 달래고, 팔레스타인인들에게 다흘란의 이미지를 만들기 위한 것이다. 팔레스타인 법원이 다흘란을 부정부패와 금품 강탈 혐의로 기소했고, 그는 아랍에미레이트로 도주하고 있어 대선 출마가 전면 거부되고 있다"라고 주장했다. 팔레스타인 자치정부 및 파타는 아랍에미레이트 및 다흘란과 대립각을 형성하고 있음을 알 수 있다.

반면, 하마스 정치국 부의장 무사 아부 마르주크(Mousa Abu Marzouk)는 알 모니터 인터뷰에서 "우리는 어떤 국가를 통해서든 인도적 지원을 받는 것을 환영하며, 어떤 지원도 정치적인 이유로 거절하지는 않을 것이다. 아랍에미레이트-이스라엘 관계 정상화를 핑계로 팔레스타인 자치정부가 아랍에미레이트 의료지원을 거부한 것에 놀랐다. 팔레스타인 자치정부는 팔레스타인 영토를 점거하고 있는 이스라엘과 안보협력을 하고 있음에도 불구하고, 이스라엘과의 관계 정상화를 핑계로 아랍에미레이트의 지원을 거부한다는 것은 이상한 모순이다. 다흘란은 팔레스타인 선거 출마를 강력히 원하고 있고, 우리는 그의 출마를 개의치 않는다. 국민들이 이번 선거를 통해 다흘란의 인기와 정치적 영향력을 결정할 것"이라고 밝혔다. 이는 다흘란과 하마스 사이에 우호적인 협력관계가 형성되어 있다는 것을 의미한다.

팔레스타인정책조사센터가 2018년 중반 실시한 여론조사에 따르면, 압바스 수반의 업무 수행에 대한 만족도는 37%(서안 43%, 가자 28%), 불만족도는 59%, 팔레스타인 주민의 61%는 압바스가 사임하기를 원하며, 33%만이 압바스가 직

Middle East Monitor @
@MiddleEastMnt

The People v Mahmoud Abbas: are the #Palestinian
Authority's days numbered? | Opinion by: Dr Ramzy
Baroud

The People v Mahmoud Abbas: are the Palestinian Authority's days num...
Claims that the Palestinian Authority's days are numbered are now heard
frequently. This is especially so following the torture to death on 24 June...
🔗 middleeastmonitor.com

9:00 AM · Jul 8, 2021   ⓘ

위를 유지하기를 원했다. 압바스 수반이 새로운 선거에 출마하지 않을 경우, 압바스 수반의 후계자로 다흘란을 선호하는 팔레스타인인은 6%(서안에서 1%, 가자 14%), 마르완 바르구티 지지율 30%, 이스마일 하니야 지지율 23%, 라미 함달라 6%, 무스타파 바르구티 3%, 칼리드 마샬 3%, 살람 파야드 2%였다.

2021년 1월 15, 압바스 수반은 2021년 5월 22일 의회 선거, 7월 31일 수반 선거를 실시한다는 법령을 발표했다. 2021년 3월 17일, 다흘란은 사우디 알-아라비야 TV 인터뷰에서 총선과 수반 선거에 참여할 뜻을 밝히면서, "팔레스타인 국민이 우리에게 충분한 의회 의석을 준다면, 우리는 기존 질서를 바꿀 수 있다"라고 야심차게 말했다.

그런데 2021년 4월 29일 압바스 수반은 이스라엘이 예루살렘 주민들의 선거 참여를 허락하지 않는다는 핑계로 선거를 무기한 연기하였다. 게다가 2021년 6월 24일, 팔레스타인 자치정부 보안대가 팔레스타인 정치 활동가이며 인권운동가 니자르 바나트(Nizar Banat)를 살해하였다. 이에 분노한 하마스를 비롯한 다양한 정치적 제휴관계를 갖는 팔레스타인인들은 광범위한 팔레스타인 자치정부 탄압 정책에 항의하면서, 압바스 수반의 즉각 퇴진을 넘어서, 팔레스타인 자치정부 전면 해체를 요구하는 시위를 벌였다. 8월 2일에도 라말라에서 팔레스타인 시위대는 니자르 바나트 살해 사건을 규탄하고 그의 살인범들을 법의 심판대에 세울 것을 촉구하면서, "압바스, 우리말에 귀를 기울이고, 자치정부를 해산하고 우리를 떠나라"는 플래카드를 들었다.

궁지에 몰린 압바스 수반은 이 난관을 타개하기 위하여 2021년 7월 9일-11일 터키를 방문하여 에르도안 대통령에게 하마스의 反팔레스타인 자치정부 시위 독려를 막아 달라 부탁한 것으로 알려졌다. 압바스 수반은 7월 11일 이스탄불에서 열린 회담에서 에르도안 대통령에게 하마스의 팔레스타인 자치정부에 대한 비난 선동을 중단시켜 달라고 요청했다. 에르도안이 하마스와 좋은 관계를 맺고 있기 때문에, 압바스 수반이 에르도안에게 이러한 요청한 것으로 알려졌다. 압바스와 그의 측근들은 니자르 바나트를 살해한 이후, 서안 점령지에서 불붙은 反팔레스타인 자치정부-파타 시위에 하마스가 기름을 붓고 있다고 주장한다.

압바스 수반의 터키 방문 다음날, 7월 12일 터키 대통령 에르도안은 7월 7일 취임한 이스라엘 대통령 이삭 헤르조그에게 축하전화를 하면서 "중동 역내의 안보와 안정을 위해서 터키-이스라엘 유대관계'가 대단히 중요하며, 에너지, 관광, 기술 등 분야에서 양국 간 협력 가능성이 크다"라고 강조했다.

에르도안이 이삭 헤르조그에게 강조한 내용은 현재 아랍에미레이트와 이스라엘이 역내 정책으로 추진하고 있는 내용과 거의 같다. 압바스 수반이 다흘란-아랍에미레이트-이스라엘 협력에 맞서, 압바스-터키-이스라엘 축을 창출하려고 시도하는 것으로 보인다. 다흘란과 아랍에미레이트가 에르도안과의 관계가 나쁘기 때문에 다흘란의 적수인 압바스는 에르도안과의 협력관계를 모색하는 것으로 보인다.

이스라엘 하욤(Israel Hayom)은 "에르도안과 헤르조그의 통화를 주선한 인물은 팔레스타인 수반 압바스였다. 압바스 수반은 막후에서 한때 긴밀한 역내 파트너였던 이스라엘과 터키의 관계를 되살리려고 시도한다. 압바스 수반의 중개 노력은 하마스와 에르도안이 협력하는 것을 막으려는 시도였을 가능성이 가장 높다"라고 보도했다.

사실, 에르도안은 이스라엘과의 관계 개선에 대한 관심이 많다. 그런데 압바스 수반과 터키의 협력 관계가 터키와 하마스의 협력관계에 어떤 부정적인 영향을 줄 수 있을 것 같지는 않다. 왜냐하면 에르도안은 자신의 이익이 극대화되는 지점에서 팔레스타인 정책을 결정할 것이고, 현재 팔레스타인 내부의 상황은 압바스 수반에게 매우 불리하게 돌아가기 때문이다. 터키와 이스라엘의 관계개선은 결국 이스라엘의 역내 영향력 강화로 나타날 것이다.

2021년 6월 24일 팔레스타인 자치정부 보안대가 인권운동가 니자르 바나트를 살해한 이후, 8월 22일까지 계속된 항의 시위에서 120명 이상의 팔레스타인인들이 체포 수감되었으며, 이중에는 이슬람 지하드 고위급 지도자 카데르 아드난(Kheder Adnan)과 팔레스타인 시인 자카리아 무함마드도 포함되었다(MEMO 2021, Aug. 22). 8월 23일 풀려난 자카리아는 그의 페이스 북에 "과거에 우리는 시온주의자 점령당국의 포로였다. 현재 우리는 팔레스타인 자치정부의 포로다. 우리는 이상한 두 동맹 세력의 포로가 된 민족이다"라고 썼다. 압바스 수반이 정치적인 위기에 몰린 것은 확실하다. 이 상황이 팔레스타인 정치복귀를 꿈꾸는 다흘란에게 그리 나쁘지 않은 것 같다.

XI. 유대인, 이스라엘과 이란의 전략적 관계

이스라엘 국가가 건설되면서, 이란을 비롯한 중동 각국의 유대인들이 이스라엘로 대거 이주했다. 이 유대인들의 이스라엘 이주에 관하여 서로 다른 의견들이 존재한다. 한편에는 이스라엘 국가 건설과 시온주의 강화에 대한 대응으로 중동국가들 내에서 발생한 격렬한 반시온주의 물결로 인한 유대인 탄압에서 비롯되었다는 주장이 있다. 다른 편에는 이스라엘의 인구적인 필요성에 따라, 이스라엘 비밀 정보기관 모사드 활동 혹은 시온주의자들과 중동국가 통치자들의 합의에 따른 것이라는 견해가 있다.

이스라엘은 국가 건설 이후, 중동국가들로부터 유대인들이 강제 추방되었다고 주장한다. 2014년 6월 23일 크네세트(이스라엘 의회)는 1948년 5월 이스라엘 국가 건설 이후, 이란 및 아랍국가들로부터 이스라엘로 이주한 85만 명 이상의 유대인들을 강제 추방된 난민으로 규정하고, 이 비극적인 사건을 기념하여 11월 30일을 국경일로 지정하는 법을 채택했다.

한 걸음 더 나아가 2019년 1월 5일 타임스 오브 이스라엘(The Times of Israel) 보도에 따르면, 이스라엘은 이란 등 중동국가들로부터 강제 추방당한 유대인에 대해 배상금을 청구할 것이다. 같은 날 하다쇼트 TV(Hadashot TV) 보도에 따르면, 18개월간 국제 회계 법인을 활용한 조사 결과, 이스라엘 정부는 이스라엘 건설

이후 강제 축출당한 유대인들이 남긴 재산에 대해, 이란 및 기타 중동국가들에게 총 2,500억 달러 이상의 배상금을 요구할 계획이다.

동시에 이스라엘은 이란 등 중동국가 출신의 유대인들을 난민으로 규정하면서 이 유대인들을 유엔 팔레스타인 난민 구호 사업기구(UNRWA)를 통해서 보호를 받는 팔레스타인 난민과 비교하기 시작하였다. 그러나 신생국가 이스라엘은 좀 더 많은 인구가 필요했고, 이란을 비롯한 중동국가 유대인들은 좀 더 좋은 생활 여건을 찾아 자발적으로 이스라엘로 이주하고자 했으며, 중동국가 통치자들이 유대인들의 이스라엘 이주에 기꺼이 합의하였다는 자료들도 있다. 따라서 구체적 사례들에 대한 연구조사가 필요하다.

이 글은 중동 지역 출신 유대인들의 이스라엘 이주 문제를 이해하기 위한 적절한 예로 이란을 선정하였다. 이란을 선정한 이유는 1979년 이란 이슬람혁명을 계기로 샤 무함마드 레자 팔레비(재위: 1941.09.16~1979.02.11)가 통치하던 시대의 親이스라엘 정책이 급격하게 反이스라엘 정책으로 변경되면서 이란 유대인들에 대한 정부 차원의 대우가 명백하게 달라졌다고 일반적으로 알려져 있기 때문이다. 그렇다면, 이러한 이란의 정책 변화로 이란 이슬람혁명 이후, 이란 유대인들이 강제 추방당했는가? 그러나 이란 유대인들이 자발적으로 이주했다는 주장도 있다. 따라서 이란 이슬람혁명 이전과 이후에 이란 유대인들이 처한 상황 변화 및 이란과 이스라엘 관계 변화를 비교 분석할 필요가 있다. 2021년 현재 이스라엘 내 이란 출신 유대인 공동체는 20만~25만 명(기타 자료에는 30만 명)에 이르는 것으로 알려져 있다.

2013년 10월 1일 유엔총회 연설에서, 이스라엘 총리 네타냐후는 "오늘, 우리의 미래에 대한 희망은 우리의 파괴를 추구하는 핵무장한 이란에 의해 도전받고 있다. 그러나 페르시아 왕 키루스가 2,500년 전 유대인들의 바빌로니아 유배를 끝냈다. 키루스는 이스라엘 땅으로 돌아가 예루살렘에 있는 유대인 성전을 재건할 수 있는 유대인들의 권리를 선포한 유명한 칙령을 발표했다. 그것은 페르시아의 법령이며, 따라서 그때부터 현대까지 계속되는 유대인과 페르시아인들 사이의 역사적인 우정이 시작되었다. 그러나 1979년 수립된 테헤란의 급진 정권은 그 우정을 뿌리 뽑기 위해 노력했다. 이 정권은 민주주의를 추구하는 이란국민들의 희망을 짓누르느라 바빴기 때문에, 항상 '유대인의 죽음'이라는 거친 구호를 불러일으켰다"라고 주장했다. 여기서 네타냐후는 1979년 이란이슬람공화국 수립 이후, 이스라엘과 이란의 역사적인 우정에 금이 가기 시작했다고 주장했다.

사실 이스라엘과 이란이슬람공화국은 각각은 역내 동맹을 결집시키기 위하여 상대방에게 맞서는 선동적인 발언과 수사적 갈등을 분출함으로써 양측의 실질적인 관계 파악을 어렵게 한다. 이와 함께 1979년 이란 이슬람혁명을 계기로 무함마드 레자 팔레비의 親이스라엘 정책이 호메이니의 反이스라엘 정책으로 급변했다는 것은 일반적으로 널리 알려진 사실이다.

이슬람 혁명 직후, 이란 유대인의 2/3가 고국을 떠나 이스라엘, 미국, 유럽으로 이주한 것으로 알려졌다. 이들은 이란이슬람공화국의 反시온주의정책에 의해서 강제 추방당한 난민인가? 더 나은 생활 조건을 찾아 나선 자발적인 이주민인가?

공식적으로 이란이슬람공화국은 이스라엘과의 외교적, 상업적 관계를 단절했고, 이스라엘을 합법적인 국가로 인정하지 않는다. 그러나 이스라엘은 1980년부터 1988년까지 거의 8년 동안 계속된 이란/이라크 전쟁에서 무기 지원 등으로 이란 편에 섰다. 이란/이라크 전쟁 초기에 이란이 수입한 무기 중 약 80%가 이스라엘을 통해서 들어왔다. 무기는 정권 유지 및 강화에 필수적인 요소이고, 무기 거래는 국가 간 동맹의 핵심적인 동력이며 상징이다.

이 글은 먼저 유대인들의 국외 이주 원인을 정확하게 파악하기 위하여, 이란 내 유대 공동체의 변화를 설명한다. 즉 샤 무함마드 레자 팔레비 시대의 번영하는 유대인 공동체, 1979년 이슬람혁명과 이란 유대인 공동체를 살펴본다. 다음으로 이스라엘과 이란의 변화하는 전략적 관계를 이해하기 위해, 이스라엘과 두 정권, 샤 무함마드 레자 팔라비와 아야톨라 호메이니의 관계를 설명한다. 마지막으로 최근 불거진 이란 핵문제와 이란-이스라엘 관계를 설명함으로써 향후 이란이슬람공화국과 이스라엘 관계를 전망한다.

1. 1940년대 이후 이란 유대 공동체의 변화

1) 샤 무함마드 레자 팔레비 시대의 번영하는 유대인 공동체

이란 유대인들은 1940년대 초 이란에 설립된 시온주의 조직에서 적극적으로 활동했다. 이 시온주의 운동은 팔레스타인으로 이주하여 키부츠에 들어가기를 원하는 유대인 젊은이들을 회원으로 받아들였다. 1947년 시온주의운동기구인 하 칼루츠(Ha-Khalutz, Zionist Pioneering Movement)의 15개 지부가 이란에서 활동하였고, 그중 3개 지부가 테헤란에서 활동하였다. 당시 약 2천 명의 이란 유대인 젊은이들이 하 칼루츠 운동의 회원이었다. 1950년대에 하 칼루츠 운동은 유대인들 수 천 명이 이란에서 이스라엘로 이주하는 토대를 마련했다. 하 칼루츠는 유대인들, 특히 젊은 유대인들이 대규모로 바하이교로 개종하거나 공산주의 운동에 가담하는 것을 저지하기도 하였다.[42]

1948년 이란 유대 공동체는 약 10만 명이었으며, 이들 중 30%가 테헤란에 거주하였다. 이스라엘이 건국되면서 이란에서 이스라엘로 유대인의 이민이 증가했다. 1948년에서 1953년 사이에 이란 전체 유대인의 약 3분의 1 정도, 약 31,000명이 이란을 떠나 이스라엘로 이주하였다. 그러나 1953년 이전에 이스라엘로 이주한 이란 유대인들 사이에서 역이민 현상도 발생했다는 점에 주목해야 한다. 1953년부터 1975년까지 5천 명의 유대인이 이스라엘로부터 이란으로 돌아온 것으로 추정된다. 이스라엘 YES 위성TV에서 방영된 다큐멘터리 '혁명 전야(Before the Revolution)'는 1979년 이슬람혁명 이전 테헤란 소재 이스라엘 공동체 이야기를 통해서 왜 이란으로의 역이민이 발생했는지 그 이유를 설명해 준다. 이 다큐멘터리에 따르면, 매일 테헤란과 텔아비브를 연결하는 엘 알(El Al) 비행기가 있었고, 당시 이스라엘 밖에는 이스라엘 학교가 두 곳뿐이었는데, 두 이스라엘 학교 중 하나가 이란의 수도에 있었고, 일부 이스라엘 사람들은 이란에서 단

---

42) 19세기 중반 이란에서 바하이교가 출현하면서 초창기부터 기독교도, 무슬림, 유대인들이 바하이교로 개종하였으며, 특히 1870년대부터 유대인들이 대규모로 바하이교로 개종한 것으로 알려졌다.

기간(몇 년 동안)에 매우 많은 돈을 벌어서 이스라엘로 돌아오자마자 주택 담보 대출 없이 텔아비브에 교외에 멋진 큰 집을 살 여유가 있었다. 따라서 이전에 이스라엘 키부츠에 살던 사람들이 갑자기 그들을 위해 요리하고 청소해주는 하녀들을 갖게 되었다고 설명한다. 이는 당시 이스라엘과 이란이 다양한 측면에서 매우 긴밀한 관계를 유지했음을 말해준다.

다음 1953년 쿠데타 사건은 유대인과 이란 샤의 긴밀한 관계를 상징적으로 보여준다. 1953년 8월 15일 샤 무함마드 레자 팔레비가 내린 칙령에 따라 파즈롤라 자헤디 장군(Fazlollah Zahedi, 총리재임: 1953.08.19~1955.04.07)이 주도하여, 앵글로-이란 석유회사(Anglo-Iranian Oil Company)를[43] 국유화시킨 총리 무함마드 모사데크(Mohammad Mosaddeq, 총리재임: 1951.04.28~1953.08.19) 축출을 시도한 첫 번째 쿠데타가 실패하였다. 이 사건으로 인해서 파즈롤라 자헤디 장군은 잠적했고, 샤 무함마드 레자 팔레비는 바그다드를 거쳐 로마로 망명했다. 그러나 며칠 후인 8월 19일 미국과 영국의 후원을 받아 파즈롤라 자헤디 장군이 주도한 두 번째 쿠데타는 성공했고, 8월 22일 샤 무함마드 레자 팔레비는 이란으로 귀국하였다. 샤 무함마드 레자 팔레비가 로마에 머문 일주일 동안 이란의회 유대인 대표 모라드 아리에(Morād Arieh, 1900~1980)가 샤에게 자금을 전달해서 왕실 가족이 이란으로 귀환할 때까지 일주일 동안 안전하게 로마에 머물 수 있도록 지원했다는 자료도 있다. 이것은 유대인들과 샤가 얼마나 긴밀한 관계를 맺었는지를 상징적으로 보여주는 사건이다. 결과적으로 이 쿠데타에서 이란 유대인 대표, 영국, 미국, 이란의 샤 무함마드 레자 팔레비는 한 편이었다.

---

43) 1908년 이란 쿠제스탄(Khuzestan)에 위치한 마스제드 솔레이만 지역에서 거대한 유전이 발견된 이후, 영국계 부르마 석유회사(Burmah Oil Company)가 자회사로 앵글로-페르시아 석유회사(Anglo-Persian Oil Company)를 설립하였다. 1914년 영국정부가 이 회사 지분 51%를 사들이면서, 사실상 이 회사를 국유화하였다. 이 회사는 이란에서 석유를 채굴한 최초의 회사였다. 1935년 샤 레자 팔레비가 공식적으로 외국인들에게 페르시아를 이란으로 지칭할 것을 요구하면서 앵글로-이란 석유회사(Anglo-Iranian Oil Company)로 개명했다. 1954년 앵글로-이란 석유회사는 브리티시 석유 회사(British Petroleum Company)로 다시 개명하였다.

따라서 샤 무함마드 레자 팔레비 통치시기에 유대인의 이스라엘 이주는 이란의 유대인이 처한 열악한 상황이나 탄압 정책에서 나온 것이 아니라, 이스라엘이 유대인 인구를 증대시키기 위하여 전 세계의 유대인들을 이스라엘로 이끌어들이는 시온주의 이주 정책에서 비롯된 것으로 보인다. 샤 무함마드 레자 팔레비는 親시온주의자였다.

이스라엘 내 이란 유대 공동체에 따르면, 이스라엘 건국 이후 3년 동안(1948~1951)에 2만 1천 명, 1952~1971년 사이에 3만 5천 명, 이스라엘 건국 이후 30년 동안(1948~1978)에 총 6만 1천 명 이상의 이란 유대인들이 이스라엘로 이주하였다. 이스라엘 국가 건설 초기에 이란 유대인들의 이주가 집중되기는 했지만, 장기적으로 꾸준하게 발생했다. 이주 유대인들 대부분은 가난한 사람들이거나 시온주의 조직 구성원들이었다.

19세기 후반에 페르시아 유대인들 대부분은 하루하루 근근이 살아가며 소소한 무역을 하거나 견직물, 유리광택, 금은세공, 보석공, 알코올, 술, 암모니아, 소금, 동전 등을 만드는 수공업에 종사하였다. 그렇지만, 유대인 의사들이 다수 있었으며, 하끄 나자르(Haq Nazar)라는 이름을 가진 왕의 궁전에서 일하는 궁정의도 있었다. 1873년 바그다드 소재 전 세계 고대 이스라엘인 연합 학교(Alliance Israelite Universelle School in Baghdad) 교장을 역임한 이삭 루시아(Isaac Luria)에 따르면, 19세기 후반에 페르시아 전역에 유대인들은 약 4만 명이 거주하였다. 1876~1877년 앵글로-유대인 협회(Anglo-Jewish Association) 보고서에 따르면, 일반적으로 페르시아 유대인들은 가난하게 살았다.

그런데 1941~1978년 샤 무함마드 레자 팔레비 통치 동안에 유대인들의 경제적 상황이 급격하게 향상되었고, 다수의 유대인들이 정부 관료로 일했다. 이 시기는 이란 유대인들에게 황금시대였던 것으로 보인다. 특히 이란의 유대인 사회는 샤의 토지개혁, 여성 참정권 도입 등 근대화 개혁을 추진한 '백색혁명(White Revolution)' 1963~1979년 동안에 경제적으로 번창했다. 백색혁명을 통한 급속한 현대화는 이란 유대 공동체에게 특별한 번영의 기회를 제공하였다.

그 결과 1978년 테헤란의 유대인 공동체는 4만 명에 이르렀고, 그들 대부분은 사업가, 의사들, 약사들, 과학자들이었다. 이들은 신앙생활을 공개적으로 할 수 있었고, 학교, 신문사, 병원과 같은 많은 공공 기관을 운영하였으며, 테헤란에만 30개의 시나고그(유대교회당)가 있었다.

이때 테헤란 유대인 교육대학교(The Teheran Jewish College of Education)는 각 지역 유대인 학교들에서 근무할 교사들을 교육하였다. 유대인 문화와 전통에 관한 문학 작품들이 이란어와 히브리어로 출판되었다. 1948~1978년까지 유대 문화와 교육 기구들이 다음과 같이 번창하였다. 1942년에 의사 사피르(Dr. Sapir)가 설립한 테헤란 사피르병원 자선센터(Sapir Hospital and Charity Center in Teheran), 1978년 3월 청년 유대인들이 주도하여 창립한 이란 유대인지식인협회(The Association of Jewish Iranian Intellectuals), 유대인 여성회(Society of Jewish Women), 1950년에 이란에서 활동하기 시작한 유대인 교육 기구인, 이란 유대인 어린이들을 위한 교육, 의료 서비스, 위생 및 식사 프로그램을 제공하는 미국 공동 배급 위원회(the American Joint Distribution Committee), 고대 이스라엘 후손 연합 대학(Alliance Israèlite Universelle, AIU), 미국에 기반을 둔 유대정교회 교육기관인 오트자르 하토라(Otzar Hatorah)를 비롯한 유대인 교육 및 자선단체 조직들의 활동이 활발하였다.

데이비드 시통(David Sitton)은 1985년 예루살렘에서 출판된 『오늘날의 세파르디 공동체(Sephardi Communities Today)』에서 이란 유대인의 상황을 설명하면서 "1979년 왕립과학원 회원 18명 중 2명, 대학 강사 4천 명 중 80명, 의사 1만 명 중 6백 명이 유대인이었다. 유대인의 압도적 다수는 중산계급이었으며, 10%는 부유했고, 10%는 가난했다"라고 밝혔다. 이로 미루어볼 때, 이슬람혁명 전에는 이란 전체인구 대비 극소수인 유대인의 전문직과 지식인 비율 및 생활수준이 평균 이란인들보다 훨씬 높았다는 것을 알 수 있다.

이스라엘 벤구리온 대학의 이란 현대사 전문가, 올리 R. 라히미얀(Orly R. Rahimiyan)은 「이란 이슬람 공화국 치하의 이란 유대인(Iranian Jewry under the Islamic Republic of Iran)」에서 "이란 혁명은 유대인들에게 공포를 불러일으켰고, 약 2/3가 이란을 떠났다. 이민자들 중에는 지역 사회지도자, 자선가, 전문직 등 공동체의 지도자들 다수를 포함하였다. 이란 유대인들은 3만~4만 명이 미국으로, 2만 명은 이스라엘로, 1만 명은 유럽으로, 특히 영국, 프랑스, 독일, 이탈리아, 스위스로 이주했다. 오늘날 이란에 거주하는 유대인의 수는 2만 5천~3만 명으로 추정된다"라고 밝혔다.

라히미얀의 주장으로 볼 때, 무함마드 레자 팔레비 정권, 이스라엘 및 미국과 긴밀한 관계를 유지하면서 특권을 누렸던 이란 유대인들이 이슬람 혁명 이후 이란을 떠난 것으로 보인다.

2) 1979년 이슬람혁명과 이란 유대인 공동체

이슬람혁명으로 인한 정권 교체에 적극 참여한 유대인들도 있었다. 이란 유대인지식인협회와 테헤란 사피르병원 자선센터가 1979년 이슬람혁명에서 중요한 역할을 한 것으로 알려졌다.

데이비드 메나쉬리(David Menashri)는 「팔레비 왕조와 이슬람 혁명(The Pahlavi Monarchy and the Islamic Revolution)」에서 "혁명 시기에 대체로 유대인 공동체가 샤 정권과 긴밀하게 연관되어 있었으나, 샤를 지지하는 측과 샤 정권에 반대하며 좌파적 성향을 가진 젊은 지식인들로 구성된 이란 유대인지식인협회 사이에 유대 공동체 지도부를 놓고 주도권 투쟁이 있었다"라고 밝혔다.

이란 유대인지식인협회는 1979년 7월에 테헤란에서 유대인지식인협회 신문, 타무즈(Tamuz)를 발행하기 시작하였다. 유대인들뿐만 아니라 저명한 비유대인들도 참가했던 타무즈는 전 세계 유대인 문제를 다루었다. 이란 유대인지식인협회의 핵심인물들은 마르크스주의자였으나, 타무즈 편집진은 전통적인 유대인의 가치를 이슬람 혁명의 가치와 연관시키려고 노력하였다. 이 신문은 유대인의 기념일들을 혁명적이고, 이란적인 맥락에서 다루었다. 이 신문의 목적은 이란 내 서로 다른 유대인 공동체를 하나로 묶고, 형성되기 시작한 이란 이슬람 정체성과 소통하기 위한 콘텐츠를 만드는 것이었다.

1978년 8월 이란 유대인지식인협회는 이란 유대인의 깃발 아래 처음으로 시위를 조직하였고, 11월에 이란 이슬람혁명 지도자인 사이드 마흐무드 탈레카니(Ayatollah Sayyed Mahmud Taleqani, 이슬람혁명평의회 의장: 1979.05.01~09.09)를 만나서 샤 정권에 맞서는 공동의 목표를 선언하였다. 사이드 마흐무드 탈레카니는 당시 이란에서 호메이니의 대리인으로 활동하고 있었으며, 혁명 운동에서 매우 유명하고 인기 있는 지도자 중의 한 명이었다. 이란 유대인지식인협회는 유대인 공동체에서 가장 중요한 혁명 세력이 되었다. 이란 유대인 지식인 협회는 사회주의 특성을 띠었는데, 혁명을 주도하는 무슬림들과도 적극 협력하였다.

1978년 시위가 격렬해지면서 많은 부상자들이 테헤란 소재 정부가 운영하는 병원, 테헤란 대학 병원, 제국의료원 등으로 이송되었다. 그런데 정부가 운영하는 이 병원들은 부상자들을 외면하거나 샤의 비밀경찰인 사박(SAVAK)에게 넘겼다. 그러나 유대인이 운영하는 사피르 병원에서는 이러한 일이 발생하지 않았다. 따라서 많은 부상자들은 사피르 병원으로 이송되기를 원했다. 시위 참가자들은 정부가 운영하는 병원과는 달리 유대인 병원이 자신들을 잘 치료해 줄 것이며, 무엇보다도 샤의 비밀경찰 사박에게 자신들을 넘기지 않을 것으로 믿었다. 사피르 병원 고위층과 사이드 마흐무드 탈레카니가 긴밀하게 협력하면서 시위대를 위한 구조팀을 운영하였다.

사피르 병원 내의 가드 나임(Gad Naim), 마누체르 알리야시(Manuchehr Aliyasi) 등 고위급관계자들이 이란 유대인지식인협회에 동조하면서 두 기구는 긴밀한 인간관계로 연관되어 있었다. 특히 이란 유대인지식인협회 및 타무즈 창립자 중 한 사람이었던 하룬 파르비즈 예하야(Harun Parviz Yesha'ya)는 이슬람혁명 이후에 사피르 병원장이 되었다.

1942년 설립 이후, 거의 80년 동안 자선병원으로 무료로 운영되던 사피르 병원은 2020년 7월 25일 재정난으로 문을 닫았다. 1942년 테헤란 소재 유대인 거주지역 우들라잔(Oudlajan)에서 폴란드 출신의 유대인들이 장티푸스에 감염된 옷을 가난한 사람들에게 싼값에 팔았고, 이로 인해 장티푸스가 우들라잔에 널리 퍼졌다. 이때 장티푸스에 걸린 사람들을 치료하기 위해서 사피르 병원이 설립되었고, 이후에는 저소득층에게 의료 서비스를 제공해왔다. 그런데 2020년 이후 사피르 병원은 이란 보건부로부터 재정적인 도움을 전혀 받지 못해서 병원 운영이 불가능한 것으로 알려졌다.

1979년 2월 1일 시아파의 고위 성직자이자 미래의 이란 최고 지도자인 아야톨라 호메이니가 이란으로 돌아왔다. 이때 이란 최고 랍비 에디디아 쇼펫(Iranian Chief Rabbi Yedidia Shofet)이 이끄는 5,000명의 유대인들이 호메이니를 환영하였다. 그들은 호메이니의 사진과 '유대인과 무슬림은 형제다'라고 쓰인 팻말을 들었다.

1979년 5월 14일 유대인 공동체 수장이자 사업가인 하빕 엘가니안(Habib Elghanian)이 시온주의 간첩 활동 및 이스라엘에 기부금을 내고, 부패한 죄로 처형 되었다. 엘가니안의 처형은 해외에서 이란 유대인들의 운명에 대한 우려를 불러 일으켰다. 국영 테헤란 라디오방송은 이러한 우려를 불식시키기 위해서 호메이 니가 7월 15일 그의 고향인 쿰에서 유대인 대표들을 만나 다음과 같이 유대인들 에 대한 공정한 대우를 약속했다고 보도했다.

"우리는 유대인 공동체와 시온주의자들을 구별한다. 우리는 이 두 가지가 서 로 다르다는 것을 알고 있다. 우리는 시온주의자들에게 반대한다. 그들은 유대 인이 아니고 정치인들이다. 유대 공동체와 이란의 다른 소수공동체들은 이 국가 의 구성원들이다. 이슬람은 그들을 사회의 모든 다른 사람들과 똑같은 방식으로 대우할 것이다." 이와같이 공식적으로 밝힌 그의 말에 따르면, 호메이니는 유대 인과 이스라엘 국가를 위해서 일하는 시온주의자들 구별하고, 시온주의 활동을 범죄로 규정했다.

1980~1988년 이란-이라크 전쟁 동안, 다른 이란 시민들과 마찬가지로, 이란 유대인들도 군대에 징집되어 이란 군대에서 싸웠다. 이 전쟁에서 100만~200만 명의 사람들이 사망했고, 유대인들 약 150명이 전투 중에 사망했다. 2014년 12 월 초, 이란은 테헤란에 세워진 이란-이라크 전쟁에서 전사한 유대인들을 추모 하는 '유대인 순교자들을 위한 기념비'를 공개했다. 이 기념비 건립식에는 이란 의회 의원 등 고위급인사들이 참가했다(Jewish Virtual Library 2021).

2021년 최근 서로 다른 통계 조사들을 종합해 보면, 전 세계 유대인들은 1,470만 명 정도이며, 이들 중 674만 명 정도가 이스라엘에, 570만 명 정도가 미 국에 거주한다. 2021년 전 세계 이란 출신 유대인은 30만~35만 명 정도이며, 이 들 중 이스라엘에 20만~25만 명, 미국에 6만~8만 명이 거주한다. 이란에 거주하 는 유대인들은 8천 5백 명~3만 명(서로 다른 통계가 존재)이다.

2020년 이란의회 선거에서 유대인 대표로 호마이윤 사마 나자파바디(Homayoun Sameh Yeh Najafabadi)가 당선되었다. 그는 "이란에서는 약 인구 30만 명당 1명의 대표(전체 의회의원 290명)가 의회에 진출하는 데 비해서, 이란 유대인은 1만 5천 명 인데 1명의 유대인 대표가 의회에 진출하므로, 이것은 헌법이 종교적 소수자에게 부여한 특권이자 배려의 상징이다. 이란 이슬람 공화국내에서 유대인 공동체는 무슬림들과 정확하게 똑같은 권리를 가지고 있다"라고 주장했다. 2021년 11월 14일, 그는 파르스(FARS) 뉴스와의 인터뷰에서 "이란 유대인 사회는 시온주의자 정권(이스라엘) 운동선수들과의 경쟁을 거부한 이란 선수들의 조치를 가치 있는 행동이라고 지지한다. 2021년 4월 이란 출신 전 세계 유도 챔피언 사예드 몰라이(Saeid Mollaei)가 이스라엘 선수와의 대결을 거부한 이유로 세계 유도연맹으로부터 자격정지 징계를 받았다"라고 주장하면서, 이스라엘 시온주의 정책에 대한 반대의사를 분명히 밝혔다.

이로써 현재 이란에 남아있는 유대인 공동체 대표는 이란 이슬람 공화국이 내세우는 시온주의자 및 이스라엘에 대한 반대에 동참하고 있는 것으로 보인다.

2. 이란과 이스라엘의 전략적인 관계

1) 샤 무함마드 레자 팔레비의 이란제국과 이스라엘

제2차 세계대전 초기에 레자 샤 팔레비(Reza Shah Pahlavi, 재위: 1925.12.15~1941.09.16)가 통치하는 이란제국(Imperial State of Iran, 1925~1979)에서 나치독일의 영향력은 절정에 달했고, 나치독일은 이란으로부터 중동 전역으로 영향력을 확장하려고 시도하였다. 더구나 레자 샤 팔레비가 나치독일을 편들고 있다는 것은 이미 널리 알려져 있었다. 그런데 1941년 6월 나치독일이 독일-소련 불가침 조약(Molotov–Ribbentrop Pact, 1939.08.23 체결)을 파기하고 이란 북쪽에 인접한 소련을 침공함으로써, 레자 샤 팔레비의 나치에 대한 우호적 태도는 연합국들을 매우 불안하게 만들었다. 이때 나치독일은 소련에 대항하는 기지로 이란을 활용하려고 시도하였다.

소련은 재빨리 연합국과 동맹을 맺었고, 1941년 7월과 8월에 영국은 이란제국에게 모든 독일인들을 이란에서 추방할 것을 요구했다. 그러나 레자 샤 팔레비는 독일인 축출을 거부했다. 결국, 1941년 8월 25일 영국과 소련은 이란을 기습 공격했고 레자 샤 팔레비 정부는 즉각 항복했다(Curtis 2008, 30). 이 침공의 전략적 목적은 소련으로 가는 보급선을 확보하고, 유전과 아바단 정유소(Abadan

Refinery, Anglo-Iranian Oil Company 소유)를 확보하고, 터키와 이란을 거쳐 바쿠 유전과 영국이 통치하는 인도로 진격을 시도하는 나치독일의 이란 내 영향력을 제거하는 것이었다. 결국, 1941년 9월 16일 영국은 레자 샤 팔레비를 강제 퇴위시키고 추방하였다. 샤의 직위는 그의 21살 난 아들 무함마드 레자 팔레비로 교체되었다. 이때 독일인들 대부분은 레자 샤 팔레비의 배려로 1941년 9월 18일까지 터키 국경을 통해 탈출했다. 이후 제2차 세계대전 동안, 이란은 영국과 미국이 소련에게 원조를 전달하는 주요 통로(Persian Corridor)가 되었다.

이란에서 나치독일이 축출되고, 영국의 영향력이 강화된 이후 1942년 시온주의자들이 운영하는 유대기구(The Jewish Agency)가 테헤란에 '팔레스타인 사무소(Palestine office)'를 개소하였다. 이 팔레스타인 사무소 개소 목적은 폴란드 출신 유대 난민들을 도와 팔레스타인으로 이민을 주선하기 위한 것이었다. 이 사무소는 이스라엘 공관으로 1979년 혁명 때까지 유지되었다. 그런데 1947년 11월 29일 팔레스타인 분할 찬반 투표에서 이란은 다른 이슬람, 아랍국가들과 함께 반대투표를 했다. 1947년 2월 영국이 팔레스타인 위임통치를 종결하겠다고 발표한 이후, 유엔총회는 유엔 팔레스타인특별위원회(The United Nations Special Committee on Palestine)를 설치하였고, 이 팔레스타인특별위원회는 팔레스타인 분할, 즉 예루살렘(베들레헴 포함)지역을 국제 통치하에 두고, 두 국가(유대국가와 아랍국가)수립을 권고하였다. 이 안은 유엔 56개 회원국 중 기권국과 불참국을 제외한 유효투표의 2/3의 찬성이 필요했다(홍미정 2015, 143). 당시 시온주의자들이 이 결의안을 지지하도록 압력을 행사한 것으로 알려졌다.

1947년 유엔 팔레스타인 분할안

분할	영토(%)	유대인(명)	아랍인(명)	전체(명)
유대국가	56.47	498,000	407,000	905,000
아랍국가	42.88	10,000	725,000	735,000
예루살렘	0.65	100,000	105,000	205,000
전체	100	608,000	1,237,000	1,845,000

그 결과 1947년 11월 29일 유엔 총회는 이 유엔 팔레스타인 분할안(United Nations

Partition Plan for Palestine)을 56개의 회원국 중 미국과 소련을 비롯한 찬성 33개 국가, 이란과 사우디아라비아를 비롯한 반대 13개 국가, 중국과 영국을 비롯한 기권 10개 국가로 통과시켰다. 반대한 13개 국가는 이란을 비롯하여 아프가니스탄, 이라크, 사우디아라비아, 레바논, 시리아, 파키스탄, 예멘, 터키, 이집트, 인도, 시암(태국), 쿠바 등 주로 이슬람 국가와 아랍국가들이었다. 이러한 이슬람 국가들과 아랍국가들이 팔레스타인에 유대국가 수립을 요구하는 유엔 분할안에 압도적으로 반대하는 국제적인 분위기는 이스라엘 국가 건설 이후에 이스라엘과 이란 사이의 관계가 왜 비공식적인 긴밀한 관계로 유지되었는지를 설명해 준다.

이러한 상황에서 이란의 사회경제적 개혁의 필요성은 서방, 특히 미국 및 이스라엘과 더욱 긴밀한 관계를 수립하도록 이끌었다. 결국, 1949년 샤 무함마드 레자 팔레비의 미국 방문 이후, 이란은 1950년 3월 6일 이란의회가 신년 휴회하는 중에, 이란 정부는 의회승인 없이 비공식적으로 이스라엘을 국가로 인정했다. 다음날 3월 7일 유엔총회의장이며 초대 유엔주재 이란대사인 나스르 알라 엔테잠(Naṣr-Allāh Entezam)이 유엔 이스라엘 대표부 대표이며 주미 이스라엘 대사인 압바 에반(Abba Eban)에게 이스라엘 국가 인정 사실을 통보했다. 3월 26일 이란 정부는 장관 직위를 가진 이란 외교관 레자 사피니아(Reza Safinia)를 특사로서 이스라엘로 파견하였다. 같은 해 6월 13일 JTA(Jewish Telegraphic Agency)는 "6월 12일, 이스라엘에서 테헤란을 대표하는 이란 전권대사 레자 사피니아는 예루살렘에서 공식 축하 연회를 개최하였는데, 이 사건은 이스라엘이 예루살렘을 수도로 선포한 이후(1949년 12월 13일 이스라엘 의회는 예루살렘을 이스라엘의 수도라고 투표로 결정하였다) 예루살렘에서 외국 외교관이 갖는 첫 번째 행사였다. 이 행사에는 데이비드 벤구리온 총리와 몇몇 장관들, 두 명의 최고 랍비들(아쉬케나지 최고 랍비: 이츠하크 할레비 헤르조그, 세파르디 최고 랍비: 벤지온 우지엘)이 참석했다"라고 보도했다. 이는 이란과 이스라엘 관계가 얼마나 긴밀하며 우호적인지를 보여주는 대표적인 사건이다.

한편 1951년 3월 15일, 이란의회 의원이며 국민전선당(The National Front)[44] 당

---

44) 무함마드 모사데크가 1949년 11월 국민전선당을 창립하였다. 국민전선당은 민족주의자, 자유민주주의자, 사회주의자, 상인계층, 세속주의자, 이슬람주의자 등이 참가

수인 무함마드 모사데크가 주도하는 이란의회는 이란 석유산업의 국유화법을 통과시켰다. 곧이어 4월 28일 의회는 모사데크를 총리로 선출하였고, 샤 무함마드 레자 팔레비가 그를 총리로 임명하였다. 모사데크가 총리로서 집권한 직후, 5월 1일 모사데크 총리는 영국계 앵글로-이란 석유회사(Anglo-Iranian Oil Company)를 국유화하여 그 자산을 국영 이란 석유회사(National Iranian Oil Company)에게 넘기고, 1993년에 만료예정이었던 앵글로-이란 석유회사의 석유채굴권을 취소하였다. 모사데크는 앵글로-이란 석유회사가 이란 석유의 대부분을 통제하고 있다고 보았다. 모사데크의 석유산업 국유화 조치 이후, 영국을 비롯한 서방측 석유회사들의 숙련 기술 인력들이 빠져나가고, 유럽에서 석유 수출 시장을 찾지 못한 모사데크 정부는 경제적 위기를 맞이하게 되었다.

1951년 7월 7일, 모사데크 정부는 재정난으로 인해서 예루살렘 영사관을 폐쇄하였으나 이스라엘 국가 승인을 취소하지는 않았으며, 양국 간 경제 협력은 계속되었다. 모사데크는 이스라엘 유니온 은행(Union Bank of Israel, Igud Le Yirael) 대표에게 이스라엘에 거주하는 이란 출신 유대인들에게 자금을 이체해 줄 수 있는지 물었다. 이 은행 대표는 우호적인 해결책으로 양국 사이의 상업적인 네트워크를 세우자고 제시하였다. 결국, 양 국가의 국립은행 사이에서 50억 달러의 정산협정(clearing agreement)이 체결되었다. 이렇게 모사데크 시대에도 이스라엘은 이란과 관계 정상화를 강력하게 추구하였다. 이때 이스라엘 관리들은 이스라엘을 법률적으로 승인하라고 이란에게 압력을 가하였다. 그러나 의회 내의 민족주의자들과 강력한 종교인들 때문에, 모사데크 정부는 이스라엘과의 관계를 법률적으로 승인할 수가 없었다. 이란은 이스라엘의 공산품, 의료 장비 수입 및 기술 지원의 대가로 농산물을 제공하였다. 1953년 6월 11일, 이스라엘과 이란 국립은행들 사이에 신용대출 개설에 관한 협정이 체결되었다. 이때 이란-이스라엘 무

한 폭넓은 스펙트럼을 가진 조직이었다. 1951년 4월 국민전선당은 무함마드 모사데크를 총리로 정부를 구성하였다. 국민전선당은 세속적 분파와 종교적 분파 사이에 분쟁이 있었다. 시간이 지나면서, 국민전선당은 세속적 자유주의자들이 주도하는 조직으로 점차 부상하였다.

역회사(IRIS)도 설립되었다.

그런데 1952년 10월 영국대사관과 관리들이 이란에서 축출되었다. 이때 영국은 미국에게 모사데크 정권이 불안정하고, 공산주의자들의 지배하에 들어갈 수 있으며. 이란이 공산주의자들의 지배하에 들어간다면, 이란의 엄청난 석유 자산이 공산주의자들의 지배하에 들어가게 될 것이라고 주장하였다. 이것은 미국이 이란 정치에 직접 개입하는 동기가 되었다.

1953년 8월 15일 샤 무함마드 레자 팔레비가 영국 및 미국 CIA와 공모하여 모사데크를 권좌에서 강제로 축출하라는 칙령에 따라, 1953년 8월 19일 파즈롤라 자헤디 장군이 탱크부대를 동원하여 모사데크를 축출하였다. 이 사건은 미국이 냉전 시기에 외국 정부 전복에 처음으로 참여한 영미 비밀 합동작전이었다. 이 쿠데타 이후 이스라엘-이란 관계는 더욱 강화되었다. 이후 1956~1963년 이스라엘 즈비 두리엘(Zvi Duriel)이 테헤란에 외교사절로 파견되어 활동하였다.

1953년 8월 19일 모사데크를 축출한 쿠데타 성공 이후, 샤는 점점 더 권위주의적이 되었고, 이란은 미국 및 이스라엘과 수십 년 동안 더욱 긴밀한 관계에 접어들었다. 특히 1956년 수에즈 위기 이후, 이집트에 맞서 이스라엘과 이란은 이러한 긴밀한 협력관계를 강화하였다. 이 과정에서 1957년 샤 무함마드 레자 팔레비는 미국 중앙정보국과 이스라엘 모사드의 도움으로 비밀경찰이며, 국내 보안 및 정보기관으로 사박을 창설하였다. 사박은 샤의 통치권을 강화하기 위해서 창설한 비밀경찰로 반대파들을 자의적으로 체포하여 고문하면서 반대파를 제압하기 위해 사용되었고, 최고 정점에서 6만 명의 조직원(15,000명 이상의 상근 인력과 수많은 시간제 정보원)들이 활동하였다. 사박은 총리실에 소속되었고, 사박 국장은 국가안보 업무를 담당하는 부총리 직함을 맡았다. 사박의 많은 간부들은 동시에 군대에서 복무했다. 1979년 이슬람 혁명 이후, 아야톨라 호메이니 정부하에서 1979년 2~9월 사이에 처형된 248명의 군인들 중 61명이 사박 간부들이었다. 호메이니 정부는 사박을 정보 보안부, 사바마(The Ministry of Information and Security, MOIS 혹은 Savama)로 대체하였다.

비록 이스라엘과 이란 외교 공관이 테헤란과 텔아비브에서 각각 운영되고 있었지만, 양국 관계는 '애매하게 비공식적'으로 남아서, 1979년 혁명 때까지 계속

작동했다. 양국 간의 실질적인 관계는 이란이 이스라엘 석유 수요의 60%를 공급하고, 무역, 수출입, 테헤란행 엘 알(El-Al flights) 정기 항공편, 학생 교류 등 다양한 분야에서 존재했다. 이스라엘과 이란은 농업, 의학, 군사 등 세 가지 주요 분야에서 특히 강력한 관계를 발전시켰다. 이스라엘 전문가들은 카즈빈 프로젝트(Qazvin project)와 같은 다양한 개발 프로젝트에서 이란과 협력하였다. 1962년 9월 이란의 카즈빈 지역에서 발생한 지진 이후, 카즈빈 프로젝트를 통해서 이스라엘은 이란의 구호 활동을 지원하기 위해 계획 전문가들을 보냈다. 이스라엘 전문가들로 구성된 팀이 지진 지역을 조사하고 폐허가 된 마을을 재건하기 위해 파견되었다. 이로 인해 여러 마을에 대한 종합적인 지역 계획과 세부 계획이 수립되었다. 이스라엘의 이란 지원은 또한 양국 간의 관계를 강화하기 위한 것이었다. 카즈빈 지진은 건축을 포함한 다양한 분야에서 이스라엘의 전문지식을 입증하고 개발 주체로서의 이스라엘의 국제적 이미지를 공고히 하는 기회를 제공했다.

1973년부터 1977년까지 테헤란 소재 이스라엘 공관 2인자였던 아리에 레빈(Aryeh Levin)은 더 타임스 오브 이스라엘(The Times of Israel)에 "1956년 수에즈 작전 이후 아랍과 서방세계로부터 석유 구매를 거부당한 이스라엘은 이란산 석유 구매에 성공했다. 그 대가로 이스라엘은 이란의 농업, 도시계획 등에 크게 기여했다. 특히 1962년 카즈빈 지역에서 발생한 비극적인 지진 이후, 이란인들은 이스라엘인들을 헌신적이고, 열심히 일하며, 도움을 주는 사람들이라고 생각하였다. 이스라엘인들은 카즈빈 지역에서 그들의 농업, 마을 건설, 공동체 조직을 계획하고 다시 만들었으며, 우수한 농업인인 이란인들을 도와 현대적 생산과 농사를 지도하는 재능 있고 경험 많은 전문가들이었다"라고 밝혔다. 이때 이스라엘과 이란 사이에 무역 관계가 번창했을 뿐만 아니라, 이스라엘 관료들은 이란 정부와 샤 무함마드 레자 팔레비와도 매우 긴밀한 관계를 유지했다.

1970년대 중반 이란의 무기개발 및 군사력 강화 정책은 이스라엘과 협력으로 시작된 것으로 보인다. 1977년 4월 이란의 샤 무함마드 레자 팔레비와 이스라엘 국방장관 시몬 페레스(재임: 1974.06.03~1977.06.20; 1995.11.04~1996.06.18)가 이스라엘-이란 프로젝트(암호명 Flower)를 '무기와 석유 교환협정(oil for arms)'으로 체결하였다. 이 프로젝트는 이스라엘이 이란에 판매하기 위한 수십억 달러 규모의 첨단

지대지 미사일, 즉 무게 750kg 사거리 300마일의 탄두를 탑재한 미사일을 생산하는 사업이었으며, 이 미사일들은 핵탄두를 장착할 수 있는 것이었다. 이란의 첨단 지대지 미사일 보유는 이란을 중동에서 가장 강력한 군사 강국으로 만들려는 샤 무함마드 레자 팔레비 계획의 일부였다. 1978년 이란은 첨단 지대지 미사일 개발 계약금으로 2억 6천만 달러 상당의 석유를 카르크 섬(Kharg Island)에서 선적하여 이스라엘로 보냈다. 이 협정은 이스라엘에게 첨단 무기개발을 위한 자금뿐만 아니라 석유공급도 보장해 주었다. 1979년 2월 이슬람혁명이 발발했을 때, 이스라엘은 이란에게 제공할 첨단 지대지 미사일을 거의 완성했다. 그러나 이슬람혁명 발발로 이스라엘과 이란 사이의 군사 협력 사업은 중단되었다.

그런데 2013년 11월 1일자 타임스 오브 이스라엘에 따르면, 이란은 1957년 「원자력의 평화적 이용에 관한 연구(Research in the peaceful uses of atomic energy)」에서 미국과의 협력 계획을 발표하면서 공식적으로 평화적 핵 프로그램을 시작했다. 이란은 1967년 테헤란에 미국이 제공한 연구용 원자로를 갖춘 핵연구센터를 열었다. 1968년 이란은 핵확산금지조약(NPT)에 서명하고, 1970년 비준했다. 그러나 1979년 이슬람혁명으로 이 분야에 대한 이란과 미국의 공식적인 협력도 끝났다.

2) 아야톨라 호메이니의 이란이슬람공화국과 이스라엘

1979년 이슬람혁명 이전에 아야톨라 호메이니는 이스라엘을 샤 무함마드 레자 팔레비 정권의 지지자로 간주하고, 팔레비 정권과 이스라엘의 긴밀한 유대관계에 대하여 매우 비판적이었다. 1979년 2월 11일 시가전에서 반란군들이 샤에게 충성하는 군대를 제압하고 아야톨라 호메이니가 공식적으로 권력을 장악하였다. 2월 18일 이슬람혁명 임시 정부는 이란과 이스라엘의 관계를 완전히 단절할 것이라고 발표했다.

그런데 이슬람혁명 세력이 시가전에서 미국 무기로 무장한 40만 명의 군대를 어떻게 제압했을까? 이 의문은 새롭게 기밀 해제된 미국 정부 문서들을 인용한 2016년 6월 3일 다음의 BBC 보도에서 일정부분 해소되었다. 1979년 1월 27일 아야톨라 호메이니가 지미 카터 정부에 거래를 제안하는 다음과 같은 비밀 메시지를 보냈다. "이란 군부 지도자들은 당신의 말을 듣지만, 이란 국민들은 내 명령을 따른다. 카터 대통령이 군부에 영향력을 행사해서 정권인수의 길을 열어준다면, 내가 국민을 진정시킬 수 있고, 안정이 회복될 수 있으며, 이란에서 미국의 이익과 미국 시민들은 보호받을 것이다." 이 비밀 메시지는 프랑스에 체류하던 호메이니의 참모인 이란계 미국인 의사 에브라힘 야즈디(Ebrahim Yazdi)와 프랑스 주재 미국 대표 웨런 지머만(Warren Zimmermann) 등이 수차례 직접 대화한 최종적인 결과이며, 호메이니의 이란 귀환과 권력 장악을 이끌어냈다. 텍사스 휴스턴에 거주하는 야즈디는 이미 CIA 요원 리차드 코탐(Richard Cottam)을 통해 워싱턴 미국 관리들과 관계를 맺고 있었다. 사실 카터 행정부는 1978년 이란 반정부 시위 때부터 이란 정권 교체 논의를 해온 것으로 알려졌고, 호메이니가 이에 응답한 것이다. 그러나 이란 혁명에 관하여 일반적으로 널리 알려진 이야기에 의하면, 호메이니는 용감하게 미국에 저항했고, 샤의 권력을 유지시키려고 노력하는 '그레이트 사탄' 미국을 물리쳤다.

이란 태생의 바흐람 알레비(Bahram Alavi)가 1988년에 쓴 「호메이니의 이란: 이스라엘 동맹(Khomeini's Iran: Israel's Ally)」에 따르면, 이스라엘은 샤 무함마드 레자 팔레비 통치 동안에 이란 사박 요원을 영입하여 이스라엘의 외부 정보기관인 모사드와 협력하게 하였다. 이스라엘이 고용한 사박 요원 중에는 마누체르 고르바니파르(Manucher Ghorbanifar)가 있었다. 1979년 이슬람혁명으로 샤가 몰락한 후에, 고르바니파르를 비롯한 무함마드 레자 팔레비 통치하의 사박 요원들은 계속해서 호메이니 통치하의 사바마 요원으로 일하면서 이스라엘과의 계약을 유지했기 때문에 이스라엘에게 매우 유용했다. 고르바니파르는 이스라엘 모사드와 호메이니의 사바마를 위해 일했다. 이란-이스라엘 관계에서 그들의 중심적인 역할은 이란의 샤와 미국 중앙정보국과 이스라엘 모사드가 협력하여 창설한 비밀경찰을 유지하기로 한 호메이니의 결정으로 가능해졌다. 호메이니 정권은 1979년 2~9월에 사박의 전직 수장 세 명을 처형하고, 사박 조직의 이름을 사바마로 바꾼 것 외에, 그 기능을 거의 바꾸지 않았다. 호메이니 정권은 많은 사박 요원들을 사바마 요원들로 다시 고용하였고, 사바마 요원들은 사박 요원들이 샤를 위해 수행했던 것과 같은 임무를 부여받았다. 이 사바마 요원들이 이스라엘과 이란이슬람공화국 사이에서 무기거래 등에서 핵심적인 역할을 하였다.

이로 미루어 볼 때, 샤 무함마드 레자 팔레비 시대와 이란이슬람공화국 시대는 정권 및 표면적으로 내세우는 이념은 바뀌었으나, 실제 정책에 있어서 이스라엘과의 관계는 연속성이 있으며, 내부적으로도 권위주의적이며 억압적인 정권유지 방식은 차이가 거의 없다는 것을 의미한다.

1979년 8월 7일, 호메이니는 '예루살렘의 해방을 전 세계 무슬림들의 종교적 의무'라고 선언하면서, 라마단의 마지막 금요일을 전 세계 무슬림들이 연대하여 시온주의와 이스라엘에 반대하고 억압받는 팔레스타인인들을 지지하는 '예루살렘의 날(Quds Day)'로 선포하였다. 이로써 이란 이슬람혁명정부는 이스라엘 지배로부터 팔레스타인 해방운동을 주도하는 팔레스타인 해방기구(PLO) 편에 서는 것처럼 보였다.

사실, 샤 무함마드 레자 팔레비 통치 동안, PLO는 이란 반체제 인사들과 긴밀한 관계를 유지하였고, 많은 이란 반체제 인사들은 1970년대에 레바논의 PLO 캠프에서 훈련을 받은 것으로 알려졌다. PLO 또한 1979년 혁명을 지지하였고, 1979년 2월 17일 야세르 아라파트는 31명의 대표단을 이끌고 테헤란을 방문하였으며, 18일 호메이니를 만났다. 야세르 아라파트는 "오늘 이란 혁명이 중동의 세력 균형을 뒤집어 놓았다. 오늘은 이란, 내일은 팔레스타인"이라고 선언했다. 테헤란 라디오 방송은 "아라파트는 이란이 전력을 강화한 후에, 이스라엘에 대한 승리문제로 눈을 돌릴 것이라는 서약을 호메이니로부터 받았다"라고 보도했다.

2월 18일 야세르 아라파트 환영행사에서 총리 메흐디 바자르간(Mehdi Bazargan, 재임: 1979.02.04~1979.11.06)이 이스라엘 외교에서 중심 역할을 했던 테헤란 소재 이스라엘 공관이며 이스라엘 외교의 중심지였던 팔레스타인 사무소의 열쇠를 아라파트에게 넘겨줌으로써, 팔레스타인 사무소는 PLO에게 넘어갔다. 동시에 아야톨라 호메이니가 이끄는 시아파 운동이 이란을 정치·군사적으로 장악한 이후 샤 무함마드 레자 팔레비가 통치하던 이란과 이스라엘의 긴밀한 정치·군사적 관계가 종식되고, 이란의 정책이 아랍국가들과 PLO에 우호적으로 바뀔 것이라고 예상되었다.

실제로 18일 이란 혁명 임시정부는 이란과 이스라엘의 관계를 완전히 단절할 것이라고 발표했고, 이란 국영 테헤란 라디오 방송은 "모든 이스라엘인들은 이 란을 떠나고, 이스라엘 주재 이란 대표들은 귀국하라는 명령을 받았다"라고 보 도했다. 따라서 표면적으로 이스라엘과 이란 혁명 정부와의 사이가 완전히 단절 된 것처럼 보였다.

그러나 이란-이라크 전쟁이 발발하면서, 상황이 완전히 달라졌다. 1980년 9월 22일 이라크가 이란을 공격함으로써, 8년 가까이 계속되다가 1988년 8월 20일 종결된 이라크-이란 전쟁이 시작되었다. 100만~200만 명 정도의 엄청난 인명 살 상을 초래한 장기 지속적인 이 전쟁의 결과, 이라크는 이란의 영토를 장악하거 나 이라크와 국경을 접하고 있는 이란 석유생산의 중심지 쿠제스탄 주(Khuzestan Province, 이란 내륙 유전 매장량의 80%, 이란 전체 유전 매장량의 57% 보유)에서 아랍분리주의 를 강화하는데 실패했고, 이란은 이라크 군사력을 무력화시키거나 사담 후세인 정권을 붕괴시키는데 실패했다. 사실 이 전쟁으로 무기 판매상들만 이익을 본 것으로 보인다.

이란이슬람공화국과 PLO 사이의 관계는 아라파트가 이란-이라크 전쟁 동안 이라크를 지원하는 아랍세계에 합류하면서 악화되었다. 게다가 호메이니 정권 은 팔레스타인의 민족운동을 장악하기 위하여 PLO 내에 이슬람근본주의 파벌 을 만든 다음 PLO 내 세속적인 지도부를 친이란 이슬람 근본주의 지도부로 대 체하려고 시도하였다. PLO 지도부가 이란의 이슬람 근본주의자들 침투에 저항 하자, 호메이니 정권은 관영언론에서 PLO를 "팔레스타인의 대의를 이슬람운동 의 불가분의 구성 요소임을 인정하지 않는 세력"이라고 공격함으로써 PLO와 이 란 이슬람 공화국과의 관계가 최종적으로 결렬되었다. 현재까지 이란이슬람공 화국은 세속주의자들에 맞서 팔레스타인 해방운동의 한 축을 담당하는 이슬람 주의 세력으로 1981년 창립된 이슬람지하드와 1987년 창립된 하마스를 후원한 다. 결과적으로 이러한 이란이슬람공화국의 정책은 팔레스타인 민족주의 조직 들의 통합을 막고, 팔레스타인 조직들을 분할통치하는 이스라엘 전략에 기여한 것으로 보인다.

게다가 이란-이라크 전쟁은 이스라엘과 이란이슬람공화국이 무기거래를 시 작하는 계기가 되었다. 이때, 이스라엘과 이란이슬람공화국 사이의 동맹이 은밀하게 구축되기 시작한 것으로 보인다. 1980년 이라크-이란 전쟁이 시작되자, 이란이슬람공화국 대표단은 파리에서 이스라엘 국방부 차관을 만나 '무기와 유대인 교환협정(Jews for arms deal)'을 체결했다. 이 협정으로 이란은 유대인들의 이민을 허용했고, 이스라엘은 치프틴 탱크와 미국제 F-4 팬텀 항공기를 위한 탄약과 예비 부품을 이란에 팔았다.

이후, 이란이슬람공화국은 이란 유대인들의 이주를 허용하였으며, 이슬람혁명 이후 10년 동안 이란 유대인 약 6만 명 정도가 미국, 이스라엘, 유럽 등지로 이주하였다. 사실 8년 가까이 계속된 장기 지속적인 전쟁에서 유대인들이 전쟁터를 떠나 이주하는 것은 이란이슬람공화국 정부가 유대인들에게 부여한 혜택으로 보인다.

텔아비브 대학의 자페 전략 연구소(The Jafe Institute for Strategic Studies)에 따르면 1981년부터 1983년까지 이스라엘이 이란에 판매한 무기는 총 5억 달러에 달했다. 이란은 이 무기 구매비용 대부분을 석유로 이스라엘에 지불하였다. 호메이니 정부를 위해 일한 이란의 무기상 아흐마드 하이다리(Ahmad Haidari)에 따르면, 이란/이라크 전쟁 초기에 이란이 수입한 무기 중 약 80%가 이스라엘을 통해서 들어왔다(Parsi 2007, 106). 무기는 정권 유지 및 강화에 필수적인 요소이고, 무기거래는 국가 간 동맹의 핵심적인 동력이며 상징이다.

1991년 12월 8일 뉴욕 타임즈(The New York Times) 보도에 따르면, 보도 직전 3개월 동안의 100명 이상의 전현직 정부관리, 무기거래상, 정보 요원들과의 인터뷰를 포함한 뉴욕 타임즈 자체 조사는 "1981년에 미국무장관 알렉산더 헤이그(Alexander Haig, 재임: 1981.01.22~1982.07.05)와 이스라엘 총리 메나헴 베긴(Menachem Begin, 재임: 1977.06.20~1983.10.10)은 이란이 이스라엘에게 요청한 미국산 예비 부품과 기타 장비 문제를 사안별로 검토하고 승인하기로 합의했다"라는 것을 밝혀냈다. 1981년 이스라엘 국방부 고위관리로 후에 외무부 국장을 지낸 아브라함 타미르(Avraham Tamir) 소장은 전화 인터뷰에서 무기거래를 다음과 같이 밝혔다. "매달 우리는 이란에 팔고 싶은 미국제 무기 목록과 예비 부품 목록을 미국에게 주었다. '구두 합의'는 적어도 18개월 동안 유효했고, 우리는 그 당시 이스라엘 주재 미국 대사였던 사무엘 W. 루이스(Samuel W. Lewis, 이스라엘 대사 재임: 1977.05.25~

1985.05.31)에게 요청 사항들을 기록한 목록을 주었다. 헤이그 장관과의 합의에 따라, 1981년과 1982년 미국산 무기를 이란에게 판매하였다. 그 후 세계 각국의 무기 무역상들, 이스라엘인, 미국인들, 영국인들이 이란에게 무기를 계속 판매했다. 이란에게 판매한 미국제 무기는 수십억 달러에 이른다"라고 밝혔다.

이렇게 이란이슬람공화국에게 무기를 제공한 이스라엘의 동기에 대해, 1981년 메나헴 베긴 총리는 "1980년 9월 시작된 전쟁에서 이라크가 승리하는 것을 보지 않으려는 이스라엘의 강한 열망 때문에 이란에 예비 부품을 기꺼이 제공하려고 했다"라고 밝혔다. 당시 이스라엘은 중동 역내에서 이라크를 가장 큰 적으로 보고, 1981년 6월 7일 이라크 원자로를 파괴하였다. 이때 이스라엘 국방부 장관 아리엘 샤론(국방장관 재임: 1981.08.05~1983.02.14)은 "이스라엘이 이란보다 이라크를 더 큰 적으로 간주했기 때문에, 이란이슬람공화국에 무기를 판매했고, 무기판매는 미국 관리들과 철저히 논의되었다"라고 미국에서 연설 중에 밝혔다. 1982년 10월, 당시 주미 이스라엘 대사였던 모세 아렌스(Moshe Arens)는 "이스라엘이 이란에 무기를 수송하는 것은 미국 정부의 최고위층과 조율하여 이뤄지고 있다"라고 밝혔다. 미국도 이라크가 이란을 지배하게 되면 역내에서 소련의 영향력이 지나치게 강화될 것을 우려하면서, 이스라엘의 대이란 정책에 공감한 것으로 보인다.

당시 이란이슬람공화국 무기고는 샤 무함마드 레자 팔레비 통치기간 동안 획득한 미국제 무기와 영국제 무기에 바탕을 두고 있었기 때문에 특히 미국제 및 영국제 군사 장비를 필요로 했다(Hunter 1986, 2). 1980년 10월 24일, 스콜피온 탱크(Scorpion tank) 부품과 F-4 제트기용 타이어 250개가 이스라엘에서 이란으로 운송되었다. 비슷한 시기에 이스라엘 소유의 다른 군수품들이 유럽의 저장소에서 이란의 차바하르, 반다르 압바스, 부셰르 항구로 비밀리에 수송되고 있었다. 군수품에는 미국이 제작한 F-4 제트기, 헬리콥터, 미사일 시스템을 위한 예비 부품이 포함되어 있었다.

1981년 1월 20일 대통령 취임 직후, 레이건 행정부는 이스라엘에게 이란정부에 수십억 달러 상당의 미국제 무기, 예비 부품, 탄약을 팔도록 허락하였다. 1979년 테헤란 주재 미국 대사관에서 납치된 미국인 인질들이 레이건 대통령 취임과 함께 석방되고 난 이후, 불과 몇 달 만에 무기가 이란으로 이송되었다(Hersh 1991, Dec. 08). 1981년 7월 터키-소비에트 국경에서 이 무기들을 운반하던 3대의 항공기 중 1대가 추락하면서 이스라엘에서 이란으로의 비밀 무기 수송이 폭로되었다. 이스라엘 관리들에 따르면, 이 3대의 수송기는 레이건 대통령의 취임식 날 테헤란 주재 미국 대사관의 인질들이 풀려난 직후 레이건 행정부로부터 허가를 받은 것이었다.

1981년 9월 16일 유엔주재 이라크대표부 대표 사이브 바피(Saib A, BAFI)가 유엔 총회에 보낸 공식 서한은 이란 이슬람 공화국 정부와 이스라엘 사이의 무기 협력(Arms cooperation between the ruling regime in Iran and the Zionist entity)에 관하여 상세하게 설명하고 있다. 이 서한은 이스라엘, 미국, 이란이슬람공화국 사이의 무기 거래 협상 내용, 장소, 시기, 무기 종류 및 무기 운반 경로 등을 다음 기사들을 인용하여 구체적으로 폭로하고 있다. 1980년 11월 2일 런던 주간 옵서버(Observer), 1980년 11월 3일 서독의 디 벨트(Die Welt), 1980년 11월 5일 파리에서 발행된 정기 간행물 알 와탄 알 아라비(Al Watan Al Arabi), 1980년 11월 11일 프랑스의 V. C. D와 1980년 11월 14일 죈 아프리크(Jeune Afrique), 1981년 3월 31일 쿠웨이트 일간 알 시야싸(Al Siyassa), 1981년 7월 15일 미국 텔레비전 네트워크 ABC, 1981년 7월 21일 이스라엘 일간지 마리브(Maariv), 1981년 7월 24일 아르헨티나 두 개 일간지 크로니카(Cronica)와 라 프레사(La Prensa), 1981년 7월 25일 런던 선데이 타임즈(Sunday Times), 1981년 7월 27일 프랑스 신문 르 피가로(Le Figaro), 1981년 7월 27일 서독의 슈피겔(Der Spiegel), 1981년 7월 29일 스위스 로잔의 트리뷴(Tribune of Lausanne) 등이다.

세계 각국 신문들이 보도한 기사들로 볼 때 이란-이라크 전쟁 초기부터 이스라엘, 미국, 이란이슬람공화국 사이의 무기거래는 이미 전 세계적으로 이미 널리 알려져 있었다. 그러므로 호메이니가 통치하는 이란이슬람공화국이 표방한 反시온주의 · 반미 정책이 대외적으로 이스라엘이나 미국을 겨냥한 것이라기보다는, 사실은 대내적으로 팔레비 왕정을 전복시킨 이슬람혁명을 합리화시키고 내부 결속을 다지기 위한 명분으로 활용되었다는 것을 알 수 있다.

다른 측면에서 1978~1979년 이집트-이스라엘 평화 협정으로 이집트 아랍공화국이라는 이스라엘에 맞서는 강력한 적이 사라진 상태에서, 외견상 이스라엘에 맞서는 새로운 강력한 적으로 이란이슬람공화국이 등장한 것으로 보인다. 이러한 전략은 현재까지도 이스라엘의 팔레스타인 및 역내 분할 통치 전략, 대체로 세속주의를 추구하는 권위주의적인 정권과 이슬람 세력의 대결 구도라는 측면에서 활용도가 높은 것으로 보인다. 특히 이 정책은 아랍 정부들이 후원하는 서안을 통치하는 팔레스타인 자치정부와 이슬람 세력이 후원하는 가자를 통치하는 하마스 대결 구도에서도 매우 유용하게 활용되는 것으로 보인다.

이 과정에서 호메이니 정권은 이스라엘로부터의 무기구입에 반대하고 이라크와 평화를 추구하는 초대 이란이슬람공화국 대통령 아불 하산 바니 사드르(Abul Hassan Bani Sadr, 재임: 1980.02.04~1981.06.22)를 축출하였다.[45] 유엔주재 이라크 대표부 대표 사이브 바피가 유엔으로 보낸 서한은 1981년 8월 20일 미국 텔레비전 ABC가 방영한 바니 사드르의 인터뷰 내용을 포함한다. 이 인터뷰에서 바니 사드르는 "이상한 것은 이란이슬람공화국이 이스라엘로부터 무기를 구입한 것이다. 이스라엘 무기구입은 이슬람 성직자들이 권력에 대한 욕망이 매우 강력하다는 것을 보여준다. 내가 대통령이었을 때, 나는 이스라엘 무기구입을 반대했다. 나는 '만약 우리가 이스라엘 무기를 구입해야 한다면, 왜 이라크인들과 화해를 하지 않는가?'라고 의문을 제기했다. 나는 이라크인들과 화해하는 것이 이스라엘 무기를 구입하는 것보다 훨씬 낫다"라고 주장했다. 이와 같이 바니 사드르는 이스라엘과의 무기거래를 반대했으며, 각료회의에서 이란인들이 이라크와 화해하고 이스라엘과 무기거래를 하지 말아야 한다고 강조했다. 바니 사드르는 "이란이슬람공화국이 세속주의자들이 통치하는 이라크와 평화를 성취한다면, 이란 집권 종교세력은 이란 군대가 종교지도자들에게 등을 돌려서 전복당할 수 있다고 두려워하였다. 이러한 이유로 이라크와 평화를 성취해보려는 사드르 자

---

45) 2대 대통령 무함마드 알리 라자이(Mohammad-Ali Rajai, 대통령 재임: 1981.08.02 ~08.30)는 한 달 정도 통치하고 암살당했다. 3대 대통령은 현재 이란 최고 지도자 알리 하메네이(Ali Khamenei, 대통령 재임: 1981.10.09~1989.08.16, 최고지도자 재임: 1989.06.04~현재)였다.

신의 노력이 좌절되었다"라고 역설했다.

사실, 바니 사드르는 샤정권에 반대하는 운동과정에서 1963년 프랑스로 도피하여 호메이니가 이끌던 반정부 조직에 참가하였다. 1979년 2월 호메이니와 함께 귀국한 바니 사드르는 1980년 1월 25일 국민투표에서 무소속으로 출마하여 75.6%의 압도적인 득표(총 투표율 67.42%)로 4년 임기 대통령에 당선되어 2월 4일에 취임하였다. 그는 세속적이고 자유주의적이었으며, 성직자들이 직접 통치권을 행사해서는 안 된다고 생각하였다. 그러나 새로운 이슬람공화국 헌법 하에서 호메이니는 대통령을 해임할 헌법상의 권한을 가진 이란 최고지도자로서 실권을 장악했으며, 세속주의와 자유주의에 반대하는 이슬람 근본주의자들이 새로 구성되는 의회를 장악하면서, 바니 사드르 대통령 축출에 나섰다.

사실, 이란혁명기간 동안 세속주의적이고 자유주의적인 국민전선당은 이슬람공화국이 군주제를 대체하는 것을 지지하였고, 혁명정부 초기에는 민족주의의 주요 상징이었다. 그러나 1981년 6월 호메이니가 주도하는 의회는 대통령의 입법 저지권을 제한하는 법안과 보복법(the law of retribution, qisas, an eye for an eye)을 승인한 이후, 호메이니의 신정정치 세력과 국민전선당 · 바니 사드르 대통령 사이에 극심한 대립이 발생하였다. 1981년 6월 11일, 호메이니는 자신이 바니 사드르 대통령에게 1980년 2월 19일 수여한 이란 군사령관 직위를 박탈하면서 바니 사드르 대통령과 그의 측근들이 무력화시켰다.

1981년 6월 15일, 바니 사드르 대통령과 국민전선당은 테헤란 시민들에게 호메이니의 정책에 반대하는 시위에 참여할 것을 독려하였으며, 처음으로 호메이니에게 억압과 공포 정치에 책임이 있다고 호메이니를 직접 공격하였다. 이에 맞서 호메이니는 이 시위를 반란으로 규정하고 시민들에게 국민전선당에서 탈퇴할 것을 요구하였다. 세속적인 바니 사드르 대통령에 대한 호메이니의 공격도 이 과정에서 나왔고, 호메이니는 바니 사드르 대통령이 TV와 라디오에서 국민전선당이 주도하는 시위를 지지한 것에 대하여 공개 사과해야한다고 선언하였다. 호메이니는 국민전선당을 규탄하고, 보복법 반대자들을 배교자라고 위협하였다.

결국 1981년 6월 21일, 이슬람성직자가 다수를 차지한 이란의회는 바니 사드르 대통령에 대한 탄핵동의안을 채택하였고, 22일 호메이니는 이 탄핵동의안을 승인했다. 1981년 7월 28일 바니 사드르는 다시 프랑스로 망명하여, 호메이니 정권 전복을 호소하였다. 1981년 7월 국민전선당은 금지되었고, 공식적으로 불법단체로 규정되었다. 그러나 이란 내부에서 여전히 활동하는 것으로 알려졌다.

이와같이 이란 이슬람혁명 이후 상황은 1952년 이집트 혁명 이후의 상황과는 전혀 다르다. 1952년 이집트 혁명에서는 세속적인 자유장교단과 무슬림형제단이 연합하여 무함마드 알리 왕조를 축출하는 혁명을 성공시킨 후, 세속적이며 사회주의적인 자유장교단 출신의 나세르가 정권을 장악하고 무슬림형제단 세력을 축출하면서 이스라엘과 적대적인 관계를 구축하였다.

그러나 1979년 이란에서는 성직자들이 최종적으로 정권을 장악하고, 자유주의적이고 세속적인 혁명 동지들을 축출하면서 상징적으로 여성들에게 베일을 씌우는 정책을 채택하였다. 정권을 장악한 이란 이슬람 성직자들은 세속주의적이고 자유주의적인 반대파 국민전선당을 제거하고 이슬람 성직자들이 주도하는 권위주의적인 정권을 유지하기 위한 수단으로 이슬람을 활용한 것으로 보인다. 이란이슬람공화국은 1979년 혁명 동지였으며, 이스라엘과 무기거래를 반대하고 이라크와의 화해를 추구하던 바니 사드르 대통령을 제거하였다. 반면 이란이슬람공화국은 표면적으로 적대적인 관계를 설정한 이스라엘과 실제로는 긴밀한 협력관계를 유지하는 이중적인 정책을 취함으로써 정권을 유지·강화했다는 것을 주목할 필요가 있다.

2019년 2월, 이란이슬람공화국 초대 대통령 바니 사드르는 로이터와의 인터뷰에서 "호메이니는 1979년 이란혁명의 원칙을 배반했고, 그와 함께 테헤란으로 돌아온 사람들에게 매우 쓴 맛을 남겼다. 미국 대통령 도널드 트럼프가 경제제재를 통해 이란을 굴복시키려는 노력은 기존 체제를 강화하면서 일반 이란인들에게 피해를 입히는 역효과를 가져올 것이다. 트럼프 대통령이 이란을 내버려 둔다면, 이란 체제가 상상하는 것보다 훨씬 더 취약하다는 것을 알 수 있다"라고 주장했다.

이런 바니 사드르의 주장을 뒷받침하듯, 2016년 이후 이란에서는 정권에 반대하는 시위가 계속되고 있다. 특히 2019년 11월 15일 정부가 가스가격 200%

인상 발표 이후, 마슈하드(Mashhad), 케르만(Kerman), 쿠제스탄(Khuzestan) 등에서 반정부 시위가 발발한 이후 전국적으로 확산되었다. 이 시위대는 "성직자들은 왕과 같이 살고, 국민들은 더 가난해지고 있다"라는 구호와 함께 성직자들의 퇴진을 요구하면서, 테헤란을 비롯한 100개 이상의 도시로 퍼져나갔다. 이 시위에 맞서 2019년 11월 17일, 이란 최고 지도자 아야톨라 알리 하메네이(Ali Khamenei, 대통령 재임: 1981.10.09~1989.08.16, 최고지도자 재임: 1989.06.04~현재)는 정부 관리들과의 회의에서 "이란 이슬람 공화국이 위험에 처해 있다. 시위를 중단시키기 위해서 무엇이든지 해라. 이것은 내 명령이다. 만약 시위를 즉시 중단시키지 못하면, 책임을 묻겠다"라고 명령을 내렸다. 로이터 보도에 따르면, 하메네이는 시위대가 거리에서 자신의 포스터를 불태우고, 호메이니 동상을 파괴한 것에 격분한 것으로 알려졌다. 인권단체 메흐르 센터(Middle East Human Rights Center, Mehr Center)가 내놓은 보고서에 따르면, 2019년 11월 15~17일 3천 명 이상의 시위대가 이슬람공화국 보안대에 의해서 살해되었고, 2만 명 이상 체포되었다. 이는 1979년 이슬람공화국 수립 이후 가장 광범위하고, 격렬한 시위였던 것으로 알려졌다.

이러한 상황을 볼 때, 바니 사드르의 주장처럼 이란이 경제제재를 받지 않고, 개방되고 발전된 체제로 나아간다면, 성직자가 주도하는 보수적인 이슬람정권은 유지되기 힘들어 보인다. 이란이슬람공화국 정권에게 개방과 경제 발전은 양날의 칼이 될 수도 있다. 그런데 이스라엘에게는 세속적이고 자유주의적인 체제를 가진 이란보다, 권위주의적이며 취약한 체제를 가진, 적대적인 이란이슬람공화국이 중동의 한 축을 운영하는 형태로, 중동을 세속주의 세력과 이슬람 세력으로 분할 지배하는 것이 유리해 보인다.

3. 이란 핵문제와 이란-이스라엘 관계 전망

1981년 6월 7일 이스라엘이 이라크 원자로를 파괴한 직접 공격을 이란에 대해서도 할 수 있을까? 2021년 10월 18일, 이스라엘은 이란 핵 프로그램에 맞서는 군사 공격 가능성에 대비해서 15억 달러의 예산을 승인했다(The Times of Israel 2021, Oct. 19). 이스라엘이 1960년대 중반부터 중동 역내에서 군사적 우위 및 핵 독점을 누려왔다는 것은 비밀이 아니다. 이란은 이스라엘의 역내 군사적 우위 및 핵 독점에 도전하며, 이스라엘의 역내 패권을 위협하는 것처럼 보인다. 이스라엘은 이란의 핵무기 보유 시도에 맞서 군사 공격을 감행할 것이라고 위협하며, 이란에게 핵 프로그램을 포기하도록 끊임없이 요구하고 있다.

2021년 1월 출범한 미국 조 바이든 행정부는 이란 핵협정 복구 및 재협상을 진행하고 있다. 2018년 5월 트럼프 행정부는 2015년 7월 14일 오스트리아 빈에서 합의한 159쪽으로 된 이란 핵협정, 포괄적 공동행동계획(Joint Comprehensive Plan of Action, JCPOA)을 탈퇴하였다. JCPOA는 2014년 2월부터 2015년 2월까지 13차례에 걸쳐 미국-이란 협상을 통해서 마련된 이란 비핵화 방안을 유엔안전보장 이사회 상임 이사국인 미국, 영국, 프랑스, 중국, 러시아와 독일(P5+1)이 수용한 결과다. 2015년 7월 20일, 유엔 안전 보장 이사회 결의 2231호는 JCPOA를 승인하였다. JCPOA의 핵심은 이란이 핵개발 프로그램을 포기하는 대가로, 미국과 유럽연합(EU)이 이란에 대한 경제제재를 해제한다는 것이다. 국제원자력기구(IAEA)가 이란의 JCPOA 준수 여부를 검증하며, JCPOA는 2015년 10월 18일~2025년 10월 18일까지 10년 동안 실행된다.

그런데 이란이 분명하게 JCPOA를 준수했음에도 불구하고, 트럼프 행정부가 2018년 5월 8일 일방적으로 JCPOA에서 탈퇴하면서 이란에 대한 모든 제재를 다시 가했다. 2018년 5월 21일 트럼프 행정부의 국무장관 마이크 폼페이오(재임: 2018.04.26~2021.01.20)는 이란에게 재협상 조건으로 "영구적이고 검증 가능한 방식으로 핵 프로그램을 포기해야하고, 플루토늄 농축을 중단하고 재처리를 절대하지 말아야하며, IAEA에게 이란 전역에 대한 완전한 사찰을 허용하고, 탄도 미사일 규제, 레바논의 헤즈볼라, 팔레스타인의 하마스와 이슬람 지하드, 예멘의 후티 민병대 등에 대한 지원 중단, 시리아 전역에서 이란의 통제하에 있는 모든 병력 철수, 아프가니스탄의 탈레반 등 테러리스트에 대한 지원 중단, 이스라엘 파괴 위협 및 사우디아라비아와 아랍에미레이트로의 미사일 발사 등 위협 중단" 등을 요구하였다. 그러나 이러한 미국의 재협상 조건은 이란이 JCPOA를 위반했다는 내용을 포함하지 않았다.

이란과 나머지 국가들은 미국의 탈퇴에 반대했다. 2019년 5월 8일, 하산 로하니 이란 대통령은 미국이 JCPOA 탈퇴를 발표한 지 1년이 된 날, 국영방송에 출연해 이란도 우라늄 농축과 중수 생산 제한 등 JCPOA 일부 조항의 이행을 중단하겠다고 발표했다.

2021년 10월 14일, 이스라엘 신문 하레츠에 따르면, 이스라엘 총리 베네트는 전임 이스라엘 총리 네타냐후와는 달리, 도널드 트럼프 미국 대통령이 2018년 5월 8일 JCPOA에서 일방적으로 탈퇴한 것을 달가워하지 않는다는 것을 분명히 했다. 네타냐후 총리는 JCPOA를 역사적 실수라고 주장하면서 트럼프 대통령에게 탈퇴를 촉구한 것으로 알려졌다. 그러나 베네트 총리는 2018년 미국이 JCPOA 탈퇴한 이후 3년 동안 이란의 핵 능력이 대약진한 것으로 평가하면서 핵합의를 이란이 핵보유국으로 가는 길을 막는 최선의 방책으로 보고 있다. 사실, 미국이 JCPOA를 탈퇴할 때까지 이란은 JCPOA를 준수한 것으로 확인되었다.

2021년 11월 5일, 이란 국영 프레스TV에 따르면, 이란 원자력기구 대변인 베흐루즈 카말반디(Behrouz Kamalvandi)는 이란이 20% 농축 우라늄 210kg 이상을 생산했고, 순도 60%로 농축된 우라늄 비축량이 25kg에 달했다고 밝혔다. 이란 에브라힘 라에시(Ebrahim Raisi, 대통령 재임: 2021.08.03~현재) 정부는 미국의 모든 불법적인 제재를 제거하기 위해 핵협상을 재개할 것이라고 여러 차례 발표했다. 이란은 핵협상이 원활하게 타결되기를 원하지만, 열쇠는 미국과 이스라엘이 쥐고 있는 것으로 보인다.

사실, 2018년 5월 트럼프 행정부가 JCPOA을 탈퇴한 이후, 이란은 미국의 모든 불법적인 제재를 제거하기 위해 핵협상을 재개할 것이라고 여러 차례 발표했다. 이란은 미국과 유럽연합이 이란에 대한 모든 경제 제재를 해제하기를 원한다. 이란 국민들은 지난 3년 동안 미국의 경제 제재 강화와 Covid-19 대유행에 대한 정부의 대처 부족, 높은 청년 실업률(2018.07~2021.07: 28.3~22.1%) 속에서 고통을 받아왔다. 게다가 이란은 기후 변화 및 무리한 댐 건설로 인하여 강 하류 지역은 심각한 물 부족에 직면하고 있다. 이란 기상청에 따르면, 2021년 이란의 97% 지역이 가뭄을 겪고 있다. 2021년 7월에는 섭씨 50도에 달하는 쿠제스탄 주의 아랍계 농민들이 물 부족에 대하여 야간 시위를 벌였으며, 11월에도 이스파한 등지에서 식수 부족으로 인한 시위가 증가하고 있으며 다른 도시로 확산되고 있다. 이란 보안군은 실탄발사, 최류탄과 곤봉 등으로 시위를 폭력적으로 진압했고, 이 과정에서 일부 시위대가 사망한 것으로 알려졌다. 쿠제스탄 주 시위대 동영상에는 "시위는 평화적이다. 왜 총을 쏘느냐? 독재자에게 죽음을, 하메네이에게 죽음을" 등의 구호를 외치는 장면이 담겨있어, 이 시위대가 이란 최고지도자 아야톨라 하메네이를 겨냥하고 있음을 보여주었다.

그런데 2020년 9월 이후, 이스라엘은 아랍에미레이트, 바레인, 모로코, 수단 등과 국교정상화(아브라함 협정 체결) 등으로 역내 영향력을 강화하고 있다. 이런 상황에서 2021년 이란과 사우디, 아랍에미레이트는 2016년 단절된 관계를 복구하려 시도하고 있다. 이란과 사우디는 2021년 4월 이후 11월까지 4차례에 걸쳐 바그다드에서 고위급 회담을 개최했으며, 12월 6일에는 아랍에미레이트 국가안보 보좌관 셰이크 타흐눈 빈 자이드 알 나흐얀(Sheikh Tahnoon bin Zayed Al Nahyan)이 이란을 방문해 고위급 회담을 개최하였다. 이란과 두 아랍 왕국들의 화해 시도는 이란과 이스라엘 관계에도 영향을 줄 것으로 보인다.

사실, 아랍국가들과 이스라엘과의 관계 정상화는 2002년 3월 당시 사우디 왕세제 압둘라가 베이루트에서 개최된 아랍연맹 정상회의에서 아랍평화안(Arab Peace initiative)을 제안했을 때 이미 예고된 바 있다. 아랍평화안은 팔레스타인 국가 건설 및 이스라엘/팔레스타인 분쟁을 종식에 대한 응답으로 아랍국가들과 이스라엘이 관계 정상화를 한다는 내용이었다. 이 아랍평화안은 이스라엘/팔레스타인 분쟁 종식과 팔레스타인 국가 건설을 전제 조건으로 내세웠다. 그러나 당시에 중동 역내 문제에 정통한 연구자들은 이 아랍평화안의 실제 목표는 이스라엘-아랍국가들의 관계정상화라고 판단하였다. 결국, 2020년 아랍국가들은 이스라엘과 아브라함협정을 체결함으로써 이스라엘/팔레스타인 분쟁 종식 및 팔레스타인 국가 건설이라는 표면적인 아랍대의 명분을 버리고, 2002년 아랍평화안의 실제 목표를 성취하였다.

아랍국가들과 마찬가지로, 2003년 4월 말~5월 초 이란도 미국 국무부에 포괄적인 이란-미국 평화안을 제안했다. 로마 소재 국제 통신 서비스(Inter Press Service, IPS) 보도에 따르면, 존스 홉킨스 대학의 이란 외교정책 전문가이며, 「위험한 동맹: 이스라엘, 이란, 미국의 비밀거래(Treacherous Alliance: The secret dealings of Israel, Iran and the United States)」의 저자 트리타 파르시(Trita Parsi)가 이란-미국 평화안을 입수하여 공개하였다. 이 이란-미국 평화안에서 이란은 "2002년 아랍평화안을 수용하고, 1967년 국경 내에서 이스라엘인들에 대한 폭력 행위를 중단하도록 하마스와 이슬람 지하드 등에 압력을 가하고, 하마스와 이슬람 지하드 등에 대한 물질적 지원을 중단하고, 헤즈볼라가 레바논 내에서 단순한 정치 조직이 될 수 있도록 조치를 취하며, 평화적 핵 기술에 대한 완전한 접근을 조건으로 국제원자력기구(IAEA)의 훨씬 더 엄격한 통제를 받아들이겠다"라고 제안했다. 트리타 파르시를 비롯한 이란 안보정책 분석가들에 따르면, 이란 국가안보 고위관리들은 이스라엘의 존재를 수용하고 양보하는 대가로, 페르시아만 지역에서 이란의 안보와 지정학적·정치적 이익을 증진시키는 내용으로 구성된 미국과의 협상 문제를 오랫동안 논의해 왔다. 그러나 미국은 2003년 이란이 제시한 이란-미국 평화안에 대한 답변을 거부한 것으로 알려졌다. 이로 볼 때, 이란도 역시 이슬람 대의보다는 자국의 이익을 추구하고 국제사회에서 활발하게 기능하기 위해서 이스라엘과 관계 정상화를 이미 준비해온 것으로 보인다.

그런데 2005년 10월 26일 이란 대통령 마흐무드 아흐마디 네자드(재임: 2005.08.03 ~2013.08.03)는 '이스라엘을 지도에서 지워야 한다'라고 주장함으로써 국제적으로 논란이 되었다. 이때 이란 최고지도자이며 이란 외교정책의 궁극적인 책임자인 아야톨라 알리 하메네이는 "이슬람공화국은 결코 어떤 나라도 위협한 적이 없으며, 위협하지 않을 것"이라고 밝히면서 아마디 네자드의 발언이 국제사회에서 야기한 논란을 잠재우려고 시도하였다. 역사적으로 이란이슬람공화국 초기부터 이스라엘에 대한 이란 입장은 이란 내부 반대파들을 누르고 역내에서 편을 가르기 위한 공격적이며 선동적인 발언과 이와 모순되게 국익을 추구하는 전략적이고 실용적인 정책이 뒤섞여 있다. 따라서 이란의 외교정책을 이야기할 때, 공격적이고 선동적인 수사를 지나치게 강조하면, 실제 작동하는 정책이 은폐될 가능성이 있다.

이란이슬람공화국 초대 대통령 바니 사드르가 주장한 것처럼, 미국과 이스라엘 및 국제사회의 이란에 대한 제재가 일반 주민들에게는 경제적인 고통을 주지만, 이란 이슬람 정권에게 직접 위협이 될 것 같지는 않다. 오히려 2020년 5월 18

일 이란의회가 통과시킨 '이스라엘의 행위에 맞서기(Countering Israel's Actions)' 법 제정 등은 반정부 시위 등에 맞서 주민에 대한 감시와 통제를 강화하고, 일반 주민들의 정권에 대한 반대를 잠재우고, 주민들을 결집시키는 역할을 하는데 유효하게 활용될 것으로 보인다. '이스라엘의 행위에 맞서기' 법은 공식적, 비공식적 이스라엘 단체들과의 상업적·학술적·문화적 활동, 정치적 합의·협상·정보 교환 등을 금지하고 있다. 이 법은 이란의 모든 행정 기관은 평화와 안보를 해치는 시온주의 정권의 적대 행위 및 억압받는 팔레스타인인들, 이슬람 국가들, 이란이슬람공화국에 대항하는 범죄 등 시온주의자 정권의 적대 행위에 맞서기 위하여 지역적, 국제적 역량을 사용할 것을 규정한다.

사실상 이란과 이스라엘 갈등은 유대인이냐 혹은 무슬림이냐 등의 종교적, 이데올로기적 차이에서 촉발된 것이 아니며, 종교적·이데올로기적 열정으로 강화되는 것도 아니다. 그러나 양 국가는 종교적·이데올로기적 수사를 정치적 타협을 가로막고, 적대관계를 연출하는 수단으로 활용하는 것으로 보인다. 이란은 팔레스타인의 이슬람 세력들, 즉 하마스와 이슬람 지하드를 지원함으로써, PLO로의 팔레스타인 민족통합을 저지하고, 결국은 이스라엘의 팔레스타인인 분할통치 지배에 유리한 환경을 조성하고 있다. 이스라엘은 이란이슬람공화국의 반시온주의 수사를 활용하여 유대인들이 탄압받아왔으며, 강제로 추방되었다는 수사를 개발하고 활용함으로써, 유대인을 위한 이스라엘 국가 존재와 이스라엘 국가 방위를 위한 무장의 정당성을 주장한다.

결국, 이란이슬람공화국과 이스라엘은 각각 종교적이며 이데올로기적인 정치적 수사를 통해서 내부 반대파를 제압하고, 외부 동맹 세력들을 결집하고 지원한다. 이 과정에서 양국은 단기적으로 사안별로는 일진일퇴가 있으나, 장기적으로는 역내 정치에서 분할 지배를 위한 비가시적이며 은폐된 전략적 동맹 관계를 구축하고 있는 것으로 보인다.

제3장
이스라엘/팔레스타인 분쟁의 핵심은 무엇인가

Ⅰ. 분쟁의 핵심은 원주민 축출과 땅 몰수

2023년 10월 7일, 하마스는 '알아크사 홍수작전(Al-Aqsa Flood)'으로 2007년 이후 완전히 봉쇄당한, 하늘만 뚫린 가자 지구에서 이전에는 볼 수 없었던 규모와 맹렬한 기세로 이스라엘에 대한 공중, 지상, 해상공격을 실행하였다. 하마스는 이번 작전이 "점령된 동예루살렘의 알아크사 모스크 습격과 팔레스타인에 대한 이스라엘 정착민들의 폭력 증가"에 대한 보복이라고 밝혔다(MEMO 2023.10.12).

이스라엘군은 가자지구 내 하마스 목표물에 대한 '철의 검 작전(Operation Swords of Iron)'을 시작하면서, 가자 지구에 대한 물과 전기, 연료 공급을 중단하였다(AA 2023.12.10).

2023년 10월 가자 시티에 거주하는 하산 소압은 "사방에서 죽음의 냄새가 난다. 가자에서 사는 것보다는 차라리 죽는 게 낫다. 우리는 석기시대에 살고 있다"라는 글을 페이스북에 올렸다.

이번 가자 지구 공격 중에 이스라엘 정치인들은 가자의 팔레스타인인들에게 가자를 비우고 떠나라고 다음과 같이 강력하게 요구하였다. 가자 주민 축출은 이스라엘이 이번 전쟁을 통해서 성취하려는 목표로 보인다.

2023년 10월 8일, 이스라엘 총리 네타냐후는 가자 주민들에게 "지금 떠나라. 우리는 모든 곳에서 강력하게 활동할 것이다. 하마스와 관련된 장소를 폐허의 섬으로 만들 것"이라고 경고하였다(Israel Hayom 2023.10.08). 10월 9일, 이스라엘 국방부 장관 요아브 갈란트는 "가자 '완전 봉쇄' 발표: 전력, 식량, 연료 없음. 우리는 인간 동물들(human animals)과 싸우고 있다"라고 주장하였다(The Times of Israel 2023.10.09). 10월 10일, 이스라엘군 대변인 리처드 헤히트는 가자 주민들에게 이집트로 떠날 것을 권고하면서 "라파 국경은 여전히 열려 있다. 탈출할 수 있는 사람들은 누구든지 나가라"라고 말했다(The Cradle 2023.10.10; The Times of Israel 2023.10.10). 10월 12일, 네타냐후는 "하마스는 IS, 완전 제거"를 촉구하였고, 미국무장관 블링컨은 이스라엘을 방문하면서 "미국은 언제나 여러분 곁에 있을 것"이라고 응수하였다(Ahram 2023.10.12). 이러한 이스라엘의 가자 주민 축출 정책에 맞서, 10월 13일 팔레스타인 수반 마흐무드 압바스는 "가자 주민을 몰아내는 것은 '제2의 나크바(재앙)'다"라고 반대 의사를 분명히 밝혔다(Asharq Al-Awsat 2023.10.14). 이집트 대통령 알 시시는 "가자 주민들은 확고하게 그들의 땅에 남아 있어야한다"고 주장했고, 요르단 국왕 압둘라 2세는 "팔레스타인인들을 축출하면 안 된다. 그 이유는 위기가 주변국으로 확산하고, 난민 문제가 악화되기 때문이다"라고 주장했다(Ahram 2023.10.13).

　2023년 10월 17일, 이스라엘 국가안보 및 시온주의 전략 연구소(소장: 2017~2021, 네타냐후의 국가안보보좌관을 역임한 Meir Ben Shabbat)는 가자 지구의 완전한 인종청소를 위한 계획, 「전체 가자 지구 주민의 이집트 이주 및 최종 정착: 지금은 이집트 정부와 협력하여 가자 지구 전체를 비울 수 있는 독특하고 드문 기회」라는 제목의 보고서 내놓았다.

　이 보고서는 "가자 지구 전체 주민의 재정착과 경제적 회생을 위한 즉각적이고 실행 가능한 계획이 필요하며, 이 계획은 이스라엘, 이집트, 미국, 사우디의 경제적, 지정학적 이익과 잘 부합한다"라고 주장하였다(The Institute for National Security&Zionist Strategy 2023.10.17).

　이러한 이스라엘의 민간인 집단 학살에 맞서, 2023년 10월 23일, 동예루살렘 소재, 국제문제연구소(PASSIA) 소장, 마흐디 압둘 하디 박사는 다음과 같은

[세기의 사진]이라는 이름을 붙여 "이스라엘이 행하는 가자 집단 학살 가운데, 마법같은 미소와 고귀한 영혼을 가진 가족: 이들은 결코 떠나지 않을 것이며, 패배하지 않을 것이고, 사라지지 않을 것이다"라고 써서 필자에게 보내왔다.

세기의 사진

유엔 인도주의 업무조정국(UNOCHA)의 보고서에 따르면, 2023년 10월 7일 ~11월 10일 이스라엘군이 가자에서 11,078명을 살해하였고, 이 중 약 68%가 어린이(4,506명)와 여성(3,027명)이며, 부상자는 27,490명이다. 11월 2일 현재, 가자 지구에서 거의 150만 명 이상이 내부적으로 난민이 되었고, 149개의 UNRWA 시설에 69만 400명 이상 피난하고 있다. 이로 인해 이미 과밀화된 대피소에 대한 압박이 증가하여, UNRWA 시설 수용 능력의 4배를 초과하였다(OCHA 2023.11.02; OCHA 2023.11.10).

같은 기간에 이스라엘에서는 이스라엘인과 외국인이 약 1,200명 사망했으며, 이들 대부분은 10월 7일에 사망했고, 239명이 가자에 인질로 잡혔다(Haaretz 2023.11.03; Al Jazeera 2023.11.04).

2024년 3월 22일까지 이스라엘의 가자 공격은 계속되고, 가자 주민들 140만 명이 가자지구 최남단 이집트 경계 도시인 라파로 내몰려 계속 공격당하고 있다. 뿐만 아니라 2024년 3월 18일부터 이스라엘이 북부가자에 위치한 알 시파 병원 공격을 재개하면서, 3월 22일까지 5일 동안 170명 이상의 가자주민들이 사망한 것으로 알려졌다. 이 병원 의료진에 따르면, 이스라엘 군인들은 북부가자에서 부분적으로 운영되던 유일한 이 병원내부에 있는 주민들에게 떠나지 않으면 폭격하겠다고 위협했다. 이로 인해 환자들과 피난민들이 대부분 병원을 떠났다(The National 2024, Mar. 23).

유엔 인도주의 업무조정국에 따르면, 2023년 10월 7일부터 2024년 3월 21일까지 이스라엘군의 공격으로 가자지구에서 최소 31,988명의 팔레스타인인이 사망하고, 74,188명의 팔레스타인인이 부상당했다. 같은 기간 동안 동예루살렘을 포함한 서안 전역에서도 이스라엘군인과 정착민들이 팔레스타인인 434명을 살해했고, 어린이 725명을 포함해 약 5,000명의 팔레스타인인들이 부상당했다.

2024년 3월 22일 현재 134명의 이스라엘인과 외국인이 가자에 포로로 남아 있는 것으로 알려졌다. 이외에 가자에서 지상 작전 과정에서 2024년 3월 22일까지 250명의 이스라엘 군인이 사망하고, 1,489명이 부상당했다. 2023년 10월 7일경에 사망한 이스라엘인 및 외국인 1,200명 이외에 이스라엘 민간인들 사망자는 더 이상 보고되지 않았다(OCHA Services 2024, Mar. 22).

하마스 정치국장 이스마일 하니야는 알 샤티 난민촌 출신, 하마스 가자 지구 책임자 야히야 신와르는 칸유니스 난민촌 출신, 이번 이스라엘 공격을 주도한 것으로 알려진 무함마드 데이프도 칸유니스 난민촌 출신이다. 이 주요 하마스 수뇌부의 부모들은 1948년 전쟁으로 이스라엘 영역이 된 지역에서 축출된 난민이다. 이와 같이 가자 주민의 80%는 1948년 이스라엘 건국과 함께 발생한 전쟁으로 축출된 난민들이다. 고향에서 쫓겨난 팔레스타인 난민들은 1967년 이후, 56년 동안 이스라엘의 억압적인 통제와 무자비하고 비인간적인 인종차별 체제 아래에서 고통받아 왔다. 특히 가자 지구는 2007년 이후 이스라엘군의 봉쇄와 포위뿐만 아니라, 물과 전기도 통제받는 극심한 고통 속에 있는 하늘만 뚫린 감옥이다.

제2차 인티파다가 시작된 2000년 9월 29일~2024년 3월 23일까지 상대방에 의해서 살해된 수는 팔레스타인인 43,174명, 이스라엘인 2,749명이다(Israel-Palestine Timeline 2024.03.24).

이렇게 엄청난 인도주의적인 위기와 재앙을 초래하는 전쟁은 어떤 명분으로도 정당화될 수 없다. 전쟁에 대한 우리의 대응은 정치 이념의 문제를 넘어서 종교·종파·혈통·국적 같은 배타적인 정체성 규정과 무관하게 보편적인 인권에 토대를 두어야 한다.

이러한 이스라엘의 원주민 축출 정책은 1949년 8월 12일 제정된 제4차 제네바 협약의 위반이다. 제네바 협약은 점령지에서 피정복민 추방, 이송 및 소개를 금지하며, 점령 세력 민간인을 점령지로 이주시키는 것도 금지하고 있다. 이스라엘이 계속 추진해온 원주민 추방정책과 점령지로 유대 정착민을 이주시키는 정책은 제4차 제네바 협약 위반이다. 이스라엘-팔레스타인 분쟁의 기본구조는 내부동력을 무력화하는 영국, 미국의 정책 등 외부의 영향력이 과도하게 작용한 결과 창출되어, 현재까지 유지되고 있다. 이것은 국제사회가 이 분쟁에 대한 책임에서 결코 자유로울 수 없는 이유이다.

II. 누가 팔레스타인 경계 획정했는가: 영국 위임통치령, 팔레스타인

이스라엘-팔레스타인 분쟁의 기본구조는 제1차 세계대전 결과 승전국이 된 영국이 팔레스타인을 통치한 1917~1948년에 형성되어, 미국 정책이 주도적인 역할을 하는 현재까지 유지될 뿐만 아니라, 강화되고 있다. 오늘날 이 분쟁은 1917년 11월 2일 밸푸어 선언 "영국 정부는 팔레스타인에 '유대 민족 고향'을 재건한다는 원칙을 승인한다. 영국 정부는 이 목적 달성을 위해서 최선의 노력을 경주하고 필요한 수단이나 방법에 관해서는 시온주의자 기구와 협의한다"로부터 본격적으로 시작되었다.

1920년 4월, 산레모회의에서 국제연맹은 영국의 팔레스타인 위임통치 영역을 결정하였다. 이 결의는 밸푸어 선언(1917.11.02)을 승인하고, 1919년 시온주의자 기구의 성명 대부분을 승인하면서, 밸푸어 선언을 시행할 책임이 영국에게 있다고 명시하였다.

1921년 영국 정부와 처칠은 2국가 해결책(Two-State Solution for Mandate Palestine)을 내세우고, 팔레스타인

1921.03. 예루살렘회의: 위임통치경계획정, 압둘라-사무엘-처칠

영국위임통치령 팔레스타인　　팔레스타인 여권

위임통치 지역으로부터 요르단강 동쪽을 분리해서 아랍국가(트랜스 요르단)를 창설하고, 밸푸어 선언을 요르단강 서쪽에서 실행시키기로 결정하였다. 1921년 3월 예루살렘회의에서 식민부장관 윈스턴 처칠, 팔레스타인 고등판무관 헐버트 사무엘, 트랜스요르단 국왕 압둘라 후세인은 팔레스타인 위임통치 지역에서 트랜스 요르단을 분리시키는 데 합의하였다.

이렇게 영국팔레스타인위임통치 당국은 팔레스타인 경계를 획정한 이후, '영국위임통치 팔레스타인'에서 태어난 사람의 출생 증명서에서 태어난 곳을 '팔레스타인으로 명기(예: 팔레스타인 예루살렘)'로 표기하였다.

영국위임통치 당국은 1925년 시민권 칙령에서 팔레스타인인이 누구인가를 규정하면서 팔레스타인 여권을 발행(1925~1948)하였다. 시민권 칙령은 "1925년 8월 1일 팔레스타인에 거주하던 오스만 제국 신민들이 '팔레스타인인들'이다"라고 명시하였다. 특히 부계 출생과 귀화에 의한 팔레스타인 시민권 취득 자격을 규정하면서 "귀화한 팔레스타인인들은 누구든지 팔레스타인 시민들과 똑같은 권리와 의무를 갖는다"라고 명시함으로써 귀화한 유대인들의 팔레스타인 시민권 획득을 허용하였다.

III. 원주민 팔레스타인인 축출, 부재자 재산법, 귀환법

1947~1949년까지 시온주의자들은 팔레스타인 전체 1,300개 마을 중 531개 마을을 완전히 파괴하고, 774개 마을을 점령하였다. 이 과정에서 시온주의 무장

단체는 51~70건의 학살 사건으로 약 1만 5천 명의 팔레스타인인들을 살해하였다. 이 사건을 처리하기 위하여 1949년 12월 유엔총회결의 302(IV)는 UNRWA(유엔 팔레스타인난민구호사업기구)를 창설하였다. UNRWA는 "1946년 6월 1일부터 1948년 5월 15일까지 일상적인 거주지가 팔레스타인이었고, 1948년 전쟁의 결과로 집과 생계 수단을 모두 잃은 사람과 팔레스타인 난민 남성의 후손과 입양된 아이들"로 규정하였다. 1950년 5월, UNRWA가 본격적으로 활동을 시작하면서, 약 75만 명을 팔레스타인 난민으로 등록하였다. 초기 등록 절차가 끝날 무렵인 1952년 6월, UNRWA는 전체 팔레스타인 난민 100만 명 중, 약 91만 4천명을 팔레스타인 난민으로 등록하였다. 1967년 전쟁으로 2차로 대량 난민이 발생함으로써 UNRWA에 추가로 등록되었다. 2023년 8월 현재 UNRWA는 약 590만 명의 팔레스타인 난민들에게 서비스를 제공한다고 밝혔다(Andersen 2016, 20; UNRWA 2023). 알 메잔 인권센터(Al Mezan Center for Human Rights)에 따르면, 오늘날 팔레스타인 난민은 9백만 명 이상(전 세계 팔레스타인인 1,374만 명의 65.5%)이고, 이들 중 170만 명이 가자에 거주한다. 이는 1948년 발생한 난민 문제가 2023년에도 현재 진행형임을 드러내는 것이다(Al Mezan Center for Human Rights 2023.05.15; IMEMC 2023.05.18).

2019년 7월 5일 이스라엘 신문 하레츠는 '나크바 묻어버리기, 이스라엘이 1948년 아랍인 추방의 증거를 조직적으로 숨기는 방법'이라는 제목의 기사에서 "지난 10년 동안 이스라엘 국방부는 나크바 증거를 숨기기 위해 지역 기록보관소를 샅샅이 조사하여 발견한 역사적 문서를 제거하였다"라고 밝혔다(Haaretz 2019.07.05). 1950년 3월 14일, 이스라엘 의회는 '부재자 재산법'을 제정하여 팔레

집 열쇠를 보관한 팔레스타인 난민

1948년 나크바

스타인 난민 재산 몰수를 제도적으로 합법화하였다. 이 법은 "부재자의 재산은 점유자에게 귀속되며, 재산 점유자들은 전 재산을 이스라엘 정부에 판다"고 규정하였고, 이로써 이스라엘 정부는 손쉽게 팔레스타인인들의 재산 몰수를 제도화하였다. 그 결과 현재 1949년 휴전선 내 이스라엘 영토의 80%는 국유지이고, 13%는 유대민족기금 소유지다.

1950년 7월 5일, 이스라엘은 '귀환법'을 제정하여 유대인의 이주 및 정착을 제도화하였다. '귀환법'은 "모든 유대인은 새로운 이주자로서 이스라엘로 돌아올 권리를 가지며 완전한 이스라엘 시민권을 받는다"라고 규정하였다. 결국 이스라엘은 '부재자 재산법'과 '귀환법' 제정을 통해서 제도적으로 아랍인들을 추방하고 이주민 이스라엘인들을 팔레스타인 땅에 정착시켰다.

이것은 1948년 12월에 제정된 유엔총회 결의 194호를 위반하는 행위다. 유엔총회 결의 194호는 난민들 귀환권 및 비귀환 난민의 재산 보상권을 규정하고 있다.

그럼에도 불구하고, 현재 이스라엘은 국제사회의 논의의 장에서 팔레스타인 난민 문제를 완전히 사라지게 하려고 시도하고 있다. 2018년 1월 17일자, 이스라엘 일간지 타임 오브 이스라엘에 따르면, 네타냐후와 이스라엘 관리들은 "미국은 점차 UNRWA에 대한 지원을 감축시키고, 궁극적으로 전 세계 모든 난민들을 지원하는 유엔 난민 기구 UNHCR로[1] 지원금을 이전해야한다. UNRWA는 팔레스타인 난민들의 귀환권에 대해 언급함으로써, 분쟁을 영속시키고 있다. 팔레스타인 난민 귀환권의 목표는 이스라엘의 제거다. 따라서 UNRWA는 폐쇄되어야한다."고 주장했다(TOI staff 2018, Jan. 7).

2018년 1월 17일자, 영국 일간지 인디펜던트에 따르면, 이스라엘 관리들은

---

1) UNHCR(United Nations High Commissioner for Refugees)은 유엔난민기구(UN Refugee Agency)로도 불린다. 1949년 12월 3일 유엔 총회에서 창설된 UNHCR은 난민을 보호하고 난민 문제를 해결하기 위해 국제적인 조치를 주도하고 조정할 권한을 부여받았다. UNHCR의 활동은 난민의 권리와 복지를 보호하는 데 주요 목표를 두고 있다. 누구나 보호를 신청할 권리를 누리고, 자발적 본국 송환(귀환), 현지 동화 혹은 제3국 재정착의 방법으로 다른 나라에서 안전한 피난처를 보장받을 수 있도록 노력하는 것이 UNHCR의 활동 목표이다.

"축출된 팔레스타인인들의 후손들이 고향으로의 귀환권을 갖지 못한 '위조된' 난민들이다. 반면, 유대 이스라엘인들은 수 천 년이 지난 이후에 그들의 땅으로 귀화해야한다. UNRWA는 이 분쟁을 영속화시키며, 팔레스타인 난민들은 가짜다"라고 주장한다(Ben White 2018, Jan. 17).

이러한 상황에서 이스라엘이 2023년 10월 7일 하마스의 이스라엘 공격에 UNRWA 직원들이 연루되었다고 주장하면서, 2024년 1월 말경에 UNRWA 주요 자금지원 국가들은 자금지원을 중단을 결정하였다. 국제사회의 UNRWA 자금 지원 중단으로 가자와 역내의 팔레스타인 난민 인도주의적인 재앙이 초래될 수 있다. UNRWA는 가자, 동예루살렘, 서안, 요르단, 레바논, 시리아에서 활동한다. UNRWA는 거의 전적으로 국제사회의 기부금으로 운영된다. UNRWA는 10월 7일 공격에 UNRWA 직원들이 연루되었다는 증거가 없다고 밝혔다.

대한민국은 1953년부터 UNRWA에 지원을 시작했고, 2023년에는 요르단에서 활동하는 UNRWA에 100만 달러를 지원하는 등 총 200만 달러를 지원했다(UNRWA 2023, Aug. 1; The Jordan Times 2023, Sep. 7).

2024년 1월 26~29일까지 다음 16개 국가가 가자지구 주민의 생명줄인 UNRWA 자금 지원 중단을 발표했다. 미국($343.9 M), 독일($202.1 M), EU($114.1 M), 스웨덴($61 M), 일본($30.2 M), 프랑스($28.9 M), 스위스($25.5 M), 캐나다($23.7 M), 영국($21.2 M), 네덜란드($21.2 M), 호주($13.8 M), 핀란드($7.8 M), 뉴질랜드($560.8 K), 아이슬란드($558.7 K), 루마니아($210.7 K), 에스토니아($90 K)(UNWach 2024, Jan. 30).

UNRWA 자금 지원 중단은 2023년 10월 7일 하마스의 이스라엘 공격에 UNRWA 직원 12명(가자에서 일하는 UNRWA 직원은 13,000명이다)이 연루되었다는 이스라엘 주장에 대한 대응이다. 그러나 이스라엘은 UN에 구체적인 증거를 유엔에 제시하지 않았다. UNRWA 자금 지원 중단 결정은 가자지구를 포함한 역내에서 계속되는 UNRWA의 인도주의적인 활동을 위협할 수 있다. 가자지구 주민 2백만 명 이상이 생존을 위해 거의 전적으로 UNRWA에 의존하고 있다(UNRWA 2024, Jan. 27-a; UNRWA 2024, Jan. 27-b; Al Jazeera 2024, Jan. 28).

2024년 3월 15일, EU, 스웨덴, 캐나다, 호주 등이 UNRWA 자금 지원 중단 2개월 만에 지원을 조용히 재개한 것으로 알려졌다.

Ⅳ. 미국의 이스라엘국가 승인, 팔레스타인 국가 무력화

1. 1948년 팔레스타인 국가 선언

1948년 5월 14일, 시온주의기구 의장 데이비드 벤 구리온이 국경을 명시하지 않고, 에레츠 이스라엘(고대 이스라엘 땅)에 유대국가 이스라엘 창설을 선언하였다. 미국은 바로 승인하였고, 3일 후에 소련이 이스라엘 국가를 공식적으로 승인하였다. 1949년 5월 11일, 이스라엘은 유엔에 가입한 59번째 회원국이 되었다.

1948년 9월 22일, 가자에서 아랍고등위원회(The Arab Higher Committee) 의장[2] 하지 아민 알 후세이니를 대통령으로, 아흐마드 힐미 압둘 바끼를 총리로 선출하

---

2) 영국이 오스만 제국 통치하에 있던 시리아를 정복했을 당시, 남부 시리아 지역에 위치한 팔레스타인에는 무슬림, 기독교인, 유대인들이 자율적으로 각각 종교 공동체를 운영하였다. 1917년 팔레스타인에서 영국 군부통치가 실시되면서, 무슬림-기독교인 협회들이 주요 도시마다 세워졌다. 무슬림-기독교인 협회는 팔레스타인의 민족적 열망을 성취하기 위하여 팔레스타인 민족회의를 조직하였다. 1920년 영국위임통치정부가 임명한 예루살렘 시장 무사 카젬 알 후세이니가 무슬림-기독교인 협회를 비롯한 다양한 아랍협회들을 아랍행정위원회로 통합하였다. 1934년 무사 카짐 알 후세이니가 사망하면서 아랍행정위원회가 해체되었다. 1936년 4월 25일 영국위임통치정부가 임명한 예루살렘 무프티(종교 최고 지도자) 하지 아민 알 후세이니가 주도하여 위임통치팔레스타인의 아랍공동체 기구로 아랍고등위원회를 창설하였다. 아랍고등위원회는 팔레스타인 아랍 주요 가문의 지도자들로 구성되었다. 이 위원회는 납세 거부, 아랍 노동자들의 총파업, 유대 이민 종결 등을 요구하였다. 아랍고등위원회는 1936년 4월 시작된 아랍 대반란(1936.04~1939.08, 아랍인 지도부 5명 추방, 108명 사형 및 5,000명 사망/영국군 262명 사망, 유대인 500명 사망) 초기 지도부였다. 1937년 9월, 영국위임통치당국은 아랍고등위원회를 불법단체로 규정하고, 구성원들을 체포하면서, 위원장인 하지 아민 알 후세이니와 그 지도부를 체포 및 추방하였다. 이 사건은 팔레스타인 민족운동을 결정적으로 약화시켰으며, 팔레스타인에서 시온주의자 운동이 압도적으로 우세하게 되었다. 1940년 영국 총리 윈스턴 처칠은 무프티 하지 아민 알 후세이니의 납치, 암살을 승인하였다. 1945년 11월 아랍연맹(1945.03.22 결성: 이집트, 이라크, 트랜스 요르단, 레바논, 사우디, 시리아, 예멘)이 '아랍고등위원회'를 재건하였으나, 1948년 트랜스 요르단이 서안에서 이 위원회의 활동을 금지하였다.

고, 12명의 장관으로 구성된 팔레스타인 정부(All-Palestine Government)를 수립하였다. 1948년 10월 1일, 아랍고등위원회가 가자에서 팔레스타인민족회의(Palestine National Council)를 소집하여 팔레스타인 독립을 선언하고, 팔레스타인정부 임시 법령을 선포하였다(PASSIA 2001, 88).

1948년 10월 15일, 아랍연맹 7개 회원국 중 이집트, 시리아, 레바논, 이라크, 사우디아라비아, 예멘은 팔레스타인 국가를 승인하였다. 그러나 미국, 소련 등 열강들과 트랜스 요르단이 팔레스타인 국가 승인을 거부하였다. 게다가 이스라엘과 서안을 합병하려는 트랜스 요르단의 확장 정책이 팔레스타인 국가를 무력화함으로써, 그 활동 영역은 가자로 국한되었다. 최종적으로 이집트 대통령 가말 압둘 나세르가 이집트-시리아 아랍연합공화국(1958.02~1961.09)을 창설한 이후, 1959년 6월 팔레스타인 정부가 팔레스타인의 대의를 진전시키는 데 실패했다는 이유로 법령으로 팔레스타인 국가를 공식적으로 폐기하였다. 이로써 허약하게 존재하던 팔레스타인 국가는 완전히 해체되어 아랍공화국으로 통합되었다. 이러한 나세르 통합정책에 강력하게 반대하던 팔레스타인 대통령 하지 아민 알 후세이니는 레바논으로 추방되었고, 이집트가 가자를 직접 통치하였다(PASSIA 2001, 111).

2. 1988년 PLO 팔레스타인국가 선언 및 유엔총회 PLO 독립 선언 승인

1988년 11월 15일, 팔레스타인 해방기구(PLO)가 알제에서 "아랍 예루살렘을 수도로, 1967년 이스라엘이 점령한 팔레스타인 땅에서 팔레스타인 국가 창설"을 명시하는 두 번째 팔레스타인 독립선언을 채택하였다. 한 달 후 12월 15일 유엔은 PLO 독립선언을 인정하는 총회 결의 43/177호를 채택하면서 유엔 사무총장에게 이를 위한 후속조치를 취하도록 요구하였으나, 미국과 이스라엘이 반대하였고, 유엔 사무총장은 후속조치를 취하지 않았다. 이후 이 문제는 유엔의 장에서 당분간 사라졌다.

3. 2012년 유엔총회가 팔레스타인 비회원 국가 승인

2012년 11월 29일 유엔총회 결의 67/19호가 State of Palestine을 비회원 옵서버 국가로 승인하였다. 그러나 미국, 이스라엘, 캐나다 등 9개국이 반대하였다. 이 결의안은 "1967년 이전 경계 기반으로 이스라엘과 평화롭고 안전하게 나란히 살아가는 독립적이고, 주권 있고, 민주적이고, 생존 가능하며(viable), 인접한(contiguous) 팔레스타인 국가" 건설이라는 두 국가 해결안을 제시하였다. 2012년 12월 17일, 유엔은 모든 유엔 공식 문서에서 'State of Palestine' 호칭 사용을 선언하였

팔레스타인자치정부 여행증명서

다. 그러나 현재 유엔을 제외한 곳에서는 여전히 팔레스타인 자치정부(Palestinian National Authority)라고 부른다(Nathan Thrall 2017, 144~146).

1994년 5월 4일 가자-제리코 협정에 따라, 팔레스타인 자치정부는 여행증명서를 발행하기 시작하였다. 2016년 6월 17일, 팔레스타인 자치정부의 마흐무드 압바스의 지시에 따라, 팔레스타인 내무장관 후세인 알 셰이크가 이스라엘 정부에게 State of Palestine 이름과 직인이 찍힌 passports 발행을 선언했으나, 이스라엘이 거부하였다. 자치정부의 여권 발급 등의 행위는 이스라엘의 통제를 받으며, 이스라엘 안보 제한 조치에 따른다. 팔레스타인 자치정부가 자율적으로 할 수 있는 일은 사실상 거의 없다.

4. 미국이 중재한 오슬로 협정의 본질: 팔레스타인국가 수립 무산

오슬로 협정은 팔레스타인 자치정부를 수립함으로써, 1988년 12월 15일 팔레스타인 독립국가선언을 승인하는 유엔총회결의 43/177호를 백지화시켰다. 결국 오슬로 협정은 팔레스타인 민족운동과 팔레스타인 국가수립을 무산시키기 위한 과정이었다.

1993~1995년 오슬로 협정의 결과 창설된 팔레스타인 자치정부는 요르단 강 서안 A지역(팔레스타인 도시)과 B지역(팔레스타인 농촌 마을)에 대해 부분적인 시민 통제권을 행사하고, 이스라엘 정착촌, 요르단 계곡, 팔레스타인 공동체 사이의 우회도로를 포함하는 C지역은 이스라엘이 통제하며 팔레스타인 자치정부는 들어갈 수도 없다. 이에 따라 현재 서안 팔레스타인인들 거주 지역은 167개의 고립된 섬, 감옥으로 완전히 토막 나서 분할되었다. A지역 섬들은 서안 지역의 18%로 구성되며, 명목상 자치정부가 보안권과 행정권을 행사하고, B지역은 서안 지역의 22%로 자치정부가 행정권을 행사한다. 그러나 A지역과 B지역은 역시 이스라엘의 직접 혹은 자치정부를 통해 간접통제를 받으며, 서안 지역의 60%를 구성하는 C지역에 완전히 둘러싸여있다(Nathan Thrall 2017, 144).

1995년 오슬로 II

2023년 8월 25일, 유엔 인도주의 업무 조정국(UNOCHA)의 보고서에 따르면, 2023년 현재 645개의 이동식 장애물이 서안전역에 설치되었으며, 2020년 초의 593개보다 8% 증가하였다. 712km의 분리장벽은 현재 65%가 건설완료 되었고, 대부분은 서안 내부를 관통하며 사람들 이동에 커다란 장애물로 작용한다. 사실상 이스라엘 군대와 팔레스타인 자치정부 보안대의

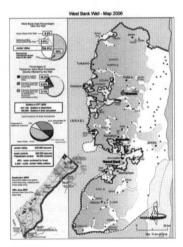

분리장벽

긴밀한 안보협력을 통해서 A, B, C 지역 100%를 이스라엘이 완벽하게 통제한다 (OCHA 2023.08).

뿐만 아니라, 2021년 OEC 통계에 따르면 팔레스타인은 이스라엘의 세계 3위 (6.49%, 전기, 석유, 물, 식료품 등) 수출시장(미국 26.5%, 중국 7.86%, 인도 4.41%)이기도 하다 (OEC 2021). 팔레스타인은 토막난 감옥일 뿐만 아니라, 이스라엘의 커다란 수출시장이기도 하다.

2005년 제2차 인티파다 이후, 이스라엘은 가자지구의 정착촌에서 일방적으로 철수했다. 그러나 이스라엘은 가자지구의 건널목, 영공, 해안 바다를 완전히 통제·봉쇄했고, 가자지구는 하늘만 뚫린 거대한 감옥이 되었다.

5. 미국, 이스라엘, 자치정부와 하마스 분쟁

2006년 1월 제2차 팔레스타인 의회 선거 이후, 이스라엘과 중동 평화협상 중재를 위해 유엔, 미국, EU, 러시아 4자는 하마스가 이끄는 자치정부에 맞서 경제제재를 부과하였다. 2007년 3월 17일 하마스 출신 이스마일 하니야가 이끌고, 파타와 다른 정당들이 참여하는 통합정부가 구성되었으나, 중단되었던 국제적인 재정 원조를 도출하는 데는 실패하였다. 이후 파타파와 하마스파 간의 내전으로 자치정부는 하마스에게 가자 지역 통제권을 빼앗겼다. 이후 하마스가 사실상의 통제권을 행사하였다. 그러나 자치정부는 가자지구 통치권을 계속 주장하면서, 이스라엘과 협력하여 하마스 정부를 압박하는 등 계속 갈등을 빚어왔다.

2014년 4월 23일 서안을 통치하는 파타와 가자를 통치하는 하마스가 민주적인 팔레스타인 통합정부를 창출하기 위한 일정표를 포함하는 파타-하마스 화해협정을 발표하였다. 이 일정표의 골자는 5주 이내에 통합정부를 구성하고, 6개월 이내에 대통령선거와 의회선거를 동시에 실시한다는 것이다. 이 일정표에 따라, 6월 2일 라미 함달라 자치정부 총리가 이끄는 새로운 임시통합정부가 구성되었고, 12월 초에 수반 선거와 의회선거를 동시에 실시하기로 계획하였다. 그런데 이에 대한 대답으로 이스라엘 총리 베냐민 네타냐후는 하마스를 테러리스트 조직으로 부르면서, "서안을 통치하는 자치정부 수반 압바스가 하마스와 화해협정을 추구함으로써 평화 노력을 파괴한다"라고 비난하였다. 그는 압바스에게 "하마스를 선택하든지 이스라엘을 선택하든지 둘 중 하나를 선택하라"고 윽박질렀다. 이러한 상황에서 2014년 7월 8일부터 8월 26일까지 이스라엘이 가자를 집중 공격하여 팔레스타인인 2,251명이 사망하면서, 팔레스타인 통합정부는 조기에 무력화되었고, 서안과 가자의 분할은 계속되었다.

게다가 2017년 6월, 팔레스타인 자치정부는 이스라엘에게 가자에 대한 전력공급을 40% 줄이도록 요구하였다. 이 요구는 자치정부가 하마스를 약화시키려는 시도였다. 이로 인해서, 가자 주민들은 하루에 평균 6~8시간 받던 전기를 3~4시간 동안 공급받았다. 이에 대하여 유엔은 가자가 기본적인 서비스의 완전한 붕괴에 직면했다고 경고하였다. 2018년 1월 3일, 팔레스타인 자치정부는 2017년 6월 이스라엘에게 요구한 전력공급 삭감 요구를 철회하였다. 2018년 1월 7일부터 이스라엘은 가자에 대한 전력 공급을 재개하여, 가자의 전력 공급 시스템은 하루에 7시간 정도 가동될 수 있다. 이러한 조치에 대하여 팔레스타인 자치정부 총리 라마 함달라는 2017년 10월, 파타-하마스 화해협정의 결과라고 밝혔다. 이러한 함달라의 설명은 2017년 10월 파타-하마스 화해협정이 팔레스타인 자치정부의 하마스에 대한 압박으로 성취된 것임을 의미한다(홍미정 2018, 263~277).

6. 미국의 정책, 생존 가능한 팔레스타인 국가
: 팔레스타인인들의 이스라엘 시민권 요구 차단 장치

2차 인티파다가 진행되는 과정에서 2002년 6월 24일 조지 부시는 팔레스타인국가 로드맵 "이스라엘과 나란히 평화롭고, 안전하게 나란히 살아가는 an independent, democratic, viable Palestinian State"를 제시하였다. 2002년 9월 17일 중동평화를 중재하는 4자, 즉 미국, EU, 러시아, 유엔은 부시의 로드맵에 대한 공동 환영 성명을 내놨다. 그런데 '생존 가능한(viable) 팔레스타인 국가'라는 표현은 이스라엘과 미래에 수립될 팔레스타인 국가의 경계가 1967년 전쟁 이전까지 경계였던 1949년 휴전선이 아니라는 것을 의미한다. 결국 1967년 이후 이스라엘이 점령한 영토(동예루살렘, 서안, 가자)가 이스라엘 영역과 팔레스타인 영역으로 분할되는 것을 의미한다. 게다가 2003년 5월 25일 이스라엘 샤론 내각이 서안의 42%, 가자의 70%에 팔레스타인 국가 수립으로 부시의 팔레스타인국가 로드맵을 조건부 승인하면서 다음과 같은 전제 조건을 달았다.

"하마스, 이슬람지하드, 알 아크사여단 등 무장단체 기반시설을 파괴하고, 완전히 제거해야 한다. 임시 팔레스타인 국가는 임시 경계와 제한된 주권을 갖게 될 것이고, 오직 제한된 영역과 장비만 갖춘 경찰과 내부 보안대만을 유지하며, 군대 없이 완전히 비무장화될 것이며, 방위동맹이나 군사협력을 수행할 수 없다. 이스라엘은 모든 주민들과 화물의 출입, 영공, 통신매체들, 라디오, 텔레비전, 전화를 통제한다. 유대국가로 존재할 이스라엘의 권리를 인정하고, 팔레스타인 난민 귀환권을 포기해야 한다(홍미정 2004, 158~162)."

위와 같은 전제가 첨부된 부시의 팔레스타인 국가 로드맵은 실행 가능성이 없다. 이스라엘이 팔레스타인 자치정부를 압박하여 이를 실행시키려 한다면, 그것은 팔레스타인인들 사이의 내전을 의미한다.

2020년 1월 28일, 트럼프는 '번영을 위한 평화안'에서 "이스라엘-팔레스타인 양자 협상, 이스라엘 안보를 위한 경계 재설정: 이스라엘은 1967년 전쟁으로 점령한 팔레스타인 영토를 돌려줄 의무 없음, 요르단 계곡은 이스라엘의 주권, 서안의 이스라엘 정착촌은 이스라엘 국가로 통합. 토막난 팔레스타인 영토는 다리, 도로, 터널로 구성된 최첨단 기반시설을 통해 연결됨. 예루살렘은 분할될 수 없는 이스라엘 수도. 팔레스타인 난민 귀환권 없음"을 명시하였다.

2020. 트럼프 평화안

트럼프가 제시한 평화안에서 가장 중요한 것은 이스라엘의 안보를 성취하는 것이고, 그 대가로 팔레스타인인들에게는 경제적 번영과 생존 가능한 국가(A Viable State)를 제시한다. 이 평화안에 따르면, 팔레스타인 지역에서 이스라엘이 안보 책임을 갖고, 요르단 강 서쪽 영공을 이스라엘이 통제하는 등 팔레스타인 지역 내부에서조차도 영토 및 영공에 대한 팔레스타인인들의 권리를 박탈한다. 게다가 이 평화안은 "팔레스타인인들은 자치할 수 있는 권력은 갖지만, 이스라엘을 위협하는 권력을 갖지 못한다. 팔레스타인 지도부는 이스라엘을 유대국가로 인정하고, 모든 형태의 테러리즘을 거부하면서 이스라엘과 안보협력을 해야 한다. 이러한 요구들이 충족될 경우에 미국이 팔레스타인국가 수립을 지지할 것"이라고 명시한다.

2020년 1월 28일 트럼프 평화안을 공표하는 백악관 행사에서 네타냐후는 "트럼프 대통령! 나는 수 십 년, 어쩌면 수세기 동안 우리는 2020년 1월 28일을 기억할 것이라고 믿는다. 왜냐하면, 이 날, 당신은 우리의 안보에서 필수적이며, 우리 유산의 중심지인 유대아와 사마리아(서안) 지역에 대한 이스라엘의 주권을 인정한 세계 최초의 지도자가 되었기 때문이다"라고 찬양하고, 이 행사에 참석한 아랍에미레이트, 바레인, 오만 대사를 호명하면서 "만나게 되어 반갑다"고 밝혔다(홍미정 2022, 44~52). 곧이어 9월 15일 아랍에미레이트와 바레인이 이스라엘과 아브라함 협정을 체결했다는 것을 주목할 필요가 있다.

그러나 이 백악관 행사에 초대받지 못한 팔레스타인인들은 트럼프 평화안을 음모라고 거부하였다. 가자를 통치하는 하마스도 트럼프의 평화안을 '팔레스타인 국가 건설 계획 청산을 목표로 한 것'이라고 주장하면서 거부하였다. 2020년 1월 29일 팔레스타인인들은 하마스를 포함한 각 정파들이 요구한 '분노의 날'의 일환으로 거리 시위를 조직하였다.

2021년 9월 21일 조 바이든은 제76차 유엔총회 연설에서 "이스라엘 안보에 대한 미국의 헌신은 의심할 여지 없다. 독립 유대국가에 대한 우리의 지지는 명백하다. 나는 두 국가 해법이 생존가능하고(Viable) 주권있는 민주적인 팔레스타인 국가와 나란히 공존하는 유대 민주국가로서의 이스라엘의 미래를 보장할 수 있는 최선의 방법이다"라고 주장하면서, 유대국가 이스라엘의 미래를 보장하기 위한 수단으로 생존 가능한 팔레스타인 국가 안을 제시하였다(The White House 2021.09.21).

이와 같이 미국 대통령들, 부시, 트럼프, 바이든이 구상하는 생존 가능한 팔레스타인 국가(A Viable Palestinian State)는 이스라엘을 유대국가로 유지하기 위한 수단이며, 가능성 있는 팔레스타인인들의 이스라엘 시민권 요구를 선제적으로 차단하기 위한 장치로 보인다.

7. 이스라엘의 가자주민 집단 학살
: 땅은 원하지만, 원주민은 축출 정책

2022년 8월 30일 하이파대학, 지리&인구학 교수 아르논 소퍼는 이스라엘군 라디오 인터뷰에서 "지중해와 요르단강 사이(이스라엘, 서안과 가자)에 유대인의 비율은 47%(유대인: 745만 명/아랍이스라엘인들+서안과 가자의 팔레스타인인: 753만 명) 이하다. 평균적으로 아랍인이 유대인보다 더 젊고, 더 빠르게 증가한다"고 주장하면서, 이스라엘이 소수 지배 민족으로 전락할 인구적인 위험에 처해 있다고 경고하였다(The Time of Israel 2022.08.30).

그런데 2023년 9월 22일 네타냐후는 유엔총회 연설에서 서안과 가자를 이스라엘 영역으로 표시하는 지도를 들고나왔다. 사실상 네타냐후는 서안과 가자를 이스라엘 국가 영역으로 명시하였다. 이러한 네타냐후의 정책은 팔레스타인 땅은 원하지만, 원주민들에게 시민권을 부여하지 않고 축출하면서 원주민들 인구를 최소한으로 줄이려는, 1948년 이스라엘 건설 이후 계속돼온 이스라엘 국가 정책이다.

2021년 1월 12일 이스라엘 인권단체 베첼렘은 "요르단강에서 지중해까지 전 지역을 통치하는 유대인 우월주의에 토대를 둔 하나의 인종차별주의 국가가 있다"라고 밝혔다(B'TSELEM 2021). 2022년 10월 13일 팔레스타인-이스라엘 관계 전문 미국 정치학자 노먼 핀켈스타인은 "10월 7일에 발생한 사건은 식민지 지배자들에 맞서는 '노예반란'과 유사하다. 이스라엘이 팔레스타인의 침략을 자초했다. 이스라엘은 외국과 전쟁 중이 아니며, 가자는 이스라엘의 필수적인 일부다"

라고 주장하였다(PAUL SALVATORI 2023.10.11).

1967년 동예루살렘, 서안, 가자 점령 이후, 이스라엘은 이들 점령지를 이스라엘 영토로 간주하고 있으며, 이스라엘 정치인들의 목표는 이 점령지에 거주하는 팔레스타인 인구를 축출하거나 살해하는 등 최대한 줄이는 것이다. 이스라엘의 팔레스타인인 집단 학살의 이면에는 이러한 진실이 숨어 있다.

1969년 6월 15일 총리 골다 메이어는 선데이 타임즈와, 1970년 British Thames TV와 인터뷰에서 "팔레스타인인들은 존재하지 않았다. 팔레스타인이라는 것은 없었다. 언제 팔레스타인 국가를 가진 독립된 팔레스타인 사람들이 있었나? 제1차 세계대전 이전에는 남부 시리아였고 그 후에는 요르단을 포함한 팔레스타인이었다. 팔레스타인에 팔레스타인 사람들이 존재했던 것 같지는 않다. 팔레스타인에 스스로를 팔레스타인 사람이라고 생각하는 팔레스타인인들은 없었다. 팔레스타인인들은 존재하지 않았다. 요르단강 서안과 동안은 팔레스타인이었다. 1921~1948년까지 나는 팔레스타인 여권을 갖고 다녔다. 내가 팔레스타인이다"라고 주장했다(Frank Giles 1969.06.15; The Hindu 2023.11.03; Nathan Jeffay 2009.07.09; Alasdair Soussi 2019.03.18; Morocco World News 2023.10.19; Prime Minister Golda Meir on British TV 1970). 1898년 우크라이나 키이우(러시아제국)에서 태어나서 1921년 팔레스타인에 이민 온 골다 메이어가 할 말은 아니라고 본

Prime Minister Golda Meir on British TV (1970)

2023.03.19. 스모트리치의 연설

다. 골다 메이어의 주장은 오늘날까지 계속 되풀이되고 있다.

2023년 현재 이스라엘 재무장관 베잘렐 스모트리치(국방부 소속/서안지구 행정업무 총괄, 20세기 우크라이나 출신 이주민 후손)는 2021년 10월 13일 크네세트 총회에서 "이스라엘 초대 총리 데이비드 벤구리온이 일을 끝내지 않은 것은 실수다. 그는 1948년 이스라엘 건국 당시 모든 아랍인들을 국외로 축출했어야 했다"라고 주장했다(The Times of Israel 2021.10.13). 2023년 3월 19일 파리, 우파 유대인 단체모임에서 스모트리치는 "팔레스타인 사람들과 같은 것은 없었다. 누가 팔레스타인인지 아느냐? 내가 팔레스타인인이다"라고 주장하면서, 위임통치 팔레스타인, 요르단 및 시리아와 레바논 일부를 포함하는 소위 "Greater Israel"의 지도로 장식된 연단에서 연설하였다(JONATHAN OFIR 2023.03.20; Al Monitor 2023.03.20; MEMO 2023.03.22).

이러한 이스라엘 정치인들의 거침없는 발언은 가자 주민 집단 학살 및 추방이 단기적인 어떤 문제에서 발발했다기보다는 원주민을 축출하고 땅을 강탈하기 위한 오래된 정책에서 나왔다는 것을 확인해준다.

2023년 10월 14일, 15일 전임 주미이스라엘 대사, 외무차관을 지낸 데니 아얄론은 "이집트 시나이 사막에 가자주민들을 위한 '끝없는 공간'이 있으며, 그들을 그곳으로 이동시켜야 한다. 이스라엘은 가자주민들이 빠져나올 수 있는 인도주의 통로 설치를 원한다. 이집트 시나이반도에 임시천막 도시를 건설해야 한다"라고 주장했다(MEMO 2023.10.14; Al Jazeera 2023.10.15).

이렇듯 미국과 이스라엘이 체계적이고, 압도적인 힘으로 밀어붙이는 상황에서 팔레스타인인들에게는 대안이 없어 보인다. 파타와 하마스의 부정과 부패를 탓하지만, 그들이 무엇을 할 수 있다는 말인가? 피할 수 없는 그 자리에 그들이 있을 뿐이라는 생각이 든다. 결국, 언젠가 모든 사람들이 종교·종파·혈통·국적 같은 배타적인 정체성을 넘어서 평화롭게 사는 사회가 올 것인가?

참고문헌

제1장 분쟁의 핵심은 종교나 인종간 차이가 아니다

I. 유대인, 기독교인, 무슬림들의 역사적 관계

Al-Tabari, Muhammad ibn Jarir(1992, 194-195). Tarikh al-Rusul wa'l muluk, Annals of the Apostles and Kings', 『사도와 왕들의 연대기』The History of al-Tabari, vol. XII, Albany: State University of New York Press, 1992, pp.194–195: 창조부터 915년까지의 역사. https://www.kalamullah.com/Books/The%20History%20Of%20Tabari/Tabari_Volume_12.pdf, pp.194-195

El-Din, Gamal Essam(2019, Jul. 31). The Brotherhood's secrets, 31 Jul 2019, https://english.ahram.org.eg/NewsContent/1/0/341933/Egypt/The-Brotherhood%E2%80%99s-secrets-.aspx

Johnson, Ian(2011, Feb.5). Washington"fs Secret History with the Muslim Brotherhood, Feb. 5, 2011, https://www.nybooks.com/daily/2011/02/05/washingtons-secret-history-muslim-brotherhood/

Mitchell, Richard Paul(1993, 68-69). The Society of the Muslim Brothers, Oxford University Press.

The Washington Post(2019, May. 6). Calling the Muslim Brotherhood a terrorist group would make all Muslims scapegoats, https://www.washingtonpost.com/outlook/2019/05/06/calling-muslim-brotherhood-terrorist-group-would-make-all-muslims-scapegoats/

WEISS, PHILIP(2008, Sep. 2). Israeli Historian: Palestinians Are Biological Descendants of Bible's Jews, SEP. 2, 2008, https://mondoweiss.net/2008/09/israeli-historian-palestinians-are-biological-descendants-of-bibles-jews/?fbclid=IwAR1QXxmAjOuBF-zKL8WlUlWk2olVKG0X7mLtV8H1goVz4qT8mFO81G2WbgQ

1. 코란과 하디스가 말하는 세 종교의 관계

Bukhari(2024). Hadith Narrated By Zaid bin Thabit In Sahih Bukhari, https://ahadith.co.uk/hadithbynarrator.php?n=Zaid+bin+Thabit&bid=1&let=Z

Lecker, Michael(1997, 259). "Zayd B. Thābit, "A Jew with Two Sidelocks": Judaism and Literacy in Pre-Islamic Medina(Yathrib)", Journal of Near Eastern Studies, p.259.https://www.journals.uchicago.edu/doi/abs/10.1086/468576?journalCode=jnes

Muslim Central(2018). LIVES OF SAHABA 72 – ZAYD IBN THABIT, https://muslimcentral.com/yasir-qadhi-lives-of-sahaba-72-zayd-ibn-thabit/

Nagel, Tilman(2020). Muhammad's Mission: Religion, Politics, and Power at the Birth of Islam, https://books.google.co.kr/books?id=1ILwDwAAQBAJ&dq=jerusalem+school+michael+lecker&pg=PT270&redir_esc=y#v=onepage&q=jerusalem%20school%20michael%20lecker&f=false

Sbaihat, Ahlam, Nama Albanna(2017). "Yathrib Jews' Language(s): A Study Based on Authentic Ḥadīṯs", Al-Jami ah Journal of Islamic Studies 55(2):327-356 https://www.researchgate.net/publication/327283194_Yathrib_Jews'_Languages_A_Study_Based_on_Authentic_Hadits

2. 예언자 무함마드의 가계와 유대인

Rizvi, Syed Saeed Akhtar(1999, 5-9). THE LIFE OF MUHAMMAD THE PROPHET, https://www.al-islam.org/printpdf/book/export/html/12971

3. 623년 메디나 헌장: 무슬림-유대인 공동체 창설 협정

Sbaihat, Ahlam, Nama Albanna(2017). "Yathrib Jews' Language(s): A Study Based on Authentic Ḥadīṯs", Al-Jami ah Journal of Islamic Studies 55(2):327-356, https://www.researchgate.net/publication/324042777_Yathrib_Jews'_Languages_A_Study_Based_on_Authentic_Hadits

4. 개종을 통해 형성된 유대인, 기독교인, 무슬림

Jewish Refugees.org(2019, Dec. 8). The amazing story of the Jewish converts of Hebron, https://www.jewishrefugees.org.uk/2019/12/the-amazing-story-of-jewish-converts-of.html

Jewish Virtual Library(2024, Feb. 11). Jews in Islamic Countries: Syria, https://www.jewishvirtuallibrary.org/jews-of-syria

Sand, Schlomo(2008, Sep.). Zionist nationalist myth of enforced exile, Israel deliberately forgets its history, Le Monde diplomatique, https://mondediplo.com/2008/09/07israel

WEISS, PHILIP(2008, Sep. 2). Israeli Historian: Palestinians Are Biological Descendants of Bible's Jews, SEP. 2, 2008, https://mondoweiss.net/2008/09/israeli-historian-palestinians-are-biological-

descendants-of-bibles-jews/?fbclid=IwAR1QXxmAjOuBF-zKL8WlUlWk2olVKG0X7mLtV8H1g
oVz4qT8mFO81G2WbgQ
WEISS, PHILIP(2012, Dec. 13). Shlomo Sand on Zionism, post-Zionism, and the two-state solution,
https://mondoweiss.net/2012/12/shlomo-sand-on-zionism-post-zionism-and-the-two-
state-solutionJews in Islamic Countries: Syria, https://www.jewishvirtuallibrary.org/jews-of-
syria

5. 이스라엘 내 이슬람주의자 아랍정당통합 강타

Israel Hayom(2020, Nov. 25). Outrage in Joint Arab List after MK Abbas says 'Arab parties not in Left's
pocket', https://www.israelhayom.com/2020/11/25/outrage-in-joint-arab-list-after-mk-
abbas-says-arab-parties-not-in-lefts-pocket/
Knesset(2014, Mar. 11). Knesset passes governance laws; electoral threshold raised, https://
m.knesset.gov.il/en/News/PressReleases/Pages/Pr11193_pg.aspx
The Jerusalem Post(2015, Mar. 24). Arab sector turnout for recent elections reached 63.5%, polling
data shows, https://www.jpost.com/Israel-Elections/Arab-sector-turnout-for-recent-
elections-reached-635-percent-polling-data-shows-394878

6. 샤우드 왕가의 메카와 메디나 소재 이슬람 문화 유적파괴

Al-Furqan(2024, Feb. 10). The Location of the House of Khadījah (may God be pleased with
her), and the Houses that Surrounded It, https://al-furqan.com/the-location-of-the-
house-of-khadijah-%D8%B1%D8%B6%D9%8A-%D8%A7%D9%84%D9%84%D9%87-
%D8%B9%D9%86%D9%87%D8%A7-and-the-houses-that-surrounded-it/
Cities from Salt(2019, Oct. 3). The Destruction of Mecca & Medina's Historic Landscapes, https://
www.citiesfromsalt.com/blog/the-destruction-of-mecca-and-medinas-historic-landscapes
CNN(2013, Feb. 7). Mecca redevelopment sparks heritage concerns, https://edition.cnn.com/
2013/02/07/world/meast/saudi-heritage-destruction-mecca/index.html
Independent(2005, Aug. 6). The destruction of Mecca: Saudi hardliners are wiping out their own
heritage, https://www.independent.co.uk/news/world/middle-east/the-destruction-of-
mecca-saudi-hardliners-are-wiping-out-their-own-heritage-304029.html
Independent(2011, Sep. 24). Mecca for the rich: Islam's holiest site 'turning into Vegas', https://
www.independent.co.uk/news/world/middle-east/mecca-for-the-rich-islam-s-holiest-site-
turning-into-vegas-2360114.html
Islami City(2019, Mar. 3). Masjid al-Haram Expansion: Acceptance or Criticism?, https://www.
islamicity.org/18769/masjid-al-haram-expansion-acceptance-or-criticism/
Los Angeles Times(2007, Sep. 16). Mecca's ancient heritage is under attack, https://www.latimes.
com/archives/la-xpm-2007-sep-16-adfg-mecca16-story.html

The New York Times(2014, Sep. 30). The Destruction of Mecca, https://www.nytimes.com/
2014/10/01/opinion/the-destruction-of-mecca.html

UNESCO(2024, Feb. 9). World Heritage Convention, Saudi Arabia, https://whc.unesco.org/en/
statesparties/sa/documents/

II. 유대인 네트워크 확장의 교두보, 아랍에미레이트
: 걸프 아랍지역에서 세파르디 유대인이 부상하는가

All Arab News(2023, Jan. 31). UAE museum displays Torah scroll rescued from Holocaust, https://
allarab.news/uae-museum-displays-torah-scroll-rescued-from-holocaust/

I24 News(2023, Jan. 8). United Arab Emirates makes 'historic decision' to teach Holocaust in schools,
https://www.i24news.tv/en/news/middle-east/the-gulf/1673164001-emirates-confirms-
that-the-holocaust-will-be-taught-in-their-schools

The Media Line(2023, Jan. 26). Arab World Embracing Holocaust Education, but Extremism Also
Rising, New Report Says, https://themedialine.org/top-stories/arab-world-embracing-
holocaust-education-but-extremism-also-rising-new-report-says/

The National(2021, May. 27). We Remember: Holocaust memorial exhibition opens at a museum
in Dubai, https://www.thenationalnews.com/arts-culture/art/we-remember-holocaust-
memorial-exhibition-opens-at-a-museum-in-dubai-1.1230970

The Times of israel(2023, Jan. 30). As UAE embraces Holocaust studies, museum displays Torah
scroll saved in genocide, https://www.timesofisrael.com/as-uae-embraces-holocaust-
studies-museum-displays-torah-scroll-saved-in-genocide/

UAE Embassy US(2023, Jan. 6), In the wake of the historic #AbrahamAccords, will now include
the Holocaust in the curriculum for primary and secondary schools, "Memorializing
the victims of the Holocaust is crucial," said Ali Al Nuaimi, one of the Emirati brokers of
the Accords. https://twitter.com/UAEEmbassyUS/status/1611035269196652545?ref_
src=twsrc%5Etfw%7Ctwcamp%5Etweetembed%7Ctwterm%5E16114305003416125
45%7Ctwgr%5Edfd45b8c4ea372d749f63f7fe81d0d50a9a9746b%7Ctwcon%5Es3_&r
ef_url=https%3A%2F%2Fwww.i24news.tv%2Fen%2Fnews%2Fmiddle-east%2Fthe-
gulf%2F1673164001-emirates-confirms-that-the-holocaust-will-be-taught-in-their-schools

III. 팔레스타인의 이슬람주의자, 하마스는 누구인가

Foreign Affairs(2023, Oct. 25). What Palestinians Really Think of Hamas, https://www.arabbarometer.
org/wp-content/uploads/what-palestinians-really-think-of-hamas-2023-10-26-08-4941.pdf

Policy and Survey Research(2023, Mar. 8-11). Public Opinion Poll No (87), https://pcpsr.org/en/
node/938

Policy and Survey Research(2023, Sep. 6-9). Public Opinion Poll No (89), https://www.pcpsr.org/en/node/955

IV. 이스라엘의 초정통파 유대인들은 누구인가: 反시온주의, 시온주의, 非시온주의

1. 단행본 및 논문

Grose, Peter(1983). *Israel in the Mind of America*, Knopf.

Inbari, Motti(2010). "Rabbi Amram Blau Founder of the Neturei Karta Movement: An Abridged Biography", *Hebrew Union College Annual*, Vol. 81, Hebrew Union College.

Kamenetzky, Rabbi Yaakov(1980). "Blessings of 'Shalom'/What is an Agudist?", *The Jewish Observer*, February 1980, Agudath Israel of America.

Mackie, Thomas T & Richard Rose(1991). *The International Almanac of Electoral History*, Macmillan.

Myers, David N(2013). "Commanded War: Three Chapters in the Military History of Satmar Hasidism", *Journal of the American Academy of Religion*, University of California, 2013, Mar.1.

Medoff, Rafael and Chaimi. Waxman(2009). *The A to Z of Zionism*, The Scarecrow Press.

Melton, J. Gordon; Martin Baumann(2010). *Religions of the World: A Comprehensive Encyclopedia of Beliefs and Practice*, Vol.one, ABC-CLIO.

Metz, Helen Chapin(1990). *Israel: A Country Study*, Federal Research Division Library of Congress.

Murphy, Richard W(2015). "*The Roots of Realism and Idealism: US Engagement with the Middle East, 1918-1939*", Research Paper, Arab Center for Research and Policy Studies.

Myers, David N(2013). "Commanded War: Three Chapters in the Military History of Satmar Hasidism", *Journal of the American Academy of Religion*, University of California, 2013, Mar.1.

2. 신문 및 인터넷 자료

Agudath Israel(2020, Oct. 28). Statement of Agudath Israel on Charedi Principles, https://agudah.org/statement-of-agudath-israel-on-charedi-principles-2/

BACHNER, MICHAEL(2022, Jan. 1). After previous failure, Haredi army draft bill passes its first reading, https://www.timesofisrael.com/after-previous-failure-haredi-army-draft-bill-passes-its-first-reading/

Bacon, Gershon(2024). Agudas Yisroel, The Yivo Encyclopedia of Jews in Eastern Europe, https://yivoencyclopedia.org/article.aspx/Agudas_Yisroel

Balmer, Crispian(2014, Mar. 3). Ultra-Orthodox Jews stage mass protest against Israeli draft law, https://www.reuters.com/article/us-israel-conscription/ultra-orthodox-jews-stage-mass-protest-against-israeli-draft-law-idUKBREA210I820140302

Baram, Daphna(2010, May. 7). Rabbi Moshe Hirsch: Ultra-Orthodox Jewish leader who became an adviser to Yasser Arafat, https://www.independent.co.uk/news/obituaries/rabbi-moshe-hirsch-ultraorthodox-jewish-leader-who-became-an-adviser-to-yasser-arafat-1965588.html

BBC(2013, Jan.21). Guide to Israel's political parties, https://www.bbc.com/news/world-middle-east-21073450

Bechirot.gov.il ה לכנסת בחירות, https://votes25.bechirot.gov.il/, https://votes24.bechirot.gov.il/, https://votes23.bechirot.gov.il/, https://en.idi.org.il/israeli-elections-and-parties/elections/1999/, https://en.idi.org.il/israeli-elections-and-parties/elections/1988/, https://en.idi.org.il/israeli-elections-and-parties/elections/1984/

BIG JEWISH IDEAS(2024). 5 surprising differences between Ashkenazi and Sephardic Jews, https://jewishunpacked.com/5-surprising-differences-between-ashkenazi-and-sephardic-jews/

BREUER, ELIAV(2023, Feb. 19). Ministers approve controversial 'Hametz Law' for preliminary reading in Knesset, https://www.jpost.com/israel-news/politics-and-diplomacy/article-732079

Cahaner, Lee, Gilad Malach(2021). Statistical Report on Ultra-Orthodox Society in Israel, https://en.idi.org.il/haredi/2021/?chapter=38439

Ettinger, Yair(2014, Jun. 23). Shas Spiritual Leader: Women Mustn't Even Think of Higher Education, https://www.haaretz.com/2014-06-23/ty-article/.premium/shas-spiritual-leader-decries-womens-higher-education/0000017f-db71-db5a-a57f-db7bb4370000

Ettinger, Yair(2014, Dec. 29). Rival Sephardi Rabbis Unite to Protest Draft of Yeshiva Dropouts, https://www.haaretz.com/2014-12-29/ty-article/.premium/rival-rabbis-unite-against-draft/0000017f-e614-df5f-a17f-ffde41490000

Fenton, Siobhan; Rickman, Dina(2016, Aug. 23). Ultra-Orthodox rabbis ban women from going to university in case they get 'dangerous' secular knowledge, https://www.independent.co.uk/news/world/americas/ultraorthodox-rabbis-ban-women-from-going-to-university-in-case-they-get-dangerous-secular-knowledge-a7204171.html

France24(2017, Sep. 13). Israel's supreme court cancels conscription exemption law, https://www.france24.com/en/20170913-israel-supreme-court-cancels-conscription-exemption-law

Goldstein, Alon(2023, Feb. 3). It's not about judicial reform, it's about your fear of Haredim, https://www.ynetnews.com/article/r1111fnhrs?fbclid=IwAR0OwZx2sjm7ruijLMJQVQyS5Rd24DdoOnxq3f4b9GO61IsPeloq9BF8uUE

Haaretz(2010, Jan. 1). Anti-Zionist ultra-Orthodox Jews Celebrate Sabbath in Gaza, https://www.haaretz.com/2010-01-01/ty-article/anti-zionist-ultra-orthodox-jews-celebrate-sabbath-in-gaza/0000017f-e97f-d62c-a1ff-fd7f0c5b0000

Haaretz(2017, Sep. 12). Israel's High Court Strikes Down Exemption of ultra-Orthodox From Military Service, https://www.haaretz.com/israel-news/2017-09-12/ty-article/israels-high-court-strikes-down-exemption-of-ultra-orthodox-from-military-service/0000017f-da83-dc0c-afff-dbdb4d4c0000

Haaretz(2020, Jan. 2). Secular Israeli Fear of the ultra-Orthodox Has Turned Into Hatred, https://www.haaretz.com/jewish/2020-01-02/ty-article/.premium/secular-israeli-fear-of-the-ultra-orthodox-has-turned-into-hatred/0000017f-e81e-dea7-adff-f9ff68280000?fbclid=IwAR1vzYLpzOlvelFj5Jh8kOTgpqv88MA9wGkLQyAjEyK_jdeNH3VqouJ8c28

Haaretz(2023, Apr. 23). 'What Are We, Reform Jews?' Israel's Chief Rabbi Backs Exclusion of Female

Doctors From Conference, https://www.haaretz.com/israel-news/2023-04-23/ty-article/.
premium/what-are-we-reformists-top-rabbi-backs-exclusion-of-female-doctors-from-
conference/00000187-ad24-db7f-add7-fda79c3e0000?fbclid=IwAR0bz60GqXJuPDXMpNcI_
AMeArLmxMtaSSTIODHFCifRSTmVZHZ9FJ7gK4k

HADID. DIAA(2009, Jul. 16). Anti-Zionist ultra-Orthodox Jews visit Gaza, https://www.
sandiegouniontribune.com/sdut-ml-gaza-hamas-jews-071609-2009jul16-story.html

Harold Channer(2010. Jan. 21). Rabbi Yisroel Dovid Weiss 01-21-10 Airdate.mp4, https://www.
youtube.com/watch?v=modxxGJ7Pw4

Hevesi, Dennis(2010, May. 4). Rabbi Moshe Hirsch, Israel Opponent, Dies at 86, https://www.nytimes.
com/2010/05/05/world/middleeast/05hirsch.html

Hilaie, Sivan(2023, Jan. 25). Netanyahu's religious coalition allies propose minting 'In God We Trust'
on money, 01.25.23, https://www.ynetnews.com/business/article/bja9hupjj

Jewish News Syndicate(2023, Apr. 23). Chief rabbi tells health minister to prioritize funding for locales
that build synagogues, https://www.jns.org/chief-rabbi-tells-health-minister-to-prioritize-
funding-for-locales-that-build-synagogues/

Jewish Telegraph Agency(1944, Aug. 10). Final Results of Palestine Elections Announced;
Laborite Groups Form Majority, http://pdfs.jta.org/1944/1944-08-10_184.pdf?_
ga=2.64426987.519606568.1705675145-1541307779.1705675145

Jewish Virtual Library(1912, May. 28). Israel Political Parties: Aguddat Israel, https://www.
jewishvirtuallibrary.org/aguddat-israel-political-party

Jewish Virtual Library(2024-a). Orthodox Judaism: Hasidim And Mitnagdim, https://www.
jewishvirtuallibrary.org/hasidim-and-mitnagdim

Jewish Virtual Library(2024-b). Zionism: Neturei Karta, https://www.jewishvirtuallibrary.org/neturei-
karta

Kann news(2023, Apr. 23). https://twitter.com/kann_news/status/1649931336012922881?ref_sr
c=twsrc%5Etfw%7Ctwcamp%5Etweetembed%7Ctwterm%5E1649931336012922881
%7Ctwgr%5E8f7857ac40e4c9477ac31238424ac696d0e44a25%7Ctwcon%5Es1_&ref_
url=https%3A%2F%2Fvinnews.com%2F2023%2F04%2F23%2Fchief-rabbi-tells-health-
minister-to-prioritize-funding-for-locales-that-build-synagogues%2F

KELLER-LYNN, CARRIE(2023, Feb. 28). New budget heads to Knesset with massive NIS 32b increase,
despite inflation fears, https://www.timesofisrael.com/new-budget-heads-to-knesset-with-
massive-nis-32b-increase-despite-inflation-fears/?fbclid=IwAR0z8VK1EM9HuKPnPEolajXU8
yN0PU3N5leeAj7hbYn2nxiglQkZY5taDig

Knesset(2023-a). All Governments of Israel, https://m.knesset.gov.il/en/mk/government/pages/
governments.aspx?govId=37

Lis, Jonathan(2023, May. 5). Israeli Cabinet Set to Authorize 'Kosher Electricity' Pilot for ultra-Orthodox
Community, https://www.haaretz.com/israel-news/2023-05-05/ty-article/.premium/israeli-
cabinet-set-to-authorize-kosher-electricity-pilot-for-ultra-orthodox-community/00000187-

eb7b-d3a6-a38f-fb7bf6b50000

Lubell, Maayan, Steven Scheer(2023, Jan. 3). Israeli economy counts cost of cabinet with religious hue, https://www.reuters.com/world/middle-east/israeli-economy-counts-cost-cabinet-with-religious-hue-2023-01-03/

MEHR(2011, May. 29). 'Zionism has hijacked the identity of Judaism', https://en.mehrnews.com/news/46180/Zionism-has-hijacked-the-identity-of-Judaism

MEMO(2023, Jan. 12). Israel investigates Neturei Karta visit to Jenin camp, https://www.middleeastmonitor.com/20230112-israel-investigates-neturei-karta-visit-to-jenin-camp/

Neff, Donald(1995). "The Palestinians and Zionism: 1897-1948", Middle East Policy, Middle East Policy Council, https://mepc.org/journal/palestinians-and-zionism-1897-1948

Neff, Donald(2002). Fallen Pillars: U.S. Policy towards Palestine and Israel since 1945, Institute for Palestine Studies, https://www.washingtonpost.com/wp-srv/style/longterm/books/chap1/fallenpillars.htm

Neturai Karta(2023-a), https://www.nkusa.org/aboutus/index.cfm

Neturei Karta(2023-b), https://www.nkusa.org/index.cfm

OSTER, MARCY(2020, Jan. 21). Israel's Chief Rabbinate officially recognizes Ethiopian Beta Israel community as Jewish, https://jweekly.com/2020/01/21/israels-chief-rabbinate-officially-recognizes-ethiopian-beta-israel-community-as-jewish/

Reworld(2024). Israel: The Declaration of the Establishment of the State of Israel, 14 May 1948, https://www.refworld.org/docid/3ae6b51910.html

Rezeg, Ali Abo(2018, May. 11). 'Israel has hijacked the word Judaism': NY-based rabbi, https://www.aa.com.tr/en/middle-east/-israel-has-hijacked-the-word-judaism-ny-based-rabbi/1141254

Rocker, Simon(2002, Nov. 25). In a state over Israel, https://www.theguardian.com/world/2002/nov/25/religion.uk

Round About The Atre Company(2024). SATMAR HASIDISM: HISTORY, COMMUNITY, AND TRADITIONS, https://www.roundabouttheatre.org/get-tickets/upstage-guides-current/the-wanderers-upstage-guide/satmar-hasidism-history-community-and-traditions/

Ryan, Jones(2023, Jan. 25). Will God Lower Israel's High Cost of Living? https://www.israeltoday.co.il/read/will-god-lower-israels-high-cost-of-living/

Santos, Fernanda(2007, Jan. 15). New York Rabbi Finds Friends in Iran and Enemies at Home, https://www.nytimes.com/2007/01/15/nyregion/15rabbi.html

Shalev, Sivanne(2019, Feb. 21). ISRAEL'S ULTRA-ORTHODOX PARTIES EXPLAINED, https://israelpolicyforum.org/2019/02/21/israels-ultra-orthodox-parties-explained/

SHARON, JEREMY(2014, Mar. 18). Adina Bar-Shalom to receive Israel Prize, https://www.jpost.com/National-News/Adina-Bar-Shalom-to-receive-Israel-Prize-345790

Simon, Daniel Ben(2014, Jun. 26). Ultra-Orthodox women fight for their right to higher education, https://www.al-monitor.com/originals/2014/06/shas-deri-education-ashkenazi-sefaradi-rubinstein.html

Sofer, Noga(2014, Aug. 12). 'Zionism erased our Jewish-Arab identities', https://socialistworker.co.uk/comment/zionism-erased-our-jewish-arab-identities/

Tharoor, Ishaan(2015, Mar. 14). A guide to the political parties battling for Israel's future, https://www.washingtonpost.com/news/worldviews/wp/2015/03/13/these-are-the-political-parties-battling-for-israels-future/

The Jerusalem Foundation(2012). The Haredi College of Jerusalem, The Jerusalem Foundation, https://web.archive.org/web/20151125133347/http://www.jerusalemfoundation.org/media/44769/Haredi-College.pdf

The Jerusalem Foundation(2020). https://jerusalemfoundation.org/old-project/haredi-college-for-the-ultra-orthodox/

The Jerusalem Post(2023. Feb. 19). Ministers approve controversial 'Hametz Law' for preliminary reading in Knesset, https://www.jpost.com/israel-news/politics-and-diplomacy/article-732079

The New Arab(2017, May. 29). Israel's Chief Rabbi compares immodest women to animals, https://www.newarab.com/news/israels-chief-rabbi-compares-immodest-women-animals

The Palestine Post(1944, Aug. 9). "200,000 Voted in Assembly Election; final figures now available, The Palestine Post, The National Library of Israel, https://www.nli.org.il/en/newspapers/pls/1944/08/09/01/article/40/?srpos=1&e=01-08-1944-01-10-1944—en-20-pls-1—img-txIN%7ctxTI-yemenite+workers————1

The Times of Israel(2014, Mar. 2). Hundreds of thousands protest Haredi draft in Jerusalem, https://www.timesofisrael.com/ultra-orthodox-demo/

The Time of Israel(2016, Nov. 3). Trailblazing ultra-Orthodox college to close amid massive debts, https://www.timesofisrael.com/trailblazing-ultra-orthodox-college-to-close-amid-massive-debts/

The Times of Israel(2017, May. 28). Chief rabbi implies immodest secular women are like animals, https://www.timesofisrael.com/chief-rabbi-implies-immodest-secular-women-are-like-animals/?__cf_chl_tk=zsQ5z4xsP0pYOu5zFUr.gnPjud8wNgFcD6EOppYgXxg-1704723689-0-gaNycGzNGvs

The Times of Israel(2017, Oct. 23). Hundreds of ultra-Orthodox block Jerusalem entrance in draft protests, https://www.timesofisrael.com/hundreds-of-ultra-orthodox-block-jerusalem-entrance-in-fresh-draft-protests/

The Times of Israel(2022, Sep. 12). Netanyahu-brokered Haredi unity deal would fund schools that shun secular subjects, https://www.timesofisrael.com/netanyahu-brokered-deal-would-fund-haredi-schools-that-shun-secular-subjects/

The Times of Israel(2023, Jan. 10). Anti-Zionist Haredi sect members visit Jenin, meet terror-linked Palestinians, https://www.timesofisrael.com/anti-zionist-haredi-sect-members-visit-jenin-meet-terror-linked-palestinians/

The Times of Israel(2023, Jan. 24). gender-segregate bathing at national park springs, https://www.

timesofisrael.com/outrage-over-utj-bill-to-gender-segregate-bathing-at-national-park-springs/

The Times of Israel(2023, Jan. 25). Shas bill: Add 'In God we trust' to banknotes as 'talisman for economic success', https://www.timesofisrael.com/shas-bill-proposes-adding-in-god-we-trust-to-banknotes/

The Times of Israel(2023, Apr. 23). Chief rabbi to Shas minister: Give funds to towns only if they build synagogues, https://www.timesofisrael.com/chief-rabbi-to-shas-minister-give-funds-to-towns-only-if-they-build-synagogues/?fbclid=IwAR12ZNmk8b3sK1hwM1uG7QQiwR7jz9eROp-ac6uD_nqBkU88akJPm3RSHG4

Tucker, Nati(2023, Mar. 1). Israeli Gov't Earmarks 2.5 Billion Shekels for ultra-Orthodox Coalition Partners, https://www.haaretz.com/israel-news/2023-03-01/ty-article/.premium/israeli-govt-earmarks-2-5-billion-shekels-for-ultra-orthodox-coalition-partners/00000186-99fd-d3d5-a7e7-9bfd3ffc0000

UNISPAL(2022, Aug. 15). Report by His Majesty's Government in the United Kingdom of Great Britain and Northern Ireland to the Council of the League of Nations on the Administration of Palestine and Trans-Jordan for the year 1930, https://web.archive.org/web/20200315124608/https://unispal.un.org/UNISPAL.NSF/0/C2FEFF7B90A24815052565E6004E5630

VIN news(2023, Apr. 23). Chief Rabbi Tells Health Minister To Prioritize Funding For Locales That Build Synagogues, https://vinnews.com/2023/04/23/chief-rabbi-tells-health-minister-to-prioritize-funding-for-locales-that-build-synagogues/

WAGNER, MATTHEW(2005, Dec. 14). Degel Hatorah kicks off election campaign, https://www.jpost.com/Israel/Degel-Hatorah-kicks-off-election-campaign

World Zionist Organization(2024). Factions, https://www.wzo.org.il/page/partners/factions/en

Zonszein, Mairav(2023, Mar. 23). Israelis Are Trying to Save a Democracy That Never Existed, https://www.thedailybeast.com/israelis-are-trying-to-save-a-democracy-that-never-existed?ref=scroll

V. 이스라엘 국가 정체성과 신지역주의: 유대인 내부의 차별과 배제 및 불평등

1. 논문 및 단행본

홍미정(2020). 「영국의 유대국가 건설 기획과 트럼프의 이스라엘 강화 기획: 팔레스타인 문제」, 『통합유럽연구』 제11권 1집, 서강대학교 국제지역문화원.

Blumberg, Arnold(1980). *A View from Jerusalem, 1849-1858: The Consular Diary of James and Elizabeth*, Associated University Presses.

Dietz, Barbara; Uwe lebok; Pavel Polian(2002). "The Jewish Emigration from the Former Soviet Union to Germany", *International Migration* Vol.40, Blackwell Publishers.

Glass, Joseph B., Ruth Kark(2007). *Sephardi Entrepreneurs in Jerusalem: The Valero Family 1800-*

1948, Gefen Publishing House.

Kurzman, Dan(1998). *Soldier of peace : the life of Yitzhak Rabin, 1922-1995,* Harper Collins Publishers.

Lewin-Epsteina, Noah and Yinon Cohen(2018). "Ethnic origin and identity in the Jewish population of Israel", *JOURNAL OF ETHNIC AND MIGRATION STUDIES*, 27 Jun. 2018. Taylor and Francis.

Mandel, Neville J.(1975). "Ottoman Practice as Regards Jewish Settlement in Palestine: 1881-1908", *Middle Eastern Studies*, Vol. 11, No. 1 (Jan., 1975), Taylor & Francis, Ltd.

Massad, Joseph(1996). "Zionism's Internal Others: Israel and the Oriental Jews", *Journal of Palestine Studies*, Vol.25 No. 4, Institute for Palestine Studies.

Panigel Family(2017). *Judah (Yehuda) Panigel*, Les Fleurs de l'Orient.

Rubenberg, Cheryl(1986). *Israel and the American National Interest: A Critical Examination*, University of Illions Press.

2. 신문 및 인터넷 자료

Abramson, Henry(2010). The YIVD ENCYCLOPEDIA of Jews in Eastern Europe, Ukraine, YIVO Institute for Jewish Research. https://yivoencyclopedia.org/article.aspx/Ukraine/

Al Monitor(2022, Aug. 2). Is Russia escalating Jewish Agency crisis because of Israel's stance on Ukraine? https://www.al-monitor.com/originals/2022/08/russia-escalating-jewish-agency-crisis-because-israels-stance-ukraine/

Basic Laws of Israel: The Government(2001), https://www.jewishvirtuallibrary.org/basic-law-the-government-2001/

BBC(2022, Jul. 21). Russia moves to shut Jewish Agency in Ukraine rift, https://www.bbc.com/news/world-europe-62254595

Ben Saga, Ahlam(2019, Jan. 23). Moroccans Condemn Israel's Request for Compensation for Jewish Property, https://www.moroccoworldnews.com/2019/01/264180/moroccan-israel-compensation-jewish/

Berger, Marilyn(2016, Sep. 27). Shimon Peres, an Enduring Pillar From Israel's Founding Era, Dies at 93, https://www.nytimes.com/2016/09/28/world/middleeast/shimon-peres-dies-israel.html

Bivas, Albert(2014). Chief Rabbis of the Ottoman Empire, https://www.farhi.org/Documents/Chief%20Rabbi%20of%20the%20Ottoman%20Empire%20by%20Albert%20Bivas.htm

Boeliem(2011). Rabbi Shlomo Goren, https://web.archive.org/web/20160802134058/http://boeliem.com/content/2011/874.html

Branovsky, Yael(2007, Dec. 21). 'Black Panthers' founder, former MK Marciano dies at 58, https://www.ynetnews.com/articles/0,7340,L-3485258,00.html

Browne, Mallory(1948, May. 16). JEWS IN GRAVE DANGER IN ALL MOSLEM LANDS; Nine Hundred Thousand in Africa and Asia Face Wrath of Their Foes, https://www.nytimes.com/1948/05/16/archives/jews-in-grave-danger-in-all-moslem-lands-nine-hundred-thousand-in.html, May 16, 1948

Caerez(2022). הרב ניסים יהודה דנון, https://caerez-balevanon.site123.me/%D7%A8%D7%91%D7%A
0%D7%99-%D7%95%D7%97%D7%9B%D7%9E%D7%99-%D7%91%D7%99%D7%99%
D7%A8%D7%95%D7%AA%D7%94%D7%A8%D7%91-%D7%A0%D7%99%D7%A1%
D7%99%D7%9D-%D7%99%D7%94%D7%95%D7%93%D7%94-%D7%93%D7%A0%
D7%95%D7%9F

Central Bureau of Statistics-Gov.il(2021, Dec. 30). Population of Israel on the Eve of 2022, https://
www.cbs.gov.il/he/mediarelease/DocLib/2021/447/11_21_447e.pdf

Central Election Commission(1949). 1949 Israeli Constituent Assembly election, https://bechirot23.
bechirot.gov.il/election/about/Documents/er-049.pdf

CJPME(2013, Nov). JEWISH IMMIGRATION TO HISTORICAL PALESTINE, Factsheet Series No.
181, created: Canadians for Justice and Peace in the Middle East, https://www.cjpme.
org/fs_181, https://d3n8a8pro7vhmx.cloudfront.net/cjpme/pages/985/attachments/
original/1424469763/181-En-Jewish_immigration-v5.pdf?1424469763

Constitution for Israel(2014). https://knesset.gov.il/constitution/ConstMGovt.htm

Danon, Dina(2018, Dec. 5). What Do You Know? Sephardi vs. Mizrahi, https://katz.sas.upenn.edu/
resources/blog/what-do-you-know-sephardi-vs-mizrahi

Eilatgordinlevitan(2022). Isser Yehuda Unterman(1886-1976). http://www.eilatgordinlevitan.com/
vishnevo/v_pages/vstories_rabbi_unterman.html

EKINCI, EKREM BUĞRA(2017, Oct. 13). Jewish Community in Ottoman Empire, https://www.
dailysabah.com/feature/2017/10/13/jewish-community-in-ottoman-empire

Esefarad(2022). Sephardic Rabbis: Rabbi Ya'aqob Meir(1856-1939) First Sephardic Chief Rabbi Of
Israel by Rav. Yosef Bitton, https://esefarad.com/?s=Rabbi+Ya%E2%80%99aqob+Meir

Geni(2022, Apr. 27). Rabbi Haim Moshe Eliashar, Rishon LeZion, https://www.geni.com/people/
Haim-Eliashar-Rishon-LeZion/6000000015930510348

Geni(2022, Apr. 30). Rabbi Refael Meir Panigel, Rishon LeZion(2022). https://www.geni.com/people/
Rabbi-Refael-Meir-Fenijel-Rishon-LeZion/6000000016030928696

Ginzberg, Louis; Judah David Eisenstein(2021). AUERBACH, MEIR B. ISAAC, https://www.
jewishencyclopedia.com/articles/2123-auerbach-meir-b-isaac

GOLDENBERG, TIA(2018, Apr. 17). Israeli series exposes raw wounds from ethnic Jewish divide, Israeli
series exposes raw wounds from ethnic Jewish divide, https://apnews.com/article/israel-
international-news-north-africa-judaism-jerusalem-7c226df039464b51a02945f9a88c815d

Haaretz(2022, Nov. 3). Israel Elections | Shas Relives Days of Glory, UTJ Sticks With Its Base, https://
www.haaretz.com/israel-news/elections/2022-11-03/ty-article/.premium/shas-relives-days-
of-glory-utj-sticks-with-its-base/00000184-39fe-dfd0-a9a7-3dfeee910000

Haas, Saar(2017, Feb. 4). 1972 CIA document analyzes Ashkenazi-Sephardic tensions in Israel,
https://www.ynetnews.com/articles/0,7340,L-4915583,00.html

Hyomi(2022). Yaakov Shaul Elyashar, https://www.hyomi.org.il/eng/view.asp?id=206

Institute for Jewish ideas and ideas(2022). Transforming Israel's Chief Rabbinate, https://www.

jewishideas.org/article/transforming-israels-chief-rabbinate

Israel Ministry of Foreign Affairs(2014, Nov. 30). The Jewish Refugees from Arab Countries, https://
        mfa.gov.il/MFA/AboutIsrael/Spotlight/Pages/The-Jewish-Refugees-from-Arab-Countries.
        aspx

Israel Ministry of Foreign Affairs(2021, Nov. 30). Jewish refugees expelled from Arab lands and from
        Iran, https://www.gov.il/en/departments/news/jewish-refugees-expelled-from-arab-lands-
        and-from-iran-30-november-2021

Israeli Missions Around The World(2017, Nov. 30). Jewish refugees expelled from Arab lands and
        from Iran, https://embassies.gov.il/MFA/FOREIGNPOLICY/Issues/Pages/Jewish-refugees-
        expelled-from-Arab-lands-and-from-Iran-29-November-2016.aspx#p

JERUSALEM POST(2022, Nov. 1). Israel Elections: Shas leaps to 10 seats in exit polls, https://www.
        jpost.com/israel-elections/article-721241

Jew of the Week(2017, Nov. 22). Rabbi Panigel, https://www.jewoftheweek.net/tag/rishon-lezion/

Jewish Original(2021, Mar. 5). Saadia Marciano founds the Israeli Black Panthers, 1971, https://www.
        jewishoriginal.com/post/saadia-marciano-founds-the-israeli-black-panthers-1971

Jewish Virtual Library(2008-a). Rabbi, Rabbinate, https://www.jewishvirtuallibrary.org/rabbi-rabbinate

Jewish Virtual Library(2008-b). Judaism: The Chief Rabbinate(2008). https://www.jewishvirtuallibrary.
        org/the-chief-rabbinate

Jewish Virtual Library(2021). Fact Sheet: Jewish Refugees from Arab Countries, https://www.
        jewishvirtuallibrary.org/jewish-refugees-from-arab-countries

Jewish Virtual Library(2022-a). Jewish Refugees From Arab Countries Map(1948~1972), https://www.
        jewishvirtuallibrary.org/jewish-refugees-from-arab-countries-map

Jewish Virtual Library(2022-b). Israel Meir Lau, https://www.jewishvirtuallibrary.org/israel-meir-lau

Jewish Virtual Library(2022-c). David Ben-Gurion(1886~1973), https://www.jewishvirtuallibrary.org/
        david-ben-gurion

Jewish Virtual Library(2022-d). Moshe Sharett(1894~1965), https://www.jewishvirtuallibrary.org/
        moshe-sharett

Jewish Virtual Library(2022-e). Levi Eshkol(1895~1969), https://www.jewishvirtuallibrary.org/levi-
        eshkol

Jewish Virtual Library(2022-f). Jewish Legion(1915~1918). https://www.jewishvirtuallibrary.org/
        jewish-legion

Jewish Virtual Library(2022-g). The Haganah(1920~1948), https://www.jewishvirtuallibrary.org/the-
        haganah

Jewish Virtual Library(2022-h). Golda Meir(1898~1978), https://www.jewishvirtuallibrary.org/golda-
        meir

Jewish Virtual Library(2023-a). Total Immigration to Israel by Select Country by Year, https://www.
        jewishvirtuallibrary.org/total-immigration-to-israel-by-country-per-year

Jewish Virtual Library(2024). Total Immigration to Israel by Year(1948-Present), https://www.

jewishvirtuallibrary.org/total-immigration-to-israel-by-year

Jewish Encyclopedia(2021). ASHKENAZI, ABRAHAM, https://jewishencyclopedia.com/articles/1953-ashkenazi-abraham

Kamisher, Eliyahu(2021, Jun. 22). Israel's new right-wing leader has progressive Bay Area roots he seldom talks about, https://www.sfgate.com/politics/article/Natfali-Bennett-Israel-Bay-Area-Palestine-progress-16265572.php

Kaplan, Jonathan(2015, Apr. 20). The Diversity of Israeli Society, https://archive.jewishagency.org/society-and-politics/content/36171/

Kaplan, Jonathan(2015, Apr. 27). Ethnicity and the Socio-Economic Gap in Israel, https://archive.jewishagency.org/society-and-politics/content/36576/

Kedem(2015). Chayei Adam-Stamps of the Kabbalist Rabbi Naftali Hertz HaLevi Av Beit Din of Jaffa, with Handwritten Corrections, https://www.kedem-auctions.com/en/content/chayei-adam-%E2%80%93-stamps-kabbalist-rabbi-naftali-hertz-halevi-av-beit-din-jaffa-handwritten

Knesset(2019). David Ben-Gurion, 1948-1954, 1955-1963, https://www.gov.il/en/departments/people/ben_gurion

Knesset(2022-a). President of the State., https://m.knesset.gov.il/EN/About/Lexicon/Pages/President.aspx

Knesset(2022-b). Chaim Weizmann(1874-1952), https://m.knesset.gov.il/EN/About/Lexicon/Pages/weitzman_ch.aspx

Knesset(2022-c). Yitzhak Ben-Zvi(1884–1963), https://m.knesset.gov.il/EN/About/Lexicon/Pages/ben_zvi.aspx

Knesset(2022-d). Shneor Zalman Shazar(1889-1974), https://m.knesset.gov.il/EN/About/Lexicon/Pages/Shneor_ZalmanShazar.aspx

Knesset(2022-e). Ephraim Katzir, https://m.knesset.gov.il/EN/About/Lexicon/Pages/Katzir_Ephraim.aspx

Knesset(2022-f). Yitzhak Navon(1921-2015), https://m.knesset.gov.il/EN/About/Lexicon/Pages/NavonYitzhak.aspx

Knesset(2022-g). Chaim Herzog(1918–1997), https://m.knesset.gov.il/EN/About/Lexicon/Pages/herzog_chaim.aspx

Knesset(2022-h). Ezer Weizman(1924-2005), https://m.knesset.gov.il/EN/About/Lexicon/Pages/Weizman_Ezer.aspx

Knesset(2022-i). Moshe Katzav, https://m.knesset.gov.il/EN/About/Lexicon/Pages/Katzav,-Moshe.aspx

Knesset(2022-j). Shimon Peres(1923-2016), https://m.knesset.gov.il/EN/About/Lexicon/Pages/PeresShimon.aspx

Knesset(2022-k). Reuven Rivlin, https://m.knesset.gov.il/EN/About/Lexicon/Pages/Rivlin_Reuven.aspx

Knesset(2022-l). Isaac Herzog, https://m.knesset.gov.il/EN/About/Lexicon/Pages/herzog-itz.aspx

Knesset(2022-m). David Ben-Gurion, 1948-1954, 1955-1963, https://www.gov.il/en/departments/people/ben_gurion

Knesset(2022-n). David Ben-Gurion 1886~1973, https://knesset.gov.il/vip/bengurion/eng/BenGurion_Bio_eng.html

Knesset(2022-o). Moshe Sharett (Shertok) (1894–1965), https://m.knesset.gov.il/EN/About/Lexicon/Pages/sharett.aspx

Knesset(2022-p). Levi Eshkol(1895~1969), https://www.gov.il/en/departments/people/levi_eshkol

Knesset(2022-q). Golda Meir(1898~1978), https://www.gov.il/en/departments/people/golda_meir

Knesset(2022-r). Yitzhak Rabin(1922~1995), https://www.gov.il/en/departments/people/rabin

Knesset(2022-s). Menachem Begin, 1977-1983, https://www.gov.il/en/departments/people/begin

Knesset(2022-t). Yitzhak Shamir, 1983~1984, 1986~1992, https://www.gov.il/en/departments/people/shamir

Knesset(2022-u). Shimon Peres(1923-2016). https://m.knesset.gov.il/EN/About/Lexicon/Pages/PeresShimon.aspx

Knesset(2022-v). Benjamin Netanyahu, https://www.gov.il/en/departments/people/benjamin_netanyahu

Knesset(2022-w). Ehud Barak, https://m.knesset.gov.il/EN/About/Lexicon/Pages/barak.aspx

Knesset(2022-x). Ariel Sharon, https://m.knesset.gov.il/EN/About/Lexicon/Pages/sharon.aspx

Knesset(2022-y). Ehud Olmert, https://m.knesset.gov.il/EN/About/Lexicon/Pages/olmert_ehud.aspx

Lawrencebush(2015, Jan. 2). Chief Rabbi of Jerusalem in the 19th Century, https://jewishcurrents.org/january-2-chief-rabbi-of-jerusalem-in-the-19th-century

LAZAROFF, TOVAH(2015, Sep. 2). Rivlin: West Bank settlements are as Israeli as Tel Aviv, Sep. 2, 2015, https://www.jpost.com/Israel-News/Rivlin-West-Bank-settlements-are-as-Israeli-as-Tel-Aviv-413928

Levi, Liran(2017). Rabbi Metzger punishment worsened, https://www.ynetnews.com/articles/0,7340,L-4926669,00.html

Lis, Jonathan(2017, Feb. 14). President Rivlin: Israel Should Annex West Bank, Give Palestinians Full Citizenship, https://www.haaretz.com/israel-news/2017-02-14/ty-article/rivlin-israel-should-annex-west-bank-give-palestinians-citizenship/0000017f-ef49-dc28-a17f-ff7fb8e40000

Los Angeles Times(2019, May. 20). Op-Ed: No, Israel isn't a country of privileged and powerful white Europeans, https://www.latimes.com/opinion/op-ed/la-oe-mazzig-mizrahi-jews-israel-20190520-story.html

Masalha, Salman(2015, Apr. 1). If Sephardic Jews Want to End Their Discrimination, They Must Become Proud Arabs, https://www.haaretz.com/opinion/2015-04-01/ty-article/.premium/the-right-wing-and-arab-jews/0000017f-db30-d3a5-af7f-fbbe0fc60000

Matzav(2014, Jun. 11). The Noble History of Reuven Rivlin's Family, https://matzav.com/the-noble-history-of-reuven-rivlins-family/

Matzav(2020, Oct. 1). Today's Yahrtzeits and History–13Tishrei, http://matzav.com/todays-yahrtzeits-

and-history-13-tishrei/

Middle East Eye(2015, Sep. 22). Mizrahi Jews remind Israel of its hidden Other, https://www.middleeasteye.net/opinion/mizrahi-jews-remind-israel-its-hidden-other

Mouhiddin, Adnan(2017, Aug. 12). The Jews of Aleppo, Aug. 12, 2017, https://syriology.com/2017/08/12/the-jews-of-aleppo/

OFFICIAL GAZETTE(1921, Apr. 1). Official Gazette of the Government of Palestine, No.40, Jerusalem, Apr. 01. 1921, p.10-11. https://findit.library.yale.edu/images_layout/view?parentoid=15537410&increment=73, https://findit.library.yale.edu/images_layout/view?parentoid=15537410&increment=74, https://findit.library.yale.edu/images_layout/view?parentoid=15537410&increment=64

Oztorah(2013). Rav Kook in London, https://www.oztorah.com/2013/12/rav-kook-in-london/

Prime Ministers of Israel(2022). Government, https://www.science.co.il/gov/Prime-ministers.php

RABBI MEIR BAAL HANEIS SALANT(2008). RABBI MEIR AUERBACH(1815-1878), https://www.rabbimeirbaalhaneis.com/Rabbi%20Meir%20Auerbach.asp

Remnick, David(2014, Nov. 10). The One-State Reality, https://www.newyorker.com/magazine/2014/11/17/one-state-reality

Revivm(2018). The Difference between 'Glatt' and Kosher Meat, https://web.archive.org/web/20180726233923/http://en.yhb.org.il/2012/02/17/the-difference-between-glatt-and-kosher-meat/

RFERL(2022, Aug. 9). Putin, Israeli Counterpart Discuss Jewish Agency Case In Call, https://www.rferl.org/a/putin-israel-herzog-jewish-agency-russia/31980302.html

Rishon LeZion(2022). Rishon LeZion (rabbi), https://m.famousfix.com/list/rishon-lezion-rabbi

Schultz, Rachael Gelfman(2021, Mar. 3). Mizrahi Jews in Israel, Jews from Arab lands are gaining more and more influence in Israeli society. https://www.myjewishlearning.com/article/mizrahim-in-israel/

Shoenberg, Shira(2022). Greece Virtual Jewish History Tour, https://www.jewishvirtuallibrary.org/greece-virtual-jewish-history-tour

SHARON, JEREMY(2018, Aug. 15). Chief Rabbinate Council members expected to retain seats in upcoming vote, https://www.jpost.com/israel-news/chief-rabbinate-council-members-expected-to-retain-seats-in-upcoming-vote-564851

Shragai, Nadav(2007). Thousands attend funeral of ex-chief Ashkenazi rabbi Shapira, https://web.archive.org/web/20071011144255/http://haaretz.com/hasen/spages/907691.html

The Ben-Zvi Institute(2022). https://www.ybz.org.il/?ArticleID=235

The Independendent(2007, Dec. 27). Saadia Marciano: Founder of Israel's Black Panthers, https://web.archive.org/web/20071227064213/http://news.independent.co.uk/people/obituaries/article3284869.ece

The Israel Democracy Institute(1949), The Elections for the Constituent Assembly, https://en.idi.org.il/israeli-elections-and-parties/elections/1949/

The Israel Democracy Institute(1951), Elections for the 2th Knesset, https://en.idi.org.il/israeli-elections-and-parties/elections/1951/

The Israel Democracy Institute(1955), Elections for the 3th Knesset, https://en.idi.org.il/israeli-elections-and-parties/elections/1955

The Israel Democracy Institute(1959), Elections for the 4th Knesset, https://en.idi.org.il/israeli-elections-and-parties/elections/1959/

The Israel Democracy Institute(1961), Elections for the 5th Knesset, https://en.idi.org.il/israeli-elections-and-parties/elections/1961/

THE JC(2011, Aug. 11). Chief Rabbi selection: how Israel does it, https://www.thejc.com/news/world/chief-rabbi-selection-how-israel-does-it-1.26416

The Jewish Agency for Israel(2022, Sep. 25). Jewish Population Rises to 15.3 Million Worldwide, with Over 7 Million Residing in Israel, https://www.jewishagency.org/jewish-population-rises-to-15-3-million-worldwide-with-over-7-million-residing-in-israel/

The Knesset(2022). The Knesset, https://m.knesset.gov.il/en/about/lexicon/pages/default.aspx https://m.knesset.gov.il/en/about/lexicon/pages/electoralsystem.aspx

The New York Times(1909, Aug. 17). Chief Rabbi Salant Dies in Jerusalem, https://timesmachine.nytimes.com/timesmachine/1909/08/17/101719411.pdf

The New York Times(1971, Sep. 12). The Black Panthers Of Israel, https://www.nytimes.com/1971/09/12/archives/the-black-panthers-of-israel-israels-black-panthers.html

The State of Israel–the Knesset or third parties(2022-a). Provisional State Council14 May 1948 – 14 February 1949, https://m.knesset.gov.il/en/about/history/pages/knessethistory.aspx?kns=0

The State of Israel–the Knesset or third parties(2022-b). Previous Presidential Elections, https://m.knesset.gov.il/en/activity/pages/presvotes.aspx

The Times of Israel(2021, Dec. 30). Israel approaches 9.5 million residents on eve of 2022, https://www.timesofisrael.com/israel-approaches-9-5-million-residents-on-eve-of-2022/

The Times of Israel(2022, July. 11). Buoyed by aliya, Israeli population up to 9.5 million ahead of 74th Independence Day, https://www.timesofisrael.com/ahead-of-its-74th-independence-day-israels-population-stands-at-9-5-million/

The Time of Israel(2022, Aug. 10). Immigration from Ukraine and Russia to Israel tripled during war, figures show, https://www.timesofisrael.com/liveblog_entry/immigration-from-ukraine-and-russia-to-israel-tripled-during-war-figures-show/

The Times of Israel(2022, Aug. 30). Jews now a 47% minority in Israel and the territories, demographer says, https://www.timesofisrael.com/jews-now-a-minority-in-israel-and-the-territories-demographer-says/?fbclid=IwAR1mUWJnxxG756QMIiquzUR6dor_pfzgiTRJYn2tr1wlk1ZS8lJ9WEVMwPs

The Times of Israel(2022, Sep. 20). Israel's population climbs toward 10 million mark, statistics bureau says, https://www.timesofisrael.com/israels-population-climbs-toward-10-million-mark-statistics-bureau-says/?utm_source=pocket_mylist&fbclid=IwAR0y0xdRZsVt4QXxLZU

ZPVWb698OAlytS0u5IomULqLdqVwaNadPima8v1Q

World ORT(1992). ЕВРЕИ РОССИИ (СССР) Власть, общество и евреи (1772-1917), погромы, THE JEWISH ENCYCLOPEDIA IN RUSSIAN ON THE WEB, https://eleven.co.il/jews-of-russia/government-society-jews/13251/

Ynetnews(2017, Apr. 2). 1972 CIA document analyzes Ashkenazi-Sephardic tensions in Israel, https://www.ynetnews.com/articles/0,7340,L-4915583,00.html

Ynet News(2022, Nov. 5). Israel's Netanyahu launches talks on forming government, https://www.ynetnews.com/article/sjvt76zbi?fbclid=IwAR3rq9g4IMlfWBpf4tCpvYLkieN3KOzOz4OAT4zsBjknGniH0qkPELC6GiY

Zrahiya, Zvi(2010, Apr. 29). Israel Official: Accepting Palestinians Into Israel Better Than Two States, https://www.haaretz.com/2010-04-29/ty-article/israel-official-accepting-palestinians-into-israel-better-than-two-states/0000017f-f02e-dc28-a17f-fc3f6ded0000

Демоскоп Weekly, № 963-964(2022, Nov. 14). Первая всеобщая перепись населения Российской Империи 1897 г. http://www.demoscope.ru/weekly/ssp/rus_rel_97.php?reg=0, https://web.archive.org/web/20101105015116/http://demoscope.ru/weekly/ssp/rus_rel_97.php?reg=0

Демоскоп Weekly, № 963-964(2022, Nov. 21). Первая всеобщая перепись населения Российской Империи 1897 г. November 1-, http://www.demoscope.ru/weekly/ssp/rus_lan_97.php?reg=2

제2장 이스라엘과 주요 역내 문제

Ⅰ. 영국의 팔레스타인 정책, 하심가와 시온주의자

1. 논문 및 단행본

홍미정(2015). 「영국의 팔레스타인 위임통치와 시온주의프로젝트」, 『한국이슬람학회 논총』 제25-2집, 한국이슬람학회.

홍미정(2017). 「걸프 아랍 국가들과 이란 이슬람공화국 관계」, 『中東研究』 제36권 1호.

Antonius, George(1938). The Arab Awakening: The Story of the Arab National Movement. H. Hamilton.

Caplan, Neil(2007). Futile Diplomacy vol one: Early Arab-Zionist Negotiation Attempts, 1913-1931: Early Arab Zionist Negotiation Attempts 1913-1931, Routledge,.

Friedman, Isaiah(1922). The Question of Palestine: British-Jewish-Arab Relations, 1914-1918, Transaction Publishers.

Fromkin, David(1989). A Peace to End All Peace, New York: Henry Holt, 1989.

Herzog, Jacob David(1975). A People That Dwells Alone: Speeches and Writings of Yaacov Herzog.

Weidenfeld and Nicolson.

Mack, John E.(1998). A Prince of Our Disorder: The Life of T. E. Lawrence, Harvard University Press.

Paris, Timothy J.(2003). Britain, the Hashemites and Arab Rule, 1920-1925: The Sherifian Solution. London: Routledge.

Smith, C.D.(2001). Palestine and the Arab-Israeli Conflict, 4th ed. Bedford/St. Martin's

Stein, Leonard(1961). The Balfour Declaration. Vallentine Mitchell. London.

Weizmann, Chaim(1983). The Letters and Papers of Chaim Weizmann, Series B · Papers Volume I , August 1898-July 1931, Israel University Press, 1977

2. 인터넷 자료

Amislam(2011). Agreement Between the King of Hijaz and Khadim al-Haramayn as-Sharifayn, Emir Feisal Ibn al-Hussein al-Hashemi, and the President of the World Zionist Organization, Dr. Chaim Weizmann(January 3, 1919); Letter by Emir Feisal to Felix Frankfurter, President of the Zionist Organisation of America; Reply by Felix Frankufurter to Emir Feisal; Excepts from an articled by Sharif al-Hussein Ibn Ali al-Husseini, published in "al-Qiblah" (the daily newspaper of Mecca al-Mukarramah) on March 23, 1918, May 4, https://web.archive.org/web/20110514052041/http://amislam.com/feisal.htm

Andelman, David A.(2007). The State Of Israel, October 17, 2007, https://www.forbes.com/2007/10/15/book-excerpt-shattered-opinion-books-cx_daa_1018shatterfour.html#697d7426501f

Atour(2004). 1915: The Husain-McMahon Letters, February 10, http://www.atour.com/government/un/20040210e.html

ECF(1915). Damascus Protocol (1915), 1915-05-23, https://ecf.org.il/issues/issue/1222

ECF-a(1970). Damascus Protocol - Map - English(1915), 1970-01-17, https://ecf.org.il/media_items/1221

ECF-b(1970). Damascus Protocol - English(1915), 1970-01-17, https://ecf.org.il/media_items/1220

Harel, Amos(2018). Why Jordan Is Worried About Trump's Peace Plan: Any change to Jordan's custodianship over the holy sites in Jerusalem could undermine King Abdullah, Jun 22, 2018, https://www.haaretz.com/middle-east-news/jordan/.premium-why-jordan-is-worried-about-trump-s-peace-plan-1.6198909

Jewish Virtual Library(1916). Pre-State Israel: The Hussein-McMahon Correspondence, July 15-August 1916, http://www.jewishvirtuallibrary.org/jsource/History/hussmac1.html, http://www1.udel.edu/History-old/figal/Hist104/assets/pdf/readings/13mcmahonhussein.pdf

Lawrence, Thomas Edward(2018). T. E. Lawrence, http://www.pbs.org/lawrenceofarabia/players/lawrence.html

LEAGUE OF NATIONS(1939). PERMANENT MANDATES COMMISSION, MINUTES OF THE THIRTY-SIXTH SESSION, Held at Geneva from June 8th to 29th, 1939 including the REPORT OF THE COMMISSION TO THE COUNCIL, EIGHTH MEETING, Palestine and Trans-Jordan: Examination of the Annual Report for 1938, http://ismi.emory.edu/home/resources/primary-source-docs/1939minutes.pdf

Mathew, William M.(2014). "British policy and Arab Displacement in Palestine, 1915-23: Contingency, Imperialism and Double-Dealing", Contemporary Middle East Lecture Programme, School of Oriental and African Studies, 28 October 2014, http://www.balfourproject.org/british-policy-and-arab-diplacement-in-palestine-1915-23-contingency-imperialism-and-double-dealing/

Middle East Eye(2018). Saudi, UAE, Egypt, Jordan back Trump's Israel-Palestine plan: Report, Jun 25, 2018, https://www.middleeasteye.net/news/saudi-uae-egypt-jordan-back-trump-s-israel-palestine-plan-report-1511021713

Royal Hashemite Court Archives(2018). The Great Arab Revolt, http://www.kinghussein.gov.jo/his_arabrevolt.html

Sharif Husayn of Mecca(1915). Husayn-McMahon Letter No. 1,2,3,4,5,6,7,8,9,10, https://www.jewishvirtuallibrary.org/the-hussein-mcmahon-correspondence-july-1915-august-1916#1, http://www1.udel.edu/History-old/figal/Hist104/assets/pdf/readings/13mcmahonhussein.pdf

UNISPAL(1939). Report of a Committee SET UP TO CONSIDER CERTAIN CORRESPONDENCE BETWEEN Sir Henry McMahon[HIS MAJESTY'S HIGH COMMISSIONER IN EGYPT] AND The Sharif of Mecca IN 1915 AND 1916, March 16, 1939, https://unispal.un.org/DPA/DPR/unispal.nsf/0/4C4F7515DC39195185256CF7006F878C

UNITED NATIONS(1947). OFFICIAL RECORDS OF THE SECOND SESSION OF THE GENERAL ASSEMBLY, SUPPLEMENT No. 11, UNITED NATIONS, SPECIAL COMMITTEE ON PALESTINE, 3 September 1947, https://unispal.un.org/DPA/DPR/unispal.nsf/c17b3a9d4bfb04c985257b28006e4ea6/07175de9fa2de563852568d3006e10f3?OpenDocument

II. 영국 중동 전략, 팔레스타인 통치와 시온주의 정책
   : 예루살렘 지도부 무력화시키기

1. 논문 및 단행본

Abdul Hadi, Mahdi(2006). Palestinian Personalities-A Biographic Dictionary, PASSIA, Jerusalem

Abdul Hadi, Mahdi(2015). Interview with Mahdi Abdul Hadi, Head of PASSIA, 28th July, 2015

Bentwich, Norman and Helen Bentwich(1965). Mandate Memories, 1918-1948, New York: Schocken Books

Elath, Eliahu(1987). "Conversations with Musa al-'Alami," The Jerusalem Quarterly, no.41 (Winter 1987)

Elsayed, Khaled Abdelhay(2014). "THE PALESTINIAN DILEMMA "PART THREE": THE LEADERLESS 1918-48; WHENEVER THE ENEMY SELECTS HIS ENEMY'S LEADER!", Global Journal of Political Science and Administration Vol.2, No.2, European Centre for Research Training and Development UK.

Foreign Office(1939). FO 371/23240/E7113/6/31, Havard (Beirut) to Foreign Office, October 22, 1939.

Foreign Office(1940). FO 371/24568/E2900/367/31, Foreign Office minutes, November 18, 1940.

Ghandour, Zeina B.(2010). A Discourse on Domination in Mandate Palestine: Imperialism, Property and Insurgency, London: Routledge.

Jacobson, Abigail(2011). From Empire to Empire: Jerusalem Between Ottoman and British Rule, Syracuse University Press.

Kayyali, Abdul-Wahhab Said(1981). Palestine. A Modern History Croom Helm.

Mattar, Philip(1988-a). "The Mufti of Jerusalem and the Politics of Palestine", Middle East Journal, Vol. 42, No. 2 (Spring, 1988), Middle East Institute.

Matter, Philip(1988-b). The Mufti of Jerusalem, Al-Hajj Amin al Husseini and the Palestinian National Movement, Columbia University Press, New York.

Matthews, Weldon C.(2006). Confronting An Empire, Constructing A Nation: Arab Nationalist and Popular Politics in Mandate Palestine, I.B. Tauris&Co Ltd.

Pappe, Ilan(2011) The Rise and Fall of a Palestinian Dynasty. The Husaynis 1700-1948. University of California Press.

Porath, Yehoshua(1974). The Emergence of the Palestinian-Arab National Movement. 1918-1929. Frank Cass.

Royal Institute of International Affairs(1946). Great Britain and Palestine 1915-1945, Hyperion Press, INC.

Sayigh, Yezid(2000). Armed Struggle and the Search for State: The Palestinian National Movement, 1949-1993. Oxford: Oxford University Press.

Segev, Tom(2000) One Palestine, Complete-Jews and Arabs under the British Mandate. Little, Brown & Co. 0.

The Secretary of State for the Colonies to Parliament by Command of His Majesty(1937). Palestine Royal Commission Report(Peel Commission Report) Cmd. 5479, July 1937.

Weizmann, Chaïm(1983). The Letters and Papers of Chaim Weizmann: August 1898-July 1931, Israel Universities Press, Jerusalem, Paper 57, Aet 45.

2. 인터넷 자료

Cohen, Amiram(2003). U.S. checking possibility of pumping oil from northern Iraq to Haifa, via Jordan, Aug. 25, 2003. http://www.haaretz.com/print-edition/news/u-s-checking-possibility-of-pumping-oil-from-northern-iraq-to-haifa-via-jordan-1.98134

Command of His Britannic Majesty(1937). SUMMARY OF THE REPORT OF THE PALESTINE ROYAL COMMISSION, July 1937, http://unispal.un.org/UNISPAL.NSF/0/08E38A718201458B052565700072B358

Sindi, Abdullah Mohammad(2014). "The Direct Instruments of Western Control over the Arabs: The Shining Example of the House of Saud", October 29, 2014. http://www.academia.edu/28091260/The_Direct_Instruments_of_Western_Control_over_the_Arabs_The_Shining_Example_of_the_House_of_Saud, https://seenthis.net/messages/307026

III. 영국의 유대국가 건설 기획과 트럼프의 이스라엘 강화 기획
: 팔레스타인 문제

1. 논문 및 단행본

홍미정(2018). 『팔레스타인 현대사: 무엇이 문제인가』, 서경문화사, p.90, 96

홍미정(2016). 「위기에 처한 예루살렘 이슬람 성지, 알 아크사 모스크」, 『중동문제연구』 제15권 1호, 중동
    문제연구소, p.128

Abdul Hadi, Mahdi, "STATEMENT BY ANTI-ZIONIST JEWS TO THE PEACE CONFERENCE, 4 MARCH
    1919", DOCUMENTS ON PALESTINE, Volume I, (PASSIA, 2007), pp.57-59

Aydin, Cemil, The Idea of the Muslim World, (Havard University Press, 2017), p.120

Ehrlich, Mark Avrum, Encyclopedia of the Jewish Diaspora: Origins, Experiences, and Culture, vol 1,
    (ABC-CLIO, 2009), p.338

Hammond, Jeremy R., The Rejection of Palestinian Self-Determination, (Jeremy R. Hammond, 2009),
    pp.7-8

Huneidi, Sahar and Huneidi, Sarah, A Broken Trust: Sir Herbert Samuel, Zionism and the Palestinians,
    (Bloomsbury Academic, 2001), pp.83-84

KÖSE, İSMAİL, "THE LLOYD GEORGE GOVERNMENT OF THE UK: BALFOUR DECLARATION THE
    PROMISE FOR A NATIONAL HOME TO JEWS (1916-1920)", TÜRK TARİH KURUMU Belleten
    Cilt: LXXXII, (ANKARA, AUSTOS 2018), p.727

Levine, Naomi, Politics, Religion, and Love, (New York University Press, 1991), p.307

Murray, Julie, Legacies of the Anglo-Hashemite Relationship in Jordan, (Tufts University, 2018), p.41

Palestine royal commission, Report presented by the Secretary of State for the Colonies to
    Parliament by Command of His Majesty July 1937, (London: His Majesty's Stationery
    Office, 1937). pp.96-97

Roth, Cecil, Encyclopaedia Judaica(Macmillan, 1971), pp.413-414.

Samuel, Herbert, Future of Palestine, (The use of the Cabinet, January 1915), p.5

SCHNEIDERMAN, HARRY, American Jewish Year Book Vol. 21, (THE JEWISH PUBLICATION SOCIETY
    OF AMERICA, 1919), p.601

Smith, Charles D., Palestine and the Arab-Israeli Conflict, 4th ed. (Macmillan learning, 2001), p.80

UN, Origins and Evolution of the Palestine Problem: 1917-1947 (Part I), https://www.un.org/unispal/
    history/origins-and-evolution-of-the-palestine-problem/part-i-1917-1947/

Weisgal, Meyer, Chaim Weizmann, (Dial Press, 1944), p.131

Weizmann, Chaim, Trial and Error: The Autobiography of Chaim Weizmann: Book One(1974-1917),
    (Harper and Brothers, 1949), pp.177-178

2. 인터넷 자료

Al Arabiya, "Arab League pledges $100 mln per month to Palestinian Authority", 22 April 2019,
    https://english.alarabiya.net/en/News/middle-east/2019/04/22/Arab-League-pledges-

100M-per-month-to-Palestinian-Authority.html?fbclid=IwAR2qpcGkjMtW9wFUPq1zMAHh8
　　0VMkR42uH6-_xCQgpHk3YDA4Qk-LQMM0FI

Al Jazeera, "Pompeo: US no longer considers Israeli settlements illegal", Nov 19, 2019, https://
　　www.aljazeera.com/news/2019/11/pompeo-israeli-settlements-inconsistent-int-
　　law-191118192156311.html?fbclid=IwAR3tQVgmgUh4GdXmyIFHQ9ukOB5fR6mNNyhNVp9
　　FMzPhhXc9C6Wo7XVo1uQ

Amr, Hady, "In one move, Trump eliminated US funding for UNRWA and the US role as Mideast
　　peacemaker", Friday, September 7, 2018, https://www.brookings.edu/blog/order-from-
　　chaos/2018/09/07/in-one-move-trump-eliminated-us-funding-for-unrwa-and-the-us-role-
　　as-mideast-peacemaker/

Andelman, David A., The State Of Israel, Oct 17, 2007, https://www.forbes.com/2007/10/15/book-
　　excerpt-shattered-opinion-books-cx_daa_1018shatterfour.html#697d7426501f

BASSIST, RINA, "UNESCO: Rachel's Tomb and Cave of Patriarchs part of 'Occupied Palestine",
　　OCTOBER 10, 2018, https://www.jpost.com/Arab-Israeli-Conflict/UNESCO-Hebron-
　　Bethlehem-integral-part-of-Occupied-Palestine-569058

Beaumont, Peter and Holmes, Oliver, "US confirms end to funding for UN Palestinian refugees",
　　Fri 31 Aug 2018, https://www.theguardian.com/world/2018/aug/31/trump-to-cut-all-us-
　　funding-for-uns-main-palestinian-refugee-programme

Cook, Jonathan, "The Palestinian Authority tax crisis is a no-win situation for Netanyahu", May 5,
　　2019, https://www.thenational.ae/opinion/comment/the-palestinian-authority-tax-crisis-is-
　　a-no-win-situation-for-netanyahu-1.857391?fbclid=IwAR3Layg9yKYsRNCY_gy_nyw6VzO3eC
　　941WtQqiZ7p9VuxRqPrjJhkhkPGDc

George, David Lloyd, http://www.balfour100.com/biography/david-lloyd-george/

IMEMC, "Saudi Crown Prince Offered Abbas $10b to Accept Trump's Deal of the Century", May 2,
　　2019, https://imemc.org/article/saudi-crown-prince-offered-abbas-10b-to-accept-trumps-
　　deal-of-the-century/?fbclid=IwAR2EAaq4poXhKPtnTP24FBKJpQ6b65gFm8AtAyWnJVeVvtZ
　　3rLMnsLopEDU

IMEMC, "Four Palestinians Killed by Israeli Forces at Gaza Border", August 10, 2019, https://imemc.
　　org/article/2-palestinians-shot-by-israeli-forces-at-gaza-border/?fbclid=IwAR2yqUsEymPgP
　　TEB2vHLIaDakgTuhfS3jj1pc4yU0NNKy6j2sl0gT1KQcYo

Jewish Virtual Library, Pre-State Israel: Palestine During World War I, https://www.jewishvirtuallibrary.
　　org/palestine-during-world-war-i

Jewish Virtual Library, "PROPOSALS PRESENTED TO THE PEACE CONFERENCE", February 3, 1919,
　　https://www.jewishvirtuallibrary.org/zionist-organization-statement-on-palestine-at-the-
　　paris-peace-conference

Jordan Daily, "King on twitter : Jordan's territorial sovereignty above all else", 11-11-2019, http://
　　jordandaily.net/king-on-twitter-jordans-territorial-sovereignty-above-all-else/?fbclid=IwAR1
　　NyrTkcVgNPFk9L0JRry4Ep6_dwfLQyd7hV1c9AR0aTCd-ZspQ8kWnfPs

Jstreet, "American Jewish Groups' Send Letter to Israeli Political Leadership Opposing Annexation", November 6, 2019, https://jstreet.org/press-releases/american-jewish-groups-send-letter-to-israeli-political-leadership-opposing-annexation/#.XckFRGZ7mAi

JTA and Ron Kampeas, "Two-state Solution Negotiations 'Failed,' Jared Kushner Says", Apr 24, 2019, https://www.haaretz.com/us-news/two-state-solution-failed-jared-kushner-says-1.7163198?fbclid=IwAR1qMklC1xO6Vy6I-uwucVhwY2PIj2y4kmxj_TuzqMU1FHYAX06KMcoWhm8

JTA, "Ron Kampeas, U.S. State Department Removes 'Palestinian Territories' From List of Countries", Aug 27, 2019, https://www.haaretz.com/us-news/u-s-state-department-removes-palestinian-territories-from-list-of-countries-1.7760186?fbclid=IwAR2hiHF8VrVSGS2BUNpN2pJEK-pdNRIfgmRvohRc0s-mDXY2ckns7xzerMI

Knell, Yolande, "US stops all aid to Palestinians in West Bank and Gaza", 1 February 2019, https://www.bbc.com/news/world-middle-east-47095082

Landau, Noa and Khoury, Jack, "'Two-state Solution Is Over,' Top Palestinian Diplomat Says After Trump's Jerusalem Speech", Dec 07, 2017, https://www.haaretz.com/middle-east-news/palestinians/.premium-two-state-solution-is-over-top-palestinian-diplomat-says-1.5627973?fbclid=IwAR3QSS9-ksmaly8vERyyzYX5f4BK7yQdCr6BIWIsu75V0V_cRUg4fBLprFY

Landau, Noa and Berger, Yotam, "Netanyahu Says Israel Will Annex Jordan Valley if Reelected", Sep 10, 2019, https://www.haaretz.com/israel-news/.premium-election-netanyahu-israel-annexation-west-bank-jordan-valley-1.7829604

LAZAROFF, TOVAH, "Israel, U.S. slated to leave UNESCO today to protest anti-Israel bias", December 31, 2018, https://www.jpost.com/International/Israel-US-slated-to-leave-UNESCO-today-to-protest-anti-Israel-bias-575875

LEDERER, EDITH M., "UN: Israel has advanced 22,000 housing units in West Bank", December 19, 2019, https://news.yahoo.com/un-israel-advanced-22-000-203807671.html

LYNCH, COLUM, "U.S. to End All Funding to U.N. Agency That Aids Palestinian Refugees", August 28, 2018, https://foreignpolicy.com/2018/08/28/middle-east-palestinian-israel-pompeo-trump-kushner-u-s-to-end-all-funding-to-u-n-agency-that-aids-palestinian-refugees/

Maltz, Judy, "2019 Was Israel's Best Year of Decade for Aliyah", Dec 23, 2019, https://www.haaretz.com/jewish/.premium-more-than-250-000-immigrants-moved-to-israel-in-the-past-decade-1.8296736

Mandhai, Shafik, "What Balfour means to Jewish critics of Israel", 2 Nov 2017, https://www.aljazeera.com/news/2017/11/balfour-means-jewish-critics-israel-171101060450737.html

MEMO, "US Middle East peace plan to be released after Ramadan", April 23, 2019, https://www.middleeastmonitor.com/20190423-us-middle-east-peace-plan-to-be-released-after-ramadan/?fbclid=IwAR3wty0DaXOPtrlRqTGcmF5e3psZ3WAu9hTXzLpWRtSbaEylpLL3p3NrwzQ

MEMO, "Saudi Arabia offers Abbas $10bn to accept US peace plan", May 1, 2019, https://www.

middleeastmonitor.com/20190501-saudi-arabia-offers-abbas-10bn-to-accept-us-peace-pla
n/?fbclid=IwAR3UCYitJRKF7RY7TNfgZhWC0NVhlVyeZ3baEfXMZNWo2SJILmxudONbYq0

MEMO, "Israel delegation to visit Saudi Arabia in 2020", May 4, 2019, https://www.middleeastmonitor.
com/20190504-israel-delegation-to-visit-saudi-arabia-in-2020/?fbclid=IwAR2yce08tIxt-
B2Er9SgIrEL_wdT6cyvduGu-vjgHbToiX4d9ZPWrnJ-vCU

Middle East Eye, "Saudi crown prince offered Abbas $10bn to accept Trump's deal, says report", 1
May 2019, https://www.middleeasteye.net/news/saudi-crown-prince-offered-abbas-10bn-
accept-trumps-deal-says-report?fbclid=IwAR3I6Jz8xA217sKLq0uIC9ZZyEmNCBXL3DsVs4nz
SBnp9f1eC21ddxhyBTM

Middle East Eye, "Saudi, UAE, Egypt, Jordan back Trump's Israel-Palestine plan: Report," Jun 25,
2018, https://www.middleeasteye.net/news/saudi-uae-egypt-jordan-back-trum p-s-israel-
palestine-plan-report-1511021713

Mondoweiss, "Israel approves 2,300 new settlement units deep in the occupied West Bank", August
6, 2019, https://mondoweiss.net/2019/08/israel-approves-settlement-occupied/?utm_
source=rss&utm_medium=rss&utm_campaign=israel-approves-settlement-occupied&fbcli
d=IwAR16yyY9du99HORXRtjKulRSpcYnuTcZZzWj4FvfXdFLQZbtZMcl4lBQgbg

Ofir, Jonathan, "Israel's UN Ambassador waves a bible at the Security Council", May 2, 2019, https://
mondoweiss.net/2019/05/israels-ambassador-security/?fbclid=IwAR15w_3BcWFOugrOpc
a7Ut9X7cjC7HsWtfzi_VXmSt-wvJyjqaUFjGRit2M

Palestine Chronicle, "Arab League Vows $100m per Month to Palestinian Authority", April 22, 2019,
http://www.palestinechronicle.com/arab-league-vows-100m-per-month-to-palestinian-auth
ority/?fbclid=IwAR3ouvNrgynEZWCgJn8S7F9X_qGr-I6Mbi8J0gnxWg8KtTwWkHT5Q3tRtY4

Palestine Chronicle, "Jordan to Ban Israelis from Entering Al-Baqura Area", November 8, 2019, http://
www.palestinechronicle.com/jordan-to-ban-israelis-from-entering-al-baqura%e2%80%8f-
area/?fbclid=IwAR1kawwMQ8954WGrE7a9noDyG56jDozbHTLEi_G8P72EZ0LhCFipXnrj66Q

Palestine Chronicle, "US Jewish Groups Warn Israel against West Bank Annexation", November 10,
2019, http://www.palestinechronicle.com/us-jewish-groups-warn-israel-against-west-bank-
annexation/?fbclid=IwAR14SrwlxugDsbq5kXFt7S0TdwKjKsMumM77dxuRMIQ8mgcx35XZK
gjllf4

Peace Now, "2,304 Settlement Units Promoted, 3 Outposts Regularized", 04.8.19, https://peacenow.
org.il/en/at-least-2430-housing-units-to-be-promoted-4-outposts-to-be-retroactively-
legalized

Patel, Yumna, "Israel begins extending 'silent annexation' over the West Bank, with the blessings of
the Trump administration", January 15, 2020, https://mondoweiss.net/2020/01/israel-has-
begun-extending-its-sovereignty-over-the-west-bank-with-the-blessings-of-the-trump-adm
inistration/?fbclid=IwAR3blu2OVo3iu5ovge6jiAbLG08yxHIGZKV9TjjP3KyMQSBof3G4pKv_
EVE

PRESS TV, "Fatah says Saudi, Egypt, UAE pressuring Palestine to accept Trump's deal",

Apr 22, 2019, https://www.presstv.com/Detail/2019/04/22/594047/Arab-states-pressuring-Palestine-Trump-deal?fbclid=IwAR1Fsn2MhG7jTxwAEAsA9OlJKpQTn87-u5tK7D5dJA3LfwPab4FlDJUo7jo

PRESS TV, "Saudi crown prince offered Abbas $10 billion to accept Trump's plan: Report", May 1, 2019, https://www.presstv.com/Detail/2019/05/01/594858/Saudi-crown-prince-offered-Abbas-10-billion-to-accept-Trumps-plan-Report?fbclid=IwAR3qRo-Vm-27EocE9OVJDG1mRsti_rxxlvfddUpZ4yO17ZGIXBL8KamMyls

QudsN, "Israel's UN ambassador: We have the right to occupy this land because the Bible said that", April 29, 2019, http://qudsnen.co/israels-un-ambassador-we-have-the-right-to-occupy-this-land-because-the-bible-said-that/?fbclid=IwAR0suy_GMozk3rhdazjeQdeeBCJKmdZqx_gZNpDtUf9n0_FQ1K1J7sB2HNk

QudsN, "Palestine's ambassador to UN says situation in Palestine from bad to worse", April 30, 2019, http://qudsnen.co/palestines-ambassador-to-un-says-situation-in-palestine-from-bad-to-worse/?fbclid=IwAR10eVtKQXTtHkoCRQPAaEzyoXbvYgQiQyo9PLkUByp9PZ3tKXEV6-JBrSU

QudsN, "184 ISRAELI SETTLERS STORM AL AQSA MOSQUE", December 30, 2019, http://qudsnen.co/?p=10382&fbclid=IwAR1zC06yJrHDlxyZW6t1V6bbFNq_sxrGVTd-IHscLMCXXsbwFgx0kyHl9fl

Railway Pro, "Israel-Saudi Arabia-United Arab Emirates railway project", August 1, 2019, https://www.railwaypro.com/wp/israel-saudi-arabia-united-arab-emirates-railway-project/

Rosenberg, David, "1 million Palestinians to settle in Jordan under Trump plan", 05/04/19 , http://www.israelnationalnews.com/News/News.aspx/261434?fbclid=IwAR3cuduGw1W_K1xRYLHRr8-GHL5UHt6hboAnMDkALdDOpdTji-5uTX6qmK4

Sagiv, Eyal, "Israel killed 222 Gaza protestors since 2018. Only one soldier has been indicted", Published November 6, 2019, https://972mag.com/open-fire-regulations-idf-gaza/144314/?fbclid=IwAR3lO7Q8ATnLcBvluZPEfH6R66dCCUWDI_62FwwYuGGIZu0TyxBTpvlltgQ

Salami, Daniel, "Jordan holds military maneuver simulating war with Israel", 12.02.19, https://www.ynetnews.com/article/HJMpEjfTB?fbclid=IwAR21ynm7uiP-g8Przdj_ntt-9b_8Wfct77lqMolD-cQylla9iekGRpSe19o

Sales, Ben, "Liberal Jewish groups ask Israeli politicians to oppose West Bank annexation—even if Trump supports it", November 6, 2019, https://www.jta.org/quick-reads/liberal-jewish-groups-ask-israeli-politicians-to-oppose-west-bank-annexation-even-if-trump-supports-it

Shahak, Israel and Chossudovsky, Michel, "Greater Israel: The Zionist Plan for the Middle East", September 13, 2019, https://www.globalresearch.ca/greater-israel-the-zionist-plan-for-the-middle-east/5324815?fbclid=IwAR3y2X6OPFZVC9qbrP5zckf0neZDcSdtwRg152uR9ZHUzP_dWoViT04EF7g

SIEGMAN, HENRY, "Israel Provoked This War", July 22, 2014, https://www.politico.com/magazine/story/2014/07/israel-provoked-this-war-109229

SIEGMAN, HENRY, "U.S. Jewish Leader Henry Siegman to Israel: Stop Killing Palestinians and End the Occupation", July 31, 2014, https://www.democracynow.org/2014/7/31/us_

jewish_leader_henry_siegman_to?fbclid=IwAR3R-KojzRSRBcmxRoH7JwgWYOtvf0_
EBncYcBMYGE2CMId3VkuSfkpEEio

Suarez, Tom, "Britain says releasing a 1941 document about Palestine might 'undermine
security'", May 13, 2019, https://mondoweiss.net/2019/05/palestine_document/
?fbclid=IwAR1iBtkl9x98_x7uwGx1j7qmMGUifXVE6DREagkis-k10P3mxgzEUQF68cM

Telesur, "UN Renews Agency Helping Palestinian Refugees in Defiance of US", 13 December 2019,
https://www.telesurenglish.net/news/UN-Renews-Agency-Helping-Palestinian-Refugees-in-
Defiance-of-US-20191213-0004.html?fbclid=IwAR3LsKKdzJEMw6GINN7lvmM_5dtfrM4eUJ
PtJJ-IzffaqH5NAk832pt2bQQ

The Avalon Project, Israel-Jordan Peace Treaty Annex I, 1994, https://avalon.law.yale.edu/20th_
century/jordan_treaty_annex1.asp

The Jewish Agency, "Over a Quarter Million Immigrants Moved to Israel from 150 Countries", 22 Dec
2019, http://archive.jewishagency.org/news/jewish-agency-summarizes-decade-aliyah

The New York Times, "Protest to Wilson Against Zionist State, Representative Jews Ask Him to
Present It to the Peace Conference", March 5, 1919, https://timesmachine.nytimes.com/ti
mesmachine/1919/03/05/97080072.pdf

The Palestinian Information Center, "Three Palestinians killed in Israeli attacks on Gaza", Friday 3/
May/2019, https://english.palinfo.com/news/2019/5/3/Three-Palestinians-killed-in-Israeli-
attacks-on-Gaza

Tibon, Amir and Landau, Noa, "Israeli Settlements Don't Violate International Law, Pompeo
Announces", Nov 18, 2019, https://www.haaretz.com/us-news/israeli-settlements-not-
inconsistent-with-international-law-pompeo-to-announce-1.8139055?fbclid=IwAR027oqZ1
6VC7jWI4gZeC35QR5FzX0BKXf49PQLpCu-xqZKSGPXPQyAeerw

Time of Israel, "Israel to begin promoting railway linking Haifa seaport with Saudi Arabia", 24 June
2018, https://www.timesofisrael.com/israel-to-begin-promoting-railway-linking-haifa-
seaport-with-saudi-arabia/

Time of Israel, Past decade saw over a quarter million immigrants to Israel from 150 countries, 21
December 2019, https://www.timesofisrael.com/past-decade-saw-over-a-quarter-million-
immigrants-to-israel-from-150-countries/

Tovah Lazaroff, U.S. backs plan for rail linking Israel with Middle East, November 6, 2018, https://
www.jpost.com/Israel-News/US-backs-plan-for-rail-linking-Israel-with-Middle-East-571149

United Nations. Origins and Evolution of the Palestine Problem: 1917-1947 (Part I), https://www.
un.org/unispal/history/origins-and-evolution-of-the-palestine-problem/part-i-1917-1947/

White, Ben, "A single democratic state offers the best path forward for Palestinians and Israelis", 2
May 2019, https://www.middleeasteye.net/opinion/single-democratic-state-offers-best-
path-forward-israelis-and-palestinians

Ynet news, "Jordan's king announces 'full sovereignty' over lands leased by Israel in 1994 peace
accord", 11.10.19, https://www.ynetnews.com/articles/0,7340,L-5622532,00.html

Young, Karen De and Morris, Loveday, "Trump administration orders closure of PLO office in Washington", September 11, 2018, https://www.washingtonpost.com/world/national-security/trump-administration-orders-closure-of-plo-office-in-washington/2018/09/10/7410fe6c-b50c-11e8-a2c5-3187f427e253_story.html?noredirect=on&utm_term=.7eb0bc7d6610

ZILBER, NERI, "Trump Wants to Help Israel by Cutting Aid to Palestinians. Why are Some Israelis Worried?", AUGUST 29, 2018, https://foreignpolicy.com/2018/08/29/unrwa-israel-palestine-trump-zilber/

IV. 동지중해 천연가스전과 팔레스타인인들의 곤경

1. 논문 및 단행본

홍미정(2016). "위기에 처한 예루살렘 이슬람 성지, 알 아크사 모스크", 『중동문제연구』 제15권 1호

A/HRC/29/52(2015). Report of the detailed findings of the independent commission of inquiry established pursuant to Human Rights Council resolution S-21/1, Human Rights Council, Twenty-nine session, Agenda items 7, Human rights situation in Palestine and other occupied Arab territories, 23 June 2015

Al-Haq(2015). Annexing Energy - Exploiting and Preventing the Development of Oil and Gas in the Occupied Palestinian Territory, Al-Haq, August 2015

Antreasyan, Anaïs(2013). "Gas Finds in the Eastern Mediterranean: Gaza, Israel, and Other Conflicts". Journal of Palestine Studies. 42, University of California Press (USA), 3 Spring 2013

Baroud, Ramzy(2017). "Why the US Wants to Shut Down the PLO Office in Washington", Foreign Policy Journal, FP Group, Dec 1, 2017

Friedrich, Roland, Luethold, Arnold(2007). Entry-points to Palestinian Security Sector Reform, Geneva Centre for the Democratic Control of Armed Forces, Geneva

Henderson, Simon (2014). "Natural Gas in the Palestinian Authority: The Potential of the Gaza Marine Offshore Field". Journal of Health and Social Behavior. 53 (3), SAGE, March 2014

Ratner, Michael(2016). Natural Gas Discoveries in the Eastern Mediterranean, Congressional Research Service, August 15, 2016

Schmoll, Melanie Carina(2017) "Gas in the maritime Exclusive Economic Zone of Israel and the transformation of the Regional Security Complex Levant" Volume 17, ISSUE 3, Journal of Military and Strategic Studies, Centre of Military and Strategic Studies, 2017

UN Office for the coordination of Humantarian Affairs(2009). THE ISRAELI DISENGAGEMENT PLAN, 2003-2005, August 2009, UN

Zanotti, Jim(2016). Turkey: Background and U.S. Relations, Congressional Research Service, August 26, 2016

2. 유엔 공문서, 보고서(여론 조사기관, 인권단체, 에너지 회사) 및 신문

Al Haq(2016). International Gas Agreements off Israeli Coast will Perpetuate Palestinian Conflict, Wednesday, 21 September 2016, http://www.alhaq.org/advocacy/topics/housing-land-and-natural-resources/1074-international-gas-agreements-off-israeli-coast-will-perpetuate-palestinian-conflict

Al Haq(2018). Annexing Energy - Exploiting and Preventing the Development of Oil and Gas in the O.P.T, http://www.alhaq.org/publications/publications-index/item/annexing-energy

BBC(2016). Mavi Marmara: Why did Israel stop the Gaza flotilla?, 27 June 2016, http://www.bbc.com/news/10203726

B'Tselem(2017). The Gaza Strip - The siege on Gaza and intensified economic sanctions, 01 January 2017, https://www.btselem.org/gaza-strip/gaza-strip-siege-gaza-and-intensified-economic-sanctions

Chossudovsky, Michel(2009). War and Natural Gas: The Israeli Invasion and Gaza's Offshore Gas Fields, January 8, 2009, http://www.globalresearch.ca/war-and-natural-gas-the-israeli-invasion-and-gaza-s-offshore-gas-fields/11680

CNN(2017). US threatens to close Palestinian office in Washington, November 18, 2017, http://edition.cnn.com/2017/11/18/politics/state-department-palestinians-washington-mission-israel/index.html

Cohen, Gina(2015). Israel seeks options to export huge gas reserves, GAS PROCESSING, Gulf Publishing Company. http://gasprocessingnews.com/features/201406/israel-seeks-options-to-export-huge-gas-reserves.aspx

Daily Beast(2012). U.N. Adds New Name: "State of Palestine", Ali Gharib obtained the U.N. letter officially designating the "State of Palestine. December 20, 2012, https://www.thedailybeast.com/un-adds-new-name-state-of-palestine

ERLANGER, STEVEN(2006). Hamas Leader Faults Israeli Sanction Plan, FEB. 18, 2006, http://www.nytimes.com/2006/02/18/world/middleeast/hamas-leader-faults-israeli-sanction-plan.html

EURACTIV(2017). Turkey's energy minister 'to visit Israel for pipeline deal', July 13, 2017, https://www.euractiv.com/section/enlargement/news/turkey-energy-minister-to-visit-israel-for-pipeline-deal/

Ferziger, Jonathan(2017). Israel-Europe Gas Pipeline Emerging From Fantasy, Netanyahu Says, By Jonathan Ferziger, June 16, 2017, https://www.bloomberg.com/news/articles/2017-06-15/israel-europe-gas-pipeline-emerging-from-fantasy-netanyahu-says

Globes(2014). Bloomberg: Turkey really wants Israeli gas, 11 Feb, 2014, http://www.globes.co.il/en/article-turkey-wants-leviathan-gas-report-1000916239

Gostoli, Ylenia(2017). Israel-Europe gas deal sparks criticism, 23 Apr 2017, http://www.aljazeera.com/indepth/features/2017/04/israel-europe-gas-deal-sparks-criticism-170411073907336.html

Gross, Judah Ari(2017). In first, US establishes permanent military base in Israel, 18 September 2017, https://www.timesofisrael.com/in-first-us-establishes-permanent-military-base-in-israel/

Guzman, Timothy Alexander(2017). The Coming War on Lebanon: Israel, Saudi Arabia and the U.S. Prepare for a Long-Planned Middle East War, December 02, 2017, https://www.globalresearch.ca/the-coming-war-on-lebanon-israel-saudi-arabia-and-the-u-s-prepare-for-a-long-planned-middle-east-war/5621168

HAARETZ(2018). U.S. Plans to Move Embassy to Jerusalem on Israel's 70th Independence Day, Feb 23, 2018, https://www.haaretz.com/israel-news/.premium-u-s-to-open-jerusalem-embassy-in-may-white-house-official-says-1.5845868

IMEMC(2017). US Blackmails PA into Accepting Trump's 'Deal of the Century', November 28, 2017, http://imemc.org/article/us-blackmails-pa-to-accept-deal-of-the-century/

Jo Abbess(2011). Natural Gaza (4), July 8, http://www.joabbess.com/2011/07/08/natural-gaza-4/

Khoury, Jack(2018). Abbas: Israel Declared War on Palestinians, Islamic Holy Sites With New Jerusalem Law, Jan 02, 2018, https://www.haaretz.com/israel-news/.premium-1.832584

Kalman, Matthew(2006). U.S. training Fatah in anti-terror tactics / Underlying motive is to counter strength of Hamas, analysts say, December 14, 2006, http://www.sfgate.com/news/article/U-S-training-Fatah-in-anti-terror-tactics-2465370.php

KRAMER, ANDREW E.(2012). Russian Warships Said to Be Going to Naval Base in Syria, JUNE 18, 2012, http://www.nytimes.com/2012/06/19/world/europe/russian-warships-said-to-be-going-to-naval-base-in-syria.html

Maan News Agency(2017). Palestinian rights groups submit evidence of Israeli 'war crimes' in West Bank to ICC, Sept. 21, 2017, http://www.maannews.com/Content.aspx?id=779165

Melhem, Ahmad(2017). When will Gaza gas field start operating? March 12, 2017, https://www.al-monitor.com/pulse/originals/2017/03/palestine-gaza-gas-field-energy-power-crisis-talks.html

MEMO(2016). US to establish military base in Israel, December 7, 2016, https://www.middleeastmonitor.com/20161207-us-to-establish-military-base-in-israel/#.WEm13aKE0_Z.facebook

MEMO(2017-a). Hamas: US closure of PLO offices threat is a concession to Israel, November 22, 2017, https://www.middleeastmonitor.com/20171122-hamas-us-closure-of-plo-offices-threat-is-a-concession-to-israel/

MEMO(2017-b). Under Saudi, Egypt pressure, Abbas retreat from prosecuting Israel, November 23, 2017, https://www.middleeastmonitor.com/20171123-under-saudi-egypt-pressure-abbas-retreat-from-prosecuting-israel/

MEMO(2017-c). Report: Trump peace plan won't necessarily include two-state solution, November 28, 2017, https://www.middleeastmonitor.com/20171128-report-trump-peace-plan-wont-necessarily-include-two-state-solution/

MEMO(2017-d). Report: Egypt pressuring PA to resume peace talks with Israel, November 28, 2017, https://www.middleeastmonitor.com/20171128-report-egypt-pressures-pa-to-resume-peace-talks-with-israel/

MEMO(2017-e). Will those supporting Trump's 'deal of the century' reconsider?, November 29, 2017, https://www.middleeastmonitor.com/20171129-will-those-supporting-trumps-deal-of-the-century-reconsider/

MEMO(2017-f). Israel asks US to give emergency aid to save Sisi, December 1, 2017, https://www.middleeastmonitor.com/20171201-israel-asks-us-to-give-emergency-aid-to-save-sisi/

MEMO(2017-g). Netanyahu: We are holding talks with other countries ready to recognise Jerusalem as the capital of Israel, December 8, 2017, https://www.middleeastmonitor.com/20171208-netanyahu-we-are-holding-talks-with-other-countries-ready-to-recognize-jerusalem-as-the-capital-of-israel/

MEMO(2018-a). Israel seized 2,500 acres of Palestinian land in 2017, Jewish settlements in West Bank and East Jerusalem increase by three times in 2017, January 1, 2018, https://www.middleeastmonitor.com/20180101-israel-seized-2500-acres-of-palestinian-land-in-2017/

MEMO(2018-b). Israel's ruling party calls for de-facto annexation of West Bank settlements, January 1, 2018, https://www.middleeastmonitor.com/20180101-likud-party-approves-annexation-of-w-bank-settlements/

MEMO(2018-c). Jordan allocates initial $2 million for joint pipeline project with Israel, https://www.middleeastmonitor.com/20180102-jordan-allocates-initial-2-million-for-joint-pipeline-project-with-israel/

MEMO(2018-d). Abbas slams Likud decision to annex West Bank, January 2, 2018, https://www.middleeastmonitor.com/20180102-abbas-slams-likud-decision-to-annex-west-bank/

MEMO(2018-e). Who is responsible for annexing the West Bank to Israel?, January 2, 2018, https://www.middleeastmonitor.com/20180102-who-is-responsible-for-annexing-the-west-bank-to-israel/

MEMO(2018-f). Likud decision to annex West Bank represents 'Israeli apartheid,' says Arab MK, January 2, 2018, https://www.middleeastmonitor.com/20180102-likud-decision-to-annex-west-bank-represents-israeli-apartheid-says-arab-mk/

MEMO(2018-g). With PA delays and Israeli threats, Gaza is heading into the unknown, January 4, 2018, https://www.middleeastmonitor.com/20180104-with-pa-delays-and-israeli-threats-gaza-is-heading-into-the-unknown/

MEMO(2018-h). PA security services carried out 4,000 rights violations against Palestinians in 2017, January 6, 2018, https://www.middleeastmonitor.com/20180106-pa-security-services-carried-out-4000-rights-violations-against-palestinians-in-2017/

MEMO(2018-i). Israel to resume electricity sales to Gaza, January 7, 2018, https://www.middleeastmonitor.com/20180107-israel-to-resume-electricity-sales-to-gaza/

MEMO(2018-j). Israel signs gas deal with Egypt worth $15bn, February 20, 2018, https://www.middleeastmonitor.com/20180220-israel-signs-gas-deal-with-egypt-worth-15b/

MEMO(2018-k). Jordan allocates initial $2 million for joint pipeline project with Israel, January 2, 2018, https://www.middleeastmonitor.com/20180102-jordan-allocates-initial-2-million-for-joint-pipeline-project-with-israel/

Mercouris, Alexander(2016). Russia's "Permanent Military Base" in Syria: Moscow just tipped the Balance of Power in the Mediterranean, August 16, http://www.globalresearch.ca/russias-permanent-military-base-in-syria-moscow-just-tipped-the-balance-of-power-in-the-mediterranean/5541294

Mitchell, Ellen(2017). US opens first permanent military base in Israel, September 18, http://thehill.com/policy/defense/351274-us-opens-first-permanent-military-base-in-israel

Modiin Energy(2016) New gas prospect found in Israeli waters, January 18, https://www.graphicnews.com//pages/en/33852/New_natural_gas_field_found_offshore_Israel?utm_source=twitterfeed&utm_medium=twitter

Qureshi, Aurangzeb(2016). Turkey-Israel deal set to start a Middle East gas bonanza, 6 September 2016, http://www.middleeasteye.net/columns/how-turkey-israel-deal-could-be-energy-game-changer-1775085297

Reuters(2012). Israel's Shimshon reservoir estimated to have 550 bcf of natgas, October 2, 2012, http://www.reuters.com/article/shimshon-natgas/israels-shimshon-reservoir-estimated-to-have-550-bcf-of-natgas-idUSL6E8L2B5C20121002

Reuters(2017). Despite furore over Jerusalem move, Saudis seen on board with U.S. peace efforts, December 9, 2017, https://uk.reuters.com/article/uk-usa-trump-israel-saudi-insight/despite-furore-over-jerusalem-move-saudis-seen-on-board-with-u-s-peace-efforts-idUKKBN1E22HH

RT(2016). Putin asks Russian Duma to ratify Syria air base deal, 9 Aug, 2016, https://www.rt.com/politics/355189-putin-asks-russian-duma-to/

Sandler, Neal(2016). Israel Launches $4B Gas Field and Pipeline Investment, Developers line up financing and customers, but U.S. partner may sell some stake to raise cash, November 29, 2016, https://www.enr.com/articles/41009-israel-launches-4b-gas-field-and-pipeline-investment

Strickland, Patrick(2017). Will Hamas give up arms for Palestinian reconciliation? 9 Oct 2017, http://www.aljazeera.com/indepth/features/2017/10/hamas-give-arms-palestinian-reconciliation-171008123019895.html

Sviderski, Vadim(2012). Estimates for Gas Reserves in Shimshon Field Are Cut Sharply, Oct 03, 2012, https://www.haaretz.com/israel-news/business/estimates-for-gas-reserves-in-shimshon-field-are-cut-sharply-1.467964

Tahhan, Zena(2017). Palestinians submit Israel 'war crime' evidence to ICC, by Zena Tahhan, 20 Sept 2017, http://www.aljazeera.com/news/2017/09/palestinians-submit-israel-war-crime-evidence-icc-170920115342560.html

Tahhan, Zena(2018). Gaza residents to pay Israel for electricity, January 4, http://www.aljazeera.com/news/2018/01/gaza-residents-pay-israel-electricity-180104125108369.html

The Guardian(2011). How Unesco countries voted on Palestinian membership, 1 November 2011.

https://www.theguardian.com/world/2011/nov/01/unesco-countries-vote-palestinian-membership

The International Criminal Court(2015). ICC welcomes Palestine as a new State Party, 1 April 2015, https://www.icc-cpi.int/Pages/item.aspx?name=pr1103

The Lens Post(2017). Egypt talks Hamas out of retaliation for tunnel attacks, 2 November 2017, http://thelenspost.com/en/egypt-talks-hamas-out-of-retaliation-for-tunnel-attacks/

The Lens Post(2017). Egyptian army claims 63 Gaza tunnels destroyed in 2017, 23 December 2017, http://thelenspost.com/en/egyptian-army-claims-63-gaza-tunnels-destroyed-in-2017/

The New York Times(2007). Israel declares Gaza an 'enemy entity', SEPT. 19, 2007, http://www.nytimes.com/2007/09/19/world/africa/19iht-mideast.2.7566721.html

The Palestinian Center for Policy and Survey Research(2017). Public Opinion Poll No (65), 2 October 2017, http://www.pcpsr.org/en/node/711

The Iraq File(2018). Gaza residents to pay Israel for electricity, January 4, 2018, http://theiraqfile.com/gaza-residents-to-pay-israel-for-electricity-news-malaysiaupdates-com/

U.N. Adds New Name: State of Palestine", Ali Gharib obtained the U.N. letter officially designating the State of Palestine. 2012.20.12, https://www.thedailybeast.com/un-adds-new-name-state-of-palestine

UNITED NATIONS(2012). General Assembly Votes Overwhelmingly to Accord Palestine 'Non-Member Observer State' Status in United Nations, 29 November 2012, https://www.un.org/press/en/2012/ga11317.doc.htm

UNSECO(2011). Palestine Admitted to UNESCO, 31 October 2011, http://www.unesco.org/archives/multimedia/?pg=33&s=films_details&id=2168

Winer, Stuart(2015). Palestinians cancel natural gas deal with Israel: $1.2 billion pullout is the latest in a series of setbacks for the Leviathan offshore field, 11 March 2015, https://www.timesofisrael.com/palestinians-cancel-natural-gas-deal-with-israel/

V. 이스라엘의 인종차별 정책과 아랍계 소수자들

1. 논문 및 단행본
홍미정(2004). 『팔레스타인 땅, 이스라엘 정착촌』, 서경
홍미정(2018). 『팔레스타인 현대사: 무엇이 문제인가』, 서경문화사
Boteach, Elana(2006). The Indigenous Bedouins of the Naqab-Negev Desert in Israel, Negev Coexistence Forum for Civil Equality, May 2006
Cohen, Hillel(2009). Army of Shadows: Palestinian Collaboration with Zionism, 1917-1948, University of California Press
Epstein, E.(1942). "The Druzes of Palestine". Journal of the Royal Central Asian Society, Taylor & Francis
Finkelstein, Norman G.(2003). Image and Reality of the Israel-Palestine Conflict, Verso

Geller, Randall S.(2017). Minorities in the Israeli Military, 1948–58, LEXINGTON BOOKS

Grief, Adi(2005). "Druze and Jews", The Stanford Undergraduate Research Journal, Spring 2005

Ḥabībī, Imīl(2006). Saraya, the Ogre's Daughter: A Palestinian Fairy Tale, Ibis Editions

Kark, Ruth&Frantzman, Seth J.(2012). "The Negev: Land, Settlement, the Bedouin and Ottoman and British Policy 1871–1948", British Journal of Middle Eastern Studies 39(1), April 2012

Morris, Benny(2004). The Birth of the Palestinian Refugee Problem Revisited, Cambridge

Nasrallah, Rami(2013). The Routledge Handbook on the Israeli-Palestinian Conflict, Routledge

Negev Coexistence Forum for Civil Equality(2006). The Indigenous Bedouins of the Naqab-Negev Desert in Israel, May 2006

Nelson, Cary(2019). Israel Denial: Anti-Zionism, Anti-Semitism, & the Faculty Campaign Against the Jewish State, The Academic Engagement Network&Indiana University Press

Nettler, Ronald L. and Taji-Farouki, Suha(2013). Muslim-Jewish Encounters, Routledge

Nisan, Mordechai(2002). Minorities in the Middle East: A History of Struggle and Self-Expression, 2d ed. McFarland. 1 Jan 2002

ONGLEY, F.(1892). The Ottoman land code, London : W. Clowes

Parsons, Laila(2000). The Druze between Palestine and Israel, 1947-1949. Great Britain: Macmillan Press Ltd.

Rosenthal, Donna(2003). The Israelis: Ordinary People in an Extraordinary Land, Free Press

Sabbagh-Khoury, Areej(2004). The Palestinians in Israel: Historical, Social and Political Background, Mada al Carmel/Arab Center for Applied Social Research

Scolnicov, Anat(2006). "Religious law, religious Courts and human rights within Israeli constitutional structure", International Journal of Constitutional Law, Volume 4, Issue 4, 01 October 2006

Simon, Rita and Brooks, Alison(2009). The Rights and Responsibilities of Citizenship the World Over, Lexington Books

Swirski, Shlomo and Hasson, Yael(2006). INVISIBLE CITIZENS: Israel Government Policy Toward the Negev Bedouin, The Center for Bedouin Studies & Development Research Unit, Ben-Gurion University of the Negev

Williams, Louis(2000). The Israel Defense Forces: A People's Army, Authors Choice Press

Wright, Clifford A(2015). Facts and Fables (RLE Israel and Palestine): The Arab-Israeli Conflict

Zeedan, Rami(2019). "The Role of Military Service in the Integration/Segregation of Muslims, Christians and Druze within Israel", Societies, MDPI

2. 인터넷 자료

2019. 17 באפריל, 'יפורסמו ברשומות עד ליום ד'-21ההתוצא". (2019, Apr. 11).ועדת הבחירות המרכזית לכנסת ה-21
תשתננה ,בשל תהליכי בקרה ובדיקה שונים שמבצעת הוועדה על תוצאות הבחירות "עד ליום זה יתכן
והתוצאות.ה לכנסת הבחירות של הסופיות לות נכונות תוצאות 11/04/2019-, https://web.archive.org/
web/20190411205835/https://votes21.bechirot.gov.il/

Abu Sneineh, Mustafa(2018, Aug. 9). "Resigned Knesset Member: Jewish Nation-state Law Is 'Ethnic

Cleansing'", https://www.globalresearch.ca/resigned-knesset-member-jewish-nation-state-law-is-ethnic-cleansing/5650095

Abu Sneineh, Mustafa(2018, Aug. 15). "Resigned Knesset member: Jewish nation-state law is 'ethnic cleansing', In an interview with MEE, Zouheir Bahloul says that there is a limit to what Arab citizens of Israel can take", 15 August, https://www.middleeasteye.net/news/resigned-knesset-member-jewish-nation-state-law-ethnic-cleansing

Atashi, Zeidan(2019). "The Druze in Israel:The Question of Compulsory Military Service, 2019", https://www.jewishvirtuallibrary.org/druze-in-israel-and-the-question-of-compulsory-military-service

BBC(2009, Oct. 20). "Bedouin who serve in Israel's army", http://news.bbc.co.uk/2/hi/8303634.stm

B'TSELEM(2019). Fatalities in the first Intifada, https://www.btselem.org/statistics/first_intifada_tables

Booth, William(2017, Jul. 14). "Gunmen kill 2 Israeli police officers at entrance to Jerusalem mosque complex", https://www.washingtonpost.com/world/gunmen-kill-two-israeli-police-officers-at-entrance-to-jerusalem-mosque-complex/2017/07/14/a7461cfa-6868-11e7-9928-22d00a47778f_story.html

Central Bureau of Statistics(2019). Israel's Independence Day 2019, https://www.cbs.gov.il/he/mediarelease/DocLib/2019/134/11_19_134b.pdf

Central Bureau of Statistics(2019, Apr. 17). "The Druze Population of Israel", 2019, 04, 17, https://www.cbs.gov.il/he/mediarelease/DocLib/2019/122/11_19_122b.pdf, https://www.cbs.gov.il/he/publications/doclib/2019/yarhon0419/b1.pdf

Central Elections Committee(2019). "Elections for the 22nd Knesset", https://bechirot22.bechirot.gov.il/election/English/Pages/default.aspx

Chacar, Henriette(2018, Aug. 9). "What Spurred Israel's Druze to Demand Equality Now?", https://lobelog.com/what-spurred-israels-druze-to-demand-equality-now/

Cohen, Gili(2015, May. 19). "IDF to Disband Druze Battalion After More Than 40 Years' Service", https://www.haaretz.com/.premium-idf-to-disband-druze-battalion-1.5363658

Consulate General of Israel in Montreal(2019). "Arrangement of Military Status", https://embassies.gov.il/montreal/ConsularServices/Pages/Arrangement-for-Military-Status.aspx

David(2013). The Strange Side of Jewish History: Arabs – pro-Jewish, January 8, 2013, http://strangeside.com/arabs-pro-jewish/

Derfner, Larry(2009, Jan. 15). "Covenant of blood". The Jerusalem Post. Retrieved 10 June 2010. https://www.jpost.com/Magazine/Features/Covenant-of-blood

ECFR(2019). "Mapping Palestinian Politics: Islamic Movement (Northern Branch)", https://www.ecfr.eu/mapping_palestinian_politics/detail/islamic_movement_northern_branch

Estrin, Daniel(2018, Aug. 6). "Critics Say Israel's Nation State Law Discriminates Against Religious Minorities", https://www.npr.org/2018/08/06/635935097/critics-say-israel-s-nation-state-law-discriminates-against-religious-minorities

Goldberg Commission's Recommendations(2007). The Regional Council for the Unrecognized

Villages in the Negev-RCUV, pp.8-12, http://www.landpedia.org/landdoc/Analytical_
materials/Goldberg_recommendations-english.pdf

Gross, Judah Ari(2017, Sep. 14). "In 'revolution,' IDF boosts combat soldiers' pay to 40% of minimum
wage", https://www.timesofisrael.com/in-revolution-idf-boosts-combat-soldiers-pay-to-40-
of-minimum-wage/

Haaretz(2006, Jul. 9). "MK won't retract remark that seizing IDF troops is legitimate". Haaretz

IMEMC(2019, Aug. 29). "Israeli Forces Demolish al-Araqib Village for 156th Time", https://imemc.
org/article/israeli-forces-demolish-al-araqib-village-for-156th-time/?fbclid=IwAR0I_
J87H69KBxcxaBFMDVeDad7orDw1-znj4Kl_drk4JaBF1N8TD0yqfZU

Israel Defense Forces(2010, Oct. 1). מוכנים לטייס הדרוזי הראשון?, https://web.archive.org/web/
20120324151019/http://dover.idf.il/IDF/News_Channels/Personal/10/10/1102.htm

Israel Defense Forces(2012, Mar. 28). "Bedouin Trackers: the IDF's Sharpest Eyes", https://www.
bridgesforpeace.com/bedouin-trackers-the-idfs-sharpest-eyes/

Israel Ministry of Foreign Affairs(1981, Dec. 14). "Golan Heights Law", https://www.mfa.gov.il/mfa/
foreignpolicy/peace/guide/pages/golan%20heights%20law.aspx

Israel Ministry of Foreign Affairs(2013). PEOPLE: Minority Communities, https://mfa.gov.il/mfa/
aboutisrael/people/pages/society-%20minority%20communities.aspx

Israel Ministry of Foreign Affairs(2019, Sep. 15). "Elections in Israel September 2019", https://mfa.gov.
il/MFA/AboutIsrael/State/Democracy/Pages/FAQ-Elections-in-Israel-September-2019.aspx

KERSHNER, ISABEL(2011, May. 21). "In the Golan Heights, Anxious Eyes Look East", https://www.
nytimes.com/2011/05/22/world/middleeast/22golan.html?_r=1

Khoury, Jack(2017, Aug. 25). "Israel Revokes Citizenship of Hundreds of Negev Bedouin, Leaving
Them Stateless", https://www.haaretz.com/israel-news/.premium-1.808886

Knesset(2010). "Bedouins in the State of Israel", https://www.knesset.gov.il/lexicon/eng/bedouim_
eng.htm

Knesset(2019). "Knesset Members Whose Last Names Begin With 'A'", https://www.knesset.gov.il/
mk/eng/mkdetails_eng.asp

Lappin, Yaakov(2014, Jul. 20). "13 IDF soldiers killed in Gaza as Operation Protective Edge death toll
climbs to 18", https://www.jpost.com/Operation-Protective-Edge/Seven-Golani-soldiers-
killed-in-Gaza-363528

Masarwa, Lubna(2018, Aug. 11). "Palestinian citizens of Israel protest in Tel Aviv against nation-state
law", https://www.middleeasteye.net/news/palestinian-citizens-israel-protest-tel-aviv-
against-nation-state-law

MEMO(2019, Sep. 11). "Saudi calls for urgent OIC meeting to face Netanyahu's plans to annex West
Bank", https://www.middleeastmonitor.com/20190911-saudi-calls-for-urgent-oic-meeting-
to-face-netanyahus-plans-to-annex-west-bank/?fbclid=IwAR1xDnGpUOaGmr-ywk9V-
6vcltNUscOwfohW5JGnQmr40t-YGjyPEram3pM

MEMO(2019, Sep. 12). "Incitement complaint filed after Netanyahu statement 'Arabs want to destroy

all of us'", https://www.middleeastmonitor.com/20190912-incitement-complaint-filed-
after-netanyahu-statement-arabs-want-to-destroy-all-of-us/

MEMO(2019, Sep. 27). "Israel displaces Al-Araqeeb villagers for 162nd time", https://www.
middleeastmonitor.com/20190927-israel-displaces-al-araqeeb-villagers-for-162nd-time/
?utm_medium=social&utm_source=facebook.page&utm_campaign=postfity&utm_cont
ent=postfitybf418&fbclid=IwAR1Sgc6pKLokxLmi8_MEocxQ14He2-8pn5dMkQ8P6quAYm
WVuW2IPCwLPjA

MEMO(2019, Oct. 7). "Israel minister: Arabs are inherently violent", https://www.middleeastmonitor.
com/20191007-israel-minister-arabs-are-inherently-violent/?fbclid=IwAR3-k8paPQO1WlwB
n9Duy_86K0FJvz2BG025vc2_b9VmHHamWSXb9M8baMU

MEMO(2019, Dec. 11). "Displacement of Negev Bedouin an 'attack on dignity", https://www.
middleeastmonitor.com/20191211-displacement-of-negev-bedouin-an-attack-on-dignity/?
fbclid=IwAR0Yv7AzctSrd15Enl9ufsbIPmXNj8JkH6X0jDOjXM654cBQs-z2Ot0btGQ

MEMO(2019, Dec. 23). "Israel starts to implement 'racist' Jewish Nation-State Law", https://www.
middleeastmonitor.com/20191223-israel-starts-to-implement-racist-jewish-nation-state-la
w/?fbclid=IwAR1Jj4sdEwgXo1M35XJXSCMkF9UixGsWb3QCCPSHf8k7-FDyR58_8H2DQ4s#.
XgD10IWTwQc.facebook

Miller, Elhanan(2017, May. 12). "Will Israeli Bedouins Choose the Army Over the Islamic Movement?",
https://www.tabletmag.com/jewish-news-and-politics/232779/bedouin-army-islamic-
movement-negev-4

NRG(2011, Aug. 16). ד"למגל מונה מרהט בדזאי :בנגב היסטוריה, 16/8/2011, https://www.makorrishon.co.il/
nrg/online/1/ART2/271/121.html

Palestine Post(1948, Aug. 12). "Israel's Bedouin Warriors, Gene Dison"

Patel, Yumna(2019, Sep. 11). "Netanyahu tells voters: If you don't vote Likud, Arabs will 'annihilate us
all'", https://mondoweiss.net/2019/09/netanyahu-voters-annihilate/?fbclid=IwAR06ZHRAK
oqH_r4vkB7Kg6_Uz4m8yH7G_I6e5iSuX-nJuUAYLETEFCKMIuw

Pfeffer, Anshel(2014, Jul. 20). "In Gaza, a war of two narratives", http://www.haaretz.com/misc/
article-print-page/.premium-in-gaza-a-war-of-two-narratives-1.5256103

Plachta, Ari(2017, Oct. 2). This Ethnic Minority in Israel Still Swears Allegiance to Syria. But for Many
Young People That's Changing, https://www.haaretz.com/israel-news/an-israeli-ethnic-
minority-swears-allegiance-to-syria-but-that-s-changing-1.5453460

Rasgon, Adam(2019, Jul. 29). "Nationalist Balad party announces it will run on Joint List in autumn
elections". The Times of Israel, https://www.timesofisrael.com/nationalist-balad-party-
announces-it-will-run-on-joint-list-in-autumn-elections/

Sawaed, Khader(2019, Apr. 9). "The Arab Minority in Israel and the Knesset Elections", https://www.
washingtoninstitute.org/fikraforum/view/the-arab-minority-in-israel-and-the-knesset-
elections

Sekkai, Rachid(2009, Oct. 20). "Bedouin who serve in Israel's army", http://news.bbc.co.uk/2/hi/

8303634.stm

Shaalan, Hassan(2019, Feb. 21). "Hadash and Ta'al Arab Parties join forces ahead of elections". ynet. https://www.ynetnews.com/articles/0,7340,L-5467724,00.html

Simons, Jake Wallis(2016, Feb. 5). "Are these Israel's bravest soldiers? Meet the Sunni Muslim Arabs who fight on the front line in an 'unbreakable blood pact'", https://www.dailymail.co.uk/news/article-3362369/Are-Israel-s-bravest-soldiers-Meet-Sunni-Muslim-Arabs-fight-line-unbreakable-blood-pact.html

Stern, Yoav(2009, Jan. 1). "Elections 2009 / Druze Likely to Comprise 5% of Next Knesset, Despite Small Population", https://www.haaretz.com/1.5055738

The Jerusalem Post(2018, Jan. 16). "Beduin enlistment to IDF rises after years of decline", https://www.jpost.com/Israel-News/Beduin-enlistment-to-IDF-rises-after-years-of-decline-536885

Time of Israel(2019, Oct. 15). "Army drive aims to boost number of Bedouin soldiers", https://www.timesofisrael.com/army-drive-aims-to-boost-number-of-bedouin-soldiers/

Worldatlas(2019). The Major Religions in Israel, https://www.worldatlas.com/articles/the-major-religions-in-israel.html

VI. 이스라엘/아랍국가들 평화협정: 팔레스타인인들의 주권 박탈

1. 논문 및 단행본

홍미정(2004). 『팔레스타인 땅, 이스라엘 정착촌』, 서경

홍미정(2016). 「Understanding the Regional Politics of Saudi Arabia: Rivalry between Egypt and Saudi Arabia from 1958 to 1967」 『중동연구』 제35권 1호, 한국외국어대학교 중동연구소

홍미정(2017). 「세계시온주의자 기구(WZO)와 보편적 인권」 『한국이슬람학회 논총』 제27-2집, 한국이슬람학회

홍미정(2018). 『팔레스타인 현대사』, 서경문화사

Abdul Hadi, Mahdi(2007). 『Documenrt on Palestine Vol.III』, PASSIA, Jerusalem

2. 인터넷 자료

AHREN, RAPHAEL(2020, Oct. 13). Top UAE official laments PA's ingratitude after Abbas envoy rants on Israel ties, https://www.timesofisrael.com/top-uae-official-laments-pas-ingratitude-after-envoys-rant-on-israel-ties/

Al Jazeera(2020, Oct. 15). Israel's settlement approvals hit record high: Watchdog, https://www.aljazeera.com/news/2020/10/15/israels-settlement-approvals-hit-record-high-watchdog

Behnam, Reza(2020, Sep. 28). Another Acre, Another Goat: Israel in the Middle East, https://www.palestinechronicle.com/another-acre-another-goat-israel-in-the-middle-east/?fbclid=IwAR3ycSMe0DVogqxgy87mqlG0Uxk5Yq8Nlagqne2CQvdsq_ZweWbozlEr_sl

Blumenthal, Itay(2020, Nov. 16). Etihad Airways pulls ad calling to visit Second Temple, https://www.ynetnews.com/travel/article/Hkib5mg5P?fbclid=IwAR21OhHYIH-18eAgMsTFbhe5xN6flh3Q diteo2TSnQttVdrEqNmfnT7jQWA#autoplay

Dalloul, Motasem(2020, Nov. 19). The PA has turned its back on the people of Palestine, https://www.middleeastmonitor.com/20201119-the-pa-has-turned-its-back-on-the-people-of-palestine/?fbclid=IwAR2Ld7o2Iu2GQfozg8-BF7wIeLt7CxLJbw3qhXGsbwUj2DhTdGyKkBP7Y-M

GOLDENBERG, TIA(2020, Aug. 17). Netanyahu says UAE deal signals end to 'land for peace', https://apnews.com/article/israel-ap-top-news-middle-east-benjamin-netanyahu-west-bank-d8ad7b9262b3190169bef394ef08212f

Haaretz(2020, Oct. 23). Israel, Sudan Agree to Normalize Ties With U.S. Help, https://www.haaretz.com/israel-news/israel-sudan-agree-on-steps-toward-normalization-announcement-expected-friday-1.9257650?fbclid=IwAR1UUBsCr8A1vFgl4aPXh21cVwl1Niul4regGCWIBylUdauRXo7vR2mocPA

Haaretz(2020, Nov. 16). Abu Dhabi's Etihad Announces Direct Flights to Israel With Ad Featuring Second Temple, https://www.haaretz.com/israel-news/abu-dhabi-s-etihad-set-to-start-direct-flights-to-israel-in-2021-1.9311211?fbclid=IwAR0-OItY69Vake2ydbNqkN5kg5FFhGkvwmwzULhi9iWYrxl6_rwiPVrIrzE

Haaretz(2020, Nov. 27). Citizenship in East Jerusalem Now, https://www.haaretz.com/opinion/editorial/.premium-citizenship-in-east-jerusalem-now-1.9331166?fbclid=IwAR2UD0cowKwpzS07pbym5XrvIgG7_1SeZ_Ba9hHNrw11tM2_1ZfPHPIF0Zo

Hansler, Jennifer(2020, Oct. 23). Trump announces that Israel and Sudan have agreed to normalize relations, https://edition.cnn.com/2020/10/23/politics/trump-sudan-israel/index.html

HOFFMAN, GIL(2020, Oct. 15). Knesset approves Israel-UAE deal, https://www.jpost.com/israel-news/knesset-debates-israel-uae-deal-645800

IMEMC(2020, Nov. 19). Palestinian Authority to Agrees to Restore Ties with Israel, https://imemc.org/article/palestinian-authority-to-agrees-to-restore-ties-with-israel/?fbclid=IwAR0og8SPmvSy_yPTY0ZbGOEBDB5h-WOAS29hUpj6PIn2mjcKy-UyBNKlY7s

Inlakesh, Robert(2020, Dec. 3). Palestinian Authority's Return To Security Coordination Is A Bigger Betrayal Than Arab Normalisation, https://qudsnen.co/?p=18861&fbclid=IwAR13HMLS79fcelheguMKP6eBDcDHwHfEQTQM2XzUO61TNopHy9wsoD0mmw4

Israel Ministry of Foreign Affairs(1978, Sep. 25). Israel's Foreign Relations, Selected Documents, Volums 405:1977-1979, 200 Statement to the Knesset by Prime Minister Begin on the Camp David agreements-, https://mfa.gov.il/MFA/ForeignPolicy/MFADocuments/Yearbook3/Pages/200%20Statement%20to%20the%20Knesset%20by%20Prime%20Minister%20Beg.aspx

Israel Ministry of Foreign Affairs(1994, Oct. 26). Israel-Jordan Peace Treaty, https://mfa.gov.il/mfa/foreignpolicy/peace/guide/pages/israel-jordan%20peace%20treaty.aspx

Israel Ministry of Foreign Affairs(1999, Aug.25). Israel-Jordan Peace Treaty Annex I, https://mfa.gov.il/MFA/ForeignPolicy/Peace/Guide/Pages/Israel-Jordan%20Peace%20Treaty%20Annex%20I.aspx

JNS(2020, Oct. 19). US to delist Sudan as state sponsor of terror, paving way for normalization with Israel, https://www.jns.org/us-to-delist-sudan-as-state-sponsor-of-terror-paving-way-for-normalization-with-israel/

Khan, Sarmad(2020, Sep. 15). UAE-Israel trade and investment prospects 'exciting' for both nations, economy minister says, https://www.thenationalnews.com/business/economy/uae-israel-trade-and-investment-prospects-exciting-for-both-nations-economy-minister-says-1.1077729

Khoury, Jack(2020, Nov. 18). By Renewing Cooperation With Israel, Palestinian Authority Leadership Admits Failure, https://www.haaretz.com/middle-east-news/palestinians/.premium. HIGHLIGHT-by-renewing-israel-cooperation-palestinian-authority-leadership-admits-failure-1.9315600?fbclid=IwAR0Q9V8QRFjFvrp4DUujOmOSYmw4Y-oq-8MNPHR7dw2scaSn znXXIlU3Ulc&mid913=open

Le Point(2020, Oct. 12). L'ambassadeur de Palestine tire à boulets rouges sur les Émirats, https://www.lepoint.fr/monde/salman-el-herfi-mbz-est-un-petit-dictateur-qui-joue-avec-le-feu-12-10-2020-2396038_24.php

MEMO(2018, Jan. 6). PA security services carried out 4,000 rights violations against Palestinians in 2017, https://www.middleeastmonitor.com/20180106-pa-security-services-carried-out-4000-rights-violations-against-palestinians-in-2017/

MEMO(2020, Mar. 14). Zionist' Biden in his own words: 'My name is Joe Biden, and everybody knows I love Israel', https://www.middleeastmonitor.com/20200314-zionist-biden-in-his-own-words-my-name-is-joe-biden-and-everybody-knows-i-love-israel/?fbclid=IwAR0uHO5Pa3E EWdlCk-y8HxgpkBDM_illRJyIJLcBV_xfHql-pa3NIJjq2lg

MEMO(2020, Oct. 14). Palestinian envoy: UAE, Bahrain 'more Israeli than Israelis', https://www.middleeastmonitor.com/20201014-palestinian-envoy-uae-bahrain-more-israeli-than-israelis/?fbclid=IwAR3XDfS9-W0w8w7w_mCUjkQNRbFalFBol2RO6ygQwNXZPUV185X3_6n sVHU, https://emiratesleaks.com/en/palestinian-envoy-uae-bahrain-israeli-israelis/

MEMO(2020, Oct. 19). Arab support for PA budget falls by 82%, https://www.middleeastmonitor.com/20201019-arab-support-for-pa-budget-falls-by-82/?fbclid=IwAR308u909YDCw1-m8K-WbhLy3DKJ9lhvun-uxw9m7MyiSIFO6ACzFD0SDsw

MEMO(2020, Oct. 20-1). Fatah region in Jerusalem warns of Emirati money that will support settlements, https://www.middleeastmonitor.com/20201020-fatah-region-in-jerusalem-warns-of-emirati-money-that-will-support-settlements/?fbclid=IwAR0emHEn2yoNUwtR5s RDsabrFGghsONZZklwnPqagqSGcHVI7TArOM4dWyM

MEMO(2020, Oct. 20-2). Saudi Arabia, the UAE and Bahrain given 'Friends of Zion' award, https://www.middleeastmonitor.com/20201020-saudi-arabia-the-uae-and-bahrain-given-friends-of-zion-award/?fbclid=IwAR0uycaCWnmyvoB7mvr7UqZvcJKU1y4IACeP6kcheNC8GtMz8R qc-eLcZbl

MEMO(2020, Oct. 22). Saudi to pay millions for Sudan to accelerate normalisation with Israel, https://www.middleeastmonitor.com/20201022-saudi-to-pay-millions-for-sudan-to-accelerate-normalisation-with-israel/?fbclid=IwAR29cID2qVGBtVPh8kl0s3y_O6wcDi-dFjaP6BPHyCWYURUv-CFUZ9K1agw

MEMO(2020, Nov. 7). Former Saudi intelligence chief: Biden to disappoint Palestinians, https://www.middleeastmonitor.com/20201107-former-saudi-intelligence-chief-biden-to-disappoint-palestinians/?fbclid=IwAR21OhHYIH-18eAgMsTFbhe5xN6flh3Qditeo2TSnQttVdrEqNmfnT7jQWA

MEMO(2020, Nov. 10). PA: Israel has to choose between two-states or demographic meltdown, https://www.middleeastmonitor.com/20201110-pa-israel-has-to-choose-between-two-states-or-demographic-meltdown/?fbclid=IwAR3fMYpkIQiy1bV9fGZ3M7E1q5MfLG6YD-qx7cK-RzOLWkdrAYEjshqtr-8

MEMO(2020, Nov. 19). The PA has turned its back on the people of Palestine, https://www.middleeastmonitor.com/20201119-the-pa-has-turned-its-back-on-the-people-of-palestine/?fbclid=IwAR2Ld7o2lu2GQfozg8-BF7wleLt7CxLJbw3qhXGsbwUj2DhTdGyKkBP7Y-M

MEMO(2020, Nov. 25). Reasons for Gulf normalisation with Israel, https://www.middleeastmonitor.com/20201125-reasons-for-gulf-normalisation-with-israel/?fbclid=IwAR3TSFAaIPxlsyF2d_ysug-IC87S6xKUq68v9i5WQj0kMEefqHHoaCitjXo

MEMO(2020, Nov. 26). Moving past apartheid: one-state is not ideal justice, but it is just and possible, https://www.middleeastmonitor.com/20201126-moving-past-apartheid-one-state-is-not-ideal-justice-but-it-is-just-and-possible/?fbclid=IwAR0Qc7hqj2qpIESoTMMO0Iq2p_d6-wGfoWwjq5zLd_B8kEcCfkPshwxTOPI

MEMO(2020, Dec. 1). Hamas and the other factions must act to stop Abbas destroying the Palestinian cause, https://www.middleeastmonitor.com/20201201-hamas-and-the-other-factions-must-act-to-stop-abbas-destroying-the-palestinian-cause/

MEMO(2020, Dec. 2). Official: Palestine, Jordan, Egypt to setup peace conference, https://www.middleeastmonitor.com/20201202-official-palestine-jordan-egypt-to-setup-peace-conference/

Michal Korach, Maya Choshen(2020, 4). Jerusalem: Facts and Trends 2020, Jerusalem Institute for Policy Research, p.4, https://jerusaleminstitute.org.il/wp-content/uploads/2020/05/2020-%D7%A2%D7%9C-%D7%A0%D7%AA%D7%95%D7%A0%D7%99%D7%99%D7%9A-%D7%90%D7%A0%D7%92%D7%9C%D7%99%D7%AA-%D7%93%D7%99%D7%92%D7%99%D7%98%D7%9C-%D7%A1%D7%95%D7%A4%D7%99-PUB_facts-and-trends.pdf

Palestine Chronicle(2020, Nov. 8). Shtayyeh: PA President Abbas Ready for Engagement in Serious Process, https://www.palestinechronicle.com/shtayyeh-pa-president-abbas-ready-for-engagement-in-serious-process/?fbclid=IwAR2JxYzy0GKgz_OkqpHNFSw6IuWi2ZPhBKVOQMBIAhdtRfeCZWsvL62NAHk

Palestine Chronicle(2020, Dec. 3). Israel Transfers $1.14Bn in Tax Revenues to Palestinian Authority, https://www.palestinechronicle.com/israel-transfers-1-14bn-in-tax-revenues-to-palestinian-authority/?fbclid=IwAR3fxzBs2hnij8omhg4ug8jql1npBzw7UjiS8xa6ayDp1ZrJir53RcrtCb0

PSR(2017, Feb. 16). Palestinian-Israeli Pulse, http://www.pcpsr.org/en/node/678

PSR(2018, Sep. 20). Public Opinion Poll No-69, http://pcpsr.org/en/node/736

PSR(2020, Oct. 26). The Palestine/Israel Pulse, a Joint Poll Summary Report, http://www.pcpsr.org/en/node/823

Qasim Ja'far(2020, Jun. 4). Palestine refuses to accept tax revenues from Israel, https://www.aa.com.tr/en/middle-east/palestine-refuses-to-accept-tax-revenues-from-israel/1864408

Quds News Network(2020, Nov. 20). PA police arrests civil activist who criticized coordination with 'Israel', https://qudsnen.co/?p=18415&fbclid=IwAR1BB9gl4fuHfiGYGq1ND6u92AdWAOCsadliY24PIafMRqdk3UiXCyYUPs0

Shezaf, Hagar(2020, Oct. 15). Israel Approves Thousands More Homes in West Bank Settlement, https://www.haaretz.com/israel-news/.premium-israel-approves-thousands-more-homes-in-west-bank-settlement-1.9238068

SWFI(2020, Nov). Top 89 Largest Sovereign Wealth Fund Rankings by Total Assets, https://www.swfinstitute.org/fund-rankings/sovereign-wealth-fund

Szuba, Jared(2020, Oct. 19). US to remove Sudan from state sponsors of terror list, https://www.al-monitor.com/pulse/originals/2020/10/israel-sudan-normalization-terror-list-trump.html?fbclid=IwAR3zOgwn7pbWfiGLBrN2RyKNAvtgk2gQvMT-kvBlreWyBxS5EcsPUUNAORA#ixzz6bQJHgDjv

The New York Times(2020, Nov. 17). Reassured by Biden Win, Palestinians Will Resume Cooperation With Israel, https://www.nytimes.com/2020/11/17/world/middleeast/israel-palestinians-security-annexation.html

The Times Of Israel(2020, Nov. 11). Israeli settler delegation in Dubai to talk business cooperation with Emiratis, https://www.timesofisrael.com/israeli-settler-delegation-in-dubai-to-talk-business-cooperation-with-emiratis/

The White House(2020, Sep. 15). Abraham Accords Peace Agreement: Treaty of Peace, Diplomatic Relations and Full Normalization Between the United Arab Emirates and the State of Israel, https://www.whitehouse.gov/briefings-statements/abraham-accords-peace-agreement-treaty-of-peace-diplomatic-relations-and-full-normalization-between-the-united-arab-emirates-and-the-state-of-israel/

TRT World(2020, Sep. 26). Abbas calls for UN-led peace conference after Arabs' deals with Israel, https://www.trtworld.com/middle-east/abbas-calls-for-un-led-peace-conference-after-arabs-deals-with-israel-40065

Trump, Donald(2020, Oct. 20). President Donald Trump announced the plan to de-list Sudan on Monday, https://twitter.com/realDonaldTrump/status/1318251010595303424?ref_src=twsrc%5Etfw%7Ctwcamp%5Etweetembed%7Ctwterm%5E1318251010595303424%7Ctwgr%5Eshare_3%2Ccontainerclick_1&ref_url=https%3A%2F%2Fwww.jns.org%2Fus-to-delist-

sudan-as-state-sponsor-of-terror-paving-way-for-normalization-with-israel%2F

United Nations(1988, Dec. 15). A/RES/43/177. Question of Palestine, http://unispal.un.org/UNISPAL. NSF/0/146E6838D505833F852560D600471E25

United Nations(2020, Jul. 20). The Question of Palestine: End of Palestinian Authority Coordination with Israel in Response to Annexation Threat: Decision Already Impacting Medical Referrals – OCHA Article, https://www.un.org/unispal/document/end-of-palestinian-authority-coordination-with-israel-in-response-to-annexation-threat-decision-already-impacting-medical-referrals-ocha-article/

Xinhua(2020, May. 21). News Analysis: Complete stop of security cooperation between Israel, Palestine "unlikely", http://www.xinhuanet.com/english/2020-05/21/c_139073297.htm

Ynetnews(2008, Aug. 23). Biden in 2007 interview: I am a Zionist, https://www.ynetnews.com/articles/0,7340,L-3586542,00.html

Ynetnews(2020, Nov. 11). Israeli settler delegation visits Dubai following UAE accord, 11.11.20, https://www.ynetnews.com/article/SJBmXOtFv

Ynetnews(2020, Nov. 21). One small step towards Palestinian-Israeli talks, https://www.ynetnews.com/article/BkZLS00Mqv?fbclid=IwAR2RNyvxGZIhJl8GhGFVcs4xmJ0H-5Jkn8EZUzZkJG_WVrCzmDSmFyehpRg

VII. 이스라엘 천연가스 수출을 위한 협력: 아랍국가들, 유럽국가들, 미국

1. 논문 및 단행본

홍미정(2015). 「영국의 팔레스타인 위임통치와 시온주의프로젝트」 『한국이슬람학회논총』 제25-2집, 한국이슬람학회

홍미정(2018). 「2018년 이스라엘/팔레스타인 분쟁 전망」, 『중동문제연구』 제17권 1호, 중동문제연구소

White House(2020). Peace to Prosperity: A Vision to Improve the Lives of the Palestinian and Israeli People, January 28, 2020, White House

2. 신문, 트위터, 분석 자료, 기타

عبد الله بن زايد @ABZayed(2019). 21 Dec, 2019, https://twitter.com/ABZayed/status/1208318393176252416

Abdullah, Walid(2019). Qatar vows support for Libya's UN-recognized gov't, 15 Dec, 2019, https://www.aa.com.tr/en/middle-east/qatar-vows-support-for-libyas-un-recognized-govt/1674309

AHRONHEIM, ANNA(2017). Israel pilots flying alongside pilots from the UAE in week-long Greek drill, 28 Mar, 2017, https://www.jpost.com/Israel-News/Israel-Air-Force-launches-joint-drill-exercises-with-Arab-Greek-forces-485391

AHRONHEIM, ANNA(2019). Israel Air Force in Greece as part of Iniohos 2019, 8 Apr, 2019, https://www.jpost.com/Israel-News/Israel-Air-Force-in-Greece-as-part-of-Iniohos-2019-585993

Al Arabiya(2019). Libyan officials collect evidence of Russian fighters in war, 5 Dec, 2019, https://english.alarabiya.net/en/News/north-africa/2019/12/05/Libyan-officials-collect-evidence-of-Russian-fighters-in-war.html?fbclid=IwAR23pNkcesDBn7P55ifSMH6UtfHhweWt4BSO98sEBg_nHNv7qwP3KJYCcyY

Al Arabiya(2020). Israel now pumping gas to Egypt, 15 Jan, 2020, https://english.alarabiya.net/en/business/2020/01/15/Israel-now-pumping-gas-to-Egypt.html?fbclid=IwAR0HaDH8AwVgHex40bOlefixBlksUQZ6TtsLAWzUPUjLdXvPJ0FTWQbw5VQ

Al Arabiya(2020). Trump's Mideast peace plan 'starting point' for negotiations with Israel: Gargash, 1 Feb, 2020, https://english.alarabiya.net/en/News/gulf/2020/02/01/Trump-s-Mideast-peace-plan-starting-point-for-negotiations-with-Israel-Gargash.html?fbclid=IwAR1E9NELz-SscfDwgTKIvw2RQXgaY9mnXcQ-eDwFbRranTUxarjDDGgLFQQ

Al Arabiya(2020). Saudi Arabia's Council of Ministers expresses support for Palestinian people, 4 Feb, 2020, https://english.alarabiya.net/en/News/gulf/2020/02/04/Saudi-Arabia-s-Council-of-Ministers-expresses-support-for-Palestinian-people-.html?fbclid=IwAR3i0Go9Fo3zJHe_V7kzxW5iNLWbsngCjRH7yAmyRfW7g-7ortjSOa4Je4g

Al-Khalidi(2020). Jordan gets first natural gas supplies from Israel, 2 Jan, 2020, https://www.reuters.com/article/jordan-israel-gas/jordan-gets-first-natural-gas-supplies-from-israel-idUSL8N2960Q9

Al Jazeera(2019). Who will pay for Trump's $50bn 'deal of the century'?, 29 Jun, 2019, https://www.aljazeera.com/programmes/countingthecost/2019/06/pay-trump-50bn-deal-century-190628115748264.html?fbclid=IwAR0ThUQ74ZdB1yuk2eYy6qLaFE0g-xeaCZ6gVDnMkpf-8wKOcKE4CKa6VQg

Arab News(2020). Israel starts exporting natural gas to Egypt under landmark deal, 15 Jan, 2020, https://www.arabnews.com/node/1613516/business-economy

Azran, Eran(2014). Palestinians Become First Customer of Israel's Leviathan Gas Field, 6 Jan, 2014, https://www.haaretz.com/israel-news/business/palestinians-to-buy-israeli-gas-1.5308230

Bar-Eli, Avi(2013). Noble Shrugged Noble Energy Sees Egypt, Jordan as Israeli Gas Field's Main Clients, Nov 25, 2013, https://www.haaretz.com/israel-news/business/.premium-u-s-firm-egypt-jordan-to-be-clients-of-israeli-gas-1.5293979

BBC(2020). Libya conflict: GNA and Gen Haftar's LNA ceasefire 'broken' 12 Jan, 2020, https://www.bbc.com/news/world-africa-51082365

BBC(2020). Libya conflict: Turkish MPs approve bill to send troops, 3 Jan, 2020, https://www.bbc.com/news/world-europe-50975494

BBC(2020). Libya conflict: Turkey sends troops to shore up UN-backed government, 6 Jan, 2020, https://www.bbc.com/news/world-africa-51003034

Chorev, Shaul, Beni Shpeinner(2019). Turkey maneuver could block Israel's access to the sea, 28 Dec, 2019, https://www.ynetnews.com/article/ryg47F1yI?fbclid=IwAR3XFZnL2G9tWLvNEau13sTxZUd7kYxXQ7XIvF0U_Mxq0YOrmYjYHn8Y9ko

Congress(2019). S.1102-Eastern Mediterranean Security and Energy Partnership Act of 2019, 116th Congress (2019-2020), 10 Jul, 2019, https://www.congress.gov/bill/116th-congress/senate-bill/1102/text

DAILY SABAH(2020). TurkStream pipeline project to be officially launched Wednesday, 6 Jan, 2020, https://www.dailysabah.com/energy/2020/01/06/turkstream-pipeline-project-to-be-officially-launched-wednesday

DEMPSEY, JUDY(2017). Judy Asks: Is Europe Too Dependent on Russian Energy? 12 Jul, 2017, https://carnegieeurope.eu/strategiceurope/71507

DW(2020). Israel starts exporting natural gas to Egypt in diplomatic milestone, 15 Jan. 2020, https://www.dw.com/en/israel-starts-exporting-natural-gas-to-egypt-in-diplomatic-milestone/a-52010531

Ed Husain(2019). Islam's reformation: an Arab-Israeli alliance is taking shape in the Middle East, New maps of the Muslim mind are beingdrawn and old hatreds are on the run, 21 Dec. 2019, https://www.spectator.co.uk/2019/12/islams-reformation-an-arab-israeli-alliance-is-taking-shape-in-the-middle-east/

Emirates(2019). UAE Funds Transferring Thousands Mercenaries From Sudan To Libya, 5 Aug, 2019, https://emiratesleaks.com/en/uae-funds-transferring-thousands-mercenaries-sudan-libya/

Erciyes, Çağatay(2019). Çağatay Erciyes, https://twitter.com/CErciyes/status/1201423920936734720

Ferziger, Jonathan(2017). Israel-Europe Gas Pipeline Emerging From Fantasy, Netanyahu Says, 16 Jun. 2017, https://www.bloomberg.com/news/articles/2017-06-15/israel-europe-gas-pipeline-emerging-from-fantasy-netanyahu-says

Geopolitical Future(2019). Natural Gas Cooperation in the Eastern MED. https://geopoliticalfutures.com/wp-content/uploads/2019/12/Eastern-Med-Disputes_zoom-out.png

Gutman, Lior(2020). In historic move, Israel begins supplying gas to Egypt, 15 Jan. 2020, https://www.ynetnews.com/business/article/rJO51UneL?fbclid=IwAR0rdo_jwYnM_kYgf3NDRQuvbHC1u5K9fMMaZPwepgadEsPeqOIBwuLthKk

Haaretz(2018). IN PHOTOS: Israel and UAE Fly Together in Annual Joint Exercise in Greece, 22 Mar, 2018, https://www.haaretz.com/israel-news/in-photos-israel-uae-fly-together-in-annual-joint-exercise-in-greece-1.5935477

Haaretz(2020). Jordan Gets First Natural Gas Supplies From Israel, 2 Jan, 2020, https://www.haaretz.com/israel-news/jordan-gets-first-natural-gas-supplies-from-israel-1.8347049

HAARETZ(2020). Militants Suspected of Blowing Up Israel-Egypt Gas Pipeline, Officials Say. 2 Feb, 2020, https://www.haaretz.com/israel-news/israel-egypt-gas-pipeline-blown-up-reports-say-1.8479270?fbclid=IwAR2Q02opJH3C36QagswYj208xV46vyD_OP9lZ8qRCt1qeJQHVtS7uU9SQ6E

HELLER, ARON(2019). Natural gas fields give Israel a regional political boost, 23 Jan, 2019, https://apnews.com/bdbf7c371f4f4d309891fcf372dc06aa

Horizon(2017). World's longest underwater gas pipeline from Israel to Europe set to run by 2025, 3

Apr, 2017, http://horizonsupplycompany.com/2017/04/worlds-longest-underwater-gas-pipeline-israel-europe-set-run-2025/

Hurriyetdailynews(2020). Greece, Israel, Greek Cyprus sign EastMed project, 3 Jan, 2020, http://www.hurriyetdailynews.com/greece-israel-greek-cyprus-sign-eastmed-project-150538

Kubovich, Yaniv(2018). Who's Hiding Israeli Air Force Participation in Major Exercise With UAE and U.S.?, 21 Mar, 2018, https://www.haaretz.com/israel-news/who-s-hiding-iaf-participation-in-major-exercise-with-uae-1.5919421

MEMO(2019). New UAE arms to renegade Libyan commander Khalifa Haftar, 30 Nov, 2019, https://www.middleeastmonitor.com/20191130-new-uae-arms-to-renegade-libyan-commander-khalifa-haftar/?fbclid=IwAR3Pc1pdyd7CWGHvAZ7yfJhZomWZ6mlFTj32QUJIyQVaCDw-l7M03ZTT3h8

MEMO(2019). Libya's Haftar hopes to have normal relations with Israel, 2 Dec, 2019, https://www.middleeastmonitor.com/20191202-libyas-haftar-hopes-to-have-normal-relations-with-israel/

MEMO(2019). Israel to start exporting gas to Jordan, Egypt within weeks, 4 Dec, 2019, https://www.middleeastmonitor.com/20191204-israel-to-start-exporting-gas-to-jordan-egypt-within-weeks/?fbclid=IwAR1JuIMc5obOjckSVxknURTffFfCrBXMf2viMjBm8mOH_U6o4CUsQ8faFm4

MEMO(2019). Turkish lawmakers to ratify Libya military coop deal, 15 Dec, 2019, https://www.middleeastmonitor.com/20191215-turkish-lawmakers-to-ratify-libya-military-coop-deal/?fbclid=IwAR37LfMBZnRPIz4_Ej-vaTHrjK0MiKFCMU4p8Zwhmo6zfq1rV-y8xQjdkAU

MEMO(2019). Libyan Embassy in Egypt closes indefinitely, 15-1 Dec, 2019, https://www.middleeastmonitor.com/20191215-libyan-embassy-in-egypt-closes-indefinitely/?fbclid=IwAR0sgKzYYfaXYO3MD3Lzi1D_PviBJ3_e5jthLPPisTYGSYZcZZpp8oAeT1Q

MEMO(2019). Libya's internationally recognised government ratifies security deal with Turkey, 19 Dec, 2019, https://www.middleeastmonitor.com/20191219-libyas-internationally-recognised-government-ratifies-security-deal-with-turkey/?fbclid=IwAR11l32w6e1tD6RvBelH4nVQzcll0vLuykuM4nwCEqCAGasOU0rThuOAQRY

MEMO(2019). Erdogan: Tunisia will help stability efforts in Libya, 25 Dec, 2019, https://www.middleeastmonitor.com/20191225-erdogan-tunisia-will-help-stability-efforts-in-libya/

MEMO(2019). Erdogan: Turkey to send troops to Libya at Tripoli's request, 26 Dec, 2019, https://www.middleeastmonitor.com/20191226-erdogan-turkey-to-send-troops-to-libya-at-tripolis-request/?fbclid=IwAR0I1MPy3uvXjJ7AppKXQUDHafpdj2Vs8jBsdkglwC7N8y1L-WREkVELmhI

MEMO(2019). Why is Erdogan in Tunisia? 27 Dec, 2019, https://www.middleeastmonitor.com/20191227-why-is-erdogan-in-tunisia/?fbclid=IwAR1qvaz6vRmR13_tR3qmSFfQ_ZWSRsek2YIyCBmgOQkhsj57SgnktVw0jJo

MEMO(2020). Jordan receives first delivery of natural gas from Israel, 2 Jan, 2020, https://www.middleeastmonitor.com/20200102-jordan-receives-first-delivery-of-natural-gas-from-israel/

MEMO(2020). Jordan: Massive rally against gas agreement with Israel, 4 Jan. 2020, https://www.

middleeastmonitor.com/20200104-jordan-massive-rally-against-gas-agreement-with-israel/

MEMO(2020). France, Greece, Egypt, Cyprus declare Turkey-Libya deals 'void', 9 Jan, 2020, https://www.middleeastmonitor.com/20200109-france-greece-egypt-cyprus-declare-turkey-libya-deals-void/

MEMO(2020). Tel Aviv calls for Gulf States to unite with Israel against Iran, 11 Jan, 2020, https://www.middleeastmonitor.com/20200111-tel-aviv-calls-for-gulf-states-to-unite-with-israel-against-iran/?fbclid=IwAR0Hjza58zPzPS8yW56LTw-1gZHPsqSv5iihvgPoiZqce7QqsrQ6hN8WGCo

MEMO(2020). Israel starts gas exports through Egypt, 15 Jan, 2020, https://www.middleeastmonitor.com/20200115-israel-starts-gas-exports-through-egypt/?fbclid=IwAR2C7HTQ2S71aeIrIQPuCpkkR538UXdh_qoVzF5aWe_ER8YDmnCynG4rfzA

MEMO(2020). 2,000 Syria fighters arrive in Libya to confront Haftar's forces, 15-1 Jan, 2020, https://www.middleeastmonitor.com/20200115-2000-syria-fighters-arrive-in-libya-to-confront-haftars-forces/?fbclid=IwAR1LM-mFNEs6p4EF5gWuhTmBEirdY5dXVQjN3Yc9yOYWWMLWcmuJCwKrYns

MEMO(2020). Palestinian Authority says it cut 'sacred' security ties with Israel, US, 2 Feb, 2020, https://www.middleeastmonitor.com/20200202-palestinian-authority-says-it-cut-sacred-security-ties-with-israel-us/?fbclid=IwAR3fbI9NgYLv7Ug_hOZMRZ9XlNk6QOZE28XA1mtGrrTcm9i_kRJiBv-YE_M

MEMO(2020). Saudi Arabia seeks to buy missiles from Israel company, 4 Feb, 2020, https://www.middleeastmonitor.com/20200204-saudi-arabia-seeks-to-buy-missiles-from-israel-company/?fbclid=IwAR3U__SNEhPhdibNg9_XrVeqH72dkWiegrotLRF1aTgbtM-ma3l7xTYq5OM

MEMO(2020). UAE, Israel held secret meeting with US to discuss Iran, 5 Feb, 2020, https://www.middleeastmonitor.com/20200205-uae-israel-held-secret-meeting-with-us-to-discuss-iran/?fbclid=IwAR2oSL5H1ayNXzFKzlIPUmVPorn-F_6heOxSaDESCh8Z_Ca3-mbi4NrKaQU

MEMO(2020). Bennett adopts new tactics to release Israeli soldiers held in Gaza, 20 Feb, 2020, https://www.middleeastmonitor.com/20200220-bennett-adopts-new-tactics-to-release-israeli-soldiers-held-in-gaza/?fbclid=IwAR0rd0jT3sZLNDJk23h7uV1cJCE-XYW0HrlqJGm6s4RN5Bn9R1BihZDQsNw

Monella, Lillo Montalto(2019). Who are the Russian mercenaries waging war in Libya?, 18 Dec 2019, https://www.euronews.com/2019/12/18/who-are-the-russian-mercenaries-waging-war-in-libya

Netanyahu, Benjamin(2019), 21 Dec, 2019. https://twitter.com/netanyahu/status/1208410484522848256?ref_src=twsrc%5Etfw%7Ctwcamp%5Etweetembed%7Ctwterm%5E12084104845228 48256&ref_url=https%3A%2F%2Fwww.presstv.com%2FDetail%2F2019%2F12%2F22%2F614268%2FUAE-Israel-alliance-Benjamin-Netanyahu%3Ffbclid%3DIwAR3smloS3URXiLiyWU7my2YSrShqWNAw14pDQtqz2HTbGUb_F6jutJ6eJp4

OIES PAPER(2014). Reducing European Dependence on Russian Gas, October 2014, https://www.oxfordenergy.org/wpcms/wp-content/uploads/2014/10/NG-92.pdf

Pack, Jason(2019). Turkey doubles down on Libya, 10 Dec, 2019, https://www.mei.edu/publications/turkey-doubles-down-libya

Press TV(2019). Iran, Turkey sign religious cooperation agreement, 26 Dec, 2019, https://www.presstv.com/Detail/2019/12/26/614635/Iran-Turkey-religious-cooperation-agreement?fbclid=IwAR0h0Fh8Y2qobVdBFjHpVCjZnAJCb-auTHsHllbCpkk10QuzYCTmF94M0eM

PRESS TV(2020). UAE, Israel officials conspiring against Iran at secret White House meeting, Wednesday, 5 Feb, 2020, https://www.presstv.com/Detail/2020/02/05/617915/UAE,-Israel-conspiring-against-Iran-in-secret-White-House-meeting?fbclid=IwAR3i0Go9Fo3zJHe_V7kzxW5iNLWbsngCjRH7yAmyRfW7g-7ortjSOa4Je4g

PRESS TV(2020). Israeli delegation visits Saudi Arabia for first time, 14 Feb, 2020, https://www.presstv.com/Detail/2020/02/14/618626/Israeli-delegation-umbrella-US-Jewish-group-Saudi-Arabia?fbclid=IwAR3fbI9NgYLv7Ug_hOZMRZ9XlNk6QOZE28XA1mtGrrTcm9i_kRJiBv-YE_M

PRESS TV(2020). Israel plans 9,000 new settler units in East Jerusalem al-Quds: Watchdog, Wednesday, 19 Feb, 2020, https://www.presstv.com/Detail/2020/02/19/618998/Israel-settler-units-East-Jerusalem-al-Quds-Peace-Now-?fbclid=IwAR0ibSrj3-rXbJGd-_Nocu0Yl_Mqn_IUiS8XkzJZ-_nGmTjjlD4JD949_f8

QudsN(2020). 'ISRAEL' STARTS PUMPING STOLEN NATURAL GAS TO EGYPT, 15 Jan, 2020, http://qudsnen.co/?p=11073&fbclid=IwAR2Ayj20o039eLodSzqzUDvRZRvRqOYl2Yeij8LhfkEF16fonjuomnc-6v8

Reuters(2019). Eastern Mediterranean countries to form regional gas market, 14 JAN, 2019, https://www.reuters.com/article/us-egypt-energy-gas/eastern-mediterranean-countries-to-form-regional-gas-market-idUSKCN1P81FG

Reuter(2019). Israel-Egypt gas pipeline deal seen imminent, 3 NOV, 2019, https://www.reuters.com/article/us-israel-natgas-egypt/israel-egypt-gas-pipeline-deal-seen-imminent-idUSKBN1XD05O

RFERL(2020). Greece, Cyprus, Israel Sign EastMed Gas Pipeline Deal To Ease Reliance On Russia, 3 Jan, 2020, https://www.rferl.org/a/greece-cyprus-israel-eastmed-gas-pipeline-russia-ukraine/30358166.html

Rose, Caroline(2019). Turkey Tests the Waters in the Eastern Mediterranean, 8 Dec, 2019, https://www.realclearworld.com/articles/2019/12/08/turkey_tests_the_waters_in_the_eastern_mediterranean_113124.html

Russian News Agency(2019). Turk Stream launch scheduled for January 8 in Istanbul– Erdogan, 30 NOV 2019, https://tass.com/economy/1094419

Saudi Gazette(2020). All ties with US and Israel cut: Abbas, 1 Feb, 2020, http://saudigazette.com.sa/article/588073?fbclid=IwAR38o2iHUAocTDAFFF8nsQ-MQslC7-BGmbxZL6Q3ntOk9skcS0PY-7Nn4r0

Shama, Nael M.(2019). Gas and conflict in the Eastern Mediterranean, 19 Feb, 2019, https://www.
atlanticcouncil.org/blogs/energysource/gas-and-conflict-in-the-eastern-mediterranean/?fb
clid=IwAR19OSUx9BoU_-DAImUXuih_POY594ES2bhF0_5mE6QJLhKIOK76JuJUKoo

Silverstein, Richard(2017). Haftar: Israeli secret aid to Libya's strongman reveals a new friend in
Africa, 8 Aug, 2017, https://www.middleeasteye.net/opinion/haftar-israeli-secret-aid-libyas-
strongman-reveals-new-friend-africa

Stevenson, Peter(2019). East Med Gas Forum Launched, 26 Jul. 2019, https://www.mees.com/
2019/7/26/news-in-brief/east-med-gas-forum-launched/63d1c170-afa7-11e9-82fc-
87de454dda2c

The New Arab(2019). Turkish-Libyan alliance in eastern Mediterranean: A game changer? 10 Dec, 2019,
https://www.alaraby.co.uk/english/indepth/2019/12/10/turkish-libyan-alliance-in-eastern-
mediterranean-a-game-changer?fbclid=IwAR3RvA-mIuH0-9fmbw2ztmWkiFYnapNX8F-
IqSC3EoQIXCV_RvzLlRAl7nU

The New Turkey(2020). The Turkish-Libyan Maritime Deal: What Are the Implications? 17 Dec, 2019,
https://thenewturkey.org/the-turkish-libyan-maritime-deal-what-are-the-implications

The Palestine Chronicle(2020). Massive Rally in Jordan to Protest against Gas Deal with Israel (VIDEO),
4 Jan, 2020, http://www.palestinechronicle.com/massive-rally-in-jordan-to-protest-against-
gas-deal-with-israel-video/?fbclid=IwAR3SxMkDNwP8BeTGnT7kRiHyQ4I1hAnj4ToOpgEna0
vMSXql0ybyQRUU-2s

The Palestine Chronicle(2020). Jordan Parliament Passes Draft Law to Prohibit Gas Imports from
Israel, 20 Jan, 2020, http://www.palestinechronicle.com/jordan-parliament-passes-
draft-law-to-prohibit-gas-imports-from-israel/?fbclid=IwAR0Ah92-gVqjJvbWOEF-
x8jnpBqGaoSU39CqCPRY16P7-09EHFATEmxO1sA

The Palestine Chronicle(2020). Abbas Says All Ties with US, Israel Officially Cut, Including 'Security
Coordination', 1 Feb, 2020, http://www.palestinechronicle.com/abbas-says-all-ties-with-us-
israel-officially-cut-including-security-coordination-video/?fbclid=IwAR3oRJBkOsM6FqSnnx
XG77eit6X8Xh-MlWWKRYeGqL2_HtyLrmtvup4x7L4

The Palestine Chronicle(2020). PA Official: Security Cooperation with Israel is Continuous, 17 Feb,
2020, http://www.palestinechronicle.com/pa-official-security-cooperation-with-israel-is-co
ntinuous/?fbclid=IwAR3nY4NuGsXbRzJtRkpSwsvHK6a7nDhXfm0r2WfjQhyGvMskoftz1WDT
6LQ

The Palestine Chronicle(2020). Netanyahu Announces Thousands of New Homes for Illegal Settlers in
West Bank, East Jerusalem, 20 Feb, 2020, http://www.palestinechronicle.com/netanyahu-
announces-thousands-of-new-homes-for-illegal-settlers-in-west-bank-east-jerusalem/?fbcli
d=IwAR0yCKI4acBVB5nzwg737Ysglsm9-V9GA1iIrepX-eK5QDyRjrXYu2lwhaw

The Tower(2019). Israel and UAE Fly Together in Joint Aerial Exercise in Greece, 11 Apr, 2019, http://
www.thetower.org/7237-israel-and-uae-fly-together-in-joint-aerial-exercise-in-greece/

TRT World(2019). How Khalifa Haftar's secret ties with Israel fuel chaos in Libya, 5 DEC, 2019, https://www.trtworld.com/africa/how-khalifa-haftar-s-secret-ties-with-israel-fuel-chaos-in-libya-31941

Udasin, Sharon(2017). Israel, European states advance plans for world's longest underwater gas pipeline, 3 Apr, 2017, http://www.jpost.com/Business-and-Innovation/Energy-ministers-eye-2025-for-completion-of-Israel-Europe-gas-pipeline-485953

Warsaw Institute(2019). U.S. Congress Passes Energy-Related Bills to Help Cut Russian Influence, 27 Dec, 2019, https://warsawinstitute.org/u-s-congress-passes-energy-related-bills-help-cut-russian-influence/

Wintour, Patrick(2019). Greece expels Libyan ambassador in row over maritime boundaries, 6 Dec 2019, https://www.theguardian.com/world/2019/dec/06/greece-expels-libyan-ambassador-row-maritime-boundaries

Ynet news(2020). Netanyahu announces plan to build 3,000 houses in Jerusalem settlements, 20 Feb, 2020, https://www.ynetnews.com/article/SJe2o112XL?fbclid=IwAR3W-YGaSnKRyn5Tz Azi6CwCLsXPd7tqEX6lZarEvUvOYY3JxvP2D6CC5yk

ZeroHedge(2020). Greece, Israel & Cyprus Sign Landmark EastMed Gas Pipeline Deal Despite Turkey's Wrath, 4 Jan, 2020, https://www.philstockworld.com/2020/01/04/greece-israel-cyprus-sign-landmark-eastmed-gas-pipeline-deal-despite-turkeys-wrath/

VIII. 트럼프의 중동 평화안, '번영을 위한 평화'와 역내 정치

1. 논문 및 단행본

안승훈(2019). "2019년 제 21대 이스라엘 총선의 정치적 함의와 전망." 『중동문제연구』 제18권 2호, 1-34.
홍미정(2004). 『팔레스타인 땅, 이스라엘 정착촌』. 서울: 서경
홍미정(2018). 『팔레스타인 현대사』. 서울: 서경문화사

2. 인터넷 자료

Abu Amer, Adnan. "What is behind the Saudi campaign against Hamas?" Aljazeera, Sept. 23, 2019. Accessed Oct. 11, 2020. https://www. .com/indepth/opinion/saudi-campaign-hamas-190922221256740.html

Ahmado, Nisan. "Qatari Envoy to US Says Normalizing Ties With Israel First Requires Two-State Solution." Voanews, Sep. 16, 2020. Accessed Oct. 29, 2020. https://www.voanews.com/extremism-watch/qatari-envoy-us-says-normalizing-ties-israel-first-requires-two-state-solution

Ahram Online. "Egyptian-Palestinian-Jordanian summit calls for stepping up efforts to revive peace talks." Ahram, Sep. 02, 2021. Accessed Oct. 20, 2021. https://english.ahram.org.eg/NewsContent/1/64/422321/Egypt/Politics-/EgyptianPalestinianJordanian-summit-calls-for-step.aspx?fbclid=IwAR0ZBTkE8uugF8VI7av1YUvlBrbG51i1UD0OznXSmdDWL-o3JL-OkeLecrM

Al Jazeera. "US-led Bahrain meeting on Palestine: All the latest updates." Aljazeera, Jun. 26, 2019. Accessed Sep. 29, 2020. https://www.aljazeera.com/news/2019/6/26/us-led-bahrain-meeting-on-palestine-all-the-latest-updates

Al Jazeera. "Qatar's emir meets Hamas leader Ismail Haniya in Doha." Aljazeera, Dec. 17, 2019. Accessed Oct. 18, 2020. https://www.aljazeera.com/news/2019/12/qatar-emir-meets-hamas-leader-ismail-haniya-doha-191217065006243.html

Al Jazeera. "Dozens of Palestinians face 'terrorism court' in Saudi Arabia." Aljazeera, Mar. 09, 2020. Accessed Oct. 29, 2020. https://www.aljazeera.com/news/2020/03/dozens-palestinians-face-terrorism-court-saudi-arabia-200309162620286.html

Al Jazeera. "Qatar: Normalisation with Israel undermines Palestinian statehood." Aljazeera, Nov. 16, 2020. Accessed Dec. 21, 2020. https://www.aljazeera.com/news/2020/11/16/qatar-fm-normalisation-with-israel-undermines-palestinian-state?fbclid=IwAR0AiXatHsbklRgq8actk2OICAN-hxSU9Skpi5yv7rsqlsqL9AfpqbzH3pA

Al Jazeera. "Israeli president and Jordanian king hold secret talks." Aljazeera, Sep. 04, 2021. Accessed Dec. 29, 2021. https://www.aljazeera.com/news/2021/9/4/israeli-president-and-jordan-king-hold-secret-talks

Al Jazeera. "Qatar plans to resume Gaza funding with new mechanism." Aljazeera, Sep. 06, 2021. Nov. 23, 2021. https://www.aljazeera.com/news/2021/9/6/qatar-plans-to-resume-gaza-funding-with-new-method

Al-Jounaidi, Laith. "Saudi Arabia sentences Hamas leader to 15 years in prison." AA., Aug. 08, 2021. Accessed Oct. 27, 2021. https://www.aa.com.tr/en/middle-east/saudi-arabia-sentences-hamas-leader-to-15-years-in-prison/2328403

Al Mawqeapost. "صحيفة سعودية تحذف خبرا عن الإخوان المسلمين بعد ساعات من نشره." Al Mawqeapost, May 11, 2019. Accessed Oct. 25, 2020. https://almawqeapost.net/news/40362

Al Monitor. "Saudi Arabia tries Palestinians accused of Hamas ties." Al Monitor, Mar. 12, 2020. Accessed Oct. 18. 2020. https://www.al-monitor.com/pulse/originals/2020/03/saudi-arabia-hamas-trials-palestinians.html

Amnesty International. "Saudi Arabia: Further information: 83-year-old detainee needs urgent medical care: Dr. Mohammed al-Khudari." Amnesty International, Feb. 15, 2021. Accessed Sep. 22, 2021. https://www.amnesty.org/en/documents/mde23/3692/2021/en/

Anadolu Agency. "Hamas urges Islamic, Arab worlds to reject Trump plan." Anadolu Agency, Jan. 30, 2020. Accessed Oct. 29, 2020. https://www.aa.com.tr/en/jerusalem-red-line-for-muslims/hamas-urges-islamic-arab-worlds-to-reject-trump-plan/1719049

Asharq Al-Awsat. "Haniyeh Settles in Qatar, Has No Plans to Return to Gaza." Asharq Al-Awsat, Feb. 2, 2020. Accessed Sep. 23, 2020. https://english.aawsat.com//home/article/2111556/haniyeh-settles-qatar-has-no-plans-return-gaza

BBC. "Text: Beirut Declaration." BBC, Mar. 28, 2002. Accessed Oct. 17, 2020. http://news.bbc.co.uk/2/hi/world/monitoring/media_reports/1899395.stm

BBC. "Trump Middle East plan: Palestinians reject 'conspiracy'." BBC, Jan. 29, 2020. Accessed Feb. 01, 2020. https://www.bbc.com/news/world-middle-east-51292865

Ben Saga, Ahlam. "Moroccans Condemn Israel's Request for Compensation for Jewish Property." Morocco World News, Jan. 23, 2019. Accessed Jan. 20, 2021.https://www.moroccoworldnews.com/2019/01/264180/moroccan-israel-compensation-jewish/

Dalloul, Motasem. "The PA has turned its back on the people of Palestine." MEMO, Nov. 19, 2020. Accessed Dec. 26, 2020. https://www.middleeastmonitor.com/20201119-the-pa-has-turned-its-back-on-the-people-of-palestine/?fbclid=IwAR2Ld7o2lu2GQfozg8-BF7wleLt7CxL Jbw3qhXGsbwUj2DhTdGyKkBP7Y-M

Euronews. "Iran warns U.S. after drone attacks on Saudi refineries." Euro News, Sep. 15, 2019. Accessed Oct. 29, 2020. https://www.euronews.com/2019/09/14/drone-attacks-on-saudi-aramco-facilities-saudi-media

IMEMC. "Palestinian Authority to Agrees to Restore Ties with Israel." IMEMC, Nov. 19, 2020. Accessed Dec. 25, 2020. https://imemc.org/article/palestinian-authority-to-agrees-to-restore-ties-with-israel/?fbclid=IwAR0og8SPmvSy_yPTY0ZbGOEBDB5h-WOAS29hUpj6PIn2mjcKy-UyBNKlY7s

Israel Hayom. "Israel, Saudi Arabia in secret talks to curb Turkish presence on Temple Mount." Israel Hayom, Jan. 06, 2020. Accessed Jun. 29, 2020. https://www.israelhayom.com/2020/06/01/israel-saudi-arabia-in-secret-talks-to-curb-turkish-presence-on-temple-mount/

Israel Minstry of Foreign Affairs. "The Jewish Refugees from Arab Countries." Nov. 30 2014. Accessed Jan. 06, 2021. https://mfa.gov.il/MFA/AboutIsrael/Spotlight/Pages/The-Jewish-Refugees-from-Arab-Countries.aspx

Maariv. "סינוואר, הנייה ומורסי: השמות המפתיעים ברשימת הטרור של העיתון הסעודי." Maariv, May 13, 2019. Accessed Oct. 29. https://www.maariv.co.il/news/world/Article-698479

Makkah. "무슬림형제단 사상의 영향을 받는 국제 테러리스트 40명." Makkah, May 11, 2019, https://makkahnewspaper.com/article/1102930/العالم-40-إرهابيا-ي-تعلموا-مدرسة-إخوان(search: 2020, Oct. 29)

MEMO. "Saudi Arabia backs Trump's deal, calls for direct Israel-Palestine talks." Jan. 30, 2020. Accessed Sep. 26, 2020. https://www.middleeastmonitor.com/20200130-saudi-arabia-backs-trumps-deal-calls-for-direct-israel-palestine-talks/

MEMO. "Hamas condemns 'oppressive' trials of Palestinians in Saudi Arabia." Mar. 10, 2020. Accessed Nov. 27, 2020. https://www.middleeastmonitor.com/20200310-hamas-condemns-oppressive-trials-of-palestinians-in-saudi-arabia/

MEMO. "Hamas says Turkey and Qatar are ready to help the Palestinians in virus crisis." Mar. 23, 2020. Accessed Oct. 24, 2020. https://www.middleeastmonitor.com/20200323-hamas-says-turkey-and-qatar-are-ready-to-help-the-palestinians-in-virus-crisis/

MEMO. "Israel to count Palestinians in 'future annexed areas'." Jun. 11, 2020. Accessed Oct. 29, 2020. https://www.middleeastmonitor.com/20200611-israel-to-count-palestinians-in-future-annexed-areas/?fbclid=IwAR1i45gE9aaqA3-RUDuO0mFMC_kqN-

VgZKSErzSzEMoKw4weG1mgpyw9WxA

MEMO. "Hamas condemns PA's resumption of ties with Israel." Nov. 18, 2020. Accessed Dec. 29, 2020. https://www.middleeastmonitor.com/20201118-hamas-condemns-pas-resumption-of-ties-with-israel/

MEMO. "Gaza: UN envoy calls on Israel to ease restrictions on movement of goods, people." Jul. 29, 2021. Accessed Oct. 25, 2021. https://www.middleeastmonitor.com/20210729-gaza-un-envoy-calls-on-israel-to-ease-restrictions-on-movement-of-goods-people/

MEMO. "Qatar, PA agree on mechanism to transfer funds to Gaza." Aug. 04, 2021. Accessed Oct. 27, 2021. https://www.middleeastmonitor.com/20210804-qatar-pa-agree-on-mechanism-to-transfer-funds-to-gaza/

MEMO. "Gantz announces loan for PA." Aug. 31, 2021. Accessed Nov. 01, 2021. https://www.middleeastmonitor.com/20210831-gantz-announces-loan-for-pa/?fbclid=IwAR3fFOeYdpWdwE3IobN6bEsEPizGkS3zKQUpSq_FisqJTBDifVZyPM-cDu8

MEMO. "PA backtracks on transferring Qatar funds to Gaza." Sep. 11, 2021. Accessed Oct. 27, 2021. https://www.middleeastmonitor.com/20210911-pa-backtracks-on-transferring-qatar-funds-to-gaza/?fbclid=IwAR3FAVa_iZ8gMogJj64TtRXP5W5Xj-rT_gLxjW8V5itfP4FVLs8lZDZMmCc

Middle East Eye. "Saudi Arabia seeking representation in Jerusalem's Al-Aqsa endowment: Report." Jun. 01, 2020. Accessed Oct. 27, 2020. https://www.middleeasteye.net/news/saudi-arabia-israel-talks-jerusalem-waqf-endowment-al-aqsa?fbclid=IwAR2-LBz7Tq6COM0q5NHR_5VSxxV6s_cLa8cz4ZcZMi7OWCefavBt7Di4V8Y

Nassar, Tamara. "Emirati ambassador pens love letter to Israel." Jun. 12, 2020. Accessed Oct. 22, 2020. https://electronicintifada.net/blogs/tamara-nassar/emirati-ambassador-pens-love-letter-israel?fbclid=IwAR0HmMDU7SWn92cSivNV2lcLpQHPoYbTFYm13lJ03dFNbxX40MClnKUuJmU

Noam Chomsky. "The Palestine Chronicle." Jan. 16, 2018. Accessed Sep. 25, 2020. https://www.facebook.com/palestinechronicle/photos/noam-chomsky-the-palestine-chronicle-has-been-an-invaluable-source-of-informatio/1685694454807618/

Palestine Chronicle. "'Annexed' Palestinians Will Not Be Granted Israeli Citizenship, Netanyahu Announces." May 28 2020. Accessed Sep. 23, 2020. https://www.palestinechronicle.com/annexed-palestinians-will-not-be-granted-israeli-citizenship-netanyahu-announces/?fbclid=IwAR2VvxO7Z24L3reTqmMDkoswAxIU3e5AoEu8MliwD5zCAGQW_cAO5nx7kRs

Saudi Press Agency. "Statement From The Ministry of Foreign Affairs of The Kingdom of Saudi Arabia." Jan. 29, 2020. Accessed Feb. 01. 2020. https://www.spa.gov.sa/viewfullstory.php?lang=en&newsid=2027848#2027848

Sawafta, Ali. "'Slap of the century': Palestinians reject Trump Mideast plan." Reuters, Jan. 29, 2020. Accessed Feb. 03, 2020. https://www.reuters.com/article/us-israel-palestinians-plan-reactions-idUSKBN1ZR2BN

Shehada, Muhammad. "MBS Wants to Permanently Divorce Hamas – and Israel Is the Final Wedge." Haaretz, Aug. 22, 2021. Accessed Oct. 28, 2021. https://www.haaretz.com/israel-news/. premium.HIGHLIGHT-mbs-wants-to-permanently-divorce-hamas-and-israel-is-the-final-wedge-1.10139771?fbclid=IwAR1RXsIQGoRdP1lInO0n8p2YLHgnZ5IsKvHDoNf6du6p xkgB2-_VoznH3Ao

The Arab Weekly. "Qatar uses improved ties with Egypt to expand influence in Gaza." Sep. 07, 2021. Accessed Oct. 22, 2021. https://thearabweekly.com/qatar-uses-improved-ties-egypt-expand-influence-gaza

The New York Times. President Bush's Road Map to a Palestinian State, Nov. 14 2002. Accessed Oct. 29, 2020. https://www.nytimes.com/2002/11/14/international/middleeast/president-bushs-road-map-to-a-palestinian-state.html

The Times of Israel. "Israel said set to seek $250b compensation for Jews forced out of Arab countries." Jan. 05. 2019, Accessed Jan. 02, 2021. https://www.timesofisrael.com/israel-said-set-to-seek-250b-compensation-for-jews-forced-out-of-arab-countries/

The Times of Israel. "Full text of Netanyahu's speech: Today recalls historic day of Israel's founding." Jan. 28, 2020. Accessed Feb. 01, 2020. https://www.timesofisrael.com/full-text-of-netanyahus-speech-today-recalls-historic-day-of-israels-founding/

The Times of Israel. "Qatar won't normalize with Israel before 2-state solution reached." envoy says, Sep. 18, 2020. Accessed Oct. 29, 2020. https://www.timesofisrael.com/qatar-wont-normalize-with-israel-before-2-state-solution-reached-envoy-says/

The Times of Israel. "Bennett met secretly last week with Jordan's King Abdullah in Amman." Jul. 08, 2021. Accessed Oct. 24, 2021. https://www.timesofisrael.com/bennett-met-secretly-with-jordans-king-abdullah-in-amman-reports/

The Times of Israel. "Herzog secretly visited Jordan for meeting with king." Sep. 04, 2021. Accessed Oct. 02, 2021. https://www.timesofisrael.com/herzog-secretly-visited-jordan-for-meeting-with-king/

The White House. "PEACE TO PROSPERITY: A Vision to Improve the Lives of the Palestinian and Israeli People." Jan. 28, 2020. Accessed Feb. 01, 2020. https://trumpwhitehouse.archives. gov/peacetoprosperity/

Tzoreff, Yohanan. "The Palestinian Arena: Dangerous Deterioration." Aug. 25, 2021. Accessed Oct. 03, 2021. https://www.inss.org.il/publication/west-bank-escalation/

United Nations. "The Question of Palestine: End of Palestinian Authority Coordination with Israel in Response to Annexation Threat: Decision Already Impacting Medical Referrals – OCHA Article." Jul. 20, 2020. Accessed Oct. 29, 2020. https://www.un.org/unispal/document/end-of-palestinian-authority-coordination-with-israel-in-response-to-annexation-threat-decision-already-impacting-medical-referrals-ocha-article/, https://www.ochaopt.org/content/end-palestinian-authority-coordination-israel-response-annexation-threat-decision-already#ftn_ref1

Wadi, Ramona. "Can Abbas repudiate all agreements with Israel?" MEMO, May 21, 2020. Accessed Aug. 25, 2020. https://www.middleeastmonitor.com/20200521-can-abbas-repudiate-all-agreements-with-israel/?fbclid=IwAR1UWcQzG8L4xg0j-u7l0ps54xRQwHC6YwGebcSefcbliLEnbs0SsHjRMMk

Yent news. "Palestinian president says he's ready for confidence-building with Israel." Sep. 02, 2021. Accessed Oct. 02. 2021. https://www.ynetnews.com/article/skh2horwk?fbclid=IwAR122ezKVcgLiqZJP2mQ9wCMksh_H4I0RXmtQ-Eldg0O9VBNGE—OpwiT1k

IX. 아브라함 협정 이후의 중동 정세 변화

1. 논문 및 단행본

홍미정(2016). 『21세기 중동 바르게 일기: 재설정되는 국경』. 서경문화사

홍미정(2017). "세계시온주의자 기구(WZO)와 보편적 인권". 『한국이슬람학회 논총』 제27-2집. 한국이슬람학회

2. 인터넷 자료

ABC News(2020, Nov. 7). UAE announces loosening of Islamic laws for personal freedoms, https://www.abc.net.au/news/2020-11-07/uae-announces-relaxing-of-islamic-laws-for-personal-freedoms/12860610

ABC News(2020, Nov. 12). Israeli settler delegation visits Dubai following UAE accord, https://abcnews.go.com/International/wireStory/israeli-settler-delegation-visits-dubai-uae-accord-74143937

Ahramonline(2020, Sep. 23). First direct commercial flight from Israel lands in Bahrain, http://english.ahram.org.eg/NewsContent/2/0/383730/World/0/First-direct-commercial-flight-from-Israel-lands-i.aspx

Ahramonlime(2020, Nov. 8). First plane with Israeli tourists lands in UAE after deal, http://english.ahram.org.eg/NewsContent/2/8/391334/World/Region/First-plane-with-Israeli-tourists-lands-in-UAE-aft.aspx?fbclid=IwAR0pqsHsn3_IKNPBh5xnuB7Pa1Lc9Tfu1pca8kwVI-PWgqXZOiklHmVOurE

AHREN, RAPHAEL(2020, Nov. 18). Bahrain FM lands in Israel for first-ever ministerial visit from Gulf nation, https://www.timesofisrael.com/bahrain-fm-due-in-israel-for-first-ever-ministerial-visit-from-gulf-nation/

AHREN, RAPHAEL(2020, Dec. 3). Bahrain will treat settlement goods as made in Israel, visiting minister says, https://www.timesofisrael.com/bahrain-will-treat-settlement-goods-as-made-in-israel-visiting-minister-says/

Al Arabiya(2020, Oct. 21). UAE-Israel relations take off with aviation deal, includes 28 weekly Tel Aviv flights, https://english.alarabiya.net/en/News/gulf/2020/10/21/UAE-Israel-relations-take-off-with-aviation-deal-includes-28-weekly-Tel-Aviv-flights

Al Arabia(2020, Nov. 4). UAE-Israel direct flights to start November 26, https://english.alarabiya.net/

en/News/middle-east/2020/11/04/UAE-Israel-direct-flights-to-start-November-26

Al Arabiya(2020, Nov. 12). UAE-Israel ministers team up to establish anti-crime programs, safety services, https://english.alarabiya.net/en/News/gulf/2020/11/12/UAE-Israel-ministers-team-up-to-establish-anti-crime-programs-safety-services?utm_source=insider&utm_medium=web_push&utm_campaign=en_uae_israel_ministe&webPushId=MjQ0NTE%3D&fbclid=IwAR3LFeeecIEjsekSP2-TDV9qlQI_IsyxEwIFObawxe6mmu3vwpVyIM5WQCw

Al Arabia(2020, Nov. 18). UAE summit: Jordan's King Abdullah meets Bahrain King, Abu Dhabi Crown Prince, https://english.alarabiya.net/en/News/gulf/2020/11/18/UAE-summit-Jordan-s-King-Abdullah-meets-Bahrain-King-Abu-Dhabi-Crown-Prince?utm_source=insider&utm_medium=web_push&utm_campaign=en_uae_bahrain_jorda&webPushId=MjQ1Njk%3D&fbclid=IwAR1mEox1aw8DxI7RIRF70DFo7PJecN1Y2SxaVdn0onZsu1ky6HfFaGbD4FQ

Al Arabiya(2020, Dec. 9). Saudi Arabia's Cabinet says Palestinian cause is a 'fundamental Arab issue', https://english.alarabiya.net/en/News/gulf/2020/12/09/Israel-Palestine-Saudi-Arabia-s-Cabinet-says-Palestinian-cause-is-a-fundamental-Arab-issue-?fbclid=IwAR226RGxKFmtUbfdoI4fby-QJ9dCZlwrDG-vEGFu9s6POwcpK3oDINDM6_I

Al Jazeera(2020, Oct. 15). Israel's settlement approvals hit record high: Watchdog, https://www.aljazeera.com/news/2020/10/15/israels-settlement-approvals-hit-record-high-watchdog

Al Jazeera(2020, Nov. 7). UAE announces relaxing of Islamic laws for personal freedoms, https://www.aljazeera.com/news/2020/11/7/uae-announces-relaxing-of-islamic-laws-for-personal-freedoms?fbclid=IwAR1OkAo25sBF0cmsQ3S9nFwvtbsEkNxh9xVmXeglSsmH7k9mBDf89wxboUQ

Al Jazeera(2021, May. 25). Yemen: Mysterious airbase gets built on Mayun island, https://www.aljazeera.com/news/2021/5/25/yemen-mysterious-airbase-gets-built-on-mayun-island

Al Jazeer(2021, May. 31). Egypt's intelligence chief holds talks with Hamas in Gaza Strip, https://www.aljazeera.com/news/2021/5/31/egypts-intelligence-chief-holds-talks-with-hamas-in-gaza-strip

Al-Sheikh, Muhammad(2020, Nov. 22). Biden, the Mideast and future U.S challenges, https://www.ynetnews.com/article/HJnl23Qqw?fbclid=IwAR28PCNGpXoOKBaig7fM5MLi-ioQxNUUP17raAqjHMB9n1fKwd0dnP0LSTc

Anadolu Agency(2020, Dec. 3). Bahrain to label settlement products as Israeli: Min. Gulf nation will have "no labels for goods from West Bank & Golan Heights," says trade minister, https://www.aa.com.tr/en/middle-east/bahrain-to-label-settlement-products-as-israeli-min/2065037

Anadolu Agency(2020, Jun. 4). Palestine refuses to accept tax revenues from Israel, https://www.aa.com.tr/en/middle-east/palestine-refuses-to-accept-tax-revenues-from-israel/1864408

Bahrain News Agency(2021, Jun. 29). HM King receives Head of diplomatic mission to Israel, https://www.bna.bh/en/HMKingreceivesHeadofdiplomaticmissiontoIsrael.aspx?cms=q8FmFJgiscL2fwIzON1%2bDoBd4ATmmJ12E66XMO40Cpc%3d

BASKIN, GERSHON(2021, Sep. 22). Israeli-Palestinian conflict: The questions to be answered at the table - opinion, https://www.jpost.com/opinion/israeli-palestinian-conflict-the-questions-to-be-answered-at-the-table-opinion-680071?fbclid=IwAR34AiQsgaqJqsO1mFMzdNdd9Bok_0cWubPysvgJdRZEo7y6ljGvhSiCojo

Bibbo, Barbara(2020, Dec. 4). Normalisation with Israel requires Palestinian state: Saudi FM, https://www.aljazeera.com/news/2020/12/4/normalisation-with-israel-requires-palestinian-state-saudi-fm?utm_campaign=trueAnthem%3A%20Trending%20Content&utm_medium=trueAnthem&utm_source=facebook&fbclid=IwAR0tu3Ns_a0zGKsKOXjpSeR41z38ZRJGPrpn1jdL4jRqO0sFP3rZrfQsIG4

Bloomberg(2021, Sep. 1). Saudi TV Stations Begin Shift to Riyadh in Challenge to Dubai, https://www.bloomberg.com/news/articles/2021-08-31/saudi-tv-stations-begin-shift-to-riyadh-in-challenge-to-dubai

BOXERMAN, AARON(2021, Aug. 30). In first top-level meeting in a decade, Gantz holds talks with Abbas in Ramallah, https://www.timesofisrael.com/in-rare-meeting-gantz-holds-talks-with-pa-president-abbas-in-ramallah/

B'TSELEM(2020, Nov. 22). Statistics on Palestinians in the custody of the Israeli security forces, https://www.btselem.org/statistics/detainees_and_prisoners

Cook, Jonathan(2020, Dec. 14). How Gulf states became business partners in Israel's occupation, 14 December 2020, https://www.middleeasteye.net/opinion/how-gulf-states-became-business-partners-israels-occupation?fbclid=IwAR0ndtozF19Jp0XyMx02PPpttTb1exXgCl4dwGnzttUY0Uz1GUqltP8heYg

Dalloul, Motasem(2020, Nov. 19). The PA has turned its back on the people of Palestine, https://www.middleeastmonitor.com/20201119-the-pa-has-turned-its-back-on-the-people-of-palestine/?fbclid=IwAR2Ld7o2lu2GQfozg8-BF7wleLt7CxLJbw3qhXGsbwUj2DhTdGyKkBP7Y-M

Deutsche Welle(2019, Nov. 12). Israeli settlement products must be labeled as such, EU's top court rules, https://www.dw.com/en/israeli-settlement-products-must-be-labeled-as-such-eus-top-court-rules/a-51207989

Eichner, Itamar(2020, Dec. 13). Oman next to announce normalization of ties with Israel, sources say, Dec. 13, 2020, https://www.ynetnews.com/article/SyTzwSX3D?fbclid=IwAR0ChSrECmUCGjYzUZE6j5720q5CWJ-_hQNEWat6kFmsoqKeaJdiEfHSJoQ

El-Dessouki, Mustafa(2021, Sep. 17). Israel's First Ambassador to Bahrain Brings Message of Optimism, Hope, Scientific Cooperation, https://eng.majalla.com/node/162401/interviewsisrael%E2%80%99s-first-ambassador-bahrain-brings-message-optimism-hope-scientific?fbclid=IwAR2ARJSPdzaNhfEPpf7K631GAINM3yhr93RRMAFRRKBA-PVoBexPtZbHwYVA

France24(2020, Dec. 10). Israel and Morocco agree to normalise ties in latest US-brokered deal, 10/12/2020, https://www.france24.com/en/middle-east/20201210-israel-and-morocco-agree-to-normalise-ties-in-latest-us-brokered-deal

FRANTZMAN, SETH J.(2020, Nov. 19). Two summits: Arab kings gather in UAE as Bahrain, Israel meet
- analysis, https://www.jpost.com/arab-israeli-conflict/two-summits-arab-kings-gather-in-
uae-as-bahrain-israel-meet-analysis-649531

Haaretz(2020, Nov. 16). Abu Dhabi's Etihad Announces Direct Flights to Israel With Ad Featuring
Second Temple, https://www.haaretz.com/israel-news/abu-dhabi-s-etihad-set-to-start-
direct-flights-to-israel-in-2021-1.9311211?fbclid=IwAR0-OItY69Vake2ydbNqkN5kg5FFhGkvw
mwzULhi9iWYrxl6_rwiPVrlrzE

Haaretz(2020, Nov. 20). Rabbi Who Backed Far-right Group to Head Trump Mideast Investment
Fund, https://www.haaretz.com/us-news/.premium-rabbi-who-fund-raised-for-extremists-
to-head-trump-mideast-investment-fund-1.9320286

Holtmeier, Lauren(2020, Dec. 5). Saudi Arabia open to full ties with Israel, on condition of Palestine
state: Saudi FM, https://english.alarabiya.net/en/News/gulf/2020/12/05/Saudi-Arabia-open-
to-full-ties-with-Israel-on-condition-of-Palestine-state-Saudi-FM?utm_source=insider&utm_
medium=web_push&utm_campaign=en_saudi_isra&webPushId=MjQ4MjU%3D&fbclid=I
wAR3etj6zl3lTjoqb8ANvDlV1zp2O3jYN7qcZ1DbTtWxvTsto1DIKz8EMEOI

IMEMC(2020, Nov. 19). Palestinian Authority to Agrees to Restore Ties with Israel, https://imemc.org/
article/palestinian-authority-to-agrees-to-restore-ties-with-israel/?fbclid=IwAR0og8SPmvSy_
yPTY0ZbGOEBDB5h-WOAS29hUpj6PIn2mjcKy-UyBNKlY7s

Inlakesh, Robert(2020, Dec. 3). Palestinian Authority's Return To Security Coordination Is A Bigger
Betrayal Than Arab Normalisation, https://qudsnen.co/?p=18861&fbclid=IwAR13HMLS79fc
elheguMKP6eBDcDHwHfEQTQM2XzUO61TNopHy9wsoD0mmw4

Inlakesh, Robert(2020, Dec. 15). Morocco Normalisation With Israel Is A War Deal, Not A Peace Deal,
https://qudsnen.co/?p=19316&fbclid=IwAR1n0lri6dtcfMzz332_5udhqw7Rw0B6Ng7c1Oq1
QD8Niras1_x8EwlvD1U

KAMPEAS, RON(2020, Nov. 19). Trump administration to name political appointee with ties to Israel'
s right wing to Middle East development post, https://www.jta.org/2020/11/19/politics/
trump-administration-to-name-political-appointee-with-ties-to-israels-right-wing-to-
middle-east-development-post

Khalil, Zein(2020, Jun. 12). Israeli criminal groups begin activities in UAE: Report, https://www.aa.com.
tr/en/middle-east/israeli-criminal-groups-begin-activities-in-uae-report/2067660

Khoury, Jack(2020, Nov. 18). By Renewing Cooperation With Israel, Palestinian Authority Leadership
Admits Failure, https://www.haaretz.com/middle-east-news/palestinians/.premium.
HIGHLIGHT-by-renewing-israel-cooperation-palestinian-authority-leadership-admits-
failure-1.9315600?fbclid=IwAR0Q9V8QRFjFvrp4DUujOmOSYmw4Y-oq-8MNPHR7dw2scaSn
znXXllU3Ulc&mid913=open

LAZAROFF, TOVAH(2020, Dec. 8). West Bank Samaria settler olive oil and wine to be exported to
Dubai, https://www.jpost.com/middle-east/west-bank-samaria-settler-olive-oil-and-wine-
to-be-exported-to-dubai-651424

Maltz, Judy(2021, Jan. 24). Israel Officially Opens Embassy in UAE, https://www.haaretz.com/israel-news/.premium-israel-officially-opens-embassy-in-uae-1.9478500

MEMO(2018, Jan. 6). PA security services carried out 4,000 rights violations against Palestinians in 2017, https://www.middleeastmonitor.com/20180106-pa-security-services-carried-out-4000-rights-violations-against-palestinians-in-2017/

MEMO(2020, Mar. 14). Zionist' Biden in his own words: 'My name is Joe Biden, and everybody knows I love Israel', March 14, 2020, https://www.middleeastmonitor.com/20200314-zionist-biden-in-his-own-words-my-name-is-joe-biden-and-everybody-knows-i-love-israel/?fbclid=IwAR0uHO5Pa3EEWdlCk-y8HxgpkBDM_illRJyIJLcBV_xfHql-pa3NIJjq2lg

MEMO(2020, Nov. 7). Former Saudi intelligence chief: Biden to disappoint Palestinians, https://www.middleeastmonitor.com/20201107-former-saudi-intelligence-chief-biden-to-disappoint-palestinians/?fbclid=IwAR21OhHYIH-18eAgMsTFbhe5xN6flh3Qditeo2TSnQttVdrEqNmfnT7jQWA

MEMO(2020, Nov. 10). PA: Israel has to choose between two-states or demographic meltdown, https://www.middleeastmonitor.com/20201110-pa-israel-has-to-choose-between-two-states-or-demographic-meltdown/?fbclid=IwAR3fMYpkIQiy1bV9fGZ3M7E1q5MfLG6YD-qx7cK-RzOLWkdrAYEjshqtr-8

MEMO(2020, Nov. 11). Yemen STC withdraws from Riyadh consultations, https://www.middleeastmonitor.com/20201111-yemen-stc-withdraws-from-riyadh-consultations/

MEMO(2020, Nov. 19). 'UAE-Saudi relations in jeopardy,' says classified report, https://www.middleeastmonitor.com/20201119-uae-saudi-relations-in-jeopardy-says-classified-report/?fbclid=IwAR0G2y5_im5qmNzlF__DOnWt6Olaj3g6GU6YRtZOpaoKMQ63ErICfJZL1Zg

MEMO(2020, Nov. 22). Saudi FM says relations with Turkey 'good and amicable, https://www.middleeastmonitor.com/20201122-saudi-fm-says-relations-with-turkey-good-and-amicable/?fbclid=IwAR2mwn5-_E6bhSgNQbCOM1y7aJLbSYiteNYT9-jV81f_NPMVlQiEVzGhZVU

MEMO(2020, Dec. 1). Hamas and the other factions must act to stop Abbas destroying the Palestinian cause, https://www.middleeastmonitor.com/20201201-hamas-and-the-other-factions-must-act-to-stop-abbas-destroying-the-palestinian-cause/

MEMO(2020, Dec. 2). Official: Palestine, Jordan, Egypt to setup peace conference, https://www.middleeastmonitor.com/20201202-official-palestine-jordan-egypt-to-setup-peace-conference/

MEMO(2020, Dec. 7). Police officer: Israel criminals heading to the UAE, https://www.middleeastmonitor.com/20201207-police-officer-israel-criminals-heading-to-the-uae/

MEMO(2020, Dec. 8). For Palestine, Saudi's actions speak louder than its words, https://www.middleeastmonitor.com/20201208-for-palestine-saudis-actions-speak-louder-than-its-words/?fbclid=IwAR31fZl73p3WDkl-xXju0lc6vFru4vHeF_2456zST8n9iA6BfCoyoSm1AQ4

MEMO(2020, Dec. 9). UAE signed settlement deals before normalisation, December 9, 2020, https://www.middleeastmonitor.com/20201209-uae-signed-settlement-deals-before-normalisation/

MEMO(2020, Dec. 11). Oman welcomes Morocco, Israel normalis, https://www.middleeastmonitor.com/20201211-oman-welcomes-morocco-israel-normalisation/?fbclid=IwAR1BWyUgJblNHkYxKPdtYgbgqSAmGKgEj0v2bX-HcEnYLH8XFdSrngt7ftE

MEMO(2021, May. 19). Israel tourists flock to Socotra part of illegal UAE-run holidays, https://www.middleeastmonitor.com/20210519-israel-tourists-flock-to-socotra-part-of-illegal-uae-run-holidays/

MEMO(2021, Jun. 2). Houthi gov't slams UAE over Israel tourists on Socotra and air base on Mayun island, https://www.middleeastmonitor.com/20210602-houthi-govt-slams-uae-over-israel-tourists-on-socotra-and-air-base-on-mayun-island/?fbclid=IwAR0AEPQuakRsPG1cd7Q7EmXfVXAdfh0eGfr7lkFvDAZvTy336lEKmQbTtPY

MEMO(2021, Sep. 21). Saudi forces cancel UAE flight to Socotra, https://www.middleeastmonitor.com/20210921-saudi-forces-cancel-uae-flight-to-socotra/?fbclid=IwAR2KbjgpKa6LEMe6iZSCnyl5cCDDUBoSFTCk4q-qx1tV4jhO1yD86sMFia0

Middle East Eye(2021, Jun. 24). Who was Nizar Banat, the outspoken critic who died in Palestinian Authority custody?, https://www.middleeasteye.net/news/palestine-nizar-banat-who-critic-palestinian-authority

NAGI, AHMED(2019, Nov. 22). Will Tribal Customs Save Yemen's Mahra Governorate?, https://carnegie-mec.org/2019/11/22/will-tribal-customs-save-yemen-s-mahra-governorate-pub-80395

Okuduci, Idiris(2021, Feb. 15). UAE appoints 1st ambassador to Israel, https://www.aa.com.tr/en/middle-east/uae-appoints-1st-ambassador-to-israel/2144852

Orabi, Sari(2020, Nov. 25). Netanyahu's visit to Saudi Arabia has serious implications for the region, https://www.middleeastmonitor.com/20201125-netanyahus-visit-to-saudi-arabia-has-serious-implications-for-the-region/

Palestine Chronicle(2020, Nov. 8). Shtayyeh: PA President Abbas Ready for Engagement in Serious Process, Nov. 8, 2020, https://www.palestinechronicle.com/shtayyeh-pa-president-abbas-ready-for-engagement-in-serious-process/?fbclid=IwAR2JxYzy0GKgz_OkqpHNFSw6IuWi2ZPhBKVOQMBlAhdtRfeCZWsvL62NAHk

Palestine Chronicle(2020, Nov. 12). Jewish Settlers Meet with UAE Businessmen in Dubai, https://www.palestinechronicle.com/jewish-settlers-meet-with-uae-businessmen-in-dubai/?fbclid=IwAR1xwEZJ03IrZaZep8_s-fEg89CxauMy0tD5OuLQ9xvHyXHpZxsiuH4PCAw

Palestine Chronicle(2020, Dec. 3). Israel Transfers $1.14Bn in Tax Revenues to Palestinian Authority, https://www.palestinechronicle.com/israel-transfers-1-14bn-in-tax-revenues-to-palestinian-authority/?fbclid=IwAR3fxzBs2hnij8omhg4ug8jql1npBzw7UjiS8xa6ayDp1ZrJir53RcrtCb0

Palestine Chronicle(2021, Sep. 24). Israeli Police to Establish Permanent Presence in UAE, https://www.palestinechronicle.com/israeli-police-to-establish-permanent-presence-in-uae/?fbclid=IwAR3Qd_I7EOISLWv1gMgGYQnxmmeFH0ct_BeRvL0P1HGYTXFsvNLK1UUBXfs

Palestine News Network(2020, Jul. 26). Al-Hourani Center: 27 martyrs, 1070 injured, and 2330 detainees during the first half of the year 2020, 2020-07-26, http://www.palpress.net/?View= News&id=6680&dep=10

PSR(2017, Feb. 16). Palestinian-Israeli Pulse, http://www.pcpsr.org/en/node/678

PSR(2018, Sep. 20). Public Opinion Poll No -69, http://pcpsr.org/en/node/736

PSR(2020, Oct. 26). The Palestine/Israel Pulse, a Joint Poll Summary Report, http://www.pcpsr.org/ en/node/823

PSR(2021, Sep. 21). Public Opinion Poll No (81), https://www.pcpsr.org/sites/default/files/Poll%20 81%20English%20press%20release%20Sept2021.pdf

Quds News Network(2020, Nov. 14). Yossi Dagan, one of the leaders of the Israeli colonial settlements in the occupied West Bank, appears recently in a trip to Abu Dhabi promoting products manufactured in the illegal Israeli settlements. https://www.facebook.com/QudsNen/ photos/a.593891910731395/3510575172396373/

Quds News Network(2020, Nov. 18). First-ever official Bahraini delegation heads to Israel, https:// qudsnen.co/?p=18351&fbclid=IwAR31scYJdVhTCkCSsaJDjiLw4GudZhyuaX0xxrVwguXRrb9 YnoRNQP1bKtw

Quds News Network(2020, Nov. 19-1). Abdullah Hourani Center for studies, 19 Nov. 2020, https:// www.facebook.com/QudsNen/photos/a.593891910731395/3605695369551019, https:// www.facebook.com/QudsNen/photos/a.593891910731395/3605637636223459/

Quds News Network(2020, Nov. 19-2). Manipulating History, https://www.facebook.com/QudsNen/ videos/456956015272054

Quds News Network(2020, Nov. 19-3). Ashkenazi to be first Israeli minister to visit Bahrain, Nov. 19, 2020, https://qudsnen.co/?p=18379&fbclid=IwAR0pqsHsn3_IKNPBh5xnuB7Pa1Lc9Tfu1pca 8kwVI-PWgqXZOiklHmVOurE

Quds News Network(2020, Nov. 20). PA police arrests civil activist who criticized coordination with 'Israel', https://qudsnen.co/?p=18415&fbclid=IwAR1BB9gl4fuHfiGYGq1ND6u92AdWAOCsad liY24PIafMRqdk3UiXCyYUPs0

Quds News Network(2020, Nov. 22). Riyadh supports full normalization with Israel, said Saudi Arabia's FM, https://qudsnen.co/?p=18479&fbclid=IwAR2cexwhIcnv1kvkZ9H7FmAjZ3Vg4j1 LHqiFLrm4JBEPFucanHTn0HYcBVc

Quds News Network(2020, Dec. 10). Turki Al Faisal slams the Israeli occupation, https://www. facebook.com/QudsNen/videos/693071938263087

Reuters(2021, Sep. 2). Israel appoints first ambassador to Bahrain, https://www.reuters.com/world/ middle-east/israel-appoints-first-ambassador-bahrain-2021-09-02/

Riedel, Bruce(2021, May. 28). Saudi Arabia and the UAE consolidating strategic positions in Yemen' s east and islands, https://www.brookings.edu/blog/order-from-chaos/2021/05/28/saudi- arabia-and-the-uae-consolidating-strategic-positions-in-yemens-east-and-islands/

Serrieh, Joanne(2020, Nov. 22). US Secretary Pompeo 'confident' other Arab countries will sign Israel peace deals, https://english.alarabiya.net/en/News/gulf/2020/11/22/US-foreign-policy-Other-Arab-countries-will-join-peace-agreements-with-Israel-US-Secretary-Pompeo

Shezaf, Hagar(2020, Oct. 15). Israel Approves Thousands More Homes in West Bank Settleme, https://www.haaretz.com/israel-news/.premium-israel-approves-thousands-more-homes-in-west-bank-settlement-1.9238068

SIEGAL, TOBIAS(2020, Dec. 1). Saudi Arabia officially approves Israeli flights over its airspace, https://www.jpost.com/israel-news/uae-prohibits-israeli-flights-to-dubai-as-saudis-postpone-flying-approval-650708

Swan, Melanie(2021, Sep. 23). Israeli police to be permanently based in UAE in historic first, https://www.telegraph.co.uk/world-news/2021/09/23/israeli-police-permanently-based-uae-historic-first/

The Arab Weekly(2020, Oct. 20). US, UAE and Israel launch $3 billion 'Abraham Fund', https://thearabweekly.com/us-uae-and-israel-launch-3-billion-abraham-fund

The Guardian(2019, Nov. 12). Products from Israeli settlements must be labelled, EU court rules, https://www.theguardian.com/world/2019/nov/12/products-israeli-settlements-labelled-eu-court

The Guardian(2002, Mar. 27). Furious Arafat to miss summit, https://www.theguardian.com/world/2002/mar/27/israel4

The Guardian(2002, Mar. 28). Arab Peace Initiative:full Text, https://www.theguardian.com/world/2002/mar/28/israel7

The New Arab(2020, Nov. 4). 'Decorating the cage': How UAE plans to modernise Israeli checkpoints could entrench the occupation, https://english.alaraby.co.uk/english/indepth/2020/11/4/uae-plan-to-modernise-checkpoints-could-entrench-israels-occupation

The New York Times(2020, Nov. 17). Reassured by Biden Win, Palestinians Will Resume Cooperation With Israel, https://www.nytimes.com/2020/11/17/world/middleeast/israel-palestinians-security-annexation.html

The Times of Israel(2020, Nov. 11). Israeli settler delegation in Dubai to talk business cooperation with Emiratis, https://www.timesofisrael.com/israeli-settler-delegation-in-dubai-to-talk-business-cooperation-with-emiratis/?fbclid=IwAR2bfzQeZNcfvaBXt-cMXzF841k7TE8_YkXQ9qcY-FjnuV19IIXzJLjyoMo

The Times of israel(2021, Sep. 6). Six security prisoners escape from Gilboa Prison in northern Israel, https://www.timesofisrael.com/six-security-prisoners-feared-to-have-escaped-gilboa-prison-in-northern-israel/

The White House(2021, Sep. 21). Remarks by President Biden Before the 76th Session of the United Nations General Assembly, https://www.whitehouse.gov/briefing-room/speeches-remarks/2021/09/21/remarks-by-president-biden-before-the-76th-session-of-the-united-nations-general-assembly/

TRT World(2020, Sep. 26). Abbas calls for UN-led peace conference after Arabs' deals with Israel, https://www.trtworld.com/middle-east/abbas-calls-for-un-led-peace-conference-after-arabs-deals-with-israel-40065

United Nations(1988, Dec. 15). A/RES/43/177. Question of Palestine, http://unispal.un.org/UNISPAL.NSF/0/146E6838D505833F852560D600471E25

United Nations(2020, Jul. 20). The Question of Palestine: End of Palestinian Authority Coordination with Israel in Response to Annexation Threat: Decision Already Impacting Medical Referrals – OCHA Article, https://www.un.org/unispal/document/end-of-palestinian-authority-coordination-with-israel-in-response-to-annexation-threat-decision-already-impacting-medical-referrals-ocha-article/

U.S. Embassy in Israel(2020, Oct. 20). US, Israel, UAE announce establishment of Abraham Fund following Accords commitment, https://il.usembassy.gov/us-israel-uae-announce-establishment-of-abraham-fund-following-accords-commitment/

Xinhua(2020, May. 21). News Analysis: Complete stop of security cooperation between Israel, Palestine "unlikely", http://www.xinhuanet.com/english/2020-05/21/c_139073297.htm

Yemini, Ben-Dror(2020, Nov. 21). One small step towards Palestinian-Israeli talks, https://www.ynetnews.com/article/BkZLS00Mqv?fbclid=IwAR2RNyvxGZIhJl8GhGFVcs4xmJ0H-5Jkn8EZUzZkJG_WVrCzmDSmFyehpRg

Ynetnews(2008, Aug. 23). Biden in 2007 interview: I am a Zionist, 08.23.08, https://www.ynetnews.com/articles/0,7340,L-3586542,00.html

Yetnews(2020, Nov. 11). Israeli settler delegation visits Dubai following UAE accord, https://www.ynetnews.com/article/SJBmXOtFv?fbclid=IwAR3zSC_D05gqvBLSD1PnhNCIUububEAg3JY8UOxuwth95xq5ITCAF6LXfrA

Ynetnews(2020, Nov. 16). Etihad Airways pulls ad calling to visit Second Temple, https://www.ynetnews.com/travel/article/Hkib5mg5P?fbclid=IwAR21OhHYIH-18eAgMsTFbhe5xN6flh3Qditeo2TSnQttVdrEqNmfnT7jQWA#autoplay

X. 이스라엘-아랍에미레이트 연결고리, 다흘란은 누구인가

1. 단행본

홍미정(2018). 『팔레스타인 현대사』, 서경문화사

2. 인터넷 자료

홍미정(2017, Aug. 7). 이스라엘의 가자공격: 팔레스타인 인종청소와 서안/가자 분할통치, http://hrights.or.kr/susan/?pageid=19&mod=document&uid=6081

Mohammed, Zakaria(2021, July. 2). Facebook 메시지로 인터뷰

Abou Jalal, Rasha(2021, Jan. 13). Abbas' rival Dahlan coordinates UAE aid to Gaza as Palestinian elections near, https://www.al-monitor.com/originals/2021/01/uae-medical-aid-coronavirus-gaza-dahlan-abbas-elections.html

ABU TOAMEH, KHALED(2021, Apr. 30). Abbas: Palestinian elections postponed after Israel blocks Jerusalem vote, https://www.jpost.com/arab-israeli-conflict/abbas-israel-said-no-to-palestinian-elections-in-jerusalem-666793

Ahval(2019, Nov. 23). Turkey announces bounty for Palestinian strongman Dahlan, https://ahvalnews.com/uae-turkey/turkey-announces-bounty-palestinian-strongman-dahlan

Ahval(2020, Jan. 8). Gülen, Israel ties behind Ankara's bounty for exiled Palestinian leader Dahlan - Haaretz, https://ahvalnews.com/dahlan/gulen-israel-ties-behind-ankaras-bounty-exiled-palestinian-leader-dahlan-haaretz

Al Jazeera(2011, Jan. 23). Main Palestinian negotiators, https://www.aljazeera.com/news/2011/1/23/main-palestinian-negotiators

Al Jazeera(2017, Jul. 9). Egypt and Palestine discuss Hamas-Cairo rapprochement, https://www.aljazeera.com/news/2017/7/9/egypt-and-palestine-discuss-hamas-cairo-rapprochement

Al Jazeera(2017, Jul. 23). Dahlan reveals controversial Hamas deal on Gaza, https://www.aljazeera.com/news/2017/7/23/dahlan-reveals-controversial-hamas-deal-on-gaza

Al Jazeera(2019, Nov. 23). Turkey offers $700,000 bounty for Mohammed Dahlan, https://www.aljazeera.com/news/2019/11/23/turkey-offers-700000-bounty-for-mohammed-dahlan

Al Jazeera(2020, May. 1). Ankara and Abu Dhabi, who find themselves on opposing sides of many Middle East issues, now trade barbs over Libya war, https://www.aljazeera.com/news/2020/5/1/ankara-and-abu-dhabi-who-find-themselves-on-opposing-sides-of-many-middle-east-issues-now-trade-barbs-over-libya-war

Al Jazeera(2021, Jul. 13). Turkish and Israeli presidents talk in rare phone call, https://www.aljazeera.com/news/2021/7/13/turkish-and-israeli-presidents-talk-in-rare-phone-call

Al-Monitor(2021, Jul. 1). Etihad, El Al to offer joint flight booking, https://www.al-monitor.com/originals/2021/07/etihad-el-al-offer-joint-flight-booking?fbclid=IwAR2bQ1o9loiJ9ov0PvtRrDS27g-Z00JZb1r5819lSxpK7PMjhUxjej5EDwk#ixzz6zOY1Rjld

Anadolu Agency(2019, Dec. 14). Dahlan: UAE agent, plotter against peoples' wil, https://www.aa.com.tr/en/middle-east/dahlan-uae-agent-plotter-against-peoples-will/1673526

Baroud, Ramzy(2017, Jul. 30). Gaza: The curse of Mohammed Dahlan, https://www.aljazeera.com/opinions/2017/7/30/gaza-the-curse-of-mohammed-dahlan

Bayoumy, Yara(2015, Feb. 9). Egypt's Sisi reassures Gulf leaders after alleged derisive audio leaks, https://www.reuters.com/article/us-egypt-gulf-idUSKBN0LD1H720150209

BBC(2003, Apr. 23). Mohammed Dahlan, http://news.bbc.co.uk/2/hi/middle_east/2068270.stm

BBC(2006, Dec. 15). Hamas accuses rival of PM attack, http://news.bbc.co.uk/2/hi/middle_east/6182143.stm

BBC(2007, Jan. 10). Gaza chief brands Hamas murderers, http://news.bbc.co.uk/2/hi/middle_east/6247547.stm

BBC(2013, Nov. 6). Yasser Arafat 'may have been poisoned with polonium', https://www.bbc.com/news/world-middle-east-24838061

Ben Menachem, Yoni(2015, Jan. 21). Muhammad Dahlan and the Succession Battle for the PA Chairmanship, https://jcpa.org/muhammad-dahlan-succession-palestinian-authority/

BOXERMAN, AARON(2021, Mar. 18). Exiled Abbas rival Mohammad Dahlan hints he could run for PA president, https://www.timesofisrael.com/exiled-abbas-rival-mohammad-dahlan-hints-he-could-run-for-pa-president/

BRENNAN, DAVID(2020, Feb. 17). Yemeni Survivor Calls for Probe Into U.S. Mercenary Attack, Says Arrests Would Make Nations 'Think Twice' on Contractors, https://www.newsweek.com/yemeni-survivor-calls-probe-us-mercenary-attack-arrests-make-nations-think-twice-contractors-uae-1487653?utm_term=Autofeed&utm_medium=Social&utm_source=Facebook&fbclid=IwAR3X7KrE1YErlTwgcFBqyZ_JTeCDjqo4u-0eDRqoufskdUcckBttte3MeA0#Echobox=1581953200

Buzz Feed News(2018. Oct. 16). A Middle East Monarchy Hired American Ex-Soldiers To Kill Its Political Enemies. This Could Be The Future Of War". Buzzfeed News, https://www.buzzfeednews.com/article/aramroston/mercenaries-assassination-us-yemen-uae-spear-golan-dahlan

CNN(2002, May. 27). Suicide Bomber Strikes Israel Again, http://edition.cnn.com/TRANSCRIPTS/0205/27/i_ins.01.html

Conal(2004, Aug. 2). Arafat "ruining his people" says protege, https://www.salon.com/2004/08/02/arafat_11/

DARAGHMEH, MOHAMMED(2016, Oct. 21). Seeking to block rival, Abbas calls for Fatah, PLO elections, https://apnews.com/article/5336dbc25aa846648c19ac9d07cf58e2

DARAGHMEHAP, MOHAMMED(2017, Jul. 23). Interview: Ex-Gaza chief says Hamas deal will open border, https://apnews.com/article/blockades-ap-top-news-international-news-hamas-west-bank-1bf244a9bd7548babbef3a24a5071fb9

Egypt Today(2021, May. 18). We will never forget President Sisi decision for allocating $500M to Gaza reconstruction: Dahlan, https://www.egypttoday.com/Article/1/104062/We-will-never-forget-President-Sisi-decision-for-allocating-500M

Eleiba, Ahmed(2010, Dec. 29). Abbas-Dahlan rivalry escalates, https://english.ahram.org.eg/NewsContent/2/8/2854/World/Region/AbbasDahlan-rivalry-escalates.aspx

Elmas, Dean Shmuel(2021, Jul. 13). Why is PA's Abbas helping Israel, Turkey patch things up?, https://www.israelhayom.com/2021/07/13/why-is-pas-abbas-helping-israel-turkey-patch-things-up/

Ferziger, Jonathan H(2020, Oct. 30). The UAE's Invisible Palestinian Hand, https://foreignpolicy.com/2020/10/30/mohammed-dahlan-uae-palestinians-israel/

France24(2020, Aug. 21). Dahlan in crosshairs of Palestinian ire over UAE deal, https://www.france24.com/en/20200821-dahlan-in-crosshairs-of-palestinian-ire-over-uae-deal

Haaretz(2003, Jul. 10). Arafat Trying to Undermine Dahlan's Security Powers, https://www.haaretz.com/1.5495261

Haaretz(2007, Mar. 19). Hamas Slams Abbas' Decision to Appoint Dahlan as Security Chief, https://

www.haaretz.com/1.4811680

Haaretz(2007, Jun. 7). Fatah to Israel: Let Us Get Arms to Fight Hamas, https://www.haaretz.com/
1.4824399

Haaretz(2011, Aug. 8). Fatah: Ex-Gaza Strongman Mohammed Dahlan Poisoned Arafat, https://www.
haaretz.com/1.5042785

Haaretz(2017, Jul. 23). After Striking Deal With Hamas, Abbas Rival Mohammed Dahlan Says Gaza-
Egypt Border to Reopen, https://www.haaretz.com/middle-east-news/palestinians/gaza-
egypt-border-to-reopen-says-abbas-rival-dahlan-1.5433357

Haaretz(2018, Oct. 16). Abbas Rival 'Hired American Mercs for Targeted Killings in Yemen on Behalf
of UAE', https://www.haaretz.com/middle-east-news/palestinian-rival-to-abbas-reportedly-
brokered-deal-for-targeted-killings-in-yemen-o-1.6568707?utm_source=dlvr.it&utm_
medium=tumblr

Haaretz(2020, Jan. 8). Why Erdogan Put a Huge Bounty on Exiled Palestinian Leader Mohammed
Dahlan, https://www.haaretz.com/middle-east-news/turkey/.premium-erdogan-turkey-
bounty-palestinian-mohammed-dahlan-israel-libya-gullen-hifter-1.8372399

Haaretz(2021, Jul. 14). UAE Opens Embassy in Tel Aviv, https://www.haaretz.com/israel-news/uae-
opens-embassy-in-tel-aviv-1.9998363?fbclid=IwAR1_HswuFxrZOb8arERYJzqDe_fClgjuhIGNj
OKIQF8qdEC5vMHvtygDEtQ

HENDAWI, HAMZA(2013, Dec. 20). Egypt: Leaks help, not hurt, el-Sissi's image, https://www.
taiwannews.com.tw/en/news/2372502

Inbari, Pinhas and Dan Diker(2005, Oct. 10). The Murder of Musa Arafat and the Battle for the Spoils
of Gaza, https://jcpa.org/article/the-murder-of-musa-arafat-and-the-battle-for-the-spoils-of-
gaza/

Inside Arabia(2020, Sep. 4). The Palestinian Adviser Behind the UAE-Israel Agreement, https://
insidearabia.com/the-palestinian-adviser-behind-the-uae-israel-agreement/

ISSACHAROFF, AVI(2007, Jan. 10). Dahlan to Haaretz: We Proved to Hamas That Gaza Is Not Theirs,
https://www.haaretz.com/1.4948729

ISSACHAROFF, AVI(2016, Oct. 30). Abbas-Dahlan rivalry is a Palestinian soap opera with immense
implications, https://www.timesofisrael.com/abbas-dahlan-rivalry-is-a-palestinian-soap-
opera-with-immense-implications/

ISSACHAROFF, AVI(2020, Aug. 21). 'Betrayal,' with a personal touch: Why the PA is so angry at the
Israel-UAE deal, https://www.timesofisrael.com/betrayal-with-a-personal-touch-why-the-
pa-is-so-angry-at-the-israel-uae-deal/

Jurist(2020, Feb. 13). London firm requests arrest of UAE officials in connection with Yemen war
crimes, https://www.jurist.org/news/2020/02/london-firm-requests-arrest-of-uae-officials-
in-connection-with-yemen-war-crimes/

Le Figaro(2020, Aug. 18). Mohammed Dahlan, un Palestinien dans l'ombre de l'accord Israël-Émirats,
https://www.lefigaro.fr/international/mohammed-dahlan-un-palestiniendans-l-ombre-de-

l-accord-israel-emirats-20200818

Libyan Express(2018. Mar. 14). UAE used $30 billion of Libya frozen assets to support strongman Haftar, The New Arab, https://www.libyanexpress.com/uae-used-30-billion-of-libya-frozen-assets-to-support-strongman-haftar-the-new-arab/

MEDEA(2004, Apr) Muhammed, https://web.archive.org/web/20090611020115/, http://www.medea.be/index.html?page=2&lang=en&doc=1689

Melhem, Ahmad(2020, Jun. 16). Palestinians reject aid from UAE again, https://www.al-monitor.com/originals/2020/06/palestinian-authority-reject-uae-aid-israel-normalization.html

MEMO(2015, Mar. 13). New Sisi leak reveals more on Dahlan's role in Libya, https://www.middleeastmonitor.com/20150313-new-sisi-leak-reveals-more-on-dahlans-role-in-libya/

MEMO(2018, Oct. 17). Dahlan hired US mercenaries for UAE killings in Yemen, https://www.middleeastmonitor.com/20181017-dahlan-hired-us-mercenaries-for-uae-killings-in-yemen/

MEMO(2020, Sep. 18). Abbas spokesperson to US: 'Dahlan is treacherous', https://www.middleeastmonitor.com/20200918-abbas-spokesperson-to-us-dahlan-is-treacherous/

MEMO(2021, Jul. 8). Is the bromance over between Bin Salman and Bin Zayed?, https://www.middleeastmonitor.com/20210708-is-the-bromance-over-between-bin-salman-and-bin-zayed/?fbclid=IwAR0Dg3OY9gfl-oSW1WPnFLvhX_zPV_FKEWZa3Y7K7k7OmhAOsJOqVzarDK0

MEMO(2021, Jul. 12). Abbas asks Erdogan to stop Hamas incitement against PA, https://www.middleeastmonitor.com/20210712-abbas-asks-erdogan-to-stop-hamas-incitement-against-pa/?fbclid=IwAR1Ep7obyEYhxcZrqoKwBPD65n3sGXXNzT2--KfBNnD4tBE0hdWOoRWsuX4

MEMO(2021, Jul. 12). Egypt court upholds life sentences for top leader, 9 Muslim Brotherhood members, https://www.middleeastmonitor.com/20210712-egypt-court-upholds-life-sentences-for-top-leader-9-muslim-brotherhood-members/?fbclid=IwAR2LrnbkxlvWWhQpeZg5j9y_3Nc7mfzyUyoNqWVeIG9-wPSILUa-aXrz_Fw

MEMO(2021, Aug. 3). Palestinians protest, call for justice for murdered activist Nizar Banat, https://www.middleeastmonitor.com/20210803-palestinians-protest-call-for-justice-for-murdered-activist-nizar-banat/?fbclid=IwAR2ksQ1psmXwGBUCNTwB5SqFrxluQgzCJl0JDpapE236gBWKQdFM_9TbK2w

MEMO(2021, Aug. 22). Palestinian forces arrest senior Islamic Jihad leader in Ramallah, https://www.middleeastmonitor.com/20210822-palestinian-forces-arrest-senior-islamic-jihad-leader-in ramallah/?fbclid=IwAR2303AZ1Je6nKAEPKOIDY-4_6OFKP4oVBPTDgee_VFOWZ-H6tGmzchvMm4

Middle East Eye(2017, Jul. 24). Dahlan reveals power-share deal with Hamas on Gaza: Report, https://www.middleeasteye.net/news/dahlan-reveals-power-share-deal-hamas-gaza-report

MILTON-EDWARDS, BEVERLEY(2016, Nov. 7). The Prince: President Abbas' successor?, https://www.brookings.edu/opinions/the-prince-president-abbas-successor/

ORUÇ, MERVE ŞEBNEM(2020, Jan. 15). Who backs Khalifa Haftar and opposes Turkey in Libya?, https://www.dailysabah.com/columns/merve-sebnem-oruc/2020/01/15/who-backs-khalifa-haftar-and-opposes-turkey-in-libya

Palestinian Center for Policy and Survey Research(2018, Jul. 1). Public Opinion Poll No-68, 25 June-1 July 2018, http://pcpsr.org/en/node/729

Prime Time Zone(2021, May. 19). The most important leader in the Muhammad Dahlan movement flees Gaza | A nation is tweeting out of tune, https://primetimezone.com/world/gulf-news/the-most-important-leader-in-the-muhammad-dahlan-movement-flees-gaza-a-nation-is-tweeting-out-of-tune/

Prime Time Zone(2021, May. 20). The Mahdawi regime: Al-Sisi's money for Gaza is aimed at supporting the Dahlan movement and undermining Hamas | A nation is tweeting out of tune, https://primetimezone.com/world/gulf-news/the-mahdawi-regime-al-sisis-money-for-gaza-is-aimed-at-supporting-the-dahlan-movement-and-undermining-hamas-a-nation-is-tweeting-out-of-tune/

Said, Edward(2003, Jun. 19). A Road Map to Where? https://www.lrb.co.uk/the-paper/v25/n12/edward-said/a-road-map-to-where

Stoke White(2020, Feb. 12). Evidence of war crimes and torture by UAE in Yemen submitted to London metropolitan Police, US Department of Justice and Ministry of Justice in Turkey, Legal representatives request UAE officials to be arrested under the principle of Universal Jurisdiction, https://documentcloud.adobe.com/link/track?uri=urn:aaid:scds:US:8158fd6e-0058-4d86-b297-c7d0ec71e3b7#pageNum=1

The Daily Star(2014, Dec. 19). Gazans rally for Dahlan as W. Bank trial opens, http://dailystar.com.lb/News/Middle-East/2014/Dec-19/281602-gazans-rally-for-dahlan-as-w-bank-trial-opens.ashx

The Guardian(2004, Aug. 2). Arafat 'ruining his people' says protege, https://www.theguardian.com/world/2004/aug/02/israel

The New Arab(2021, Mar. 10). Palestinian Authority vetoes UAE bid to join Eastern Mediterranean Gas Forum: reports, https://english.alaraby.co.uk/news/palestinians-veto-uaes-emgf-membership-bid-reports

The New York Times(2004, Aug. 2). Palestinian Militants Face Off As Rifts Between Factions Grow, https://www.nytimes.com/2004/08/02/world/palestinian-militants-face-off-as-rifts-between-factions-grow.html

The New York Times(2006, Dec. 15). Hamas and Fatah clash as tensions escalate - Africa &Middle East - International Herald Tribune, https://www.nytimes.com/2006/12/15/world/africa/15iht-mideast.3917143.html

The Sydney Morning Herald(2004, Aug. 3). Challenger arises to accuse Arafat of wasting $7bn, https://www.smh.com.au/world/middle-east/challenger-arises-to-accuse-arafat-of-wasting-7bn-20040803-gdjh4d.html

Times of Israel(2019, Nov. 22). Turkey to offer $700,000 bounty for exiled Palestinian strongman

Dahlan, https://www.timesofisrael.com/turkey-to-offer-700000-bounty-for-exiled-palestinian-strongman-dahlan/

Times of Israel(2020, Aug. 17). The Dahlan enigma: One Palestinian leader isn't condemning the Israel-UAE deal, https://www.timesofisrael.com/amid-angry-clamor-one-palestinian-leader-isnt-condemning-israel-uae-deal/

TRT World(2020, Feb. 27). Mohammed Dahlan 'arranged Yemen assassinations' on UAE's behalf, https://www.trtworld.com/middle-east/mohammed-dahlan-arranged-yemen-assassinations-on-uae-s-behalf-34157

Turkish Weekly(2007, Oct. 22). Abbas resists US pressure to name Dahlan his deputy, https://web.archive.org/web/20150520090345/, http://www.turkishweekly.net/news/49677/abbas-resists-us-pressure-to-name-dahlan-his-deputy.html

United Nations(2015, Sep. 1). Gaza could become uninhabitable in less than five years due to ongoing 'de-development'– UN report, https://news.un.org/en/story/2015/09/507762-gaza-could-become-uninhabitable-less-five-years-due-ongoing-de-development-unUrquhart

Vision Of Humanity(2017, Jul). The Mohammed Dahlan-Hamas power-sharing deal: A chance for peace in Gaza?, https://www.visionofhumanity.org/mohammed-dahlan-hamas-power-sharing-deal-chance-peace-gaza/

Wafa(2021, Jan. 15). President Abbas enacts decree-law on holding general elections, https://english.wafa.ps/Pages/Details/122864

Werr, Patrick(2013, Jul. 9). UAE offers Egypt $3 billion support, Saudis $5 billion, https://www.reuters.com/article/us-egypt-protests-loan-idUSBRE9680H020130709

Ynet News(2018, Oct. 17). The Israeli assassin who teamed up with Mohammad Dahlan, https://www.ynetnews.com/articles/0,7340,L-5372648,00.html

Ynet News(2021, Jul. 14). Turkish ruling party: Turkey, Israel want to improve ties after presidents' call, https://www.ynetnews.com/article/hkp00ro26o?fbclid=IwAR0eIAyT_anX714WlkO46EFGOnP3kotV4eBmw-iZYj6Qlg0uO8dksQV4LD4

XI. 유대인, 이스라엘과 이란의 전략적 관계

1. 논문 및 단행본

Alavi, Bahram(1988, 4-6). "Khomeini's Iran: Israel's Ally", *Washington Report on Middle East Affairs*, American Educational Trust, 1 April 1988.

Amanat, Mehrdad(2011). *Jewish Identities in Iran: Resistance and Conversion to Islam and The Baha'i Faith*, I.B. Tauris.

Brumberg, Daniel(2001). *Reinventing Khomeini : The Struggle for Reform in Iran*, University of Chicago Press.

Curtis, Glenn E.; Eric Hooglund(2008). *Iran: A Country Study*. U.S. Government Printing Office.

Davidi, A(2005). "Zionist Activities in Twentieth Century Iran," *Esther's Children: A Portrait of Iranian Jews*, Jewish Publication Society.

EHRLICH, M. AVRUM(2009). *Encyclopedia of the Jewish Diaspora Origins, Experiences, and Culture*, Vol 2. ABC CLIO.

Fadaee, Simin(2012). *Social Movements in Iran: Environmentalism and Civil Society*, Routledge.

Feniger, Neta; Kallus, Rachel(2016). "Expertise in the Name of Diplomacy: The Israeli Plan for Rebuilding the Qazvin Region, Iran", *International Journal of Islamic Architecture*, Vol 5, Technion – Israel Institute of Technology.

Friedland, Roger; Richard Hecht(2000). *To Rule Jerusalem*, University of California Press.

Hiro, Dilip(1987). *Iran under the Ayatollahs*, Routledge.

Hunter, Jane(1986). Israeli Arms Sales to Iran, *Washington Report on Middle East Affairs*, American Educational Trust, 3 November 1986.

Khan, M. A. Muqtedar(2004). *Jihad for Jerusalem: Identity and Strategy in International Relations*, Praeger publishers.

Menashri, David(2002). "The Pahlavi Monarchy and the Islamic Revolution," *Esther's Children*, The Jewish Publication Society.

Mirsepassi, Ali(2019). *Iran's Troubled Modernity: Debating Ahmad Fardid's Legacy*, Cambridge University Press.

Motter, T.H. Vail(1952). *United States Army in World War II : The Middle East Theater the Persian Corridor and Aid to Russia*. U.S. Government Printing Office Washington, D.C.

Parsi, Trita(2007). *Treacherous Alliance: The secret dealings of Israel, Iran and the United States*, Yale University Press.

Pelletiere, Stephen C. (1992). *The Iran-Iraq War : chaos in a vacuum*. New York: Praeger.

SEYDI, SULEYMAN(2010). Intelligence and Counter-Intelligence Activities in Iran during the Second World War, *Middle Eastern Studies* Vol. 46, No. 5 (September 2010).

Sitton, David(1985). *Sephardi Communities Today*, Accents Pubns Service.

Souresrafil, Behrouz(1989). *Khomeini and Israel*, C.C. Press.

Sternfeld, Lior(2014). "The Revolution's Forgotten Sons and Daughters: The Jewish Community in Tehran during the 1979 Revolution", *Iranian Studies*, Vol. 47, No. 6, Routledge.

Yeroushalmi, David(2010). *The Jews of Iran in Nineteenth Century*, Brill.

2. 인터넷 자료

Aderet, Ofer(2020, Aug. 22). The Iranian Jews Who Joined the Islamic Revolution, https://www.haaretz.com/israel-news/.premium.MAGAZINE-the-iranian-jews-who-joined-the-islamic-revolution-1.9088876

AHREN, RAPHAEL(2013, Nov. 1). Did Israel, under the shah, help start Iran's nuclear program?, https://www.timesofisrael.com/a-generation-ago-israelis-found-paradise-in-iran/

Al Jazeer(2019, May. 8). Iran nuclear deal: Tehran to lift cap on uranium enrichment, https://www.

aljazeera.com/news/2019/5/8/iran-nuclear-deal-tehran-to-lift-cap-on-uranium-enrichment

Al Jazeer(2021, Oct. 3). Saudi Arabia confirms recent talks with Iran, https://www.aljazeera.com/news/2021/10/3/saudi-arabia-confirms-recent-talks-with-iran

Amnesty International(2021, Aug. 11). Iran: Security forces use ruthless force, mass arrests and torture to crush peaceful protests, https://www.amnesty.org/en/latest/news/2021/08/iran-security-forces-use-ruthless-force-mass-arrests-and-torture-to-crush-peaceful-protests/

Ardalan, Siavash(2013, Aug. 2). Iran's 'Jerusalem Day': Behind the rallies and rhetoric, https://www.bbc.com/news/world-middle-east-23448932

Arms Control Association(2021, Oct). The Joint Comprehensive Plan of Action (JCPOA) at a Glance, https://www.armscontrol.org/factsheets/JCPOA-at-a-glance

Aronson, Geoffrey(2021, Mar. 3). The source of Netanyahu's opposition to the JCPOA, https://www.mei.edu/publications/source-netanyahus-opposition-jcpoa

BAFI, Saib A(1981, Sep. 18). Letter dated 16 September 1981 from the Charge d'Affaires a.i. of the Permanent Mission of Iraq to the United Nations addressed to the Secretary-General. UN Document A/36/518. https://digitallibrary.un.org/record/23642?ln=en

BBC(2020, Jan. 13). Iran anti-government protesters shout 'death to the dictator', https://www.bbc.com/news/av/world-middle-east-51095461

BBC(2021, July. 26). Deadly street protests over Iran water shortages, https://www.bbc.com/news/av/world-middle-east-57948717

Brandenburg, Rachel(2010, Oct. 13). Iran and the Palestinians, https://iranprimer.usip.org/resource/iran-and-palestinians

Byrne, Malcolm(2013, Aug. 19). CIA Admits It Was Behind Iran's Coup, https://foreignpolicy.com/2013/08/19/cia-admits-it-was-behind-irans-coup/

Edalat, Abbas(2007, Apr. 5). The US can learn from this example of Mutual respect, https://www.theguardian.com/commentisfree/2007/apr/05/comment.military

Eder, Richard(1981, Aug. 25). BANI-SADR SAYS KILLING 5 KEY MEN CAN END REGIME, https://www.nytimes.com/1981/08/25/world/bani-sadr-says-killing-5-key-men-can-end-regime.html

FARS(2021, Nov. 14). MP Underlines Jewish Community's Support for Iranian Athletes Abstaining Competition against Israeli Opponents, https://www.farsnews.ir/en/news/14000823000420/en/Arcive

Fassihi, Farnaz(2021, Nov. 29). Iran Forcefully Clamps Down on Protests Against Growing Water Shortages, https://www.nytimes.com/2021/11/26/world/middleeast/iran-protests-water-shortages.html

Fattahi, Kambiz(2016, Jun. 3). Two Weeks in January: America's secret engagement with Khomeini, https://www.bbc.com/news/world-us-canada-36431160

Financial Times(2005, Oct. 27). Israel should be 'wiped off the map' says Iran, https://www.ft.com/content/14ee1ccc-465b-11da-8880-00000e2511c8

Foroohar, Kambiz(2021, Oct. 10). Bani-Sadr Dies; Iran's President After Islamic Revolution, Bloomberg, https://www.bloomberg.com/news/articles/2021-10-09/bani-sadr-dies-iran-s-first-president-after-islamic-revolution

Friedman, Thomas L(2021, Nov. 30). Trump's Iran Policy Has Become a Disaster for the U.S. and Israel, https://www.nytimes.com/2021/11/30/opinion/trump-iran-nuclear-deal-us-israel.html

Gwertzma, Bernard(1981, Aug. 22). ISRAEL IS SAID TO HAVE SOLD IRAN F-4 TIRES, https://www.nytimes.com/1981/08/22/world/israel-is-said-to-have-sold-iran-f-4-tires.html

Hersh, Seymour M(1991, Dec. 8). The Iran Pipeline: A Hidden Chapter/A special report.; U.S. Said to Have Allowed Israel to Sell Arms to Iran, https://www.nytimes.com/1991/12/08/world/iran-pipeline-hidden-chapter-special-report-us-said-have-allowed-israel-sell.html

Iran International(2021, Feb. 27). New Report Claims 3,000 Killed In Iran During 'Bloody November' In 2019, https://old.iranintl.com/en/iran/new-report-claims-3000-killed-iran-during-bloody-november-2019

IRANWIRE(2021, Jan. 27). Tehran's Oldest Jewish Hospital Shuts Down, https://iranwire.com/en/features/8733

IRFE/RL's Radio Farda(2021, Nov. 25). ranian Security Forces Set Protesters' Tents On Fire In 'Clean-Up' Operation In Isfahan, https://www.rferl.org/a/isfahan-protest-tents-burned/31578707.html

Irish, John; Michaela Cabrera(2019, Feb. 5). Iran's first president says Khomeini betrayed 1979 Islamic revolution, https://www.reuters.com/article/us-iran-revolution-anniversary-banisadr-idUSKCN1PT1IR

Islamic Revolution Documents Center(2016, Nov. 11). How CIA, Mossad helped form Savak, https://irdc.ir/en/news/26/how-cia-mossad-helped-form-savak

Israel Ministry of Foreign Affairs(2014, Nov. 30). The Jewish Refugees from Arab Countries, https://mfa.gov.il/MFA/AboutIsrael/Spotlight/Pages/The-Jewish-Refugees-from-Arab-Countries.aspx

Israel Ministry of Foreign Affairs(2021, Nov. 30). Jewish refugees expelled from Arab lands and from Iran, https://www.gov.il/en/departments/news/jewish-refugees-expelled-from-arab-lands-and-from-iran-30-november-2021

Jewish Telegraphic Agency(1950, Jun. 14). Iranian Minister to Israel Holds First Official Reception in Jerusalem, https://www.jta.org/archive/iranian-minister-to-israel-holds-first-official-reception-in-jerusalem#ixzz2j6RfLFmh, http://pdfs.jta.org/1950/1950-06-14_113.pdf?_ga=2.257645772.679937203.1634986832-1137031747.1630286185

Jewish Virtual Library(2008). Iran, https://www.jewishvirtuallibrary.org/iran-2

Jewish Virtual Library(2021). Iran Virtual Jewish History Tour. https://www.jewishvirtuallibrary.org/iran-virtual-jewish-history-tour

Kahle, Brewster(2010, Apr. 16). Reza Shah Helps Germans Escape, Sep, 18, 1941, https://web.archive.org/web/20130710082148/http://fouman.com/history/Iranian_History_1941.html

Kerr, Paul K(2018, 24-25). Iran Nuclear Agreement and U.S. Exit, July 20, 2018, https://sgp.fas.org/crs/

nuke/R43333.pdf

LAPPIN, YAAKOV(2010, Feb. 12). Why are people going to Iran? https://www.jpost.com/Iranian-Threat/News/Why-are-people-going-to-Iran

Lipin, Michael(2021, July. 16). 'Persians of Israel' Defy Iran Tensions to Cultivate Dialogue with Iranians, https://www.voanews.com/a/middle-east_persians-israel-defy-iran-tensions-cultivate-dialogue-iranians/6208349.html

Markham, James M.(1979, Feb. 19). Arafat, in Iran, Reports Khomeini Pledges Aid for Victory Over Israeli, https://www.nytimes.com/1979/02/19/archives/arafat-in-iran-reports-khomeini-pledges-aid-for-victory-over-israel.html

Mehr Center(2021, Feb. 21). COMPREHENSIVE REPORT OF 2019 "BLOODY NOVEMBER" IRANIAN PROTESTS. STUDY OF THE DATA OF 3000+ MURDERED AND 19000+ DETAINED. INCLUDES THE NAMES OF 850+ MURDERED, https://mehr.center/cause/comprehensive-report-of-2019-bloody-november-iranian-protests/

MEHR News Agency(2020, May. 26). President Rouhani signs law to counter hostile moves of Zionist regime, https://en.mehrnews.com/news/159107/President-Rouhani-signs-law-to-counter-hostile-moves-of-Zionist

MEHR News Agency(2021, Nov. 10). US must give guarantee not to leave JCPOA again: MP, https://en.mehrnews.com/news/180568/US-must-give-guarantee-not-to-leave-JCPOA-again-MP

MOAVENI, AZADEH(2009, Jun. 1). Roxana Saberi and How Journalism Works in Iran, https://web.archive.org/web/20090611193912/, http://www.time.com/time/world/article/0,8599,1902080,00.html

MOOSAZADEH, SARAH(2017, Feb. 20). Persian Jews Gained From ORT in Iran, https://www.atlantajewishtimes.com/persian-jews-gained-from-ort-in-iran/

Motamedi, Maziar(2021, Dec. 6). UAE's top security official visits Iran to develop 'warm ties', https://www.aljazeera.com/news/2021/12/6/uaes-top-security-official-visits-iran-to-develop-warm-ties?fbclid=IwAR0ZT0K7avsG1cfQru46VFevYProyeWkAhEkJMpHIgbsUqixLTvzk9c_WYo

Nikou, Semira N(2021, Aug. 10). Timeline of Iran's Foreign Relations, United States institute of Peace, https://iranprimer.usip.org/resource/timeline-irans-foreign-relations

Parseed Web(2021). Shah Censors Israel Relations, http://1host2u.com/index.php/2012-12-30-16-24-50/foumanitservices/search/?ez=3698

Pfeffer, Anshel(2021, Oct. 14). Bennett No Longer Considers Iran Nuclear Deal 'Historic Mistake,' but He Can't Say So, https://www.haaretz.com/israel-news/bennett-no-longer-considers-iran-deal-historic-mistake-but-he-can-t-say-so-1.10288225

Porter, Gareth(2006, May. 24). POLITICS: Iran Proposal to U.S. Offered Peace with Israel, http://www.ipsnews.net/2006/05/politics-iran-proposal-to-us-offered-peace-with-israel/

PRESSTV(2021, Nov. 5). Iran's stockpile of 60%-enriched uranium reaches 25 kilograms, AEOI spokesman says, https://www.presstv.ir/Detail/2021/11/05/669977/Iran%E2%80%99s-

stockpile-of-60--enriched-uranium-reaches-25-kilograms,-AEOI-spokesman-says?fbclid=Iw
AR2dehDjtMy2fnCqS89ihD2tUaMSAJ9_CrsAzMBF71bhG5yMJuihE3UMm8w

Rahimiyan, Orly R(2012, Dec. 30). "JUDEO-PERSIAN COMMUNITIES vi. THE PAHLAVI ERA (1925-
1979)", Encyclopaedia Iranica, https://www.iranicaonline.org/articles/judeo-persian-vi-the-
pahlavi-era-1925-1979

RAHIMIYAN. ORLY R(2021). Iranian Jewry under the Islamic Republic of Iran, Jews of Iran: A Modern
History, https://www.myjewishlearning.com/article/jews-of-iran-a-modern-history/

Reuters(2019, Dec. 23). Special Report: Iran's leader ordered crackdown on unrest - 'Do whatever
it takes to end it, https://www.reuters.com/article/us-iran-protests-specialreport-
idUSKBN1YR0QR

Reuters(2021, Nov. 27). Iranian police clash with protesters after water shortage rallies, https://www.
reuters.com/markets/commodities/protesters-police-clash-central-iran-after-rally-over-
water-shortages-2021-11-26/

Sciolino, Elaine(1986, Apr. 1). DOCUMENTS DETAIL ISRAELI MISSILE DEAL WITH THE SHAH, https://
www.nytimes.com/1986/04/01/world/documents-detail-israeli-missile-deal-with-the-shah.
html

Shaoulian-Sopher, Efrat(2017). "Israeli Foreign Policy Towards Iran 1948-1979: Beyond The Realist
Account", The London School of Economics and Political Science, http://etheses.lse.
ac.uk/3622/1/Shaoulian-Sopher_Israeli_Foreign_Policy.pdf

Sharon, Moshe(2016, Jun. 27). Jewish Conversion to the Bahāʾī faith, https://atelim.com/jewish-
conversion-to-the-bah-faith.html

Tahavori, Pezhman(2021, May. 18). 'No Problems, Except for the Problems': Iran's Jewish MP Gives,
Nonsensical Interview on Minority Rights, https://iranwire.com/en/features/9567

The Arena Group(2021). CIA-assisted coup overthrows government of Iran, https://www.history.com/
this-day-in-history/cia-assisted-coup-overthrows-government-of-iran

The Mossadegh Project(2010, Oct. 9). Iran and Israel, A Chronology, http://www.mohammadmossadegh.
com/news/israel-iran-relations/

The New York Times(1979, May. 16). Iranian Jews Reassured In Talk With Khomeini, https://www.
nytimes.com/1979/05/16/archives/iranian-jews-reassured-in-talk-with-khomeini.html

The New York Times(1981, Jun. 11). BANI-SADR IS DISMISSED BY KHOMEINI AS CHIEF OF IRAN
ARMED FORCES, https://www.nytimes.com/1981/06/11/world/bani-sadr-is-dismissed-by-
khomeini-as-chief-of-iran-armed-forces.html

The Times of Israel(2013, Oct. 1). Full text of Netanyahu's 2013 speech to the UN General Assembly,
https://www.timesofisrael.com/full-text-netanyahus-2013-speech-to-the-un-general-
assembly/

The Times of Israel(2019, Jan. 5). Israel said set to seek $250b compensation for Jews forced out of
Arab countries, https://www.timesofisrael.com/israel-said-set-to-seek-250b-compensation-
for-jews-forced-out-of-arab-countries/

The Times of Israel(2021, Oct. 19). Israel said to approve $1.5 billion budget for potential strike on Iran, https://www.timesofisrael.com/israel-said-to-approve-1-5-billion-budget-for-potential-strike-on-iran/

Trading Economics(2021). Iran Youth Unemployment Rate, https://tradingeconomics.com/iran/youth-unemployment-rate

UNISPAL(1979, Jun. 30). The Origins and Evolution of the Palestine Problem: 1917-1988, https://unispal.un.org/DPA/DPR/unispal.nsf/9a798adbf322aff38525617b006d88d7/d442111e70e417e3802564740045a309?OpenDocument#In%20favour%3A%20Australia%2C%20Belgium%2C%20B

Wainer, David(2021, Sep. 27). Israel's Bennett Tells UN Iran Has Crossed 'All Red Lines', https://www.bloomberg.com/news/articles/2021-09-27/israel-s-bennett-tells-un-iran-has-crossed-all-red-lines

World Population Review(2021). Jewish Population By Country, https://worldpopulationreview.com/country-rankings/jewish-population-by-country

제3장 이스라엘/팔레스타인 분쟁의 핵심은 무엇인가

1. 논문 및 단행본

홍미정(2004). 『팔레스타인 땅, 이스라엘 정착촌』, 서경, 158-162.

홍미정(2018). 『팔레스타인 현대사: 무엇이문제인가』, 서경문화사.

홍미정(2022). "트럼프의 중동 평화안, '번영을 위한 평화'와 역내 정치", 『중동문제연구』 제21권 1호.

Nathan Thrall(2017). The Only Language They Understand: Forcing Compromise in Israel and Palestine, Metropolitan Books.

PASSIA(2001). 100 Years of Palestinian History, PASSIA, Jerusalem.

2. 인터넷 자료

AA(2023). No electricity, water, fuel for Gaza until Israeli prisoners return home: Energy minister, 12.10.2023, https://www.aa.com.tr/en/world/no-electricity-water-fuel-for-gaza-until-israeli-prisoners-return-home-energy-minister/3016648

Ahram(2023). US 'always by your side', Blinken tells Israel in war with Hamas, 12 Oct 2023, https://english.ahram.org.eg/NewsContent/2/8/510104/World/Region/US-;always-by-your-side;,-Blinken-tells-Israel-in-.aspx?fbclid=IwAR1TSQAT3kVnocBCbdkZ_kldfLWyoavaN3JTrG1zjOWy8hLRjlokL7_WC9s

Ahram(2023). US in talks with Egypt and Israel to open Gaza's Rafah border crossing to foreigners, 13 Oct 2023, https://english.ahram.org.eg/NewsContent/1/1234/510182/Egypt/Foreign-Affairs/US-in-talks-with-Egypt-and-Israel-to-open-Gaza;s-R.aspx?fbclid=IwAR2BDcOOxrWehfgQ5XSDPbnf6diA2hvmZYJW8a5QPr4eLF_5EVHQ9NYiDRA

Alasdair Soussi(2019). The mixed legacy of Golda Meir, Israel's first female PM, 18 Mar 2019, https://www.aljazeera.com/features/2019/3/18/the-mixed-legacy-of-golda-meir-israels-first-female-pm

Al Jazeera(2023). Palestinians in Gaza can go to 'tent cities': Former Israeli minister, 15 Oct 2023, https://www.aljazeera.com/news/2023/10/15/palestinians-in-gaza-can-go-to-tent-cities-former-israeli-minister

Al Jazeera(2023). Israel-Hamas war live: UN head 'horrified' by Israel's ambulance strike, 4 Nov 2023, https://www.aljazeera.com/news/liveblog/2023/11/4/israel-hamas-war-live-20-dead-in-israeli-attack-on-school-ministry

Al Jazeera(2024, Jan. 28). Which countries have cut funding to UNRWA, and why?, https://www.aljazeera.com/news/2024/1/28/which-countries-have-cut-funding-to-unrwa-and-why?fbclid=IwAR1Epmdf-xF0VBM5KBAJer_woMRSdcUgQa7mb9e-X4AelHtKBgH2hcx_Uf0

Al Mezan Center for Human Rights(2023). Nakba survivors in Gaza mark 75 years of ongoing refugeehood, settler-colonialism and apartheid amid Israel's renewed military assault on the Strip, 15 May 2023, https://mezan.org/en/post/45998/Nakba-survivors-in-Gaza-mark-75-years-of-ongoing-refugeehood,-settler-colonialism-and-apartheid-amid-Israel%E2%80%99s-renewed-military-assault-on-the-Strip

Al Monitor(2023). In Paris, Israel's Smotrich says Palestinian people don't exist, calls them 'fictitious', March 20, 2023, https://www.al-monitor.com/originals/2023/03/paris-israels-smotrich-says-palestinian-people-dont-exist-calls-them-fictitious#ixzz7wV8CSFlY

Andersen, Lars Erslev(2016). THE NEGLECTED PALESTINE REFUGEES, Danish Institute for International Studies, https://www.jstor.org/stable/pdf/resrep17376.7.pdf

Asharq Al-Awsat(2023). Abbas Affirms to Blinken 'Full Rejection' of Gaza Displacement, Warns of 'Second Nakba' 14 October 2023, https://english.aawsat.com/arab-world/4604601-abbas-affirms-blinken-%E2%80%98full-rejection%E2%80%99-gaza-displacement-warns-%E2%80%98second-nakba%E2%80%99

Ben White(2018). Why Trump is wrong to cut funding to the UN agency which looks after Palestinian refugees, 17 Jan. 2018, http://www.independent.co.uk/voices/trump-palestinian-refugees-united-nations-relief-and-works-agency-unrwa-wrong-to-cut-funding-a8164026.html

B'TSELEM(2021). A regime of Jewish supremacy from the Jordan River to the Mediterranean Sea: This is apartheid, https://www.btselem.org/publications/fulltext/202101_this_is_apartheid

Frank Giles(1969.06.15). "Golda Meir: 'Who can blame Israel'". Sunday Times, June 15, 1969, p.12

Haaretz(2019). Burying the Nakba: How Israel Systematically Hides Evidence of 1948 Expulsion of Arab, Jul 5, 2019, https://www.haaretz.com/israel-news/2019-07-05/ty-article-magazine/.premium/how-israel-systematically-hides-evidence-of-1948-expulsion-of-arabs/0000017f-f303-d487-abff-f3ff69de0000

Haaretz(2023). Five Additional Israeli Soldiers Killed in Gaza Ground Operation, Nov 3, 2023, https://www.haaretz.com/israel-news/2023-11-03/ty-article/.premium/five-additional-israeli-soldiers-killed-in-gaza-ground-operation/0000018b-948a-db7e-af9b-ffcbbc660000

IMEMC(2023). Al-Mezan: "Nakba survivors in Gaza mark 75 years of ongoing refugeehood, settler-colonialism and apartheid amid Israel's renewed military assault on the Strip", MAY 18, 2023, https://imemc.org/article/al-mezan-nakba-survivors-in-gaza-mark-75-years-of-ongoing-refugeehood-settler-colonialism-and-apartheid-amid-israels-renewed-military-assault-on-the-strip/

Israel Hayom(2023). 'Leave now': Netanyahu's warning to Gazans, 10-08-2023, https://www.israelhayom.com/2023/10/08/leave-now-read-netanyahus-warning-to-gazans/

Israel-Palestine Timeline(2024.03.24). The Human Cost of the Conflict, March 24, 2024, https://israelpalestinetimeline.org/

JONATHAN OFIR(2023). In Paris speech, Israel Finance Minister Bezalel Smotrich claims Palestinians don't exist, MARCH 20, 2023, https://mondoweiss.net/2023/03/in-paris-speech-israel-finance-minister-bezalel-smotrich-claims-palestinians-dont-exist/?fbclid=IwAR0ekybr1FdjiJqDqozsCiuHY2dNMK_uMDupDnbpmoSvfZAcNyQIpNO98CE

MEMO(2023). Israel officials fear Smotrich's Palestine statements could damage ties with Egypt, Jordan, March 22, 2023, https://www.middleeastmonitor.com/20230322-israel-officials-fear-smotrichs-palestine-statements-could-damage-ties-with-egypt-jordan

MEMO(2023). Lessons from resistance history far and near: Hamas and the unthinkable, October 12, 2023, https://www.middleeastmonitor.com/20231012-lessons-from-resistance-history-far-and-near-hamas-and-the-unthinkable/?fbclid=IwAR08JlEg4DYplecMoCVkfS1bwsAq2bAE7ftlT26X2Ht-ePgaXAg629uurxk

MEMO(2023). Israeli diplomat: There's endless space in Egypt's Sinai Desert for Gaza's civilians, October 14, 2023, https://www.middleeastmonitor.com/20231014-israeli-diplomat-theres-endless-space-in-egypts-sinai-desert-for-gazas-civilians/

Morocco World News(2023). 'I am Palestinian': Golda Meir's Legacy of Glorifying Israeli Occupation, Anti-Arab Racism, Oct. 19, 2023, https://www.moroccoworldnews.com/2023/10/358426/i-am-palestinian-golda-meirs-legacy-of-glorifying-israeli-occupation-anti-arab-racism

Nathan Jeffay(2009). Golda Meir's Legacy, and Parsing the 'War and Peace Index', https://forward.com/life/109169/golda-meirs-legacy-and-parsing-the-war-and-peace-i/

OCHA(2023). Movement and Access in the West Bank, August 2023, https://ochaopt.org/2023-movement?fbclid=IwAR0xXjJYgtD9xNNYkTJWRc0R2F7FLdV9Kx54Dc7SZ7u84dnnA0YT7sNmung

OCHA(2023). Hostilities in the Gaza Strip and Israel, 02 Nov 2023, https://www.ochaopt.org/content/hostilities-gaza-strip-and-israel-flash-update-27?fbclid=IwAR2Qb5GCdxs4ZDvdjSL4_yHifCKgK4ZzlBXP3N34X9pALvBiPlcQ_yBM8rU

OCHA(2023). Hostilities in the Gaza Strip and Israel - reported impact | Day 40, 10 November 2023, https://www.ochaopt.org/content/hostilities-gaza-strip-and-israel-reported-impact-day-40

OCHA Services(2024.Mar.22.). Hostilities in the Gaza Strip and Israel|Flash Update #145, 22 Mar 2024, https://reliefweb.int/report/occupied-palestinian-territory/hostilities-gaza-strip-and-israel-flash-update-145

OEC(2021). Israel, https://oec.world/en/profile/country/isr

PAUL SALVATORI(2023). Q&A: 'What happened in Israel on October 7 was a slave revolt', 2023, 10. 11, https://www.trtworld.com/middle-east/qanda-what-happened-in-israel-on-october-7-was-a-slave-revolt-15361808

Prime Minister Golda Meir on British TV(1970). https://www.instagram.com/p/CybCdOKLIJD/

The Cradle(2023). Israel bombs Gaza's only exit after calling on Palestinians to flee, OCT 10, 2023, https://new.thecradle.co/articles-id/7721

The Hindu(2023). The revenge of old West Asia, November 03, 2023, https://www.thehindu.com/opinion/lead/the-revenge-of-old-west-asia/article67489831.ece

The Institute for National Security&Zionist Strategy(2023). מחדש ושיקום סופי במצרים של כל אוכלוסיית עזה תכנית ליישוב, https://mondoweiss.net/wp-content/uploads/2023/10/misgav-institute-ethnic-cleansing-report.pdf

The Jordan Times(2023, Sep. 7). Korea, UNRWA renew partnership, commitment to supporting Palestine refugees, https://jordantimes.com/news/local/korea-unrwa-renew-partnership-commitment-supporting-palestine-refugees

The National(2024, Mar.23). Israeli forces kill more than 170 people at Al Shifa Hospital during ongoing assault, Mar 23, 2024, https://www.thenationalnews.com/mena/palestine-israel/2024/03/23/israeli-forces-kill-more-than-170-people-at-al-shifa-hospital-during-ongoing-assault/?fbclid=IwAR3wtnmQwdMJV3RnMSwb0yB9vzMvwXYBf06Mi4vQhAS5huuwLqpLzAcmFKQ

The Times of Israel(2021). Smotrich at Knesset: Ben-Gurion should have 'finished the job,' thrown out Arabs, 13 October 2021, https://www.timesofisrael.com/smotrich-at-knesset-ben-gurion-should-have-finished-the-job-thrown-out-arabs/

The Time of Israel(2022.08.30). Jews now a 47% minority in Israel and the territories, demographer says, 30 August 2022, https://www.timesofisrael.com/jews-now-a-minority-in-israel-and-the-territories-demographer-says/

The Times of Israel(2023). Defense minister announces 'complete siege' of Gaza: No power, food or fuel, 9 October 2023, https://www.timesofisrael.com/liveblog_entry/defense-minister-announces-complete-siege-of-gaza-no-power-food-or-fuel/

The Times of Israel(2023). IDF clarifies that it was not telling Gaza residents to flee to Egypt, 10 October 2023, https://www.timesofisrael.com/liveblog_entry/idf-clarifies-that-it-was-not-telling-gaza-residents-to-flee-to-egypt/

TOI staff(2018). Netanyahu wants UNRWA gradually shut down, backs US cuts, 7 Jan. 2018, https://www.timesofisrael.com/netanyahu-back-us-cuts-to-unrwa-but-says-they-should-be-gradual/

The White House(2021). Remarks by President Biden Before the 76th Session of the United Nations General Assembly, SEPTEMBER 21, https://www.whitehouse.gov/briefing-room/speeches-remarks/2021/09/21/remarks-by-president-biden-before-the-76th-session-of-the-united-nations-general-assembly/

UNRWA(2023). PALESTINE REFUGEES, https://www.unrwa.org/palestine-refugees

UNRWA(2023, Aug. 1). THE REPUBLIC OF KOREA ANNOUNCES US$ 2 MILLION TO UNRWA IN SUPPORT OF PALESTINE REFUGEES, https://www.unrwa.org/newsroom/news-releases/republic-korea-announces-us-2-million-unrwa-support-palestine-refugees

UNRWA(2024, Jan. 27-b). OVER 2 MILLION PEOPLE IN GAZA DEPEND ON UNRWA FOR SURVIVAL AS WAR AND DISPLACEMENT CONTINUE, https://www.unrwa.org/newsroom/official-statements/unrwa%E2%80%99s-lifesaving-aid-may-end-due-funding-suspension

UNRWA(2024, Jan. 27-a). UNRWA'S LIFESAVING AID MAY END DUE TO FUNDING SUSPENSION, https://www.unrwa.org/newsroom/official-statements/unrwa%E2%80%99s-lifesaving-aid-may-end-due-funding-suspension?fbclid=IwAR1kFDbilV4MLUt6pnVRER-iukFmNGnxcBoPJ4ubZRhL84Hck4h3gNSgf1c

UNWach(2024, Jan. 30). List of Countries Suspending UNRWA Funding, https://unwatch.org/updated-list-of-countries-suspending-unwra-funding/

• 홍미정

단국대학교 아시아중동학부 조교수로 중동역사와 이슬람문명사 등을 강의하고 있다. 2022~2023년 한국중동학회장을 역임하였다.

저서는 『팔레스타인 현대사: 무엇이 문제인가』를 동예루살렘 소재 팔레스타인국제문제연구소(PASSIA) 소장 마흐디 압둘하디와 공동으로 저술하였다. 단독으로 『21세기 중동 바르게 읽기: 재설정되는 국경』, 『팔레스타인 땅, 이스라엘 정착촌』을 저술하였다. 이외 공동 저술로 『울지마, 팔레스타인』, 『현대중동국가의 형성과 발전』, 『사우디아라비아의 형성과 발전』, 『아랍에미리트의 형성과 발전』, 『카타르의 형성과 발전』, 『쿠웨이트의 형성과 발전』, 『바레인의 형성과 발전』 외 다수가 있다.

앨버트 후라니가 쓴 『아랍인의 역사』를 명지대학교 아랍지역학과 김정명 교수와 공동 번역했다.

논문은 「유대인, 이스라엘과 이란의 전략적 관계」, 「위기에 처한 예루살렘 이슬람 성지, 알 아크사 모스크」, 「아브라함 협정 이후의 중동 정세 변화와 팔레스타인 자치정부의 총체적 난국」, 「영국의 팔레스타인 위임통치와 시온주의프로젝트」, 「사우디아라비아의 정치개혁운동과 새로운 정치지도」 및 단국대학교 아시아 중동학부 장세원 교수와 공동으로 집필한 「사우디아라비아-중국 간 포괄 · 전략적 파트너십 발전 양상과 전망」을 비롯한 중동현대사 관련 논문 여러 편이 있다.

* 이 저서는 2021년 대한민국 교육부와 한국연구재단의 지원을 받아 수행된 연구임(NRF-2021S1A5A2A01062342).

중동 현대사 무엇이 문제인가

초판발행일	2024년 05월 03일
지 은 이	홍미정
발 행 인	김선경
책 임 편 집	김소라
발 행 처	서경문화사
	주소 : 서울시 종로구 이화장길 70-14(204호)
	전화 : 743-8203, 8205 / 팩스 : 743-8210
	메일 : sk8203@chol.com
신 고 번 호	제1994-000041호
ISBN	978-89-6062-256-2 93340

ⓒ 홍미정 · 서경문화사, 2024